中华人民共和国地方志·福建省

泉州市政协志

(1986—2012)

政协泉州市委员会　编

方志出版社
Publishing House of Local Records

图书在版编目（CIP）数据

泉州市政协志．1986—2012 / 洪川夫主编：政协泉州市委员会编．-- 北京：方志出版社，2017.11
ISBN 978-7-5144-2800-1

Ⅰ.①泉… Ⅱ.①洪… ②政… Ⅲ.①中国人民政治协商会议—地方委员会—概况—泉州—1986-2012 Ⅳ.①D628.573

中国版本图书馆 CIP 数据核字（2017）第 310608 号

泉州市政协志（1986-2012）

主　　编：洪川夫
编　　者：政协泉州市委员会
责任编辑：刘方圆
出 版 人：冀祥德
出 版 者：方志出版社
地　址　北京市朝阳区潘家园东里 9 号（国家方志馆 4 层）
邮　编　100021
网　址　http://www.fzph.org
发　　行：方志出版社图书经销中心
电　话（010）67110500
经　　销：各地新华书店
印　　刷：泉州晚报印刷厂
开　　本：889×1194　　1/16
印　　张：37
字　　数：639 千字
版　　次：2017 年 11 月第 1 版　　2017 年 11 月第 1 次印刷
印　　数：0001 ~ 1000 册
ISBN 978-7-5144-2800-1　　定价：180.00 元

《泉州市政协志》编纂委员会

2013.5—2017.3

顾　　问：林文麟　傅圆圆　林荣取　李德茂　曾惠华　齐世和　王文泰　何国栋
　　　　　叶聪敏　郑今奋　王仁杰　刘佳景　陈敬聪　林玉莲　陈秋菊　郑增辉
　　　　　傅福荣　陈元殿　陈立德

主　　任：杨俊峰

副 主 任：许连捷　吴共湖　苏小青　骆沙鸣　陈铭福　王祖耀　李冀平　王瑞强
　　　　　陈　益　洪川夫

委　　员：田恭灿　陈振坚　许冬原　李德志　许耀明　颜清平　黄聪吟　骆志成
　　　　　郭萍萍　洪南福　梁云南　黄绍芒　王远曦　关裕平　黄胜富　吴清木
　　　　　叶荣宗　周建宣　陈锦满　袁霖辉　张敏辉　刘志阳

2017.3—

顾　　问：林文麟　傅圆圆　林荣取　李德茂　曾惠华　齐世和　王文泰　何国栋
　　　　　叶聪敏　郑今奋　王仁杰　刘佳景　陈敬聪　林玉莲　陈秋菊　郑增辉
　　　　　傅福荣　陈元殿　陈立德　许连捷　吴共湖

主　　任：陈灿辉　杨俊峰

副 主 任：骆沙鸣　陈铭福　王祖耀　李冀平　王瑞强　陈　益　洪川夫　林志建
　　　　　苏小青　陈伟平

委　　员：梁云南　黄聪吟　洪南福　李德志　许冬原　许耀明　颜清平　郭萍萍
　　　　　田恭灿　陈振坚　骆志成　黄绍芒　王远曦　关裕平　黄胜富　吴清木
　　　　　叶荣宗　周建宣　陈锦满　袁霖辉　张敏辉　刘志阳

《泉州市政协志》编辑部

顾　　问：卢金枝　黄利禾　胡和金　蔡荣火　田恭灿
主　　编：洪川夫
执行主编：李德志
成　　员：侯守水　陈洋锋　方生才　尤东风　张炳明　张奕虎　杜加立　庄少祥
郑妙玲　吴文强　林贤庆　刘福全　黄诗瑜　王文福　张国琳　李海燕
郑正裕　许原培
编　　辑：张炳明　张奕虎
特邀编辑：方生才　陈洋锋

审查验收小组：
张惠评　泉州市方志委常务副主任
林龙海　泉州市方志委副主任
陈雪娥　泉州市方志委方志科科长

2005年5月10-11日，省政协主席陈明义（前排左一）、副主席李祖可、王钦敏在泉州调研海洋经济发展情况

2007年6月28日，省政协主席梁绮萍（前排右三）在泉州调研

2013 年 2 月 19 日，省政协主席张昌平（中）走访市政协机关时，与市委领导、市政协驻会领导合影

（泉州晚报社供图）

2013 年 2 月 19 日，省政协主席张昌平（中）在市政协机关作工作指导

（泉州晚报社供图）

1999 年 12 月 28 日，省政协副主席陈荣春（左一）在泉州参加泉州市区省政协委员小组活动

2003 年 9 月，省政协副主席何少川（站立者右二）视察市政协主办的“中华闽南文化网站”

2004年3月22-23日，省政协副主席金能筹（前排右三）在泉州开展“拓展闽台经济合作”专题调研

2006年3月21-22日，省政协副主席黄瑞霖（前排左三）在泉州开展“增强企业自主创新能力”专题调研

2007 年 6 月 28 日，省政协副主席叶家松（右一）在泉州调研

2008 年 6 月 5 日，省政协副主席郭振家（前排中）在泉州开展省政协重点提案“关于促进临港工业又好又快发展的若干意见”调研

2008年6月25日，省政协副主席叶继革（前排中）率调研组在泉州开展“实施品牌带动，发展现代农业”专题调研

2010年6月9-12日，省政协副主席邓力平（前排左三）率视察团在泉州开展“近岸海域环境状况”专项考察

九届市政协领导班子成员合影。左起：黄利禾、林玉莲、何融融、郑今奋、叶聪敏、傅圆圆、何国栋、刘佳景、王仁杰、陈敬聪、陈秋菊
（吴其魁 摄）

十届市政协领导班子成员合影。左起：黄利禾、陈铭福、陈立德、苏小青、吴共湖、陈敬聪、林荣取、许连捷、傅福荣、陈元殿、骆沙鸣、王祖耀

（吴其魁 摄）

十届市政协领导班子新、老成员合影。左起：洪川夫、陈铭福、陈立德、苏小青、吴共湖、陈敬聪、杨俊峰、林荣取、许连捷、傅福荣、陈元殿、骆沙鸣、王祖耀
（吴其魁 摄）

十一届市政协领导班子成员、政协志编委会领导合影。左起：洪川夫、王瑞强、王祖耀、骆沙鸣、吴共湖、杨俊峰、许连捷、苏小青、陈铭福、李冀平、陈益

（吴其魁 摄）

十二届市政协领导班子成员、政协志编委会领导合影。左起：陈伟平、洪川夫、王瑞强、王祖耀、骆沙鸣、陈灿辉、陈铭福、李冀平、陈益、林志建

（吴其魁 摄）

1999年12月14日，第二次全市政协工作会议召开。市领导何立峰、施永康、涂瑞南、傅圆圆、薛祖亮、林荣取、余茂桂等出席会议

2001年4月24–28日，九届市政协第一次会议召开

2001 年 10 月 9 日，市政协和市委统战部联合召开“泉州市各界纪念辛亥革命 90 周年”大会

2002 年 4 月 10-12 日，全省九市政协主席第 3 次工作座谈会在泉州召开

2002年10月30日-11月2日，八省（区）十市政协横向联系会第4次会议在泉州召开

2003年4月1-3日，全省政协台港澳侨联络工作会议在泉州召开

2005年4月23–26日市政协九届五次全会期间，市委召开政协全会中共党员干部会议。市领导郑道溪、傅圆圆、林荣取等出席会议

2005年7月21日，第三次全市政协工作会议召开。市领导郑道溪、朱明、傅圆圆、林荣取、周振华、李建国、廖小军、林武、省政协常委施永康等出席会议

2005年11月17日，市委在市政协召开“十一五”规划建议征求意见座谈会。市委书记郑道溪、秘书长吴汉民到会听取意见

2006年12月8日，市政府市政协召开联席会议

2006年12月29日，市政协十届一次会议召开　　（吴其魁 摄）

2008年6月25日，省政协提案委员会第四次联席会在泉州召开

2008 年 11 月 19 日，省政协扶持中小企业发展专题调研座谈会在泉州召开

2009 年 4 月 21—23 日，全国二十二城市政协横向联系会第 44 次会议在泉州召开

2011 年 2 月 21–24 日，市政协十届五次会议召开。会议补选杨俊峰任市政协主席

（吴其魁 摄）

2012 年 6 月 26 日，全省九市政协主席工作座谈会在惠安县崇武镇召开

1999年9月23-24日，八届市政协举办政协理论研讨会，围绕“政协为经济建设中心服务”开展专题研讨

2000年7月1日，市政协机关党员大会召开，选举产生第一届市政协机关党委、纪委

2001年4月27日，市委召开港澳政协委员座谈会。市领导刘德章、施永康、薛祖亮、傅圆圆、骆灿堂、何锦龙、何国栋、陈敬聪、陈秋菊出席座谈会

2002年4月11日，九届市政协督办市区旧城改造房产证办理情况

2002 年 8 月 28 日，九届市政协举办“泉州市企业诚信建设报告会”。市领导施永康、傅圆圆等出席会议

2003 年 2 月 24 日，九届市政协举办“泉州人的再思考—政协论坛”。市领导骆灿堂、傅圆圆、何锦龙、廖小军等领导出席会议

1995年6月6日，泉台民间交流协会成立，泉州市委书记丘广钟向协会会长傅圆圆授牌

2000年2月28日，市政协、泉台民间交流协会举行《一个中国的原则与台湾问题》白皮书学习座谈会

2003 年 7 月 9 日，九届市政协视察鲤城区部分社区的公共设施、市政建设、文化设施、
卫生环境、群众的生活质量等方面情况

2003 年 9 月 29 日，市政协主办的“中华闽南文化网站”开通。市领导林荣取、廖小
军授牌

2003 年 9 月 29 日，市政协主办的《中华闽南文化》网站正式开通。林荣取、廖小军代表市委、市政府向网站授牌

2004 年 11 月 4 日，九届市政协组织部分委员视察泉州中心市区交通整治情况

2005年3月4日，《泉州政协》网站举行开通仪式。市政协主席傅圆圆、市委副书记林荣取点击开通网站

2005年4月23-26日，外来务工人员代表列席市政协九届五次会议　（吴其魁 摄）

2005 年 4 月 25 日，九届市政协召开“全市水环境保护与治理”专题协商座谈会

2005 年 4 月 26 日，九届市政协召开“进一步提升中心城市规划建设与管理水平”专题协商座谈会

2003 年 2 月 23 日，九届市政协对全市治理“餐桌污染”、建设“食品放心工程”情况进行考察

2005 年中秋，泉州泉台民间交流协会、泉州刺桐吟社联合举办“海峡两岸诗学交流大会”。市领导林荣取、宋长青、周子澄、王仁杰出席大会

2005 年 11 月，九届市政协视察重点工程项目建设进展情况

2006 年 3 月 22 日，福建省金爵房地产开发公司董事长、泉州市政协澳门区委员王正伟向泉州市慈善总会捐款。省政协领导黄瑞霖，市领导郑道溪、朱明、林荣取，老领导薛祖亮出席

2006 年 4 月 28 日，九届市政协举行泉州海峡文化交流联谊中心一期工程落成典礼暨“海峡情—书画精品展”

2007 年 5 月 11 日，十届市政协召开“政协委员乡镇活动组工作经验交流座谈会”

2007 年 7 月 27 日，十届市政协考察城区道路交通秩序整治情况

2007 年 11 月 7 日，十届市政协考察本市消防工作和消防队伍建设情况

2008 年 9 月 27 日，十届市政协召开考察水资源保护利用工作座谈会

2008 年 9 月 27 日，十届市政协视察新金鸡拦河闸

2009年4月8日，十届市政协在永春县东关镇南美回族村开展扶贫帮困捐助活动

2010年2月25日，十届市政协举办迎新春书画笔会

2010 年 4 月 21 日，十届市政协开展献爱心捐款活动举行

2010 年中秋佳节，十届市政协举办“庚寅秋和·泉台书画摄影作品联展”。中国国民党荣誉主席吴伯雄为本次展览题词“天运和谐”

2011年2月8日，泉州泉商发展促进会成立。省侨联主席王亚君、市领导黄少萍、郑新聪等出席成立大会

2011年4月18日，市政协机关举行绩效评估工作动员大会

2011年4月26日，十届市政协考察本市农村基础设施情况

2011年5月13日，十届市政协开展“创新社会管理，促进社会和谐”专题调研。图为调研组实地视察晋江市“创新社会管理，促进社会和谐”的做法和经验

2011 年 6 月 30 日，市政协机关举行庆祝中国共产党成立 90 周年大会

2012 年 3 月 19 日，市政协召开助推民营企业“二次创业”专题座谈会

2012年3月21日，十一届市政协在北京召开异地泉籍商会推动民营企业“二次创业”（北京片区）座谈会

2012年3月29日，十一届市政协开展“智慧城市”建设课题调研

2012年3月30日，十一届市政协主持召开深圳市泉州商会回归创业经贸考察座谈会

2012年4月10日，市政协主席杨俊峰、市政府副市长陈灿辉在洛江区调研企业“二次创业”情况

2012 年 4 月 12 日，十一届市政协考察安溪县水土保持情况

2012 年 5 月 10 日，十一届市政协考察市区文化创意产业发展情况

2012 年 5 月 17 日，十一届市政协在安溪县召开第一次县（市、区）主席工作座谈会

2012 年 5 月 24 日，十一届市政协考察本市农产品质量安全情况

2012 年 6 月 2 日，十一届市政协泉籍异地商会推动泉州民营企业“二次创业”（济南片区）座谈会在济南市召开

2012 年 7 月 22 日，十一届市政协港澳委员座谈会在深圳市召开

2012 年 9 月 5 日，十一届市政协督办重点提案：晋江、洛阳江下游河道环境整治修复，保护泉州湾河口湿地生态环境的提案（第 69 号重点提案）　（泉州晚报社供图）

2017 年 3 月 30 日，市政协主席、政协志编委会主任陈灿辉主持召开市政协志编委会成员会议，评议《市政协志》评审稿

市政协主席

张其载

林文麟

傅圆圆

林荣取

杨俊峰

市政协副主席

朱江水

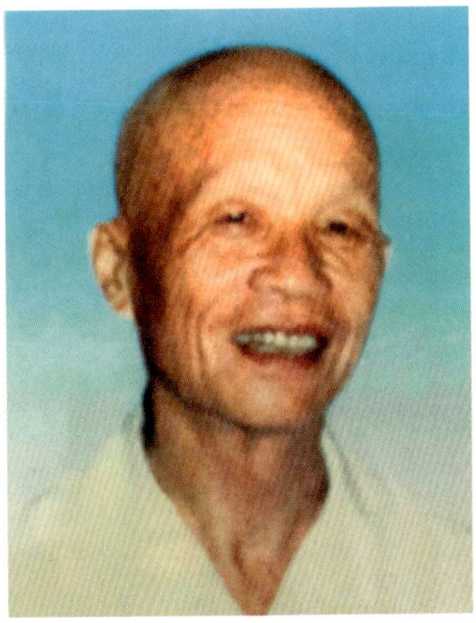

廖博厚

吕敦村

李德茂

曾惠华

庄清桂

市政协副主席

齐世和

王文泰

薛天锡

何国栋

叶聪敏

张章炳

市政协副主席

郑今奋

王仁杰

张贻伦

何融融

刘佳景

陈敬聪

市政协副主席

林玉莲

陈秋菊

郑增辉

许连捷

吴共湖

傅福荣

市政协副主席

苏小青

陈元殿

陈立德

骆沙鸣

陈铭福

王祖耀

市政协秘书长

叶启东

卢金枝

黄利禾

洪川夫

序一

《泉州市政协志》的编纂出版，在泉州政协史上具有里程碑的意义。2013年，十一届泉州市政协启动修志工作，两届市政协承上启下，将我市政协26年的光辉历程载入史册，客观地记述了泉州政协工作的史实，为深入了解和研究泉州政协史、统一战线史提供了重要的史料依据，更为继往开来的全市政协组织、政协委员和政协工作者履职尽责提供重要的文献参考，发挥“修志载言、存史资政”的积极作用。

志书记盛世。本志书如实记述泉州政协事业的发展轨迹，见证泉州物质文明、政治文明、精神文明、社会文明和生态文明建设的历史进程，展示了泉州政协组织、广大政协委员投身改革开放伟大事业的群体形象。

志书存高远。本志书以史为鉴、面向未来，让泉州政协工作的内涵、方式和特点跃然纸上，为探索政协工作规律、开创泉州政协工作新局面积存了全面、系统和翔实的史料，为不断向前的泉州政协事业总结和提炼了宝贵的经验。

志书励当下。本志书给人以滋养、以借鉴，必将激励泉州市政协乃至各级政协组织、政协委员以及各界人士鉴往知今、砥砺前行，共同为加强和改进政协工作、推动人民政协事业蓬勃发展添砖加瓦。

新时代赋予人民政协新的使命。勤于回顾总结，善于学习提升，推动人民政协事业再上新台阶，正是我市政协组织、政协委员和政协工作者应尽的责任。让我们紧密地团结在以习近平同志为核心的中共中央周围，在中共泉州市委的坚强领导下，牢牢把握团结民主主题，充分发挥政治协商、民主监督、参政议政职能作用，为协力建设创新、智造、海丝、美丽、幸福泉州作出新贡献，谱写新篇章。

十二届泉州市政协主席

2017年11月

序二

第二轮泉州政协专志的编纂，以志书的形式，全面、系统地记述1986年以来泉州市政协的光辉历程，全方位展示历届政协服务发展取得的重要业绩，为政协事业的发展积存经验、提供借鉴，无疑是泉州政协史上的一件大事。

《泉州市政协志》以时间为序，脉络清晰，史料真实，文风朴实，形式规范，是思想性、史料性、科学性的有机统一。主要记述六届至十届市政协在中共泉州市委领导下，坚持团结民主主题，履行政治协商、民主监督、参政议政职能，发挥协调关系、汇聚力量、建言献策、服务大局作用的光辉历程；记述政协组织、政协委员在服务泉州经济社会发展以及为加强与港澳台侨联络联谊，促进闽台、泉台民间交流所发挥的重要作用；记述中共泉州市委加强和改进对政协工作的领导、把政治协商纳入党政民主决策程序、完善民主监督机制、提高参政议政实效、加强政协自身建设等方面的显著成绩。本志书以史为鉴，面向未来，以大量丰富翔实的资料数据，多角度地反映我市政协事业的精神风貌，从一个侧面展现了泉州30年改革开放的历史进程，是我市政协组织和各族各界人士风雨同舟、携手奋进历程的记述和佐证，为研究政协工作规律、促进政协事业发展提供了宝贵的文献资料。

30年修得一志书，实属不易。《泉州市政协志》编纂工作历经3年，得到了市志书编委会的指导，省政协委员工作室和市直有关部门、各县（市、区）政协的支持，以及历届市政协领导的关心；凝聚着编纂人员同心协力、扒罗剔抉、披沙拣金、征集考证所付出的心血和汗水。在本志书即将付梓之际，谨向关心、帮助过编纂工作的单位和同志致以诚挚的谢意和崇高的敬意！

是为序。

十一届泉州市政协主席

2017年11月

编者说明

泉州市政协于1990年首次编纂《泉州市政协志（1950—1990）》，其下限至六届泉州市政协届满，涵盖前5届晋江地（专）区泉州市政协（县级）和第六届泉州市政协（地厅级）。为将地厅级泉州市政协史实与县级泉州市政协史实记述作区分，保持地厅级泉州市政协志书的独立性，又与《泉州市政协志（1950—1990）》相衔接，经中共泉州市政协党组同意，第二轮编纂《泉州市政协志》，上限仍取1986年1月，即泉州升格为地级市后，市政协六届一次会议召开时。

本志所用资料主要来自泉州市档案馆，一部分由福建省政协委员工作室，中共泉州市委组织部、统战部、党史研究室，泉州市方志委，泉州市政协各委（办、室）、各县（市、区）政协、泉州市图书馆提供，少部分来自报刊和个人，一般不注明出处。凡资料不全或因故阙如的，仍保持原貌，附以简要说明，以备参考。

本志所用照片的拍摄者，除特别注明外，均为泉州市政协机关的有关工作人员。

凡　例

一、本志以马克思列宁主义、毛泽东思想、邓小平理论、“三个代表”重要思想、科学发展观、习近平新时代中国特色社会主义思想为指导，坚持辩证唯物主义和历史唯物主义的立场、观点和办法，记述泉州市政协组织的发展历史。

二、本志记述时间上限为1986年1月六届泉州市政协选举产生时，下限至2012年1月十届泉州市政协届满。

三、本志采用现代汉语，记述文体。正文根据记述内容分类，按时间顺序编写，概述概揽全貌。

四、本志所记机构、党派、团体等名称，首次出现时用全称，重复出现时用简称。如中国人民政治协商会议福建省委员会，简称“政协福建省委员会”“福建省政协”“省政协”；中国共产党泉州市委员会，简称“中共泉州市委”“泉州市委”“市委”；泉州市人民政府简称“泉州市政府”“市政府”；中国人民政治协商会议泉州市委员会，简称“政协泉州市委员会”“泉州市政协”“市政协”；中国人民政治协商会议第X届泉州市委员会，简称“X届泉州市政协”“X届市政协”；政协泉州市委员会全体会议简称“泉州市政协全会”；中国人民政治协商会议第X届泉州市委员会第X次会议，简称“泉州市政协X届X次会议”“市政协X届X次会议”。依此类推，泉州市政协主席会议，又简称“泉州市政协X届X次主席会议”“市政协X届X次主席会议”；泉州市政协常务委员会会议，又简称“泉州市政协X届X次常委会议”“市政协X届X次常委会议”。机构、党派、团体简称依此类推。

五、本志对领导人和委员的称呼，一般只写其姓名及职务或只写姓名，后不加“委员”或“同志”。

六、本志数字表述遵守《中华人民共和国国家标准·出版物上数字用法》规定。

七、本志以人物简介、人物名录、人物名表3种体裁记录人物。

目　　录

概　述

根据《中国人民政治协商会议共同纲领》的规定，在普选的地方人民代表大会召开以前，由地方各界人民代表会议逐步代行人民代表大会的职权。各界人民代表会议的常设机构是它的协商委员会。1950 年 6 月，政协全国委员会通过《关于地方委员会的决定》，规定由省、市各界人民代表会议协商委员会代行政协地方委员会的职权。

1951 年 2 月，泉州市与晋江县分治后，即成立泉州市各界人民代表会议协商委员会，代行人民代表大会职权。1954 年全国及地方人民代表大会召开后，各界人民代表大会协商委员会不再代行人民代表大会职权。1956 年 6 月 12 日，政协泉州市委员会正式成立。

1956 年 6 月到 1966 年“文化大革命”前的十年时间里，泉州市政协（县级）经历了第一、二、三届委员会。1965 年 3 月三届四次全会至 1981 年 2 月四届一次全会前，由于历史原因，市政协被迫停止工作。具有重大历史意义的中共十一届三中全会胜利召开，人民政协工作得到全面恢复和发展。1981 年 2 月—1985 年底，泉州市政协（县级）经历了第四、五届委员会。

随着改革开放的不断深入，1985 年 5 月，经国务院批准，泉州市升格为地级市，实行市管县体制。泉州市政协按届次接续计算，于 1986 年 1 月组成第六届委员会。自 1986 年 1 月 4 日政协第六届泉州市委员会第一次会议召开至 2012 年 1 月，泉州市政协经历了第六、七、八、九、十届委员会。

中共泉州市委切实加强对政协工作的领导。市委在各届市政协都设立党组，张其载任第六届市政协党组书记，林文麟任第七届市政协党组书记，傅圆圆先后任第七、八、九届市政协党组书记，林荣取先后任第九、十届市政协党组书记，杨俊峰接任第十届市政协党组书记。2000 年 7 月起，在市政协机关设立党委，黄利禾先后担任第一、二届机关党委书记，洪川夫接任第二、三届机关党委书记。市委分别于 1995 年 12 月 12 日、1999 年 12 月 14 日、2005 年 7 月 21 日召开第一、二、三次全市政协工作会议，贯彻中共中央、福建省委重要会议精神和工作部署，推进各时期全市政协工作。先后出台《关于转发市政协党组〈关于加强和改善人民政协工作的意见〉的通知》（泉委〔1986〕综099号）、《中共泉州市委关于进一步加强人民政协工作的意见》（泉委〔1995〕37号）、《中共泉州市委贯彻〈中共福建省委关于进一步加强人民政协工作若干问题的决定〉的意见》（泉委〔1999〕5号）、《中共泉州市委关于进一步加强新时期人民政协工作的实施意见》（泉委发〔2005〕4号）等文件，为加强全市政协工作规范化、制度化建设提供制度保障。市直相关单位认真贯彻落实市委重要会议和重要文件精神，及时印发有关文件，采取积极措施，为各级政协履职尽责创造良好条件。

第六届至第十届泉州市政协逐步建立健全组织机构，及时调整界别设置，不断发展壮大委员队伍。第六届市政协设置25个界别，共有289名委员、62名常务委员；1986年1月，六届一次全会选举张其载为主席、朱江水等6人为副主席、叶启东为秘书长；六届三次、五次会议增选3位副主席。第七届市政协设置30个界别，共有311名委员、61名常务委员；1991年3月，七届一次全会选举林文麟为主席、傅圆圆等5人为副主席、卢金枝为秘书长；七届五次会议补选傅圆圆为主席、补选1名副主席。第八届市政协设置32个界别，共有456名委员、82名常务委员；1996年3月，八届一次全会选举傅圆圆为主席、何国栋等7人为副主席、黄利禾为秘书长；八届二次会议增选2名副主席。第九届市政协设置31个界别，共有505名委员、95名常务委员；2001年4月，九届一次全会选举傅圆圆为主席、何国栋等9人为副主席、黄利禾为秘书长；九届五次会议补选林荣取为主席，增选1名副主席；九届六次会议增选1名副主席。第十届市政协设置32个界别，共有514名委员、91名常务委员；2006年12月，十届一次全会选举林荣取为主席、陈敬聪等10人为副主席、黄利禾为秘书长；十届四次会议补选秘书长；十届五次会议补选杨俊峰为主席。

第六届至第十届泉州市政协依据《政协章程》组织召开各种会议，履行职能职责。六届市政协共召开5次全会、25次主席会议、22次常务委员会议；七届市政协共召开5次全会、35次主席会议、27次常务委员会议；八届市政协共召开5次全会、63次主席会议、26次常务委员会议；九届市政协共召开6次全会、68次主席会议、33次常务委员会议；十届市政协共召开5次全会、32次主席会议、35次常务委员会议。各届市政协通过召开会议，适时决策重大事项、决定人事任免和协商相关工作。各届市政协还与市政府召开数十场次联席会议，开展有关专题协商；召开50多场次市、县（市、区）政协主席工作座谈会、数百场次各类会议，以回顾总结、研讨交流、部署推进政协工作，庆祝或纪念重大历史事件和伟大历史人物，表彰政协系统的先进集体和先进个人。

第六届至第十届泉州市政协牢牢把握团结、民主两大主题，紧紧围绕服务党政工作中心，在履行政治协商、民主监督、参政议政三个职能方面，组织大量活动，开展大量工作，积极建言献策。在学习、宣传、理论研究和信息工作方面，通过印发简报和发送报刊等学习参考资料，举办专题辅导报告会、讨论会、座谈会等形式，组织委员学习理论，提高素质；通过创办机关刊物、网站，大力宣传委员风采，及时反映各专门委员会、工作组的活动情况，交流经验，推动工作，增进委员的相互了解，并以此加强与兄弟省、市政协的联系沟通；通过密切与有关国内重要媒体报刊的联系，在相关刊物刊载宣传泉州市政协履行职能的情况；同时通过举办专题研讨会、学术研讨会，不断扩大泉州市政协的社会影响力。在提案工作方面，通过精心组织委员和政协参加单位撰写、提交较高质量提案，确定并重点督办一批重要提案，提高提案办理工作水平。在经济、教科文卫体、社会与法制、港澳台侨与外事、民族与宗教、人口资源与环境工作等方面，通过组织一系列课题调研、专项视察、提案督办、专题协商、民主监督、建言献策等履职活动，促成很多民生热点难点问题得以明显改善和妥善解决，有力地助推泉州的经济社会事业发展和现代化建设，促进社会和谐。在文史资料工作方面，通过编辑出版文史资料，编撰富有地方特色的一系列画册和专辑，视察文物保护单位，开展专题调研，配合全国政协和福建省政协文史资料（研究）委征编专题资料，举办纪念大会、学术研讨会、诗词吟诵会、征文活动、书画摄影作品展等，为泉州优秀传统文化的传承发展添砖加瓦。在落实统战政策工作方面，通过参与专项督查、督促落实有关政策，协助党委、政府落实相关统战政策，共同做好政协系统一些冤假错案的平反和历史遗留问题的解决工作。在联系与指导工作方面，通过召开市、县（市、区）政协主席工作座谈会、专门委员会工作会议，邀请县（市、区）政协委员参加重要提案督办、重要视察考察、重要课题调研、重要专题协商会议等，扩展与县级政协的联系渠道，密切与县级政协的工作联系；通过接待并参加全国政协、福建省政协和省外政协在泉州的调研、考察、视察，参加省内外政协的横向联系会议等活动，虚心学习借鉴上级政协、兄弟省市政协的先进工作经验，积极探索新形势下人民政协履行职能的规范化、制度化、程序化建设，推动政协工作新发展。在自身建设方面，通过密切与各民主党派的联系，支持各民主党派和无党派人士参与泉州市党委、政府一系列政策、决策的讨论协商，为政协参加单位履行职责提供平台，创造有利条件；通过加强界别建设，创新界别活动形式，开展适合界别特点和要求的活动，认真探索发挥界别作用的方法和途径，充分调动各界别参政议政的积极性；通过加强政协委员履职平台建设，强化对委员的管理与服务，宣传政协委员中的先进典型，以加强政协委员队伍建设、提高委员队伍整体素质、发挥委员的主体作用；通过适时设立、整合专门委员会，不断推动专门委员会科学化建设，为委员开展经常性的履职活动提供组织保障；通过深化政协机关机构改革，完善办事机构、工作机构、工作制度，加强干部队伍建设，为委员发挥主体作用提供多方面保障；通过加强委员管理制度建设，建立委员履职档案，对委员参加政协例会、提出提案、反映社情民意、参加视察调研、参加联络活动及其他有关活动提出详细的履职规定，同时对依法维护政协委员履职的权利提出具体要求。在扶贫济困方面，通过发动政协机关、政协委员挂钩扶贫、捐赠济困、帮扶少数民族村，为党政分忧，为百姓解难。

第六届至第十届泉州市政协逐步建立健全相关工作规则、制度，深化政协制度化建设。七届市政协出台 2 份文件，八届市政协批准 3 份文件，九届市政协印发 12 份文件，期间市委办公室、市政府办公室转发九届市政协关于《政协泉州市委员会提案工作实施办法》，十届市政协印发 1 份文件，分别制定政治协商民主监督参政议政工作规范，全体会议工作规则，主席会议工作规则，主席联系常委、常委联系委员制度，常务委员会工作规则，秘书长会议工作规则，政协秘书长、副秘书长和各办公室主任、副主任工作规则，提案工作实施办法，专门委员会通则，委员履行职责服务管理办法，反映社情民意信息工作条例，委员视察工作暂行规定，政协机关办公会议制度等。

第六届至第十届泉州市政协适时设置、整合政协机关的内设机构。六届市政协成立办公室，作为常设办事机构；成立提案、学习、文史、经济、“三胞”（即港澳同胞、台湾同胞和海外侨胞）工作委员会以及教育、科技、文艺、医药卫生、妇女、民族宗教、法制工作组等 12 个委（组）。1989 年 3 月，原有的 12 个委（组）合并为 10 个工作委员会，并增设文史资料委员会办公室、三胞联谊委员会办公室、专门委员会综合办公室等 3 个科级机构。1991 年 7 月，市政协机关设置 4 个处级机构，除原有市政协办公室外，增设市政协专门委员会综合办公室、三胞联谊委员会办公室、经济科技委员会办公室。随后，撤销委员会 3 个科级办公室。2005 年 9 月，市政协机关机构设置由原来的 4 个机构正式调整为办公室、研究室 2 个办事机构；专委会由

“虚”转变为“实”，设立的提案委员会、学习宣传委员会、经济科技委员会、港澳台侨委员会、社会和法制委员会、文教卫体委员会、民族宗教委员会、文史委员会等8个专门委员会均为正处级单位建制。2009年2月，合并文史委员会和学习宣传委员会，设立文史和学习宣传委员会；新设立人口资源环境委员会；文教卫体委员会更名为教科文卫体委员会；经济科技委员会更名为经济委员会，原承担的科技方面工作职责划入教科文卫体委员会；港澳台侨委员会更名为港澳台侨和外事委员会；市政协办公室内设联络科更名为政协委员工作室，升格为副处级单位，挂靠市政协办公室。1997年成立的《泉州政协》编辑部、2006年成立的泉州海峡文化交流联谊中心，均为正科级事业单位，隶属市政协办公室领导。

1986—2011年，泉州辖区的11个县（市、区）政协组织机构先后建立并得到加强。鲤城区政协历经7届，行政区划调整后丰泽区政协和洛江区政协均历经3届、泉港区政协历经2届、石狮市政协历经5届，晋江市政协、南安市政协、惠安县政协、安溪县政协、永春县政协、德化县政协均历经7届。各届县（市、区）政协机关均设置办事机构和工作机构，并随形势发展和实际工作需要，适时调整、充实和完善。

六届市政协以来的发展历程，展现出政协组织高举中国特色社会主义伟大旗帜、锐意进取、服务大局、履职尽责的光辉篇章。26年来，泉州市政协在中共泉州市委的坚强领导和社会各界的关心支持下，组织机构、界别设置、制度规章不断健全完善，委员队伍不断发展壮大，履职活动不断创新扩展，政治协商、民主监督、参政议政的能力水平不断提高，既为泉州的现代化建设做出积极贡献，也为泉州政协事业的与时俱进、继往开来提供丰富经验和宝贵借鉴，更为泉州政协工作的制度化、规范化、程序化建设夯实基础。

泉州市政协大事记

(1986.1—2011.12)

1986 年

1 月 4—9 日，市政协六届一次会议在泉州宾馆召开。

3 月 4—6 日，全国政协副主席杨静仁一行在泉州视察。

4 月 8—11 日，泉州市首次县（区）政协工作座谈会在泉州宾馆召开。

4 月 28 日，省、市人大部分代表和政协部分委员实地视察晋江下游河道。

5 月 19—30 日，出席省政协五届五次会议的港澳地区委员和全国政协委员、特邀人士一行考察泉州“三资”企业（中外合资经营企业、中外合作经营企业、外商独资经营企业）。

6 月 12 日，市政协党组决定成立泉州市华侨联谊中心。

6 月 20 日，《泉州政协》通讯创刊。

6 月 24 日，省政协委员、菲华联谊会理事长吴永源博士率领菲律宾美骨区菲华联谊会参观团一行参访泉州。

7 月 3 日，市政协在晋江县为著名的高甲戏文艺表演家柯贤溪举行从艺 70 周年表彰大会。

7 月 28 日—8 月 2 日，市政协经济建设工作委员会会同市人大华侨委员会、晋江县政协等单位，考察石狮镇利用侨乡优势，发展侨乡经济的情况。

8 月 16 日，市政协主席张其载接受市委、市政府委托，率领泉州市横向经济联系代表团，在辽宁、江苏等地探讨横向经济合作。

9 月 15 日，《泉州文史资料》新一辑出版发行。

9 月 26 日，厦门、漳州、泉州市政协、统战部“三胞”工作座谈会在泉州市鲤城区召开。

9 月 29 日，菲律宾马尼拉市工商考察团在团长施灿悦率领下在泉州考察投资项目。

11月10日，中共泉州市委印发《转发市政协党组〈关于加强和改善人民政协工作的意见〉的通知》（泉委〔1986〕综099号）。

11月11日，市政协三胞工作委员会召开会议，学习中共中央办公厅转发中央统战部《关于海外统战工作座谈会情况的报告》。

11月12日，市政协在工人文化宫影剧院召开“泉州市各界纪念孙中山先生诞辰120周年”大会。

11月14日，中共泉州市委召开常委、副市长联席会议，会议同意市政协提出的市政协办公楼基建方案。

1987年

1月15—17日，省政协副主席袁改一行实地视察南安县、安溪县“三资”企业，并走访贫困乡。

2月12日，市政协学习委员会编印《学习参考资料》第一期，同全国62个历史文化名城建立交换资料的关系。

2月12日，市政协文史资料研究委员会、文艺工作组会同刺桐吟社举办“丁卯元宵春灯诗坛及诗会”。

4月6日，省政协副主席许集美实地了解、指导泉州市、县政协工作。

4月14—18日，市政协六届二次会议在泉州华侨大厦召开。

5月12—14日，全国政协副主席钱昌照一行考察泉州。

5月4—10日，十三城市政协横向联系会首次座谈会先后在泉州市和漳州市举行。

5月20—28日，市政协三胞工作委员会配合市人大华侨委员会等单位在晋江、南安县调研《中华人民共和国公民出境入境管理法》及其实施细则贯彻执行情况。

6月18—19日，省政协医卫工作组在惠安县土岭镇、泉州汽车站、南安县官桥镇等地检查考察。

7月10日，华侨联谊中心董事会召开第一次会议，表决通过《泉州华侨联谊中心董事会章程》。

8月5—7日，各县（区）政协办理委员提案工作座谈会在德化县召开。

12月17日，市政协三胞工作委员会召开座谈会，组织学习中共中央办公厅、国务院办公厅转发中央对台工作领导小组《关于做好台胞来祖国大陆探亲工作的意见》等文件。

1988 年

1 月 3—7 日，市政协六届三次会议在泉州宾馆召开。

1 月 18—20 日，全国政协副主席杨成武等一行在泉州参观考察。

3 月 6—9 日，省政协副主席倪松茂、卢浩然带领驻福建全国政协委员一行考察石狮、陈埭、安海、磁灶、官桥等地的乡镇企业和外向型企业。

4 月 5—11 日，省政协经济建设工作组调研考察晋江县、石狮市发展外向型经济和石狮市建制等情况。

4 月 24 日，市政协医药卫生工作组组织 14 名医药卫生界人士赴贫困乡鲤城区罗溪乡为群众义诊。

6 月 17 日，泉州华侨联谊中心会同市侨办、市侨联在华侨大厦与菲律宾华侨抗日游击队华支战友访华团举行座谈会。

10 月 20 日，市政协主席张其载，副主席朱江水、齐世和率市财委、交通局等部门负责人在市政协扶贫挂钩点永春县苏坑乡现场办公。

12 月下旬，市政协办公楼基本竣工落成。

1989 年

2 月 20—21 日，市政协在泉州宾馆召开县（区）政协工作座谈会，学习讨论《政协全国委员会关于政治协商、民主监督的暂行规定》，交流县（区）政协工作情况。

3 月 1—9 日，省政协副主席张克辉、省人大常委会副主任黄长溪带领的在闽全国政协委员视察泉州“三资”企业以及教育、环境保护等项工作。

3 月 13—18 日，市政协六届四次会议在泉州宾馆召开。

3 月 27 日，市政协党组同意华侨联谊中心成立“泉州华侨联谊服务中心”。

4 月 7 日，市政协成立石狮联络组。

5 月 18—19 日，齐世和率领市政协法制委员会、三胞委员会和民革泉州市委会负责人，视察南安县、晋江县公安局出境审批实行“两公开一监督”的情况。

6月16日，市政协邀请市民革、民盟、民进、农工党、致公党、九三学社等民主党派负责人座谈，就《政协泉州市委员会关于贯彻实施〈政协全国委员会关于政治协商、民主监督的暂行规定〉的意见》（征求意见稿）征求意见。

10月30日，中共泉州市委批转政协泉州市委员会党组提出的《贯彻实施〈政协全国委员会关于政治协商、民主监督的暂行规定〉的意见》（泉委〔1989〕综57号）。

11月17—18日，市政协副主席齐世和、庄清桂带领各界委员会负责人，视察福建炼油厂和香港南益实业有限公司投资合营的系列企业南丰针织厂、南华织造厂、南晶针织时装公司。

12月18—21日，张其载带领市政协经济科技委员会部分成员考察泉州糖厂、麻纺厂生产经营情况，并就解决考察中发现的问题同市政府领导磋商。

1990年

1月10—15日，张其载同市委、市人大、市政府、市纪委领导在泉州糖厂、麻纺厂现场办公，研究解决工厂的生产和职工生活问题。

3月14—18日，市政协六届五次会议在泉州宾馆召开。

4月，市政协组织委员考察晋江县围头半岛，与晋江县有关部门商讨解决围头水、电、道路、码头建设等问题。

6月，市政协组织委员视察永春县猛虎、天马等4家茶果（林）场，与南安县政协一道参加在辽宁省抚顺市和辽阳市举行的十六城市政协横向联系座谈会，就服装鞋帽等小商品的销售与有关省外城市达成合作意向。

10月，市政协组织委员视察安溪县侨胞捐资助学情况。

1991年

3月16—20日，市政协七届一次会议召开。

4月9—13日，市政协副主席傅圆圆带领住泉州的省政协委员视察组一行20人，视察泉州市国营企业、“三资”企业。

5月7日，市政协副主席王文泰主持召开座谈会，讨论泉州市“八五”计划和十年规划。

6月14—15日，市政协副主席吕敦村、秘书长卢金枝陪同全国政协华侨委员会负责人在仰恩学院、石狮市调研了解归侨、侨眷的权益保护法和捐赠法的实施情况。

9月23日，王文泰会见以施文超为团长的台湾高雄晋江同乡会访问团，并座谈海峡两岸共同关心的问题。

9月26日，王文泰接见菲律宾侨光国际旅行社有限公司副董事长王万雷、董事施添丁，双方共同探讨进一步加强联谊交往及对“华侨之家”的管理和指导等问题。

10月4—7日，全国政协文教委员会视察团专题调查泉州市的农村教育情况，先后视察崇武古镇、晋江溜江文化中心、石狮市蔡友玉楼。

10月10日，市政协和鲤城区政协在泉州市工人文化宫联合举行纪念辛亥革命80周年大会。

11月4日，市政协文教卫体委员会与泉州陶行知研究会联合举行纪念杰出人民教育家陶行知先生诞辰100周年大会。

1992年

1月23—24日，全国政协副主席钱正英在泉州考察。

1月28日，市政协与中共泉州市委统战部联合举办“泉州市1992年各界人士迎春茶话会”。

1月31日，全国政协副主席陈再道在泉州考察。

2月21—27日，在闽全国政协委员视察泉州“三资”企业、乡镇企业生产和发展情况。

2月23—25日，全国政协副主席程思远在泉州视察。

3月9—12日，市政协七届二次会议召开。

3月26日，市政协与市人大常委会、鲤城区政协联合召开泉秀新村公共设施规划建设情况座谈会。

4月20日，市政协、中共泉州市委统战部在福州联合举办泉籍省政协港澳、华侨委员座谈会。

5月22日，全国政协副主席马文瑞在泉州调研视察。

6月8日，市政协与南安县政协联合举行纪念郑成功逝世330周年系列活动。

7月3日，市政协召开支柱产业发展规划讨论会，邀请各民主党派负责人、部分常委和经科界人士讨论泉州市支柱产业发展规划（1990—2000）。

8月12日，市政协召开肖厝石化基地规划建设工作座谈会。

8月13日，林文麟在德化县上涌乡现场办公，推进扶贫工作。

10月30日，王文泰带领部分市政协常委考察泉州市第三水厂筹建情况。

12月19—20日，市政协副主席薛天锡带领市政协、鲤城区政协部分委员、有关同志视察市区治安、交通管理情况。

1993年

1月5日，市政协召开座谈会，文史委、经科委部分委员参加，听取市城建局、规划局、设计院通报鲤城区旧城改造的总体设想和规划。

1月6日，市政协召开由市各民主党派、工商联负责人和市政协经济科技界部分委员参加的会议，邀请市计委通报《泉州市国民经济和社会发展十年规划和“八五”计划调整意见》。

同日，林文麟在福州市会见参加省政协七届一次会议的泉州籍港澳委员。

2月5日，市政协召开全市政协系统先进集体、先进工作者表彰会议。

3月8—12日，市政协七届三次会议召开。

5月8日，市政协组织部分常委、市各民主党派负责人、市政协机关科级以上干部讨论泉州市中心城市建设问题。市计委领导到会通报《“大泉州”建设构想》。

7月19—22日，王文泰带领市政协经科委部分委员在惠安涂岭调查农村工作和农业生产情况。

7月29—30日，市政协召开工作座谈会，交流探讨新形势下加强与委员的联系，进一步调动委员参政议政积极性，更好发挥人民政协职能作用的措施。

10月23日，市政协举办《台湾问题与中国的统一》白皮书专题讲座。

12月5日，全国政协副主席、中央统战部部长、国台办主任王兆国在鲤城区、南安市、晋江市、石狮市考察。

12月21日，市政协、中共泉州市委宣传部、市文联和农业银行泉州市分行联合举办纪念毛泽东诞辰100周年系列活动。

1994 年

2 月 4—8 日，市政协副主席王文泰、曾惠华分别带队调研泉州市“菜蓝子工程”建设情况。

2 月 20—21 日，全国政协副主席杨汝岱在泉州考察。

2 月 24 日，省政协副主席刘金美出席泉州侨乡体育中心五项工程奠基仪式。

2 月 25 日，市政协召开第二十六次主席会议，决定评选有突出贡献的市政协委员，并通过表彰优秀提案的建议案。

3 月 2—6 日，市政协七届四次会议召开。

3 月 3—7 日，原全国政协副主席方毅在泉州考察。

5 月 23—28 日，十八城市政协横向联系会第 15 次座谈会在泉州召开。

8 月 5—6 日，七届市政协在惠安县召开第二次县（市、区）政协主席联谊会议，交流探讨如何发挥乡镇政协联络组在两个文明建设中的作用。

10 月 21—25 日，全国政协副主席钱伟长率全国政协视察团在泉州调研历史文化名城保护情况。

10 月 22—26 日，全国政协副主席孙孚凌在泉州考察。

12 月 22—23 日，市政协组织住泉州的省政协委员视察安溪龙门隧道、晋江机场建设情况。

1995 年

3 月 20—23 日，市政协七届五次会议召开。

5 月 19 日，市政协、中共泉州市委统战部在深圳召开泉籍港澳政协委员座谈会。

5 月 23 日，省政协主席游德馨一行考察晋江市金井围头等地对台民间贸易情况。

6 月 6 日，泉州泉台民间交流协会成立。

7 月 21 日，傅圆圆率队实地调研、了解石狮市企业发展情况，共商推动新一轮发展大计。

7 月 24 日，傅圆圆、王文泰带领部分常委、委员视察省道 305 线鲤城区、南安市、永春县境内路段及省道 306 线南安城关至泉州路段。

11 月 11 日，中共福建省委宣传部出版局正式行文批准创办《泉州政协报》，全国政协副主席王兆国为该报题写刊头。

12 月 11 日，中共泉州市委印发《中共泉州市委关于进一步加强人民政协工作的意见》。

12 月 12 日，中共泉州市委召开全市政协工作会议，贯彻落实中共中央〔1995〕13 号文件精神。

1996 年

3 月 26—29 日，市政协八届一次会议召开。

5 月 5 日，市政协三胞委会同泉台民间交流协会、市社科联、石井郑成功纪念馆等单位，邀请省闽台科技交流协会顾问张连作“泉台关系史及台湾当前形势”专题报告。

5 月中旬，全国政协研究室副主任王九英带领全国政协调研组就“发挥政协政治优势，促进民营经济发展，加快实现两个转变”，在泉州开展专题调研。

5 月下旬，省政协副主席周厚稳一行在泉州调研考察民营企业精神文明建设和政协工作情况。

7 月 5 日，市政协召开教育卫生体育工作研讨会，研讨建设教育强市、体育强市和创建省级文明卫生城市等工作。

7 月 5—7 日，以全国政协常委、中将、国防科技大学原校长陈启智为团长，全国政协委员、湖南省政协副主席何绍勋、谢佑卿为副团长的全国政协委员赴闽视察团一行视察泉州。

7 月 25 日，市政协成立由华侨大学、仰恩大学、黎明大学、泉州师范、泉州教育学院的市政协委员组成的高校委员联络组。

8 月 25—26 日，市政协在澳门召开八届一次全会以来首次港澳委员联谊会，探讨如何进一步发挥港澳委员的作用，为港澳的平稳过渡和家乡的经济建设多作贡献。

9 月 25—27 日，由市政协牵头组织，省社科联、市社科联、泉州历史研究会、施琅研究会等单位联办的“施琅逝世 300 周年纪念大会暨学术研讨会”在泉州召开。《求是》杂志社副总编苏双碧及应邀莅会的专家学者、旅菲的港台施氏族亲共 200 多人参加会议。

10 月 8 日，傅圆圆一行在上海市长宁区参加二十城市政协横向联系会第 20 次会议。

10月16日，八届市政协学习中心组举行第8次学习会，市长何立峰应邀到会通报泉州市1—9月经济发展情况及下阶段工作安排。

10月20日，泉州泉台民间交流协会、泉州闽台关系史博物馆联合举办泉州天后宫建宫800周年系列纪念活动。

10月22—25日，以市政协港澳常委林树哲为团长、颜洪龄为副团长的市政协港澳委员回乡视察团一行在泉州开展视察活动。

11月4日，由市政协牵线搭桥引资、旅菲侨亲捐建的“柯银娘图书馆”“王若察礼堂”“兼济楼”等7项工程落成典礼，分别在泉州幼师、泉州师范、晋江市罗山镇举行。

11月19日，市政协办公室、市政协提案委联合召开泉州市政协提案工作经验交流会。

11月中旬至12月，各县（市、区）的省、市政协委员围绕“扶贫攻坚、奔小康建设新村”主题开展易地视察活动。

12月18—19日，以省政协副主席刘金美为组长的省政协检查组，受中共福建省委的委托，代表省政协党组织，实地检查泉州市的政协工作。

12月18日，全国政协副主席孙孚凌视察泉州市民营企业。

12月18—19日，以省政协副主席刘金美为组长的省政协检查组受省委委托，代表省政协党组，实地检查泉州市贯彻落实《中共福建省委印发省政协关于政治协商、民主监督、参政议政的实施办法的通知》情况。

1997年

1月8日，省政协副主席林开钦率省直有关部门负责人视察三郊线永春路段工程建设情况。

1月18—25日，应泉州市政协港澳委员邀请，市政协12位常委组团赴港澳作为期一周的考察访问。

3月2—12日，应省政协的要求，傅圆圆等人赴深圳市，协助省政协就香港回归后如何把握新机遇，密切闽港经济合作，推动闽台关系新突破等重点问题开展专题调研。

3月17—20日，市政协八届二次会议召开。

4月15—17日，省政协山海经济协作座谈会在泉州市召开。

5月6—13日，应市政协邀请，由郭惠銮为领队、陈雪彬为团长的“菲华联谊会教师访问团”参访泉州。

5月10日，市政协举办香港回归政治经济形势专题讲座，邀请香港文汇报第一副总编张晴云主讲“香港回归的历史进程和基本法的实施”，香港经济导报总编陈可锟主讲“香港经济发展新纪元和内地与香港的经济合作”。

5月18—19日，全国政协水利视察团在泉州视察。

6月中、下旬，省政协党组副书记、副主席林开钦率调研组在泉州调研山海协作情况，检查、了解泉州市先行工程建设进展情况。

7月15日，福建省政协、泉州市政协、南安市政协在泉州联合召开“福建省暨泉州市各界纪念郑成功收复台湾335周年大会”。省政协主席游德馨、省委副书记习近平、省政协副主席邹尔均出席大会，习近平发表主题讲话。

8月上中旬，市政协副主席张章炳带领市政协社会法制委部分委员视察市直、晋江、石狮、惠安、南安等县（市、区）禁毒工作情况。

10月19—20日，全国政协副主席阿沛·阿旺晋美率全国政协民族宗教委员会成员实地考察泉州改革开放、经济发展、民族团结和社会进步等情况。

11月5—7日，全国部分历史文化名城政协联系会第8次会议在泉州召开。

11月8日，全国政协副主席王兆国、洪学智、何鲁丽出席“’97北京德化名瓷展览会”。

11月15日，省政协副主席邹尔均在安溪县出席“第三届世界安溪乡亲联谊大会”。

11月19—20日，全省政协三胞工作协作交流会在泉州召开。

12月7日，市政协、泉州晚报社在深圳市举行报告文学集《拼搏·奉献·中国心》首发式。

12月29日，市政协文化文史委、市社科联、市文联联合召开“泉州市纪念李贽诞辰470周年座谈会”。

1998年

2月17日，市政协台港澳侨联络委召开部分在泉港澳委员迎新春座谈会。

3月24—29日，市政协八届三次会议召开。

4月4日，全国政协副主席卢嘉锡在泉州考察。

4月28日，全国政协副主席、台盟中央主席、全国台联名誉会长张克辉在泉州考察。

6月3—4日，市政协举办“东南亚金融形势与泉州经济发展研讨会”，深入研讨在东南亚当时的金融形势下泉州市面临的机遇、挑战等问题。

8月，傅圆圆率泉台民间交流协会代表团一行首次以协会的名义组团赴台湾访问，广交深交一批台湾新老朋友，扩大协会的影响力。

8月22—23日，全国政协副秘书长保育均率领由全国政协新闻办公室组织、中央八大新闻单位记者组成的赴闽采访团，实地采访泉州市政协工作。

9月14—16日，全国政协副主席卢嘉锡在泉州考察。

9月15—18日，省政协副主席陈增光率省政协调研组就“优化就业环境”在泉州调研。

9月17日，市政协举行学习邓小平理论读书班开班仪式，邀请市委常委、宣传部长洪辉煌作“强大的思想武器，统领全局的灵魂”辅导报告。

10月5日，中秋节，泉州诗词学会组团赴台湾参加“戊寅中秋海峡两岸诗学交流研讨会”。

10月9—25日，全国政协副主席张克辉在泉州调研对台工作。

10月16日，全国政协副主席张思卿在南安市出席“第四届世界南安同乡联谊会暨南安建市5周年大会”。

11月1—4日，全国政协副主席罗豪才、张克辉率领全国政协港澳台侨委员会调查组在泉州调研海峡两岸文化交流情况。

11月3—5日，全国政协副主席杨汝岱在泉州考察。

11月11日，中共中央政治局常委、全国政协主席李瑞环在泉州考察，并会见政协委员杨孙西、卢文瑞、许荣茂等。

12月24日，在泉州市区（含华大）的省政协委员小组开展视察活动，实地视察市区破腹沟、津淮街西段改造工程、顺济桥、泉州展览城、游乐园、市民广场、清濛科技工业园区。

12月25—27日，全国政协副主席李贵鲜在泉州考察。

1999 年

1 月 17—20 日，市政协八届四次会议召开。

1 月，市政协与市委统战部、市经委、市外经贸委联合举办泉澳经济合作研讨会，邀请一批澳门企业家、政协委员和专家来泉，共同探讨加强泉澳经济合作交流问题，拉开迎接澳门回归活动的序幕。

2 月 27 日，市政协文史委、泉州市海交馆在海交馆学术报告厅联合举办“《光明之城》手稿的发现及其研究”座谈会。

9 月，部分市政协香港委员两次集会，揭露、批判李登辉分裂祖国的“两国论”，表达维护祖国领土完整的坚强决心。

9 月 4—6 日，全国政协副主席卢嘉锡、罗豪才在泉州出席“第三届世界福建同乡恳亲大会”。

9 月 20 日，市政协与市委统战部、各民主党派、各县（市、区）政协联合举办大会，纪念人民政协成立 50 周年暨中共中央《关于坚持和完善中国共产党领导的多党合作和政治协商制度的意见》发表 10 周年。

9 月 23—24 日，市政协举办“政协为经济建设中心服务”理论研讨会。

10 月下旬开始，市政协组成 5 个调研组，由正副主席带领分赴各县（市、区），听取各县（市、区）党委、政府、政协工作汇报，广泛征求政协委员、民主党派人士对泉州市政协工作的意见。

12 月初，30 多位泉籍港澳委员参加省、市政协分别在深圳、珠海召开的座谈会，就中国加入世贸组织所面对的机遇和挑战，发表真知灼见。

12 月 14 日，中共泉州市委召开全市政协工作会议。

12 月 27 日，中共泉州市委出台《贯彻〈中共福建省委关于进一步加强人民政协工作若干问题的决定〉的意见》。

12 月 28 日，省政协副主席陈荣春在市政协参加泉州市区省政协委员小组活动。

2000 年

1 月 5 日，泉台民间交流协会召开第 12 次顾问、理事会议。傅圆圆传达市委关于加强做好对台工作的意见。

1月23日，泉台民间交流协会学术团在台湾高雄市与“亚太综合研究院”举行“闽台亲缘今古观—海洋文明与社会生活”研讨会。

2月22—25日，市政协八届五次会议召开。

2月28日，市政协、泉台民间交流协会举办《一个中国的原则与台湾问题》白皮书学习座谈会。

5月中旬，傅圆圆率领部分市政协委员、有关专家一行在永春县调研晋江水资源保护情况。

7月1日，市政协机关党委会成立并召开第一次党员大会。

9月18—20日，以省政协党组副书记、副主席刘金美，省政协副主席林逸为组长的省委检查组，实地检查泉州市贯彻落实全省政协工作会议精神和闽委发〔1999〕13号文件落实情况。

9月22日，傅圆圆会见台湾财团法人芦洲李宅古迹维护文教基金会赴闽考察团。

10月29日，泉台民间交流协会与“亚太综合研究院”、高雄大学等单位在泉州联合举办“海峡两岸高等教育与经济建设”学术研讨会。

10月，市政协新办公大楼（位于泉州市区津淮街东段北侧、临坪山路）动工建设。

12月26日下午，泉州市人大常委会办公室、政府办公室、政协办公室联合召开表彰大会，表彰2000年度泉州市人大代表议案和政协委员提案办理工作先进单位和先进个人。

2001年

1月，市政协组织视察泉州市港口建设情况。

1月7日，全国政协副主席张克辉在泉州考察。

4月26—28日，市政协九届一次会议召开。

4月25—27日，全国政协副主席罗豪才在泉州调研港澳台侨人士兴办高等院校的情况。

5月18—20日，全国政协副主席张克辉在南安市水头镇出席“第三届南安（全国）建材经贸洽谈会”，并接见部分外商、台商代表。

5月21日，省政协主席陈明义在泉州调研社会力量办学情况。

3—6月，市政协和各县（市、区）政协合作开展“泉州市增进精神文明建设实效”课题调研。

6月7日，傅圆圆在安溪县虎邱镇现场办公，推进扶贫工作。

6月19日，傅圆圆带领有关人员视察泉州中心市区主要交通干道，督办相关重要提案。

6月下旬，省政协副主席陈荣春率省直有关部门负责人走访泉州非公有制企业。

7月26—27日，市政协首次举办委员培训班。

8月6日，市政府、市政协召开联席会议，听取市政府上半年工作情况通报。

8月7—9日，全省政协经济科技委员会工作联系会议在泉州召开。

8月上旬，市政府与市政协联席会议召开，就加强市政府与市政协的联系以及实施“十五”计划的若干重大问题开展协商。

8月份，受泉州市委委托，市政协党组牵头组织检查组，实地检查各县（区、市）和市直有关单位贯彻落实省、市政协工作会议精神的情况。

9月12—14日，傅圆圆一行在江西省九江市参加全国九省（区）十一市政协横向联系会第3次会议。

10月9日，市政协、中共泉州市委统战部联合召开“泉州市各界纪念辛亥革命90周年”大会。

11月21—24日，全国政协副主席任建新在泉州考察。

11月26日，市政府召开市政协专题调研情况通报会，协商讨论政协“五个专题”调研成果。

12月11日，市政协组织部分省、市政协委员视察泉州市“增强后劲、科教推动、城市建设、民生宽裕、环境优化”五大工程。

12月15—20日，全国政协副主席张思卿在泉州考察经济文化建设情况。

2002年

1月9日，全国政协副主席张克辉在泉州考察。

1月10日，全国政协原副主席谷牧在泉州考察。

3月9—13日，市政协九届二次会议召开。

4月10日，全省九市政协主席工作座谈会第3次会议在泉州召开。

4月20日，全国政协副主席、中央统战部部长王兆国在泉州考察。

4月下旬，省政协副主席陈家骅带领部分委员就“农业如何应对WTO挑战”在泉州调研。

4月25—30日，市政协副主席陈敬聪带领部分委员在广东省广州、深圳、汕头市开展“信用建设”学习考察活动。

5月24日，全国政协副主席张克辉在南安市出席由省政府、市政府、市政协、南安市政府联合举办的纪念郑成功收复台湾340周年大会。

6月11日，市政府、市政协召开联席会议，相互通报工作情况。

6月中旬，市政协组织部分常委考察港澳地区。

6月16—19日，傅圆圆率“诚信建设”学习考察团在广东省的广州、东莞、深圳市学习考察。

6月26—29日，闽籍全国政协、省政协港澳委员在泉州考察。

7月，由市政协副主席何国栋带队、多位政协委员参与组成的泉州“妈祖直航澎湖护驾团”，护送泉州天后宫妈祖神像，从后渚港直航澎湖，实现泉澎52年以来的首次直航。

8月14日，市政协视察泉州公安工作。

8月28日，市政协召开泉州市企业诚信建设报告会。

10月10—12日，全国政协副主席孙孚凌在泉州考察。

10月8—9日，市政协港澳委员、特邀人士30多人视察泉州经济社会发展情况。

10月17—19日，中共中央候补委员、青海省政协主席桑结加率驻青海省全国政协委员视察团在泉州视察。

10月9—12日，傅圆圆一行在山东省威海市参加全国二十二城市政协横向联系会第31次会议。

10月24—25日，福建省新建区政协横向联谊网络第9次会议在泉州召开。

10月26—27日，省政协副主席王耀华率省政协文物和文化遗产保护考察组在泉州考察。

10月30日—11月1日，全国政协副主席罗豪才率全国政协委员赴闽视察团在泉州调研视察《中华人民共和国归侨侨眷权益保护法》的贯彻落实情况。

10月31日—11月2日，全国八省（区）十市政协横向联系会第4次会议在泉州召开。

11月19日，傅圆圆带领在市区的省、市政协委员视察市区的重点建设项目和社会事业项目建设情况。

11月27日，傅圆圆带领部分省、市政协委员视察泉港石化基地的建设情况。

12月，市政协组织省、市政协委员视察泉港区惠屿村，就改变该村的落后面貌向市委、市政府提出建议。

12月24日，傅圆圆带领部分市政协委员和有关负责人学习考察厦门市改善投资环境的经验。

2003年

1月4日，参加省政协九届一次会议的傅圆圆等委员提交提案，建议举全省之力，妥善解决福建省炼化一体化项目建设动迁户的生产生活出路问题，形成全省上下支持该项目建设的良好局面。代省长卢展工在提案上作出批示。

1月29日，市政协新办公楼竣工落成。

2月3日，全国政协副主席陈锦华在泉州考察。

2月13—14日，全国政协副主席罗豪才在泉州考察。

2月22—25日，市政协九届三次会议召开。

3—7月，市政协积极参与防抗“非典”。市政协领导分赴各县（市、区）开展“非典”防治督查工作。主席会议形成的《关于加快建设与完善泉州公共卫生体系的建议案》报送市政府。

4月1日，全省政协台港澳侨联络工作会议在泉州召开。

4月7—11日，省政协副主席苍震华率专题调研组就“如何公正对待农民工问题”在泉州调研。

7月16日，市政协召开泉州中心市区旧城改造片区房产证办理情况通报会。

8月8日，市政协召开部分委员专题座谈会，听取全市公安工作情况通报。

9月4日，市政协召开人民调解专题座谈会。

9月9—11日，全国政协副主席张克辉在惠安县出席第五届泉州旅游节。

9月13—15日，市政协与省炎黄文化研究会共同举办“第二届闽南文化研讨会”。

9月17—19日，市政协副主席刘佳景率团参加在江西省景德镇市召开的全国二十二城市政协横向联系会第32次会议。

9月29日，“中华闽南文化网站”正式开通。《泉州政协》由报改为期刊。

10月20—21日，中共中央候补委员、山西省政协主席刘泽民率住山西省全国政协委员赴闽视察团一行在泉州视察。

11月7日，省政协副主席李祖可率省政协提案委、经科委负责同志在泉州考察省政协九届一次会议重点提案《关于妥善解决福建省炼化一体化项目建设动迁户生活出路问题的建议》的办理落实情况。

11月—12月，市政协与市教育局联合组成调研组，围绕“我市民办高校发展问题”，开展考察调研，形成《倾力扶持高校成长，务实可持续发展之路》调研报告。

11月18日，全国政协副主席张克辉应邀出席在晋江市举行的“纪念施琅暨清政府统一台湾320周年大会”。

12月30日，“泉州海峡文化交流联谊中心”一期工程（办公楼）奠基，动工建设。

2004年

2月25—28日，市政协九届四次会议召开。

3月22—23日，省政协副主席金能筹在泉州开展“拓展闽台经济合作”专题调研。

3月29日，市政协九届四十二次主席会议决定跟踪督办2003年重要提案《关于抓紧解决中侨集团职工医保问题》。

4月1日，市政协召开工商界委员座谈会，探讨提升泉州民营经济发展水平有关问题。

4月27—28日，全国政协港澳台侨委员会在泉州召开“台湾问题”座谈会。

5月10—13日，刘佳景率团在湖南省怀化市参加全国二十二城市政协横向联系会第34次会议。

5月11日，市政协与市8个民主党派负责人视察督办2004年度重要提案《对金鸡拦河闸工程进行除险加固》，提出重建新闸的建议。市政府采纳建议，决定按新标准重建金鸡拦河闸。

6月1日，以全国政协副主席、致公党中央主席罗豪才为团长的全国政协常委视察团调研视察泉州加快海峡西岸经济区建设的情况。

6月8日，市政协举办当年度委员学习《政协章程》培训班。

6月9—10日，全国政协经济委员会“粮食安全”专题组在泉州调研。

6月24—26日，傅圆圆率《提升泉州民营经济发展水平》课题组在广东省考察学习。

7月21—30日，市政协副主席郑今奋率“泉州市郑成功学术研究会参访团”在台湾开展文化交流活动。

8月10—12日，省政协主席陈明义率省政协有关部门和省船舶工业公司负责人实地考察泉州船厂厂址、仰恩大学、永春县美岭村等地。

9月中旬，傅圆圆、黄利禾率团赴台湾，参加第七届世界南安同乡联谊恳亲大会及“弘一大师圆寂62周年文集发行研讨会”。

10月11—13日，何融融一行在江苏省盐城市参加全国二十二城市政协横向联系会第35次会议。

10月21—22日，全国政协副主席周铁农率全国政协无党派界常委一行在泉州考察。

11月30日—12月2日，中共中央委员、全国政协常委、民族和宗教委员会主任钮茂生率全国政协民族和宗教事务考察团一行在泉州考察。

11月15—17日，全省政协社会和法制工作座谈会在泉州召开。

12月上旬，由市政协副主席、国家一级编剧王仁杰编写的梨园戏《董生和李氏》荣膺2003—2004年度国家舞台艺术精品工程“十大精品剧目”。

12月，泉州泉台民间交流协会被国家民政部授予“全国先进民间组织”称号。

2005年

2月1日，市政协机关召开保持共产党员先进性教育活动动员大会。

2月19日，全国政协副主席胡启立在泉州调研。

3月1日，市政协召开“加强城市建设与管理”重点课题座谈会。

3月4日，《泉州政协》网站举行开通仪式，市政协主席傅圆圆、市委副书记林荣取点击开通“泉州政协”网站。

3月15日，省政协副主席潘心城带领省政协经科委、省经贸委负责人在泉州开展“发展循环经济”专题调研。

3月29日，市政协、泉台民间交流协会召开《反分裂国家法》学习座谈会。

4月20—21日，全国政协副主席张思卿在泉州考察。

4月23—26日，市政协九届五次会议召开。

5月10—11日，省政协主席陈明义，副主席李祖可、王钦敏率部分省政协常委、提案委委员和省直有关单位负责人在泉州调研海洋经济发展情况。

5月24—25日，全省政协民族宗教工作会议在泉州召开。

6月7日，省政协副主席苍震华率福建省《政协天地》记者走访市政协机关。

6月6—9日，省政协副主席金能筹率课题组在泉州调研泉台农业合作发展情况。

6月16日，泉台民间交流协会召开成立10周年座谈会。

6月17日，林荣取在永春县东平镇现场办公，帮扶云美村脱贫致富。

7月19—20日，全国政协常委、提案委副主任、中华慈善总会会长范宝俊率调研组在泉州开展“进一步重视慈善事业在构建社会主义和谐社会中的作用”专题调研。

7月21日，中共泉州市委召开第三次全市政协工作会议。

8月13日，中共泉州市委印发《中共泉州市委关于进一步加强新时期人民政协工作的实施意见》。

9月18日中秋节，市政协、泉台民间交流协会、泉州刺桐吟社联合举办“乙酉中秋海峡两岸诗学交流大会”。

8月24—26日，市政协副主席叶聪敏率团在黑龙江省大庆市参加全国二十二城市政协横向联系会第37次会议。

8月27—28日，全国政协副主席李兆焯在泉州考察。

9月1—5日，以省政协主席陈明义为团长的在闽全国政协委员视察团视察泉州的现代化工贸港口城市建设情况。

9月19日，全国政协副主席张克辉在南安市仑苍镇出席“中国水暖城开业典礼暨中国水暖产业创名牌推介会”，并为中国水暖城揭牌。

9月20—21日，全国政协港澳台侨委副主任李赣骝带领调研组在泉州开展“海峡两岸青少年交流工作”专题调研。

9月22—24日，陈敬聪在山东省日照市参加八省（区）十市政协横向联系会第7次会议。

10月27—29日，全国政协副主席张克辉率团视察泉州海峡两岸经济区的建设情况。

11月10—12日，全省政协文史资料工作座谈会在泉州召开。

11月15日，省政协副主席叶家松率省新闻单位记者采访团在泉州对市政协工作作采访宣传。

12月14日，市政府、市政协召开联席会议，征求对《政府工作报告》（征求意见稿）等的意见和建议。

2006年

1月3—5日，市政协九届六次会议召开。

3月21—22日，省政协副主席黄瑞霖一行就“福建省增强企业自主创新能力”在泉州开展专题调研。

3月中旬至4月上旬，市政协组织部分党派人士、界别委员和机关干部，深入农村开展“社会主义新农村建设”专题调研。

4月5日，省政协副主席叶家松率调研组在泉州调研海洋灾害发生及防灾减灾工作情况。

4月10日，省政协副主席苍震华率调研组在泉州开展禁毒工作调研。

4月11日，市政协召开企业界政协委员座谈会。

4月12—13日，省政协副主席金能筹率调研组就“加强与在闽台商的联系，做好台湾人民工作”在泉州开展专题调研。

4月20日，市政协召开九届三十一次常委会议，专题协商社会主义新农村建设。

4月28日，市政协隆重举行“泉州海峡文化交流联谊中心一期工程（办公楼）落成暨海峡情书画精品展”剪彩仪式。

5月22—24日，全国政协常委、外事委员会副主任张国祥率调研组在泉州开展“外资企业员工权益保护与工会组建问题”课题调研。

6月6—7日，驻内蒙古自治区全国政协委员在泉州视察海峡西岸经济区民营企业发展情况。

6月22—23日，市政协主席林荣取带领部分市政协委员视察泉州市旅游业发展情况。

8月16日，省政协副主席潘心城率调研组在惠安县调研民间传统工艺产业化情况。

8月18日，陈玉莲率团赴厦门、金门考察客运直航情况。

8月23日，林荣取带领部分市政协委员视察泉州湾至湄洲湾海域开发建设情况。

8月28日，省政协副主席叶家松率省政协“中央五号文件精神宣讲团”，在泉州为中共泉州市委学习中心组作学习贯彻《中共中央关于加强人民政协工作的意见》精神专题讲座。

9月5—8日，黄利禾在湖南省株洲市参加八省（区）十市政协横向联系会第8次会议。

11月6—9日，省政协副主席潘心城率考察组实地考察泉州市民间工艺产业化情况。

12月8日，市政府、市政协召开联席会议，征求对《政府工作报告》（征求意见稿）的意见。

12月13日，全国政协副主席黄孟复一行实地调研泉州市民营企业自主创新及发展情况。

12月22—24日，中共中央政治局常委、全国政协主席贾庆林在泉州开展“推动经济又好又快发展与构建和谐社会”专题调研。

12月27日—2007年1月1日，市政协十届一次会议召开。

2007年

2月7日，市委办公室、市人大办公室、市政府办公室、市政协办公室联合召开2007年度人大代表建议和政协委员提案交办会。

3月2日，市政协举办以“海峡情·盼统一”为主题的现场元宵书画笔会。

3月29日，林荣取率领市各民主党派、工商联以及市政协机关处级干部视察泉州市部分重点工程建设情况。

4月10日，林荣取实地调研安溪县经济社会的运行情况。

4月12日，林荣取在石狮市考察政协委员乡镇（街道）活动组的规范化建设情况。

4月25—29日，全国政协港澳台侨委副主任、福建省炎黄文化研究会会长何少川带领“‘铁观音的王国’——走进安溪”采风团在安溪考察。

5月11日，市政协召开政协委员乡镇（街道）活动组工作经验交流座谈会。

5月12日，市政协副主席吴共湖带队在惠安县百崎回族乡开展调研视察活动。

5月18—20日，省政协副主席陈家骅带领部分省政协委员在泉州开展“加强市场体系建设，促进现代化农业发展”专题调研。

5 月 24—25 日，全省九市政协主席工作座谈会在泉州召开。

5 月 27 日，市政协经科委与市委组织部、市中小企业局联合举办 2007 年第二期职业经理公益培训活动。

5 月下旬，市政协副主席陈元殿率文化艺术界政协委员调研中心市区的社区文化建设情况。

6 月 1 日，陈敬聪带队督办市政协第 49 号提案《关于培育临港工业港口物流，促进泉州港口经济发展的若干建议》。

6 月 6 日，市政府、市政协召开安平桥环境整治现场督办会。

7 月 10 日，市政协副主席陈元殿、陈立德带队督办重要提案《加强农村环境保护，构建社会主义新农村》。

7 月 16 日，陈立德出席泉州青年联合会活动中心揭牌仪式。

7 月 26 日，陈元殿率市政协医卫界委员视察鲤城区部分社区卫生服务中心和社区卫生服务站。

7 月 27 日，市政协组织部分市政协委员、市各民主党派、工商联负责人和市政协机关部分处级干部视察泉州市城市道路交通秩序整治情况。

8 月 8 日，市政协召开“关于闽南文化生态（泉州）保护实验区专题座谈会”。同日，市政协副主席骆沙鸣带队督办重要提案《关于扩大医疗救助范围，关注城镇无职居民的建议》。

8 月 9 日，市政协召开企业界委员座谈会。

8 月 14 日，陈敬聪带领部分科技界委员实地调研晋江市纺织服装产业自主创新情况。

8 月 29 日，市政协召开专题座谈会，听取市中级人民法院、市人民检察院工作情况通报。

8 月 30 日，住泉省政协委员视察泉州部分重点项目建设情况，并举行座谈会，建言献策。

同日，省政协副主席李祖可率省政协无党派、医疗卫生界委员实地视察安溪县新型农村合作医疗情况。

9 月 6 日，市政协召开重要提案督办会暨市重点课题座谈会，听取重要提案《落实社区职能，构建和谐社区》承办情况汇报，讨论部署市重点课题《构建社会主义和谐社区的研究》的协作分工事项。

9月7日，市政协副主席傅福荣带队督办重要提案《关于及早规划和科学利用地下空间资源的建议》。

9月12日，市政协组织部分委员视察晋江市重点项目建设进展情况。

9月13—14日，省政协副主席潘心城率省政协文教卫体委员会有关负责人在泉州考察民办学校。

9月13日，傅福荣率部分新闻出版界委员视察泉州印刷行业。

9月25日，市政协2007年度“盛世中国·和谐泉州”书画摄影作品展在泉州市区威远楼开幕。

9月26日，陈敬聪带领市政协与市科技局组织7家民营企业负责人在南平市建瓯市开展经济考察。

10月11日，市政协召开全市政协机关党建“三级联创”工作会议。

10月25日，市政协副主席陈敬聪、王祖耀带领部分市政协教育界委员督办重要提案《关于大力发展泉州高职教育的建议》。

10月27日，林荣取、黄利禾出席《泉州千家诗》首发式。

11月7日，林荣取带领部分市政协委员视察泉州消防工作。

11月14日，陈敬聪带领部分市政协经济、科技、农林水界委员，实地视察永春县新农村建设科技促进行动进展情况。

11月15日，陈元殿带领部分市政协文化艺术界委员在南安市诗山镇开展农村文化建设视察活动。

11月17日，全国政协副主席罗豪才、张克辉，全国政协原副主席杨汝岱，省政协主席梁绮萍等出席在泉州举办的“首届海峡两岸茶业博览会”。

11月22日，陈元殿率部分市政协教育界、医卫界委员在泉港区调研学前教育情况。

11月29日，陈元殿率市政协医卫界委员在石狮市视察农村医疗卫生工作情况。

12月4日，林荣取带领30多位十届市政协港澳委员在永春视察。

12月11日，全国政协副主席张克辉出席在泉州举办的“2007年泉台产业合作投资洽谈会”。

12月8日，全省政协文教卫体委员会全体会议在泉州召开。

12月13日，陈元殿率市政协体育界委员视察第六届全国农运会场馆建设和部分竞赛项目训练情况。

12月18日，省政协副主席王耀华一行在泉港区视察国家级非物质文化遗产“北管”的保护情况。

同日，市政府与市政协举行联席会议，征求对《政府工作报告》意见。

2008年

1月5—8日，市政协十届二次会议召开。

1月13—15日，全国政协副主席张思卿在泉州考察。

1月15日，市委、市政府召开泉籍省政协委员座谈会。

1月19日，傅福荣出席“春暖2008—希望工程真情助困大型义卖活动”开幕式。

1月22日，陈立德出席在泉州举行的伊朗文化艺术展揭彩仪式。

1月24日，吴共湖出席在中国闽台缘博物馆举行的“迎新春·倡廉风”书画作品展。

2月中旬，刺桐吟社更名为“泉州诗词学会”。

2月9日，全国政协原副主席陈锦华在泉州考察福炼一体化项目。

2月9—11日，全国政协副主席郝建秀在泉州考察。

2月14—15日，陈元殿带领市政协提案委、文教卫体委负责人走访泉州部分民主党派及市文化局、教育局、卫生局、体育局、新闻出版局等市政府有关部门。

2月16—18日，林荣取为“泉州、香港、佛罗里达州、台北、金门书法联展”开幕式剪彩。

2月27日，市委办公室、市人大常委会办公室、市政府办公室、市政协办公室联合召开2008年度市人大代表建议和政协委员提案交办会。

3月5日，林荣取出席“舞动2008—泉州青年群英会”联谊活动。

3月25日，林荣取率领部分市政协委员视察泉州市保障性住房建设情况。

3月27日，市政协组织部分省、市政协委员召开专题座谈会，听取市公安工作情况通报。

4月1日，林荣取带队视察晋江市经济与社会事业发展重点项目。

4月2—3日，陈元殿、王祖耀带队调研泉州市食品安全状况。

4月3日，林荣取带队在南安市督办重要提案《关于支持帮助部分老区村加快经济社会发展步伐的建议》。

4月15日，林荣取率队视察泉港区重点项目建设情况。

4月16日，吴共湖带队检查重要提案《关于加快北峰、城东、东海城市污水处理厂配套管网建设的建议》《关于建立“海砂”建筑灾害应急管理机制的建议》办理情况。

5月4—5日，市政协组织部分宗教界委员和宗教界人士在德化县视察，并深入葛坑镇龙塔畲族村开展帮扶捐赠活动。

5月8日，全国政协原副主席张克辉出席泉州师院建校50周年庆典活动。

同日，市政协组织部分委员视察泉州市食品安全工作情况。

5月中旬，全国政协副主席林文漪一行在泉州开展“推进海峡西岸经济区建设，密切两岸交流合作”专题考察调研。

5月下旬，傅福荣、陈立德带队督办重要提案《关于加强我市液化气使用安全防范力度的建议》。

5月28日，陈元殿、陈立德、骆沙鸣带队督办重要提案《关于加强“生命”水库资源管理和保护的几点建议》。

5月30日，陈元殿、王祖耀带领部分市政协委员在德化县调研特殊教育工作情况。

6月5—6日，省政协副主席郭振家率调研组就办理省政协重点提案《关于促进临港工业又好又快发展的若干意见》，在泉州开展调研。

6月12—13日，全国政协委员赴闽视察团在泉州考察“台商在大陆发展现状”。

6月17—18日，全省政协信息和新闻宣传工作座谈会在泉州召开。

6月21日，省政协副主席叶继革在南安市水头镇出席“首届中国‘海丝’工业品博览会暨首届中国美术陶瓷技艺大赛”开幕式。

6月25日，省、市政协提案委第四次联席会议在泉州召开。

6月25—27日，省政协副主席叶继革率专题调研组在泉州开展“实施品牌带动，发展现代农业”课题调研。

7月3日，市政协组织部分委员视察泉州市公共卫生体系建设情况。

7月11日，傅福荣、陈立德带队在南安市督办重要提案《建立住房保障体系解决我市低收入家庭住房困难》。

7月19日，市政协举办“’2008喜迎奥运·情系农运书画摄影展”。

7月22—24日，省政协副主席叶家松带队视察泉州宗教界服务“两个先行区”建设情况。

7月23日，市政协组织部分科技界委员在永春县开展专题调研。

同日，市政协港澳台侨委与市台盟、农办、农业局、科协在泉州市科技馆联合举办“海西春雨行动泉台农民合作组织研习班”研习活动。

7月25日，市政协召开“新兴产业发展”专题座谈会。

7月27日，全国政协原副主席张克辉在中国闽台缘博物馆出席“泉台百家姓族谱联展暨泉台百家姓渊源学术报告会”开幕式。

8月上旬，市政协组织部分委员听取市纪委工作情况通报。

8月7日，吴共湖率队在南安市石井镇调研对台贸易交流和“泉金航线”石井对台客运码头运行情况；在水头镇视察调研循环经济和节电减排工作，督办重要提案《发展循环经济，建设生态城市的建议》。

8月20日，吴共湖带领市政协民族宗教界委员视察泉州有关宗教活动场所。

9月3日，驻泉州十届省政协委员考察泉州市城市建设项目进展情况。

9月16—19日，省政协党组副书记、副主席陈芸带领部分省政协委员在泉州视察“流动人口服务和管理工作”。

9月27日，市政协组织委员视察泉州水资源保护利用工作情况。

10月17日，林荣取带队视察泉州市水资源保护和节能减排工作情况。

10月24日，林荣取带队视察泉三高速公路泉州段工程建设情况。

10月25—26日，全国政协副主席阿不来提·阿布都热西提、全国政协原副主席杨汝岱在泉州出席第六届全国农民运动会开幕式。

11月3日，陈元殿率住德化县的省、市政协委员开展异地视察。

11月6日，陈敬聪带队视察泉州市现代服务业和新兴产业。

同日，陈元殿率部分政协委员在厦门开展学习考察活动。

11月11日，市政协举办“促进企业提升发展”专题讲座。

11月13日，傅福荣率住鲤城区的省、市政协委员在永春县开展视察活动。

11月20日，市政协副主席陈铭福率住永春县的省、市政协委员在鲤城区开展视察活动。

12月16日，吴共湖带领华侨大学市政协委员小组在惠安县开展视察活动。

2009年

1月3—5日，市政协十届三次会议召开。

1月9日，全市政协经科委工作联席会议在安溪县召开。

1月29日，全国政协原副主席徐匡迪一行在泉州考察。

2月13日，林荣取带队视察洛江区旅游业发展情况。

2月23—25日，省政协副主席叶继革调研泉州茶叶标准化生产情况。

3月11日，陈元殿、王祖耀带队在泉州南少林寺开展专题文化调研。

3月12日，陈敬聪、吴共湖带队在福州参观考察闽江两岸的规划建设情况。

3月17—19日，全国政协副主席李金华考察泉州金融服务工作情况。

3月17—19日，省政协副主席邓力平调研泉州农村妇幼卫生工作开展情况。

3月20—23日，市政协组团参加“香港泉州同乡会成立20周年”庆典。

3月24—26日，省政协副主席李祖可一行在泉州开展“扶持中小企业发展”专题调研。

3月28日，吴共湖带领26名省、市政协港澳委员在永春县玉斗镇为十届市政协港澳委员捐建的玉斗中心小学宿舍楼揭牌剪彩。

4月3日，沈阳、四川、郑州、青岛等10多个省市的泉州市政协异地商会委员回泉州视察。

4月8日，林荣取带领部分市政协宗教界人士在永春县开展视察活动。

4月13—15日，省政协副主席陈芸带队调研泉州市“农家书屋工程”建设情况。

4月21—23日，全国二十二城市政协横向联系会第44次议在泉州召开。

4月22—23日，省政府副省长陈桦和省政协副主席郑兰荪在泉州督办由骆沙鸣提交的2009年省政协重要提案《关于打造闽台职业教育合作试验区的几点建议》。

4月23日，陈敬聪带队视察南安市新农村建设情况。

4月27—28日，全国人大常委会副委员长、农工党中央主席、中国工程院院士桑国卫率中直有关部门负责人在泉州开展考察调研。

5月7日，省政协副主席张燮飞在泉州督办重要提案《关于发展科技风险投资业的建议》。

5月12日，市政协召开学习国务院有关《“海西”若干意见》座谈会。

5月14日，市政协副主席苏小青带队走访慰问泉州市助残有关单位。

5月15日，陈元殿、王祖耀率队视察泉州市公共卫生应急医疗体系建设情况。

5月18日，吴共湖出席闽台姓氏族谱宗亲恳亲会。

5月26—27日，省政协副主席陈芸、邓力平分别带领调研组，就省政协重点提案《关于加快发展社区养老服务业，提高家居养老水平》“加强农村环境整治，参加新农村建设”课题，在泉州开展专题督办、调研。

6月2日，吴共湖带队督办重要提案《关于尽快完善市区部分路、街、巷门牌号的建议》。

6月2日，陈元殿、王祖耀带队视察泉州中心市区基础教育协调发展情况。

6月10日，吴共湖、陈铭福督办重要提案《关于强化晋江两岸功能定位，优化提升晋江两岸滨江线建设的建议》。

6月12—16日，“泉州湾畔蟳埔女”陈敬聪专题摄影展在泉州市区府文庙举办。

6月26日，省政协副主席叶继革带领调研组在南安市开展“实施品牌带动，发展现代农业”课题调研。

7月22日，全国政协副主席厉无畏为中共泉州市委中心学习组作《文化创意的产业化与产业创意》专题报告。

7月22—23日，省政协副主席郭振家率队在泉州督办省政协重要提案《保护福建传统工艺美术产业发展的建议》，开展“福建省版权保护与产业发展”课题调研。

7月24日，林荣取带领部分委员视察市中级法院。

7月31日，傅福荣、陈立德带队督办重要提案《关于抓住当前有利时机帮助企业引进人才》。

8月11日，林荣取带领部分市政协委员视察泉州市妇幼卫生工作情况。

8月13日，市政协组织部分委员听取市纪委工作情况通报。

8月14日，全国政协常委、港澳台侨委员会副主任陈明义在晋江市视察。

8月20日，林荣取带领部分委员视察市检察院。陈敬聪带队督办重要提案《关于进一步加强洛阳江上游流域水环境保护》。

8月25日，由中共中央统战部组织，以全国政协副主席万钢为名誉团长的党外领导干部赴闽考察团在泉州开展学习考察和项目交流活动。

8月26—28日，省政协副主席李祖可一行视察泉州科普场馆建设情况。

9月10—14日，市政协在泉州华侨历史博物馆举办“祖国情·团结颂”书画摄影展。

9月12日，市政协和泉州诗词学会联合举办诗词吟诵会纪念中华人民共和国成立60周年、人民政协成立60周年。

10月12—14日，全国政协原副主席张思卿在泉州考察。

11月2日，全国政协民族宗教委员会福建视察团在泉州视察调研。

2010年

1月11—14日，市政协十届四次会议召开。

1月12日，市委、市政府召开市政协港澳委员、异地商会委员座谈会。

1月20日，驻泉州十届省政协委员开展视察活动，为即将召开的省政协十届三次会议做准备。

1月26日，全市政协经济委工作联席会议在永春县召开。

同日，市政协召开征集整理泉州民间中医药偏方工作座谈会。

2月中旬，陈敬聪带领市政协农林水组委员视察泉州市农业学校。

2月25日，市政协召开“转变发展方式、建设经济强市”专题座谈会。

2月27日，全国政协副主席、台盟中央主席林文漪等领导会见在泉州参加首届海峡两岸闽南文化节相关活动的中国国民党副主席林丰正一行及台湾嘉宾代表，并举行会谈。

2月28日，全国政协副主席林文漪实地考察了解德化陶瓷业生产运行情况。

同日，林荣取等市领导会见抵泉参加首届海峡两岸闽南文化节系列活动的美国、德国、土耳其、日本等国家有关城市代表团的国际友人，并共同见证泉州市与德国埃罗省正式建立友好城市关系。

3月，骆沙鸣撰写的《关于加快我国低碳产业发展的几点建议》被全国政协十一届三次会议确定为重点督办提案。

3月9日，吴共湖、陈铭福带领市政协港澳台侨和外事委员会人员走访泉州大兴电线电缆有限公司、惠安绿谷台商高科技产业基地、泉州富邦食品有限公司、泉州宏汉制衣有限公司等台资企业。

3月11—12日，省政协副主席叶继革带领省政协经济委员会正副主任一行在泉州开展“转变发展方式，促进产业结构优化升级”课题调研及视察活动。

3月15日，林荣取带队就“如何加快发展第三产业，做大做强专业市场”，调研泉州市水果批发市场。

3月18日，林荣取带领部分市政协委员调研清源山风景区和森林公园生态环境建设情况。

3月30—31日，陈敬聪带领市政协研究室及《泉州政协》编辑部成员走访市各民主党派。

4月4日，市政协组织异地商会委员视察泉州火车站、泉州出口加工区和海峡西岸国际采购与物流中心。

4月8日，市政协组织部分委员视察洛江区民族宗教工作，并深入河市镇厝斗畲族村开展扶贫帮困捐赠活动。

4月15日，全国政协副主席郑万通带领全国政协专题调研组在泉州开展“促进区域经济协调发展中的若干重大问题”专题调研。

4月17日，全国政协民族和宗教委员会副主任周明甫率“宗教院校教育及宗教人才培养”专题调研组在泉州开展调研视察活动。

4月20日，全市政协港澳台侨和外事工作座谈会在洛江区召开。

4月21日，市政协机关举行献爱心活动，向四川玉树地震灾区捐款。

4月25日—5月5日，应台北市“亚太暨两岸经贸文化交流协会”的邀请，林荣取率团在台湾开展考察交流活动。27日，林荣取代表泉州市政协与云林县议会签署《关于开展对口交流，加强两地合作协议》，开启两地交流联谊窗口。

4月27日，省政协副主席陈芸带领省直有关部门在丰泽区开展“加强社区工作，预防和减少重新犯罪”课题调研和考察。

4月29日，市政协人口资源环境委召开首次工作会议。

5月10—11日，省政协副主席叶继革带领省直有关部门负责人在泉州开展“扎实推进小城镇综合改革建设”重点课题调研。

5月10—14日，省政协副主席叶家松带领省直相关部门负责人在泉州开展“加强侨捐资产管理与保护、更好发挥侨力资源服务海西作用”课题调研。

5月11—14日，省政协社会和法制委副主任江爱华率省政协调研组在泉州开展“基层消防基础工作”专题调研。

5月12—13日，省政协文史和学习委主任陈维山一行在泉州开展“闽台姓氏族谱对接工作”课题调研。

5月13日，陈敬聪带领部分市政协委员视察石狮市渔港建设和水产品加工情况。

5月17日，全国政协常委、全国政协港澳台侨委员会副主任、国务院港澳办原常务副主任陈佐洱带领全国政协调研组就“进一步加强政协职责、参政议政”等问题在泉州开展调研视察。

5月18—19日，省政协副主席叶继革带领由民建、工商联、经济、农业等界别委员组成的视察团就“转变发展方式，促进外贸平稳发展”在泉州开展视察。

5月18—20日，吴共湖、陈铭福带领部分市政协民族宗教界委员及市政协民宗委、市教育局、市民宗局负责人在安溪、南安、惠安、泉港、晋江等5个县（市、区）专题调研少数民族教育情况。

5月20日，市政协组织医药卫生界部分委员在泉港区开展“县级医院建设情况”专题调研。

5月22日，吴共湖、陈铭福带领华侨大学30多名港澳台侨学生在南安市开展以“看海西·爱泉州”为主题的参观考察活动。

5月22—24日，全国政协文史和学习委员会副主任卞晋平、施子清和全国政协常委韦建桦、张健一行在泉州开展“海峡西岸经济区经济与文化发展情况”考察活动。

5月27日，省政协副主席张燮飞率省政协提案委、民盟福建省委员会、省直有关单位负责人及专家组一行在永春县开展关于农业新兴产业和精致农业发展情况的重点提案督办调研活动。

5月28日，市政协组织部分委员开展“民办高等职业教育发展情况”专题调研。

6月1日，市政协组织香港、泉州有关慈善机构和部分香港委员在永春县玉斗中心小学举行捐赠仪式。

6月3日，市政协组织部分委员视察泉州科技工作情况。

6月3—4日，省政协副主席叶继革带领省政协提案委、提案单位及提案承办单位等有关领导在泉州督办重点提案《加快新兴产业发展，促进先进制造业基地建设》。

6月上旬，十届全国政协常委、外事委员会副主任、原副秘书长张国祥带领全国政协地方戏曲考察组在泉州考察戏曲工作。

6月9—11日，省政协副主席邓力平带领省政协九三学社、科协、特邀界委员视察团在泉州视察“近岸海域环境状况”。

6月11日，省政协经济委员会副主任、省政协泉州市委员小组组长林荣取，省政协泉州市委员小组副组长、市委常委、统战部长王亚君等带领住泉州省政协委员视察泉州市学校及周边治安综合治理工作情况。

6月12日，陈元殿、陈立德参加泉州市第五个国家“文化遗产日”主题活动。

6月16日，吴共湖在石狮市参加第四届闽台对渡文化节暨蚶江海上泼水节开幕式。

6月17—18日，吴共湖、陈铭福带领市政协港澳台侨和外事委员会有关人员在丰泽区、晋江市挂钩联系的企业开展调研。

6月17日，陈元殿、王祖耀带领提案人、部分政协委员、提案承办单位督办重点提案《关于对小型水库全面升级改造的建议》。

6月24日，市政协举办“低碳经济与泉州产业发展”学习讲座。

6月28日—7月1日，全国政协副主席阿不来提·阿不都热西提带领全国政协委员视察团视察泉州“加强水资源合理配置与节约保护情况”。

7月6—7日，傅福荣、陈立德带领市文化局、部分文史学宣委活动组委员在德化县、泉州市区、泉港区开展“保护非遗传承人技艺及其成果”课题调研。

7月8日，陈元殿带领部分市政协委员督办重要提案《关于加强农村医疗卫生服务工作的建议》。

7月20日，陈敬聪带领部分市政协委员在晋江市视察“推动企业上市工作，促进企业管理水平提升”等情况，并督办重要提案《加大企业上市力度，做大做强泉州经济》。

7月21—22日，吴共湖、陈铭福率部分市政协宗教界委员视察泉州和谐寺观教堂创建活动情况。

7月22日，陈元殿带领部分市政协委员在惠安县视察农村公共文化服务体系建设情况。

7月27日，吴共湖带领部分市政协委员、提案单位民建泉州市委会、市政府办督查室、市政协港澳台侨和外事委、提案委负责人督办重要提案《加快“快速公交”建设的建议》。

7月27—29日，市台盟、科协、农办、农业局联合市政协人口资源环境委共同举办“泉台农民合作组织研习班”，邀请4位台湾农业专家学者围绕休闲农业经营发展策略、农民合作组织运作等作主题讲座。

7月下旬，陈敬聪带领市政协农林水界委员在安溪县视察茶叶产业化情况。

8月11日，市政协组织部分委员视察泉州市检察部门反渎职侵权工作情况。

8月12日，傅福荣、陈立德带领提案单位民革泉州市委会、市政协提案委、市政协人口资源环境委负责人督办重要提案《关于创建节约型用水城市的建议》。

同日，全市政协经济委工作联席会在惠安县召开。

8月12—13日，由省委常委、常务副省长张昌平任组长，省政协副主席陈芸任副组长的省委专项督促检查组在泉州督促检查泉州市贯彻落实《中共中央关于加强人民政协工作的意见》（中发〔2006〕5号）的情况。

8月18日，省政协副主席李祖可在德化县参观考察，调研陶瓷产业发展情况。

8月23日，市政协组织部分委员召开专题会议，听取市纪委、监察局关于党风廉政建设和反腐败工作情况通报。

8月25日，市政协机关举行奉献爱心活动，为甘肃舟曲县泥石流灾区民众捐款。

8月26日，陈元殿、王祖耀带领部分市政协委员专题调研泉州市民营医院发展情况。

9月1—2日，省政协副主席郑兰荪带领省政协提案委，省总工会，省卫生厅、人社厅、安监局、煤监局等省直单位负责人在泉州督办省政协重点提案《关于加强我省职业病防治工作的建议》，开展调研活动。

9月3日，陈元殿、王祖耀带领部分市政协教育界委员视察泉州儿童发展职业学院。

9月5—7日，台湾云林县议会议长苏金煌一行应市政协邀请访问泉州，并参加第三届海峡两岸（泉州）农产品采购订货会等活动。

9月6日，陈敬聪在南安市出席首届“泉州·南安郑成功文化旅游节”开幕式。

9月7日，省政协副主席叶继革、省政协原副主席陈家骅、在南安市石井镇参加“第三届海峡两岸（泉州）农产品采购订货会”开幕式。

9月15日，宁夏回族自治区政协主席项宗西率住宁夏全国政协委员赴闽考察团一行在泉州考察。

同日，市政协人口资源环境委在山美水库召开全市水资源状况调研座谈会。

9月16日，傅福荣、骆沙鸣带队督办重要提案《关于加快我市低碳经济发展的几点建议》。

9月25日，陈元殿在南安市诗山镇出席首届“南安·国际凤山文化旅游节”开幕式。

10月11日，陈元殿在永春县出席“2010年泉州文化旅游节—‘海西生态健康游’泉州绿色之旅活动”开幕式。

10月13—14日，省政协副主席邓力平带领省政协重点提案督办调研组在泉州督办省政协重点提案《发展低碳产业，助推“海西”结构调整》，并开展调研活动。

10月20日，省政协副主席郭振家带领省新闻出版局等有关单位组成的检查组在泉州检查“第二届海峡印刷技术展览会”筹备情况。

11月4日，骆沙鸣在泉州经济技术开发区调研消防工作情况。

11月5日，市政协组织部分委员听取市中级人民法院年度工作情况通报。

11月7日，省委常委、宣传部长唐国忠，省政协副主席郭振家率队调研泉州文化创意产业。

11月8日，陈元殿出席在泉州隆重举办的“第二届海峡印刷技术展览会”开幕式。

11月11日，陈元殿率队视察泉州全民健身活动开展情况。

11月13日，省政协副主席陈芸，市政协副主席陈敬聪、苏小青在安溪县出席“首届海峡两岸（安溪）茶机具博览暨中国茶都开业十周年庆典活动”开幕式。

11月21日，市政协组织华侨大学50多名港澳台侨学生参加“看海西·爱泉州”主题活动。

11月25日，市政协组织部分委员视察泉州市软件产业发展情况。

12月10日，王祖耀率市政协医卫界委员和市第一医院专家在洛江区开展义诊和农村卫生调研活动。

12月15日，市政协组织督办重要提案《关于加快百源川池换水改造工程的建议》。

12月19—20日，全国政协副秘书长、台盟中央副主席黄志贤应邀出席在泉州举办的“首届闽台茶乡交流会”。

12月29日，全国政协副主席何厚铧出席“晋江市安海镇建镇880周年暨安海侨联成立60周年庆典大会”。

2011年

2月8日，泉州泉商发展促进会成立。

2月21—24日，市政协十届五次会议召开。杨俊峰当选政协第十届泉州市委员会主席。

3月2日，省政协副主席李川率领省政协调研组在晋江市开展“人民政协在促进改善民生、推动社会和谐发展中发挥更大作用”专题调研。

3月2—4日，省政协教科文卫体委组织科技界委员和专家在泉州开展“加快制造业信息化建设，促进企业技术创新”专题调研。

3月10日，杨俊峰、陈元殿、洪川夫一行在晋江市开展调研，了解晋江市经济社会发展和政协工作情况。

3月11日，全国政协原副主席罗豪才、市政协副主席许连捷、骆沙鸣、陈立德等出席在北京钓鱼台国宾馆举行的“中国清水岩影视产业园”项目的投资与战略合作签约仪式。

3月15日，杨俊峰、吴共湖、洪川夫一行在南安市开展调研视察活动。

3月16日，苏小青带领市政协机关女干部职工在南平、三明、福州市开展学习考察活动。

3月23日，市政协启动“团结林”绿化植树活动。杨俊峰、吴共湖、傅福荣、苏小青、陈元殿、陈铭福、王祖耀、洪川夫为“团结林”揭牌。

3月25日，市政协召开民族宗教工作座谈会。

3月28日，全市政协经济委工作联席会议在德化县召开。

3月30日—4月1日，省政协副主席叶继革率省委、省政府调研组在泉州检查指导农业农村工作。

3月31日，市政协人口资源环境委工作会议召开。

3—5月，市政协经济委围绕加快转变发展方式、加快建设经济强市、加快经济结构战略性调整等主题，组织开展调研。

3月，《泉州民间偏方选编》出版。

4月初，市政协人口资源环境委组织部分委员调研全市农林水利基础设施情况。

4月4日，沈阳、四川、郑州、青岛等20多个省市的泉州市异地商会政协委员和会长参加市政协组织的异地商会委员视察活动。

4月7日，全国政协副主席、台盟中央主席林文漪调研永春佛手茶产业发展和泉台茶文化交流情况。

4月13日，杨俊峰带领市民宗局、鲤城区政协有关领导和部分市政协委员走访市五大宗教团体，视察宗教和民间信仰活动场所。

4月14日，吴共湖、陈铭福率市政协港澳台侨和外事委人员走访台资企业。

4月16日，全国政协人口资源环境委副主任秦大河、王广宪、王少阶、王玉庆等带领“应对气候变化”专题调研组在泉州调研。

4月20日，全市政协港澳台侨和外事工作座谈会召开。

4月25—27日，省政协副主席李川率省政协调研组在泉州调研涉台文物保护情况。

4月26—27日，杨俊峰率部分市政协委员视察泉州农村水利基础设施情况。

4月27日，全国政协副主席厉无畏在南安市作《“十二五”规划与发展创意产业，促进经济发展方式的转变》专题讲座。

4—6月，市政协社会和法制委联合市委政法委、司法局、民政局，组成“加强和创新社会管理，发挥社会组织化解社会矛盾的作用”课题调研组，开展专题调研。

5月1日，骆沙鸣率“泉台百家姓族谱暨中华姓氏联墨巡展团”在台湾参展。

5月6日，陈元殿率部分市政协医卫界委员调研安溪县基层医疗人才队伍建设情况。

5月7日，吴共湖、陈铭福率50名华侨大学港澳台侨学生在永春县开展以“看海西·爱泉州”为主题的参观考察活动。

5月10日，市政协召开全市政协机关党建“三级联创”工作联席会议。

5月10—11日，省政协经济委和省直有关部门在泉州开展“加快发展社区服务业”专题调研。

5月12日，杨俊峰率部分市政协委员视察泉州“菜篮子”工程建设情况，督办相关重点提案。

5月13日，杨俊峰带队开展“创新社会管理，促进社会和谐”专题调研。

5月20日，十届市政协召开第九次县（市、区）政协主席工作座谈会，交流探讨县级政协加强自身建设经验。

同日，市政协在泉港区柳亭回族村开展视察活动，召开帮扶工作座谈会。

5月26—27日，省政协教科文卫委调研泉州社会资本办医情况。

5月26日和6月2—3日，市政协组织部分委员深入鲤城区、丰泽区、洛江区开展“加强生态（绿化）建设，打造宜居城市”专题调研，并到厦门市学习取经。

5月28日，市政协民族宗教委组织市基督教“两会”义诊队在惠安县涂寨镇开展义诊施药活动。

6月11日，杨俊峰会见参加“第三届海峡论坛·闽南文化节”的台湾云林县议会议长苏金煌一行。

6月12日，全国政协副主席、台盟中央主席林文漪在泉州出席“第三届海峡论坛·闽南文化节”。

6月12—22日，傅福荣带领市政协人口资源环境委、文史和学习宣传委、经济委有关人员在青海省和西藏自治区考察生态建设和历史文化保护情况。

6月13日，骆沙鸣、陈铭福出席在中国闽台缘博物馆举办的海峡两岸姓氏文化交流研讨会。

6月16—17日，市政协组织住泉州省政协委员在三明市开展考察活动。

6月21—27日，市政协组织港澳台委员在云南省开展考察活动。

6月24日，市政协举办“七一”书画笔会，庆祝中国共产党成立90周年。

6月28日，吴共湖、陈铭福率部分市政协宗教界委员在永春县开展创建“和谐寺观教堂”视察活动。

6月29日，市政协、市委统战部联合举行泉州市各界人士纪念中国共产党成立90周年座谈会。

6—8月份，市政协教科文卫体委、社会和法制委围绕“创新社会管理、促进社会和谐”议题，开展中小企业发展情况专题调研。

7月7日，市政协组织督办十届五次会议重点提案《关于进一步加大南、北渠监管力度的建议》。

7月12日，杨俊峰带领市政协部分副主席、秘书长、副秘书长及市政协各委（办、室）负责人、部分市政协委员视察泉州重点建设项目暨“城市建设管理年”活动情况。

7月14—22日，吴共湖带领市政协经济委、部分市政协经济界委员、县（市、区）政协经济委主任、民主党派负责人一行在湖南省、湖北省考察“休闲农业和乡村旅游业发展情况”。

7月15日，全国政协教科文卫体委副主任张文康、江绍高率全国政协“学前教育发展的问题与对策”专题调研组在泉州开展专题调研。

7月21日，市政协组织督办重点提案《关于加强我市地下综合管网建设的几点建议》。

7月27日，市政协组织督办重点提案《关于建立我市食品安全长期监控体系的建议》。

7月29日，市政协组织部分委员开展艺术创作与生产情况调研。

8月3日，市政协召开会议，听取市中级人民法院工作情况通报。

8月19日，市政协召开会议，听取市纪委工作情况通报。

8月23日，市政协召开公租房建设重要提案督办暨调研座谈会。

8月24—30日，杨俊峰率领市政协部分港澳委员考察银川、南宁、北海、桂林等城市的经济建设和社会发展情况。

8月25日，市政协组织部分委员视察泉州科普场馆建设情况。

9月2日，市政协召开提案工作座谈会。

9月5—8日，杨俊峰、吴共湖、陈铭福、洪川夫等会见在泉访问的台湾农业食品参访团团长苏俊豪一行。

9月19日，市政协向市委、市政府呈送关于《提升我市现代家政服务水平的建议》。

9月26—27日，省政协人口资源环境委在泉州考察“综合治理出生人口性别比失衡问题”工作情况。

9月27日，市政协、市委统战部、市民革、中国闽台缘博物馆联合举办“共和之光——纪念辛亥革命100周年书法、实物展”活动。

同日，市政协文史和学习宣传委、市诗词学会、市历史研究会、致公党泉州市委会联合举办“纪念中国共产党成立90周年暨辛亥革命100周年诗词吟诵会”。

10月9日，市政协向市委、市政府呈送关于《加快公共租赁住房建设的建议》。

10月12日，杨俊峰率市政协机关负责人、部分市政协委员、市直有关部门领导视察泉港至惠安崇武海岸线保护与利用情况。

10月14—22日，吴共湖带领市政协民宗委负责人、民宗界委员组成的考察组考察四川省、贵州省的宗教文化及旅游名城。

10月26日，市政协组织部分委员视察泉州中心市区道路“畅通工程”建设情况。

11月1日，市政协组织部分委员视察督办重要提案《关于加强整治晋江下游河道违章建设的建议》。

11月2日，市政协向市委、市政府呈送《关于开展多元调解工作的建议》。

11月4日，市政协医卫界委员和福建医科大学附属第二医院专家在鸿星尔克体育用品有限公司为企业员工义诊。

11月5日，市政协组织华侨大学30多名港澳台侨学生在鲤城区开展“看海西·爱泉州”参观考察活动。

11月11日，十届全国政协副主席、中华妈祖文化交流协会会长张克辉在泉州会见台湾台南大天后宫主任委员、台湾五祖拳联谊总领队曾吉连。

同日，吴共湖、陈铭福带队督查《治理西湖公园水污染问题的建议》的办理情况。

11月12日，十届全国政协副主席张克辉在安溪县参加“第二届海峡两岸（安溪）茶机具博览会开幕式”。

同日，市政协党组成员王瑞强参加开幕式及福建农林大学安溪茶学院奠基仪式。

11月15日，全国政协常委、港澳台侨委员会副主任林兆枢带领全国政协海外侨胞一行在泉州考察。

11月28日，全国政协文史和学习委副主任、中国国际茶文化研究会会长周国富率考察团考察泉州茶产业发展情况。

12月7日，市政府、市政协召开联席会议。市政府向市政协征求对《政府工作报告》的意见和建议。

12月，市政协社会和法制委组织开展“打造信用文化，建设诚信泉州”专题调研。

第一章　组织机构

中国人民政治协商会议作为中国人民爱国统一战线的组织，作为社会主义劳动者、社会主义事业建设者、拥护社会主义的爱国者和拥护祖国统一的爱国者的广泛政治联盟，是中国社会主义政治文明的基本制度形式、政治体制的重要组成部分、中国共产党领导的多党合作和政治协商的重要机构，是社会主义政治文明建设的重要推动力量，在国家政治生活中具有不可替代的作用。

第一节　泉州市政协组织机构

政协泉州市委员会是人民政协的一级地方组织，肩负着动员和组织全市政协委员、各党派团体和社会各界围绕市委、市政府的工作中心，认真履行政治协商、民主监督、参政议政三大职能，不断发展和壮大最广泛的爱国统一战线，团结和动员全市各党派团体、社会各界共同推进泉州市经济、政治、文化、社会建设协调发展的重要任务。

泉州市政协的主要职责是：1. 用马克思列宁主义、毛泽东思想和中国特色社会主义理论统领政协工作。2. 筹备并开好政协的例会，主要有一年一度的全体政协委员会议、每季度一次的政协常委会议和每月一次或不定期召开的主席会议，围绕市委、市政府的工作中心和社会热点、难点问题建言献策。3. 认真履行政协三大职能。围绕市委、市政府的工作中心和社会热点、难点问题，深入开展座谈、研讨、视察、考察和专题调研活动。4. 积极为泉州市的物质文明、精神文明、政治文明建设服务。5. 积极为促进祖国统一大业服务。加强与港澳台同胞和海外华侨、华人社团的交流联谊活动，不断发展和壮大最广泛的爱国统一战线。6. 努力营造人民政协良好的工作环境。7. 加强内外联络工作。8. 加强对县（市、区）政协工作的指导和联系。

一、政协泉州市委员会

（一）六届市政协（1986.1—1991.3）

1985 年 5 月 14 日，国务院批复同意撤销晋江地区，泉州市升格为地级市，实行市管县体制。9 月 14 日，省政协五届十一次常委会议决定，泉州市政协提前换届，届次接续计算。

六届市政协由中国共产党、民主党派等 25 个界别（包括 1988 年 1 月 2 日第九次常委会议决定新增的“港澳同胞”界别）、253 名委员组成（不包括一次全会后增补的委员）。六届一次会议时，委员中，妇女 47 人，占 18.6%；中共党员 88 人，占 34.8%；中共党外人士 165 人，占 65.2%。

1986 年 1 月 4—9 日，市政协六届一次会议在泉州宾馆召开。会议选举张其载为六届市政协主席，朱江水、廖博厚、吕敦村、李德茂、曾惠华、庄清桂为副主席，叶启东为秘书长，王仁杰等 50 人为常务委员。

六届市政协届中增补政协委员 36 名，撤销政协委员资格 1 名，增选常务委员 12 名，撤销常务委员职务 1 名；1988 年 1 月，市政协六届三次会议增选齐世和、傅圆圆为副主席；1990 年 3 月，市政协六届五次会议增选王文泰为副主席。

（二）七届市政协（1991.3—1996.3）

七届市政协由中国共产党、民主党派等 30 个界别、292 名委员组成（不包括一次全会后增补的委员）。七届一次会议时，委员中，中共党员 106 名，占 36.3%；非中共党员、港澳人士等 186 名，占 63.7%；妇女 45 名，占 15.4%；第六届委员留任 129 名，占 44.2%。

1991 年 3 月 16—20 日，市政协七届一次会议在泉州华侨大厦召开。会议选举林文麟为七届市政协主席，傅圆圆、王文泰、曾惠华、吕敦村、薛天锡为副主席，卢金枝为秘书长，万嘉铸等 57 人为常务委员。

七届市政协届中增补政协委员 19 名；增选常务委员 4 名；1995 年 3 月，市政协七届五次会议补选傅圆圆为主席，增选何国栋为副主席。

（三）八届市政协（1996.3—2001.4）

八届市政协由中国共产党、民主党派等32个界别、404名委员组成（不包括一次全会后增补的委员）。在界别设置方面，本届增设2个界别，更改1个界别，即增设经济界，用以安排经济工作部门、经济理论研究、财政金融方面以及大中型国有企业、乡镇集体企业的代表人物；增设澳门、华侨界，把原来的港澳同胞界改为香港界。八届一次会议时，委员中，中共党员149名，占36.88%；非中共党员、港澳人士等255名，占63.12%；妇女66人，占16.34%。在年龄结构方面，委员平均年龄从第七届的52岁，下降为47岁。

1996年3月26—30日，市政协八届一次会议在泉州酒店召开。会议选举傅圆圆为八届市政协主席，何国栋、曾惠华、薛天锡、叶聪敏、张章炳、郑今奋、王仁杰为副主席，黄利禾为秘书长，万嘉铸等75人为常务委员。

八届市政协届中增补委员52名，不再聘任政协委员19名，增选常务委员7名；1997年3月，市政协八届二次会议增选张贻伦、何融融为副主席。

（四）九届市政协（2001.4—2006.12）

九届市政协由中国共产党、民主党派等31个界别、447名委员组成（不包括一次全会后增补的委员）。在界别设置方面，不再单独设置香港、澳门、华侨界；为保持泉州市政协有港澳人士参加，设置特别邀请（二）。九届一次会议时，委员中，中共党员161人，占36.02%；非中共党员、港澳人士286人，占63.98%。妇女75人，占16.78%；少数民族16名，占4%。

2001年4月24—28日，市政协九届一次会议在泉州影剧院召开。会议选举傅圆圆为九届市政协主席，何国栋、叶聪敏、刘佳景、郑今奋、王仁杰、何融融、陈敬聪、林玉莲、陈秋菊为副主席，黄利禾为秘书长，丁毓玲等88人为常务委员。

九届市政协届中增补政协委员58名，不再聘任政协委员27名，增选常务委员7名。2005年4月，市政协九届五次会议补选林荣取为主席，增选郑增辉为副主席；2006年1月，市政协九届六次会议增选许连捷为副主席。

（五）十届市政协（2006.12—2012.1）

十届市政协由中国共产党、民主党派等32个界别、489名委员组成（不包括一次全会后增补的委员）。十届一次会议时，委员中，中共党员161人，占32.9%；非中共党员、港澳人士等328人，占67.1%。妇女87人，占17.8%；少数民族21名，占4.3%。新老委员中，老委员215人，占44%；新委员274人，占56%。

2006年12月27日—2007年1月1日，市政协十届一次会议在泉州影剧院召开。会议选举林荣取为十届市政协主席，陈敬聪、许连捷、吴共湖、傅福荣、苏小青、陈元殿、陈立德、骆沙鸣、陈铭福、王祖耀为副主席，黄利禾为秘书长，丁纯纯等88人为常务委员。

十届市政协届中增补政协委员25名，不再聘任政协委员15名，撤销政协委员资格2名；增选常务委员3名，不再担任常务委员职务1名，撤销常务委员职务1名。2009年3月，黄利禾因年龄原因，不再担任秘书长。2010年1月，补选洪川夫为十届市政协秘书长。2010年5月，林荣取因年龄原因，不再担任十届市政协主席。2011年2月，市政协十届五次会议补选杨俊峰为主席。

二、泉州市政协中国共产党组织机构

（一）中共泉州市政协党组

根据《中国共产党章程》规定，经中共泉州市委批准，成立中共泉州市政协党组。市政协党组是中共泉州市委在泉州市政协的派出机构，是市政协组织的领导核心，肩负着实现党对人民政协领导的重要责任。历届市政协党组书记由市政协主席担任，副书记由1—2名中共党员副主席担任，其他中共党员的政协副主席和秘书长为成员。党组书记、副书记和成员均由中共泉州市委任命。

中共泉州市政协党组的主要任务是：1. 把握方向。坚定不移地贯彻党的基本理论、基本路线、基本纲领、基本经验，坚定不移地贯彻执行中国共产党关于人民政协的方针政策，全力以赴地落实中共中央、中共福建省委、中共泉州市委关于加强人民政协的各项要求。牢牢把握团结和民主两大主题，通过召开政协全会、常委会议和密切经常性联系等途径，努力使各界别的政协委员了解全市工作的全局，围绕中共泉州市委、市政府的工作重点，深入调查研究，及时了解和反映社情民意，提出有针对性的意见、建议，努力为实现中共泉州市委、市政府提出的目标、任务做贡献。2. 协调各方。把政协工作中遇到的带共性的问题和各民主党派、人民团体、各界人士的意见，及时向中共泉州市委请示汇报，提出建议。在履行政协职能方面，就政治协商的内容向中共泉州市委提出建议，就完善民主监督机制多做畅通渠道的工作，并努力为政协委员参政议政创造更加良好的条件。在政协组织内部，注意协调好党派团体和各族各界人士的关系，使大家共同致力于政协的自身建设，齐心协力履行职能。在对外关系上，协调好政协与党政部门的关系，使各有关方面大力支持政协的工作。按照党委的统一部署和政协章程的规定，积极配合党委有关部门研究政协换届时有关界别设置、政协委员名额、人选和常务委员人选以及届中政协领导、常务委员和委员调整的有关问题，积极提出具体建议。3. 完善制度。依据中共中央、中共福建省委、中共泉州市委关于加强人民政协工作的各项要求，完善党组有关工作制度，提高党组工作的制度化、规范化和程序化水平。同时，充分发挥在政协组织工作的共产党员的先锋模范作用。

中共政协第六届泉州市委员会党组。1986 年 1 月 8 日，经中共泉州市委批准，成立中共泉州市政协党组。张其载任市政协党组书记，朱江水任副书记，叶启东为成员。1988 年 2 月 29 日，中共泉州市委决定傅圆圆任市政协党组副书记，齐世和为成员。1990 年 4 月 23 日，中共泉州市委决定王文泰任市政协党组成员。

中共政协第七届泉州市委员会党组。1991 年 2 月 21 日，中共泉州市委决定林文麟任市政协党组书记，傅圆圆、王文泰、卢金枝为成员。由于林文麟工作调动，1995 年 2 月 27 日，中共泉州市委决定傅圆圆调任市政协党组书记，何国栋为成员。

中共政协第八届泉州市委员会党组。1996 年 6 月 5 日，中共泉州市委批准调整市政协党组成员，傅圆圆任市政协党组书记，何国栋、叶聪敏、张章炳、黄利禾为成员。

中共政协第九届泉州市委员会党组。2001 年 4 月 30 日，中共泉州市委决定傅圆圆任市政协党组书记，何国栋、叶聪敏、刘佳景、黄利禾为成员。2005 年 4 月，傅圆圆工作调动，中共泉州市委决定林荣取调任市政协党组书记。

中共政协第十届泉州市委员会党组。2006 年 12 月，中共泉州市委决定林荣取任市政协党组书记，陈敬聪、吴共湖、傅福荣、苏小青、陈元殿、黄利禾为成员。2007 年 1 月，中共泉州市委决定陈敬聪任市政协党组副书记。2009 年 8 月，中共泉州市委决定洪川夫任市政协党组成员。2010 年 12 月，中共泉州市委决定杨俊峰调任市政协党组书记。2011 年 8 月，中共泉州市委决定王瑞强任市政协党组成员。

（二）中共泉州市政协机关委员会纪律检查委员会

中共泉州市政协机关委员会、纪律检查委员会成立之 前，市政协机关设立中共泉州市政协机关总支部委员会。

1995年2月28日，中共泉州市直属机关工作委员会批准建立中共泉州市政协机关总支部委员会。1996年1月12日，市政协机关党员大会召开，大会选举陈克辉、黄利禾、庄培珠、朱周能、林金作5人组成中共泉州市政协机关总支部委员会，陈克辉任总支部书记，黄利禾、庄培珠任总支部副书记。1998年4月2日，增补黄文生、郑景勋为总支部委员，郑景勋任总支部专职副书记，庄培珠不再担任总支部副书记。

中共泉州市政协机关总支部委员会下设2个党支部。1996年1月12日，成立中共泉州市政协机关支部委员会、中共泉州市政协老干部支部委员会。黄利禾、吴航航、王伟明、陈经梂、林月华5人当选市政协机关党支部委员，黄利禾当选党支部书记，吴航航当选党支部副书记，苏孙洗、庄培珠、郑景勋3人当选老干部党支部委员，苏孙洗当选党支部书记。

2000年6月20日，中共泉州市直机关工作委员会批准成立中共泉州市政协机关委员会、中共泉州市政协机关纪律检查委员会。

中共泉州市政协机关第一届委员会、纪律检查委员会。2000年7月1日，市政协机关党员大会召开，选举产生第一届市政协机关党委、纪委。黄利禾、蔡天从、吴航航、黄文生、郑景勋5人当选第一届市政协机关党委委员，黄利禾当选党委书记，蔡天从当选党委副书记。吴航航、黄文生、郑景勋3人当选第一届市政协机关纪委委员，吴航航当选纪委书记。2004年2月24日，中共泉州市委任命方生才为市政协机关党委专职副书记。

中共泉州市政协机关第二届委员会、纪律检查委员会。2004年8月13日，市政协机关党员大会召开，选举产生第二届市政协机关党委、纪委。方生才、田恭灿、黄文生、黄利禾、颜清平5人当选第二届市政协机关党委委员，黄利禾当选党委书记，方生才当选党委专职副书记。方生才、叶冠亮、吴航航3人当选第二届市政协机关纪委委员，方生才当选纪委书记。2009年3月，中共泉州市委免去黄利禾市政协机关党委书记职务。同年8月，中共泉州市委任命洪川夫为市政协机关党委书记。

中共泉州市政协机关第三届委员会、纪律检查委员会。2010年4月23日，市政协机关党员大会召开，选举产生第三届市政协机关党委、纪委。方生才、田恭灿、洪川夫、黄聪吟、蔡天从5人当选第三届市政协机关党委委员，洪川夫当选党委书记，方生才当选党委专职副书记。方生才、郑瑞鑫、黄阳辉3人当选第三届市政协机关纪委委员，方生才当选纪委书记。

市政协机关党委下设党支部。市政协机关党委成立后，撤销市政协机关党支部，保留老干部党支部，新设市政协机关办公室党支部、专门委员会办公室党支部。

2000 年 7 月 13 日，市政协机关办公室党员大会、专门委员会办公室党员大会分别召开，选举产生中共泉州市政协机关办公室支部委员会、中共泉州市政协专门委员会办公室支部委员会。蔡荣火、黄金跋、黄清安 3 人当选办公室党支部委员，蔡荣火当选党支部书记。傅乌、潘土改、林月华 3 人当选专门委员会办公室党支部委员，傅乌当选党支部书记。

2002 年 8 月，市政协机关办公室党支部、专门委员会办公室党支部、老干部党支部换届。经选举，蔡荣火、郑瑞鑫、黄金跋、王明健、吕文团 5 人当选办公室党支部委员，蔡荣火任党支部书记，郑瑞鑫任党支部副书记；傅乌、潘土改、林月华、黄清安、陈经棪 5 人当选专门委员会办公室党支部委员，傅乌任党支部书记，潘土改任党支部副书记；苏孙洗、卢金枝、陈木兰、陈克辉、胡和金 5 人当选老干部党支部委员，苏孙洗任党支部书记，陈克辉任党支部副书记。2003 年 6 月 20 日，因工作需要，增补田恭灿为市政协机关办公室党支部副书记。

2004 年 11 月，市政协机关各党支部换届选举。田恭灿、黄金跋、郑瑞鑫、吕文团、孙丽珠 5 人同志当选市政协机关办公室党支部委员，田恭灿任党支部书记，黄金跋任党支部副书记；颜清平、潘土改、林月华、陈经棪、黄清安 5 人当选市政协机关专门委员会党支部委员，颜清平任党支部书记，潘土改任党支部副书记；苏孙洗、陈克辉、卢金枝、胡和金、陈木兰 5 人当选老干部党支部委员，苏孙洗任党支部书记，陈克辉任党支部副书记。

2007 年 4 月，市政协机关各党支部换届选举。王忠华、田恭灿、许仰东、陈洋锋、黄阳辉 5 人当选市政协机关办公室党支部委员，田恭灿任党支部书记，许仰东任党支部副书记；万国章、郑瑞鑫、黄清安、黄聪容、颜清平 5 人当选市政协机关专门委员会党支部委员，颜清平任党支部书记，万国章任党支部副书记；卢金枝、陈克辉、黄凤珍、董介鼎、蔡天从 5 人当选老干部党支部委员，蔡天从任党支部书记，陈克辉任党支部副书记。

2010 年 4 月，市政协机关各党支部换届选举。田恭灿、王忠华、黄阳辉、陈洋锋、孙丽珠 5 人当选办公室党支部委员，田恭灿任党支部书记，王忠华任党支部副书记；黄聪吟、郑瑞鑫、黄丽红、黄聪容、黄清安 5 人当选专门委员会党支部委员，黄聪吟任党支部书记，郑瑞鑫任党支部副书记；蔡天从、蔡荣火、吴航航、董介鼎、黄凤珍 5 人当选老干部党支部委员，蔡天从任党支部书记，蔡荣火任党支部副书记。

三、泉州市政协机关

市政协机关是政协泉州市委员会的办事和工作机构，是按照《中国人民政治协商会议章程》规定，由政协泉州市委员会常务委员会根据实际工作需要决定设置，承担秘书、参谋、协调、服务和联络宣传等具体工作，并负责处理常务委员会的日常会务工作。

1986 年 1 月 21 日，市政协党组向市委呈报《关于市政协机关机构设置和人员编制的请示》，请求在市政协机关设置 1 个办公室、5 个工作委员会和 7 个工作组。具体内容为：人员编制 45 名，其中副秘书长 2 人、办公室 27 人（主任 1 人、副主任 2 人，内设人事秘书科、行政科、宣传科、联络科）、5 个工作委员会 9 人、7 个工作组 7 人。5 个工作委员会分别为提案工作委员会、经济工作委员会、三胞工作委员会，文史资料研究委员会和学习委员会。7 个工作组分别为教育体育工作组、科技工作组、医药卫生工作组、妇女工作组、民族宗教工作组、文化艺术工作组和法制工作组。

1986 年 6 月 26 日，市政协党组研究决定，5 个工作委员会对应设立 1 个办公室作为科级机构，分别为提案工作委员会办公室、经济工作委员会办公室、三胞工作委员会办公室、文史资料研究委员会办公室、学习委员会办公室。

1986 年 10 月 6 日，中共泉州市委下达市政协机关人员编制 45 名，其中正副主席、专职常委 15 名，政协机关 30 名。

1986 年 10 月 10 日，市编制委员会批复，同意市政协办公室内部设置人事秘书科、行政科、宣传科、联络科。

1989 年 3 月 21 日，市政协六届十五次常委会议决定调整充实市政协各专委会及其领导，把原 5 个工作委员会和 7 个工作组改设为 10 个专门委员会，并相应调整充实其领导成员。10 个专门委员会分别为学习委员会、提案委员会、经济科技委员会、三胞联谊委员会、文史资料委员会、文教委员会、妇女青年委员会、医药卫生委员会、民族宗教委员会、法制委员会。

1989 年 11 月 9 日，经中共泉州市委同意，市编制委员会批复（泉编〔1989〕063 号），同意市政协增设文史资料委员会办公室、三胞联谊委员会办公室、专门委员会综合办公室等 3 个科级机构。

1991 年 6 月 3 日，市编制委员会同意市政协机关增设三胞联谊委员会办公室、经济科技委员会办公室、专门委员会综合办公室等3个处级工作机构。

1991年7月4日，经市政协七届二次常委会议研究，决定设置学习委员会、经济科技委员会、三胞联谊委员会、提案法制委员会、文史资料委员会、文教体卫委员会、民族宗教委员会、青年妇女委员会等8个专门委员会。同时，决定市政协机关设4个处级工作机构，即除原有市政协办公室外，增设市政协专门委员会综合办公室、三胞联谊委员会办公室、经济科技委员会办公室。1989年11月9日市委机构编制委员会批复（泉编〔1989〕063号）随之撤销。

1996年7月1日，市政协八届二次会议决定，原市政协三胞联谊委员会更名为“台港澳侨联络委员会”。

1997年11月28日，中共泉州市委办公室下发《关于印发〈泉州市政协机关机构改革方案〉的通知》，批准市政协机关设置市政协办公室、专门委员会办公室、台港澳侨联络办公室等3个处级综合办事机构。确定市政协机关行政编制37名，其中，市政协专职正副主席、驻会专职常委根据工作需要选配，设秘书长1人、副秘书长2人，办公室主任1人（由副秘书长兼任）、副主任2人，专门委员会办公室正副主任各1人，台港澳侨联络办公室正副主任各1人，科级领导职数11人（含机关党总支专职副书记1人），工勤事业编制5人。

1997年12月16日，市机构编制委员会批准设立《泉州政协报》编辑部，为隶属泉州市政协办公室领导的科级事业单位，事业编制5名，其中科级领导职数1名。人员经费由市财政局安排。

1999年9月22日，市政协八届十九次常委会议决定增设农业农村工作委员会，并调整专门委员会负责人。

2000年3月17日，市委机构编制委员会批准，同意在市政协机关内增设经济科技委员会办公室，为处级机构。

2001年5月21日，市政协九届一次常委会议决定设立提案委员会、经济科技委员会、文教卫体委员会、社会法制委员会、文史资料委员会、学习宣传委员会、港澳台侨联络委员会、民族宗教委员会等8个专门委员会，同时任命各专门委员会主任、副主任。

2002年1月18日，市委机构编制委员会批复，同意市政协办公室将内设的人事科与秘书科合并设置为人秘科，新增信息综合科。

2005年9月27日，中共泉州市委办公室印发《泉州市政协机构改革方案》，批准市政协机关设办事机构2个、专门委员会8个。2个办事机构分别为办公室，内设人秘科、联络科、行政科、接待科；研究室，内设宣传调研科。8个专门委员会分别为提案委员会，内设提案督查科；学习宣传委员会，内设学习宣传科；经济科技委员会，内设经济科技科；港澳台侨委员会，内设港澳台侨科；社会和法制委员会，内设社会法制科；文教卫体委员会，内设文教卫体科；民族宗教委员会，内设民族宗教科；文史委员会，内设文史科。党的组织机构为机关党委会。

市政协驻会常委以上专职领导行政编制14名，实行单列管理。市政协机关办事机构和其他工作机构行政编制31名。为市政协主席、驻会专职副主席服务的工勤人员事业编制5名，为驻会专职常委、市政协机关办事机构和专门委员会服务的工勤人员事业编制7名。

领导职数方面，处级领导职数为：秘书长1名、专职副秘书长2名；办公室主任1名（由副秘书长兼任）、副主任2名；研究室主任1名、副主任1名；各专门委员会主任1名（原则上由市政协驻会常委兼任），同时各配1名专职副主任（副处级）；机关党委专职副书记（副处级）1名。科级领导职数13名。

2006年2月21日，市委机构编制委员会批准设立“泉州海峡文化交流联谊中心”，隶属泉州市政协办公室领导的正科级事业单位，事业编制5名，其中行政编制管理人员1名、专业技术人员4名；核定科级领导职数1名。人员经费由市财政局核拨。

2009年2月10日，市委机构编制委员会同意调整市政协机关工作机构，即合并文史委员会和学习宣传委员会，设立文史和学习宣传委员会，下设文史和学习宣传科，撤销文史科和学习宣传科；设立人口资源环境委员会，下设人口资源环境科；文教卫体委员会更名为教科文卫体委员会，下设的文教卫体科更名为教科文卫体科；经济科技委员会更名为经济委员会，下设的经济科技科更名为经济科，原经济科技委员会承担的科技方面工作职责划入教科文卫体委员会；港澳台侨委员会更名为港澳台侨和外事委员会，下设的港澳台侨科更名为港澳台侨和外事科；市政协办公室内设的联络科更名为政协委员工作室，挂靠市政协办公室，主任由市政协办公室一位副处级干部兼任；专职副主任1名，按正科级配置。调整后，市政协机关人员编制和领导职数保持不变。

2010年7月，市委机构编制委员会批复，同意增加市政协机关副处级领导职数1名，用于配备市政协委员工作室主任。

（一）办事机构

市政协的办事机构，主要有市政协办公室、研究室、政协委员工作室。

1. 市政协办公室

1986 年 10 月，市政协办公室内设人秘科、行政科、宣传科、联络科等 4 个科，人员编制 27 名，设主任 1 人、副主任 2 人。

1997 年 11 月，市政协办公室内设秘书科、人事科、宣传科、联络科、行政科等 5 个科。12 月，设立正科级事业单位《泉州政协报》编辑部。

2002 年 1 月，市政协办公室人事科与秘书科合并设置为人秘科，新增信息综合科。调整后仍为 5 个科室。

2005 年 9 月，市政协办公室内设人秘科、联络科、行政科、接待科等 4 个职能科室。

2006 年 2 月，设立参照公务员管理的正科级事业单位“泉州海峡文化交流联谊中心”。

2. 市政协研究室

2005 年 9 月设立，内设宣传调研科。

3. 市政协委员工作室

2009 年 2 月设立。

（二）工作机构

市政协的工作机构，主要是各专门委员会（工作组）。专门委员会工作是政协工作的重要基础，是政协履行职能的重要形式。各专门委员会（工作组）是市政协常务委员会和主席会议领导下，组织委员进行经常性活动的工作机构。各专门委员会设主任 1 人、副主任若干人，由常务委员会决定；设委员若干人，由主席会议决定。

专门委员会的设置和变动，由市政协常务委员会决定。各专门委员会根据《中国人民政治协商会议章程》要求，以及市政协全体会议和常务委员会议提出的各项任务，从实际出发开展工作。主要工作任务：一是组织委员学习、宣传党和国家的方针政策以及法律法规；二是就泉州市的中心工作以及政治、经济、文化和社会生活中的重大问题、人民群众普遍关心的问题，选择其中具有综合性、全局性、前瞻性的问题，深入开展调查研究，提出意见建议和提案；三是团结联系委员及各族各界人士积极反映社情民意；四是加强与中共泉州市委、泉州市人民政府的沟通联系，开展对口协商活动；五是维护社会稳定和民族团结，促进祖国和平统一；六是组织各种活动，积极为委员知情出力、履行职能创造条件。

各专门委员会（工作组）由政协委员组成，按照有利于联系各界、各方面人士，自愿、协商和便于组织经常性活动的原则，统筹安排。各专门委员会（工作组）的组成人员，一般应具有相关工作经历、社会阅历、专业知识水平和特长，并有时间和精力参加调查研究等经常性活动。未参加专门委员会（工作组）的政协委员，根据本人意愿，可同某一专门委员会（工作组）建立联系。各专门委员会根据工作需要，可采取适当方式邀请这些委员参加活动。

市政协历届专门委员会（工作组）根据形势发展和工作需要设置。

1. 提案委员会

1986 年 2 月，六届市政协设立提案工作委员会。

1989 年 3 月，六届市政协提案工作委员会更名为“提案委员会”。

1991 年 7 月，七届市政协设立提案法制委员会。

1997 年 11 月，八届市政协提案法制委员会在机构改革时撤销，其工作职能由专门委员会办公室承担。

2001 年 5 月，九届市政协设立提案委员会。

2005 年 9 月，九届市政协提案委员会内设提案督查科，承办日常事务。

2. 学习宣传委员会

1986 年 2 月，六届市政协设立学习委员会。

1997 年 11 月，八届市政协学习委员会在机构改革时撤销。

2001 年 5 月，九届市政协设立学习宣传委员会。

2005 年 9 月，九届市政协学习宣传委员会内设学习宣传科，承办日常事务。

2009 年 2 月，十届市政协学习宣传委员会与文史委员会合并，撤销学习宣传科。

3. 经济委员会

1986 年 2 月，六届市政协设立经济工作委员会。

1989 年 3 月，六届市政协科技工作组并入经济工作委员会，改设经济科技委员会。

1997 年 11 月，八届市政协经济科技委员会在机构改革时撤销，其工作职能由专门委员会办公室承担。

2001 年 5 月，九届市政协重新设立经济科技委员会。

2005 年 9 月，九届市政协经济科技委员会内设经济科技科，承办日常事务。

2009 年 2 月，十届市政协经济科技委员会更名为“经济委员会”，下设的经济科技科更名为“经济科”。原经济科技委员会承担的科技方面工作职责划入教科文卫体委员会。

4. 港澳台侨和外事委员会

1986年2月，六届市政协设立三胞工作委员会。

1989年3月，六届市政协三胞工作委员会更名为“三胞联谊委员会”。

1996年7月，八届市政协三胞联谊委员会更名为“台港澳侨联络委员会”。

1997年11月，八届市政协台港澳侨联络委员会在机构改革时撤销，设立“台港澳侨联络办公室”，承担台港澳侨委员会和民族宗教委员会的工作职能。

2001年5月，九届市政协设立港澳台侨联络委员会。

2005年9月，九届市政协改设“港澳台侨委员会”，内设港澳台侨科，承办日常事务。

2009年2月，十届市政协港澳台侨委员会更名为“港澳台侨和外事委员会”，下设的港澳台侨科更名为“港澳台侨和外事科”。

5. 社会和法制委员会

1986年2月，六届市政协设立法制工作组。

1989年3月，六届市政协改设法制委员会。

1991年7月，七届市政协设立提案法制委员会。

1997年11月，八届市政协提案法制委员会在机构改革时撤销，由专门委员会办公室承担社会法制委员会的工作职能。

2001年5月，九届市政协设立社会法制委员会。

2005年9月，九届市政协改设“社会和法制委员会”，内设“社会法制科”，承办日常事务。

6. 教科文卫体委员会

1986年2月，六届市政协设立教育体育工作组、医药卫生工作组和文化艺术工作组。

1989年3月，六届市政协设立文教委员会和医药卫生委员会。

1991年7月，七届市政协设立文教体卫委员会。

1996年3月，八届市政协设立教育卫生体育委员会。

1997年11月，八届市政协教育卫生体育委员会在机构改革时撤销，由专门委员会办公室承担文化文史资料委员会和教育卫生体育委员会的工作职能。

2001 年 5 月，九届市政协设立文教卫体委员会。

2005 年 9 月，九届市政协文教卫体委员会内设文教卫体科，承办日常事务。

2009 年 2 月，十届市政协文教卫体委员会更名为“教科文卫体委员会”，下设的文教卫体科更名为“教科文卫体科”。

7. 民族宗教委员会

1986 年 2 月，六届市政协设立民族宗教组。

1989 年 3 月，六届市政协设立民族宗教委员会。

1997 年 11 月，八届市政协民族宗教委员会在机构改革时撤销，由台港澳侨联络办公室承担民族宗教委员会的工作职能。

2001 年 5 月，九届市政协设立民族宗教委员会。

2005 年 5 月，九届市政协民族宗教委员会内设民族宗教科，承办日常事务。

8. 文史委员会

1986 年 2 月，六届市政协成立文史资料研究委员会。

1989 年 3 月，六届市政协文史资料研究委员会更名为“文史资料委员会”。

1991 年 7 月，七届市政协设立文史资料委员会。

1996 年 3 月，八届市政协文史资料委员会更名为“文化文史资料委员会”。

1997 年 11 月，八届市政协文化文史资料委员会在机构改革时撤销，其工作职能由专门委员会办公室承担。

2001 年 5 月，九届市政协设立文史资料委员会。

2005 年 9 月，九届市政协设文史委员会。内设文史科，承办日常事务。

2009 年 2 月，十届市政协文史委员会与学习宣传委员会合并，撤销文史科。

9. 文史和学习宣传委员会

2009 年 2 月，十届市政协文史委员会、学习宣传委员会合并，设立文史和学习宣传委员会，下设文史和学习宣传科。

10. 人口资源环境委员会

2009 年 2 月，十届市政协设立人口资源环境委员会，下设人口资源环境科。

11. 妇女青年委员会

1986 年 2 月，六届市政协设立妇女工作组。

1989 年 3 月，六届市政协改设妇女青年委员会。

1991 年 7 月，七届市政协妇女青年委员会改称“青年妇女委员会”。

1996年3月，八届市政协不再设立青年妇女委员会。

12. 农业农村工作委员会

1999年9月，八届市政协增设农业农村工作委员会。

2001年4月，九届市政协不再设立农业农村工作委员会。

附：表1—1—1

各届市政协专门委员会历史沿革一览表

	六届	七届	八届	九届	十届
1	提案工作委员会。1989年3月改称提案委员会	提案法制委员会	提案法制委员会。1997年11月撤销	提案委员会	提案委员会
2	学习委员会	学习委员会	学习委员会。1997年11月撤销	学习宣传委员会	学习宣传委员会。2009年2月，与文史委员会合并，改设文史和学习宣传委员会
3	经济工作委员会。1989年3月，与科技工作组合并，改设经济科技委员会	经济科技委员会	经济科技委员会。1997年11月撤销	经济科技委员会	经济科技委员会。2009年2月，改称经济委员会
4	文史资料研究委员会。1989年3月，改称文史资料委员会	文史资料委员会	文化文史资料委员会。1997年11月撤销	文史资料委员会。2005年9月，更名为文史委员会	文史委员会。2009年2月，与学习宣传委员会合并，改设文史和学习宣传委员会
5	三胞工作委员会。1989年3月，改称三胞联谊委员会	三胞联谊委员会	三胞联谊委员会。1996年7月，改设台港澳侨联络委员会。1997年11月撤销	港澳台侨联络委员会。2005年9月，更名为港澳台侨委员会	港澳台侨委员会。2009年2月，改设港澳台侨和外事委员会

续表 1—1—1

	六届	七届	八届	九届	十届
6	文艺工作组、教育体育工作组。1989 年 3 月，合并改设文化教育委员会	文化教育委员会。1991 年 7 月，改设文教体卫委员会	1996 年 3 月，设教育卫生体育委员会。1997 年 11 月撤销	文教卫体委员会	文教卫体委员会。2009 年 2 月，改设教科文卫体委员会
7	妇女工作组。1989 年 3 月，改设妇女青年委员会	妇女青年委员会。1991 年 7 月，改称青年妇女委员会	—	—	—
8	医药卫生工作组。1989 年 3 月，改设医药卫生委员会	—	—	—	—
9	民族宗教工作组。1989 年 3 月，改设民族宗教委员会	民族宗教委员会	民族宗教委员会。1997 年 11 月撤销	民族宗教委员会	民族宗教委员会
10	法制工作组。1989 年 3 月，改设法制委员会	提案法制委员会	提案法制委员会。1997 年 11 月撤销	社会法制委员会。2005 年 9 月，更名为社会和法制委员会	社会和法制委员会
11	—	—	1999 年 9 月，设农业农村工作委员会。2001 年 4 月撤销	—	—
12	—	—	—	—	2009 年 2 月，设人口资源环境委员会

附：表1—1—2

第九、十届泉州市政协机关机构主要职责一览表

机构名称	主要职责
办公室	1. 负责市政协全体会议、常委会议、主席会议、秘书长会议、机关办公会议以及其他重要会议、活动的协调组织和服务工作；2. 负责市政协全体会议、常委会议、主席会议决议和决定的组织实施与贯彻落实情况的督促检查；3. 负责政协委员视察、参观、调查、座谈、研讨等日常活动的秘书、协调、服务和具体组织等工作；4. 负责机关公文处理、机要通信、文书档案、安全保密、后勤保障、内外联络、接待、“泉州市政协网站”以及机关办公自动化建设和管理工作；5. 负责与省政协办公厅和省内外兄弟市政协的工作联系，做好与市委、市人大、市政府有关部门和各党派团体的沟通联系工作，联系指导县（市、区）政协的工作；6. 负责机关日常事务管理工作；7. 按干部管理权限负责机关及直属单位人事任免和干部管理，负责离退休干部、老委员联谊会的管理和服务工作；8. 负责主管海峡文化交流联谊中心；9. 承担市政协领导交办的其他事项
研究室	1. 研究统一战线和人民政协的理论和实践，提出市政协履行职能的工作建议；2. 负责组织和承担起草市政协全体会议、常委会议和市政协重大活动的文稿及市政协主要领导讲话稿；3. 组织起草市政协工作计划、工作总结；4. 负责组织编写市政协工作年鉴、大事记；5. 负责重大课题的调研工作，完成市政协交付的有关课题调研任务；6. 研究县（市、区）政协工作经验，提出指导意见；7. 负责收集、整理、报送政协委员、各党派团体和社会各界反映的社情民意，编发政协信息；8. 通过适当形式，宣传介绍我国政治体制的特色、中国共产党领导的多党合作和政治协商制度的有关知识以及本市政协工作的业绩、经验；9. 负责主管《泉州政协》编辑部编辑出版工作；10. 承办常委会、主席会交办的其他任务
提案委员会	1. 负责起草全会提案的有关文字材料；2. 组织和发动政协委员和各党派团体提出提案；3. 负责提案的审查、立案和交办工作；4. 编发提案摘报，筛选重要提案；5. 跟踪了解、督办提案；6. 负责上级政协和兄弟市政协提案委员会在泉州开展活动的接待安排；7. 承办常委会、主席会交办的其他任务

续表 1—1—2

机构名称	主要职责
经济委员会	1. 组织政协委员就泉州市经济、城市建设和“三农”工作中的重点、热点、难点问题开展座谈、研讨、视察、考察和专题调研等活动，积极建言献策，向党政有关部门提出意见和建议；2. 加强与县（市、区）政协对口委员会、经济科技、城市建设和“三农”工作部门的沟通联系和协作配合，推进泉州市经济发展和科技进步；3. 负责上级政协和兄弟市政协经济科技委员会在泉州开展活动的接待安排；4. 承办常委会、主席会交办的其他任务
社会和法制委员会	1. 组织政协委员就泉州市社会和法制工作中的热点、难点问题开展座谈、研讨、视察、考察、专题调研等活动，积极建言献策，向党政有关部门提出意见和建议；2. 加强与县（市、区）政协对口委员会、法制工作部门的沟通联系和协作配合，及时处理人民来信来访，协助做好协调关系、理顺情绪、化解矛盾的工作，维护泉州市安定稳定的政治局面；3. 负责上级政协和兄弟市政协的社会和法制委员会在泉州开展活动的接待安排；4. 承办常委会、主席会交办的其他任务
教科文卫体委员会	1. 组织委员就泉州市教育、科技、文化、卫生、体育、新闻出版等社会事业的建设情况开展座谈、研讨、视察、考察、专题调研等活动，积极建言献策，向党政有关部门提出意见和建议；2. 加强与县（市、区）政协对口委员会及教育、文化、卫生、体育、新闻出版等工作部门的沟通联系和协作配合，促进泉州市社会事业建设全面发展；3. 联系指导“泉州市政协刺桐书画院”的工作；4. 负责上级政协和兄弟市政协的教科文卫体委员会在泉州开展活动的接待安排；5. 承办常委会、主席会交办的其他任务
港澳台侨和外事委员会	1. 宣传中共中央关于港、澳、台、侨和外事工作的方针、政策，并组织对泉州市贯彻落实的情况进行视察、调研，积极建言献策，向党政有关部门提出意见和建议；2. 加强与“五侨”部门的沟通联系，促进泉州市全面贯彻落实中共中央关于港、澳、台、侨和外事工作的方针、政策。3. 加强与港澳地区的各级政协委员，港澳台同胞、海外华侨和华人社团的交流联谊工作；4. 主管“泉台民间交流协会”的日常工作，广泛开展对台民间交流工作；5. 负责上级政协和兄弟市政协的港澳台侨和外事委员会和港澳台侨知名人士、海外社团在泉州开展活动的接待安排；6. 承办常委会、主席会交办的其他任务

续表 1—1—2

机构名称	主要职责
民族宗教委员会	1. 宣传中共中央关于民族宗教工作的方针、政策。组织委员就泉州市民族宗教工作的情况开展座谈、研讨、视察、考察、专题调研等活动，积极建言献策，向党政有关部门提出意见和建议；2. 加强与县（市、区）政协对口委员会及市民族宗教工作部门和宗教团体的沟通联系和协作配合，促进泉州市全面贯彻落实中共中央关于民族宗教工作的方针、政策；3. 负责上级政协和兄弟市政协的民族宗教委员会在泉州开展活动的接待安排；4. 承办常委会、主席会交办的其他任务
人口资源环境委员会	1. 组织委员围绕泉州市人口、资源、环境三大基本国策落实中的热点、难点问题，开展座谈、研讨、视察、考察、专题调研等活动，积极建言献策，向党政有关部门提出意见；2. 加强与人口、资源、环境等工作部门和县（市、区）政协对口委员会的沟通联系和协作配合，促进泉州市人口、资源、环境全面协调发展；3. 负责上级政协和兄弟市政协的人口资源环境委员会在泉州开展活动的接待安排；4. 承办常委会、主席会交办的其他任务
文史和学习宣传委员会	1. 负责对县（市、区）政协文史委的业务指导；2. 确定每年一辑文史资料的征集主题；3. 组织和动员亲身经历或者亲见亲闻的海内外泉州人根据确定的主题撰写文稿；4. 征集编纂出版文史资料，为泉州市“三个文明”（物质文明、政治文明、精神文明）建设服务；5. 联系指导刺桐吟社的工作；6. 发动和组织政协委员、各党派团体和社会各界开展形式多样、丰富多彩的学习教育和培训活动；7. 负责市政协学习中心组学习活动的组织和新委员培训活动的组织；8. 负责市政协全体会议、常委会议、主席会议及重大活动的会场布置，联系新闻单位、组织记者采访报道，协助各专委会举办的重大会议的会务工作；9. 宣传委员风采，报道委员在各自岗位上的奉献精神和参政议政成效；10. 负责上级政协和兄弟市政协的文史和学习宣传委员会在泉州开展活动的接待安排；11. 承办常委会、主席会交办的其他任务
委员工作室（挂靠办公室）	1. 负责市政协有关会议和活动的联络工作；2. 负责与省政协委员工作室和兄弟市政协有关工作的联络；3. 负责联系驻泉州全国政协委员、省政协委员出席全国政协会议、省政协会议、在泉州视察、调研等活动，建立有关资料；4. 负责组织协调驻泉州省政协委员、市直政协委员、县（市、区）市政协委员开展年度视察活动；5. 负责联系县（市、区）政协，了解掌握县（市、区）政协的工作情况，组织协调县（市、区）政协主席工作座谈会；6. 负责与市各党派团体的联系工作，了解县（市、区）乡镇政协联络组的工作情况；7. 负责建立市政协委员履职档案；8. 完成市政协领导和办公室交办的其他工作

四、其他组织机构

泉州诗词学会。1985 年重阳节，刺桐吟社（泉州诗词学会的前身）成立，陈泗东任社长。1994 年 9 月、2006 年 3 月先后换届，吴捷秋、庄晏成分别当选社长。2008 年 2 月，经泉州市民政局批准，刺桐吟社更名为泉州诗词学会，庄晏成任会长。2012 年，泉州诗词学会召开第五次代表大会，王仁山当选会长。泉州诗词学会坚持“两为”（为人民服务、为社会主义服务）方向，唱响主旋律。每年均配合重大节庆活动，与泉州市政协文史和学宣委联合举办主题吟诵会。

泉州市华侨联谊中心。在省政协华侨委员吴永源、杨振殊的倡议下，1986 年 6 月 12 日，市政协党组决定成立泉州市华侨联谊中心，为市政协联络、接待海外华侨华人的独立民间组织，经费实行独立核算、自负盈亏。1987 年 7 月 10 日，华侨联谊中心董事会召开第一次会议，表决通过《泉州华侨联谊中心董事会章程》。会议决定吴永源任董事长、叶启东任执行董事长、吕敦村和杨振珠任副董事长、苏孙洗任秘书长。董事会设 15 名成员。1989 年 3 月 27 日，市政协党组同意华侨联谊中心成立“泉州华侨联谊服务中心”；1992 年 3 月 5 日，市民政局准予登记。

泉州华侨之家。成立于 1988 年 9 月，是市政协辖下的华侨联谊中心与菲律宾华联公司合作成立的集体所有制企业，以服务“三胞”、联络交友为宗旨，实行董事会领导下的经理负责制的管理体制。2003 年 1 月 1 日，华侨之家菲律宾董事将华侨之家移交给市政协。华侨之家停业整顿、清理资产，并于 2003 年 7 月 1 日起租赁给华泉旅社经营。

泉州泉台民间交流协会。1995 年 6 月 6 日，七届市政协成立“泉州泉台民间交流协会”。协会广泛开展多种形式的泉台民间双向交流活动，为促进泉台关系发展、增进两岸沟通与合作、敦睦乡谊、服务社会，为祖国和平统一和振兴中华作出积极贡献。协会首批吸收团体会员 42 个、个人会员 53 名，选举产生理事，推选傅圆圆为会长，王孝览、王敬萱、陈明泉、林应望为副会长，陈明泉兼任秘书长。协会的业务主管为泉州市政协，会址在市政协办公大楼。2002 年 3 月，经第六次全体会员大会选举，又经上级批准，泉州市政协副主席陈敬聪、陈秋菊兼任副会长。至 1999 年 10 月，有单位（团体）会员 51 个、个人会员 112 名。2004 年 12 月，协会被国家民政部授予“全国先进民间组织”称号。

泉州市政协刺桐书画院。2007 年 5 月 22 日，成立泉州市政协刺桐书画院，院长陈立德，副院长黄利禾、董介鼎。书画院设立书法室、绘画室、摄影室。聘请市政协委员中的书画摄影家担任主任，泉州市部分书画摄影家和市政协委员中的书画爱好者为成员。刺桐书画院在市政协领导下开展工作，邀请政协委员、书画摄影界人士参加。每季度活动一次（采风、交流、讲座、参观等），每年开展两次书画笔会（元宵节、中秋节），每年年底举办一次作品展览，2—3 年编辑出版一册作品集。

泉州泉商发展促进会。成立于 2011 年 2 月 8 日，是由热心泉商工作的各界人士和有影响的企业家自愿组成的非营利性社会组织。许连捷任荣誉会长，林荣取任会长，陈敬聪、何国栋任常务副会长，另有副会长 60 多名。会员人数 174 人。会员主体是企业界人士，特别是泉州地区实力比较雄厚的上市企业负责人以及异地商会会长，同时还有少数熟悉经济工作、统战工作，热心泉商事业发展的退休老同志。泉商发展促进会以宣传党的路线方针政策和国家的产业导向、总结交流泉商发展的经验、宣扬泉商先进事迹、弘扬泉商精神、促进泉商健康发展为宗旨。

泉州市政协委员活动组。为充分发挥委员主体作用，便于组织委员开展工作，调动委员履职积极性，从八届市政协开始，按照界别、驻地、方便、实效的原则，建立政协委员活动组。市直政协委员活动组以政协 8 个专门委员会为主，组成 8 个市直委员活动组；市辖区内的 11 个县（市、区）相应成立 11 个委员活动组；在华侨大学的市政协委员单独组成华侨大学委员活动组。各活动组设召集人和联络员，市直活动组召集人以市政协 8 个专门委员会的主要负责人为主，联络员由专门委员会内设科室干部担任；县（市、区）委员活动组召集人以县（市、区）政协主席和统战部长为主，联络员由县（市、区）政协办公室主任担任；华侨大学委员活动组召集人为其统战部主要负责人，联络员由统战部办公室主任担任。配齐配强委员活动组召集人和联络员，为发挥委员主体作用提供了服务保障。县（市、区）政协在开展本级政协活动时，邀请政协委员活动组中相应界别的省、市政协委员参加。市县两级政协委员联合开展活动，既节约社会资源，又拓展政协工作的新空间。

泉州市乡镇政协委员联络组。地改市后，市政协根据时代发展需要和泉州民营经济发达的特点，积极探索乡镇政协委员联络组建设新途径新路子，努力推进政协工作向基层拓展。20 世纪 80 年代初，在泉州市政协的指导推动下，各县区相应在条件比较成熟的乡镇中成立政协委员联络组，主要成员是该乡镇区域内的各级政协委员，晋江市还吸收历届离任政协委员、社会知名人士参加联络组活动，惠安县注重邀请 70 岁以上、参政热情高、议政能力强的非政协委员的各界代表人士参加联络组。联络组以乡镇为单位组建，也有个别县（市、区）按政协委员分布地区进行组建，如石狮市、晋江市各自成立香港、澳门委员联络组，安溪县成立厦门联络组，永春县根据政协委员分布不均匀特点划片区组建联络组，不管以何种形式组建委员联络组，都能保证覆盖分布在各个乡镇中的各级政协委员以及长年在外活动的各级政协委员。联络组组长一般由乡镇党委中分管统战工作的副书记或统战委员兼任，副组长由政协委员或常委担任。联络组普遍做到六个有，即有办公场所、有牌子、有制度、有经费保障、有工作计划、有活动记录。联络组在完善规章制度，落实工作保障方面积累一些经验，特别是在民营经济发达的晋江、石狮等地，乡镇政协委员联络组的制度建设比较完善，有条件的乡镇还聘请专职人员驻组工作。晋江陈埭镇政协委员联络组制定符合本地"五个制度"，即《委员参政议政职责》《正副组长工作职责》《联络组会议制度》《委员考勤制度》《财务制度》；在镇党委、政府的直接领导和支持下，建立党委、政府工作季度通报制度，每季度邀请一位镇党政成员通报重点工程项目情况，组织委员参加镇政府半年、全年工作通报会；联络组于2008年开设网站（www.zxcdllz.cn），方便宣传政协工作动态。

泉州市政协机关工会。1989年4月7日，经市总工会批复同意，成立首届泉州市政协机关工会委员会，陈永新、陈木兰、柯建章、韩杜琴、郑景勋5人当选工会委员，陈永新任工会主席。2000年10月换届，蔡天从、王明健、吕文团、黄清安、孙丽珠5人当选第三届工会委员，蔡天从任工会主席。2007年4月换届，方生才、黄清安、肖建伟、孙丽珠、张晓文5人当选第四届工会委员，方生才任工会主席；黄清安、王晶晶、江景灿3人组成经费审查委员会，黄清安任主任。

泉州市政协机关妇委会。2000年8月16日，经市政协机关党委批复同意，成立市政协机关妇女委员会。市政协机关妇女委员会由林月华、兰青、孙丽珠3人组成，林月华任主任。因兰菁工作需要调离本单位，2001年4月30日，增补黄雪珍为市政协机关妇女委员会委员。2007年5月10日，市政协机关妇女委员会换届，由林月华、王晶晶、黄雪珍3人组成新一届妇委会，林月华任主任。

泉州市政协机关关工委。2002年3月26日，经市直机关党工委同意，成立泉州市政协机关关心下一代工作委员会，张其载任主任，苏孙洗、吴航航任副主任，陈克辉、陈永新、方生才、郑景勋4人任委员。张其载去世后，经市直机关党工委同意，2005年6月3日，叶聪敏担任市政协机关关工委主任，增补卢金枝、柯建章、陈木兰3人为市政协机关关工委委员。

第二节 县级政协组织机构

泉州市辖鲤城区、丰泽区、洛江区、泉港区、石狮市、晋江市、南安市、惠安县、安溪县、永春县、德化县。根据上级部署要求，11 个县（市、区）均在中共地方委员会的领导下，按照《中国人民政治协商会议章程》规定，适时召开各届政协第一次全体会议，选举产生各届政协主席、副主席、常务委员，健全政协组织。1985 年 12 月—2011 年 12 月，各地政协成立的时间、经历的届次不尽一致，鲤城区政协经历 7 届，丰泽区政协、洛江区政协均经历 3 届，泉港区政协经历 2 届，石狮市政协经历 5 届，晋江市政协、南安市政协、惠安县政协、安溪县政协、永春县政协、德化县政协均经历 7 届。各地政协各届的届期和政协机关内设的办事机构、工作机构也不完全相同。

一、鲤城区政协

鲤城区是泉州市中心城区的重要组成部分。县级泉州市于 1950 年 11 月设立。1985 年 5 月晋江地区行政公署升格为泉州市（地级市），原县级泉州市境域设鲤城区。地改市之后，根据《中国人民政治协商会议章程》第 39 条的规定，经过各方面推荐和协商，市、区政协转制工作摆上重要议事日程。

一届区政协（1985.12—1987.11）。政协第一届泉州市鲤城区委员会第一次会议，于 1985 年 12 月召开。设 157 名委员，22 个界别。会议选举产生本届政协主席、7 名副主席、25 名常务委员。白泰煌当选主席。市、区政协顺利转制。

二届区政协（1987.11—1991.1）。区政协二届一次全体会议，于 1987 年 10 月召开。设 156 名委员、23 个界别。会议选举产生本届政协主席、6 名副主席、23 名常务委员。白泰煌当选主席。

三届区政协（1991.1—1994.1）。区政协三届一次全体会议，于 1991 年 1 月召开。设 152 名委员、17 个界别。会议选举产生本届政协主席、5 名副主席、23 名常务委员。吴金钗当选主席。

四届区政协（1994.1—1997.9）。区政协四届一次全体会议，于 1994 年 1 月召开。

设168名委员、无明确划分界别。会议选举产生本届政协主席、5名副主席、25名常务委员。庄泉宝当选主席。1996年2月，补选1名副主席。

五届区政协（1997.9—2002.12）。区政协五届一次全体会议，于1997年9月召开。设113名委员、无明确划分界别。会议选举产生本届政协主席、3名副主席、20名常务委员。黄金辉当选主席。

六届区政协（2002.12—2006.12）。区政协六届一次全体会议，于2002年12月召开。设136名委员、30个界别。会议选举产生本届政协主席、3名副主席、28名常务委员。黄金辉当选主席。2004年2月，补选3名副主席。

七届区政协（2006.12—2011.12）。区政协七届一次全体会议，于2006年12月召开。设171名委员、30个界别。会议选举产生本届政协主席、4名副主席、35名常务委员。吴金球当选主席。2008年2月、2010年2月，分别补选1名副主席。

区政协机关设办公室、提案和人口资源环境办公室、经济和台港澳侨办公室、法制和教科文卫体办公室、文史和民族宗教办公室等5个科级办事机构；设置提案委员会、人口资源环境委员会、社会和法制委员会、经济委员会、台港澳侨委员会、教科文卫体委员会、民族宗教委员会、文史和学习宣传委员会等8个科级工作机构。

二、丰泽区政协

1997年7月，经国务院批准，泉州市鲤城区的行政区划进行调整，增设泉州市丰泽区。丰泽区政协组织应运而生。

一届区政协（1997.9—2002.12）。区政协一届一次全体会议，于1997年9月召开。设81名委员、16个界别。会议选举产生本届政协主席、3名副主席和15名常务委员。刘聚钗当选主席。2000年1月，补选1名副主席。

二届区政协（2002.12—2006.12）。区政协二届一次全体会议，于2002年12月召开。设140名委员、18个界别。会议选举产生本届政协主席、4名副主席和33名常务委员。苏解放当选主席。2003年3月，补选1名副主席。

三届区政协（2006.12—2011.12）。区政协三届一次全体会议，于2006年12月召开。设173名委员、18个界别。会议选举产生本届政协主席、4名副主席和39名常务委员。苏解放当选主席。2009年12月，补选叶恒为主席。

区政协机关设办公室、台港澳侨联谊办公室、提案和文史办公室、经济法制与人口资源办公室（2011 年增设）等 4 个科级办事机构；设学习委员会、经济委员会、提案和文史委员会、科教文卫体委员会、台港澳侨联络委员会、社会与法制委员会等 6 个科级工作机构。

三、洛江区政协

1997 年 7 月，经国务院批准，泉州市鲤城区进行区划调整，增设泉州市洛江区。洛江区政协择时设立。

一届区政协（1997.9—2002.12）。区政协一届一次全体会议，于 1997 年 9 月召开。设 51 名委员、15 个界别。会议选举产生本届政协主席、3 名副主席和 12 名常务委员。蒋夏雨当选主席。1999 年 4 月，补选 1 名副主席，2001 年 4 月，补选 2 名副主席。蒋夏雨调任泉州市直部门后，2001 年 11 月，补选谢定昌为主席。

二届区政协（2002.12—2006.12）。区政协二届一次全体会议，于 2002 年 12 月召开。设 111 名委员、17 个界别。会议选举产生本届政协主席、3 名副主席和 21 名常务委员。谢定昌当选主席。2003 年 4 月、2006 年 2 月，分别补选 1 名副主席。

三届区政协（2006.12—2011.12）。区政协三届一次全体会议，于 2006 年 12 月召开。设 147 名委员、17 个界别。会议选举产生本届政协主席、3 名副主席和 29 名常务委员。朱清辉当选主席。2010 年 1 月朱清辉转任区人大常委会主任，补选周碰金为主席。

区政协机关设办公室、科教文卫办公室、三胞经济办公室、提案文史办公室等 4 个科级办事机构。设提案委员会、社会法制委员会、经济委员会、科教文卫委员会、城乡建设委员会、侨务及对外联络委员会等 6 个科级工作机构和文史工作小组。

四、泉港区政协

泉港区原系惠安北部地区。经福建省人民政府批准，划出原惠安县的后龙、涂岭、山腰、南埔 4 个乡镇和国有山腰盐场，于 1996 年 4 月 21 日成立泉州市肖厝经济开发管理委员会，属泉州市人民政府的派出机构。2000 年 4 月 12 日，国务院批准在原肖厝经济开发管理委员会的区域上成立泉港区。泉港区政协组织相应设立。

一届区政协（2000.11—2006.12）。区政协一届一次全体会议，于 2000 年 11

月召开。设 107 名委员、18 个界别。会议选举产生本届政协主席、4 名副主席和 14 名常务委员。吴建民当选主席。2003 年 6 月、2004 年 1 月、2004 年 8 月、2005 年 12 月，分别补选 1 名副主席。

二届区政协（2006.12—2011.12）。区政协二届一次全体会议，于 2006 年 12 月召开。设 145 名委员、24 个界别。会议选举产生本届政协主席、3 名副主席和 27 名常务委员。连启明当选主席。2010 年 12 月，补选 1 名副主席。

区政协机关设置综合办公室 1 个，设提案委员会、学习文史委员会、台港澳侨文教卫体委员会、经济科技环保委员会、社会法制委员会等 5 个专门委员会，均为正科级单位。

五、石狮市政协

经国务院批准，1987 年 12 月，原晋江县的石狮、蚶江、永宁 3 个镇和祥芝乡析出，设石狮市。随后，石狮市政协组织筹备建成。

一届市政协（1991.1—1994.1）。市政协一届一次会议，于 1991 年 1 月召开。设 103 名委员、19 个界别。会议选举产生本届政协主席、3 名副主席、20 名常务委员。吴彦南当选主席。

二届市政协（1994.1—1999.1）。市政协二届一次会议，于 1994 年 1 月召开。设 140 名委员、20 个界别。会议选举产生本届政协主席、3 名副主席、28 名常务委员。吴彦南当选主席。1998 年 3 月，补选 1 名副主席。

三届市政协（1999.1—2004.1）。市政协三届一次全体会议，于 1999 年 1 月召开。设 188 名委员、19 个界别。会议选举产生本届政协主席、4 名副主席、29 名常务委员。蔡志从当选主席。2001 年 1 月，补选 1 名副主席。2003 年 3 月，蔡志从退休，补选吴清含为主席。

四届市政协（2004.1—2006.12）。市政协四届一次全体会议，于 2004 年 1 月召开。设 196 名委员、20 个界别。会议选举产生本届政协主席、4 名副主席和 31 名常务委员。吴清含当选主席。2004 年 7 月，吴清含转任石狮市政协调研员。同月，丁家全任中共政协石狮市委员会党组书记，主持政协工作，并于 2005 年 4 月补选为主席。

五届市政协（2006.12—2011.12）。市政协五届一次全体会议，于 2006 年 12

月召开。设250名委员、21个界别。会议选举产生本届政协主席、5名副主席和43名常务委员。丁家全当选主席。

市政协机关设置办事机构。1991年8月，设立政协办公室、宣传教育办公室、专门委员会综合办公室等办事机构。1998年12月撤消宣传教育办公室和专门委员会综合办公室。1999年1月内设办事机构调整为办公室，设台港澳侨联络办公室和专门委员会办公室。2010年12月，撤销专门委员会办公室和台港澳侨联络办公室，内设办事机构调整为办公室，设法制提案与学习文史办公室、经济环境与教科文卫办公室、港澳台侨与民族宗教办公室。

市政协机关设置专门委员会等工作机构。1991年3月，设学习提案委员会、经济三胞委员会和文史科教文卫委员会等3个专门委员会。1994年1月，设经济科技委员会、学习提案委员会、三胞民族宗教委员会、文教卫体委员会和文史资料委员会等5个专委会。1996年2月，学习提案委员会调整为学习提案法制委员会。1997年2月，三胞民族宗教委员会更名为台港澳侨联络委员会。1999年1月—2011年12月，设置经济科技委员会、学习提案法制委员会、台港澳侨联络委员会、文教卫体委员会、文史资料委员会等5个专门委员会（不是实职机构）。

设置政协委员活动组。1991年3月，按行政区域设置市区第一、市区第二、永宁、蚶江、祥芝等5个委员活动组。1996年9月，将原市区2个活动组，按调整后的新行政区域划分为凤里、湖滨、宝盖、灵秀4个委员活动组，永宁、蚶江、祥芝三个委员活动组不变。2001年6月，鉴于原祥芝镇一分为三的行政区域变化，成立鸿山及锦尚2个委员活动组。2006年12月，增设香港和澳门2个委员活动组。

六、晋江市政协

1956年9月，晋江县政协成立。1986年前，晋江县政协经历第一、二、三、四届。1992年，撤县建市，晋江县政协更名为晋江市政协，届次接续。1986年1月—2011年12月，晋江市（县）政协经历第五、六、七、八、九、十、十一届。

五届县政协（1984.10—1987.10）。县政协五届一次全体会议，于1984年10月底召开。设21个界别、188名委员、6名副主席和41名常务委员。留章慈当选主席。1985年5月、1986年10月，分别补选1名副主席。

六届县政协（1987.10—1991.1）。县政协六届一次全体会议，于1987年10

月召开。设204名委员、24个界别。会议选举产生本届政协主席、5名副主席和36名常务委员。留章慈当选主席。

七届县（市）政协（1991.1—1994.1）。县政协七届一次全体会议，于1991年1月召开。设213名委员、24个界别。会议选举产生本届政协主席、4名副主席和39名常务委员。吴良良当选主席。1992年4月，补选1名副主席。1993年3月，补选王恭庭为主席。

八届市政协（1994.1—1999.1）。市政协八届一次全体会议，于1994年1月召开。设278名委员、26个界别。会议选举产生本届政协主席、6名副主席和48名常务委员。王恭庭当选主席。

九届市政协（1999.1—2004.1）。市政协九届一次全体会议，于1999年1月召开。设309名委员、27个界别。会议选举产生本届政协主席、5名副主席和57名常务委员。邱华谋当选主席。2001年3月、2002年1月，分别补选1名副主席。

十届市政协（2004.1—2006.12）。市政协十届一次全体会议，于2004年1月召开。设379名委员、28个界别。会议选举产生本届政协主席、5名副主席和69名常务委员。陈长庚当选主席。

十一届市政协（2006.12—2011.12）。市政协十一届一次全体会议，于2006年12月召开。设381名委员、28个界别。会议选举产生本届政协主席、5名副主席和67名常务委员。周伯恭当选主席。2009年1月，补选1名副主席。

县（市）政协机关于1984年设立政协办公室。1991年增设经济科技联络办公室、文化教育联络办公室2个办事机构。1997年设立政协办公室、提案督查办公室、文史办公室、台港澳侨联谊办公室4个办事机构。2006年设立市政协办公室、提案委员会、经济与法制委员会、文史资料委员会、联络委员会等5个办事机构、工作机构。

六届县政协于1987年设立学习委员会、港澳台三胞工作委员会、提案工作委员会、经济建设委员会、文史资料研究委员会5个工作机构，以及教育工作组、科学技术工作组、医药卫生工作组、文化艺术工作组、民族宗教工作组、联络工作组6个工作组。七届县政协设立提案委员会、学习委员会、经济科技委员会、侨台港澳联谊委员会、文教卫体委员会、民族宗教法制委员会、文史资料研究委员会7个工作机构。八届市政协起，设立提案委员会、社会法制委员会、经济科技委员会、社会法制委员会、文教卫体委员会、文史资料委员会、学习委员会、民族宗教委员会、台港澳侨联络委员会（十一届时改称“联络委员会”）8个工作机构。

七、南安市政协

1956年9月，南安县政协成立。1986年前，南安县政协经历第一、二、三、四届。1993年10月，撤县建市，南安县政协更名为南安市政协，届次接续。1986年1月—2011年12月，南安市（县）政协经历第五、六、七、八、九、十、十一届。

五届县政协（1984.11—1987.6）。县政协五届一次全体会议，于1984年11月召开。设19个界别、179名委员、1名主席、7名副主席和44名常务委员。潘用庭当选主席。

六届县政协（1987.6—1991.1）。县政协六届一次全体会议，于1987年6月召开。设198名委员、19个界别。会议选举产生本届政协主席、5名副主席和40名常务委员。林景宗当选主席。

七届县（市）政协（1991.1—1994.1）。县政协七届一次全体会议，于1991年1月召开。设225名委员、20个界别。会议选举产生本届政协主席、4名副主席和41名常务委员。林景宗当选主席。

八届市政协（1994.1—1999.1）。市政协八届一次全体会议，于1994年1月召开。设270名委员、22个界别。会议选举产生本届政协主席、7名副主席和52名常务委员。骆国金当选主席。鉴于届中骆国金辞去主席职务、陈玉树辞去副主席职务，1995年10月，八届三次全体会议选举林木对为主席。

九届市政协（1999.1—2004.1）。市政协九届一次全体会议，于1999年1月召开。设314名委员、22个界别。会议选举产生本届政协主席、5名副主席和67名常务委员。林木对当选主席。2002年1月，九届四次全体会议接受并批准林木对因工作需要辞去政协主席职务，补选姚重贺为主席。

十届市政协（2004.1—2006.12）。市政协十届一次全体会议，于2004年1月召开。设413名委员、23个界别。会议选举产生本届政协主席、4名副主席和64名常务委员。黄永俊当选主席。

十一届市政协（2006.12—2011.12）。市政协十一届一次全体会议，于2006年12月召开。设428名委员、24个界别。会议选举产生本届政协主席、5名副主席和72名常务委员。戴爱国当选主席。

五届县政协期间，县政协机关设政协办公室、学习工作委员会、提案工作委员会、科技工作组、华侨工作组、对台工作组、工商工作组、文史资料工作组、宗教工作组等9个工作机构。1984年11月，增设外经工作组和经济建设工作组。1987年6月，科技工作组、文史资料工作组、宗教工作组分别更名为科教文卫工作委员会、文史资料工作委员会、民族宗教工作组，侨务工作组、对台工作组合并为三胞工作委员会，工商工作组、外经工作组、经济建设工作组合并为工商经济咨询工作委员会。

七届县政协设立专门委员会。1991年1月，科教文卫工作委员会分成教文卫体委员会和科技委员会，文史资料工作委员会更名为文史资料委员会。1994年1月三胞工作委员会、经济委员会、民族宗教工作组分别更名为台港澳侨联络委员会、经济科技委员会、民族宗教工作委员会。1999年1月，学习工作委员会、提案工作委员会、民族宗教工作委员会分别更名为学习委员会、提案委员会、民族宗教委员会，增设社会和法制委员会。

八、惠安县政协

1956年7月，惠安县政协成立。1986年前，县政协经历第一、二、三、四、五届。1986年1月—2011年12月，县政协经历第六、七、八、九、十、十一、十二届。

六届县政协（1984.11—1987.10）。县政协六届一次全体会议，于1984年11月召开。设20个界别、111名委员。会议选举产生本届政协主席、8名副主席和19名常务委员。朱兴宗当选主席。

七届县政协（1987.10—1991.1）。县政协七届一次全体会议，于1987年10月召开。设20个界别、132名委员。会议选举产生本届政协主席、5名副主席和27名常务委员。朱兴宗当选主席。

八届县政协（1991.1—1994.1）。县政协八届一次全体会议，于1991年1月召开。设20个界别、173名委员。会议选举产生本届政协主席、4名副主席和32名常务委员。刘佳景当选主席。

九届县政协（1994.1—1999.1）。县政协九届一次全体会议，于1994年1月召开。设20个界别、205名委员。会议选举产生本届政协主席、5名副主席和32名常务委员。吴家灿当选主席。1995年3月，补选郑栋梁为主席。1996年3月，补选陈清发为主席，同时补选1名副主席。

十届县政协（1999.1—2003.12）。县政协十届一次全体会议，于1999年1

月召开。设21个界别、289名委员。会议选举产生本届政协主席、4名副主席和52名常务委员。吴龙昭当选主席。1999年12月，补选1名副主席。2001年2月，补选2名副主席。

十一届县政协（2003.12—2006.12）。县政协十一届一次全体会议，于2003年12月底至2004年1月初召开。设21个界别、274名委员。会议选举产生本届政协主席、4名副主席和50名常务委员。吴龙昭当选主席。

十二届县政协（2006.12—2011.12）。县政协十二届一次全体会议，于2006年12月召开。设21个界别、285名委员。会议选举产生本届政协主席、4名副主席和49名常务委员。庄建辉当选主席。2009年2月，补选1名副主席。

县政协机关曾设政协办公室、专门委员会办公室、宣传教育办公室。1991年5月，撤销宣传教育办公室，改设提案文史办公室。2010年10月起，常设政协办公室、经济法制与人口资源环境办公室、提案与社会文史办公室、台港澳侨与民族宗教办公室等4个办事机构。

县政协设专门委员会。每届均设提案审查委员会。五届县政协设学习委员会。七届设文史资料研究委员会，八届时更名为文史资料委员会。八届设民族和宗教委员会。七届至九届设三胞联络委员会，十届时更名为台港澳侨委员会。八届至九届，设经济工作委员会、科技工作委员会，十届时合并更名为经济和科技委员会；设文教工作委员会、医药卫生工作委员会，十届时合并设置文教卫体委员会；设妇女青年工作委员会，十届时更名为社会和法制委员会。十届至十二届，常设学习委员会、提案委员会、台港澳侨委员会、经济和科技委员会、文教卫体委员会、社会和法制委员会、民族和宗教委员会、文史资料委员等8个专门委员会。

九、安溪县政协

1956年11月，安溪县政协成立。1986年前，县政协经历第一、二、三届。1986年1月—2011年12月，县政协经历第四、五、六、七、八、九、十届。

四届县政协（1984.10—1987.11）。县政协四届一次全体会议，于1984年10月底至11月初召开。设17个界别、96名委员。选举产生本届政协主席、5名副主席和27名常务委员。陈泰山当选主席。

五届县政协（1987.11—1991.1）。县政协五届一次全体会议，于1987年11

月召开。设 19 个界别、111 名委员。选举产生本届政协主席、5 名副主席和 25 名常务委员。陈泰山当选主席。

六届县政协(1991.1—1994.1)。县政协六届一次全体会议，于 1991 年 1 月召开。设 17 个界别、132 名委员。选举产生本届政协主席、4 名副主席和 33 名常务委员。陈泰山当选主席。

七届县政协(1994.1—1999.1)。县政协七届一次全体会议，于 1994 年 1 月召开。设 19 个界别、201 名委员。选举产生本届政协主席、5 名副主席和 47 名常务委员。陈泰山当选主席。1995 年，陈泰山辞去县政协主席职务，补选陈长昭为主席。

八届县政协(1999.1—2004.1)。县政协八届一次全体会议，于 1999 年 1 月召开。设 19 个界别、246 名委员。选举产生本届政协主席、6 名副主席和 53 名常务委员。唐建华当选主席。2002 年 1 月，县政协八届四次全体会议补选苏宇霖为主席。

九届县政协（2004.1—2006.12）。县政协九届一次全体会议，于 2004 年 1 月召开。设 19 个界别、266 名委员。选举产生本届政协主席、3 名副主席和 58 名常务委员。苏宇霖当选主席。

十届县政协（2006.12—2011.12）。县政协十届一次全体会议，于 2006 年 12 月召开。设 19 个界别、249 名委员。选举产生本届政协主席、5 名副主席和 55 常务委员。苏宇霖当选主席。

县政协机关设置办公室、文史资料办公室、港澳台侨联络办公室、提案法制办公室 4 个科级部门。设经济科技委员会、人口资源环境委员会、教文卫体委员会、民族宗教委员会以及学习委员会 5 个专门委员会。

十、永春县政协

1956 年 8 月，永春县政协成立。1986 年前，县政协经历第一、二、三、四、五、六届。1986 年 1 月—2011 年 12 月，县政协经历第七、八、九、十、十一、十二、十三届。

七届县政协（1984.11—1987.10）。县政协七届一次全体会议，于 1984 年 11 月召开。设 24 个界别、112 名委员、1 名主席、6 名副主席和 18 名常务委员。余金象当选主席。

八届县政协（1987.10—1991.1）。县政协八届一次全体会议，于 1987 年 10 月召开。设 19 个界别、123 名委员。会议选举产生本届政协主席、6 名副主席和 17

名常务委员。余金象当选主席。

九届县政协(1991.1—1994.1)。县政协九届一次全体会议，于1991年1月召开。设17个界别、141名委员。会议选举产生本届政协主席、3名副主席和19名常务委员。林玉壁当选主席。1992年3月，补选2名副主席。

十届县政协(1994.1—1999.1)。县政协十届一次全体会议，于1994年1月召开。设19个界别、204名委员。会议选举产生本届政协主席、5名副主席和25名常务委员。林玉壁当选主席。

十一届县政协（1999.1—2004.1）。县政协十一届一次全体会议，于1999年1月召开。设18个界别、215名委员。会议选举产生本届政协主席、4名副主席和38名常务委员。林玉壁当选主席。2001年2月，补选1名副主席。2002年1月，补选林金星为主席。

十二届县政协（2004.1—2006.12）。县政协十二届一次全体会议，于2004年1月召开。设20个界别、213名委员。会议选举产生本届政协主席、4名副主席和41名常务委员。林金星当选主席。

十三届县政协（2006.12—2011.12）。县政协十三届一次全体会议，于2006年12月召开。设20个界别、213名委员。会议选举产生本届政协主席、4名副主席和42名常务委员。周亚明当选主席。

县政协机关在1984年3月—2010年8月，设立政协办公室、提案文史办公室、专委会办公室等工作机构，2010年8月调整为政协办公室、提案与社会文史办公室、经济法制与人口资源环境办公室、台港澳侨与民族宗教办公室。

县政协设立专门委员会。1984年11月七届县政协设立4个专门委员会，九届起增至8个专门委员会，即提案委员会、学习委员会、文史资料委员会、经济科技委员会、文教卫体委员会、妇女青年委员会、民族宗教委员会、三胞委员会。

十一、德化县政协

1980年6月，德化县政协成立。1986年前，县政协仅经历第一届。1986年1月—2011年12月，县政协经历第二、三、四、五、六、七、八届。

二届县政协（1984.10—1987.10）。县政协二届一次全体会议，于1984年10月召开。设17个界别、94名委员、1名主席、7名副主席和14名常务委员。徐锡饱当选主席。

三届县政协（1987.10—1991.1）。县政协三届一次全体会议，于1987年11月召开。设18个界别、102名委员。会议选举产生本届政协主席、5名副主席和14名常务委员。徐锡饱当选主席。

四届县政协（1991.1—1994.1）。县政协四届一次全体会议，于1991年1月召开。设17个界别、98名委员。会议选举产生本届政协主席、4名副主席和16名常务委员。郑来兴当选主席。1993年3月，补选李孝仪为主席。

五届县政协（1994.1—1999.1）。县政协五届一次全体会议，于1994年1月召开。设17个界别、103名委员。会议选举产生本届政协主席、6名副主席和20名常务委员。李孝仪当选主席。1997年3月，补选1名副主席。

六届县政协（1999.1—2004.1）。县政协六届一次全体会议，于1999年1月召开。设18个界别、112名委员。会议选举产生本届政协主席、4名副主席和19名常务委员。李孝仪当选主席。

七届县政协（2004.1—2006.12）。县政协七届一次全体会议，于2004年1月召开。设18个界别、136名委员。会议选举产生本届政协主席、4名副主席和25名常务委员。吕素珠当选主席。

八届县政协（2007.1—2011.12）。县政协八届一次全体会议，于2007年1月召开。设18个界别、189名委员。会议选举产生本届政协主席、4名副主席和41名常务委员。吕素珠当选主席。2010年1月，补选1名副主席。

县政协设置政协办公室、提案与文史委员会办公室、专门委员会办公室、经济科技与人口资源环境委员会办公室等4个办事机构。

设置专门委员会、界别委员会和委员活动组。至1988年2月，设学习、提案、文史资料研究、三胞、教育、科技、医药卫生、经济、文化体育、青年妇女、法制民族宗教等11个委员会。1994年1月，设学习、提案、文史资料、三胞联谊、经济、科技、文教卫体、社会法制等8个委员会。1999年1月，三胞联谊委员会更名为台港澳侨联络委员会。2004年1月，台港澳侨联络委员会更名为港澳台侨联络委员会。2007年1月，设立龙浔镇委员活动组、浔中镇委员活动组、三班镇委员活动组、党政群系统委员活动组、文教卫体系统委员活动组、农林水系统委员活动组、在上海委员活动组、在港澳深委员活动组、在厦门委员活动组、在北京委员活动组等10个委员活动组。

第二章 重要会议

政协工作会议是中国共产党地方委员会组织召开的重要会议，是中国共产党加强对政协工作领导、部署和推进的重要组成部分。

会议是人民政协履行职能的主要形式，是政协组织开展工作的主要载体，也是政协委员履行自身职责的主要途径。根据政协章程和相关配套规章制度的规定，人民政协现有的会议主要有全体会议、常务委员会会议、主席会议、常务委员会专题座谈会、政协党组受党委委托召开的座谈会、秘书长会议、各专门委员会会议、根据需要召开的由政协各组成单位和各界代表人士参加的内部协商会议等。此外，根据形势、内容和需要，召开情况通报会、意见听取会、工作研讨会、学习讲座会等。

第一节 泉州市政协工作会议

泉州市政协工作会议（又称全市政协工作会议）由中共泉州市委组织召开。至2011年12月，中共泉州市委共3次组织召开全市政协工作会议。

一、第一次全市政协工作会议

1995年12月12日，中共泉州市委主持召开全市政协工作会议。会议认真贯彻落实中共中央〔1995〕13号文件精神，深化对政协工作重要性的认识，进一步加强和改善党对政协工作的领导，努力营造有利于政协工作开展的良好环境，充分发挥人民政协的职能作用，推动政协工作更上一层楼，为促进泉州市两个文明建设作出更大的贡献。

省政协副主席邹尔均，泉州市领导丘广钟、何立峰、傅圆圆、施永康、薛祖亮、李在明、涂瑞南等出席会议。各县（市、区）委书记、联系政协工作的副书记、政协主席、统部部长，市直各部、委、办、局主要负责人，华侨大学、泉州师专、黎明大学党委书记，市各民主党派和人民团体负责人参加会议。市委副书记薛祖亮主持会议。

市委书记丘广钟作“深化认识，加强领导，开创政协工作新局面”主题报告，省政协副主席邹尔均、代市长何立峰在会上讲话。

丘广钟在报告中着重阐述新时期人民政协的重要地位和作用，强调各级党政领导要牢固树立“大团结、大联合”的统战意识，认真贯彻“长期共存、互相监督、肝胆相照、荣辱与共”的方针，满腔热情地关心支持人民政协充分履行政治协商、民主监督、参政议政的职能，进一步推进泉州市的社会主义民主政治建设；团结一切可以团结的力量，充分调动社会各界的积极性，同心同德，团结拼搏，为推动泉州市新一轮的发展而努力奋斗。丘广钟强调4个方面工作：第一，深化对人民政协性质、地位、作用的认识，坚持和发展中国共产党领导的多党合作和政治协商制度。各级党委、政府要进一步健全政治协商制度，把政治协商纳入决策程序，坚持“三在前”（重大事项和工作党委决策之前、人大通过之前、政府实施之前）、“三在先”（党政重大事项由政协先协商后决策、先协商后通过、先协商后实施）的原则，真正构建起“党委领导，政协协商，人大决策，政府执行”的政治格局。第二，深入贯彻中共中央《中共中央关于批转〈政协全国委员会关于政治协商、民主监督、参政议政的规定〉的通知》精神，进一步加强和改善党对政协工作的领导。各级党委对政协工作要做到思想上有位置，工作上有安排，组织上有措施，宣传教育上加大力度。第三，重视发挥政协组织的特有优势，为实现泉州的新一轮发展做出更大贡献。要充分发挥政协人才荟萃、智力密集的优势，为各级党委和政府的科学决策服务；充分发挥政协在促进团结和协调方面的优势，增进大团结、大联合，为全市改革和发展创造良好社会环境；充分发挥政协在外引内联方面的优势，促进泉州市经济建设和各项事业的协调发展。第四，支持政协加强自身建设，努力营造有利于政协工作的外部环境。要切实加强政协的思想作风建设和组织建，积极为政协开展工作创造良好条件，进一步健全和完善有利于政协开展工作的各项制度。

市委副书记、代市长何立峰就提高政府与政协的合作层次，更好地支持政协履行职能提出3点意见：第一，强化协商监督意识，增强政府工作的科学性。第二，加强联系与协商，认真办理政协提案，提高政府工作实效。一是重要事宜及时协商和通报；二是重要会议邀请政协有关领导参加；三是建立良好的合作关系。第三，创造良好条件，支持政协履行职能。各级政府和职能部门领导、委员所在单位，要在委员开展调查视察活动、政协开展海内外联谊活动中，给予提供方便和支持。根据市财力的增长情况，适当增拨文史资料、三胞接待、专委会视察等经费。

会议召开前夕，市委印发《中共泉州市委关于进一步加强人民政协工作的意见》，市政府印发《泉州市人民政府关于进一步加强政府与政协联系的通知》。

二、第二次全市政协工作会议

1999 年 12 月 14 日，中共泉州市委主持召开全市政协工作会议。会议传达贯彻全省政协工作会议精神，总结交流泉州市政协工作经验，对新时期政协工作进行全面具体部署。

泉州市领导何立峰、施永康、涂瑞南、傅圆圆、薛祖亮、林荣取、余茂桂等出席会议。市政协副主席、正副秘书长、各办公室和各专委会主要负责人，市直有关党组（党委）负责人，市各民主党派、有关团体负责人，各县（市、区）委联系政协工作的副书记、政协党组书记、统战部长、政协办主任、成立联络组的乡镇党委负责人等 250 多人参加会议。市委常委、常务副市长余茂桂主持会议。

市委书记何立峰作“面向新世纪，增强使命感，推动我市政协工作上新水平”主题报告，市政协主席傅圆圆讲话，市委副书记薛祖亮就《中共泉州市委关于贯彻〈中共福建省委关于进一步加强人民政协工作若干问题的决定〉的实施意见》（讨论稿）的指导思想、形成过程和主要内容作说明。与会人员分组讨论，提出不少意见和建议。市长施永康作会议总结。

何立峰在报告中指出，泉州今天取得的良好发展局面，是我们努力实践邓小平理论的结果，是全市上下认真贯彻落实中央和省委的一系列决策部署的结果，也是全市人民包括各级政协和各民主党派、工商联、无党派人士共同努力奋斗的结果。但是，我们也应清醒地看到，与党和人民的期望相比，与新形势、新任务的要求相比，泉州市政协工作还存在一定的差距。他提出 4 点意见：第一，充分认识人民政协的重要性，增强做好新时期工作的使命感；第二，围绕中心服务大局，充分发挥人民政协在实施跨世纪发展战略中的重要作用；第三，积极创造条件，推进政协履行职能的规范化、制度化；第四，进一步加强和改善党对政协工作的领导。何立峰希望，各级党委、各级政协要以这次会议为契机，推动政协工作开创新局面、再上新台阶。通过各级政协扎实有效地工作，广泛联系和团结社会各界人士，凝聚全市各方面的智慧和力量，振奋精神，群策群力，为扎实推进泉州市新一轮创业，实现跨世纪发展目标而努力奋斗。

傅圆圆在讲话中提出3点意见：第一，泉州市政协工作在开拓中前进。一是围绕中心，服务大局，履行职能上新水平，二是发挥优势，抓住重点，树立政协组织新形象，三是建章立制，抓好落实，履行职能的“两化”建设上新台阶。第二，跨世纪政协工作面临的一些问题和困难。一是党委、政府对政协工作的重视、支持存在不平衡，二是政协履行职能的规范化、制度化还有差距，三是政协的一些工作条件还比较困难，四是政协组织和委员的素质有待提高。第三，努力推进政协事业的跨世纪发展。一是继续围绕中心工作，为加快泉州市改革开放和现代化建设服务，二是充分发挥政协组织的政治优势，推进社会主义民主政治建设，三是拓展海外联谊工作新渠道，为祖国和平统一、振兴中华作出新贡献，四是练好内功，增强素质，努力提高政协工作水平。

市委副书记、市长施永康在总结讲话中指出，这次会议意义重大，必将对泉州市政协工作产生积极而深远的影响。他强调要做好5个方面工作：一是政府的重大决策要多与政协协商；二是自觉接受政协的民主监督；三是支持政协开展各种参政议政活动；四是进一步健全联系制度和情况通报制度；五是积极帮助政协改善工作条件。

中共晋江市委、中共永春县委、鲤城区政府、南安县政协、德化县政协分别在会上介绍加强党对政协工作的领导，发挥政协职能作用，支持政协开展活动，加强政协机关建设等方面的经验。

1999年12月27日，中共泉州市委印发《中共泉州市委贯彻〈中共福建省委关于进一步加强人民政协工作若干问题的决定〉的意见》（泉委〔1999〕5号）文件。

全市政协工作会议后，各县（市、区）相继召开政协工作会议，传达贯彻省、市政协工作会议精神。

2000年3月17日，中共泉州市委向省委呈报《中共泉州市委关于贯彻全省政协工作会议精神的情况汇报》。3—4月，市直有关部门按照市委要求，着手研究制订配套文件，把省、市政协工作会议作出的各项规定，逐项分解，落到实处，如中共泉州市纪委、泉州市监察局印发《关于支持配合政协开展民主监督的实施意见》，泉州市财政局、泉州市政协办公室印发《关于解决政协专项经费的意见》，中共泉州市委组织部印发《关于贯彻执行中共泉州市委关于贯彻〈中共福建省委关于进一步加强人民政协工作若干问题的决定〉的意见的通知》，中共泉州市委宣传部印发《关于进一步加强政协宣传工作的意见》，中共泉州市委党校印发《关于开设统战和政协理论课程的实施意见》等。

三、第三次全市政协工作会议

2005年7月21日，中共泉州市委主持召开全市政协工作会议。会议贯彻落实全省第三次政协工作会议精神，总结1999年全市政协工作会议以来工作经验，部署新时期政协工作，讨论审议《中共泉州市委关于进一步加强新时期人民政协工作的实施意见（征求意见稿）》，推动政协履行职能的规范化、制度化和程序化，促进各项工作走在全省发展前列。

市领导郑道溪、朱明、傅圆圆、林荣取、周振华、李建国、廖小军、林武、省政协常委施永康，市直有关党组（党委）和市各民主党派、工商联负责人，市政协正副秘书长、各办公室和专委会主要负责人，各县（市、区）委、肖厝党工委联系政协工作的副书记，各县（市、区）政协党组书记、办公室主任，各县（市、区）委统战部长，以及已成立政协委员联络组的乡镇党委负责人等280多人参加会议。市委副书记周振华主持会议。

市委书记郑道溪在讲话中提出3点意见：第一，从全局和战略的高度，认识新形势下加强人民政协工作的重要性；第二，把握团结民主两大主题，做好新时期政协工作大有可为；第三，加强改善党的领导，努力为政协工作创造良好条件。郑道溪充分肯定1999年以来市政协认真履行职能，为泉州市三个文明建设发挥了不可替代的作用。他指出，要认识到加强新时期人民政协工作是提高党的执政能力的客观需要，是建设社会主义政治文明的需要，是促进祖国统一大业的重要途径，是构建和谐社会的现实要求。郑道溪要求，各级政协要坚持求同存异、互相监督，把不同党派、阶层、民族、信仰的人们引导在爱国主义和社会主义两面旗帜下，做到团结合作有位、政治协商有方、民主监督有力、参政议政有为。要加强团结，做好凝聚人心工作；要发扬民主，搞好各个层面的政治协商；要拓宽思路，增强民主监督实效；要服务发展，提高参政议政水平；要发挥优势，拓展海外联谊领域。郑道溪强调，必须加强改善党的领导，努力为政协工作创造良好条件。要坚持把政协工作纳入党委统揽全局的重要内容；要积极推进政协履行职能的制度化、规范化和程序化；要重视加强政协自身建设；要积极主动为政协工作提供保障，更好地发挥政协在泉州市三个文明中的积极作用，为推动泉州走在全省发展前列，加快建设海峡西岸经济区和现代化工贸港口城市作出更大贡献。

市委副书记、市政协主席林荣取从5个方面回顾总结第二次全市政协工作会议以来泉州市政协工作及体会：第一，围绕中心、服务大局，协商建言成果显著；第二，把握主题、凝聚力量，民主政治建设向前推进；第三，求真务实、以人为本，职能得到充分履行；第四，突出特色、发挥优势，海外联谊工作有声有色；第五，适应形势、开拓创新，政协自身建设不断加强。林荣取强调今后市政协要抓住机遇、创新发展，不断开创政协工作的新局面：第一，坚持党对政协工作的领导，始终保持正确的发展方向；第二，牢固树立和落实科学发展观，服务发展第一要务；第三，牢牢把握两大主题，为构建和谐泉州发挥作用；第四，进一步发挥委员主体作用，增进履行职能实效；第五，进一步拓展海外联谊渠道，为促进祖国和平统一多作贡献；第六，继续推进“三化”（政协履行职能制度化、规范化、程序化）建设，全面提高履行职能的水平。

会议还印发《泉州市人民政府办公室、泉州市政协办公室关于加强市政府与市政协工作联系的意见》《中共泉州市纪委、泉州市监察局关于支持配合人民政协履行民主监督职能的若干意见》《泉州市中级人民法院关于进一步接受新时期人民政协民主监督的实施意见》《泉州市人民检察院关于进一步接受人民政协民主监督的实施意见》《中共泉州市委组织部、中共泉州市委统战部、中共泉州市委机构编制委员会办公室、泉州市政协办公室关于贯彻〈中共泉州市委关于进一步加强新时期人民政协工作的实施意见〉的意见》《中共泉州市委宣传部、泉州市政协办公室关于进一步加强新时期人民政协宣传工作的意见》《中共泉州市委党校、泉州市政协办公室、泉州市社会主义学院关于中共泉州市委党校、泉州市社会主义学院加强统战和政协理论教学工作的实施意见》《泉州市政协办公室、泉州市财政局关于加强政协经费保障工作的意见》。

2005年8月13日，中共泉州市委印发《中共泉州市委关于进一步加强新时期人民政协工作的实施意见》。

第二节　政协泉州市委员会全体会议

政协各级地方委员会全体委员会议简称全体会议。全体会议是人民政协围绕团结和民主两大主题，履行政治协商、民主监督、参政议政职能的最高形式。全体会议由常务委员会召集并主持，须有2/3以上的委员出席始得举行。政协章程规定，人民政协各级地方委员会全体会议每年至少举行一次。

中国人民政治协商会议地方委员会的下列职权必须由全体会议行使：听取并审议常务委员会工作报告和提案工作情况报告；列席同级人民代表大会全体会议，听取并讨论政府工作报告以及其他重要报告；审议通过政治决议、常务委员会工作报告和提案工作情况报告；每届第一次全体会议选举主席、副主席、秘书长和常务委员；其他各次全体会议根据情况安排选举事项。

政协第六至第十届泉州市委员会从1986年1月—2011年12月，共召开26次全体会议。

一、六届市政协全体会议

六届市政协共召开5次全体会议。

市政协六届一次会议。于1986年1月4—9日在泉州市区召开。本届委员253名，出席会议的委员234名。

预备会推选市政协六届一次会议筹备委员会主任张其载等34人组成大会主席团，张其载、朱江水、廖博厚、叶启东、吕敦村、林多速、李德茂、曾惠华、庄清桂、郑建树为大会主席团常务主席，黄永源为大会秘书长，洪应百等3人为大会副秘书长。推选并组成以吕敦村为主任的提案审查委员会。

省政协副主席许集美，市委书记张明俊、副书记石兆彬和市人大筹委会、军分区负责人等领导出席会议。

会议听取和审议筹委会成员、市委统战部部长叶启东所作《政协泉州市第六届委员会筹备工作报告》，张其载所作《政协泉州市第六届委员会今后工作意见的报告》，吕敦村所作《提案审查情况报告》；列席泉州市第十届人民代表大会第一次会议，听取并讨论市委书记张明俊的讲话、新当选市长陈荣春所作《政府工作报告》和其他报告。

会议共收到提案130件。

会议选举张其载为六届市政协主席，朱江水、廖博厚、吕敦村、李德茂、曾惠华、庄清桂为副主席，叶启东为秘书长，王仁杰等50人为常务委员。

省政协副主席许集美发表讲话，强调新时期政协统战工作是为党的三大任务服务。泉州市政协工作要根据泉州的实际和特点来开拓新的领域、开创新的局面。特别是三胞工作要有所突破、有所创新、有所发展。政协在为社会主义物质文明建设服务的同时，也要为社会主义精神文明建设服务。要通过各种方式来促进党风、社会风气的根本好转。

市委副书记石兆彬发表讲话，强调统一战线、人民政协工作的重要性，并希望政协委员要认真学习贯彻中国共产党全国代表会议精神，畅所欲言，集思广益，充分发挥市政协“智力库”的优势，为实现“七五”计划，加强两个文明建设出谋献策，为建设文明昌盛新泉州贡献力量。

张其载代表新当选市政协领导班子发表讲话，强调市政协当年的主要工作任务是：第一，进一步加强学习、宣传工作。第二，充分发挥综合人才库的作用，为经济建设服务。第三，重视社会主义精神文明建设。第四，大胆开展海外统战工作，为祖国统一大业作出贡献。第五，加强县、区政协工作，加强同各民主党派的联系，加强机关建设，开创政协工作新局面。

会议审议通过市政协六届一次会议决议。

会议号召，全体政协委员、各民主党派成员，各人民团体及各界爱国人士要进一步发扬政治协商、民主监督、合作共事、广交朋友、自我教育的优良传统，坚持四项基本原则，紧密围绕中共泉州市委的中心工作，积极开展政治协商和民主监督活动，切实抓好落实政策工作；围绕经济体制改革、对内搞活经济和对外实行开放以及精神文明建设组织专题调查研究；做好对台宣传，促进祖国统一；同心同德、努力工作、创新务实，以拼搏的精神全面开创统一战线和人民政协工作新局面，为把泉州市建设成为文明富庶新侨乡而奋斗。

市政协六届二次会议。于 1987 年 4 月 14—18 日在泉州市区召开。本届委员 253 名，出席会议的委员 184 名。在泉州的全国政协委员、省政协委员、各县（区）政协领导同志、市政协各委（组）的负责同志、港澳地区的爱国知名人士和各有关单位负责人列席会议。

市委书记张明俊等领导出席会议。

会议听取和审议市政协主席张其载所作《政协泉州市第六届委员会常务委员会工作报告》、市政协提案工作委员会主任林志正所作《政协泉州市第六届委员会第一次会议以来提案工作的报告》；列席泉州市第十届人民代表大会第二次会议，听取并讨论市长陈荣春所作的《政府工作报告》以及计划、财政预算报告。会议期间，展出泉州市各级政协委员为两个文明建设服务的事迹图片。

会议共收到提案117件。

会议增选丁友义、许永惠、陈泗三3人为常务委员。

市委书记张明俊发表讲话，对市政协工作提出4点意见：第一，各级政协要坚持和宣传四项基本原则，反对资产阶级自由化。第二，各级政协要为改革开放和反对资产阶级自由化献计出力。第三，进一步开展三胞联谊活动。第四，进一步发挥政协人才集聚优势，为四化建设贡献力量。

会议审议通过市政协六届二次会议决议。

会议号召，全体委员要认真学习贯彻全国第六届人民代表大会第五次会议和全国政协六届五次会议精神，继续发扬人民政协的优良传统和作风，发挥人民政协政治协商、民主监督的职能，深入进行调查，如实反映情况，为泉州市“两个文明”建设出谋划策；要加强马克思主义理论和统一战线方针政策的学习、宣传，充分发挥泉州市“侨”“台”优势，大力宣传“一国两制”方针，促进“一国两制”实施，积极团结台湾同胞、港澳同胞和海外侨胞，为实现祖国和平统一大业、振兴中华贡献力量。

市政协六届三次会议。于1988年1月3—7日在泉州宾馆召开。本届委员264名，出席会议的委员195名，特邀人士6名。在泉州的全国政协委员、省政协委员、各县（区）政协领导、市政协各委（组）的负责人、港澳地区的爱国知名人士和各有关单位的59名负责人列席会议。

会议听取和审议市政协主席张其载所作《政协泉州市第六届委员会常务委员会工作报告》、市政协提案工作委员会主任林志正所作《政协泉州市第六届委员会第二次会议以来提案工作报告》；列席泉州市第十届人民代表大会第三次会议，听取并讨论市长陈荣春所作的《政府工作报告》以及计划、财政预算报告。

会议共收到提案108件。

会议增选齐世和、傅圆圆为副主席，李鸠陵、郑德郁、高作揖为常务委员。

会议审议通过市政协六届三次会议决议。

会议号召，全体委员要遵照中共中央、国务院关于当年要认真抓好三件大事的指示，以中共十三大召开为继续前进的新起点，不断加强自身建设，充分发挥政协职能，强化民主监督意识，在建设有中国特色的社会主义旗帜下，在祖国统一和振兴中华的爱国主义旗帜下，团结奋斗，艰苦创业，为把泉州市建设成为富庶、民主、文明的社会主义新侨乡作出新的贡献。

市政协六届四次会议。于1989年3月14—18日在泉州市区召开。本届委员279名，出席会议的委员212名。在泉州的全国政协委员、省政协委员、各县（区）政协领导同志、市政协各委（组）的负责同志、港澳地区的爱国知名人士和各有关单位负责人列席会议。

省政协副主席陈仰曾、市委书记张明俊、市长陈荣春、市人大常委会主任胡美金等领导出席会议。陈仰曾、张明俊发表讲话。

会议听取和审议市政协副主席廖博厚所作《政协泉州市第六届委员会常务委员会工作报告》、市政协提案工作委员会主任林志正所作《政协泉州市第六届委员会第三次全体会议以来提案工作情况报告》；列席泉州市第十届人民代表大会第四次会议，听取并讨论市长陈荣春所作的《政府工作报告》以及计划、财政预算报告。会议还组织学习、讨论《政协全国委员会关于政治协商、民主监督的暂行规定》。

会议共收到提案103件。

会议增选李贤起、李登俊、曾国杰3人为常务委员。

省政协副主席陈仰曾在讲话中强调，各级政协要联系实际，认真学习贯彻全国政协制定的有关规定和通则，使政协工作向经常化、制度化、规范化迈进。要加强政协的自身建设，同心同德，把政协工作搞得更加扎实、更加出色、更加有效。

市委书记张明俊在讲话中提出3点意见：第一，要进一步明确人民政协工作的重要性。第二，要认真履行人民政协基本职能，积极参与我市重要事务的协商讨论，切实发挥政协委员在治理整顿和廉政建设中的作用。第三，要加强和改善中国共产党对政协工作的领导，协调和处理各种关系，支持政协组织开展工作。

张其载在闭幕会上讲话，就今后市政协工作强调3点意见：第一，要认真学习、广泛宣传《政协全国委员会关于政治协商、民主监督的暂行规定》和即将召开的全国人大、政协会议精神，针对泉州实际情况制定实施意见，认真履行人民政协的基本职能。第二，要集中主要力量，对泉州治理整顿和廉政建设以及其他事关群众生活的重大问题，协商讨论，献计献策。第三，各专门委员会要认真制定工作计划，积极开展调查研究活动。

会议审议通过市政协六届四次会议决议。

会议号召，全市政协组织和全体委员要继续高举社会主义、爱国主义旗帜，进一步贯彻中共十三大和十三届三中全会精神，认真学习贯彻《政协全国委员会关于政治协商、民主监督的暂行规定》，发扬社会主义民主，完善中国共产党领导的多党合作和政治协商制度，在中共泉州市委领导下，振奋精神，增强信心，战胜困难，为开创政协工作新局面、促进侨乡社会主义物质文明和社会主义精神文明建设而努力奋斗，以新的成绩向中华人民共和国成立40周年献礼。

市政协六届五次会议。于1990年3月14—18日在泉州市区召开。本届委员277名，出席会议的委员212名。在泉州的全国政协委员、省政协委员、各县（区）政协领导、市政协各专门委员会和办公室以及市委统战部副科长以上干部、有关单位负责人列席会议。

省政协副主席陈仰曾、市委书记张明俊等领导出席会议。

会议听取和审议市政协副主席廖博厚所作《政协泉州市第六届委员会常务委员会工作报告》、市政协提案工作委员会副主任余玉棋所作《政协泉州市第六届委员会第四次会议以来提案工作报告》；列席泉州市第十届人民代表大会第五次会议，听取并讨论市长陈荣春所作《政府工作报告》以及计划、财政预算报告。会议还组织学习中共十三届六中全会公报和《中共中央关于坚持和完善中国共产党领导的多党合作和政治协商制度的意见》。

会议共收到提案109件。

会议增选王文泰为副主席。

省政协副主席陈仰曾发表讲话强调，中共中央最近发出的《关于坚持和完善中国共产党领导的多党合作和政治协商制度的意见》（中央14号文件），是第一次以中共中央正式文件的形式，制定中国共产党和民主党派合作共事共同遵守的准则。认真学习、广泛宣传、坚决贯彻这一文件精神，是当前各级人民政协工作的一项重要任务。学习贯彻中，要同实施《政协全国委员会关于政治协商、民主监督的暂行规定》结合起来，与当前学雷锋、树新风、办好事紧密结合起来，更好地推动当前的各项工作，为进一步发展政协工作新局面，为推动社会主义现代化建设，促进祖国统一做出新贡献！

市委书记张明俊发表讲话，对市政协工作提出3点希望：第一，坚持和完善中国共产党领导的多党合作和政治协商制度，充分发挥人民政协“政治协商、民主监督”的职能，并使之经常化、制度化。第二，切实重视并发挥人民政协“人才库”的优势和作用。第三，重视和加强政协的自身建设。

张其载在闭幕会上讲话，就今后市政协工作强调3点意见：第一，要认真学习、积极宣传中共中央十三届六中全会精神，团结和动员自己周围的群众，为密切党群联系搭桥造路，做好疏通工作。第二，要贯彻执行中共中央《关于坚持和完善中国共产党领导的多党合作和政治协商制度的意见》，为坚持和完善中国共产党领导的多党合作和政治协商制度，积极承担人民政协光荣而艰巨的职责。第三，要弘扬雷锋精神，立足本职工作，搞好民主监督，为建设中国特色社会主义而共同努力。

会议审议通过市政协六届五次会议决议。

会议号召，全市各级政协组织和全体委员要努力学习马列主义、毛泽东思想，学习、弘扬雷锋精神，坚定不移地贯彻执行以经济建设为中心、坚持四项基本原则、坚持改革开放的基本路线，坚持“长期共存、互相监督、肝胆相照、荣辱与共”的基本方针，更加紧密地团结起来，振奋精神，同心同德，自力更生，艰苦奋斗，为实现泉州市社会主义事业的进一步发展，作出应有的贡献。

二、七届市政协全体会议

七届市政协共召开 5 次全体会议。

市政协七届一次会议。于 1991 年 3 月 16—20 日在泉州市区召开。本届委员 292 名，出席会议的委员 272 名，有关方面人士 58 人列席会议。

预备会推选林文麟等 38 人组成大会主席团，林文麟、傅圆圆、王文泰、曾惠华、吕敦村、薛天锡为大会主席团常务主席，王文泰为大会秘书长（兼），卢金枝等 6 人为大会副秘书长；推选吕敦村等 8 人组成提案审查委员会，吕敦村为主任，胡和金等 2 人为副主任。

市委书记张明俊等领导出席会议。

会议听取和审议市政协副主席吕敦村所作《政协泉州市第六届委员会常委会工作报告》、市政协提案审查委员会副主任胡和金所作《关于委员提案审查情况的报告》；列席泉州市第十一届人民代表大会第一次会议，听取并讨论市长林大穆所作《政府工作报告》和计划、财政预算报告，以及市中级人民法院、人民检察院的工作情况通报。

本次会议共收到提案 76 件。

会议选举林文麟为七届市政协主席，傅圆圆、王文泰、曾惠华、吕敦村、薛天锡为副主席，卢金枝为秘书长，万嘉铸等 57 人为常务委员。

市委书记张明俊发表讲话，就市政协工作提出 4 点希望：第一，要进一步提高对新时期人民政协工作性质、地位和作用的认识，明确政协组织肩负的历史责任和重要使命。第二，要积极维护国家和社会的稳定。第三，要切实加强政治协商和民主监督。第四，要切实加强政协组织的自身建设。

林文麟致闭幕词时提出5点意见：第一，要认真贯彻落实中共十三届七中全会精神，为振兴泉州侨乡献计出力。第二，要坚持和完善中国共产党领导的多党合作和政治协商制度，巩固和发展最广泛的爱国统一战线。第三，要搞好疏导和团结工作，维护泉州市的政治稳定和社会稳定。第四，要积极开展海外联谊活动，促进祖国和平统一大业早日实现。第五，要加强政协自身建设，提高政协委员参政议政水平和政协机关的服务水平。

会议审议通过市政协七届一次会议决议。

会议号召，全体政协委员、各民主党派、人民团体和各界人士要紧密地团结在以江泽民为核心的中共中央周围，在中共泉州市委的领导下，继续高举爱国主义和社会主义的旗帜，坚持“长期共存、互相监督、肝胆相照、荣辱与共”的方针，同心同德，步调一致，为实现我国社会主义现代化第二步战略目标，为完成泉州市的“八五”计划（泉州市国民经济和社会发展第八个五年计划）和各项任务而努力工作、开拓前进。

市政协七届二次会议。于1992年3月9—12日在泉州市区召开。本届委员291名，出席会议的委员215名，有关方面人士61人列席会议。

市委书记陈营官等领导出席会议。

会议听取和审议市政协副主席王文泰所作《政协泉州市第七届委员会常委会工作报告》、市政协副主席薛天锡所作《政协泉州市第七届委员会第一次会议以来提案工作情况报告》；听取市政协提案法制委副主任潘维权《关于市政协七届二次会议提案审查情况的报告》；列席泉州市第十一届人民代表大会第二次会议，听取和讨论市长林大穆所作《政府工作报告》和计划、财政预算报告，以及市中级人民法院、人民检察院的工作情况通报。会议还组织学习中共十三届八中全会公报和中发〔1992〕2号文件。

会议共收到提案135件。

会议增选潘维权为常务委员。

市委书记陈营官发表讲话，就市政协工作提出3点意见：第一，认真学习贯彻邓小平同志的重要谈话精神，统一思想，增强深化改革、扩大开放的紧迫感和责任感。第二，充分发挥政协的自身优势，团结和动员各方面力量，努力为泉州市的改革开放和现代化建设多做贡献。第三，切实加强和完善中国共产党对政协工作的领导，下力气抓好政协的自身建设。

林文麟在闭幕会上讲话，就加强市政协工作提出 3 点意见：第一，进一步提高对人民政协性质、地位和作用的认识，增强责任感，提高主动性。第二，围绕中心任务，加强自身建设，履行基本职能，切实发挥作用。第三，转变作风，力戒空谈，真抓实干，狠抓落实。

会议审议通过市政协七届二次会议决议。

会议号召，全体政协委员和各界人士要认真学习贯彻中发〔1992〕2 号文件和中共十三届八中全会精神，在爱国主义、社会主义旗帜下，更加紧密地团结起来，以高度的历史责任感和时代紧迫感，同心同德，艰苦奋斗，开拓进取，为实现泉州市"八五"计划和全年的各项任务、促进祖国和平统一大业作出更大的贡献，以更好的工作成绩迎接中国共产党第十四次全国代表大会胜利召开。

市政协七届三次会议。于 1993 年 3 月 8—12 日在泉州市区召开。本届委员 294 名，出席会议的委员 241 名，有关方面人士 79 人列席会议。

市委书记陈营官等领导出席会议。

会议听取和审议市政协副主席薛天锡所作《政协泉州市第七届委员会常委会工作报告》、市政协提案法制委副主任胡和金所作《提案法制委员会关于第二次会议以来提案工作情况的报告》；听取提案法制委副主任潘维权所作《关于市政协七届三次会议提案审查情况的报告》；列席泉州市第十一届人民代表大会第三次会议，听取和讨论市长林大穆所作《政府工作报告》和计划、财政预算报告，以及市中级人民法院、人民检察院的工作情况通报。会议还组织学习中共十四届二中全会公报。

会议收到提案 100 件。

会议增选何国栋等 3 人为常务委员。

市委书记陈营官发表讲话，就市政协工作提出 3 点意见：第一，深入贯彻中共十四大精神，认真履行政治协商、民主监督职能，更好地为经济建设服务。第二，发挥政协联系各民主党派、各人民团体和各界人士的桥梁纽带作用，维护安定团结的政治局面，为经济建设创造良好的社会环境。第三，加强中国共产党对政协的领导，搞好政协自身建设。

王文泰在闭幕会上讲话强调，市政协要加强 5 个方面工作：第一，要继续深入学习贯彻中共十四大精神。第二，要更好地履行政治协商、民主监督的职能。第三，要高举爱国主义、社会主义旗帜，为加快改革开放和经济建设步伐，创造良好的社会政治环境。第四，要积极广泛地开展海外联谊活动。第五，要进一步加强人民政协的自身建设。

会议审议通过市政协七届三次会议决议。

会议号召，全市各级政协组织、政协委员和各界人士要更加紧密地团结在以江泽民为核心的中共中央周围，在中共泉州市委的领导下，同心同德，开拓进取，为实现泉州市改革开放和现代化建设的宏伟目标而努力奋斗。

市政协七届四次会议。于 1994 年 3 月 2—6 日在泉州市区召开。本届委员 294 名，出席会议的委员 256 名，有关方面人士 88 人列席会议。

市委书记陈营官等领导出席会议。

会议听取并审议市政协副主席王文泰所作《政协泉州市第七届委员会常委会工作报告》、市政协副主席薛天锡所作《政协泉州市第七届委员会第三次会议以来提案工作情况报告》；讨论泉州市政协 1994 年工作要点。听取市政协提案法制委副主任曾明所作《关于市政协七届四次会议提案审查情况的报告》；列席泉州市第十一届人民代表大会第四次会议，听取和讨论市长林大穆所作《政府工作报告》和计划、财政预算报告，以及市中级人民法院、人民检察院的工作情况通报。

会议表彰何曼试等 21 名有突出贡献的市政协委员和《关于理顺清源山风景名胜区管理体制的意见》等 12 件市政协 1993 年度优秀提案。

本次会议收到提案 101 件。

市委书记陈营官发表讲话，就市政协工作提出 3 点意见：第一，深入学习《邓小平文选》第三卷，在建设有中国特色社会主义理论基础上形成共识。第二，充分发挥政协人才、智力优势，更好地为改革开放和经济建设服务。第三，切实加强和改善中国共产党对政协工作的领导。

林文麟在闭幕会上讲话，就贯彻落实本次会议精神，提出 4 点意见：第一，深入学习《邓小平文选》第三卷，深刻理解和掌握邓小平关于建设有中国特色社会主义理论，增强贯彻执行党的基本路线的自觉性和坚定性。第二，紧扣经济建设中心，积极开展专门委员会调查研究活动，以新姿态、新面貌认真履行政协的基本职能。第三，突出团结稳定，为改革发展创造良好的社会政治环境。第四，加强自身建设，树立服务大局的观念，切实肩负时代赋予的重任。

会议审议通过市政协七届四次会议决议。

会议号召，全体委员要携起手来，同心同德，开拓进取，进一步发扬江泽民倡导的 64 字创业精神，在中共泉州市委领导下，团结一切可以团结的力量，调动一切积极因素，为市政协工作再上新台阶，为侨乡经济的繁荣昌盛和事业的兴旺发达作出更大贡献。

市政协七届五次会议。于 1995 年 3 月 20—23 日在泉州市区召开。本届委员 316 名，出席会议的委员 258 名，有关方面人士 70 人列席会议。

市委书记丘广钟等领导出席开幕式。

会议听取和审议市政协副主席王文泰所作《政协泉州市第七届委员会常委会工作报告》，讨论泉州市政协 1995 年工作要点；听取和审议市政协副主席薛天锡所作《政协泉州市第七届委员会提案法制委员会关于第四次会议以来的提案工作情况报告》；听取市政协提案法制委副主任潘维权所作《关于市政协七届五次会议提案审查情况的报告》，列席泉州市第十一届人民代表大会第五次会议，听取和讨论市长林大穆所作《政府工作报告》和计划、财政预算报告，以及市中级人民法院、人民检察院的工作情况通报。

与会人员分成 6 个讨论组，着重就抑制通货膨胀，农业、农民、农村工作和土地，社会治安，建设教育强市，历史文化名城的保护、利用与发展，环境保护 6 个问题，分别与市政府 30 多个部门、单位开展对口协商。

会议表彰 1988—1993 年全市文史资料优秀稿件 24 篇。

会议同意林文麟因工作调动，辞去七届市政协主席职务。

会议补选傅圆圆为七届市政协主席，增选何国栋为副主席。

会议收到提案 140 件。

市委书记丘广钟发表讲话，就市政协工作提出 3 点意见：第一，充分认识、大力宣传新时期人民政协的重要地位和作用，创造理解和支持政协工作的良好环境。第二，继续发挥人民政协的独特优势，凝聚各方面力量推动泉州市改革和建设再上新台阶。第三，各级党委要进一步加强和改善对政协工作的领导，支持政协搞好自身建设，为政协更好地履行职能、开展工作积极创造条件。

傅圆圆在闭幕会上讲话，就贯彻落实本次会议精神，提出 3 点意见：第一，认清形势把握机遇，群策群力谋大事。第二，把促进泉台关系新发展摆在突出位置。第三，振奋精神，齐心协力，不断开创政协工作新局面。

会议审议通过市政协七届五次会议决议。

会议号召，全市各级政协组织和委员要更紧密地团结在以江泽民为核心的中共中央周围，在中共泉州市委正确领导下，继续高举爱国主义和社会主义伟大旗帜，团结一致，同心协力，自觉服从服务于全党全国工作大局，围绕市委、市政府的中心工作，履行职能，扎实工作，为泉州市经济繁荣和社会各项事业蓬勃发展贡献力量。

三、八届市政协全体会议

八届市政协共召开5次全体会议。

市政协八届一次会议。于1996年3月26—30日在泉州市区召开。本届委员404名，出席会议的委员383名，有关方面人士96人列席会议。

预备会推选傅圆圆等48人组成大会主席团，傅圆圆、何国栋、曾惠华、薛天锡、叶聪敏、张章炳、郑今奋、王仁杰为大会主席团常务主席，黄利禾为大会秘书长，陈克辉等6人为大会副秘书长；推选叶聪敏等17人组成提案审查委员会，叶聪敏为主任（兼），傅乌等6人为副主任。

省政协向大会发来贺电。市领导丘广钟、何立峰、尤垂镇、施永康等出席开幕式。

会议听取并审议七届市政协主席傅圆圆所作《政协泉州市第七届委员会常委会工作报告》、市政协副主席叶聪敏所作《政协泉州市第七届委员会常委会关于提案工作情况报告》、提案审查委员会《关于市政协八届一次会议提案审查情况的报告》。与会同志列席泉州市第十二届人民代表大会第一次会议，听取和讨论代市长何立峰所作《关于泉州市国民经济和社会发展“九五”计划和2010年远景目标纲要的报告》和计划、财政预算报告，以及市中级人民法院、人民检察院的工作情况通报。

会议选举傅圆圆为八届市政协主席，何国栋、曾惠华、薛天锡、叶聪敏、张章炳、郑今奋、王仁杰为副主席，黄利禾为秘书长，万嘉铸等75人为常务委员。

会议期间，丘广钟、何立峰看望出席会议的港澳委员，并与港澳委员们座谈，共商泉州改革开放、经济发展大计。

会议收到提案325件。

市委书记丘广钟发表讲话指出，做好政协工作：一要紧紧围绕大局，自觉服从和服务于大局；二要转变观念，把思想统一到“九五”计划（泉州市国民经济和社会发展第九个五年计划）和2010年远景目标纲要的精神上来；三要适应形势要求，突出履行政治协商、民主监督和参政议政三大职能；四要创造条件，充分发挥政协委员参政议政的积极性。

傅圆圆在闭幕大会上发表讲话，对八届市政协今后工作提出 4 点意见：第一，坚持正确的政治方向，加强对建设有中国特色社会主义理论的学习，在思想上、行动上坚决与中共中央保持一致。第二，增强群众观点，增强委员的责任感和使命感，围绕大目标，建立大联合，为泉州市“九五”计划的实施作出新贡献。第三，加强海外三胞联谊工作，推动祖国和平统一大业。第四，努力练好内功，协力开创八届市政协工作新局面。

会议审议通过市政协八届一次会议决议。

会议号召，全市各级政协组织、各参加单位和政协委员要更加紧密地团结在以江泽民为核心的中共中央周围，在中共泉州市委的领导下，继续深入贯彻市委、市政府、市政协的三个文件，推进履行职能的规范化、制度化，努力提高参政议政的整体水平，积极拓展海外联谊活动的新领域，广泛团结台湾同胞、港澳同胞、海外侨胞，反对蓄意制造“台湾独立”的图谋，为实现祖国统一、民族振兴作出新的贡献。

市政协八届二次会议。于 1997 年 3 月 17—20 日在泉州市区召开。本届委员 423 名，出席会议的委员 395 名，有关方面人士 97 人列席会议。

市委领导丘广钟、何立峰、涂瑞南、薛祖亮、李在明等出席会议。

会议听取和审议市政协副主席郑今奋所作《政协泉州市第八届委员会常委会工作报告》，市政协副主席叶聪敏所作《政协泉州市第八届委员会第一次会议以来提案工作情况报告》、提案审查委员会《关于市政协八届二次会议提案审查情况的报告》；列席泉州市第十二届人民代表大会第二次会议，听取市长何立峰所作《政府工作报告》和计划、财政预算报告，以及市中级人民法院、人民检察院的工作情况通报。

会议听取 6 位委员的大会发言，举办政协委员风采图片展和书画摄影作品展览，参观泉州市近年来部分重点建设项目，举行泉州政协联谊大厦奠基仪式。

会议增选张贻伦、何融融为副主席，许连捷、陈启德为常务委员。

会议收到提案 298 件。

市委书记丘广钟发表讲话，就做好新时期政协工作提出 3 点意见：一要加强理论学习，增强历史责任感，扎实做好新时期政协工作。二要突出工作重点，认真履行职能，更好地为改革和建设大局服务。三要切实加强领导，建立完善工作机制，推动政协工作迈上新台阶。

傅圆圆在闭幕大会上讲话，提出 3 点意见：第一，继承邓小平遗志，努力做好新时期人民政协工作。第二，把握香港回归的大好机遇，为促进泉州经济实现新一轮跨越作出贡献。第三，弘扬埋头苦干的精神，进一步搞好政协组织的自身建设。

会议审议通过市政协八届二次会议决议。

会议号召，全体政协委员和各界人士要高举邓小平建设有中国特色社会主义理论的伟大旗帜，更加紧密地团结在以江泽民为核心的中共中央周围，在中共泉州市委的领导下，解放思想，大胆实践，抓紧时间，埋头苦干，发展大团结，实现大目标，为全面顺利完成泉州市1997年的各项任务积极献计出策，以实际行动迎接香港回归祖国和党的十五大的胜利召开。

市政协八届三次会议。于1998年3月24—27日在泉州市区召开。本届委员429名，出席会议的委员376名，有关方面人士98人列席会议。

市领导何立峰、施永康、涂瑞南等出席会议。

会议听取和审议市政协副主席何国栋所作《政协泉州市第八届委员会常委会工作报告》、市政协副主席叶聪敏所作《政协泉州市第八届委员会第二次会议以来提案工作情况报告》、提案审查委员会《关于市政协八届三次会议提案审查情况的报告》；列席泉州市第十二届人民代表大会第三次会议，听取和讨论代市长施永康所作《政府工作报告》和计划、财政预算报告，以及市中级法院、市人民检察院的工作情况通报。

本次会议由民革、民盟、民建、农工党、致公党泉州市委联合提出的《办好’98中国国内旅游交易会，创建中国优秀旅游城市》作为“一号提案”，得到中共泉州市委、市政府的高度重视，何立峰、施永康作出批示，市政府第66次常务会议讨论“一号提案”，要求市政府分管领导、主管部门和’98国内旅游交易会组委会迅速征集意见，形成实施方案。施永康、周焜民和市政府有关部门还参加“市政协一号提案现场办理协商座谈会”。

会议收到提案353件，经审查立案340件。

市委书记何立峰发表讲话，就市政协工作提出4点意见：第一，高举邓小平理论伟大旗帜，全面推进人民政协各项事业。第二，切实履行人民政协职能，积极推进泉州市新一轮创业。第三，搞好大团结、大联合，维护和发展泉州市社会安定稳定的局面。第四，加强和改善中国共产党对政协工作的领导，为政协更好地履行职能创造条件。

傅圆圆在闭幕大会上的讲话，结合学习全国“两会”精神和何立峰讲话，对做好当年的政协工作提出4点意见：第一，正确分析形势，增强履行职能的历史责任感。

第二，把握团结与民主两大主题，努力成为党团结各界的重要渠道。第三，选准角度，服务大局，在泉州新一轮创业中施展作为。第四，发挥政协“亦官亦民”优势，大力推进泉台合作交流。

会议审议通过市政协八届三次会议决议。

会议号召，全市各级政协组织和全体委员要同心同德，群策群力，振奋精神，埋头苦干，积极、稳步、有序地推动政协各项工作向前发展，为把泉州改革开放和现代化建设事业全面推向21世纪而努力奋斗。

市政协八届四次会议。于1999年1月17—20日在泉州市区召开。本届委员426名，出席会议的委员378名，有关方面人士117人列席会议。

市领导何立峰、施永康、涂瑞南等出席会议。

会议听取和审议市政协副主席王仁杰所作《政协泉州市第八届委员会常委会工作报告》、市政协副主席叶聪敏所作《政协泉州市第八届委员会第三次会议以来提案工作情况报告》、提案审查委员会《关于市政协八届四次会议提案审查情况的报告》；列席泉州市第十二届人民代表大会第四次会议，听取和讨论市长施永康所作《政府工作报告》和计划、财政预算报告以及市中级人民法院、人民检察院的工作情况通报。

会议表彰魏献祝等39名委员为参政议政积极分子、陈克辉等13人为政协机关先进工作者，向王恭庭等6名长期从事政协统战工作的领导颁发荣誉证书。

会议收到提案368件。

市委书记何立峰发表讲话，就市政协工作提出5点意见：第一，兴起学习邓小平理论新高潮，研究新情况、解决新问题，推动政协工作上新水平。第二，围绕中心，发挥优势，集中精力谋大事、献良策。第三，以迎接澳门回归祖国为契机，广泛开展与港澳台同胞和海外侨胞的联谊活动。第四，加强与各民主党派、工商联、各人民团体及社会各界的联系和团结，巩固发展爱国统一战线。第五，加强中国共产党对政协工作的领导，进一步重视和发挥政协的重要作用。

傅圆圆在闭幕会上讲话，提出4点意见：第一，大兴学习之风，用邓小平理论和各种知识来丰富提高自己；第二，精心策划，搞好迎接建国50周年、澳门回归和人民政协成立50周年系列活动；第三，选准角度，发挥优势，为泉州市“市场开拓年”献计出力；第四，发挥政协团结协调功能，为维护社会稳定多做贡献。

会议审议通过市政协八届四次会议决议。

会议号召，全体政协委员和各界人士要更加紧密地团结在以江泽民为核心的中共中央周围，在中共泉州市委领导下，统一思想，坚定信心，团结一致，扎实工作，以崭新的精神风貌，创造新业绩，迎接新世纪。

市政协八届五次会议。于2000年2月22—25日在泉州市区召开。本届委员422名，出席会议的委员353名，有关方面人士135人列席会议。

市领导何立峰、施永康、涂瑞南等出席会议。

会议听取和审议市政协副主席张章炳所作《政协第八届泉州市委员会常务委员会工作报告》、市政协副主席叶聪敏所作《关于八届四次会议以来提案工作情况的报告》、提案委员会《关于市政协八届五次会议提案审查情况的报告》；列席泉州市第十二届人民代表大会第五次会议，听取和讨论市长施永康所作《政府工作报告》和计划、财政预算报告，以及市中级人民法院、人民检察院的工作情况通报。

会议增选庄绍钦、柯金锁、骆良益、蔡天从、蔡荣火5人为常务委员。

会议收到提案333件。

市委书记何立峰发表讲话，就做好2000年政协工作提出3点希望：第一，紧紧围绕党委工作重点，为全面完成今年全市各项目标任务充分发挥人民政协的独特作用。第二，扎实推进政治协商、民主监督、参政议政的规范化、制度化，努力发场社会主义民主政治。第三，加强和改善中国共产党对政协工作的领导，切实为人民政协履行职能创造良好环境。

傅圆圆在闭幕会上就当年政协工作，提出3点意见：第一，深入贯彻全市政协工作会议精神，全面落实省委《决定》和市委《贯彻意见》。第二，适应新形势，采取新措施，扎实推进政协履行职能的规范化、制度化建设。第三，发挥独特优势，扩大民间交往，推动泉台关系新发展。

会议审议通过市政协八届五次会议决议。

会议号召，全市各级政协组织和各界人士更加紧密地团结在以江泽民为核心的中共中央周围，在中共泉州市委的领导下，振奋精神，努力拼搏，同心同德，开拓进取，为扎实推进全市新一轮创业作出新贡献。

四、九届市政协全体会议

九届市政协共召开6次全体会议。

市政协九届一次会议。于2001年4月24—28日在泉州市区召开。本届委员447

名，出席会议的委员418名，有关方面人士、外地泉籍商会负责人等188人列席会议。

预备会推选傅圆圆等55人组成大会主席团，傅圆圆、何国栋、叶聪敏、刘佳景、郑今奋、王仁杰、何融融、陈敬聪、林玉莲、陈秋菊为大会主席团常务主席，黄利禾为大会秘书长，庄绍钦等20人为大会副秘书长；推选蔡天从等19人组成提案审查委员会，蔡天从为主任，翁辉煌等7人为副主任。

市领导刘德章、施永康、薛祖亮、骆灿堂等出席会议。

会议听取和审议市政协主席傅圆圆所作《政协泉州市第八届委员会常委会工作报告》、市政协副主席叶聪敏所作《政协泉州市第八届委员会常委会关于提案工作情况报告》；听取提案委员会主任蔡天从所作《政协泉州市第九届委员会第一次会议提案审查情况报告》；列席泉州市第十三届人民代表大会第一次会议，听取和讨论市长施永康所作《政府工作报告》和计划、财政预算报告，以及市中级人民法院、人民检察院的工作情况通报。

会议选举傅圆圆为九届市政协主席，何国栋、叶聪敏、刘佳景、郑今奋、王仁杰、何融融、陈敬聪、林玉莲、陈秋菊为副主席，黄利禾为秘书长，丁毓玲等88人为常务委员。

会议收到提案336件，其中委员提案282件，集体提案54件。

会议期间，市委、市政府召开出席市政协九届一次会议的港澳委员座谈会，刘德章、施永康出席并讲话。

市委书记刘德章在闭幕会上发表讲话，就做好今后政协工作提出3点意见：第一，凝聚力量，服务大局。必须围绕“中心”抓重点，围绕全局搞服务，围绕稳定促发展，围绕“统一”广联合。第二，履行职能，发挥作用。要不断增强政治协商的实效，不断加大民主监督的力度，不断提高参政议政质量。第三，营造环境，主动工作。各级党委要高度重视政协工作，社会各界要积极支持政协工作，各级政协要自觉主动开展工作。

傅圆圆在闭幕会上就新一届政协工作思路，谈4点意见：第一，认清形势，振奋精神，自觉肩负起新的历史重任。第二，围绕中心，服务大局，为实现泉州市“十五”计划（国民经济和社会发展第十个五年计划）的奋斗目标献计出力。第三，积极探索，开拓进取，以创新推进政协工作向纵深发展。第四，按照“三个代表”的要求，进一步加强政协自身建设。

会议审议通过市政协九届一次会议决议。

会议号召，参加人民政协的各党派、各团体和各界人士要在中共泉州市委领导下，深入学习“三个代表”重要思想，坚持和完善中国共产党领导的多党合作和政治协商制度，围绕增强后劲、加快发展的主线，认真履行政治协商、民主监督、参政议政职能，为胜利完成泉州市“十五”计划提出的各项任务和率先基本实现现代化作出更大的贡献。

市政协九届二次会议。于2002年3月9—13日在泉州市区召开。本届委员449名，出席会议的委员412名，有关方面人士191人列席会议。

市领导刘德章、施永康、薛祖亮、骆灿堂等出席会议。

会议听取和审议市政协副主席刘佳景所作《政协泉州市第九届委员会常委会工作报告》、市政协副主席叶聪敏所作《政协泉州市第九届委员会常委会关于提案工作情况报告》《关于政协泉州市第九届委员会第二次会议提案审查情况报告》，审议7个专门委员会书面工作报告；列席泉州市第十三届人民代表大会第二次会议，听取市长施永康所作《政府工作报告》和计划、财政预算报告，以及市中级人民法院、人民检察院的工作情况通报。

会议增选吕安娜、蔡金宝为常务委员。

会议收到提案388件，发言材料32件。

市委书记刘德章在闭幕会上发表讲话，就做好今后的政协工作提出5点希望：第一，进一步营造大团结、大联合的良好局面。第二，进一步强化“中心”意识，更好地为改革开放和经济建设服务。第三，切实维护群众利益，促进社会安定稳定。第四，发挥独特优势，搞好民主监督。第五，不断加强和改善中国共产党的领导，积极支持政协履行职能。

傅圆圆在闭幕会上发表题为《服务大局 不辱使命 努力为我市改革发展稳定贡献力量》的讲话，提出6点意见，即理论学习要有新的加强，履行职能要有新的探索，调查研究要有新的成果，反映社情民意要有新的举措，海外联谊要有新的进展，自身建设要有新的提高。

会议审议通过市政协九届二次会议决议。

会议号召，参加人民政协的各民主党派、各人民团体和各界人士要紧密团结在以江泽民为核心的中共中央周围，高举邓小平理论伟大旗帜，坚定不移地贯彻落实“三个代表”重要思想，在中共泉州市委领导下，团结务实，履行职能，扎实工作，与时俱进，为开创人民政协工作新局面而共同奋斗，以实际行动迎接中共十六大的胜利召开。

市政协九届三次会议。于2003年2月22—25日在泉州市区召开。本届委员458名，出席会议的委员421名，有关方面人士171人列席会议。外来务工人员和在泉台商代表首次应邀旁听会议。

市领导施永康、薛祖亮、骆灿堂、周振华等出席会议。市委组织部部长周振华在中共党员委员会议上发表讲话。

会议听取和审议市政协副主席何融融所作《政协泉州市第九届委员会常委会工作报告》、市政协副主席叶聪敏所作《政协泉州市第九届委员会常委会关于提案工作情况报告》、市政协提案委主任蔡天从所作《关于政协泉州市第九届委员会第三次会议提案审查情况报告》；列席泉州市第十三届人民代表大会第四次会议，听取和讨论常务副市长何锦龙代表市政府所作《政府工作报告》和计划、财政预算报告，以及市中级人民法院、人民检察院的工作情况通报。

会议收到提案342件。

会议期间，举办“泉州人的再思考—政协论坛”，21名委员发言，围绕“经济发展与物质文明”“文化弘扬与精神文明”“民主政治与政治文明”三个中心议题进行研讨。召开“普及高中阶段教育”“旧城改造片区房产证办理”“治理餐桌污染”三场专题座谈会。中共泉州市委、市政府召开港澳委员座谈会，60多名出席会议的港澳委员、特邀嘉宾和列席人士，与施永康书记、傅圆圆主席等市领导，共商家乡发展大计。

会议表彰市委督查室等15个2001—2002年度提案办理先进单位和《关于保护我市晋江水资源的几点建议》等24件优秀提案。

市委书记施永康在闭幕会上发表讲话，就更好发挥政协作用提出3点希望：第一，正确把握形势，增强做好政协工作的责任感。第二，充分发挥作用，为加快大泉州发展出谋划策。第三，切实加强领导，推动政协工作上新水平。

傅圆圆在闭幕会上讲话，对市政协工作提出4点意见：第一，适应新形势、新任务，我们必须大力弘扬与时俱进的时代精神。第二，适应新形势、新任务，我们必须紧紧围绕“两个率先”（率先全面建成小康社会、率先基本实现现代化）目标履行职能。第三，适应新形势、新任务，我们必须突出团结和民主两大主体题。第四，适应新形势、新任务，我们必须努力加强政协自身建设。

会议审议通过市政协九届三次会议决议。

会议号召，全市各级政协组织和全体委员要振奋精神，扎实工作，与时俱进，开拓创新，倍加顾全大局，倍加珍惜团结，倍加维护稳定，聚精会神搞建设，一心一意谋发展，为泉州市在全省率先基本实现宽裕型小康，进而率先基本实现现代化的奋斗目标做出新的更大的贡献。

市政协九届四次会议。于 2004 年 2 月 25—28 日在泉州市区召开。本届委员 467 名，出席会议的委员 441 名，有关方面人士 252 人列席会议。

市委书记施永康等领导出席会议。

会议听取和审议市政协副主席陈敬聪所作《政协泉州市第九届委员会常委会工作报告》、市政协副主席叶聪敏所作《政协泉州市第九届委员会常务委员会关于九届三次会议以来提案工作情况的报告》《关于政协泉州市第九届委员会第四次会议提案审查情况的报告》；列席泉州市第十三届人民代表大会第五次会议，听取和讨论代市长郑道溪所作《政府工作报告》和计划、财政预算报告，以及市中级人民法院、人民检察院的工作情况通报。

会议收到提案 389 件。

会议增选孙珑、吴乌秀、倪子泽、董介鼎、颜清平为常务委员。

会议举行“实施人才强市战略”“提升民营经济发展水平”和“完善公共卫生体系建设”3 场专题座谈会，举办新委员培训班。

市委书记施永康在闭幕会上发表讲话，就做好新时期政协工作提出 3 点希望：第一，应当牢固树立大局意识，使政协工作始终围绕和体现加快发展这一主题。第二，应当努力提高履职水平，使政协工作始终充满生机和活力。第三，应当坚持中国共产党的统一领导，使政协工作始终保持正确发展方向。

傅圆圆在闭幕会上讲话，对市政协工作提出 3 点意见：第一，弘扬求真务实精神，为大泉州发展献计出力。第二，发挥委员主体作用，为履行职能增进实效。第三，推动工作不断创新，为“新的起飞”贡献力量。

会议审议通过市政协九届四次会议决议。

会议号召，市政协各参加单位、全市各级政协组织和广大委员要进一步增强政治意识、大局意识、责任意识和创新意识，在中共泉州市委领导下，围绕中心、服务大局、与时俱进、扎实工作、同声同气、齐心协力，为加快建设海峡西岸经济区中部枢纽城市和泉州湾滨海城市作出更大贡献。

市政协九届五次会议。于 2005 年 4 月 23—26 日在泉州市区召开。本届委员 464

名，出席会议的委员 432 名，有关方面人士 256 人列席会议。

市领导郑道溪、薛祖亮、林荣取、周振华等出席会议。

会议听取和审议市政协副主席刘佳景所作《政协泉州市第九届委员会常委会工作报告》、市政协副主席叶聪敏所作《政协泉州市第九届委员会常委会关于九届四次会议以来提案工作情况的报告》、提案委员会主任蔡天从所作《关于政协泉州市第九届委员会第五次会议提案审查情况的报告》；列席泉州市第十三届人民代表大会第六次会议，听取和讨论市长郑道溪所作《政府工作报告》和计划、财政预算报告，以及市中级人民法院、人民检察院的工作情况通报。

会议收到提案 378 件。

会议同意傅圆圆因工作调动，辞去九届市政协主席职务。

会议补选林荣取为九届市政协主席，增选郑增辉为副主席。

会议期间，市委召开中共党员干部会议，市委、市政府召开港澳委员座谈会。

出席会议的市政协委员分 4 组举行专题讨论，就“进一步提升中心城市规划建设与管理水平”“全市水环境保护管理”“建设平安泉州”“建设新型农村合作医疗制度”四个专题，分别邀请市领导、市直有关部门负责人协商座谈。

会议表彰《关于市委、市政府另选址建设新办公大楼的建议》等 40 件优秀提案、市委办等 14 个提案办理先进单位和王镇锋等 16 名提案办理先进工作者。

林荣取在闭幕会上讲话，对市政协工作提出 6 点要求：第一，继续坚持中国共产党对政协工作的领导。第二，继续围绕工作中心建言献策。第三，继续突出团结和民主两大主题。第四，继续深入贯彻《中共福建省委关于进一步加强新时期人民政协工作的决定》。第五，继续拓展海外联谊渠道，积极做好反独（“台独”）促统工作。第六，继续加强政协自身建设。

会议审议通过市政协九届五次会议决议。

会议号召，市政协各参加单位、全市各级政协组织和广大委员要进一步增强政治意识、大局意识和创新意识，在中共泉州市委领导下，围绕中心、服务大局、与时俱进、扎实工作，为泉州建设海峡西岸经济区和现代化工贸港口城市作出更大贡献。

市政协九届六次会议。于 2006 年 1 月 3—5 日在泉州市区召开。本届委员 469 名，出席会议的委员 452 名，有关方面人士 287 人列席会议。

市委、市人大、市政府领导应邀出席开幕式、闭幕式和大会发言。

会议听取和审议市政协主席林荣取所作《政协第九届泉州市委员会常务委员会

工作报告》、市政协副主席陈敬聪所作《政协第九届泉州市委员会常务委员会关于九届五次会议以来提案工作情况的报告》；列席泉州市第十三届人民代表大会第七次会议，听取并讨论代市长朱明所作《政府工作报告》和计划、财政预算报告，以及市中级人民法院、人民检察院的工作情况通报。

会议收到提案341件，收到大会发言材料23份，15位委员作大会发言，主要涉及城市发展、产业升级、素质教育、职工维权、医疗保障等方面。

会议补选许连捷为副主席，田恭灿、陈月昭、陈安玲、陈泉兴、陈唤国、周少雄、郑云梅、蒋炯、雷崇铭为常务委员。叶聪敏、刘佳景、郑今奋、何融融4人因年龄原因，不再担任九届市政协副主席。

林荣取在闭幕式上讲话，提出4点意见：第一，发挥智力密集的优势，为建设现代化工贸港口城市建言献策。第二，坚持以科学发展观为指导，合力构建“和谐泉州”。第三，突出特色做深做活，拓展履行职能的作为空间。第四，贯彻落实省委《决定》，努力开创政协工作新局面。

会议审议通过市政协九届六次会议决议。

会议号召，全市各级政协组织和政协委员要以邓小平理论和“三个代表”重要思想为指导，更加紧密地团结在以胡锦涛为总书记的中共中央周围；在中共泉州市委的领导下，高举爱国主义和社会主义两面旗帜，突出团结和民主两大主题，围绕中心，服务大局，同心同德，励精图治，求真务实，开拓创新，为泉州建设海峡西岸经济区现代化工贸港口城市而努力奋斗。

五、十届市政协全体会议

十届市政协共召开5次全体会议。

市政协十届一次会议。于2006年12月27日—2007年1月1日在泉州市区召开。本届委员489名，出席会议的委员460名，有关方面人士277人列席会议。

预备会推选林荣取等56人组成大会主席团，林荣取、陈敬聪、许连捷、吴共湖、傅福荣、苏小青、陈元殿、陈立德、骆沙鸣、陈铭福、王祖耀为大会主席团常务主席，黄利禾为大会秘书长，王伟明等11人为大会副秘书长；推选许连捷等16人组成提案审查委员会，许连捷为主任，郑云梅等5人为副主任。

市委、市人大、市政府领导应邀出席大会并听取委员意见建议。

会议听取和审议九届市政协主席林荣取所作《政协第九届泉州市委员会常务委员会工作报告》、九届市政协副主席许连捷所作《政协第九届泉州市委员会常务委员会关于提案工作情况的报告》；列席泉州市第十四届人民代表大会第一次会议；听取并讨论市长朱明所作《政府工作报告》和计划、财政预算报告，以及市中级人民法院、人民检察院的工作情况通报。

会议选举林荣取为十届市政协主席，陈敬聪、许连捷、吴共湖、傅福荣、苏小青、陈元殿、陈立德、骆沙鸣、陈铭福、王祖耀为副主席，黄利禾为秘书长，丁纯纯等 88 人为常务委员。

大会收到提案 474 件、大会发言材料 20 份，有 10 位委员作大会发言，内容涉及社区建设、市区交通、基层卫生、老龄问题、农村环保、青少年心理健康等方面。

市委书记郑道溪在闭幕式上发表讲话，就市政协工作提出 3 点意见：第一，提高思想认识，进一步增强做好人民政协工作的责任感和使命感。第二，积极发挥作用，进一步开创人民政协工作的新局面。第三，全面加强领导，努力为做好人民政协工作营造良好的环境。

林荣取在闭幕会上讲话，提出 6 点意见：第一，坚持中国共产党的统一领导，保证政协工作正确的政治方向。第二，大力支持政府工作，营造良好的创业氛围。第三，围绕中心服务大局，为泉州经济建设献计出力。第四，广泛团结各界人士，促进和谐泉州建设。第五，与时俱进开拓创新，推动政协工作上新水平。第六，不断加强自身建设，提高政协队伍整体素质。

会议审议通过市政协十届一次会议决议。

会议号召，全市政协组织和广大政协委员要进一步增强责任意识、大局意识、宗旨意识和创新意识，在中共泉州市委领导下，围绕中心、服务大局、与时俱进、扎实工作，为泉州建设海峡西岸经济区现代化工贸港口城市作出新的更大贡献。

市政协十届二次会议。于 2008 年 1 月 5—8 日在泉州市区召开。本届委员 490 名，出席会议的委员 468 名，有关方面人士 255 人列席会议。

市委、市人大、市政府领导应邀出席大会并听取委员意见建议。

会议听取和审议市政协主席林荣取所作《政协第十届泉州市委员会常务委员会工作报告》、市政协副主席陈元殿所作《市政协十届一次会议以来提案工作情况的报告》；列席泉州市第十四届人民代表大会第三次会议；听取并讨论市长朱明所作《政府工作报告》和计划、财政预算报告，以及市中级人民法院、人民检察院的工作情况通报。

会议增选蔡文良为常务委员。

会议收到提案425件、大会发言材料27份。15位政协委员作大会发言，主题包括：加快经济发展方式转变、现代城市建设、保护闽南（泉州）文化生态、发展循环经济、建立住房保障体系和农业保险机制、发展临港工业、解决中小企业融资难的问题、发展职业教育、维护“新泉州人”权益、完善失地农民生产生活养老保障制度、发挥宗教在构建和谐社会中的作用、促进老区村经济发展、为高校毕业生创造良好的就业环境、建设和谐社区等。

林荣取在闭幕会上讲话，提出6点意见：第一，强化大局意识，坚持正确政治方向。第二，强化发展意识，积极支持政府工作。第三，强化参与意识，扎实履行政协职能。第四，强化民本意识，广泛凝聚各方力量。第五，强化创新意识，努力开拓生动局面。第六，强化责任意识，不断提高队伍素质。

会议审议通过市政协十届二次会议决议。

会议号召，全市各级政协组织和全体政协委员要紧密团结在以胡锦涛为总书记的中共中央周围，在中共泉州市委的领导下，全面落实科学发展观，切实履行政协职能，不断开创政协工作新局面，为泉州建设海峡西岸经济区现代化工贸港口城市作出新的更大贡献。

市政协十届三次会议。于2009年1月3—5日在泉州市区召开。本届委员486名，出席会议的委员463名，有关方面人士279人列席会议。

市委、市人大、市政府领导应邀出席大会并听取委员意见建议。

会议听取和审议市政协主席林荣取所作《政协第十届泉州市委员会常务委员会工作报告》、市政协副主席陈元殿所作《市政协十届二次会议以来提案工作情况的报告》；列席泉州市第十四届人民代表大会第四次会议，听取并讨论市长朱明所作《政府工作报告》和计划、财政预算报告，以及市中级人民法院、人民检察院的工作情况通报。

会议收到提案446件、大会发言材料38份，有10位政协委员作大会发言，主题包括：推动晋江下游江滨西岸综合开发；当前形势下泉州市企业生存与发展的思考；推进亿吨大港建设，实施“港城联动”战略；积极发展现代信息服务业，增强城市发展驱动力，做大做强中心城市第三产业；加快文化建设步伐，推动泉州经济发展；构建泉州市新型现代农业；保企业，抗危机，树信心，促发展；扶持行业协会发展，促进泉州产业做大做强；化“危”为机，抢先发展等。

林荣取在闭幕会上讲话，提出 6 点意见：第一，始终坚持中国共产党的领导，坚定正确政治方向。第二，大力支持政府工作，服务建设发展大局。第三，自觉围绕科学发展，扎实履行政协职能。第四，广泛凝聚各方力量，协力构建和谐泉州。第五，积极进取开拓创新，不断提高履职水平。第六，努力加强自身建设，树立政协良好形象。

会议审议通过市政协十届三次会议决议。

会议号召，全市各级政协组织和全体政协委员要紧密地团结在以胡锦涛为总书记的中共中央周围，在中共泉州市委的领导下，认真履职，积极作为，不断适应新形势，开创新局面，为泉州建设海峡西岸经济区现代化工贸港口城市作出新的贡献，以更加优异的成绩向中华人民共和国和人民政协成立 60 周年献礼。

市政协十届四次会议。于 2010 年 1 月 11—14 日在泉州市区召开。本届委员 494 名，出席会议的委员 475 名，有关方面人士 184 人列席会议。

市委、市人大、市政府领导应邀出席大会并听取委员意见建议。

会议听取和审议市政协主席林荣取所作《政协第十届泉州市委员会常务委员会工作报告》、市政协副主席陈元殿所作《市政协十届三次会议以来提案工作情况的报告》；列席泉州市第十四届人民代表大会第五次会议，听取并讨论市长朱明所作的《政府工作报告》和计划、财政预算报告，以及市中级人民法院、人民检察院的工作情况通报。

会议补选洪川夫为十届市政协秘书长，增选庄少生、许耀明为常务委员。

会议收到提案 455 件、大会发言材料 47 份。15 位政协委员作大会发言。委员们按照中共泉州市委关于“项目带动、转变提升、和谐进步、奋力发展”的工作思路，立足如何促进泉州市经济结构调整发展方式转变，着力从产业转型升级、城市规划建设、港口疏运体系、民生保障惠民利民、深化泉台交流合作、改善环境等方面建言献策。主题包括：打造泉州创意之都，积极发展低碳经济，努力构筑两岸交流合作先行区，加快发展生产性服务业，加快泉州城市发展，加快发展装备制造业，加强食品卫生安全管理，加快农村旧宅基地整理，全面实施品牌带动战略，规范和促进民营医院发展，加强泉台高职教育合作，促进物流业全面发展，推进中小学校安全工作建设，开展社区矫正工作等。

林荣取在闭幕会上讲话，提出 6 点意见：第一，始终坚持中国共产党的领导，推动政协事业发展。第二，大力支持政府工作，积极促进科学发展。第三，扎实履行政协职能，致力营造发展环境。第四，广泛凝聚各方力量，协力构建和谐泉州。第五，积极推进工作创新，努力增强工作活力。第六，努力加强自身建设，不断提升服务水平。

会议审议通过市政协十届四次会议决议。

会议号召，全市各级政协组织和全体政协委员要紧密地团结在以胡锦涛为总书记的中共中央周围，高举中国特色社会主义伟大旗帜，坚持以邓小平理论和“三个代表”重要思想为指导，深入落实科学发展观，在中共泉州市委的领导下，解放思想，求真务实，同心同德，开拓创新，为泉州建设海峡西岸经济区现代化工贸港口城市作出贡献。

市政协十届五次会议。于2011年2月21—24日在泉州市区召开。本届委员492名，出席会议的委员460名，有关方面人士221人列席会议。

市委、市人大、市政府领导出席会议并听取委员意见建议。

优秀外来务工人员、台资企业协会、在泉台商和驻外商会等方面的代表人士应邀旁听会议。

会议听取和审议市政协副主席陈敬聪所作《政协第十届泉州市委员会常委会工作报告》、副主席陈元殿所作《政协第十届泉州市委员会关于十届四次会议以来提案工作情况的报告》；列席十四届市人大六次会议，听取并讨论市长李建国所作《政府工作报告》和计划、预算报告及市“两院”工作报告。

会议补选杨俊峰为十届市政协主席。

会议同意陈敬聪因年龄原因，辞去十届市政协副主席职务。

会议收到委员提案465件、大会发言材料44篇。会议组织委员围绕产业结构调整升级、建设宜居城市、实施同城化建设、加速台商投资区开发、加强政府精细化管理等内容作大会发言；召开港澳委员、异地商会委员座谈会，共商泉州发展大计。

会议期间，市委书记徐钢等领导亲自在《提案摘报》上作出批示。

会议审议通过市政协十届五次会议决议。

杨俊峰在闭幕会上讲话，提出5点意见：第一，立足新起点，始终坚持中国共产党的领导；第二，面对新形势，大力支持政府工作；第三，站在新高度，扎实履行政协职能；第四，寻求新突破，积极推进工作创新；第五，树立新形象，切实加强自身建设。

会议审议通过市政协十届五次会议决议。

会议号召，全市各级政协组织和广大政协委员要更加紧密地团结在以胡锦涛同志为总书记的中共中央周围，高举中国特色社会主义伟大旗帜，在中共泉州市委的领导下，发扬民主、同心同德、开拓进取、扎实工作，努力开创泉州市政协事业发展的新局面，为推动现代化泉州建设做出新的更大贡献。

第三节 政协泉州市委员会主席会议

主席会议是政协政治协商的重要形式。主席会议由主席、副主席、秘书长组成，负责处理常务委员会的重要日常工作。

主席会议一般每月举行一次，必要时可临时召集。召开主席会议时，副秘书长和与议题有关的人员可列席会议。主席会议由主席主持或由主席委托一位副主席主持。会议的议题由主席提出，或由秘书长提出并报主席决定。

主席会议的主要任务是：组织学习国家宪法和政协理论及政策、中国特色社会主义理论等，研究部署学习工作；协商讨论地方党委、政府的重大决策以及社会生活中的重大问题，提出意见建议；审查以地方政协委员会或常务委员会名义向党政提出的重要建议案；召集并主持常务委员会会议，拟定会议的议程和日程（草案），审议提交会议审议的文件；受常务委员会的委托，主持下一届第一次全体会议预备会议；审议政协泉州市委员会及其常务委员会的工作计划、工作报告和重要活动方案，审议专门委员会年度计划和工作总结；讨论决定市政协的重要活动；决定专门委员会委员人选；执行常务委员会会议的决议；根据常务委员会的授权，履行常务委员会的部分职权；处理常务委员会的其他日常工作。

一、六届市政协主席会议

六届市政协共召开25次主席会议，其中16次即第二至七次，十至十二次，十五、十七、十九次，二十一至二十四次会议资料未详。

市政协六届一次主席会议。于1986年1月23日召开。会议研究政协机关机构设置、人员编制和相关工作安排，以及办公地点选址事项。会议审议通过5个委员会的主任、副主任和7个工作组的组长、副组长人选名单（草案）。会议协商确定副主席的工作分工，副主席不兼任工作委员会主任。

市政协六届八次主席会议。于1987年2月16日在泉州宾馆政协会议室召开。会议协商讨论市政协六届二次会议的筹备工作，决定于4月份召开市政协六届二次会议，时间约6至8天；决定向中共泉州市委提出邀请15名港澳人士列席市政协六届二次会议的建议意见。

市政协六届九次主席会议。于1987年3月24日召开。会议协商讨论六届市政协常委会工作报告和筹备市政协六届二次会议的有关事项；审议并决定于4月14日在泉州华侨大厦召开市政协六届二次会议。会议接受市政协与漳州市政协关于联合召开“部分城市政协横向联系首次座谈会”的共同倡议，听取筹备工作情况汇报，决定于5月4—10日在泉州、漳州召开“部分城市政协横向联系首次座谈会”。会议还研究市政协各工作委员会、工作组组织的活动经费开支；审议通过市政协办公室3位副科长的人事任命。

市政协六届十三次主席会议。于1987年6月2日召开。会议协商调整第一次主席会议所做副主席的工作分工；听取参加省政协五届六次会议、省文史工作会议的情况汇报和华侨捐资兴建华侨联谊中心“接待站”的情况汇报；协商讨论第三次县（区）政协主席工作座谈会和各级政协委员为两个文明建设服务经验交流会的筹备工作、市政协1987年度行政经费预算安排；决定于7月中旬在晋江县召开以“新形势下政协工作如何向下、向外延伸，体现侨乡特色”为中心议题的第三次县（区）政协主席工作座谈会。会议认为各级政协委员为两个文明建设服务经验交流会待县（区）政协换届后，即年底或新年初召开为宜。

市政协六届十四次主席会议。于1987年7月29日召开。会议听取苏孙洗副秘书长关于成立泉州华侨联谊中心董事会以及继续开展侨务接待工作的情况汇报；协商讨论推进市政协工作委（组）工作的举措；决定于8月12—14日在安溪县清水岩召开市政协六届七次常委会议。

市政协六届十六次主席会议。于1987年9月5日召开。会议听取办公室副主任陈永新传达省政协五届十九次常委会议精、政协办公大楼基建情况、举办委员活动日活动的情况汇报，朱江水副主席关于参加厦门、漳州、泉州三胞工作座谈会的情况汇报；协商讨论加强和改进市政协工作委（组）工作的举措。

市政协六届十八次主席会议。于1987年12月5日召开。会议决定适时召开第八次常委会议；审议通过市政协六届三次会议日程及议程（草案）、《市政协常委会工作报告（讨论稿）》、有关人事任免问题。

市政协六届二十次主席会议。于 1988 年 2 月 16 日召开。会议协商确定主席及副主席，秘书长及副秘书长的工作分工；决定向市委申请设立市政协工作组（委）办公室。

市政协六届二十五次主席会议。于 1988 年 9 月 2 日召开。会议决定适时召开第十三次常委会议，并协商讨论筹备事项。

二、七届市政协主席会议

七届市政协共召开 35 次主席会议，其中 21 次即第五至十一次，十三至十五次，十七至十九次，二十二、二十三、二十五次，二十八至三十二次会议资料未详。

市政协七届一次主席会议。于 1991 年 4 月 30 日召开。会议协商讨论市政协机关机构设置、领导分工和 5 月份工作要点。

市政协七届二次主席会议。于 1991 年 6 月 24 日召开。会议协商讨论市政协机关机构设置及其领导成员配备、筹备召开市政协七届二次常委会议的有关事项。

市政协七届三次主席会议。于 1991 年 8 月 22 日召开。会议协商讨论筹备举办辛亥革命 80 周年纪念活动的有关事项；审议通过下半年工作要点、各专门委员会委员名单。

市政协七届四次主席会议。于 1991 年 9 月 2 日召开。会议审议通过市政协七届三次常委会议方案。

市政协七届十二次主席会议。于 1992 年 7 月 22 日召开。会议审议通过市政协下半年 6 项工作重点。

市政协七届十六次主席会议。于 1992 年 11 月 29 日召开。会议决定表彰一批全市政协系统先进集体和先进工作者。

市政协七届二十次主席会议。于 1993 年 5 月 5 日召开。会议传达学习省政协七届二次常委会议和省政协工作座谈会精神；审议通过第十二次常委会议方案、《泉州市政协秘书长、副秘书长和各办公室主任、副主任工作规则（试行）》。

市政协七届二十一次主席会议。于 1993 年 6 月 26 日召开。会议决定围绕“开拓泉州市三胞工作新领域”，组织委员开展研讨活动；决定兴建市政协“委员之家”。

市政协七届二十四次主席会议。于 1993 年 12 月 22 日召开。会议传达学习省政协七届四次常委会议精神；审议通过市政协七届十四次常委会议方案、市政协下一阶段工作计划。

市政协七届二十六次主席会议。于 1994 年 2 月 25 日召开。会议决定表彰何曼试等 21 名有突出贡献的市政协委员、《关于理顺清源山风景名胜区管理体制的意见》等 12 件优秀提案。

市政协七届二十七次主席会议。于 1994 年 4 月 30 日召开。会议传达省政协七届二次会议和省政协工作会议精神；审议通过承办十八城市政协横向联系会第 15 次座谈会方案。

市政协七届三十三次主席会议。于 1995 年 5 月 31 日召开。会议听取市政协提案法制委关于泉州市社会治安问题调查的情况汇报、三胞委关于成立“泉台民间交流协会”有关情况汇报；审议通过市政协七届二十三次常委会议方案、第六次县（市、区）政协主席工作座谈会方案；决定创办《泉州政协报》。

市政协七届三十四次主席会议。于 1995 年 7 月 10 日召开。会议协商通过市政协办公室主任的任命权限；决定在市政协委员中开展“提出一点建议，反映一条信息”活动；审议通过第六次县（市、区）政协主席工作座谈会方案。

市政协七届三十五次主席会议。于 1995 年 8 月 23 日召开。会议传达学习中共泉州市委常委扩大会议精神；听取政协近期开展的对外联谊活动和基础设施建设项目进展情况的汇报；审议通过市政协七届二十四次常委会议（扩大）方案。

三、八届市政协主席会议

八届市政协共召开 63 次主席会议，其中第二十五次、六十三次会议资料未详。

市政协八届一次主席会议。于 1996 年 3 月 24 日召开。会议听取关于八届市政协各专门委员会机构设置及其主任、副主任人选的说明；审议通过市政协八届一次会议决议（草案）、八届市政协副秘书长人选名单（草案）。

市政协八届二次主席会议。于 1996 年 5 月 10 日召开。会议听取各专门委员会汇报 1996 年工作计划以及组成人员的情况说明；审议通过各专门委员会工作计划及其组成人员名单；研究第二次常委会议的有关事宜。会议决定 6 月下旬召开市政协八届二次常委会议，围绕泉州市实现“两个根本性转变”主题，参政议政。会议决定开展“推进我市农业产业化发展及存在的主要问题”“民营企业如何深化管理，建立现代企业制度”“阻碍我市民营经济实现‘转变’的主要问题”3 个课题调研。

市政协八届三次主席会议。于 1996 年 6 月 3 日召开。会议决定召开市政协八届二次常委会议；审议通过增补市政协文史工作委员会委员名单（草案）、市政协社会法制委视察本市社会治安及“严打”斗争的工作方案、第二季度县（市、区）政协主席工作座谈会方案；决定设立“泉州市政协书画摄影研究室”。

市政协八届四次主席会议。于 1996 年 7 月 8 日召开。会议组织学习江泽民总书记《努力建设高素质的干部队伍》重要讲话；听取参加全省政协工作经验交流会、文史资料工作座谈会的情况汇报；协商讨论推进市政协机关规范化、制度化建设的若干事项；审议通过第二次县（市、区）政协主席工作座谈会方案；协商确定市政协八届三次常委会议议题。

市政协八届五次主席会议。于 1996 年 8 月 2 日召开。会议审议通过市政协文史资料编辑委员会的组成人员名单、市政协联谊大厦筹建方案、“宣传泉州政协委员风采”主题活动方案；决定组织部分常务委员分期出境考察。

市政协八届六次主席会议。于 1996 年 9 月 3 日召开。会议听取关于市政协代表团赴马来西亚、泰国访问和市政协在澳门召开市政协港澳委员联谊会议的情况汇报；审议通过市政协八届三次常委会议方案、施琅将军逝世 300 周年纪念大会暨施琅将军学术研讨会方案、天后宫建宫 800 周年纪念活动方案。会议决定当月 17—18 日在鲤城区召开第二次县（市、区）政协主席工作座谈会。

市政协八届七次主席会议。于 1996 年 11 月 1 日召开。会议审查通过《关于加强我市中小学德育工作的建议案》《关于在重大节日升挂国旗的建议案》《关于从快解决创建省级卫生城市中若干难点问题的建议案》；决定于 11 月 7 日召开第四次常委会议，围绕“深入学习贯彻六中全会精神，加强社会主义精神文明建设”，开展专题学习研讨。

市政协八届八次主席会议。于 1996 年 12 月 2 日召开。会议决定 12 月下旬召开第五次常委会议，专题研讨“泉州医药卫生工作”。会议要求市政协常委和市政协教育卫生体育界委员事先开展调研，做好大会发言准备。

市政协八届九次主席会议。于 1997 年 1 月 13 日召开。会议决定 3 月 17—20 日召开市政协八届二次会议。会议审议通过市政协机关机构改革方案、《政协委员风采》图片展人选；协商讨论春节期间开展慰问政协委员的具体安排。

市政协八届十次主席会议。于 1997 年 2 月 17 日召开。会议决定 3 月 3 日召开市政协八届六次常委会议。会议审议通过市政协八届二次会议日程、议程（草案）；协商决定大会发言的参考题目及责任者。会议还审议通过市政协《八届常委会工作报告（讨论稿）》《提案工作报告（讨论稿）》《关于加大提案工作力度的几点意见（草案）》《关于委员参加本会活动的基本要求（草案）》《专委会工作通则（草案）》增补八届市政协委员名单（草案）。

市政协八届十一次主席会议。于 1997 年 3 月 17 日召开。会议审议通过增补八届市政协副主席、常务委员候选人名单（草案）。

市政协八届十二次主席会议。于 1997 年 3 月 18 日召开。会议听取市政协八届二次会议 15 个小组召集人汇报酝酿增补八届市政协副主席、常务委员候选人名单的情况；审议通过市政协八届二次会议决议（草案）。

市政协八届十三次主席会议。于 1997 年 4 月 14 日召开。会议传达学习省政协七届五次会议和全省县（市、区）政协工作座谈会精神，讨论贯彻意见；审议通过市政协迎接香港回归活动方案、八届八次常委会议日程和议题（草案）、《泉州政协报》报社和政协信息中心机构设置的申请报告。会议决定开展“加强泉港澳经济合作”“改善泉州市投资软环境”课题调研；决定与泉州晚报社联合编辑出版《香港特别行政区政府推委会泉籍成员风采录》、与省政协和南安市政协联合举办纪念郑成功收复台湾 335 周年活动、与刺桐吟社联办“迎香港回归诗词吟诵会”。

市政协八届十四次主席会议。于 1997 年 5 月 20 日召开。会议决定 6 月 13 日召开市政协八届八次常委会议，组织委员围绕“改善泉州市投资软环境”参政议政、建言献策；于 7 月 15 日，与省政协、南安市政协联合举办纪念郑成功收复台湾 335 周年系列活动；于 6 月下旬召开第五次县（市、区）政协主席工作座谈会，专题研讨“如何发挥委员作用，调动委员参政议政积极性”。

市政协八届十五次主席会议。于 1997 年 6 月 16 日召开。会议回顾总结第八次常委会议的筹备召开情况，要求做好 3 项工作：一是综合调研中发现的问题和常委们反映的情况，向市委报告并提出相关建议；二是集中梳理调研中发现的几个有代表性的典型问题，向市委写专报；三是选择一二个重点问题，加强民主监督，努力营造良好的投资环境。会议还总结本届政协工作经验，开展创建旅游城市研讨。会议协商讨论纪念郑成功收复台湾 335 周年系列活动方案。会议决定适时召开第五次县（市、区）政协主席工作座谈会。

市政协八届十六次主席会议。于 1997 年 7 月 2 日召开。会议审议通过纪念郑成功收复台湾335周年系列活动方案；决定于8月中旬召开市政协八届九次常委会议；决定继续坚持主席联系常务委员制度、通报当年常委会议的出席情况；决定继续组织走访政协委员所在单位，了解委员在本单位发挥作用的情况及落实政治待遇的情况，并帮助解决一些实际问题和困难。

市政协八届十七次主席会议。于1997年8月4日召开。会议分析、总结举办纪念郑成功收复台湾335周年活动的工作经验；审议通过第九次常委会议日程及议题（草案）、市政协社会法制委员会关于视察泉州市开展禁毒斗争情况的方案、重新建立主席联系常务委员制度的建议。会议决定筹备召开第六次县（市、区）政协主席工作座谈会。

市政协八届十八次主席会议。于1997年9月4日召开。会议决定9月16日在德化召开第六次县（市、区）政协主席工作座谈会，专题研讨“如何发挥政协民主监督作用”；10月9日召开市政协八届十次常委会议，组织学习贯彻党的十五大精神和中共泉州市委全委会议精神；11月6—7日在泉州承办全国部分历史文化名城政协联系会第8次会议，围绕“保护、开发、利用历史文化名城中的人文景观”“开拓旅游市场，壮大旅游产业”开展研讨。会议审查通过《关于在泉州市区设置纪念民族英雄郑成功永久性标志的建议案》。

市政协八届十九次主席会议。于1997年10月22日召开。会议听取市政协经济科技委员会关于“发展壮大泉州市旅游业”课题调研的情况汇报和全国部分历史文化名城政协第八次联系会的筹备情况汇报。会议审议通过第十一次常委会议日程、议题（草案）和省、市政协委员1997年度视察方案。会议决定召开第七次县（市、区）政协主席工作座谈会。

市政协八届二十次主席会议。于1997年11月26日召开。会议通报市政协机关机构改革“三定”方案。会议决定12月7日在深圳举行《拼搏·奉献·中国心》首发式；12月中旬召开第十一次常委会议，传达学习中共泉州市党代会精神，研讨“发展壮大泉州市旅游支柱产业”。

市政协八届二十一次主席会议。于1997年12月22日召开。会议审议通过住市区的高校委员和党派、教育、卫生界委员开展年度视察的方案和慰问市政协委员的方案。

市政协八届二十二次主席会议。于1998年1月16日召开。会议传达学习省政协八届一次会议和省政协八届一次常委会议精神；审议通过市政协《1997年工作总结》

《1998年工作要点》。

市政协八届二十三次主席会议。于1998年2月20日召开。会议审议通过市政协八届三次会议日程、议程（草案）和八届市政协常委会工作报告（讨论稿）。会议审议并原则同意市政协、泉州晚报社关于“泉州市政协港澳委员风采录”组稿计划。

市政协八届二十四次主席会议。于1998年3月5日召开。会议听取关于苏交利等10位同志兼任市政协副秘书长的情况说明；听取关于增补委员和不再聘任委员的情况说明；审议通过10位同志兼职名单（草案）、增补许鹏翔等17人为八届市政协委员名单（草案）、市政协八届三次会议方案。

市政协八届二十六次主席会议。于1998年4月6日召开。会议审议通过第二季度市政协工作计划。会议决定在第十三次常委会议上专题研讨“泉州农业产业化的着重点与发展对策”；决定按照市委要求，开展“关于加强泉台、泉港经济科技文化交流与合作”的课题调研；决定举办金融问题研讨会，并成立5个课题组开展调研。

市政协八届二十七次主席会议。于1998年5月15日召开。会议通报市委组织部和市编委关于市政协机关机构、部分中层领导调整变动情况；听取“一号提案”的办理进展情况汇报；审议通过陈明泉、傅乌、吴航航、黄文生等职务任命；决定于6月11—12日召开第十四次常委会议，协商研讨“泉州市农业产业化”；决定在各县（市、区）成立政协委员联络小组。

市政协八届二十八次主席会议。于1998年6月9日召开。会议听取关于市委书记何立峰走访政协机关，指示市政协工作的情况通报；听取关于举办“东南亚金融形势与泉州经济发展研讨会”的情况汇报；审议通过市政协第三季度政协工作计划；决定召开第十四次常委会议，民主评议市政府办理市政协八届三次会议“一号提案”情况。会议决定将常务委员编成环境保护组、旅游景点景区组、基础设施组，对“一号提案”办理情况进行现场视察、督办后，再组织民主评议。

市政协八届二十九次主席会议。于1998年7月15日召开。会议学习贯彻中共泉州市委八届二次全体（扩大）会议精神；审议通过市政协与《中国企业报》报社联合举办“泉州商品国内外市场研讨会”的活动方案，商定由市经委、市计委、市外经贸委、市乡镇企业局、泉州晚报社、泉州电视台协办，邀请5名专家教授莅会主讲；决定适时召开座谈会，同泉州市骨干企业代表研讨有关问题。

市政协八届三十次主席会议。于1998年9月1日召开。会议听取黄利禾秘书长《关于贯彻市委学习邓小平理论工作会议精神，兴起学习邓小平理论新高潮的若干意见》的贯彻落实情况汇报；听取泉台民间交流协会首次组团赴台访问考察情况、关于“泉州商品国内外市场拓展研讨会”举办情况、以及市政协社会法制委员会调查弃婴问题的情况汇报。会议决定7月24—25日召开市政协第十四次常委会议，专题听取“一号提案”办理情况汇报；决定模拟“旅交会”来宾参观重要景点景区，对筹备工作情况进行评议，为泉州创建国家优秀旅游城市建言献策；决定于9月18日在晋江市陈埭镇召开基层联络组现场会。

市政协八届三十一次主席会议。于1998年10月8日召开。会议听取何融融传达省政协常委会关于“科教兴省”会议精神，薛天锡传达省政协社会法制委工作座谈会精神。会议决定12月2日召开第十五次常委会议，协商研讨“拓宽泉台民间交流渠道，推动泉台关系新发展”；决定组织3个组开展3个课题调研。会议还审议通过年度市政协委员易地视察方案、县（市、区）政协主席工作座谈会方案。

市政协八届三十二次主席会议。于1998年11月24日召开。会议听取黄利禾通报中共泉州市委关于召开市政协八届四次会议的批复、市政协8个专门委员会1998年度工作总结汇报、市政协应菲华联谊会邀请赴菲考察访问的情况汇报；审议通过《政协泉州市八届委员会第三十二次主席会议关于贯彻中共十五届三中全会、省委六届九次全体（扩大）会议和市委八届三次全体（扩大）会议精神的意见》、关于市政协八届四次全会期间表彰一批委员参政议政积极分子和机关先进工作者的评选条件与办法。会议决定11月25日组织农林界和经济科技界委员视察泉州市现代农业、特色农业发展情况；年底前组织委员、专家学者及有关部门围绕稳定和完善土地承包、深化农村改革、科教兴农等3个课题深入农村开展调研。

市政协八届三十三次主席会议。于1998年12月23日召开。会议审议通过市政协八届四次会议方案、《八届市政协常委会工作报告（草案）》《八届市政协常委会1999年工作要点》、增聘市政协社会法制委和经济科技委副主任及委员名单（草案）；决定于1999年1月13日召开市政协八届十六次常委会议。

市政协八届三十四次主席会议。于1999年1月13日召开。会议听取关于增补市政协委员的说明；审议通过增补6名委员和不再聘任8名委员名单（草案）、拟表彰的市政协委员参政议政积极分子和机关先进工作者名单（草案）。

市政协八届三十五次主席会议。于1999年2月12日召开。会议传达学习省政协八届二次会议精神和省委书记陈明义、省政协主席游德馨的讲话精神；听取市政协8个专委会汇报当年工作计划。会议还围绕市委中心工作、市政府工作重点、政协工作如何配合泉州开展“城市管理年”“市场开拓年”和“科教兴市年”活动，协商讨论下阶段工作。

市政协八届三十六次主席会议。于1999年3月24日召开。会议传达学习全国政协九届二次会议主要精神；审议通过市政协教卫体委关于在4月中旬专题调研“泉州市发展高中阶段教育”“我市加强薄弱学校建设”的方案；听取市政协民族宗教委员会关于泉州市少数民族情况汇报，并决定向市政府提出把泉州市欠发达的小坝、大溪、龙塔、南美、金城、盛富、郭厝、玉埕、前郭、下郭、涂寨、后海、厝斗、溪井、丰联、㙟坑、霞美、粘厝埔等民族村列入政府部门挂钩联系，按规定配套解决相应资金，改善民族村的办学条件；以及分期分批建设其他民族村饮水、用电、广播电视、水利、公路等基础设施的建议。会议还听取市政协八届十七次常委会议筹备情况和5个调研组围绕常委会议主题开展调研的有关情况汇报。

市政协八届三十七次主席会议。于1999年4月29日召开。会议审议通过关于举办“纪念人民政协成立五十周年暨《中共中央关于坚持和完善中国共产党领导的多党合作和政治协商制度的意见》发表十周年”系列庆祝活动方案，并决定成立庆祝活动领导组。会议决定举办庆祝大会、相关研讨会、书画摄影展、诗词吟诵会和茶话会等系列活动；决定编撰出版《泉州市纪念人民政协成立五十周年活动画册》、编辑出版《澳门委员风采录》；决定于6月中旬召开市政协八届十八次常委会议。

市政协八届三十八次主席会议。于1999年5月17日召开。会议听取“纪念人民政协成立五十周年暨中发〔1989〕14号文件发表十周年系列庆祝活动”各项目组关于庆祝大会、文艺演出、新时期人民政协如何服务经济建设中心研讨会、书画摄影展等方案的制定情况汇报，审议通过以上各项目的筹备工作方案；决定增加系列庆祝活动项目，即在9月中旬召开“历届政协主席座谈会。

市政协八届三十九次主席会议。于1999年6月23日召开。会议传达中共泉州市委常委扩大会议关于开展“三讲”教育的相关部署；听取市政协近阶段工作情况汇报。会议决定将“评议‘城市管理年’活动”作为市政协八届十九次常委会议议题，同时传达学习省政协八届七次常委会议精神；决定参照省政协八届七次常委会议做法，把协商讨论制定泉州市国民经济和社会发展“十五”规划作为市政协八届二十次常委会议议题；决定聘任戴冠青为市政协文化文史委员会委员。

市政协八届四十次主席会议。于1999年9月13日召开。会议决定9月22日召开第十九次常委会议。会议审议通过市政协有关专委会负责人分工调整、增设市政协农业农村工作委员会的方案；协商通过市政协领导参加纪念人民政协成立50周年暨中发〔1989〕14号文发表10周年系列庆祝活动的方案。

市政协八届四十一次主席会议。于1999年10月12日召开。会议传达学习全省政协工作会议精神，讨论贯彻意见。会议决定组成5个调研组，由市政协领导带队，深入各县（市、区）调研政协工作；决定承担中共泉州市委制定《关于贯彻省委进一步加强政协工作若干问题的决定的实施意见》的前期工作；决定配合市委筹备全市政协工作会议；决定在全市政协工作会议后，召开第二十次常委会议，传达学习全省、全市政协工作会议精神。

市政协八届四十二次主席会议。于1999年11月18日召开。会议听取代起草《中共泉州市委关于贯彻〈中共福建省委关于进一步加强人民政协工作若干问题的决定〉的实施意见》的工作情况汇报，关于赴各县（市、区）开展政协工作调研的情况汇报；审议各县（市、区）政协在全市政协工作会议上的交流材料、第十四次县（市、区）政协主席工作座谈会日期及议题方案。

市政协八届四十三次主席会议。于1999年11月29日召开。会议听取关于市政协联合市国税局筹备举办迎澳门回归联欢活动、市政协筹建联谊大厦的有关情况汇报；审议通过市政协党组受中共泉州市委委托负责起草的《中共泉州市委关于贯彻〈中共福建省委关于进一步加强人民政协工作若干问题的决议〉的实施意见》（送审稿）、《关于全市政协工作调查、检查情况的综合报告》、出席全市政协工作会议的对象名单。

市政协八届四十四次主席会议。于1999年12月22日召开。会议审议通过《市政协领导挂点联系界别、县（市、区）政协、委员小组方案》，明确挂点联系的主要任务。会议决定12月30日召开市政协八届二十次常委会议，听取市政府关于1999年全市经济运行情况的通报，传达学习全市政协工作会议精神；于2000年1月分成3个组，组织住泉州市区的省、市政协委员开展年度视察。会议决定县（市、区）所在地省、市政协委员的年度视察活动，由各县（市、区）政协负责组织开展。

市政协八届四十五次主席会议。于2000年1月6日召开。会议传达中共泉州市委常委会关于召开市政协八届五次会议的批复意见；听取市政协9个专门委员会1999年工作总结和2000年工作计划的汇报；审议通过市政协八届五次会议日程及议程（草案）、大会秘书长及副秘书长名单（草案）、市政协八届二十一次常委会议方案；审议通过组织住泉州的省、市政协委员开展视察活动和春节前走访慰问政协委员的方案。

市政协八届四十六次主席会议。于2000年1月27日召开。会议审议通过增补八届市政协委员、常务委员名单（草案）和不再聘任的委员名单；审议通过市政协八届五次会议日程及议程（草案）、大会报告及文件（草案）；决定邀请有关人士列席市政协八届五次会议。

市政协八届四十七次主席会议。于2000年2月15日召开。会议传达中共泉州市委常委会关于召开市政协八届五次会议的批示精神；听取市政协八届五次会议大会秘书处关于大会的筹备工作情况汇报；审议通过《市政协八届常委会工作报告（草案）》《市政协八届常委会提案工作报告（草案）》。

市政协八届四十八次主席会议。于2000年2月25日召开。会议审议通过市政协八届五次会议方案、增选5名常务委员人选名单（草案）。

市政协八届四十九次主席会议。于2000年3月15日召开。会议协商讨论《关于加强市政府与市政协工作联系的暂行办法》；协商通过重点提案督办分工方案，决定由主席、副主席每人分别跟踪督办2至3个重点提案；审议通过第一次市政府与市政协联席会议时间、议题方案和各个专门委员会当年活动计划。会议决定将贯彻落实《中共泉州市委贯彻〈中共福建省委关于进一步加强人民政协工作若干问题的决定〉的意见》列为2003年市政协工作重点。

市政协八届五十次主席会议。于2000年4月7日召开。会议传达学习省政协台港澳侨联络工作会议精神，通报市政协八届五次会议以来的工作情况。会议决定6月中旬召开市政协八届二十三次常委会议，研讨泉州市“十五”计划，并协商确定《关于加强对晋江水资源保护利用的研究》《关于“十五”计划期间泉州中小企业发展思路》《关于我市农业经济结构的调整》《关于我市社会力量办学的思路和对策》等4个调研课题。

市政协八届五十一次主席会议。于2000年4月18日召开。会议协商讨论市政协联谊大厦的项目建设事项。

市政协八届五十二次主席会议。于2000年5月12日召开。会议传达学习全省政协学习宣传工作经验交流会精神；听取5个调研组的调研情况汇报和主席、副主席分工督办重要提案的情况通报。

市政协八届五十三次主席会议。于2000年6月2日召开。会议传达市党政代表团赴温州、台州学习考察的情况；协商讨论市政协机关贯彻落实市委关于在全市党员干部中深入开展“三个代表”教育活动的意见；审议通过市政协八届二十三次常委会议方案、第十五次县（市、区）政协主席工作座谈会方案。

市政协八届五十四次主席会议。于 2000 年 7 月 17 日召开。会议决定 9 月上旬召开市政协八届二十四次常委会议，听取市政府分管副市长关于当年政协提案办理情况的通报，听取提案办理大户的经验介绍，并评议提案办理情况。会议决定聘任蔡建业等为市政协农业农村工作委员会委员。

市政协八届五十五次主席会议。于 2000 年 8 月 14 日召开。会议听取 5 个检查组关于赴县（市、区）检查贯彻全省、全市政协工作会议和闽委发〔1999〕13 号和泉委发（1999）5 号文件精神的情况汇报，要求及时汇总各检查组的检查情况，进一步分析总结各地在贯彻中的成功经验、做法与存在问题，形成书面报告。会议听取泉州市政协机关先进工作者评选方案汇报，决定成立市政协评选工作小组，协商具体评选办法与报批程序。会议还听取泉台民间交流协会与台湾亚太综合研究院拟在泉州联办学术研讨会的情况通报，要求做好报批及筹备工作。

市政协八届五十六次主席会议。于 2000 年 9 月 27 日召开。会议听取关于省委检查组检查泉州贯彻全省政协工作会议精神的情况通报；审议通过市政协八届二十四次常委会议方案（草案）、政协机关先进工作者推荐名单（草案）、市政协机关内设机构设置及其人事安排。

市政协八届五十七次主席会议。于 2000 年 10 月 18 日召开。会议决定 12 月中旬召开市政协八届二十五次常委会议，学习贯彻党的十五届五中全会精神，回顾总结八届市政协五年来的工作情况。会议要求各专委会着手组织做好八届市政协五年来的工作总结，届时提请第二十五次常委会议讨论。会议听取关于“委员自身建设”的调研情况汇报；讨论 2000 年度省、市政协委员易地视察方案，决定于 11 月上旬开展视察活动，为泉州市编制“十五”计划出谋划策。会议决定 11 月下旬在南安市召开第十六次县（市、区）政协主席工作座谈会，专题回顾总结八届市政协 5 年工作情况。会议还听取泉州市政协培训综合楼筹建情况和举办海峡两岸“高等教育与经济建设”学术研讨会筹备情况汇报。

市政协八届五十八次主席会议。于 2000 年 11 月 18 日召开。会议听取市政协领导班子述职报告的起草说明，原则同意述职报告的框架，并对一些具体内容、文字提出修改意见；听取市政协“联谊大厦”（即位于丰泽区津淮街东段 22 号市政协新办公大楼）基建小组作投标工作、排水排污方案和二期工程（即“海峡文化交流联谊中心”办公楼）的可行性研究报告。

市政协八届五十九次主席会议。于 2000 年 12 月 6 日召开。会议传达学习全省政协工作经验交流会、全省政协经济科技工作经验交流会和全省政协民族宗教工作座谈会主要精神，提出贯彻意见。会议决定 2001 年 1 月上旬召开市政协八届二十五次常委会议，邀请市委领导传达省委六届十二次全会和市委八届六次会议精神，讨论修改八届市政协常委会五年工作报告。会议要求做好 2000 年度省、市政协委员视察活动成果的转化工作。

市政协八届六十次主席会议。于 2000 年 12 月 29 日召开。会议审议通过《政协第八届泉州市委员会常务委员会工作报告（讨论稿）》《八届泉州市政协提案工作总结（讨论稿）》。

市政协八届六十一次主席会议。于 2001 年 2 月 23 日召开。会议传达学习省政协八届四次会议精神，特别是省委书记宋德福和省政协主席陈明义在会议上的讲话精神。会议协商讨论第一季度工作，并就制定 2001 年新一届市政协工作要点提出建议。

八届市政协主席扩大会议。于 2001 年 3 月 20 日召开。会议专题协商讨论深入开展“增进精神文明建设实效”课题调研方案。

市政协八届六十二次主席会议。于 2001 年 4 月 18 日召开。会议通报中共泉州市委关于九届市政协委员安排方案的批复；听取关于推荐委员的情况说明；审议通过九届市政协委员名单（草案）；决定召开市政协八届二十六次常委会议，研究部署市政协九届一次会议筹备工作。

四、九届市政协主席会议

九届市政协共召开 68 次主席会议，其中第二十五次会议资料未详。

市政协九届一次主席会议。于 2001 年 5 月 14 日召开。会议传达学习中共泉州市委、市委组织部有关通知精神；协商讨论九届市政协主席、副主席工作分工；审议通过《九届市政协常委会 2001 年工作要点》《九届市政协常委会工作规则（草案）》《政协泉州市委员会关于委员工作的若干准则（草案）》、九届市政协副秘书长名单（草案）、专门委员会设置及其负责人名单（草案）。会议决定当月 21 日召开市政协九届一次常委会议。

市政协九届二次主席会议。于 2001 年 6 月 4 日召开。会议传达贯彻省政协第十七次常委会议主要精神；审议通过市政协领导挂点联系界别、县（市、区）政协、委员小组的建议方案，市政协主席、副主席分工督办重要提案的方案，市政协“纪念中国共产党成立80周年座谈会”方案。会议要求加快市政协“增进精神文明建设实效”课题调研报告的综合起草进度。

市政协九届三次主席会议。于2001年7月10日召开。会议组织学习江泽民总书记在“庆祝中国共产党建党80周年大会”上的重要讲话；审议通过聘任各专委会副主任、顾问及委员名单（草案）、“增进精神文明建设实效”总课题调研的综合报告。

市政协九届四次主席会议。于2001年8月9日召开。会议审议通过《增进精神文明建设实效》总课题调研的综合报告和调研工作总结；协商讨论贯彻市政府与市政协联席会议精神的举措；决定围绕市政府提出的“我市非公有制企业发展问题与对策”“努力改善投资环境，扩大招商引资，增强泉州发展后劲”“发挥优势，努力把泉州建设成为对台文化交流基地”3个课题，开展调研。

市政协九届五次主席会议。于2001年9月3日召开。会议传达学习省政协第十八次常委会议精神；协商讨论《中共泉州市委关于增进精神文明建设实效若干意见》代拟稿，原则同意基本框架结构，提出修改意见；听取5个检查组关于检查各县（市、区）贯彻落实全省、全市政协工作会议精神的情况汇报，决定形成并向市委报送专项检查的情况报告；审议通过《提案工作实施细则》《专题调研活动优秀调研文稿评选方案》及市政协联谊中心的项目建设方案；决定于10月份由市政协与市委统战部、各民主党派联合举办纪念辛亥革命90周年活动。

市政协九届六次主席会议。于2001年10月15日召开。会议学习《中共中央关于加强和改进党的作风建设的决定》，交流学习心得体会。会议审议通过市政协第三次常委会议的日程及议程（草案）、接待华东六省一市第9次政协工作座谈会代表的方案。

市政协九届七次主席会议。于2001年11月5日召开。会议听取黄利禾关于市政协联谊中心一期工程的装修前期准备工作和人事任免等情况的通报；审议通过《政协泉州市委员会提案工作实施办法》、市政协第四次常委会议和第三次县（市、区）政协主席工作座谈会方案，以及省、市政协委员年度视察方案；审查通过拟向市政府提出的政协主席建议案；决定从市政协第三次常委会议研讨的5个专题调研报告中，选择事关泉州市实施“十五”计划中急需解决的企业改制、同业公会建设、劳动力市场建设等3个方面提出建议。

市政协九届八次主席会议。于2001年12月12日召开。会议传达学习省委书记宋德福在省第七次党代会上所作工作报告和市委书记刘德章在市直机关党员领导干部会上提出的4条贯彻意见。郑今奋、何融融、陈秋菊等先后发言，畅谈学习心得体会。傅圆圆代表市政协党组就贯彻省党代会精神提出3点要求。会议决定12月21日召开市政协九届四次常委会议，听取“增进精神文明建设实效”专题调研成果评比情况和省、市政协委员视察泉州市实施“五大工程”的情况通报。

市政协九届九次主席会议。于2001年12月30日召开。会议传达贯彻省政协八届十九次常委会议精神；协商筹备市政协九届二次会议有关事项。傅圆圆传达省政协八届十九次常委会议精神并提出贯彻意见。会议审议通过市政协九届二次会议日程、议程（草案）。

市政协九届十次主席会议。于2002年2月6日召开。会议传达省政协八届五次会议精神；协商讨论市政协九届二次会议筹备工作。

市政协九届十一次主席会议。于2002年2月22日召开。会议审议通过《政协第九届泉州市委员会常务委员会工作报告（讨论稿）》2002年度工作要点及各专门委员会工作总结、市政协九届五次常委会议日程及议程（草案）；决定于2月28日召开第五次常委会议。

市政协九届十二次主席会议。于2002年2月28日召开。会议审议通过部分委员调整名单（草案）、市政协《常委会工作报告》和《提案工作报告》2名报告人名单（草案）、市政协九届二次会议日程及议程（草案）。

市政协九届十三次主席会议。于2002年3月10日召开。会议审议通过增选部分市政协常务委员候选人名单（草案）、市政协九届二次会议选举办法（草案）以及选举大会的总监票人及监票人名单（草案）。

市政协九届十四次主席会议。于2002年3月10日召开。会议听取市政协九届二次会议各组召集人汇报酝酿增选常务委员候选人名单（草案）及选举办法（草案）、选举大会的总监票人和监票人名单（草案）的情况。

市政协九届十五次主席会议。于2002年3月12日在市政协九届二次会议期间召开。会议审议通过《关于政协常委会工作报告的决议（草案）》《市政协九届二次会议政治决议（草案）》《市政协常委会2002年工作要点》。

市政协九届十六次主席会议。于2002年3月26日召开。会议传达学习全国“两会”精神，协商讨论市政协的学习贯彻意见。会议听取市政协提案委关于九届二次会议提案二审情况和重要提案初审情况的汇报；协商讨论全省九市政协主席第3次工作座谈会在泉州召开的方案。

市政协九届十七次主席会议。于2002年4月19日召开。会议审议通过“建设信用泉州”课题调研方案，决定在6月中旬第八次常委会议上建言献策；决定各专委会、各民主党派及市直有关部门组成若干个课题组，开展调研。会议决定将市政协九届二次会议提出的《关于尽快办理旧城改造片区房屋产权证的建议》等6件提案确定为重点提案，并分别由市政协主席、副主席分工督办。会议评出9件2001年度优秀提案。会议还审议通过上半年市政府与市政协联席会议方案、市政协8个专委会2002年工作计划。

市政协九届十八次主席会议。于2002年5月28日召开。会议传达学习省政协八届二十一次常委会议精神，听取赴浙江考察学习“信用工程”建设的情况介绍。会议决定6月13日在永春县召开第五次县（市、区）政协主席工作座谈会，通过参观牛姆林景区，围绕生态环境建设开展座谈讨论，建言献策。会议还听取庄绍钦关于“海峡文化交流联谊中心”一期工程（办公楼）建设情况的通报。

市政协九届十九次主席会议。于2002年6月24日召开。会议审议通过市政协九届八次常委会议日程、议程（草案）；协商通过2002年市政协与市政府首次联席会议确定的5个调研课题的调研分工。

市政协九届二十次主席会议。于2002年7月23日召开。会议总结市政协上半年工作情况，部署下半年主要工作任务。会议决定9月下旬召开第九次常委会议，并协商讨论筹备会议的有关事项。

市政协九届二十一次主席会议。于2002年8月21日召开。会议学习市委、市纠风办有关文件；审议通过《九届市政协第九次常委会议关于提案承办先进单位初评试行办法（草案）》《关于组织市政协港澳委员视察的方案》“泉州市企业诚信建设报告会”方案、“海峡文化交流联谊中心”办公楼设计方案；审查通过《关于建设“诚信泉州”的主席会议建议案》（初稿）。会议还听取泉州、澎湖首次直航的情况介绍。

市政协九届二十二次主席会议。于2002年9月13日召开。会议传达学习全省政协工作经验交流会和全省九市政协主席第4次工作座谈会精神；审议通过《泉州市政协提案先进承办单位民主测评办法（草案）》；决定于9月17日召开市政协九届九次常委会议。会议还协商讨论筹备承办全国八省十市政协横向联系第4次会议、举办各界人士迎十六大中秋茶话会和第六次县（市、区）政协主席工作座谈会的有关事项。

市政协九届二十三次主席会议。于2002年10月25日召开。会议决定11月下旬召开市政协九届十次常委会议。会议听取关于筹备承办八省（区）十市政协横向联系会第4次会议的情况汇报；审议通过《郑成功与台湾》学术论文集的编辑出版方案、2002年度委员视察方案。会议还听取关于赴新疆、澳门、香港等地学习考察的情况介绍和参加全国二十二城市政协横向联系会第31次会议的情况汇报。

市政协九届二十四次主席会议。于2002年12月3日召开。会议传达学习省政协八届二十三次常委会议精神；审议通过市政协九届十次常委会议方案；协商决定有关人事任免。

市政协九届二十六次主席会议。于2003年春节前夕召开。会议听取市政协《常委会工作报告》《提案工作报告》的起草说明、各专门委员会关于2002年主要工作情况的汇报；协商确定市委督查室等15个单位为2001—2002年度提案先进承办单位、《关于尽快办理旧城改造片区房屋产权证的建议》等15件提案为2002年度优秀提案，并决定在市政协九届三次会议上表彰。

市政协九届二十七次主席会议。于2003年2月中旬召开。会议审议通过《泉州市政协常委会工作报告（草案）》《泉州市政协提案工作报告（草案）》市政协九届三次会议日程及议程（草案）、增补九届市政协委员名单（草案）。

市政协九届二十八次主席会议。于2003年2月24日召开。会议听取市政协九届三次会议大会秘书处汇报各委员小组讨论大会决议（草案）、《常委会工作要点》的情况。

市政协九届二十九次主席会议。于2003年3月7日召开。会议学习中共泉州市委《关于在全市深入开展向谷文昌同志学习的通知》；审议通过市政协8个专委会2003年工作要点、市政协提案委提交的九届三次会议重点提案督办方案；决定由市政协主席、副主席分工督办《泉州外贸出口存在的问题及对策、建议》等5件重要提案；协商确定市政协2003年4个重点调研课题。

市政协九届三十次主席会议。于2003年4月8日召开。会议传达省政协九届二次常委会议和全省政协台港澳侨工作会议精神；协商通过2003年市委下达的重点课题《优化通关环境，建设出口大市》调研方案，决定由傅圆圆担任总课题指导，刘佳景、陈敬聪、陈秋菊、黄利禾分别担任3个子课题指导，组织调研组深入各县（市、区）开展调研，并在6月中旬召开的市政协九届十三次常委会议上开展专题研讨，提出思路与对策；审议通过市政协领导分工督办重点提案方案；协商讨论“海峡文化交流联谊中心”办公楼建设的有关事项，决定成立“海峡文化交流联谊中心”工程建设委员会；协商讨论承办第二届闽南文化研讨会的有关事项，并决定于9月中旬举办。

市政协九届三十一次主席会议。于2003年5月16日召开。会议决定市政协九届十三次常委会议延至7月召开。会议学习国务院颁布的《突发公共卫生事件应急条例》，传达学习中共中央办公厅转发的全国政协关于办理提案的通知精神；听取关于“第二届闽南文化研讨会”的筹备情况汇报；协商讨论由省建筑设计院中标的泉州“海峡文化交流联谊中心”办公楼设计方案，提出进一步完善的意见；通报《优化通关环境，建设出口大市》课题调研情况。会议还听取傅圆圆通报前一段时间市政协参与防抗“非典”的情况，协商讨论下一段工作。

市政协九届三十二次主席会议。于2003年6月16日召开。会议听取“优化通关环境，建设出口大市”专题调研情况汇报；审议通过《泉州市政协办公室关于认真对待办理政协提案的意见（讨论稿）》；通报“海峡文化交流联谊中心”办公楼设计方案的修改情况；听取筹建“中华闽南文化网站”、调研“少数民族聚居村全面奔小康情况”和课题研究“加快建设与完善泉州公共卫生体系”的准备工作情况汇报。

市政协九届三十三次主席会议。于2003年7月28日召开。会议通报“海峡文化交流联谊中心”办公楼设计方案会审情况以及“中华闽南文化网站”筹建情况。会议决定8月下旬或9月上旬召开市政协九届十四次常委会议，于9月中旬与省炎黄文化研究会联合召开第二届“闽南文化研讨会”。

市政协九届三十四次主席会议。于2003年9月22日召开。会议听取重要提案《旧城改造片区房产证办理》的督办情况、“中华闽南文化网站”筹建情况、第二届“闽南文化研讨会”召开情况汇报；审议通过第十四次常委会议方案；决定开通“中华闽南文化网站”。

市政协九届三十五次主席会议。于2003年10月30日召开。会议学习中共十六届三中全会精神，提出初步贯彻意见；审议通过市政协九届十五次常委会议方案、相关课题调研和委员年度视察活动等方案。

市政协九届三十六次主席会议。于2003年12月12日召开。会议听取市政协8个专门委员会关于2003年工作情况及2004年工作计划、“泉州市民办高校发展问题”课题组调研情况等汇报；决定于12月30日召开市政协九届十五次常委会议，于12月21—24日在安溪县召开第十一次县（市、区）政协主席工作座谈会；审议通过有关专委会负责人的任免名单（草案）。

市政协九届三十七次主席会议。于2004年1月20日召开。会议审议通过《九届市政协常委会工作报告（讨论稿）》《九届市政协常委会工作报告》《提案委员会工作报告》2 名报告人名单（草案）、增补委员名单（草案）、《九届市政协常委会 2004 年工作要点》。

市政协九届三十八次主席会议。于 2004 年 2 月 17 日召开。会议协商讨论筹备市政协九届四次会议的有关事项。

市政协九届三十九次主席会议。于 2004 年 2 月 26 日召开。会议审议通过市政协九届四次会议增选常务委员名单（草案）。

市政协九届四十次主席会议。于 2004 年 2 月 26 日召开。会议听取市政协九届四次会议各组召集人汇报酝酿增选九届市政协常务委员候选人名单（草案）的情况。

市政协九届四十一次主席会议。于 2004 年 2 月 27 日召开。会议听取市政协九届四次会议大会秘书长汇报各组讨论市政府工作报告、计划和财政报告的情况。

市政协九届四十二次主席会议。于 2004 年 3 月 29 日召开。会议传达市委常委扩大会议精神以及全市殡葬改革工作会议精神；审议通过“进一步提升泉州民营经济发展水平”“加快泉州产业结构优化与升级”“人才强市”重点课题调研方案，督办市政协九届四次会议重要提案方案，2004 年各专委会季度活动计划；决定由市政协领导分工督办《对金鸡拦河闸工程进行除险加固或重新建设》等 10 件重要提案，跟踪督办 2003 年重要提案《中侨职工的医疗保险问题》。

市政协九届四十三次主席会议。于 2004 年 4 月 26 日召开。会议学习中共中央办公厅、福建省委办公厅、政协福建省委员会关于学习贯彻《中国人民政治协商会议章程》的《通知》和《意见》等文件，协商讨论学习贯彻方案；审议通过市政协九届十九次常委会议方案。

市政协九届四十四次主席会议。于 2004 年 6 月 15 日召开。会议听取关于“提升民营经济发展水平”“加快我市产业结构优化升级”“人才强市”等 3 个重点课题的调研情况汇报；审议通过《泉州政协网站》筹建方案、泉州市政协 2003 年度十大要事的初评结果、筹备举办“海峡情—当代中国书画名家精品展”的建议方案；通报赴俄罗斯、韩国开展经贸考察的情况。会议决定 8 月上旬召开市政协九届十一次常委会议，探讨加快泉州市产业结构优化和升级的思路与对策；7 月上旬在鲤城区召开第十三次县（市、区）政协主席工作座谈会，协商迎接全省政协工作会议、筹备全市政协工作会议有关事项。

市政协九届四十五次主席会议。于 2004 年 7 月 22 日召开。会议传达学习市委九届八次（扩大）会议精神，研究提出贯彻意见；回顾总结市政协上半年工作情况并部署下半年工作任务；决定于8月上旬召开市政协九届二十次常委会议；决定举办“海峡情—当代中国书画名家精品展”、《泉州政协网站》开通仪式，开展纪念人民政协成立55周年和征文等系列活动。

市政协九届四十六次主席会议。于2004年8月30日召开。会议决定10月召开市政协九届二十一次常委会议，听取郑成功学术研究会参访团赴台考察访问的情况介绍。

市政协九届四十七次主席会议。于2004年10月18日召开。会议传达学习《中共中央关于加强党的执政能力建设的决定》、全省政协宣传工作会议和全省九市政协主席第8次工作座谈会精神；听取赴台湾考察交流的情况汇报；审议通过《关于进一步发挥市政协委员尤其是市区委员作用的意见》；协商确定市政协九届二十二次常委会议议题。

市政协九届四十八次主席会议。于2004年11月22日召开。会议传达学习省委第三次全省政协工作会议、省政协常委会议精神。会议决定11月底召开市政协九届二十二次常委（扩大）会议，组织常委学习贯彻省委第三次全省政协工作会议精神；审议通过2004年度市直省、市政协委员视察活动方案。

市政协九届四十九次主席会议。于2004年12月20日召开。会议听取傅圆圆关于各县（市、区）政协学习贯彻第三次全省政协工作会议精神的情况通报、市政协8个专门委员会关于年度工作的情况汇报；协商讨论市政协各专门委员会关于总结2004年工作经验，制定新年工作计划的事项。

市政协九届五十次主席会议。于2005年1月24日召开。会议传达学习《中共福建省委关于进一步加强新时期人民政协工作的决定》、省政协九届三次会议精神，提出贯彻意见；审议通过市政协九届五次会议期间的4场专题协商座谈会方案。

市政协九届五十一次主席会议。于2005年3月18日召开。会议审议通过《九届市政协常委会2005年工作要点》、泉台民间交流协会成立10周年系列活动方案、2003—2004年度市政协优秀提案名单、2003—2004年度提案办理先进单位和九届市政协提案办理先进个人名单。会议还对市政协如何更好地开展保持共产党员先进性教育活动征求与会民主党派负责人的意见和建议。

市政协九届五十二次主席会议。于2005年4月6日召开。会议审议通过市政协九届五次会议召开的日程及议程（草案）、列席会议人员范围建议方案；决定于4月

13日召开市政协九届二十三次常委会议。

市政协九届五十三次主席会议。于2005年4月13日召开。会议审议通过市政协有关专门委员会的人事任命名单（草案）。

市政协九届五十四次主席会议。于2005年4月22日召开。会议审议通过补选市政协主席及增选副主席候选人名单、市政协九届五次会议选举办法（草案）、市政协九届五次会议选举大会的总监票人及监票人名单（草案）。

市政协九届五十五次主席会议。于2005年4月24日召开。会议听取九届五次会议各组召集人汇报酝酿选举办法（草案）、选举大会的总监票人及监票人名单（草案）、候选人名单（草案）的情况。

市政协九届五十六次主席会议。于2005年4月25日召开。会议听取九届五次会议大会秘书长汇报各组讨论情况；审议通过市政协九届五次会议决议（草案）。

市政协九届五十七次主席会议。于2005年5月27日召开。会议协商确定市政协九届五次会议期间由市各民主党派和委员提交的9件提案为重点提案；审议通过主席及副主席分工督办重点提案方案、市政协常委会2005年工作计划、市政协各专门委员会2005年工作计划。会议决定7月上旬召开市政协九届二十六次常委会议。

市政协九届五十八次主席会议。于2005年8月22日召开。会议决定10月上旬召开市政协九届二十七次常委会议。会议学习讨论中共泉州市委《关于进一步加强新时期人民政协工作的实施意见》；审议通过市政协有关工作规章制度、视察“泉州市建设食品放心工程情况”活动方案、编撰《闽南方言泉州腔词典》建议方案、纪念泉台民间交流协会成立10周年系列活动方案、接待在闽全国政协委员在泉视察方案。

市政协九届五十九次主席会议。于2005年10月10日召开。会议通报市政协机关改革方案；审议通过有关人事任免。会议决定10月14日召开市政协九届二十七次常委会议，围绕“构建社会主义和谐社会”，分别从维护公平正义、社会安定有序、人与自然和谐、优化政务环境和弘扬先进文化等5个方面发表意见，建言献策。

市政协九届六十次主席会议。于2005年12月16日召开。会议决定12月20日召开市政协九届二十八次常委会议，协商筹备召开市政协九届六次会议的有关事项。会议协商通过市政协九届六次会议日程及议程（草案）、增补委员名单（草案）、《常委会工作报告（讨论稿）》《提案工作报告（讨论稿）》《常委会2006年工作要点》。

市政协九届六十一次主席会议。于2006年1月2日召开。会议审议通过市政协九届六次会议选举办法（草案）、选举大会的总监票人及监票人名单（草案）、市政协副主席及常务委员候选人名单（草案）。

市政协九届六十二次主席会议。于2006年1月4日召开。会议听取各组召集人汇报各组讨论《市政府工作报告》《市政协常委会工作报告》、市政协九届六次会议决议（草案）的情况，酝酿选举办法（草案）、选举大会的总监票人及监票人名单（草案）、候选人名单（草案）的情况；审议通过市政协九届六次会议决议（草案）、选举办法（草案）、选举大会的总监票人及监票人名单（草案）、候选人名单（草案）。

市政协九届六十三次主席会议。于2006年1月19日召开。会议传达省“两会”主要精神；回顾总结市政协九届六次会议情况；协商通过主席及副主席的工作分工方案、市政协常委会2006年重点工作计划；协商确定市政协九届六次会议重要提案。

市政协九届六十四次主席会议。于2006年4月7日召开。会议审议通过市政协九届三十一次常委会议方案；听取5个调研组关于“建设社会主义新农村”课题调研情况汇报；协商讨论市政协领导督办九届六次会议重要提案的相关事项。

市政协九届六十五次主席会议。于2006年4月20日召开。会议通报市政协机关机构改革情况。

市政协九届六十六次主席会议。于2006年8月9日召开。会议听取市政协经科委关于“增加泉州港口货源，促进港口建设”课题调研情况、市政协办公室关于组织政协委员开展年度视察建议方案等有关事项的汇报。

市政协九届六十七次主席会议。于2006年10月20日召开。会议学习中共十六届六中全会精神；审议通过第三十二次常委会议方案；通报本届政协常委、委员的出勤和提交提案的情况。会议决定适时召开市政协九届三十二次常委会议。

市政协九届六十八次主席会议。于2006年12月15日召开。会议审议通过《政协第九届泉州市委员会常务委员会工作报告（讨论稿）》《政协第九届泉州市委员会提案工作情况的报告（讨论稿）》、十届市政协委员名单（草案）、《关于召开市政协十届一次会议的决定（草案）》、市政协十届一次会议列席人员范围（草案）。

五、十届市政协主席会议

十届市政协共召开32次主席会议。

市政协十届一次主席会议。于2007年1月18日召开。会议协商通过新一届政协领导班子成员的工作分工方案、市政协常委会2007年工作要点；听取市政协十届一次会议提案二次审查立案情况汇报；协商确定重要提案。

市政协十届二次主席会议。于 2007 年 3 月 29 日召开。会议审议通过市政协十届一次常委会议方案、市政协主席及副主席督办重要提案方案、市政协工作机构负责人任免。

市政协十届三次主席会议。于 2007 年 7 月 11 日召开。会议听取“构建和谐泉州”等 6 个课题调研组调研情况汇报；审议通过市政协十届二次常委会议方案。

市政协十届四次主席会议。于 2007 年 7 月 19 日召开。会议审议通过增补十届市政协委员名单（草案）、市政协工作机构负责人任免。

市政协十届五次主席会议。于 2007 年 9 月 5 日召开。会议审议通过市政协十届三次常委会议方案、《关于组织市政协委员年度视察活动方案》；决定成立《泉州文史资料》编委会。

市政协十届六次主席会议。于 2007 年 11 月 21 日召开。会议审议通过市政协十届四次常委会议方案、市政协十届二次会议日程及议程（草案）、十届市政协期间征编文史资料的计划。

市政协十届七次主席会议。于 2007 年 12 月 17 日召开。会议审议通过《政协第十届泉州市委员会常务委员会工作报告（讨论稿）》《市政协十届一次会议以来提案工作情况报告（讨论稿）》、市政协十届五次常委会议方案；协商讨论市政协十届二次会议有关事项。

市政协十届八次主席会议。于 2007 年 12 月下旬召开。会议决定增补蔡文良、颜朝晖、庄少生为十届市政协委员，蔡耀平、曾炳辉不再担任市政协委员；协商讨论市政协十届二次会议有关事项。

市政协十届九次主席会议。于 2008 年 1 月 4 日召开。会议审议通过市政协十届二次会议日程、议程（草案）。

市政协十届十次主席会议。于 2008 年 1 月 5 日召开。会议审议通过市政协十届二次会议的选举办法（草案）、增选常务委员候选人名单（草案）、选举大会的总监票人及监票人名单（草案）。

市政协十届十一次主席会议。于 2008 年 1 月 7 日召开。会议听取各组汇报酝酿市政协十届二次会议选举办法（草案）和常务委员候选人名单（草案）的情况。

市政协十届十二次主席会议。于 2008 年 1 月 8 日召开。会议听取各组召集人汇报各小组审议市政协十届二次会议决议（草案）的情况。

市政协十届十三次主席会议。于 2008 年 1 月 25 日召开。会议传达学习省政协十届一次会议精神；审议通过市政协十届九次常委会议方案、《十届市政协常委会 2008 年工作要点》；协商确定市政协十届二次会议重要提案。

市政协十届十四次主席会议。于 2008 年 9 月 12 日召开。会议听取市政协十届二次会议以来提案办理情况、泉州市首届政协好新闻评选结果情况汇报；审议通过市政协十届十一次常委会议方案、优秀提案评选方案。

市政协十届十五次主席会议。于 2008 年 12 月 2 日召开。会议审议通过《政协第十届泉州市委员会常务委员会工作报告（讨论稿）》《提案工作报告（讨论稿）》、市政协十届十二次常委会议方案；协商讨论市政协十届三次会议的有关事项和优秀提案、提案办理先进单位、先进工作者评选活动的有关事项。

市政协十届十六次主席会议。于 2008 年 12 月 18 日下午召开。会议协商讨论《市政府工作报告（征求意见稿）》。

市政协十届十七次主席会议。于 2009 年 1 月 5 日召开。会议听取市政协十届三次会议各组召集人汇报各组讨论市政协十届三次会议决议（草案）的情况。

市政协十届十八次主席会议。于 2009 年 1 月 20 日召开。会议传达学习省政协十届二次会议精神；审议通过《市政协常委会 2009 年工作要点》；协商确定市政协十届三次会议重要提案。

市政协十届十九次主席会议。于 2009 年 12 月 14 日召开。会议审议通过市政协十届十八次常委会议方案、《政协第十届泉州市委员会常务委员会工作报告（讨论稿）》《提案工作报告（讨论稿）》、增补十届市政协委员名单（草案）；协商讨论市政协十届四次会议有关事项。

市政协十届二十次主席会议。于 2009 年 12 月 28 日召开。会议审议通过市政协十届四次会议日程、议程（草案）。

市政协十届二十一次主席会议。于 2010 年 1 月 11 日召开。会议审议通过市政协十届四次会议选举办法（草案）、选举大会的总监票人及监票人名单（草案）、市政协秘书长及常务委员候选人名单（草案）。

市政协十届二十二次主席会议。于 2010 年 1 月 14 日召开。会议听取市政协十届四次会议各组召集人汇报各组讨论会议决议（草案）的情况。

市政协十届二十三次主席会议。于 2010 年 2 月 2 日召开。会议传达学习省政协十届三次会议精神；审议通过《市政协常委会 2010 年工作要点》、有关人事任免；

协商确定 2010 年市政协重要提案。

市政协十届二十四次主席会议。于 2010 年 5 月 17 日召开。会议审议通过市政协十届二十三次常委会议方案。

市政协十届二十五次主席会议。于 2011 年 1 月 10 日召开。会议审议通过市政协十届二十七次常委会议方案、《十届市政协常委会工作报告（讨论稿）》《提案工作报告（讨论稿）》、调整十届市政协委员名单（草案）；协商讨论市政协十届五次会议的有关事项。

市政协十届二十六次主席会议。于 2011 年 2 月 21 日召开。会议审议通过市政协十届五次会议选举办法（草案）、选举大会的总监票人及监票人名单（草案）、补选市政协主席候选人名单（草案）。

市政协十届二十七次主席会议。于 2011 年 2 月 24 日召开。会议审议通过市政协十届五次会议决议（草案）、调整十届市政协委员名单（草案）。会议同意陈敬聪因年龄原因，辞去十届市政协副主席职务。

市政协十届二十八次主席会议。于 2011 年 3 月 21 日召开。会议审议通过市政协十届三十一次常委会议方案、《泉州市政协常委会 2011 年工作要点》；协商确定市政协十届五次会议重点提案。

市政协十届二十九次主席会议。于 2011 年 6 月 13 日召开。会议审议通过市政协十届三十二次常委会议方案。

市政协十届三十次主席会议。于 2011 年 9 月 9 日召开。会议审议通过市政协十届三十三次常委会议方案、有关人事任免。

市政协十届三十一次主席会议。于 2011 年 12 月 2 日召开。会议听取市委统战部关于十一届市政协界别设置、委员名额和委员提名名单的说明；审议通过十一届市政协委员名单（草案）、《关于召开市政协十一届一次会议的决定（草案）》市政协十届三十四次常委会议方案、有关人事任免。会议决定表彰一批市政协十届三次会议以来优秀提案、承办先进单位、先进工作者。

市政协十届三十二次主席会议。于 2011 年 12 月 22 日召开。会议审议通过市政协十届三十五次常委会议方案、《十届市政协常委会工作报告（讨论稿）》《提案工作报告（讨论稿）》、部分十一届市政协委员名单（草案）、《十届市政协常委会工作报告》《提案工作报告》、2 名报告人名单（草案）、有关人事任免。

第四节　政协泉州市委员会常务委员会议

政协常务委员会会议是政协全体会议闭会期间履行政治协商、民主监督、参政议政职能的主要形式。常务委员会会议由政协主席主持，也可由主席委托的副主席主持。常务委员会会议一般每季度举行一次，必要时可临时举行。常务委员会会议的议程（草案）和日程由主席会议拟定。常务委员会举行会议时，不是政协委员、常务委员的政协办公室副主任、各专门委员会副主任、机关各科室负责人可列席会议；根据会议内容和工作需要，可邀请党委和政府分管领导、党政有关部门和各县（市、区）政协负责人参加会议。

常务委员会会议必须有全体组成人员的 2/3 多数出席方可举行。会议要充分发扬社会主义民主，对议题进行充分协商讨论，反映各方面的意见和建议。会议的议案或其他需表决的事项，需全体组成人员过半数通过才能生效。

常务委员会会议采取全体会议和分组会议相结合的方式。会议期间，可视情组织视察或参观。在常务委员会全体会议上，可由党派、团体、专门委员会和会议小组推举代表发言，也可由个人或数名委员联合发言。常务委员会会议期间，根据需要可以组织专题座谈会，就某项专门问题进行研究协商，提出建议和意见。专题座谈会由有关常务委员与其他有关人员参加。

常务委员会议的主要任务有：审议政协委员会及常务委员会会务和工作中的重大事项；审议通过以政协常务委员会名义提交政协全体会议的文件；协商讨论党委、政府的重大决策及社会生活中的重大问题，听取党政及有关部门负责人对有关重要问题的通报或说明，提出建议和意见；听取党政领导关于全国和全省重要会议精神的传达；审议重要的建议案、提案、视察报告、调查报告、出访报告和其他报告；审议专门委员会的工作报告和其他重要报告；协商决定本届和下一届政协的参加单位、委员名额、人选以及委员的增补与调整；审议决定政协专门委员会的设置和变动，并任免其领导成员；根据秘书长的提议，任免政协副秘书长。

一、六届市政协常务委员会议

六届市政协共召开22次常务委员会议。

市政协六届一次常委会议。于1986年1月10日召开。各县(区)政协主席列席会议。会议审议通过市政协机关的机构设置、人事任命、工作计划、各工作委员会和工作组的《工作简则》。

市政协六届二次常委会议。于1986年3月23—26日在泉州宾馆召开。会议审议通过5个委员会和7个工作组领导的人选名单（草案）、市政协1986年工作计划。省政协副主席许集美、中共泉州市委书记张明俊、市长陈荣春出席会议并讲话。

市政协六届三次常委（扩大）会议。于1986年10月6—8日召开。会议学习《中共中央关于社会主义精神文明建设指导方针的决议》、中共中央办公厅和国务院办公厅转发《关于充分发挥经济特区和沿海开放城市人民政协、各民主党派和工商联作用的意见》；听取张其载关于9个月来的工作情况报告和东北、苏南之行的汇报；听取叶启东关于厦门、漳州、泉州三市三胞工作座谈会和华侨联谊中心活动情况的汇报。

市政协六届四次常委会议。于1987年1月7—9日召开。会议总结1986年工作情况；审议通过1987年工作要点。

市政协六届五次常委会议。于1987年4月11—12日召开。会议审议通过市政协六届二次会议日程及议程（草案）、增选常务委员人选名单（草案）；表决通过增补委员名单（草案）和关于撤销黄海雁（六届市政协委员、常委）参加人民政协资格的决议。

市政协六届六次常委会议。于1987年4月16日召开。会议决定提名陈泗三为六届市政协常务委员候选人。

市政协六届七次常委会议。于1987年8月12—14日在安溪清水岩召开，60名常委参加。会议听取张其载关于前7个月市政协工作情况和下半年工作打算的汇报、副市长林大穆关于上半年市政府工作情况的通报；协商讨论泉州市当前一些重大问题；决定增补李鸠陵、郑德郁、高作揖为市政协委员。

市政协六届八次常委会议。于1987年12月15—16日召开，46名常委出席。会议学习中共十三大精神，传达省委书记陈光毅12月7日在省委电话会议上的讲话精神；审议通过市政协六届三次会议日程及议程(草案)、《常委会工作报告》(讨论稿)、《提案工作情况报告（讨论稿）》、有关人事任免。会议决定1988年1月3—7日在泉州宾馆召开市政协六届三次会议；决定增补齐世和为市政协委员，并提请市政协六届三次会议补选为常务委员、副主席；决定提名李鸠陵、郑德郁、高作揖为市政协常务委员候选人。

市政协六届九次常委会议。于 1988 年 1 月 2 日召开。会议围绕解放思想、更新观念、抢抓机遇、发挥优势，为泉州市新一轮跨越献计出力。会议协商决定增加“港澳同胞”界别；决定增补余文聪、傅圆圆等 8 人为市政协委员；决定陈泗三兼任市政协副秘书长；决定免去庄火明市政协学习委主任职务。

市政协六届十次常委会议。于 1988 年 2 月 7 日召开。会议审议通过泉州市政协六届三次会议决议（草案）。

市政协六届十一次常委会议。于 1988 年 3 月 28—30 日召开。会议传达学习中共中央有关沿海地区和福建省进一步发展外向型经济的有关指示精神；审议通过市政协工作组活动计划。

市政协六届十二次常委会议。于 1988 年 6 月 30 日召开。会议传达学习省政协六届二次常委会议精神和省政协副主席凌青所作的《国际形势报告》。会议决定吴同任市政协副秘书长，增补为市政协委员。

市政协六届十三次常委会议暨县（区）政协工作会议。于 1988 年 10 月 8 日在惠安县召开。会议交流人民政协在改革开放新形势下服务发展外向型经济的经验。

市政协六届十四次常委会议。于 1989 年 1 月 13 日召开。会议决定增补王华民等 20 人为市政协委员。

市政协六届十五次常委会议。于 1989 年 3 月 13 日召开。会议审议通过市政协六届四次会议日程、议程（草案）和常委会工作报告（讨论稿）；决定原 12 个工作组（委）合并为 10 个委员会。

市政协六届十六次常委会议。于 1989 年 7 月 11—12 日召开。会议听取市委书记张明俊传达中共福建省委扩大会议精神，市长陈荣春通报 1989 年上半年泉州市的社会秩序和经济建设情况；审议通过市政协《关于学习贯彻中共十三届四中全会精神的决议》。

市政协六届十七次常委会议。于 1989 年 10 月 25—27 日召开。会议邀请市委常委、宣传部长庄晏成作学习《江泽民同志在庆祝中华人民共和国成立四十周年大会上的讲话》辅导报告；听取市对台部部长王敬萱通报对台工作情况、市政府副秘书长介绍泉州市扫黄打丑工作情况；市政协秘书长叶启东传达参加新疆石河子十六城市政协横向联系座谈会情况和上海等八省（市）政协海外联谊工作研讨会情况；审议通过《政协泉州市委员会关于贯彻实施〈政协全国委员会关于政治协商、民主监督的暂行规定〉的意见》。鉴于吴家灿工作调动，会议决定免去其市政协办公室副主任职务。

市政协六届十八次常委会议。于1990年2月8—10日在泉州宾馆召开。会议回顾总结市政协六届四次会议以来的工作情况；审议通过1990年常委会工作要点；决定林昌如任市政协文史资料委员会副主任。

市政协六届十九次常委会议。于1990年3月13日在泉州宾馆召开。会议审议通过《常委会工作报告（讨论稿）》和市政协六届五次会议日程、议程（草案）。

市政协六届二十次常委会议。于1990年7月24—26日召开。会议传达学习全国和全省统战工作会议、省政协六届十次常委会议精神；通报在抚顺、辽阳市召开的十六城市政协横向联系会第7次会议概况。

市政协六届二十一次常委会议。于1990年12月10—12日召开。会议传达学习贯彻中共福建省代表大会精神；协商讨论本届政协五年工作总结。

市政协六届二十二次常委会议。于1991年3月10—11日召开。会议审议通过《政协泉州市第六届委员会常委会工作报告（讨论稿）》七届市政协委员名单（草案）、市政协七届一次会议主席团成员名单（草案）。

二、七届市政协常务委员会议

七届市政协共召开27次常务委员会议，其中，第二十一次会议资料未详。

市政协七届一次常委会议。于1991年3月20日召开。会议协商讨论本届市政协相关工作。

市政协七届二次常委会议。于1991年7月2—4日召开。会议学习江泽民在庆祝中国共产党成立70周年大会上的讲话；听取国际形势报告、副市长高厚生通报泉州市上半年经济工作情况及泉州市国民经济和社会发展十年规划、“八五”计划要点；协商讨论市政协1991年下半年工作要点。会议审议通过七届市政协机构设置、人事任免（草案）；决定设立8个专门委员会、增补汤秉钊为市政协委员。

市政协七届三次常委会议。于1991年9月11—12日召开。会议交流学习江泽民“七一”重要讲话的心得体会；听取市经委、市外经委、市税务局通报工作情况；审议通过关于举办纪念辛亥革命80周年系列活动的决定。

市政协七届四次常委会议。于 1991 年 12 月 10—11 日召开。会议学习中共十三届八中全会公报；传达中共福建省委、泉州市委工作会议精神；学习研讨《中国的人权状况》白皮书。

市政协七届五次常委会议。于 1992 年 2 月 14—15 日召开。会议决定 3 月 9—12 日召开市政协七届二次会议；审议通过市政协七届二次会议日程、议程（草案）。

市政协七届六次常委会议。于 1992 年 3 月 20—24 日召开。会议围绕“抑制通货膨胀”，建言献策。

市政协七届七次常委会议。于 1992 年 6 月 11—13 日召开。会议学习邓小平重要讲话精神（中发〔1992〕2 号文件）；听取副市长郑宗杰通报泉州市外经工作和成片土地开发情况；参观安溪、南安县成片土地开发区。

市政协七届八次常委会议。于 1992 年 9 月 3—5 日召开。会议通报“加快泉州发展步伐”研讨班办班学习情况；参观福建炼油厂 10 万吨油码头。

市政协七届九次常委会议。于 1992 年 11 月 14 日召开。会议传达中共十四大主要精神、省政协六届二十次常委会议精神。

市政协七届十次常委会议。于 1993 年 2 月 16—17 日召开。会议传达省政协七届一次常委会议精神；协商讨论《泉州市政府工作报告（征求意见稿）》；审议通过《市政协常委会工作报告（讨论稿）》、市政协七届三次会议日程及议程（草案）。

市政协七届十一次常委会议。于 1993 年 3 月 7 日召开。会议决定增补何国栋、陈庆元、吴金世为市政协委员。

市政协七届十二次常委会议。于 1993 年 5 月 28—29 日召开。会议听取副市长余茂桂关于水、电、路、海运、港口等基础设施建设的情况通报；传达学习省政协七届二次常委会议和政协工作座谈会精神；审查确定《关于缓解泉州新天桥两端交通拥挤的建议案》《关于严禁在鲤城市区燃放鞭炮的建议案》《关于理顺清源山风景区管理体制，加强景区管理的建议案》为常委会建议案。

市政协七届十三次常委会议。于 1993 年 8 月 27—28 日召开。会议围绕“加强泉州农业农村工作”，建言献策。

市政协七届十四次常委会议。于 1993 年 12 月 22—24 日召开。会议听取副市长薛祖亮通报市委、市政府 1993 年为民办 20 件实事的情况；传达学习全国统战工作会议、全省统战工作会议、省政协七届四次常委会议精神。

市政协七届十五次常委会议。于 1994 年 1 月 22 日召开。会议审议通过《市政协常委会工作报告（讨论稿）》、市政协七届四次会议日程及议程（草案）；决定柯国梁任市政协经济科技委员会办公室主任；决定在市政协七届四次会议期间，表彰一批有突出贡献的市政协委员和一批优秀提案。

市政协七届十六次常委会议。于 1994 年 3 月 1 日召开。会议审议通过增补市政协委员名单（草案）、市政协七届四次会议方案。

市政协七届十七次常委会议。于 1994 年 6 月 22—24 日召开。会议听取泉州市社会治安综合治理委员会办公室、公安局、税务局领导通报全市社会治安综合治理和税制改革的情况；组织委员视察、讨论全市社会治安综合治理情况，并提出意见和建议；协商其他事项。

市政协七届十八次常委会议。于 1994 年 9 月 12—14 日召开。会议听取市政府关于科技兴农、《教师法》实施情况通报；决定免去胡和金副秘书长、办公室主任职务。

市政协七届十九次常委会议。于 1994 年 11 月 8 日召开。会议传达学习中共十四届四中全会精神和中共泉州市委七届四次全体（扩大）会议精神。

市政协七届二十次常委会议。于 1994 年 12 月 22—24 日召开。会议听取并讨论市委、市政府 1994 年为民办 20 件实事情况；传达学习全国、全省统战工作会议精神和省政协常委会议精神。

市政协七届二十二次常委会议。于 1995 年 3 月 22 日召开。会议审议通过补选七届市政协主席、增选七届市政协副主席名单。

市政协七届二十三次常委会议。于 1995 年 6 月 20—21 日召开。会议协商讨论泉州市社会治安综合治理问题和组织发动委员积极参政议政等事项。

市政协七届二十四次常委会议。于 1995 年 9 月 22—24 日召开。会议协商讨论《泉州市国民经济和社会发展“九五”计划和 2010 年规划纲要（征求意见稿）》，提出意见和建议；审议通过市政协机关人事任免。

市政协七届二十五次常委会议。于 1995 年 11 月 28—30 日召开。会议审议通过《中国人民政治协商会议泉州市委员会关于政治协商、民主监督、参政议政的实施办法》。

市政协七届二十六次常委会议。于 1996 年 2 月 7 日召开。代市长何立峰到会征求对《关于泉州市国民经济和社会发展“九五”计划和 2010 年远景目标纲要的报告》的意见。与会常委提出许多意见和建议。会议决定 1996 年 3 月 26 日召开市政协八届一次会议。

市政协七届二十七次常委会议。于 1996 年 3 月 15 日召开。会议审议通过八届市政协委员名单（草案）。

三、八届市政协常务委员会议

八届市政协共召开 26 次常务委员会议。

市政协八届一次常委会议。于 1996 年 3 月 30 日召开。会议审议通过八届市政协副秘书长及各专门委员会主任、副主任名单（草案）。

市政协八届二次常委会议。于 1996 年 6 月 25—26 日召开。会议围绕泉州市农业产业化、民营经济增长方式等问题献计献策。副市长颜波代表市委、市政府出席会议并讲话，通报泉州市农业规模经营与产业化情况。柯国梁、林咸源、傅乌常委代表各课题调研组作大会发言。会议决定将三胞联谊委员会更名为“台港澳侨联络委员会”，聘任王华民等 14 位同志为专门委员会顾问、施能泉等 4 位同志为专门委员会副主任。

市政协八届三次常委会议。于 1996 年 9 月 22—24 日召开，55 名常委参加会议，政协专委会顾问、政府有关部门领导列席会议。市委副书记薛祖亮到会听取常委的发言并讲话。会议就中小学德育、文化卫生、文物保护等问题的调查研究进行大会发言和讨论。张章炳等 9 名委员作大会发言，6 名委员作书面发言。15 篇调查报告阐述学校德育、文化卫生、文物保护、企业文化的现状，提出许多建设性建议。

市政协八届四次常委会议。于 1996 年 11 月 7 日召开。会议学习贯彻中共十四届六中全会和中共泉州市委七届七次全体（扩大）会议精神。傅圆圆传达中共十四届六中全会和市委七届七次全体（扩大）会议精神，省政协常委林大穆传达省政协七届二十四次常委会议精神，9 名常委代表有关界别在会上畅谈心得体会，并就加强泉州市社会主义精神文明建设提出意见。会议审议通过《关于学习贯彻中共十四届六中全会精神的决议》。

市政协八届五次常委会议。于 1996 年 12 月 26—27 日召开。会议围绕“加强和改进泉州医药卫生工作”，建言献策。苏荣波等 3 名常委分别代表专题调研组发言。副市长黄少萍和市委、市政府有关部门领导到会听取常委的讨论发言。会前，与会人员分 3 组分别考察河市卫生院、石狮卫生院、洪濑卫生院。

市政协八届六次常委会议。于 1997 年 3 月 3 日召开。会议决定 3 月 17—20 日召开市政协八届二次会议。会上，黄利禾作《市政协八届常委会工作报告（讨论稿）》等文件的起草说明，傅乌作《市政协八届一次会议以来提案工作情况报告（讨论稿）》

的起草说明。与会人员分组讨论上列两份报告和其他文件（草案），提出修改意见。会议审议通过上列两份报告（草案）、市政协八届二次会议日程及议程（草案）、《政协泉州市委员会关于委员参加本会活动的基本要求》《政协泉州市委员会专门委员会通则》《关于加大提案工作力度的几点意见》；决定增补张贻伦等 23 人为八届市政协委员。

市政协八届七次常委会议。于 1997 年 3 月 17 日召开。会议审议通过增选八届市政协副主席和常务委员候选人名单（草案）。

市政协八届八次常委会议。于 1997 年 6 月 13 日召开。会议围绕“如何改善泉州投资软环境”，建言献策。市委副书记薛祖亮、副市长曾华彬、市直有关部门领导应邀出席会议。会议通过专题发言和小组讨论，剖析泉州市投资软环境存在的弊端，提出对策建议。

市政协八届九次常委会议。于 1997 年 8 月 14—15 日召开。会议传达学习《江泽民总书记在中央党校省部级干部进修班毕业典礼上讲话》和省、市经济形势分析会议精神。市长何立峰应邀出席会议并通报当年泉州市经济工作基本情况和实施新一轮经济跨越的发展思路和目标任务。与会常委就如何解放思想，选准角度，发挥优势；如何把发展泉州高优农业这篇文章做深做大；如何培育一批“小巨人”企业、造就职业企业家、建立“经济市场”；如何加速泉州旅游资源开发，提高旅游产品档次，拓展旅游市场；如何加强石油化工中下游产业和精细化工项目的规划、建设，提高经济增长的有效性等开展讨论，提出建设性意见和建议。

市政协八届十次常委会议。于 1997 年 10 月 9 日召开。会议学习贯彻中共十五大精神，联系政协工作实际，部署贯彻落实工作任务。市委书记、十五大代表丘广钟出席会议，介绍十五大盛况，传达十五大和市委（扩大）会议精神，并就进一步做好政协工作提出要求。会议审议通过《关于学习贯彻中国共产党十五大精神的决议》。周河缤等常委联系泉州市的实际畅谈学习十五大精神的心得体会，并就学习贯彻十五大精神提出建议。

市政协八届十一次常委会议。于 1997 年 12 月 16—17 日召开。会议传达学习贯彻中共泉州市第八次代表大会精神；围绕“发展壮大泉州市旅游支柱产业，迎接’98 中国国内旅游交易会”献计献策。市委副书记薛祖亮应邀到会传达中共泉州市第八次代表大会精神。薛天锡、张章炳、王仁杰等常委在大会上发言，充分阐述对泉州市旅游业的现状、问题和发展的见解，并就如何发展壮大旅游业提出建议。傅圆圆代表市政协党组就学习贯彻市第八次党代会精神提出 4 点意见。

市政协八届十二次常委会议。于 1998 年 3 月 6 日召开。会议协商讨论《市政府工作报告（征求意见稿）》；市委副书记、代市长施永康到会听取常委意见并讲话。会议审议通过召开市政协八届三次会议的决定、市政协八届三次会议日程及议程（草案）、《八届市政协常委会工作报告（讨论稿）》《市政协常委会 1998 年工作要点》。会议决定苏交利等 10 人兼任八届市政协副秘书长、增补许鹏翔等 17 人为八届市政协委员、聘请杨炯林等 3 人任有关专门委员会副主任。与会常委还就加强农业基础地位、发展旅游支柱产业、城市建设与管理、加强社会主义精神文明建设等问题，提出许多建设性意见和建议。

市政协八届十三次常委会议。于 1998 年 6 月 11—12 日召开。会议围绕"泉州农业产业化的着重点与发展"建言献策。市委副书记黄印春应邀出席会议并讲话。会议交流傅圆圆等 3 位市政协领导在会前带队深入 10 个县（市、区）实地视察调研、赴漳州学习考察所形成的 6 份调研报告。与会常委就泉州茶果业发展前景和市场开拓、加大泉台农业合作力度、龙眼产业化与科技、水产业管理目标及努力方向、花卉业的发展、农业产业化中沿海富余劳力转移等提出建议。傅圆圆通报市政协上半年工作情况，提出下半年工作重点。会议决定黄文生任市政协社会法制委员会副主任。

市政协八届十四次常委会议。于 1998 年 9 月 24—25 日召开。会议在听取'98 中国国内旅游交易会组委会办公室主任吕良茴关于《办好'98 中国国内旅交会，创建中国优秀旅游城市》一号提案办理情况通报后，分 4 组摸拟'98 中国国内旅交会来宾视察重要景点景区。市领导施永康、曾华彬应邀参加视察活动。17 名委员就视察了解的情况，向组委会提出询问与评议，还就办好旅交会、城市环境卫生、导游人员培训、服务行业的管理等问题提出建设性意见。

市政协八届十五次常委会议。于 1998 年 12 月 2 日召开。会议决定 1999 年 1 月 16—20 日召开市政协八届四次会议。会议围绕"贯彻中央对台工作会议精神，加强泉台民间交流、推动两岸关系新进展"，建言献策。会前，市政协组织常委、委员、专家相结合的大课题组就《加强郑成功史迹开发，扩大泉台民间交流渠道》《运用谱牒史料，拓展泉台民间交流》《发挥宗教文化优势，做好台湾人民工作》等 6 大课题深入调研。傅圆圆回顾总结前阶段这方面工作的做法和经验，强调市政协在今后开展台湾同胞工作方面，要在拓展广度和深度上下功夫，打好经济、乡情、信仰、文化四种牌。

市政协八届十六次常委会议。于1999年1月13日召开。会议协商讨论《市政府工作报告（征求意见稿）》。市领导施永康、余茂桂、曾华彬、周焜民到会听取意见建议，市政府副秘书长李冀平到会作《市政府工作报告》的起草说明。会议审议通过增补市政协委员名单（草案）、《市政协第八届委员会常委会工作报告（讨论稿）》《1999年市政协常委会工作要点》。会议决定聘请陈嘉佑任市政协社会法制委员会副主任、颜伟劲和谢燕南任市政协经济科技委副主任。

市政协八届十七次常委会议。于1999年3月30—31日在永春县召开。市委副书记黄印春、副市长颜波到会并讲话。会议听取永春县委、县政府关于"选准路子、狠抓开发，实现农民增收、农村稳定"的情况汇报；市政协6个课题调研组和各县（市、区）政协先后在会上作交流发言，就增加农民收入、稳定农村社会的有效途径和办法建言献策，为市委、市政府实施决策提供参考和依据。会议期间，与会同志参观石鼓镇蔬菜基地、永春芦柑综合技术改进项目示范场。

市政协八届十八次常委会议。于1999年6月14—15日召开。会议围绕"泉州科教兴市战略"建言献策。会前，市委书记何立峰、市长施永康分别批示，要求认真筹备召开会议，认真吸纳意见建议，为实施泉州"科教兴市"战略提供有价值的决策参考。市委副书记薛祖亮到会听取意见建议，副市长黄少萍通报实施"科教兴市"战略的工作情况。市委办、市政府办和市科委、教委等有关部门领导及市政协教科卫委员会委员、市政协高校联络委员会委员列席会议。由市政协主席、副主席带领的5个课题调研组所形成的5篇调研报告，在会上作交流发言。

市政协八届十九次常委会议。于1999年9月22日召开。会议协商评议泉州开展"城市管理年"活动情况，就城市的规划、建设、管理，市政道路、内沟河管理，城市园林绿化管理，交通管理，环卫管理，"四山两江"保护管理，市场监督管理和加强行政执法队伍管理、依法行政、严格执法、勤政廉政等问题提出意见和建议。副市长周焜民应邀出席会议并作表态发言。会议决定增设八届市政协农业农村工作委员会、调整部分专委会负责人职务。

市政协八届二十次常委会议。于1999年12月30日召开。常务副市长余茂桂到会通报1999年全市经济运行的基本情况和2000年政府工作安排；叶聪敏传达全市政协工作会议精神。

市政协八届二十一次常委会议。于2000年1月29日召开。会议听取市政府办公室主任李冀平关于《市政府工作报告》的起草说明、市政协秘书长黄利禾关于《八届市政协常委会工作报告》的起草说明；市政府施永康、余茂桂、周焜民、黄少萍到会听取意见建议；会议协商讨论《市政府工作报告（征求意见稿）》、增选市政协常务委员候选人名单（草案）；审议通过《八届市政协常委会工作报告（讨论稿）》《八届市政协四次全会以来提案工作情况报告（讨论稿）》、2 名报告人名单（草案）、《关于召开市政协八届五次会议的决定》；决定增补庄绍钦等 6 人为市政协委员。

市政协八届二十二次常委会议。于 2000 年 2 月 24 日召开。会议审议通过增选八届市政协常务委员候选人名单（草案）。

市政协八届二十三次常委会议。于 2000 年 6 月 15 日召开。市委副书记黄印春和市政府有关部门领导应邀出席会议。会议以“三个代表”重要思想为指导，围绕制定完善“泉州市第十个五年计划”建言献策。为开好本次常委会，从 3 月底至 6 月上旬，市政协组织 4 个调研组，由主席、副主席带队，深入 12 个县（市、区）实地视察，就晋江水资源保护与利用、中小企业发展、农业结构调整、社会力量办学等问题开展调研，形成 6 份针对性、操作性强的调研报告。与会常委听取调研成果的交流发言，并协商研讨。

市政协八届二十四次常委会议。于 2000 年 9 月 20 日召开。会议听取市政府有关职能部门通报 2000 年市政协委员提案办理情况，叶聪敏通报当年提案工作情况，市政府以及市教委、市规划局、市水电局、市环保局关于 2000 年提案办理情况通报。与会常委对今后提案办理工作提出意见和建议。副市长李天乙应邀出席会议并作表态发言。傅圆圆通报市政协贯彻全省、全市政协工作会议精神和省委《决定》、市委《贯彻意见》精神的情况，并对今后继续全面深入贯彻省、市政协工作会议精神提出 5 点意见。会议决定设立泉州市政协经济科技委员会办公室；决定增补蔡天从、蔡荣火为市政协副秘书长，增补庄绍钦为市政协经济科技委员会副主任、蔡天从为市政协教育卫生体育委员会副主任，聘请林发成、洪鹏景任市政协农业农村工作委员会副主任、庄绍钦任市政协经济科技委员会办公室主任、王伟明任市政协办公室副主任。

市政协八届二十五次常委会议。于 2001 年 1 月 5 日召开。市委书记刘德章到会传达市委八届六次全会和全省经济工作会议主要精神。会议回顾总结八届市政协 5 年工作情况；听取黄利禾关于《市政协常委会工作报告》的起草说明，傅乌关于《提案工作报告》的起草说明。会议协商讨论《市政协常委会工作报告（讨论稿）》《提案工作报告（讨论稿）》，与会常委对两份工作报告的修改和完善工作提出意见和建议。

市政协八届二十六次常委会议。于 2001 年 4 月 19 日召开。会议审议通过《政协第八届泉州市委员会常务委员会工作报告（讨论稿）》《政协第八届泉州市委员会常务委员会关于提案工作情况的报告（讨论稿）》、 2名报告人名单（草案）、市政协九届一次会议日程及议程（草案）、九届市政协委员名单（草案）。

四、九届市政协常务委员会议

九届市政协共召开33次常务委员会议。

市政协九届一次常委会议。于2001年5月21日召开。市委副书记林荣取应邀到会并讲话，对市政协工作提出要求。会议审议通过《政协第九届泉州市委员会常务委员会2001年工作要点》《常委会工作规则》《委员工作的若干规则》。根据秘书长黄利禾的提名，会议决定陈明泉、傅乌、蔡天从、蔡荣火、王伟明任九届市政协副秘书长；决定设立九届市政协提案委员会、经济科技委员会、文教卫体委员会、社会法制委员会、文史资料委员会、学习宣传委员会、港澳台侨联络委员会、民族宗教委员会；审议通过九届市政协工作机构主任、副主任名单（草案）。

市政协九届二次常委会议。于2001年7月12—13日召开。会议邀请市委副书记、市纪委书记林荣取通报本市上半年党风廉政建设和反腐败工作情况，邀请市委常委、政法委书记李建国通报本市开展“严打”整治斗争的情况。会议组织学习江泽民总书记“七一”重要讲话精神；围绕《增进精神文明建设实效》综合调研报告开展讨论，对调研报告的修改完善提出意见；审议通过聘任市政协各专委会副主任和顾问名单（草案）。

市政协九届三次常委会议。于2001年10月22—23日召开。市政府副市长李天乙应邀到会通报泉州市2001年1—3季度经济社会发展情况。会议听取并协商讨论市政协3个调研组就实施泉州市“十五”计划中若干问题所作调研的情况汇报；听取黄利禾关于市政协联谊中心一期工程基建情况的汇报；审议通过《政协泉州市委员会提案工作实施办法》《泉州市政协关于评选优秀提案的决定》、有关人事任免。

市政协九届四次常委会议。于2001年12月20日召开。市委办、市政府办等部门领导列席会议。市委常委、常务副市长何锦龙到会通报市政府办理2001年政协提案的情况。市政协提案委作年度提案办理工作情况汇报。

市政协九届五次常委会议。于2002年2月28日召开。会议听取市政府秘书长骆国清关于《市政府工作报告》的起草说明；听取《市政协常委会工作报告（讨论稿）》

《市政协提案工作报告（讨论稿）》的起草说明、市政协九届二次会议筹备情况汇报，随后分组讨论。市委常委、常务副市长何锦龙，市政府副市长廖小军、助理巡视员颜波到会征求对《市政府工作报告》的意见。会议审议通过召开市政协九届二次会议的决定（草案）、部分委员调整名单（草案）、有关人事任免；决定增补陈桂民等 9 人兼职副秘书长、林金作任经济科技委员会办公室副主任；决定增补叶舒扬等 11 人为市政协委员，不再聘任傅福荣等 9 名委员。会上，16 名政协常委就泉州市应对“入世”、转变政府职能、改善投资环境、“海丝”申报世遗、激活民间投资、建立信用体系、机构改革、培育具有国际竞争优势的行业、建设对台文化交流基地、增加农民收入、扶持少数民族地区发展经济和弱势群体等方面提出建议。

市政协九届六次、七次常委会议。于 2002 年 3 月 9—13 日召开。两次会议分别审议通过增选常务委员候选人名单（草案）、市政协九届二次会议选举办法（草案）、选举大会的总监票人及监票人名单（草案）、市政协九届二次会议决议（草案）。

市政协九届八次常委会议。于 2002 年 6 月 24—25 日召开。会议围绕年初市委委托开展的“加强泉州诚信社会建设的研究”调研课题，深入研讨“诚信泉州建设”专题。市委副书记、代市长何团经出席会议通报全市 1—5 月份经济社会运行情况。会议决定聘任 1 名特邀（二）界委员、增补若干名专委会副主任。

市政协九届九次常委会议。于 2002 年 9 月 17 日召开。会议协商讨论提案工作。施永康到会传达省委七届三次全会精神及泉州市的贯彻意见。傅圆圆就市政协如何认真学习贯彻省委七届三次全会精神，落实市委的贯彻意见提出要求。何锦龙代表市政府通报 2002 年提案办理情况。提案承办单位代表市建设局、交通局、环保局、水利局和翁辉煌等 4 名常委，分别就 2001 年以来提案承办情况和提高提案质量以及办理实效作大会发言。会议审议通过《泉州市政协关于提案先进承办单位民主测评的办法（试行）》，并对由市政协提案委、各民主党派、工商联推荐的市政府督查室等 36 个 2001 年以来办理政协提案较好的承办单位，开展民主测评。

市政协九届十次常委会议。于 2002 年 12 月 11 日召开。会议审议通过《关于学习贯彻中共十六大精神，落实中共泉州市委九届四次全体（扩大）会议精神的决议》。市委副书记周振华到会传达中共十六大、省委七届四次全会和市委九届四次全会精神。刘佳景传达省政协八届二十三次常委会议精神。翁辉煌等分别代表泉州市各民主党派、工商联、侨联界畅谈学习中共十六大精神的体会。会议决定田恭灿任市政协办公室副主任。

市政协九届十一次常委会议。于 2003 年 2 月 17 日召开。会议审议通过《泉州市政协常委会工作报告（讨论稿）》《泉州市政协提案工作报告（讨论稿）》、增补市政协委员名单（草案）；协商讨论市政协九届三次会议有关事项。

市政协九届十二次常委会议。于 2003 年 2 月 25 日召开。会议审议通过市政协九届三次会议决议（草案）、《九届市政协常委会 2003 年工作要点》。

市政协九届十三次常委会议。于 2003 年 7 月 4 日召开。会议以“三个代表”重要思想为指导，围绕“优化泉州通关环境、建设出口大市”献计献策。市委副书记林荣取，副市长曾华彬、廖小军应邀到会听取意见。会议听取《优化通关环境，建设出口大市》重点课题下设“外贸出口”“通关环境”“政策环境”3 个课题组的专题调研报告。12 名常委围绕泉州市如何进一步优化通关环境，实现供货大市向出口大市转变作中心发言。林荣取、曾华彬、廖小军分别讲话，高度评价市政协的调研工作成效，并表态要求市政府各相关部门要抓紧召开专题会议，认真研究吸纳市政协常委们的意见和建议，把调研成果转化为实际行动。

市政协九届十四次常委会议。于 2003 年 9 月 27 日召开。会议学习贯彻中央和市委办、市政府办关于办理政协提案有关文件精神；民主评议市政协九届三次会议提案办理情况。会议听取副市长洪泽生关于市政协九届三次会议提案办理情况通报、市建设局局长吴共湖关于“旧城改造片区房产证”办理情况通报。10 名市政协常委在会上发言。

市政协九届十五次常委会议。于 2003 年 12 月 30 日召开。市领导林荣取、洪泽生应邀出席会议。林荣取传达中共福建省委七届六次全体扩大会议和中共泉州市委九届七次全体扩大会议精神。会议审议通过市政协《关于学习贯彻中共十六届三中全会精神，落实市委九届七次会议决议的意见》。会议围绕泉州市民办高校发展议题开展研讨，全面、客观地反映泉州市民办高校发展中面临的内外问题，为夯实民办高校可持续发展之路建言献策。洪泽生高度评价专题研讨成果，表示市政府及市教育部门将认真研究、吸纳市政协调研报告的意见和建议。会议决定颜清平任市政协副秘书长兼文教卫体委主任、王伟明兼任市政协学习宣传委员会主任。与会人员还参加泉州“海峡文化交流联谊中心”办公楼奠基开工仪式。

市政协九届十六次常委会议。于 2004 年 2 月 20 日召开。会议听取市政协九届四次会议筹备情况、《市政协常委会工作报告（讨论稿）》《市政协九届三次会议以来提案工作情况报告（讨论稿）》的起草说明，以及增补市政协委员的说明。与会常委围绕议题开展讨论，充分肯定市政协常委会工作报告和提案工作情况报告，并提出相关修改补充意见和建议。会议审议通过关于召开市政协九届四次会议的决定及有关事项；决定许冬原、郑云梅兼任市政协副秘书长，增补陈长庚等 19 人为市政协委员。

市政协九届十七次常委会议。于 2004 年 2 月 26 日召开。会议审议通过市政协九届四次会议选举办法（草案）和选举大会的总监票人及监票人名单（草案）、增选九届市政协常务委员候选人名单（草案）。

市政协九届十八次常委会议。于 2004 年 2 月 28 日召开。会议听取市政协九届四次会议大会秘书长汇报各组讨论情况；审议通过市政协九届四次会议决议（草案）、《市政协常委会 2004 年工作要点》。

市政协九届十九次常委会议。于 2004 年 5 月 18 日召开。会议围绕“贯彻落实中共中央一号文件精神，促进农民增收”建言献策。市委副书记朱明、副市长周焜民应邀出席会议，市直 17 个涉农部门负责人应邀参加会议。朱明通报泉州市贯彻中央一号文件精神，促进农民增收的情况；周焜民介绍市政府关注“三农”问题，为农民增收办实事的具体思路与措施。常委们在深入调研的基础上，形成 17 份调研材料提交会议交流。孙少锋委员、唐剑津等常委和部分县（市、区）政协负责人在会上作专题发言，就创新农业经营体制、着力解决农民隐性负担、加大政府支农投入、建立农村新型医院、为农村劳动力转移提供科技支撑、帮扶困难弱势群体、妥善安排失地农民生活出路等问题提出意见和建议。会议审议通过市政协《关于促进我市农民增收的意见和建议》，其中关于加大对“六合彩”的打击力度，遏制其在农村蔓延的建议，被市委采纳，市政法委将其列为“‘平安泉州’一号行动”。

市政协九届二十次常委会议。于 2004 年 8 月 4 日召开。会议围绕“加快泉州市产业结构优化与升级”建言献策。副市长曾华彬、杨俊峰应邀出席会议。“加快产业结构优化与升级”是年初市政府委托市政协开展的重点调研课题，会前，市政协组织力量深入调研与论证，历时 4 个多月，形成《泉州市产业结构优化与升级的思路和对策》调研报告和关于发展纺织服装、石化产业、电子信息、现代物流业的思路对策等 4 份子课题调研报告。市政府副秘书长吕炜民到会通报泉州市产业结构现状及调整情况。市政协 4 个课题小组汇报调研成果。9 名常委、委员与专家、企业家代表作专题发言。会议建议市政府充分发挥服务导向作用，继续扶持壮大五大传统产业，着手制定五大传统产业的培育与发展规划；加快发展电子信息、石油化工、现代物流等新兴产业；努力促进县域经济转变增长方式；大力提倡发展节约型经济；进一步增强中心城市的综合实力，重点发展现代服务业与物流业，做大做强中心城市。

市政协九届二十一次常委会议。于 2004 年 10 月 9 日召开。市政府副市长李天乙应邀出席会议并通报市政协九届四次会议提案办理情况，市直有关部门领导出席会议。市政协九届四次会议期间，经提案委二审立案提案 360 件，市政府承办的提案 355 件，分别由 86 个单位办理。会议对 2004 年提案的办理情况进行民主评议，委员们对办理方式、态度和进度、结果的满意和基本满意率达 99%。各民主党派代表和部分常委先后发言，就进一步加强和改进提案办理工作提出具体意见和建议。

市政协九届二十二次常委会（扩大）会议。于 2004 年 11 月 30 日召开。傅圆圆传达第三次全省政协工作会议概况、主要精神及市委的贯彻意见，并提出市政协的贯彻意见。

市政协九届二十三次常委会议。于 2005 年 4 月 13 日召开。会议协商讨论《市政府工作报告（征求意见稿）》；听取黄利禾关于《市政协常委会工作报告（讨论稿）》的起草说明和蔡天从关于《市政协提案工作报告（讨论稿）》的起草说明。与会常委分组讨论 2 份报告，提出修改意见。会议审议通过关于召开市政协九届五次会议的决定。市委副书记、组织部部长周振华到会通报省委关于泉州市政协主要领导人事变动的决定。会议同意傅圆圆因工作变动，辞去九届市政协委员、主席职务。会议决定增补林荣取、郑增辉为市政协委员；会议审议通过增补市政协有关专委会主任、副主任名单（草案）。会议期间，还就市委组织开展保持共产党员先进性教育活动征求意见。

市政协九届二十四次常委会议。于 2005 年 4 月 23 日召开。会议审议通过《中国人民政治协商会议第九届泉州市委员会第五次会议选举办法》（草案）和选举大会的总监票人及监票人名单（草案）、补选主席及增选副主席候选人名单。市委副书记、组织部长周振华作关于补选主席、增选副主席候选人的说明。

市政协九届二十五次常委会议。于 2005 年 4 月 26 日召开。会议听取市政协九届五次会议大会秘书长黄利禾汇报各小组讨论市政协九届五次会议决议（草案）的情况。

市政协九届二十六次常委会议。于 2005 年 7 月 13 日召开。市委常委、常务副市长廖小军及市委、市政府有关部门负责人应邀到会。会议听取市发展计划委员会介绍泉州市“十五”规划的执行情况和编制“十一五”规划的初步构想。郑今奋、王仁杰、郑增辉和 11 名常委就构建和谐社会、融入海峡西岸经济区建设战略、加快泉州市现代化工贸港口城市建设等方面作发言，对泉州市“十一五”规划的编制工作提出意见和建议。林荣取通报市政协上半年的主要工作情况，提出下半年工作目标、任务。

市政协九届二十七次常委会议。于 2005 年 10 月 14 日召开。会议围绕“构建社会主义和谐社会”建言献策。副市长曾华彬及市直有关部门负责人参加会议并听取大会发言。会议采取按时段、分课题的办法，逐个课题集中发言与常委们讨论相结合的形式，就维护公平正义、社会安定有序、人与自然和谐、优化政务环境和弘扬先进文化等方面进行深入探讨。会议强调，要组织委员认真传达学习贯彻党的十六届五中全会精神，认真学习市委、市政府即将出台的“十一五”规划（草案），积极为泉州市“十一五”规划实施建言献策。

市政协九届二十八次常委会议。于 2005 年 12 月 20 日召开。副市长王亚君应邀出席会议。会议听取市政府通报 2005 年承办市政协委员提案的工作情况、黄利禾汇报市政协九届六次会议的筹备情况；审议通过《市政协常委会工作报告》（讨论稿）、《市政协九届五次会议以来提案工作情况的报告（讨论稿）》《2006 年常委会工作要点》、市政协九届六次会议日程及议程（草案）、2 名报告人名单（草案）。会议决定 2006 年 1 月 2—5 日召开市政协九届六次会议。

市政协九届二十九次常委会议。于 2006 年 1 月 4 日召开。市委常委、组织部长林武到会作有关人事安排说明。会议审议通过市政协九届六次会议选举办法（草案）、九届市政协副主席、常务委员候选人名单（草案）、市政协九届六次会议选举大会的总监票人和监票人名单（草案）。会议同意叶聪敏、刘佳景、郑今奋、何融融 4 位同志因年龄原因，辞去九届市政协副主席职务。

市政协九届三十次常委会议。于 2006 年 1 月 5 日召开。会议听取市政协九届六次会议大会秘书长汇报各组讨论大会决议（草案）的情况；审议通过市政协九届六次会议决议（草案）。

市政协九届三十一次常委会议。于 2006 年 4 月 20 日召开。会议围绕“建设社会主义新农村”建言献策。会议审议通过市政协各专委会和研究室部分主任、副主任名单（草案）；组织学习《中共中央关于加强人民政协工作的意见》（中发〔2006〕5 号）。

市政协九届三十二次常委会议。于 2006 年 10 月 30 日召开。会议听取市政府领导通报 2006 年提案承办情况；围绕“泉州市加快港口建设，促进海洋经济发展”建言献策。

市政协九届三十三次常委会议。于 2006 年 12 月 16 日召开。会议审议通过《九届市政协常委会工作报告（讨论稿）》《九届市政协提案工作情况报告（讨论稿）》十届市政协委员名单（草案）、筹备市政协十届一次会议的有关建议。

五、十届市政协常务委员会议

十届市政协共召开35次常务委员会议。

市政协十届一次常委会议。于2007年4月4日召开。会议传达学习全国“两会”精神；审议通过《市政协常委会2007年工作要点》、市政协专门委员会的设置及有关人事任免。

市政协十届二次常委会议。于2007年7月19日召开。会议围绕“构建和谐泉州”建言献策。会议收到发言材料16份，8名委员作大会发言，另8份材料作书面交流。

市政协十届三次常委会议。于2007年9月14日召开。会议听取市政府领导通报市政协十届一次会议以来提案办理情况；围绕“提升自主创新能力”建言献策。

市政协十届四次常委会议。于2007年11月28日召开。会议听取市政府通报2007年重点项目建设情况及2008年重点项目初步安排；审议通过召开市政协十届二次会议的决定（草案）。

市政协十届五次常委会议。于2007年12月24日召开。会议审议通过《政协第十届泉州市委员会常务委员会工作报告(讨论稿)》《提案工作情况的报告(讨论稿)》；协商讨论筹备市政协十届二次会议的相关事项；决定增补蔡文良、颜朝晖、庄少生为十届市政协委员，蔡耀平、曾炳辉不再担任市政协委员。

市政协十届六次常委会议。于2008年1月4日召开。会议审议通过市政协十届二次全会日程、议程（草案）。

市政协十届七次常委会议。于2008年1月5日召开。会议审议通过市政协十届二次会议选举办法（草案）和选举大会的总监票人及监票人名单（草案）、增选常务委员候选人名单（草案）。

市政协十届八次常委会议。于2008年1月8日召开。会议听取各组召集人汇报各组审议市政协十届二次会议决议（草案）的情况。

市政协十届九次常委会议。于2008年2月19日召开。会议传达学习省政协十届一次会议精神；审议通过《十届市政协常委会2008年工作要点》。

市政协十届十次常委会议。于2008年6月20日召开。会议围绕“加快发展泉州市现代服务业、促进经济又好又快发展”建言献策。

市政协十届十一次常委会议。于2008年9月16日召开。会议表彰泉州市首届“政协好新闻”；围绕“推动泉州文化大发展大繁荣”建言献策。

市政协十届十二次常委会议。于2008年12月10日召开。会议听取市政府关于市政协十届二次会议以来提案办理情况的通报；审议通过提案办理先进单位建议名单（草案）、《政协第十届泉州市委员会常务委员会工作报告（讨论稿）》《提案工作情况报告（讨论稿）》；协商讨论筹备市政协十届三次会议的有关事项。

市政协十届十三次常委（扩大）会议。于2009年1月5日召开。会议审议通过市政协十届三次会议日程、议程（草案）。

市政协十届十四次常委会议。于2009年1月5日召开。会议审议通过市政协十届三次会议决议（草案）。

市政协十届十五次常委会议。于2009年3月27日召开。会议围绕“推动泉州市‘项目建设年’活动”建言献策。

市政协十届十六次常委会议。于2009年6月23日召开。会议围绕“促进产业发展和提升”建言献策。

市政协十届十七次常委会议。于2009年9月18日召开。会议围绕“促进城市港口发展”建言献策。会议建议，要科学规划，完善城市功能；要加快建设，提高城市品位；要强化管理，打造宜居城市。

市政协十届十八次常委会议。于2009年12月17日召开。会议听取市政府通报《市政协十届三次会议以来提案办理情况》；围绕“三农”问题，协商建言；审议通过《政协第十届泉州市委员会常务委员会工作报告（讨论稿）》《提案工作情况报告（讨论稿）》、市政协机关部分专委会调整及人事任免；决定增补洪川夫、洪南福、万国章、叶恒、周碰金、柳瑞榕、杨存泉、廖春园、林应欣、林海鸥、柯文托、吴培增、张认成、许红旗、黄艺、刘荣林、胡连荣、王秀黎18人为十届市政协委员，不再聘任朱清辉、陈雪琴、杨继志、王伟明、郑瑞明、许海谋、邓光文、欧阳天然、喻君、张建新、邹卫国、潘土改、李运生13人为十届市政协委员；协商讨论市政协十届四次会议有关事项。会议建议，要坚持“抓龙头、建基地、创名牌、拓市场”的方针，大力推进农业产业化发展；要把城市建设规划的机制逐步延伸到农村，提高城镇化建设水平；要高度重视发展农村公共事业，加大对农村义务教育、基本医疗、环境整治等建设的投入，切实提高农民群众的生产生活水平，大力推进社会主义新农村建设。

市政协十届十九次常委会议。于2010年1月11日召开。会议审议通过市政协十届四次会议选举办法（草案）和选举大会的总监票人及监票人名单（草案）、市政协秘书长及常务委员候选人名单（草案）。

市政协十届二十次常委会议。于2010年1月13日召开。会议听取市政协十届四次会议各组酝酿选举办法（草案）、选举大会的总监票人及监票人名单（草案）、秘书长及常务委员候选人名单（草案）的情况；审议通过市政协十届四次会议选举办法（草案）、选举大会的总监票人及监票人名单（草案）、秘书长及常务委员候选人名单（草案）。

市政协十届二十一次常委会议。于2010年1月14日召开。会议审议通过市政协十届四次会议决议（草案）。

市政协十届二十二次常委会议。于2010年2月5日召开。会议传达学习省政协十届三次会议精神；审议通过《泉州市政协2010年工作要点》、市政协机关部分工作机构负责人任免。

市政协十届二十三次常委会议。于2010年5月21日召开。会议通报泉州市政协赴台考察情况报告；同意林荣取因年龄原因，辞去十届市政协主席职务，并按照《政协章程》和有关规定，报市政协十届五次会议备案。

市政协十届二十四次常委会议。于2010年6月30日召开。会议围绕“转变经济发展方式，加快建设经济强市”建言献策。

市政协十届二十五次常委会议。于2010年9月17日召开。会议围绕“统筹社会事业发展，促进和谐泉州建设”建言献策。

市政协十届二十六次常委会议。于2010年12月24日召开。会议听取市政府通报《市政协十届四次会议以来提案办理情况》；围绕“加强生态环境保护，推进生态文明建设”建言献策；决定撤销苏幼滨十届市政协委员资格。

市政协十届二十七次常委会议。于2011年1月19日召开。会议协商讨论《市政协常委会工作报告（讨论稿）》和《市政协提案工作报告（讨论稿）》；审议通过筹备市政协十届五次会议的有关事项。

市政协十届二十八次常委会议。于2011年2月21日召开。会议审议通过市政协十届五次会议选举办法（草案）、选举大会的总监票人及监票人名单（草案）、补选主席候选人名单。

市政协十届二十九次常委会议。于2011年2月21日召开。会议听取市政协十届五次会议各组召集人汇报各小组酝酿选举办法（草案）、选举大会的总监票人及监票人名单（草案）、补选主席候选人名单的情况。

市政协十届三十次常委会议。于2011年2月24日召开。会议同意陈敬聪同志因年龄原因，辞去十届市政协副主席职务；听取各组召集人汇报各组讨论市政协十届五次会议决议（草案）的情况；审议通过市政协十届五次会议决议（草案）。

市政协十届三十一次常委会议。于2011年3月25日召开。会议传达全国政协十一届四次会议精神；审议通过《泉州市政协2011年工作要点》、有关人事任免。

市政协十届三十二次常委会议。于2011年6月24日召开。会议听取市委常委、常务副市长郑新聪通报全市加快经济结构战略性调整情况，并围绕“加快经济结构战略性调整”建言献策；会议同意陈立德因年龄原因，辞去十届市政协副主席职务。

市政协十届三十三次常委会议。于2011年9月14日召开。会议围绕“创新社会管理，促进社会和谐”建言献策；决定增补2名十届市政协委员。

市政协十届三十四次常委会议。于2011年12月9日召开。会议审议通过十一届市政协界别设置（草案）、召开市政协十一届一次会议的决定（草案）、委员名单（草案）、有关人事任免；听取市政府通报《市政协十届五次会议以来提案办理情况》；决定表彰市政协十届三次会议以来优秀提案、提案办理先进单位和先进工作者。

市政协十届三十五次常委会议。于2011年12月27日召开。会议审议通过《十届市政协常委会工作报告（讨论稿）》《十届市政协提案工作报告（讨论稿）》、2名报告人名单（草案）、部分十一届市政协委员调整变动名单（草案）、有关人事任免。

第五节　其他会议

人民政协除了全体会议、常委会议和主席会议等例会外，还根据需要适时召开各种形式的工作座谈会、专题协商会议、研讨会、纪念会、表彰会等。这些会议既是人民政协会议制度的重要组成部分，又是人民政协进行政治协商的重要形式，在人民政协履行职能、推动经常性工作中发挥重要作用。

一、专题会议

（一）县（市、区）政协主席工作座谈会

出席县（市、区）政协主席工作座谈会的对象主要是：市政协正副主席、秘书长，市政协机关副处级以上干部，各县（市、区）政协主席或副主席、办公室主任。

由于资料不详，相关会议未作记述。

1. 六届市政协期间

首次县（区）政协工作座谈会。于 1986 年 4 月 8—11 日在泉州宾馆召开。会议传达全国地方政协工作座谈会精神。

第二次县（区）政协工作座谈会。于 1989 年 2 月 20—21 日在泉州宾馆召开。会议学习讨论《政协全国委员会关于政治协商、民主监督的暂行规定》，交流县（区）政协工作情况。

2. 七届市政协期间

第二次县（市、区）政协主席联谊会。于 1994 年 8 月 5—6 日在惠安县召开。会议专题交流探讨如何发挥乡镇政协联络组在两个文明建设中的作用等议题。

第三次县（市、区）政协主席联谊会。于 1994 年 11 月 28—29 日在安溪县召开，会议交流探讨如何发挥人民政协自身优势，为经济建设服务等议题。

第五次县（市、区）政协主席工作座谈会。于 1995 年 5 月 4—5 日在晋江市召开。会议学习江泽民关于台湾问题的重要讲话，探讨研究人民政协如何推动和促进泉台交流与合作问题。市委副书记、代市长何立峰到会讲话。

第六次县（市、区）政协主席工作座谈会。于 1995 年 8 月 2—3 日召开。会议交流探讨市、县（区）民营经济面临的问题、困难和对策。

第七次县（市、区）政协主席工作座谈会。于 1995 年 10 月 18—20 日在德化县召开，会议交流探讨政协提案工作有关问题。

第八次县（市、区）政协主席工作座谈会。于 1995 年 12 月 7—8 日在永春县召开，会议探讨如何进一步发挥政协委员的主体作用，提高参政议政水平。

3. 八届市政协期间

第一次县（市、区）政协主席工作座谈会。于1996年6月17—18日在惠安县召开。会议专题探讨市县两级政协如何加强联系与合作问题。傅圆圆就加强市、县政协联系与合作提出6点要求。

第二次县（市、区）政协主席工作座谈会。于1996年9月17—18日在鲤城区召开。鲤城区委书记陈敬聪应邀出席会议。会议交流贯彻全市政协工作会议精神，加强自身建设，推动规范化、制度化建设的经验。傅圆圆传达省委书记贾庆林和副书记习近平对政协工作的指示精神。

第三次县（市、区）政协主席工作座谈会。于1996年12月4—5日在安溪县召开。会议学习贯彻十四届六中全会精神；专题探讨发挥政协优势，为精神文明建设服务议题。安溪县政协副主席黄汉忠作专题发言。

第四次县（市、区）政协主席工作座谈会。于1997年4月11日在晋江市召开。会议传达贯彻省政协七届五次会议和省、市政协工作座谈会精神，探讨如何做好迎接香港回归活动筹备工作。

第五次县（市、区）政协主席工作座谈会。于1997年6月25—26日在南安市召开。会议专题探讨如何更好发挥政协委员的主体作用。

第七次县（市、区）政协主席工作座谈会。于1997年12月23日召开。会议专题学习贯彻党的十五大精神，研究推进政协机关“两化”建设。

第八次县（市、区）政协主席工作座谈会。于1998年4月22日召开。与会县（市、区）政协主席总结交流1996年以来各县（市、区）的政协工作情况，介绍1998年以来各县（市、区）政协的工作思路与重点。

第十次县（市、区）政协主席工作座谈会。于1998年10月29—30日在惠安县召开。与会主席围绕“如何当好政协主席”主题，讨论交流各县（市、区）政协工作经验和从事政协领导工作的体会，总结出3条主要经验。会后，泉州市政协党组向中共泉州市委提交建议报告。

第十三次县（市、区）政协主席工作座谈会。于1999年8月23—24日在洛江区召开。市委常委、常务副市长余茂桂和洛江区委书记陈敬聪应邀到会，分别通报泉州市上半年经济运行情况和洛江区基本情况。会议专题交流探讨新时期政协工作如何服务经济建设的做法和经验。傅圆圆通报市政协领导班子“三讲”教育活动开展情况，指导下阶段县处级领导班子和领导干部“三讲”教育活动。

第十四次县（市、区）政协主席工作座谈会。于1999年11月24—25日在安溪县召开。与会人员专题讨论《中共泉州市委关于贯彻〈中共福建省委关于进一步加强人民政协工作若干问题的决定〉的实施意见（初稿）》，提出修改意见。会议要求认真做好全市政协工作会议的相关筹备工作。

第十五次县（市、区）政协主席工作座谈会。于2000年6月21日在晋江市召开。会议以“三个代表”重要思想为指导，研究新形势下泉州市政协工作的新问题，交流各县（市、区）政协贯彻落实全省、全市政协工作会议精神情况，部署迎接省委检查的有关准备工作。泉州市委常委、晋江市委书记朱明到会通报晋江市两个文明建设情况。傅圆圆就迎接省、市检查贯彻落实全省政协工作会议精神情况提出3点意见。

第十六次县（市、区）政协主席工作座谈会。于2000年12月13—14日在南安市水头镇召开。会议回顾总结八届市政协五年来的工作经验。南安市委副书记洪本地到会通报南安市经济社会事业发展情况。会议期间，与会人员参观水头镇区建设和闽南第一建材市场等企业。

4. 九届市政协期间

第一次县（市、区）政协主席工作座谈会。于2001年6月8日在鲤城区召开。会议交流各地开展“增进精神文明建设实效”调研工作的成果，围绕增进实效展开探讨。鲤城区委书记蔡才厚、区长王亚君到会祝贺。会议对下阶段调研成果的综合和转化作出部署。

第二次县（市、区）政协主席工作座谈会。于2001年9月27—28日在德化县召开。会议总结交流多年来泉州市各级政协开展反映社情民意工作的经验，探讨如何按照“三个代表”的要求，促使反映社情民意工作在人民政协履行职能中发挥基础性作用的思路和办法。

第三次县（市、区）政协主席工作座谈会。于2001年12月13—14日在泉港区召开。会议学习贯彻中共十五届六中全会精神，探讨增强履行政治协商职能的实效。会议表彰“增进精神文明建设实效”课题调研成果。

第五次县（市、区）政协主席工作座谈会。于2002年6月13—14日在永春召开。林金星等11位县（市、区）政协主席和泉州市政协中层干部结合学习江泽民“5•31”重要讲话，紧密联系工作实际，就如何完善规章制度和建立激励机制、发挥老委员作用，履行三大职能必须与时俱进，加强政协机关干部队伍建设，开展专题调研，为党政决策提供依据等，以及落实“三在前”“三在先”等问题交流经验做法，深入研讨。

第六次县(市、区)政协主席工作座谈会。于2002年9月27—28日在石狮市召开。市委常委、石狮市委书记李建国到会通报石狮市经济社会发展的新进展。会议专题学习贯彻江泽民“5•31”重要讲话精神，探讨政协工作的新思路、新途径。会议期间，与会人员考察位于石狮的泉州“海丝”申报世界文化遗产的部分景点。

第七次县(市、区)政协主席工作座谈会。于2002年12月26—27日在惠安县召开。会议交流学习贯彻中共十六大精神和中共福建省委七届四次全体（扩大）会议、中共泉州市委九届四次全体（扩大）会议精神的做法和经验。惠安县领导到会通报惠安经济发展情况。会议期间，与会人员参观惠安中国雕艺城、走马埭农业示范区、惠安啤酒厂。

第八次县(市、区)政协主席工作座谈会。于2003年3月25—26日在丰泽区召开。全国政协委员王仁杰传达全国政协十届一次会议精神。各县（市、区）政协领导交流2003年工作计划。傅圆圆介绍参加泉州市党政代表团赴鲁辽考察的体会。

第九次县(市、区)政协主席工作座谈会。于2003年6月24—25日在洛江区召开。中共洛江区委书记陈家富到会通报洛江区经济社会运行情况。会议组织学习《中共中央办公厅、国务院办公厅转发〈全国政协公办厅关于办理政协提案的意见〉的通知》，交流市、县（市、区）办理政协提案的主要做法和经验。会议期间，与会人员参观仰恩大学、康济庙、霞井祠堂、马甲新村。

第十次县(市、区)政协主席工作座谈会。于2003年10月22—23日在晋江市召开。会议围绕“发挥政协组织和政协委员作用，促进县域经济发展”主题，开展研讨交流。泉州市委常委、晋江市委书记龚清概应邀出席会议，介绍晋江市经济社会发展的基本情况。陈敬聪传达全省政协主席第六次工作座谈会精神。

第十一次县（市、区）政协主席工作座谈会。于2003年12月23—24日在安溪县召开。会议组织学习党的十六届三中全会精神，研究探讨如何发挥专委会基础作用，推进政协机关“三化”建设。安溪县委书记曾荣华、县长尤猛军到会通报安溪县经济社会事业发展情况，介绍实施项目带动战略的情况。刘佳景就加强学习，进一步发挥专委会基础作用，推进政协履行职能的制度化、规范化、程序化提出意见建议。

第十二次县(市、区)政协主席工作座谈会。于2004年3月25—26日在南安市召开。南安市委书记陈庆宗到会介绍南安市多年来经济社会发展的主要情况。各县（市、区）

政协领导认真学习《宪法》和《政协章程》新修订的主要内容，提出学习贯彻全国“两会”和省、市政协会议精神的意见，并交流探讨新一年的工作思路。傅圆圆就2004年政协工作提出3点意见。

第十三次县（市、区）政协主席工作座谈会。于2004年7月8—9日在鲤城区召开。各县（市、区）政协主席在发言中，回顾总结自1999年第二次全省、全市政协工作会议以来政协工作的经验，着重分析新形势下政协工作存在的困难和问题，研究进一步加强和改进政协工作的对策措施。会前，市政协党组派出2个小组分赴各县（市、区）开展调研，为开好会议作准备。鲤城区领导到会通报鲤城区上半年经济社会发展情况。会议期间，与会人员参观鲤城区学习型社区和江南高新电子产业园区。

第十四次县（市、区）政协主席工作座谈会。于2004年12月23—24日在永春县召开。会议总结交流各县（市、区）贯彻落实第三次全省政协工作会议精神的主要做法和经验，研究探讨落实全省政协工作会议精神的措施。永春县委书记潘燕燕、县长陈泽荣到会介绍永春县经济社会发展情况。会议期间，与会人员考察永春县重点工程、工业园区、污水处理厂、龙门滩四级水电站的建设情况。

第十五次县（市、区）政协主席工作会议。于2005年6月29日在泉港区召开。会议围绕人民政协在构建社会主义和谐社会工作中如何发挥作用开展探讨交流。

第十六次县（市、区）政协主席工作座谈会。于2005年12月6日在德化县召开。德化县委书记陈全顺到会通报德化县的经济社会发展情况。各县（市、区）政协主席围绕“如何做好政协反映社情民意工作”主题开展探讨交流，介绍经验、做法和思路建议。

第十七次县（市、区）政协主席工作座谈会。于2006年7月4日在石狮市召开。会议交流学习贯彻《中共中央关于加强人民政协工作的意见》（中共中央5号文件）的经验、做法。

5. 十届市政协期间

第一次县（市、区）政协主席工作座谈会。于2007年2月6日在惠安县召开。会议交流各县（市、区）政协2007年工作打算。

第二次县（市、区）政协主席工作座谈会。于2007年10月31日在丰泽区召开。会议总结交流各县（市、区）政协换届工作的经验、做法和新一届政协工作的新思路、新方法。

第三次县（市、区）政协主席工作座谈会。于2008年6月6日在洛江区召开。

会议交流各县（市、区）政协发挥专门委员会作用的做法、经验和建议。

第四次县（市、区）政协主席工作座谈会。于2008年11月28日在晋江市召开。会议总结交流各地最近一年政协工作的经验、做法。

第六次县（市、区）政协主席工作座谈会。于2009年12月3日在南安市召开。会议组织学习中共十七届四中全会精神，总结交流2009年工作经验，谋划探讨2010年工作思路。

第七次县（市、区）政协主席工作座谈会。于2010年5月14日在鲤城区召开。会议总结交流各地政协建设学习型政协机关的经验做法。

第八次县（市、区）政协主席工作座谈会。于2010年11月3日在永春县召开。会议围绕贯彻中共泉州市委“全力推动泉州跨越发展”要求，为编制泉州市“十二五”规划建言献策。

第九次县（市、区）政协主席工作座谈会。于2011年5月20日在泉港区召开。会议围绕“加强自身建设，发挥政协作用”议题，总结交流各地贯彻落实《中共中央关于加强人民政协工作的意见》的经验做法，分析存在问题，提出对策建议。

第十次县（市、区）政协主席工作座谈会。于2011年10月21日在德化县召开。会议组织学习中共十七届六中全会精神，交流各地贯彻落实闽委编办〔2011〕141号文件精神的情况，围绕如何更加合理设置界别和优化委员结构，进一步规范和加强县（市、区）政协机关机构设置、编制管理，在更高起点上推进政协工作等开展研讨。

（二）市政府 市政协联席会议

出席市政府与市政协联席会议的对象是：市政府正副市长、秘书长，市政协正副主席、秘书长，相关职能部门领导。

2000年5月17日市政府、市政协联席会议。市长施永康出席会议并讲话，强调今后加强政府与政协的工作联系，要重点做好4个方面工作。常务副市长政府余茂桂通报泉州市经济运行情况和“十五”计划的基本思路。市政协副主席叶聪敏通报市政协工作情况和下半年工作安排，并就改善市政协办公条件、解决联谊大厦建设的实际困难向市政府提出要求。薛天锡、郑今奋、王仁杰、何融融分别就泉州市“十五”计划编制、优化产业结构、开展对台工作、生态环境保护与建设、古城保护与改造、旅游业文化事业发展、医药市场管理、农业生产等方面发表意见和建议。会议协商制定《关于加强市政府与市政协工作联系的暂行办法》。

2001年8月6日市政府、市政协联席会议。会议对如何加强市政府与市政协的联系以及实施“十五”计划的若干重大问题进行协商。市长施永康通报市政府上半年工作情况及下半年工作安排，副市长周焜民通报城南片区改造规划，副市长黄维礼通报整顿规范市场经济秩序情况，傅圆圆通报市政协上半年工作情况及下半年工作打算。通报会后，市政府领导和市政协领导开展座谈。施永康讲话强调，要继续坚持和完善联席会议、专委会与政府职能部门的对口联系制度。市政府要积极配合、支持政协做好调研工作。

2002年6月11日市政府、市政协联席会议。双方座谈交流、相互通报1—5月各自工作情况和下阶段工作安排，共商泉州发展大计。市长施永康讲话强调，要实施“五个坚持”，即坚持政府与政协协商制度；坚持虚心接受政协的民主监督；坚持积极支持政协开展参政议政活动；坚持政府与政协的联系制度和情况通报制度；坚持帮助政协改善工作条件。傅圆圆希望市政府继续为市政协履行职能创造更好的条件。副市长黄维礼、市政协副主席叶聪敏分别通报市政府和市政协的工作情况。

2003年2月20日市政府、市政协联席会议。会议协商事关泉州市经济社会发展的重要问题，听取市政协关于海峡文化交流联谊中心办公楼筹建情况的汇报。何锦龙出席会议并讲话，强调海峡文化交流联谊中心办公楼是发挥泉州优势、做好争取台湾人民工作的重要载体，有关职能部门要全力支持建设办公楼。市政府有关部门就解决市政协委员3次提案、群众反映强烈的关于多年来旧城改造片区房屋产权办证进展缓慢等问题，提出相关可行性意见。会议确定2003年度3个协商课题。

2004年1月27日市政府、市政协联席会议。会议协商研究中侨集团职工医保问题，提出相关解决方案；研究市政协九届四次会议期间3场专题座谈会事项，决定由市政府办公室协调安排3位分管副市长及相关部门领导分别参加市政协九届四次会议期间的“人才强市”“提升民营经济发展水平”“公共卫生体系建设”3场座谈会；研究2004年市政协重点调研课题。会议还研究关于举办“海峡两岸名家精品书画展”、出台扶持民办高校发展的实施意见、筹备在泉州召开的全省政协社会和法制工作委员会2004年度工作会议、筹建“泉州政协网站”、继续关心支持“海峡文化交流联谊中心”工程建设等有关事项。

2005年1月11日市政府、市政协联席会议。会议听取市政协“进一步提升泉州民营经济发展水平”等3个课题组调研成果汇报。市长郑道溪出席会议并讲话。傅圆圆通报市政协贯彻落实省委第三次全省政协工作会议的情况，以及市政协九届五次全会专题协商座谈会的筹备情况；提出市政协在九届五次全会期间举行3个主题专题协商座谈会的建议。联席会上，市政协商请市政府帮助解决的3件事情得到回应、落实：一是关于设立“泉州海峡文化交流联谊中心”，市编办将按程序报市委编委、市委常委会研究，并同行政事业机构体制改革统筹考虑；二是关于市政协开展工作的经费保障问题；三是关于“海峡文化交流联谊中心”一期工程装修经费预算，市政府同意按该中心功能实际需要编制预算，由市财政局审核拨付。

2005年12月14日市政府、市政协联席会议。市政府向市政协征求对《政府工作报告（征求意见稿）》《泉州市国民经济和社会发展“十一五”规划纲要（征求意见稿）》的意见建议。

2006年12月8日市政府、市政协联席会议。市政府向市政协征求对《政府工作报告（征求意见稿）》的意见。市政府正副市长、秘书长及有关部门负责人，市政协正副主席、秘书长、部分常委以及各专会负责人出席会议。市政府副秘书长、办公室主任吕炜民作《政府工作报告（征求意见稿）》起草情况的说明。市政协部分与会同志提出建议意见。林荣取通报市政协2006年主要工作情况。

2007年12月18日市政府、市政协联席会议。市政府向市政协征求对《政府工作报告（征求意见稿）》的意见。市政府正副市长、副巡视员、秘书长及有关部门负责人，市政协正副主席、正副秘书长、部分常委以及各专门委员会负责人出席会议。市政府秘书长、办公室主任吕炜民作《政府工作报告（征求意见稿）》起草情况说明；政协委员和政协机关的同志提出修改意见；林荣取通报市政协2007年的主要工作情况；市长朱明讲话。

2009年12月15日市政府、市政协联席会议。市委副书记、代市长李建国、市政协主席林荣取出席会议并讲话。市政府向市政协征求对《政府工作报告（征求意见稿）》的意见和建议。

2011年12月7日市政府、市政协联席会议。市政府向市政协征求对《政府工作报告（征求意见稿）》的意见和建议。市政府代市长、副市长、党组成员、正副秘书长，市政协正副主席、党组成员、正副秘书长、各委办主任（负责人）及市政府有关部门主要负责人出席会议。会议听取市政府副秘书长胡毅雄作《政府工作报告（征求意见稿）》形成过程的说明。市政协正副主席、正副秘书长及各专委会主任发言。

（三）座谈会 研讨交流会

1987年5月4—10日，十三城市政协横向联系首次座谈会，先后在泉州市和漳州市举行。

1988年6月17日，泉州华侨联谊中心会同市侨办、市侨联在华侨大厦与菲律宾华侨抗日游击队华支战友访华团举行座谈会，市政协秘书长叶启东同访华团全体成员座谈。

1989年6月16日，市政协邀请市民盟、民革、农工、致公、民进、九三学社等民主党派负责人座谈《政协泉州市委员会关于贯彻实施〈政协全国委员会关于政治协商、民主监督的暂行规定〉的意见》，提出修改意见。

1992年7月3日，市政协召开支柱产业发展规划讨论会，邀请市各民主党派负责人、部分政协常委和经济科技界人士讨论《泉州市支柱产业发展规划（1990—2000年）》。

1993年1月6日，市政协邀请市计委通报《泉州市国民经济和社会发展十年规划和“十五计划”调整意见》。市各民主党派、工商联负责人和经济科技界部分政协委员出席会议。

1993年5月8日，市政协组织部分常委、市各民主党派负责人、市政协机关科级以上干部讨论泉州市中心城市建设问题。市计委领导到会通报《“大泉州”建设构想》。

1993年10月23日，市政协举办《台湾问题与中国的统一》白皮书专题讲座，泉州市、鲤城区政协委员，泉州市、鲤城区政协和市各民主党派、有关人民团体的机关干部到会听讲。

1994年5月24—27日，十八城市政协横向联系会第15次座谈会在泉州召开。

1995年6月6日，市政协举行“泉州泉台民间交流协会”成立大会。市领导丘广钟、傅圆圆、薛祖亮、蔡友敬、魏声外、王文泰、曾惠华、吕敦村和省政协常委林大穆出席大会。市委书记丘广钟授牌。协会首批吸收团体会员42个、个人会员53名，选举产生理事，推选傅圆圆任会长。

1996年5月5日，市政协三胞联谊委员会会同泉台民间交流协会、市社科联、石井郑成功纪念馆等单位，邀请省闽台科技交流协会顾问张连作《泉台关系史及台湾当前形势》专题报告。市政协巡视员、三胞委主任王文泰，泉台民间交流协会副会长陈明泉、林应望，市政协三胞委副主任曾国杰，市委宣传部副部长许在全，市文联副主席陈瑞统等40多人参加报告会。

1996年8月25—26日，市政协在澳门召开八届一次全会以来首次港澳委员联谊会，22名港澳委员出席。会议围绕如何进一步发挥港澳委员的作用，为港澳的平稳过渡和家乡泉州的经济建设多做贡献等主题开展探讨交流活动。

1997年5月10日，市政协举办香港回归政治经济形势专题讲座，邀请香港文汇报第一副总编张晴云主讲《香港回归的历史进程和基本法的实施》、香港经济导报总编陈可锟主讲《香港经济发展新纪元和内地与香港的经济合作》。市五套班子在家领导、市直各部委办局和市各民主党派负责人、市政协和市直外经贸委干部近300人出席会议。香港特区推委会委员、泉州市政协委员蔡素玉促成这次讲座。市长何立峰在讲座结束时发表讲话。

1997年11月5—7日，全国部分历史文化名城政协联系会第8次会议在泉州举行。北京、沈阳、杭州、济南、郑州、昆明、福州、开封、安阳、扬州、洛阳、桂林、西安、南京、苏州、泉州等16座历史文化名城的政协领导和代表共60多人到会，共同交流学习贯彻中共十五大精神，促进规范化、制度化建设，更好地履行职能的经验；探讨如何保护、开发、利用历史文化名城的人文景观优势，开拓旅游市场，壮大旅游产业。泉州市委书记丘广钟、市长何立峰到会祝贺，丘广钟发表欢迎讲话。市政协领导傅圆圆、何国栋、薛天锡、叶聪敏、张章炳、郑今奋、王仁杰、何融融、王文泰和市政协秘书长黄利禾出席会议。

1998年6月3—4日，市政协在泉州酒店召开“东南亚金融形势与泉州经济发展研讨会”。研讨会邀请香港中银集团港澳管理处经济研究部博士王春新、香港政策研究所经济研究员杨宇霆、厦门大学工商学院院长吴世农、厦门大学财政金融系教授朱孟楠、华侨大学经济系副主任陈俊明和教授何志成莅会主讲。市外经、外贸等有关部门领导、企业界代表60多人应邀参加。16篇学术论文围绕东南亚当前金融形势下泉州市面临的机遇、挑战，从认真总结经验、增强忧患意识、深化经济改革、优化投资结构、加强金融监管、健全金融法制建设、完善金融体系、改善投资环境等方面作研讨交流。市委书记何立峰讲话。傅圆圆作总结讲话。

1998年7月30—31日，市政协与中国企业报社在泉州酒店联合举办“泉州商品国内外市场拓展研讨会”。350多位企业界人士到会，三明市政协主席吕少郎闻讯也组织8位民营企业家参会。福建省社科院院长、经济学教授严正，国务院发展研究中心研究室主任、研究员徐东华，厦门大学工商学院MBA教育中心主任孟林明，华侨大学工商系副主任陈克明到会演讲。恒安、金鹿、七匹狼、佳美、匹克等泉州著名企业的负责人作大会发言，介绍企业拓展国内外市场的情况。

1999年1月28日，市政协与市委统战部、市外办、市外经贸委在泉州酒店联合举办“泉澳经济合作研讨会”。市领导薛祖亮、余茂桂、何国栋、叶聪敏等出席研讨会。研讨会得到新华社澳门分社、省闽澳经济合作促进会领导的大力支持，邀请一批澳门有关机构的官员、专家、企业家、政协委员到会，共同探讨加强泉澳经济合作交流，拉开迎接澳门回归活动的序幕。市委书记何立峰出席会议并介绍泉州市近几年经济发展情况，就进一步促进泉澳经济合作发表意见。省闽澳经济合作促进会副主任邹尔均、新华社澳门分社副社长王今翔、澳门投资贸易促进局副主席张国华等提出发展泉澳经济合作的设想和思路。

1999年2月27日，市政协文史资料委、泉州海上交通史博物馆联合举办“《光明之城》手稿的发现及其研究”座谈会。市政协副主席、文史委主任王仁杰及市社科界、市政协文史资料委等数十位人士到会。《光明之城》英文本译者、剑桥大学教授戴维·塞尔邦，中文本译者、清华大学教授杨鸣，北京大学人类学教授王铭铭，《文汇报》高级记者、《学林》主编施宣圆，省社科院研究员陈达生等应邀出席座谈会，并发表演讲。

2000年1月23日，泉台民间交流协会学术团赴台，在台湾高雄市与亚太综合研究院举办“闽台亲缘—海洋文明与社会生活研讨会”，泉州与台湾两地专家学者近60人参加。华侨大学校长、泉台民间交流协会顾问吴承业和台湾亚太综合研究院创办人、高雄大学首任校长、博士王仁宏分别致辞，表达加强学术交流，用人文科学研究成果促进两岸社会发展与进步的愿望。泉州与台湾学者提交的10篇论文，从不同角度阐述闽台之间的亲缘关系，着重论述泉州与台湾传承中华海洋文明方面的特点和贡献，探讨海洋文明对泉台两地社会生活的影响和作用。

2000年2月28日，市政协、泉台民间交流协会联合举办《一个中国的原则与台湾问题》白皮书学习座谈会。傅圆圆、叶聪敏、曾惠华、薛天锡及协会顾问、理事等出席并发言。

2000年10月29日，泉台民间交流协会、华侨大学、台湾亚太综合研究院、高雄大学在泉州酒店共同举办“海峡两岸高等教育与经济建设”学术研讨会。两岸学术界、经济界、企业界代表100多人参加，台湾亚太综合研究院访问团19人到会。省政协副主席陈荣春到会祝贺，市政协主席傅圆圆、市委副书记、纪委书记林荣取、高雄大学校长、博士王仁宏在会上致词。泉台两地学者王仁宏、杨翔翔、张茂法、王凤生、周真平、陈韦逞、陈克明、林华东等围绕“新世纪高等教育的发展方向”“两岸如何应对加入 WTO 的挑战”“两岸产、学、研结合的优劣势比较”“高级职业技术人才的培养”“台湾海峡港口体系建设”等问题发言。

2001 年 2 月 15 日，市政协召开市各民主党派、人民团体负责人座谈会。各民主党派新当选的主委、副主委，各人民团体负责人和机关副处级以上领导干部共 60 多人参加座谈会。市政协领导傅圆圆、叶聪敏、张章炳、郑今奋、王仁杰、何融融和市政协秘书长黄利禾出席会议。傅圆圆传达“两会”期间省委书记宋德福的讲话精神，并请各民主党派、人民团体共同为开好市政协九届一次会议建言献策。各民主党派负责人介绍各自党派换届选举的情况，通报为市政协九届一次会议召开而着手开展的各项工作。

2002 年 7 月 19 日，市政协召开部分委员专题座谈会。市委副书记、纪委书记林荣取应邀到会通报泉州市上半年党风廉政建设和反腐败工作的情况。市政协领导傅圆圆、叶聪敏、刘佳景、郑今奋、王仁杰、何融融、陈敬聪、林玉莲、陈秋菊和市政协秘书长黄利禾，以及市政协副秘书长、市政协社会法制委委员、应聘任勤政廉政监督员的政协委员和机关干部参加会议。委员们针对纪检监察部门工作中存在的不足以及群众反映强烈的热点问题提出意见建议。傅圆圆综合与会委员的意见，提出 4 点建议。

2002 年 8 月 28 日，市政协组织召开泉州市企业诚信建设报告会。来自海内外的 9 名泉州籍知名企业家介绍企业诚信建设的先进经验和理念。市领导施永康、傅圆圆、林荣取、何锦龙、张东鸣、何国栋、王仁杰、何融融、陈敬聪、林玉莲、陈秋菊和市政协秘书长黄利禾出席会议。市委书记施永康发表讲话。

2002 年 10 月 31 日—11 月 2 日，八省（区）十市政协横向联系会第 4 次会议在泉州举行。九江、日照、连云港、南宁、贵阳、秦皇岛、株洲、威海、景德镇、泉州等 10 个城市的政协领导总结交流政协工作经验，探讨政协工作中共同关心的问题。陈荣春代表省政协到会祝贺。泉州市代市长何团经代表市委、市政府介绍泉州市情和社会发展情况。市政协主席傅圆圆致开幕词。市领导施永康、林荣取、何国栋、叶聪敏、刘佳景、郑今奋、王仁杰、何融融、陈敬聪、林玉莲、陈秋菊等出席会议。会议组织考察泉州市两个文明建设情况，参观“海上丝绸之路·泉州史迹”申报世遗的景点景区和部分知名企业。

2003 年 9 月 13—15 日，市政协和福建省炎黄文化研究会在泉州联合举办第二届闽南文化研讨会。全国政协副主席张克辉，全国政协港澳台侨委副主任陈玉益、全国政协港澳台侨委副主任、省炎黄文化研究会会长何少川，中华炎黄文化研究会常务会长冯征，全国台联副会长陈杰，国务院台办交流局副局长贺之军，副省长刘德章，省政协副主席李祖可，省老领导胡平、许集美、陈荣春，市领导施永康、傅圆圆、周子澄、洪泽生、何国栋、刘佳景、郑今奋、王仁杰、何融融、陈敬聪、陈秋菊，著名人类学家、台北“中央研究院”院士李亦园等来自海峡两岸的专家学者出席研讨会，共同研讨闽南文化的历史、现状和未来。

132 位学者应邀出席，提交论文 178 篇（含提纲）。除了大会发言，研讨会还举办“闽南文化向纵深发展”专题论坛，46 位学者作主题发言。专家们围绕闽南文化、海洋文化与闽台文化、闽南历史名人及学术研究、闽南宗教、民俗、艺术等，从不同的视角、不同的层面，全方位、多领域地诠释闽南文化的内涵、特质、社会价值、地域特色、研究方法、学科构建等问题，呈现出许多新的研究成果。

傅圆圆在闭幕辞中高度肯定研讨会的研讨成果，指出此次研讨会既建立一个以研究和弘扬闽南文化为主旨的学者网络、搭建一个弘扬闽南文化的学术平台，又为海峡两岸和海内外专家学者广泛交流架起一座新的友谊桥梁。

2003 年 12 月 5 日，市政协举行高校委员座谈会，为促进泉州民办高校的快速发展献计献策。傅圆圆、叶聪敏出席座谈会，市教育局负责人参加会议。与会委员围绕公办高校如何为民办高校提供智力支持、民办高校如何正确定位以更好地走向市场，公办与民办高校在办学机制上如何相互促进等问题进行探讨。

2004 年 4 月 1 日，市政协邀请部分工商界委员座谈，探讨如何进一步提升泉州民营经济发展水平。与会工商界委员结合自身经历，从政府加大扶持力度、企业加强自身建设、营造良好氛围等角度发表见解，并提出各级党委、政府和职能部门要建立更加完善的机制，促使市委、市政府关于《进一步提升民营经济发展水平的若干意见》贯彻落实到位的建议。

2005 年 9 月 18—19 日，泉台民间交流协会和泉州刺桐吟社联办海峡两岸诗学交流大会。市政协主席林荣取，市委常委、宣传部长宋长青，市人大常委会副主任周子澄，市政协副主席刘佳景、王仁杰和秘书长黄利禾，以及来自北京、广东、福建、台湾、香港等地的诗人近 200 人出席大会。大会备受海内外诗坛瞩目，收到许多诗社、诗友的贺信贺电。中华诗词学会副会长晨崧从北京专程赴会。两岸诗人欢聚一堂，同赏中秋月，共叙一家情，表达两岸诗人渴盼团圆的心声，对促进两岸文化交流和祖国和平统一起到积极的推动作用。

2007年5月24—25日，全省九市政协主席工作座谈会在泉州市召开。省政协主席梁绮萍、副主席黄瑞霖、潘心诚、金能筹、陈家骅、叶家松、吴新涛出席会议。梁绮萍发表重要讲话，部署工作。市领导朱明、傅圆圆、吴汉民、洪泽生到会祝贺。市政协主席林荣取、副主席陈敬聪、许连捷、傅福荣、苏小青、陈元殿、陈立德、骆沙鸣、陈铭福、王祖耀，秘书长黄利禾参加会议。会议组织学习贯彻全国政协考察工作座谈会精神，交流各地政协开展视察工作的经验和做法；学习贯彻《中共中央关于加强人民政协工作的意见》精神，拓宽政协工作领域，交流探讨发挥乡镇委员联络小组及基层政协委员作用的新思路和新方法。与会的九市政协领导围绕议题，结合自身实际展开交流和探讨。泉州市政协在会上作《发挥乡镇政协活动组作用，凝心聚力推动经济社会又好又快发展》的经验交流发言。与会的省、市政协领导还参观考察泉州修（造）船厂、台商创业基地、泉州海峡体育中心。

2007年8月9日，市政协召开企业界委员座谈会。市政协正副主席、市政府常务副市长出席会议。在泉创办企业的100多位省、市政协委员，泉州市直24个部门领导参加会议。委员们围绕促进泉州市经济发展、企业当前发展状况和存在困难及解决对策等问题，与在座的市领导、各有关部门负责人作座谈交流。市政府领导通报全市上半年经济运行情况和今后的发展趋势，介绍国家有关经济政策和产业导向。

2008年6月6日，市委召开企业界政协委员座谈会。市委书记徐钢出席会议并讲话。市领导黄少萍、王亚君、许昆贞、陈敬聪、许连捷和市直有关部门负责人出席会议。与会政协委员围绕如何应对当前国际国内经济形势，结合企业生产和经营中遇到的困难和问题畅所欲言，并就发挥人文品牌优势、建设服务型政府、建设泉州异地商会信息化平台、推进大项目建设、企业融资、人才引进、加快城市建设等问题积极建言献策。

2008年6月17—18日，全省政协信息和新闻宣传工作座谈会在泉州召开。省政协副主席叶家松，市政协主席林荣取，市委副书记黄少萍，市政协副主席陈敬聪、傅福荣和秘书长黄利禾出席会议。会议传达全国政协反映社情民意和新闻宣传工作座谈会精神，总结交流工作经验，部署下阶段工作。与会人员就如何做好反映社情民意信息工作和新闻宣传工作进行交流、讨论。

2008年7月25日，市政协召开新兴产业发展专题座谈会。常务副市长廖小军应邀到会通报泉州市新兴产业发展情况。市政协主席，在家的副主席、秘书长，部分政协常委，住市区的市政协委员，市政协各委、办主任、专职副主任，政协机关干部参加会议。市政协委员就进一步加快泉州市新兴产业的健康发展，提出意见建议。林荣取就政协委员在加快新兴产业发展中如何适应形势、履行职责、积极参与、发挥作用等提出具体要求。

二、工作会议

1986 年 1 月—2011 年 12 月，市政协历次全会之后，中共泉州市委办公室、市人大常委会办公室、市政府办公室、市政协办公室都联合召开人大代表建议和政协提案交办会。每次会议，市 4 套班子分管领导出席会议，并就办理工作提出具体要求。各县（市、区）政府分管领导、提案承办单位分管领导等参加会议。会议强调各承办单位必须在交办之日起 3 个月内办理完毕，并予以书面答复。

1987 年 12 月 17 日，市政协三胞工作委员会召开座谈会，学习中共中央办公厅、国务院办公厅转发中央对台工作领导小组《关于做好台胞来祖国大陆探亲工作的意见》等文件。

1991 年 5 月 7 日，市政协召开座谈会，讨论泉州市国民经济和社会发展“八五”计划和十年规划。

1992 年 3 月 26 日，市政协与市人大常委会、鲤城区政协联合召开泉秀新村公共设施规划建设情况座谈会。

1993 年 1 月 5 日，市政协召开文史资料委、经科委部分委员参加的座谈会，听取市城建局、规划局、设计院通报鲤城区旧城改造的主体设想和规划。

1993 年 7 月 29—30 日，市政协召开工作座谈会，交流探讨新形势下加强与委员的联系，进一步调动委员参政议政积极性，更好发挥人民政协职能作用的措施。傅圆圆、王文泰、曾惠华、薛天锡和各县、区政协领导，市各民主党派、有关人民团体负责人出席会议。

1995 年 9 月 5—6 日，市政协在惠安县召开县（区）政协办公室主任会议，交流探讨如何做好新时期人民政协的信息工作。

1996 年 7 月 5 日，市政协教卫体委召开会议，讨论通过教卫体委 1996 年工作要点。傅圆圆、郑今奋、黄利禾以及教卫体委副主任、委员出席会议。

1996 年 11 月 19 日，市政府办公室和市政协办公室联合召开泉州市政协提案工作经验交流会。市政协领导傅圆圆、叶聪敏和秘书长黄利禾，市政府办主任兼市政协提案委顾问王华民，市委办副主任兼市政协提案法制委顾问王国宣以及市教委等15个提案承办单位分管领导、部分提案人代表参加会议。叶聪敏通报1996年提案工作进展、主要体会；王华民通报市政府系统提案办理工作情况。市教委、交警大队、交通局、规划局和公用事业局以及林成源、翁辉煌等在会上交流提案办理和提高提案质量的经验、体会。

1997年11月19—20日，省市政协、地区工委三胞工作协作交流会在泉州召开。省政协副主席邹尔均、叶庆耀，市政协领导傅圆圆、何国栋、薛天锡、张章炳、郑今奋、何融融，巡视员王文泰，省台港澳侨联络委部分副主任和其他市政协、地区工委负责人近60人参加会议。市长何立峰、市委副书记薛祖亮应邀到会，何立峰介绍泉州市1—10月份经济发展情况。会议总结、交流省市政协、地区工委三胞工作经验，探讨台港澳侨工作的主要任务和工作方法。邹尔均作总结讲话。

1998年1月6日，市政协提案法制委召开提案工作经验交流会。市委办、市政府办、各党派团体秘书长、办公室主任和市创卫办、教委、公用事业局、交通局领导和市政协提案法制委全体成员出席会议。市政府办公室主任王华民总结1997年市政府系统办理政协提案工作情况，并就主办、联办单位配合办理提案提出工作要求。市农工党、民盟代表介绍团体提案的调研视察组织和提出，以及得到政府部门重视采纳的情况，提出办理提案的期望。市教委、公用事业局、创卫办、交通局领导交流立足解决实际问题办理提案的经验。傅乌作1997年市政协提案工作情况总结。

1998年4月下旬，市政协在晋江市召开文史资料工作座谈会，总结交流1997年度文史资料工作经验体会和今后一个阶段文史资料工作安排，研究拟订以建国后史料为重点的文史资料征集提纲及规划。省政协文史资料委原副主任吴修秉应邀到会并发言。

1999年4月14—15日，市政协召开港澳台侨联络工作座谈会。市政协台港澳侨联络委正副主任、各县（市、区）政协分管台港澳侨联络工作的副主席、台港澳侨联络办主任及肖厝管委会侨台外事局局长共33人参加会议。陈明泉传达省政协台港澳侨联络工作交流会议精神；各县（市、区）政协交流1998年开展三胞工作情况和经验，提出1999年工作要点。市政协台港澳侨联络委主任王文泰就做好1999年三胞工作，提出4点要求。

2000年8月7日，市政协召开全体机关干部会议，传达贯彻市委召开的“思源思进，再创新业”专题会议精神。会议学习市领导的报告，畅谈体会和收获，结合实际为新一轮创业建言献策。

2000 年 12 月 19 日，市政协文化文史资料委在永春召开全市政协文化文史资料委主任会议。王仁杰、傅乌、陈志泽、陈瑞统、李少园等近 20 人出席会议。与会人员讨论、修改《文化文史资料委五年工作报告》，并就今后文化文史工作提出意见和建议。

2001 年 7 月 24—25 日，市政协港澳台侨联络委第一次工作会议在安溪县召开。市政协副主席陈秋菊出席会议并讲话。市政协港澳台侨联络委副主任，各县（市、区）政协分管港澳台侨联络工作的副主席，港澳台侨联络委或港澳台侨联络委办公室负责人等 30 多人参加会议。会议就新形势下如何做好泉州市港澳台侨联络联谊工作开展座谈探讨，并传达学习上级有关会议精神。吴航航介绍市政协港澳台侨联络委 2001 年工作计划。会上向新任的市政协港澳台侨联络委正、副主任颁发聘书。

2002 年 2 月上旬，市政协经科委召开全市政协经科委工作会议，讨论经科委 2001 年工作总结及 2002 年工作计划。何融融、陈敬聪出席会议。经科委主任庄绍钦汇报经科委 2001 年工作情况及 2002 年工作的初步意见。

2003 年 3 月 28 日，市政协召开全市政协文史资料工作座谈会。市政协领导傅圆圆、王仁杰，文史资料委负责人傅乌、李少园、林英明、陈健鹰，顾问郑炳山、黄梅雨、张家喻，《泉州文史资料》编委会成员及各县（市、区）政协分管文史工作的领导、文史资料委负责人等 40 多人参加会议。傅乌传达 2002 年 11 月召开的全省文史资料工作座谈会精神和 2003 年 3 月召开的省、市政协文史资料协作丛书编委会会议精神。傅圆圆就进一步做好文史工作提出 4 点要求。

2004 年 6 月 24—25 日，全市政协港澳台侨联络工作会议在石狮市召开。市政协领导陈敬聪、陈秋菊，市政协港澳台侨联络委正、副主任，各县（市、区）政协分管港澳台侨联络工作的副主席、港澳台侨联络委（办）负责人参加会议，石狮市涉侨、涉台部门负责人列席会议。会议围绕“如何发挥政协组织优势和作用，进一步做好台湾人民工作”开展探讨。石狮市领导到会通报石狮市经济、社会事业发展情况。会议期间，与会人员参观石湖码头、服装城工地、黄金海岸及多家民营企业。

2004 年 9 月 14 日，市政协召开全市政协信息工作座谈会。刘佳景出席会议并讲话。会议回顾总结当年政协信息工作的主要情况，交流各县（市、区）政协信息工作的做法和经验，研究进一步加大政协宣传工作力度的有效办法，表彰 2003 年度政协信息工作先进单位和先进个人，部署今后信息工作。

2004 年 12 月 17 日，市政协召开提案工作座谈会，传达全国政协第五次提案工作座谈会精神，探讨如何提高提案工作质量问题。市政协领导傅圆圆、叶聪敏，市政协提案委副主任，各民主党派、工商联、各人民团体负责人及各县（市、区）政协有关领导参加会议。与会人员围绕如何提高提案质量展开讨论。傅圆圆发表讲话。

2005 年 3 月 29 日，市政协、泉台民间交流协会召开《反分裂国家法》学习座谈会。傅圆圆、叶聪敏、王仁杰、林玉莲、陈秋菊、黄利禾，市各民主党派、工商联和有关人民团体负责人，市政协各专委会、各办负责人及泉台民间交流协会顾问、理事和部分会员参加。座谈会邀请省社科院台湾研究所研究员郭健青作学习《反分裂国家法》辅导报告。傅圆圆就学习宣传《反分裂国家法》，发挥泉州优势为海峡西岸经济区建设作出贡献等方面工作，提出思路，作出部署。骆沙鸣、郑云梅、徐春晖、王景贤代表市各界人士先后发言，畅谈学习体会。

2007 年 4 月 20 日，市政协经科委召开工作会议。陈敬聪、许连捷出席会议。十届市政协经济科技活动组全体成员、各县（市、区）政协分管经科委领导和经科委主任参加会议。会议研究市政协经科委 2007 年工作计划，部署“提高泉州市企业自主创新能力”专题调研活动；宣布十届市政协经济科技活动组关于成立经济贸易、科学技术、建设工程、农林水、异地商会等 6 个活动小组的决定及其成员名单；讨论修改《泉州市政协经科委关于经济科技活动组开展活动的暂行办法（试行）》（征求意见稿）；各县（市、区）政协经科委讨论、交流 2007 年工作计划和有关工作经验。陈敬聪就如何抓好今后工作提出 5 点意见。

2007 年 4 月 27 日，市政协文教卫体委召开 2007 年工作会议。陈元殿、王祖耀，市政协文教卫体委主任和各县（市、区）政协分管领导、文教卫体委负责人出席会议。会议学习贯彻落实市政协十届一次会议、十届一次常委会议精神，部署和推进 2007 年文教卫体委工作。

2007 年 5 月 11 日，市政协召开政协委员乡镇（街道）活动组工作经验交流座谈会。林荣取出席会议并就进一步加强政协委员乡镇活动组工作提出 4 点意见。各县（市、区）政协汇报交流工作情况。

2007 年 6 月 1 日，市政协民宗委召开工作会议。吴共湖、陈铭福出席会议；十届市政协民族宗教工作活动小组成员、各县（市、区）政协分管领导、民宗委（或相关委员会）负责人等 40 多人参加会议。会议组织学习贯彻省政协民宗委召开的“关于学习十六大精神，促进民族关系和谐”座谈会精神；传达林荣取在市政协十届一次常委会上的重要讲话精神；听取各县（市、区）政协民宗委（或相关委员会）负责同志工作经验介绍和今后工作打算。吴共湖发表讲话。

2007年6月8日，市政协召开全市政协港澳台侨委工作会议，传达学习全省政协港澳台侨和外事委工作会议精神，交流各县（市、区）政协开展港澳台侨工作的经验及进一步做好政协港澳台侨工作的新思路。吴共湖出席会议并讲话，提出3点意见。

2007年6月25日，市政协召开市、县两级政协提案委第一次联席会议。陈元殿、骆沙鸣出席会议。市政协提案委成员、各县（市、区）政协分管提案工作的领导、提案委及办公室负责人参加会议。会议传达学习全国政协提案工作座谈会和省、市政协提案委第三次联席会议精神；交流市、县两级政协提高提案办理成效的经验。陈元殿就新形势下如何进一步提高提案工作整体水平，更好地发挥提案工作在政协履行职能中的作用，提出3点意见。

2007年12月19日，市政协召开《泉州文史资料》编委、编辑会议。市政协领导傅福荣、陈立德、副巡视员郑增辉出席会议；《泉州文史资料》编委、编辑以及市直有关单位负责人、文史界知名人士共30多人参加会议。傅福荣就下阶段进一步做好文史资料工作提出5点意见。

2010年4月20日，全市政协港澳台侨和外事工作座谈会在洛江区召开。吴共湖、陈铭福，市政协联系港澳台侨和外事工作的副秘书长，各县（市、区）政协分管港澳台侨和外事工作的副主席、港澳台侨和外事委负责人，市政协港澳台侨和外事委成员共40多人参加会议；市“五侨”（侨办、侨联、致公党、人大华侨委、政协港澳台侨委）、“六台”（台办、人大民族宗教侨务委、政协港澳台侨与外事委、民革、台联、海联会）部门有关领导应邀出席会议。会议传达学习贯彻全省政协港澳台侨和外事工作座谈会精神，邀请市台办主任作台海局势、两岸关系热点问题、中央对台工作思路及泉州市对台工作情况的报告。市、县（市、区）政协港澳台侨和外事委负责人交流工作经验。吴共湖传达市委关于“项目带动、提升转变、和谐进步、奋力发展”的工作思路和泉州市“十二五”规划编制工作要求，并结合实际，就如何做好新形势下政协港澳台侨和外事工作提出具体要求。

2010年4月29日，市政协人口资源环境委召开首次工作会议。市政协领导傅福荣、骆沙鸣出席会议。市政协人口资源环境委全体人员、各县（市、区）政协分管副主席、各民主党派负责人、部分市政协委员参加会议；有关市直部分负责人应邀出席会议。会议讨论、通过《泉州市政协人口资源环境委员会主要职能和工作制度》、年度工作计划。会议要求县级政协加快建立对应的工作机构。

2010 年 7 月，市政协经济委在现代家居广场召开市区经济界委员座谈会。20 多名政协委员围绕编制“十二五”规划，分别从编制工作、产业结构、城市发展、基础设施建设、民生保障、公共服务等方面提出意见建议。

8 月 12 日，经济委在惠安召开全市政协经济委工作联席会议，为科学编制泉州市“十二五”规划提出意见建议。陈敬聪、各县（市、区）政协经济委分管领导和经济委主任、市政协经济委全体人员共 30 多人参加会议。惠安县委副书记蔡荣清到会介绍惠安县经济社会发展情况。市发改委副主任陈小宝通报“十二五”规划编制工作的有关情况。惠安县、丰泽区、晋江市政协分别交流有关“十二五”规划编制的建议，其他县（市、区）政协作书面发言。围绕编制“十二五”规划，陈敬聪提出关于把握好 8 个重点环节的建议。

2011 年 3 月 30 日，市政协教科文卫体委工作会议暨县（市、区）政协教科文卫体工作联席会在泉州召开。会议通报、交流市、县两级政协 2010 年教科文卫体委主要工作情况，提出 2011 年工作要点。陈元殿发表讲话。

三、纪念会　表彰会

1986 年 7 月 3 日，市政协在晋江县为著名高甲戏文艺表演家柯贤溪（高甲戏名丑）举行从艺 70 周年表彰大会。

1991 年 10 月 10 日，市政协和鲤城区政协在泉州市工人文化宫联合举行纪念辛亥革命 80 周年大会。

1991 年 11 月 4 日，市政协文教体卫委与泉州陶行知研究会联合举行纪念杰出人民教育家陶行知诞辰 100 周年大会。

1992 年 6 月 8 日，市政协与南安县政协联合举行纪念民族英雄郑成功逝世 330 周年系列活动。

1993 年 12 月 21 日，市政协、市委宣传部、市文联和农行泉州市支行联合举行纪念毛泽东诞辰 100 周年系列活动。市领导林文麟、尤垂镇、傅圆圆、王文泰、曾惠华等出席。

1996 年 9 月 25—27 日，由泉州市政协牵头组织，省社科联、市社科联、泉州历史研究会、施琅研究会等单位联办的施琅逝世 300 周年纪念大会暨学术研讨会在泉州华侨大厦举行。市政协领导傅圆圆、王仁杰，省社科联副主席杨泗德，《求是》杂志社副总编苏双碧及应邀莅会的专家学者，旅菲的港台施氏族亲共200多人参加会议。

1996年10月20日，市政协、泉台民间交流协会、泉州闽台关系史博物馆联合举办泉州天后宫建宫800周年系列纪念活动，海内外嘉宾1000多人出席。20日下午至21日举行“泉州与妈祖信仰的传播”学术研讨会。

1997年7月15日，省政协、泉州市政协、南安市政协在泉州联合举办纪念郑成功收复台湾335周年活动。民革中央副主席、全国政协常委、副秘书长李赣骝，国务院台办副主任王永海，全国政协台港澳侨联络委副主任郭平坦，《求是》杂志社副总编苏双碧，省领导游德馨、习近平、邹尔均、金能筹等专程莅会。泉州市领导何立峰、涂瑞南、薛祖亮、连士泉、洪辉煌、吴汉民、吴同、何国栋、薛天锡、叶聪敏、张章炳、王仁杰、何融融等出席“福建省暨泉州市各界纪念郑成功收复台湾335周年大会”。省委副书记习近平、泉州市委副书记薛祖亮等领导在会上讲话。

大会结束后，举行“泉州市郑成功学术研究会”成立大会。出席纪念大会的省、市领导及泉州市各界、台湾、金门郑氏宗亲，香港、澳门代表人士500多人先后拜谒位于南安市水头镇的郑成功陵墓，参加在石井镇举行的郑成功碑林揭碑仪式和部分墨宝展览开幕仪式。郑成功学术研讨会同时举办。

1999年9月20日，市政协与市委统战部、各民主党派、各县（市、区）政协联合在泉州影剧院举行大会，纪念人民政协成立50周年暨中共中央《关于坚持和完善中国共产党领导的多党合作和政治协商制度的意见》发表10周年。来自全市各条战线的政协委员、各民主党派、工商联和社会各界人士1000多人参加大会。泉州市委、市人大、市政府主要领导何立峰、施永康、涂瑞南、薛祖亮、黄印春，市政协领导傅圆圆、何国栋、曾惠华、薛天锡、叶聪敏、张章炳、郑今奋、王仁杰、张贻伦、何融融在主席台就座。何立峰发表讲话。郑今奋代表市各民主党派、工商联和无党派人士发言。

同时，举办庆祝中华人民共和国成立50周年和人民政协成立50周年暨迎接澳门回归文艺晚会、历届政协主席座谈会、书画摄影展、诗词吟诵会等系列活动。

9月23—24日，市政协举办“政协为经济建设中心服务”理论研讨会，18篇论文在会上交流。根据发言稿和记录稿整理的《关于泉州经济建设的50点建议》在《泉州政协报》分期刊载。

2001年10月9日，泉州市政协和市委统战部联合召开全市各界纪念辛亥革命90周年大会。市领导黄少萍、周子澄、林文麟、何国栋、叶聪敏、刘佳景、郑今奋、陈敬聪、林玉莲、陈秋菊，市纪委、泉州军分区领导，市政协历届正副主席出席大会。市直有关部门、各民主党派、工商联、人民团体、驻军、宗教界代表和学者参加大会。市委常委、宣传部长黄少萍、市政协副主席何国栋、市民革主委陈立德、市青联副主席徐春晖在会上发言。

2002 年 5 月 26 日，省政府、省政协，泉州市政府、市政协，南安市政府、市政协在南安市举行集会，纪念郑成功收复台湾 340 周年。全国政协副主席张克辉、全国政协常委胡平，国务院台办副主任王富卿，全国政协港澳台侨委副主任林开钦，全国台联副会长苏民生，省领导黄瑞霖、黄贤模、汪毅夫、陈荣春，泉州市领导施永康、薛祖亮、傅圆圆、林荣取，南安市主要领导，郑氏宗亲代表和海内外嘉宾共 3000 多人出席纪念大会。王富卿、黄瑞霖和施永康发表讲话。

5 月 27 日，“郑成功与台湾”学术研讨会在南安大酒店举行。福建省、泉州市和南安市有关方面的领导和来自北京、上海、广东、浙江、福建和台湾等地的专家学者 120 余人参加。泉州市政协主席傅圆圆发表讲话。海峡两岸 20 多位学者在会上发言。

2007 年 6 月 6 日，泉台民间交流协会召开会员大会，纪念协会成立 12 周年。吴共湖受市政协主席林荣取委托，出席会议并讲话，提出 5 点意见。

2009 年 8 月 10 日，市政协办公室发出《关于开展纪念人民政协成立 60 周年系列活动的通知》，决定组织开展“五个一”系列活动，纪念人民政协成立 60 周年：举行泉州市纪念人民政协成立 60 周年大会；征编出版纪念人民政协成立 60 周年增刊；举行历届市政协主席座谈会；举办庆祝中华人民共和国成立 60 周年暨人民政协成立 60 周年诗词吟诵会。

9 月 12 日，市政协和泉州诗词学会联合举办诗词吟诵大会，纪念中华人民共和国成立 60 周年、人民政协成立 60 周年。市政协领导林荣取、傅福荣、苏小青、骆沙鸣，党组成员洪川夫参加活动。130 多位海内外诗词爱好者汇聚一堂，吟诗诵词，赞颂伟大祖国和人民政协事业，讴歌幸福生活和美好时代。

9 月 10—14 日，市政协在泉州华侨历史博物馆举办“祖国情·团结颂”书画摄影展，展出泉州市 110 多位知名书画摄影家和市政协刺桐书画院特聘书画摄影家 200 件佳作。市政协领导林荣取、陈敬聪、吴共湖、苏小青、陈立德、陈铭福、王祖耀，秘书长黄利禾，党组成员洪川夫到场观看书画展。

9 月 17 日，市政协召开全市政协主席工作会议，传达学习福建省庆祝人民政协成立 60 周年大会精神，总结部署市政协工作。市政协领导林荣取、陈敬聪、吴共湖、苏小青、陈元殿、陈立德、骆沙鸣、王祖耀，秘书长黄利禾，党组成员洪川夫出席会议。

9 月 21 日，市政协召开机关全体干部会议，学习贯彻胡锦涛在庆祝人民政协成立 60 周年大会上的讲话精神。市政协领导林荣取、陈敬聪、吴共湖、陈元殿，秘书长黄利禾出席会议。随后，市政协编辑出版纪念人民政协成立 60 周年增刊《泉州政协》第 27 期。增刊设立“卷首语”“回顾与展望”“国庆记忆”“历程回眸”“提案再现”“同舟视点”“基层巡礼”“委员风采”“我的履职故事”“书画摄影作品”“文艺园地”“本期特别策划”12 个栏目，刊登市政协领导、委员回顾政协工作、履行政协职能的历程、经验、体会，委员建言献策、奉献社会的事迹，歌颂人民政协的诗词、散文，以及泉州市政协大事记。

2011 年 6 月 30 日，市政协举办庆祝中国共产党成立 90 周年大会。市政协党组书记、主席杨俊峰发表讲话，强调要在学先进当先进中、在服务政协履行职能中、在学习型组织建设中、在机关绩效管理中创先争优。

2011 年 9 月 29 日，市委、市政府、市政协联合举办泉州市各界人士纪念辛亥革命 100 周年座谈会。市领导杨俊峰、朱淑芳、翁祖根、陈家富、洪泽生、许连捷、吴共湖、傅福荣、苏小青、陈元殿、骆沙鸣、陈铭福、王祖耀，市政协党组成员王瑞强、秘书长洪川夫和各界代表人士出席会议。会议举行《辛亥革命泉州人物传略》首发式。杨俊峰、朱淑芳分别在会上讲话；民革、致公党、台盟、侨联、黄埔同学会泉州分会、辛亥革命志士后裔代表、知名学者在座谈会上发言。

8—9 月份，市政协与有关单位举办纪念建党 90 周年暨辛亥革命 100 周年诗词吟诵会、“共和之光— 纪念辛亥革命 100 周年书法、文物展”。书法、文物展共推出泉、港、台百名书法家的百幅书法佳作和泉州民间收藏的辛亥革命实物 100 余件，以及国民党主席马英九和荣誉主席连战、吴伯雄的题词。

第三章　主要工作

人民政协的主要工作也是经常性工作，指在政协全体会议和常委会议闭会期间，按照政协章程的有关规定，组织政协委员开展的各项工作。这些工作既是对全体会议、常委会议精神的落实，也是人民政协经常性履行职能、发挥作用的重要方式。泉州市政协的主要工作内容，通常与各专门委员会负责的工作一致。除此之外，还有落实统战政策、联系与指导、自身建设、扶贫济困等工作。

第一节 提案工作

提案是政协委员和参加政协的各党派、各人民团体以及政协各专门委员会向政协全体会议或者常务委员会提出的、经提案审查委员会或者提案委员会审查立案后，交承办单位办理的书面意见和建议。提案是履行人民政协职能的一种重要方式，是坚持和完善中国共产党领导的多党合作和政治协商制度的一种重要载体，是协助党政机关实现决策民主化、科学化的一条重要渠道。

提案工作是人民政协一项具有全局意义的工作。提案内容涉及当地经济、政治、文化和社会建设的各个领域。

一、征集 审查 立案

六届市政协共收到提案 567 件，经提案工作委审查立案 532 件，其余 35 件作来信来访处理。整理、归纳为经济体制改革和经济建设、工农业生产、宣传和教科文卫、城市建设、群众生活、组织统战和侨务宗教等类别，分别提请有关部门办理。

七届市政协共收到委员、团体提案552件，政协常委会提案4件，经提案法制委审查立案548件。涉及内容：1. 工、农、商、房地产业、金融业、旅游业、外经外贸、民营经济、劳工、基础设施、科学技术等方面。2. 精神文明、宣传、教育、文化、报刊、卫生、名胜古迹。3. 社会治安、廉政建设、人民生活。4. 城乡规划建设、保护与改造历史文化名城、交通、环保。5. 统一战线。

八届市政协提案工作有新的突破，共收到提案1706件，经提案法制委审查立案1677件，出现一批“三性”强（即严肃性、科学性、可行性强）和“三有”（有情况、有分析、有具体建议）的重要提案127件。如，《关于要求市委、市政府制定扶持安、永、德山区县经济发展的倾斜政策和具体措施》《关于加快先行工程省道三郊线永春路段建设的建议》《关于在温陵路、九一路交叉口架设人行天桥》《关于尽快解决在创建省级卫生城市中若干难点问题》《尽快清理违章建筑，重现市区体育公园昔日风采》《办好“’98中国国内旅游交易会”，创建中国优秀城市》《精心实施晋江下游防洪工程，提高历史文化名城品位》《保护水源，杜绝北渠饮用水源污染严重》等。

九届市政协共收到提案2174件，经提案委二审立案2092件，其中，一次会议336件，二次会议388件，三次会议342件，四次会议389件，五次会议378件，六次会议341件；主席会议建议案2件，党派团体提案423件，委员提案1667件。按内容分，有关经济建设方面的提案1035件，占49%；教文卫体方面的提案605件，占29%；政法、统战和其他方面的提案452件，占22%。提案的主要内容：1. 经济工作方面。有深化投融资体制改革、大力扶持股份制商业银行、吸引民间资本、支持二次创业、实施名牌战略、扶持纺织服务业及中小企业、鼓励民企自主创新、高标准引导服务泉州产业集群发展；加强泉台经贸合作和农业合作、创办台湾农民创业园、加快农技推广、调整农业产业结构、发展食用菌产业和绿色农业、启动无公害蔬菜工程、减轻农民负担；加快申报“海丝”步伐、打造“海丝”旅游品牌、挖掘泉州历史文化和民俗文化、宗教文化，促进泉台旅游合作，发展大泉州旅游业；加强港口建设等建议。2. 城市建设方面。有加快行政区划调整，加快城市、乡镇规划建设，规范房地产业，加快旧城、旧村改造、市政建设，改善市容市貌，整顿菜市场、市区交通秩序，加强文化、科技、体育等公共场馆建设，规范公共场所、文化市场管理；加强城市园林绿化、污水垃圾处理，创建全国卫生城市等建议。3. 教文卫体工作方面。有加快发展职业技术教育、幼儿教育、民办教育、特殊教育，普及高中教育，加强中小学教师培训、中小学生道德品质教育，加强人才队伍建设；加强职业病防治、学校公共卫生监管，深化医疗改革，完善公共卫生体系建设，加强药品流通领域监管，建设新型农村合作医疗制度；扶持发展木偶、南音等文化事业等建议。4. 生态文明建设方面，有加强生态环境保护、晋江与洛阳江流域水资源治理保护、北渠供水系统与西湖水质保护，整治农村居住环境，重视水土保持、红树林植造，加强治理工业“三废”等建议。5. 社会法制及其他工作方面，有尽快办理旧城改造片区回迁户房产证，解决中侨集团职工医保问题，加快农村富余劳力转移，妥善解决劳资纠纷，加强保护外来农民工、失地农民、女职工、未成年人、归侨侨眷、少数民族的合法权益；加强农副产品质量监督，治理餐桌污染，加强社会治安综合治理，加强网吧、禁毒工作，预防青少年犯罪，打击制假、售假和经济诈骗等违法犯罪行为，发展养老机构，完善养老保障体系，建立大病统筹、医疗救助体系等建议。

十届市政协共收到提案2265件，经提案委二审立案2109件，其中一次会议474件，二次会议425件，三次会议446件，四次会议455件，五次会议465件。这些提案有党派团体提案529件，占提案总数的23.4%；委员提案1734件，占提案总数的72.6%。按内容分，有关经济建设方面的提案1215件，占提案总数的53.7%；社会事业发展方面的提案503件，占提案总数的22.2%。有关促进社会和谐稳定方面的提案499件，占提案总数的22.1%。提案的主要内容：1. 经济建设方面。围绕深入贯彻“海西”建设纲要、科学编制“十二五”规划、应对国际金融危机、支持民营经济发展、转变经济发展方式、建设经济强市、新农村建设、生态环境保护等事关发展大局问题，委员们提出以节能减排为切入点，发展循环经济，建设生态工业园区，主动承接台湾新一轮产业转移，提升传统产业，做大石化产业，发展旅游业、现代物流业；建设企业信用网，推动企业改制上市，建立中小企业融资担保基金，发挥驻外异地商会作用；加大晋江、洛阳江和滨海沙滩、近海水域污染整治力度，保护水资源，建设生态型城市；发展现代农业，加强镇村规划，实施清洁家园行动，整治农村污染，建设社会主义新农村等建议。2. 社会事业建设方面。以改善民生为重点，提出加大农村教育投入，合理配置教育资源，促进义务教育均衡发展，规范民办学校办学行为，整治校园周边环境，重视学校石结构危房改造；加大医疗卫生投入，完善乡镇社区卫生服务体系，改善基层医疗机构人才状况，提升基层医疗机构服务功能，大力发展中医疗事业，规范医疗陪护行业，加强职业病防治，关注医疗纠纷，创建和谐医疗环境；重视闽南文化的保护、促进泉台文化交流，重视公益性群众文体活动场所建设以及加强知识产权保护等建议。3. 城市建设管理方面。提高城市规划水平，完善城市功能布局，优化提升晋江西岸滨江建设，整治公交“黑尾巴”，完善公共交通基础设施，修整非机动车道和人行道，解决中心市区交通拥堵问题；加强内沟河管理，加快古城保护和改造，开展主要街道和景点人文景观整治，创建数字化城市管理模式等建议。4. 促进城市和谐稳定等方面。加强有关法律宣传教育工作，加强基层派出所和乡镇司法所建设，建设法律援助体系，开展社区矫正工作，加强食品药品安全监管工作，落实社区职能、构建和谐社区，维护“新泉州人”权益、营造和谐用工环境，规范物业管理，打击“六合彩”“黑诊所”和“虚假广告”等违法违规行为，推进农村基本养老保险工作，完善社会保障体系，帮扶散居贫困归侨，加强与海外华侨华人新生代和留学人员的联络联谊工作，加强青少年思想道德教育等建议。

二、提案办理

为办好委员提案，六届市政协提案工作委多次会同市委办、市政府办联合召开县（市、区）、市直各部委办局负责同志会议，商讨委员提案的办理工作，直接将提案提交有关部门办理。同时，编印《委员提案办理情况选编》，印发全国和省政协有关提案办理工作的文件、资料，指导、敦促各部门认真办理委员提案。为提高提案办理质量，1987 年 8 月 5—7 日，提案工作委在德化县召开县（区）政协办理委员提案工作座谈会。会议传达学习全国政协〔1987〕13 号文件精神，听取德化县政协、县建委、县教育局和各县（区，晋江县缺席）办理政协委员提案工作的情况与经验介绍。通过学习交流，明确提案工作规范化、制度化的努力方向和基本要求，增强做好提案工作的信心，进一步提高提案办理水平。省政协特地派员到会指导，通报情况，帮助总结经验，并以闽协办〔1987〕068 号文件通报全省，肯定泉州市政协办理提案的 3 条基本经验。

市政协六届一次至五次会议的提案 567 件，得到承办单位办复 543 件，办复率 95.9%。其中不少建议得到党政部门的采纳和实施。如，重建威远楼，筹建泉州电视台，及早建好泉州市新图书馆，兴建侨乡儿童医院，制止锦砖厂环境污染行为，整顿清理社会个体、集体批发企业，严厉打击制造假肥料的不法行为，试行校长责任制，尽快成立泉州市文联，加强对医务人员的医风医德教育等。庄清桂、庄亚华、李登俊、王文英等委员联名提出的关于《做好泉州旅游区建设规划和旅游点的公路修建》提案，引起省旅游局和市政府的重视。1986 年 8 月 27 日，市政府召开扩建工程筹备会议。

会后，启动北门至老君岩风景区的公路拓宽工程。市旅游局根据政协的提议，制定泉州“七五”旅游事业发展规划，计划集中开发以市区50公里文化圈和崇武古城、石井郑成功史迹、安溪清水岩、德化古瓷都各具特色的旅游区，并开辟古街游、民俗风情及“海上丝绸之路”等多种旅游项目。

七届市政协认真贯彻全国和省政协《提案工作条例》，不断完善提案工作程序和各项制度，提高提案质量和办理效率。1. 加强对提案的审理，邀请市委办、市政府办、市信访局同志参加提案审理工作，使提案的分类更合理。2. 密切配合市委办、市政府办，采取归口交办、跟踪追办、个别交办、“热线”催办的形式，提高了办案效率。3. 对一些旧、难、重要提案，采取调查、视察、走访的形式，请承办单位、提案人、提案委领导深入了解情况，共同协商，现场办案。市政协七届一次至五次会议提交的548件提案，除1991年延缓一二个月外，均在交办3个月期限内答复，办复率达100%。《关于严禁在鲤城区燃放鞭炮的建议案》《关于缓解泉州新大桥两端交通拥挤的建议案》《关于理顺清源山风景区管理体制，加强景区管理的建议案》《关于加强对晋江水资源的保护》《关于进一步加强泉州市社会治安工作的建议案》《依法加大泉州市区交通管理与建设力度的建议》等一批提案，被市委、市政府采纳。

八届市政协一次至五次会议提交的1677件提案，办复率达100%；其中127件重要提案，采用率接近100%。主要经验：1. 政协主要领导把提案工作纳入重要议事日程，亲自调阅重要提案，多次召开主席会议听取汇报，建立正副主席领衔督办重要提案新机制，加大督办力度。2. 加强建章立制，努力做好提案办理过程中的跟踪了解、协调督办、反馈落实工作。1997年制订《关于加强提案工作的意见》《泉州市政协提案委员会工作简则》，明确了具体规定，使之有章可循。提案法制委采用“二审立案”的办法，严把提案质量关。开辟《提案摘报》，活跃提案工作。加大对提案工作的宣传报道，形成提案工作的民主监督与新闻舆论监督的有机结合。3. 市委、市政府的重视和支持。1995年12月11日，市委下发《关于进一步加强人民政协工作的意见》，要求各级党组织进一步重视和支持政协工作，认真办理政协提案。1995年5月，市政府办发出《关于认真办理人大代表建议、政协委员提案工作的通知》，1996年1月发出《泉州市人民政府关于进一步加强政府与政协联系的通知》，要求政府系统有关职能部门认真办理政协委员提案。市委书记、副书记，市长、副市长阅批重要提案，对承办单位提出具体要求；有关部门领导亲自把关，责任到人，逐条逐项抓落实。如，办理《尽快清理违章建筑，重现市区体育公园昔日风采》提案，副市长周焜民、黄少萍亲自抓落实。市农工党《关于建立健全泉州市120急救呼叫中心的建议》、市民盟《关于大泉州建设构想》、市民革《关于进一步争创泉州成为全国优秀旅游城市的建议》等提案，都得到党政领导和有关部门的重视和采纳，并在《泉州晚报》刊登提案内容和办理情况。4. 运作“一号提案”，展示人民政协的整体水平。由市民革、民盟、民建、农工党、致公党联合提出的《办好“’98中国国内旅游交易会”，创建中国优秀旅游城市》和8个民主党派联合提出的《精心实施晋江下游防洪工程，提高历史文化名城品位》提案，分别被确定为1998年、1999年的“一号提案”。市政协对办理工作进行连续视察、跟踪、评议，及时提出意见和建议，新闻单位作充分报道。

九届市政协立案的提案分别送交107个单位承办并全部办复。市政协高度重视提案办理工作，主要做法有：1. 督办落实，增强提案办理工作实效。提案委通过多形式、多渠道，积极推动提案办理落实。一是民主监督促落实。在提案办理中，坚持政协正副主席督办重要提案制度，对往年未能落实的重要提案继续关注，进行跟踪督办，促进提案的落实。如，事关千家万户利益的重要提案《尽快解决旧城改造片区回迁户房产证办理难问题》，涉及市区11个旧城改造片区8685套房产证办理难的问题，各民主党派连续4年提出提案；市政协正副主席会同市民主党派、市政府领导和有关部门，现场了解办证情况，加大督查力度；有关承办单位认真办理，终于促使问题得到妥善解决。二是关注民生重落实。对涉及人民群众切身利益的热点难点问题，持之以恒抓落实，取信于民见成效。2002年、2003年度市政协对列入重要提案的《抓紧解决中侨集团职工医保问题》，多次组织调研，与有关方面和职工探讨解决问题的方案。2004年6月，中侨集团11000多名职工终于办理“医保卡”。三是联系沟通抓落实。每年全会期间，精心挑选事关大局或群众根本利益且“三性”（政治上的严肃性，事实分析上的科学性，解决问题的可行性）强、能产生较好社会效益和经济效益的提案，编印《提案摘报》，呈送市委、市政府、市政协领导阅批，使提案办理进入高层运作，引起承办单位重视，增强办理成效。九届市政协共编发《提案摘报》113期，市领导先后在《提案摘报》和重要提案上作出200多次批示。同时，采取走访提案承办大户、召开重要提案办理协商会、参与“两见面、三结合”（提案承办单位在办理过程中，与提案人联系和交谈，与提案领衔人及部门负责人协商对话）办理座谈会等办法，加强提案办理的针对性和准确性，提高提案办理实效。6年间，共召开重要提案办理协商会6场次，围绕重要提案办理工作开展调研视察座谈会65场次，走访承办大户37

个。2. 务实创新，促进提案工作“三化”（制度化、规范化、程序化）建设。一是推动工作制度化。先后制定和修改《政协泉州市委员会提案工作实施办法》《评选优秀提案的决定》《评选表彰提案办理先进单位和先进工作者的办法》《泉州市政协办公室关于认真办理政协提案的意见》等，形成征集、立案、交办、反馈、重点督办、跟踪落实等操作有序的工作制度。二是开展评议规范化。三是实现办公程序化。3. 加强宣传，扩大提案工作社会影响。一是政协组织搭平台。充分发挥《泉州政协》《全会文件汇编》《提案工作简报》等内部刊物及《政协网站》的宣传作用，向委员和各界人士大力宣传政协委员、党派团体运用提案积极参政议政的典型事例，宣传提案关注的重点、热点、难点问题，宣传提案办理情况及提案产生的作用，提高全社会对政协提案工作的认知度、支持度和关心度。二是先进典型做示范。6 年间，共推荐、确定重要提案 45 件，评选表彰优秀提案 60 件，表彰提案办理先进单位 29 个、先进个人 16 名。三是新闻媒体广造势。《人民政协报》《泉州晚报》先后作出近 10 次专题报道，在社会引起良好的反响。

市政协十届一次会议 474 件提案交 94 个承办单位，均在规定时限内办理答复完毕，办复率 100%。截止第二次会议召开时，提案所提问题已解决或列入计划准备解决的有 355 件，占 75%。收到委员反馈件 291 份，表示满意或基本满意的 289 份，满意率 99%。第二次会议 425 件提案送交 105 个承办单位办理，办复率 100%。截止第三次会议召开时，有 268 件提案所提问题已经解决或基本解决，占 63%；有 89 件提案所提问题正在解决或已列入计划准备解决，占 21%；其余提案所提问题因受当时条件限制等原因，只能以后解决或作为参考。收到反馈意见 341 份，其中表示满意的 270 份、基本满意的 63 份、不满意的 8 份。不满意件经过承办单位重新办理，提案人均表示基本满意。第三次会议 446 件提案送交 94 个单位办理，办复率 100%。230 件提案的提案人对办理情况提交反馈意见，提案委收到反馈意见表 370 份，其中表示满意的 285 份，基本满意的 79 份、不满意的 6 份。6 份不满意的经过承办单位重新办理，提案人均表示满意或基本满意。第四次会议 455 件提案，送交 92 个单位办理，办复率 100%。收到反馈意见 286 份，其中表示满意 212 份、基本满意 67 份、不满意 7 份。经重新办理，6 件提案的提案人表示满意或基本满意，1 件不满意。第五次会议 465 件提案，办结率 100%，提案人均表示满意或基本满意。

十届市政协按照“围绕中心、服务大局、提高质量、讲求实效”的提案工作要求，加强组织领导，注重统筹协调，不断开拓创新，努力提高提案质量、办理质量和服务质量。1. 领导重视，切实加强提案工作。一是党政领导亲自抓。针对委员应对金融危机提出的近30件提案，市委、市政府主要领导多次与企业家委员面对面沟通情况、商讨应对国际金融危机措施。市政府召开专题会议听取有关单位汇报重要提案办理情况，市政府主要领导在会上要求各承办单位要进一步健全工作机制，紧抓“办前、办中、办后”三个环节，深入调查研究，切实解决问题。二是多种形式重点抓。采取主席会议协商确定重要提案、正副主席领衔督办重要提案、政协常委会听取市政府通报提案办理情况，表彰优秀提案、提案办理先进单位和先进工作者等形式，提高提案工作水平。5年间，市政协正副主席共领衔督办54件重要提案，评选表彰69件优秀提案、38个先进承办单位和65名先进工作者。三是总结提高常态抓。召开提案工作座谈会，回顾总结提案撰写和办理的做法、经验。2. 夯实基础，扎实提高提案质量。一是组织学习培训；二是经常通报情况；三是开展视察活动。3. 探索创新，致力提高服务水平。一是及时报送《提案摘报》，不少《提案摘报》得到市委、市政府领导的批示；二是加强沟通联系；三是开展提案办理“回头看”工作；四是列入绩效考评内容。4. 加强宣传，不断扩大社会影响。

第二节 学习 宣传与理论研究工作

开展学习、宣传与理论研究，是市政协的基础性工作和重要工作任务，也是市政协的优良传统，为提高政协委员文化理论素养、思想政治素质，巩固共同政治基础、增进各界团结，扩大政协影响、树立政协形象，提升政协组织与政协委员的履职能力，发挥重要作用。

一、组织学习

学习是人民政协工作的重要组成部分，也是人民政协的优良传统。人民政协的学习，坚持自己提出问题、自己分析问题、自己解决问题的原则，实行不抓辫子、不打棍子、不扣帽子政策；提倡解放思想、实事求是、畅所欲言、求同存异、增进共识。

市政协坚持自学与集体学习相结合，采取举办学习会、专题报告会、讲座、座谈会等形式，组织委员学习马列主义、毛泽东思想、中国特色社会主义理论，学习中国共产党的路线、方针、政策及时事政治，学习统一战线和人民政协的基本理论、基本知识和有关规章制度，学习与履行政协职能相关的法律法规、经济、科技、历史知识等。

六届市政协除了主席会议、常委会议、全体会议及市政协机关干部、职工大会统一组织学习党的文件和重要会议精神外，又于1988年1月4日，成立“学习中心组”，由一位副主席和一位副秘书长负责，吸收各民主党派负责人、政协正副秘书长、专职常委、办公室正副主任参加。在学习中坚持以自学为主、集中讨论为辅，不定期地编印《学习参考资料》，分发理论信息。1987年2月12日，市政协学习委编印《学习参考资料》第一期，同全国62个历史文化名城建立交换资料的关系。同时，为每位委员征订《人民政协报》，供学习参考。学习委经常围绕党的政治工作中心，如围绕学习中共十三大、十三届三中、四中、五中、六中、七中全会精神，制定学习计划并分发各位委员，通过专题辅导报告会、讨论会、座谈会等形式，组织委员学习理论。如请中共十三大代表、市政协办公室副主任柯莲妹传达中共十三大精神；举办关于经济体制改革问题、我国历史上对外开放的经验教训、学习中共十三大文件、对台工作、有关东欧国家剧变等辅导报告。学习委不定期印发《学习简报》，交流学习情况。

1989年初，中共中央转发《政协全国委员会关于政治协商、民主监督的暂行规定》。这是贯彻中共十三大提出的坚持和完善中国共产党领导的多党合作和政治协商制度的具体体现。市政协先后在主席会、常委会、县（区）政协工作座谈会上组织学习讨论，从而进一步认识协商、监督的目的、内容、形式和程序，增强做好政协工作的信心。根据泉州实际和各方面意见，市政协起草《政协泉州市委员会关于贯彻实施〈政协全国委员会关于政治协商、民主监督的暂行规定〉的意见》，经过市各民主党派和市政协各专门委员会、秘书长会议、常委会议、主席会议充分讨论，反复修改，呈报市委批转各县（区）委和有关部门参照执行。

七届市政协在鼓励委员发扬自觉学习和自我教育优良传统的基础上，根据各个时期的政治形势，组织开展多种形式的学习活动。市政协把学习邓小平建设有中国特色社会主义理论摆在首要位置，组织委员开展三次较大规模的学习《邓小平文选》活动，比较全面地学习《邓小平文选》的主要内容，重点学习邓小平南巡讲话精神。结合学习《邓小平同志建设有中国特色社会主义理论学习纲要》，紧密联系形势和任务，对解放思想、实事求是的思想路线；社会主义本质特征的科学论断；关于把握机遇加快发展，分三步走实现现代化的战略任务；关于“两手抓、两手都要硬”的基本方针等理论精华有了深刻的理解和领会。与此同时，组织常委和委员认真学习中共中央十四大以来的路线、方针、政策，多次举行学习报告会，及时传达中共学习中共中央重要会议精神，增强委员贯彻执行党的基本路线的坚定性和自觉性。始终重视抓好统战理论和政协工作知识的学习，通过各种例会和活动，传达中央统战工作会议和全国政协会议的有关精神。为方便自我学习，七届市政协共编印《学习参考资料》12 期、《学习简报》10 期，并为每位委员订阅《人民政协报》。1995 年，重新恢复“学习中心组”制度，市政协正副主席和各民主党派、有关人民团体主要负责人坚持每月中旬集中学习一次，在及时了解掌握中国共产党和国家大政方针，统一思想、增进共识等方面取得很好效果。

八届市政协任期的 5 年，恰逢国际国内形势发生深刻变化。面对纷繁复杂的新形势，学习中心组开展专题学习 30 次，视察活动 10 次、外出学习取经 1 次。市政协常委会不断加强政治理论学习和形势教育：一是牢固确立邓小平理论的指导地位。通过举办学习报告会、座谈会、研讨会、专题讲座、参观考察等活动，自觉用邓小平理论和中共十五大精神武装头脑，更加坚定建设有中国特色社会主义的理想和信念。1996 年，市政协把精神文明建设摆在履行职能更加突出的位置，全年召开 6 次常委会议，其中 3 次重点探讨全市的精神文明建设工作。11 月 7 日，市政协八届四次常委会议讨论通过《关于学习贯彻中共十四届六中全会精神的决议》。决议表示，一致拥护中共中央十四届六中全会作出的《关于加强社会主义精神文明建设若干重要问题的决议》，完全赞成《泉州市“九五”期间社会主义精神文明建设规划》。会议号召，全市各级政协、政协各参加单位和全体政协委员，要认真履行新时期人民政协职能，积极参政议政，为开创社会主义精神文明建设新局面作出新的贡献。二是深入学习中共统一战线和人民政协理论。结合新形势新任务，组织委员学习中国共产党三代领导人关于人民政协的论述，学习江泽民总书记在庆祝人民政协成立 50 周年大会上的重要讲话，进一步加深对中共统一战线理论的理解，增强履行三大职能的责任感。同时，组织委员参加市政协举办的 5 场较高层次的研讨会，参加市政协和市直有关单位举办的 8 场经济和法律讲座，努力提高参政议政水平。三是切实加强政治思想教育。1999 年 6—12 月，按照市委的部署和要求，市政协领导班子、机关处级班子和党员领导干部，分别开展以“讲学习、讲政治、讲正气”为主要内容的党性党风教育。“三讲”学习教育经历“思想发动，学习提高”“自我剖析，听取意见”“交流思想，开展批评”“认真整改，巩固成果”等4个阶段。市政协领导班子和领导干部认真查摆1992年以来在党性党风方面存在的突出问题，深刻分析存在问题的思想根源，从加强理论学习、坚持民主集中制、提高履行职能的水平、做好台港澳侨的联络工作、推进政协工作规范化、制度化等7个方面，制定19条整改措施。市政协机关处级班子和领导干部也从坚定理想信念、增强服务意识、发挥参谋作用、提高工作效率等方面提出整改措施。2000年4—10月，市政协领导班子、机关处级班子和领导干部先后分别开展“三讲”教育“回头看”活动。在“回头看”活动中，认真组织学习、深刻领会、努力实践“三个代表”重要思想，同时开展“致富思源”“富而思进”教育，引导党员干部对照“三个代表”要求查找差距，不断增强党性修养，奋发作为，充分发挥党员的先锋模范作用。四是开展形势教育。1997年5月中旬，举行香港回归问题报告会。邀请香港《文汇报》副总编张晴云、《香港经济导报》总编陈可焜作香港回归形势报告，加深对“一国两制”“港人治港”政策的了解。同时，组织愤怒声讨以美国为首的北约轰炸我国驻南联盟使馆的野蛮行径；坚决拥护中共中央关于处理和解决“法轮功”问题的重大决定，深入揭批“法轮功”的邪教本质和种种罪行；坚决批判李登辉炮制分裂祖国的“两国论”，积极做好反对分裂、促进统一的工作。在严肃的政治斗争中，广大政协委员旗帜鲜明，立场坚定，经受锻炼，增强素质。

九届市政协把加强学习、建设学习型政协作为自身建设的首要任务，组织广大委员和机关干部以学习中心组和政协各种例会为平台，把学习邓小平理论和“三个代表”重要思想进一步引向深入。在2002年11月中共十六大召开前，市政协机关兴起学习贯彻“三个代表”重要思想新高潮。2005年1—5月，市政协机关组织开展保持共产党员先进性教育活动。先进性教育活动经历“学习动员”“分析评议”“整改提高”三个阶段，重点找出党性党风方面存在的一些突出问题和发挥先锋模范作用的主要差距，制定实施18条整改措施，达到预期效果。同时，坚持以组织座谈、专题辅导、观看录像讲座、参加知识竞赛等形式，组织学习中共十六大以来历次中央全会精神以及新修订的《政协章程》《中共中央关于加强人民政协工作的意见》；学习统一战线和政协理论、时事政治和国家法律法规等方面知识；学习贯彻第三次全省政协工作会议精神。6年间，共组织近20场次专题讲座，举办2期政协委员培训班。通过学习，进一步增强委员的政治意识、统战意识、创新意识和履行职能的责任意识、使命意识，增进各界委员在共同政治基础上的团结，提高参政议政和建言立论的水平。九届市政协第七次市、县（市、区）政协主席工作座谈会组织交流学习中共十六大精神的做法和体会，推动市、县两级政协的学习。《泉州政协》持续开辟专栏发表领导、委员在各个学习活动中的心得体会，进一步推动学习型政协建设。

十届市政协以建设学习型政协组织、学习型党组织为抓手，不断丰富学习内容，创新学习形式，扎扎实实地开展各项学习活动、创先活动，不断提升市政协机关建设水平。2008 年 9 月—2009 年 2 月，以市政协党组领导班子和市政协机关处级以上党员干部为重点，开展深入学习实践科学发展观活动。学习实践科学发展观活动经历“准备环节”“学习调研阶段”“分析检查阶段”“整改落实阶段”“总结和测评环节”，查找出市政协工作与科学发展观不相适应的 5 个方面突出问题，制定实施 5 条整改措施，顺利完成学习实践活动工作任务。2010 年 1 月起，在市政协机关组织开展学习型党组织建设和创先争优活动，取得明显成效。同时，深入贯彻落实《中共中央关于加强人民政协工作的意见》（中发〔2006〕5 号），先后两次配合中共福建省委督查泉州市贯彻落实中共中央 5 号文件的情况，有效推进政协履行职能的制度化、规范化、程序化建设。认真学习胡锦涛总书记在庆祝人民政协成立 60 周年大会上的讲话，深刻领会精神实质，不断增强责任意识、大局意识、宗旨意识、团结意识、创新意识，提高履职能力。从泉州实际出发，充分发挥各党派、团体、各民族、各阶层、各界人士的作用，为泉州发展献计出力。市政协文史和学习宣传委紧跟形势，坚持政治性和可读性相结合，既注重思想性、权威性，又注重文章的通俗性和可读性，及时编辑《学习资料》分发至市政协委员、市政协机关全体干部职工和各县（市、区）政协，努力推动委员和机关干部的学习，切实帮助委员和机关干部了解形势、熟悉政情，提高知情知政水平和参政议政能力。2011 年，市政协通过邀请党校教授讲课、集体学习讨论、党性党课教育、撰写心得体会等形式，着重学习领会胡锦涛在庆祝中国共产党成立 90 周年大会上的讲话精神，并将学习贯彻讲话精神和深入贯彻《中共中央关于加强人民政协工作的意见》作为加强市政协党组和领导班子建设的重要内容，贯穿创先争优活动中，不断推进思想建设、组织建设、作风建设、制度建设和反腐倡廉建设。

二、宣传工作

1986 年，市政协创办《泉州政协》通讯、《情况反映》《政协动态》等机关刊物，及时反映各专门委员会、工作组的活动情况，交流经验，加强与兄弟省、市政协的联系沟通，增进委员的相互了解。7 月，会同有关部门总结宣传德艺双馨的高甲名丑、省政协委员柯贤溪从艺70周年的先进事迹。还利用《泉州政协》通讯，报道政协委员中在各自岗位上为两个文明建设服务的典型人物事迹，在社会上产生良好的影响。1991年1月22日，《人民政协报》第二版以《泉州市政协为发展外向型经济办实事》为标题，报道市政协寓服务经济建设于三胞联谊工作中，为泉州市兴办“三资”企业、发展公益事业搭桥铺路的先进事迹。

七届市政协积极争取新闻媒体的支持，通过《泉州晚报》、泉州电视台，并利用本会刊物，加大力度宣传报道市政协的重要活动、工作实绩，扩大政协的社会影响。1995年政协工作在《泉州晚报》头版刊发报道44条，在泉州电视台播出31条。

八届市政协进一步加强宣传工作。1996年12月19日，在《人民政协报》刊出泉州政协专版，介绍八届市政协的工作思路，贯彻全国政协《规定》和履行职能的经验，以及各界别委员为泉州市两个文明建设建功立业的事迹。1997年，市政协与泉州晚报社、晋江、南安、石狮、惠安等市、县政协合作，编辑出版《拼搏·奉献·中国心》一书，热情赞颂首届香港特区政府推选委员会26位泉籍推委在香港回归进程中的特殊贡献，并于1997年12月7日，在深圳举办该书首发式。1998年8月，中央8家新闻单位抵泉采访报道市政协工作经验。9月24日的《人民日报》和9月25日的《人民政协报》分别刊登《参政议政落到实处》《知情出力　参政议政》文章，介绍泉州市政协召开两场研讨会，为泉州市应对金融危机、改善经济结构、扩大市场空间、提高竞争力出谋献计的新举措。同年，市政协还与泉州晚报社合作，在《泉州晚报》上开辟“泉州籍澳门特区第一届政府推委，全国、省、市政协澳门委员风采录”专栏，系列介绍22位泉籍澳门人士立足澳门、艰苦创业的事迹，褒扬他们爱国爱澳爱乡的情怀。澳门回归前，上述稿件结集为《映日荷花分外红》正式出版，并在珠海举行首发式。2000年初，市政协办公室与市委宣传部共同制定《关于进一步加强政协宣传工作的意见》，促使政协宣传工作进一步纳入制度化轨道。各级新闻单位密切配合，积极宣传报道市政协工作。

九届市政协设立学宣委，作为市政协负责宣传工作的专门机构。2001年，市政协领导高度重视，精心策划，突出重点，体现特色，注重质量，进一步加大对一年一度的全体会议进行全方位宣传报道；对主席会议、常委会议进行重点报道；对各专门委员会的活动进行专项报道；对政协的重大参政议政活动和重大调研成果，如“增进精神文明建设实效”课题调研，进行一系列宣传报道，对委员典型事例进行专题报道；对正副主席督办10件重要提案进行追踪报道，力求做到政协活动报刊有载、电视有影、电台有声、简报有文。据不完全统计，2001年《泉州晚报》报道政协活动115篇，泉州电视台198条次，泉州人民广播电台播出56篇。2001年12月5日的《人民政协报》推出宣传专版，宣传泉州市改革开放、经济建设的辉煌成绩，报道泉州市政协切实有效履行职能的典型经验。报道稿入选《中国市县政协工作集粹》。2002年，市政协继续加强宣传工作。据不完全统计，当年报道市政协工作仅《泉州晚报》达113篇，泉州电视台186条次，平均每星期3次以上。其中，包括同《泉州晚报》《泉州电视台》合作，策划、采编政协全体会议上9名香港和泉州市知名企业家委员的议政建言、诚信研讨报告会、主席督办提案专题和省电视台《提案追踪》专题；协助组织第一次宽带网全会实况直播；协助组织《WTO知识省专家巡回报告会》；配合《人民政协报》民营周刊二度组织专版，宣传泉州市诚信建设成就等活动。诚信建设报告会得到国内媒体高度关注，被称为国内首次举办的该类型报告会，14家媒体派记者追踪采访，《新华网》和《中国市场》10月号还进行全程专访介绍。2003年，市政协抓住工作中心、主要环节，努力提高宣传工作质量。据不完全统计，《泉州晚报》报道市政协工作110篇，泉州电视台178条，平均每星期3次以上。其中，包括同《泉州晚报》、泉州电视台合作，策划、采编第二届闽南文化研讨会、闽南文化网站建设、房产证办理提案督办、民办高校发展课题调研等专题，协助组织宽带政协全会实况直播。第二届闽南文化研讨会召开期间，国内媒体给予充分关注，中央电视台、中央人民广播电台、《海峡之声》《人民政协报》《福建日报》等媒体都给予报道。《一“少”二“多”看新风》等宣传市政协工作的3篇新闻稿，荣获第8届福建省宣传人民政协年度好新闻二、三等奖。2005年7月21日，市委召开第3次全市政协工作会议后，泉州市各种报刊、电台、电视台加强对政协工作的宣传，突出反映政协履行职能的新成效和政协委员建功立业的事迹。各家新闻媒体精心组织对政协例会、重大协商意见建议、民主监督和调研、视察成果的宣传。2005年7月和11月，省政协办公厅、省委宣传部联合组织在闽主流新闻单位，对泉州市政协工作进行宣传，作采访报道。市委书记、市长、市政协主席分别接受采访。学宣委积极配合，做好组织联络工作，确保采访活动圆满成功。《人民政协报》《福建日报》《政协天地》《福建画报》、福建电视台、福建人民广播电台等媒体刊发报道20多篇，重点宣传泉州市各级党委重视、政府支持政协工作的情况，政协委员在各条战线建功立业的风采，政协主动履行三大职能的主要做法、经验和为推动泉州市全面建设宽裕型小康社会、构建社会主义和谐社会发挥作用等方面的情况。2006年，市政协继续密切同党委宣传部门和各级新闻媒体的联系与合作，创新形式，加强宣传工作，扩大政协组织的影响力。4 月 28 日，由市政协举办的“海峡情—当代中国书画名家精品展”，在泉州海峡文化交流联谊中心一期工程落成典礼中隆重展出。9 月，学宣委联合人民日报华东分社泉州记者站，赴广西、云南、四川、重庆等地采访泉籍异地商会。通过采访，宣传弘扬泉籍工商界人士的拼搏创业精神，增进泉籍异地商会与市政协的联络，既开阔眼界，又拓展工作思路。2006 年，以党中央、国务院、全国人大《关于加强社会治安综合治理的决定》发布 15 周年为契机，学宣委与社会和法制委密切配合，搞好各项综治宣传活动，为创建“平安泉州”营造浓厚的舆论氛围。九届市政协届期 6 年间，与各新闻媒体合作，推出一批有份量、有影响的新闻稿件，在《人民政协报》《政协天地》等全国、省级报刊，多次刊载宣传泉州市政协工作的文章。经学宣委选送的《民生千钧重，点滴在心头》《政协委员呼吁建立少儿重症互助基金》《加强环境保护，警惕肿瘤年轻化》《恳亲盛会一访台日记》等 17 篇新闻稿件，分别荣获省级政协年度好新闻二等奖、三等奖。

十届市政协主要从 6 个方面加强宣传工作：一是加强配合宣传。密切同党委宣传部门和各新闻单位的联系，把政协宣传工作纳入全市宣传工作总体计划和重要议程；经常听取新闻单位的意见和建议，主动提供报道线索，共同策划重点宣传报道选题；及时报道宣传市政协的重要工作和会议活动，以及政协委员为泉州市经济社会发展作贡献的先进事迹和参政议政的成效。如，2007 年，与地方媒体合作推出的《讲热点，诉难点，市民不断拨热线》《新委员，新声音，新希望—市政协十届一次会议开幕侧记》《市区交通解堵系列报道》（8 篇）、《八党派联合提案“生命闸”续新生》等新闻稿件，分别荣获省政协 2007 年度好新闻二、三等奖。《温总理送我手表》获得省政协 2009 年度好新闻一等奖，并推荐参加全国政协好新闻评选；《根治“拉链路”顽症，政协委员开良方》获得省政协 2009 年度好新闻三等奖。据不完全统计，每年泉州主流媒体对市政协工作的宣传报道近 400 篇，有力地提升政协工作的社会影响力。二是加强会议宣传。每年政协全会是政协活动的重点，也是政协新闻宣传工作的热点。会前，文史和学习宣传委邀请有关新闻单位领导和记者召开座谈会，商讨确定宣传报道方案；在全会召开过程中协助确定节目播出日程；组织力量采访委员，展示委员的履职风采；策划政协工作专题报道，扩大政协工作的知名度，有序开展市政协重大会议的采访报道。三是拓展渠道宣传。一年一度的全会期间，在互联网上就实现科学发展观、构建和谐泉州等话题与市民交流意见；在报刊上通过新闻快递、直通两会、话说两会等与市民探讨问题；通过热线电话等与市民沟通信息，实现会场内外、委员与市民的互动，展示委员与市民心心相通、共建和谐社会的崭新面貌。四是加强亮点宣传。及时组织新闻单位宣传报道市政协重要提案督办、委员界别视察工作中的创新做法、政协委员的积极建言献策，以及政协委员提出各项提案、社情民意、调查研究、提案督办等活动，在社会上引起强烈反响。如：2009 年，把政协主要领导和政协常委会关注企业“三大转变”、妇幼卫生、药品食品安全、环境污染、帮扶困难群众等人民群众最关心、最直接、最现实的利益问题，以及为此所做的工作、开展的活动作为报道重点，取得宣传新成效。五是加强经济宣传。市政协联合新闻媒体，以独特的视角、清新的文风，多层次报道泉州民营经济发展历程。如：2008 年，文史和学习宣传委积极配合《人民政协报》驻福建记者站到晋江实地调研，采访企业和企业家，收集第一手材料，切实感受 30 年来侨乡经济社会发展的巨大变化。11 月 14 日，《人民政协报》以《侨乡大舞台・一个关于创造奇迹的福建著名侨乡晋江》为题，在第一版“看东方・改革开放 30 年系列报道”栏目刊登。该文报道曾经因为贫穷、不少人被迫出外谋生的晋江，自改革开放以来所取得的辉煌成就、发展道路的探索、主要做法和经验、今后发展的战略设想。报道充满信心地指出，这个曾经创造中国经济“晋江模式”的侨乡，将会带给人们更多的启示和惊喜。由市政协主管、市政协文史和学习宣传委与有关单位联合编办的《泉州企业家》杂志，大力宣传热情好客、爱拼敢赢、文明诚信的泉州精神，总结推广企业发展的成功经验，拓展平台宣传泉州企业家；展示泉州人爱拼敢赢的精神风貌和泉州民营企业的健康发展；鼓励泉州企业家积极投身海峡西岸经济区的建设大潮。至 2010 年，《泉州企业家》杂志出版 7 期，并扩大发行范围。六是加强对外宣传。2010 年，文史和学习宣传委完成两篇调研文章，先后在安徽蚌埠召开的全国 22 城市政协横向联系会议和在湖南长沙召开的全国历史文化名城保护联系会议上作大会交流。2011 年，市政协在安徽滁州、辽宁辽阳召开的全国二十四城市政协横向联系会议上，分别作“提高履职水平”“促进社会和谐”等方面内容的经验交流；在全省九市政协主席二十一次、二十二次工作座谈会上分别作“加强县级政协自身建设”“提高政协工作科学化水平”等方面内容的经验交流。通过交流，让兄弟省、市政协进一步了解泉州在海峡西岸经济区建设的重要地位和政协工作的主要成效。

三、理论研究

1998 年，市政协在《泉州政协报》开辟理论研讨园地，共刊登政协委员 29 篇理论学习文章。

1998—2000年，市政协牵头举办“东南亚金融形势与泉州经济发展研讨会”“泉州商品国内外市场研讨会”“泉澳经济合作研讨会”“政协为经济建设中心服务理论研讨会”“海峡西岸经济建设与高等教育研讨会”等5场较高层次、较大规模的专题研讨会，邀请来自北京、福州、厦门和港澳台地区一批专家学者到会演讲，并共同探讨有关问题，以拓宽政协工作视野、理清政协工作思路。

1999年9月23—24日，市政协为庆祝人民政协成立50周年，举办“新时期人民政协如何服务经济建设中心研讨会”。市政协和各县（市、区）政协、市各民主党派提交的18篇论文，从不同角度回顾总结服务经济建设的新思路，对泉州市经济社会发展提出50条具体建议。

2000年10月，泉台民间交流协会、华侨大学、台湾亚太综合研究院、高雄大学联合在泉州举办海峡两岸“高等教育与经济建设”学术研讨会。21位专家、学者提交13份论文参加大会交流。

2002年，市政协与南安市政协等单位联合举办“郑成功与台湾”学术研讨会，数十名台湾老中青学者应邀到会。研讨会共征集论文78篇，不少论文以翔实的史料和论据，进一步论证海峡两岸人民同根同文、密不可分的血肉关系。会议成果结集出版。

2003年9月13—15日，市政协和福建省炎黄文化研究会在泉州举办第二届闽南文化学术研讨会。

第三节　经济工作

市政协履行三大职能的重大目标任务之一，就是围绕中心、服务大局，尽一切努力，调动一切积极因素，同心同德，群策群力，针对全市经济建设中的热点、难点和焦点问题开展活动，全力参与和助推泉州经济发展，为建设现代化泉州作贡献。

一、农林水工作

1986年4月28日，市政协与市人大联合到晋江下游实地考察，针对河障严重等问题，提出的综合治理、科学管江、以法治江等建议得到市委采纳。

1989 年 1 月 13 日，市政协六届十四次常委会议针对有的地方毁田占地、粮食生产滑坡和农业生产体制改革、农村基层工作中存在的薄弱环节，提出对策建议。

1989 年，市政协经科委多次组织调研视察、召开全体成员会议，对市土地局起草的《泉州市城镇国有土地使用权有偿出让和转让暂行办法（送审稿）》提出修改意见。并听取市农委、农业局、农资公司关于泉州市农业生产情况通报，对进一步重视农业、扎实为农民办实事、大力发展农业提出意见建议。10 月 25—27 日，市政协六届十七次常委会议提出关于大力鼓励发展种养业、扶持发展农副业和生产基地建设等建议。

1990 年 6 月 18—21 日，齐世和、王文泰带领经科委成员深入永春县，视察猛虎柑桔场、天马柑桔场、北硿茶果厂、碧卿林场，听取对开发山区、发展林果生产、保持水土的情况汇报，并提出意见建议。10 月 31 日—11 月 14 日，王文泰带领经科委成员和市科委有关负责人，视察 7 个县（区）的科技兴农示范点，实地走访 11 个专业户、32 个项目，并针对存在问题提出建议。

1992 年 4 月 23 日，市政协经科委组织部分委员深入有关乡镇了解农业生产情况，形成《南安县农业生产视察报告》，提出扩大创汇农业基地、加强对重点扶持基金的监督管理、完善农村合作基金会等 7 点意见建议。同年，跟踪考察惠安县副食品基地建设情况。视察组深入蔬菜基地、禽猪专业户，既总结经验，又针对问题，提出 3 点建议。

1993 年，市政协围绕农业和农村工作开展调查研究。8 月 27—28 日，市政协七届十三次常委会议听取本市农业生产和农村工作情况通报，并开展讨论。与会常委围绕农业生产、深化农村改革和减轻农民负担等问题，提出 7 点意见，并以《情况反映》报送市政府，市长作出批示。

1994 年，市政协经科委选择泉州市农业生产、“菜篮子”工程建设、《农业法》实施、减轻农民负担、农田保护、科技兴农等课题，深入各县（市、区）开展专题调研。9 月 12—14 日，市政协七届十八次常委会议围绕科技兴农议题进行参政议政。与会常委提出加速建立良种基地、实现农业规模经营、充分发挥山区水资源优势，综合开发水利、水产、水果等项目，不断提高农副产品加工水平；抓住一二个战略项目进行攻关，采取倾斜调动农技人员积极性，真正发挥科技县和科技乡的作用，多渠道增加农业投入等 8 点建议。

1995 年，市政协在深入调研沿海县（市、区）“菜篮子”工程建设的基础上，总结 5 条经验，提出 4 点建议。市政府以《泉州要讯》专刊印发各县（市、区）党政领导参考。经科委围绕“稳粮增收保供给”要求，对农业发展问题进行一系列调研，就发现的问题向政府有关部门反映，协调解决，并办理 4 件实事。

1996 年 1 月 10—16 日，市政协组织部分常委、民主党派负责人和各县（市、区）政协分管经科委工作的副主席赴漳州市芗城、漳浦、东山、南靖等地考察高优农业情况，形成的考察报告向市政府提出若干建议，同时介绍几个宜于泉州市推广种植的农业品种。6 月下旬，市政协组织市各民主党派、商会、侨联负责人以及部分常委、农业界委员到晋江、南安调研了解农业规模经营与农业产业化情况。调研组总结农业规模经营与农业产业化的 3 条经验，针对存在的 4 个问题提出 4 点建议。6 月 25—26 日，市政协八届二次常委会议围绕推进本市农业产业化献计献策。与会常委还就市政协经科委提交的《发展（农业）适度规模经营，推进增长方式转变》调研报告，提出 4 点补充意见。市政协经科委长期关心“菜篮子”建设，提出许多有益的建议，被市政府授予“关心支持‘菜篮子’工作特别奖”。

1998 年，市政协先后组织开展加强农业基础地位、加快农业产业化步伐；发展现代农业、特色农业；泉台农业合作等专题调研。市政协八届十三次常委会议提出加快泉州市农业产业化步伐、加强泉台农业交流与合作的思路和对策。市政协八届十七次常委会议以农业和农村工作为主题，就农业增产、农民增收、农村稳定等方面提出许多意见。

1999 年 3 月，市政协以“农民增收和农村稳定”为课题，组织 6 个调研组深入 11 个县（市、区）开展调研活动，广泛收集社情民意。3 月 30—31 日，市政协八届十七次常委会议听取永春县委、县政府关于农民增收、农村稳定的情况介绍；参观永春城乡防汛工程建设、闽台农业合作示范场、蔬菜基地建设、新农村建设及精神文明建设示范街。在此基础上，就农民增收和农村稳定问题进行建言献策。还就调整农业结构、争创“两高一优”（高产、优质、高效）、科技兴农和扶持民办科研所、减轻农民负担等问题，开展调查研究，提出的许多意见建议得到市农委采纳和吸收，并以泉农委（1999）68 号文件印发有关单位抓落实。4 月 5 日，《政协信息》第 18 期对加强农业科技推广体系建设提出 6 点建议。《政协信息》第 19 期对搞好新农村建设提出 6 点建议。

2000 年 1 月 14 日，张章炳、曾惠华、何融融率领部分省、市政协常委深入洛江、丰泽、鲤城等地，视察旧村改造、新村建设和蔬菜基地，提出意见建议。4—5月，市政协农业农村工作委员会围绕泉州市“十五”期间农业结构调整开展专题调研。调研组先后深入6个县（市、区）、10个乡镇和20多个厂（场）了解情况。在分析总结泉州市农业存在7个主要问题、4个主要矛盾的基础上，提出7个方面42条具体建议。9月，组织委员考察华洲水产品市场、深沪渔港、石狮渔政、祥芝水产食品开发公司。委员就实施“发展海洋经济，建设海上泉州”的战略决策，提出3点建议。10月，围绕泉州市农村经济新增长点主题，市政协农村农业工作委员会与市农办联合组织调研组，深入安溪等县（市、区），在认真总结各地农业、农村结构调整的做法、成效和存在问题的基础上，提出培育新的经济增长点，大力发展农村经济等4点建议。

2003年7月14日，市政协邀请台湾农旺企业有限公司董事长、博士郑清亮作高科技农业学术讲座，传授台湾水稻、龙眼、茶叶等农作物的栽培技术、管理经验和方法。会后，郑清亮在有关领导陪同下，深入晋江、安溪、洛江等县（市、区）实地考察农业基地，洽谈开展科技推广试验合作项目。

2004年上半年，市政协与各县（市、区）政协、市各民主党派一起深入调研增加农民收入问题，形成17份发言材料。5月18日，市政协九届十九次常委会议探讨增加农民收入的途径和办法，形成《关于促进泉州市农民增收的意见和建议》，提出创新经营机制、加大科技投入、加大农业基础设施投入、加强泉台合作、发展特色农业、转移农村富余劳动力、统筹城乡发展、着力解决农民隐性负担等8个方面的思路建议，其中关于加大对“六合彩”的打击力度，遏制其在农村蔓延的建议被市委采纳，市政法委组织实施“平安泉州”一号行动。

2006年3月中旬至4月上旬，市政协围绕“建设社会主义新农村”课题组成5个调研组，深入各地农村乡镇村、学校、医疗所、农技部门、企业、农户、特色农业基地等，就推进新村建设、增加农民收入、提高农民素质、探索农村制度创新等4方面，开展广泛的调查研究，形成推进新村建设、增加农民收入、加强农村卫生教育基础建设、探索农村制度创新等4个方面、18份发言材料。4月20日，市政协九届三十一次常委会议交流课题调研成果，就推进农村建设、增加农民收入、农村制度创新等方面提出60多点建议。

2007年，市政协经科委组织市各民主党派、部分经济科技、农林水界政协委员到泉州森林公园实地视察，听取林业部门介绍森林公园建设情况。委员们在座谈会上提出要做好森林公园整体规划、增加投入、加强管理、加大宣传等建议。建设植物园，对于丰富市民文化生活、保护生态环境、提升城市品位等方面有积极的意义。市政协获悉有一民营企业有意投资建设泉州植物园。为了全面了解情况，陈敬聪带领市政协经科委、研究室开展实地调研，了解、分析相关资料，提出4点建议，供党政决策参考。

2008年4月中、下旬，市政协经科委组织各民主党派、部分政协委员，先后两次开展“泉州市新农村建设工作进展情况”视察活动。第一次主要考察南安市康美镇南田村、英都镇霞溪村、荣星村和安溪县尚卿乡尤俊村；第二次重点考察石狮市蚶江镇厝仔村、祥芝镇前山村，并在石狮召开座谈会，听取市直有关部门和石狮市人民政府关于新农村建设的情况介绍。视察组提出要加强村干部培训、落实惠农扶民政策、建设强村的支柱产业和项目等建议，并要求有关部门要将委员的意见建议带回参考研究，在今后工作决策中加以吸纳实施。会后，经科委将视察报告呈送市委、市政府，引起领导高度重视，并批示有关部门制定整改措施，加快新农村建设步伐。经科委还组织部分政协委员考察生态农业发展情况，重点考察晋江市吉隆农业综合开发公司生态农业项目，了解其发展现状和业主的诉求，并及时上报政协委员的建议和意见。根据市政协领导的要求，协调争取5万元资金扶持德化县龙门滩镇彭坑村发展农村经济。9—10月，林荣取带领部分政协委员前往山美水库、桃源水库、龙门滩水库和正在规划中的碧坑水库，详细了解水资源保护开发情况和水库周边污染源治理控制成效。视察组提出要广辟水源、加紧后备水源建设、力争碧坑水库早日动工、抓好桃源水库扩蓄与保护、从严防污治污、建立合理的上下游互补机制，正确处理好发电与供水关系等建议。

2009年2月23—25日，市政协经济委与省政协经科委联合开展“推进茶叶标准化生产，提升茶叶质量安全水平”重点课题调研。调研组听取市政府关于泉州市茶叶标准化生产工作情况介绍，到安溪县考察茶业企业生产状况，并就今后如何进一步推进茶叶标准化生产等问题与县领导、技术人员和茶农商榷探讨。经济委撰写的《推进茶叶标准化生产，增强茶叶品牌效应》调研报告，提出加快推进茶叶标准化生产的4条措施，供省政协经科委综合参考，被吸纳进省政协报送省委、省政府的调研报告中。6月23日，在市政协十届十次常委会议上，市政协农林水组围绕“推进农业品牌化，提升泉州农业发展水平”议题，提出若干建议，即增强农业创品牌意识；提升农产品质量安全水平；构建农业品牌化发展平台；发展特色农业；鼓励农产品商标注册；开展名牌农产品推荐认定；加强对名牌农产品的扶持、管理和保护；加强对名牌农产品的营销推介。10月22日，农林水组前往永春县视察“森林人家”

建设和生态公益林的保护情况。委员们实地参观永春云河谷景区和石鼓森林公园。11月5日，市政协经济委组织各民主党派、工商联负责人到晋江市视察现代农业基地及菜篮子工程。委员们实地视察晋江市华兴农业发展有限公司蔬菜生产基地、吉隆农业综合开发有限公司蔬菜生产加工情况、福源食品有限公司农产品加工生产情况和绿色保健蛋品有限公司高楼养鸡情况。委员们认为，这些企业为国内外提供绿色环保、营养价值高的农产品，为丰富和提高人民的生活水平做出了贡献。同时提出在农产品的生产过程中要注意保护环境，在加工过程中要注意卫生安全等意见建议。11月12日，林荣取等市政协领导和市政协各委（办、室）处级干部，在市农办、农业局等主要负责人陪同下，前往洛江区视察农业农村工作。视察组实地察看洛江区泉美花卉公司栽培技术、荣兴食品公司农产品加工、河市镇南塘村有关农业生产和新农村建设情况。林荣取建议，要按照“20个字方针”统揽农村工作大局，科学、全面、协调地发展农村农业；要大力推进农业产业化，注重抓龙头、建基地、创名牌、拓市场；要关注民生，促进社会和谐；要加强基层组织建设，配齐村领导班子，加强村干部培训，壮大集体经济。

2009年第三季度，由市政协经济委牵头，组织市政协各参加单位、各县（市、区）政协开展关注“三农”（农业、农村、农民）工作专题调研活动，形成的37篇调研报告在市政协十届十八次常委会议上交流。会议就推进泉州市城乡经济一体化发展、提高社会主义新农村建设实效、创新泉台农业合作交流机制、保障粮食安全、加强农村基层农技推广体系建设、扶持发展农民专业合作社、扶持发展休闲农业特色产业、深化集体林权制度政策、加强农村金融创新、保障农村饮用水安全等方面向市委、市政府提出建议。

2010年4月下旬，市政协经济委组织部分农林水界委员前往南安市，视察南安洪梅果林场、康美溪南甲鱼养殖专业合作社和康牧山养殖专业合作社。视察组希望大胆探索、积极扶持专业合作社，并建议注意规范引导，按照市场规律运作，防止出现新的“大锅饭”；认真选好合作社的“带头人”，建立健全各种规章制度，保证合作社健康发展。5月13日，陈敬聪带领部分委员前往石狮市视察渔港建设和水产品加工情况。委员们在参观渔港码头、水产批发市场、华福海洋生物化工、华宝明祥食品等企业之后，针对存在问题，建议加强对海洋经济工作的领导，优化海洋产业结构和布局，加大海洋开发与管理力度，实施科技兴海战略，保护好海洋资源和生态环境等。6月30日，在市政协十届二十四次常委会议上，农林水组对“低碳经济视角下的林业建设”提出6点建议。2010年初夏，市政协农林水界委员一行20多人到安溪县参观华祥茶叶有限公司的茶叶生产经营庄园式管理模式，察看泉岩茶叶有限公司有机茶叶基地建设。委员们在充分肯定茶叶产业化取得重大进展的同时，呼吁要大力推行茶叶标准化生产，提高产品质量和安全性。建议加强对获得国家原产地地理标志保护产品、中国驰名商标产品的宣传，提高其知名度和附加值；对茶叶实行分级管理，避免“大锅茶”现象。同年11月中下旬，市政协经济委组织部分政协委员前往永春县一都镇，参观仙都竹木有限公司，了解毛竹深度加工情况。一致认为，要多多扶持此类龙头企业，带动山区毛竹发展，增加农民收入。建议企业要加强技术革新和设备更新，降低生产成本，提高产品质量和竞争力。委员们还当场就如何做好产品营销、创立品牌支招献计。经济委组织视察泉州市农校，听取校领导介绍近几年学校发展情况，参观学校教学设备、生活设施。委员们建议有关部门和学校要重视农村专业技术人才培养，进一步改善办学条件，提高办学质量，针对当前农村产业结构调整需求，采取“订单式”办法培养人才。经济委还会同市林业局组织部分政协委员深入林区和绿化重点单位，研究探讨泉州市林业发展趋势和加快发展的措施。委员们认为，“发展森林经济，建设绿色泉州”应当成为“十二五”期间泉州发展的重要命题之一，并就造林绿化、深化林改、林地保护、政策优惠、金融扶持等5个方面提出对策建议。形成的调研报告被省政协十届四次会议选为大会专题协商交流材料。

2011年4月初，市政协人口资源环境委组织部分委员就全市农林水利基础设施情况开展调研。4月26日，杨俊峰带领市政协部分领导和人口资源环境委部分成员，与市政府副市长洪泽生和市水利局、农业局、农办、发改委、财政局等部门负责人一道，到安溪县蓬莱镇视察百里渠、三英渠等农村水利基础设施。4月27日，召开视察座谈会，汇总视察情况。视察组中肯提出泉州市农村水利建设存在的问题，并提出4条对策建议11月1日，市政协组织视察督办《关于加强整治晋江下游河道违章建设的建议》提案。视察组视察晋江六原水闸、丰泽浦西江滨体育公园，并在市水利局听取各提案承办单位汇报办理情况。提案人和与会的市政协委员充分肯定市水利局、丰泽区政府、晋江市政府等提案承办单位在办理工作中所做的努力，但对晋江下游违章建设整治效果仅表示基本满意，并对个别违章围江采砂阻碍行洪工程之大、问题之严重而整治不力深表遗憾，强烈要求采取更加有力的措施加以制止。傅福荣在会上强调，加强整治晋江下游河道违章建设，事关泉州市宜居宜业城市的建设和做大做强环湾中心城市的大局，河道中的违章建设不仅违反我国的水法和河道管理条例，而且严重影响晋江母亲河下游河道的行洪和排涝能力，从而影响泉州湾的城市建设。同年，农林水组开展“都市农业发展情况”的调研。调研组认为，目前农业用地逐年减少；高素质农业人才缺乏；环境污染和农残问题较严重；抵御灾害能力较差；科技推广有待加强。调研组提出 6 条对策建议。农林水组开展“农民收入情况”调查，提出 8 点意见建议。

二、经贸工作

1986 年 8 月 16 日—9 月 10 日，张其载率领赴东北、苏南发展横向经济联合代表团，考察辽宁省的抚顺、沈阳、大连、辽阳市和江苏省的无锡市。考察团在辽宁参观工厂、商店，考察市容，洽谈 51 个项目，签订 17 份意向书；向市政府通报无锡经济腾飞的 4 条经验，提出 3 点建议。

1987 年 8 月 14—15 日，市政协六届九次常委会议围绕解放思想、更新观念、抢抓机遇、发挥优势，为泉州市新一轮跨越献计出力。常委们提出要在综合配套改革上继续取得突破，下苦功夫做好经济结构调整，大力培育新的经济增长点，扩大吸引侨港澳和海外资金，拓展泉台经贸合作，改善投资软环境，实施科技兴市，努力开发旅游业等建议。

1988 年，市政协连续召开 3 次常委会议，邀请市长传达国务院关于沿海地区对外开放工作会议精神，听取副市长通报泉州市发展外向型经济的情况。与会常委建议要抓住机遇，充分发挥侨乡优势，加快外贸体制改革，发展创汇农业，提高出口创汇的办法措施。同时发出倡议，号召政协委员积极为发展外向型经济出谋出力。同年，针对部分副食品和粮油价格调整，召开座谈会，广泛听取和反映社会各方面意见，并积极配合党委、政府做好解释工作。

1989 年 10 月 25—27 日，市政协六届十七次常委会议提出加强市场管理，坚决取缔欺行霸市、哄抬物价、以假乱真、以次充好、使假掺杂等奸商行为；要尽可能降低物价，平抑物价，稳定物价，减少群众的经济压力和心理承受力等建议。

1992 年 7 月，市政协经科委组织 4 位常委、委员，到泉州市 5 家国营工商企业调查转换经营机制情况。调查组针对国营工商企业在转换经营机制中存在的问题，提出 6 点建议。

1994 年 11 月 11 日，市政协组织在鲤城区的部分市政协委员视察鲤城东埔综合市场、浮桥商贸市场、泉州糖酒副食品市场、河市蔬菜综合批发市场、茶叶大厦、华城商贸中心，提出 3 点建议。

1995 年 3 月 20—24 日，在市政协七届五次常委会议上，委员们针对抑制通货膨胀问题，提出 6 点建议：1. 严格控制固定资产投资规模和信贷规模，控制消费资金过快增长。2. 切实加强农业基础地位，增加农业投入，大力发展农业生产，特别是“米袋子”和“菜篮子”工程。3. 建立农资商品、副食品等物资储备制度，调节市场供求，平抑物价。4. 加快大型商业网点、专业市场建设。5. 将市场管理纳入法制轨道，加强物价监督检查，规范价格管理。6. 强化“打假”，严肃执法。

1996 年 6 月 25—26 日，在市政协八届二次常委会议上，市政协常务委员代表作《依靠科技进步，强化企业管理，实现新的经济增长点》《内外并举，重在求是》的发言。与会常委围绕民营经济如何转变增长方式问题提出 4 点建议。9 月 25 日—10 月 6 日，薛天锡带领经科委有关成员到市直国有商业的医药站、百货站、糖烟酒站和鲤城区的钟楼百货公司，调研国有企业经营情况，提出 4 点建议。

1997 年 8 月 14—15 日，市政协八届九次常委会议听取市政府通报上半年经济社会发展情况，围绕泉州市新一轮跨越发展献计献策。

1998 年，市政协组织开展关于金融危机对“三资”企业的影响、泉州市商品如何开拓国内市场的专题调研，提出意见建议。4 月下旬，市政协主要领导借率团赴郑州参加会议之机考察郑州市场，向市委、市政府提出依托郑州开拓中原市场的建议。6 月 25 日—7 月 3 日，薛天锡带领经科委成员赴武汉、襄樊等地考察，向市政府提交《关于加强与武汉等地经济合作的报告》，提出引进武汉高科技人才、开展双向经济合作、引进熟练工人等 3 点建议。12 月上旬，市政协参与省政协及有关部门组织的赴珠海、深圳的调研活动，整理港澳政协委员、知名人士发表的意见，形成两份报告，就发挥澳门特定优势，联手拓展欧盟和葡语系国家市场，继续改善投资环境，帮助“三资”企业度过难关等问题，提出具体建议。

1999 年，市政协经科委围绕“市场开拓年”活动，以“拉动内需，拓展边远地区的泉州货市场”为课题，赴闽浙交界的边远山区考察调研，形成的《泉州货在闽东》，如实反映泉州商品在闽东市场占有率的变化、泉州商品与浙江商品在闽东市场激烈竞争的情况，送有关领导参考。

2003 年，市政协组织调研泉州市外贸出口状况、通关环境、政策环境，并在 7 月 4 日九届十三次常委会议上，围绕“泉州市实现从供货大市向出口大市转变”议题深入研讨。11位委员作大会发言，提出30多条意见建议。市政协向市委呈送《优化通关环境，建设出口大市》调研报告。市外经贸局根据市委书记的批示，专门制定关于落实市政协《优化通关环境，建设出口大市》调研报告若干工作意见的文件。同年4月中下旬，经科委深入各县市调研各地发展县域经济的基本概况、主要做法、存在困难和问题，并向上级提出进一步发展泉州市县域经济的若干建议。如，实施大泉州建设，推进县域经济再上新台阶；创新土地管理，为发展县域经济提供载体；加快财税体制改革，激活县域经济发展内在动力等，形成的《发展特色产业，壮大县域经济》调研报告由省政协统一汇编送各地市交流。5月下旬，经科委深入调查泉州市外贸出口现状，调研报告在市政协九届十三次常委会议上交流。同年，还组织委员到安溪县开展茶叶生产、销售情况和农民增收脱贫致富的调研；到泉港区开展进一步妥善解决炼化一体项目征地拆迁安置工作问题的专题调研；到南安市仑苍镇开展“福建省水暖工业区建设情况”的专题调研。

2004年，市政协重要提案《关于积极稳妥地推进市直国有外贸企业改制》的建议，引起市委、市政府和有关部门的高度重视。市政府常务会议研究同意市外贸公司和轻工工艺进出口公司体制改革方案，推动市直外贸企业全面深入改革。

2006年4月11日，市政协召开市政协委员企业发展座谈会，会议邀请市政府办、发展计划委、经贸委、科技局、财政局、劳动和社会保障局、国土资源局、建设局、外经局、统计局、中小企业局、国税局、地税局、工商局、质量技术监督局、泉州海关、泉州出入境检验检疫局有关领导、负责人参加会议，邀请有关部门通报全市2006年第一季度经济发展状况与今后发展趋势，介绍国家有关经济政策的新变化和对企业可能产生的影响。会上，市政协委员围绕经济发展提出意见建议。10月30日，在市政协九届三十二次常委会议上，市政协经科委、市工商联提交《大力增加港口外贸货源，推动港口经济快速发展》发言材料，提出6点建议。

2010年1月，异地商会组在市政协十届四次会议上提交《深化泉台交流合作，扩大两岸经贸发展》发言材料，提出相关建议。同年，针对一个时期全市外贸出口处于低位徘徊状况，市政协召开外经贸工作情况通报座谈会，邀请市外经局通报当前泉州市外贸出口情况和存在困难，以及政府采取的对策措施。与会委员就优化外贸出口通关环境、外贸扶持措施应及时落实到具体出口企业、建立出口企业进口设备租赁融资、解决出口产品原辅材料价格上涨过快等方面，提出10多条意见建议。列席会议的8个市直部门领导一一答复委员建议，有的解疑释难，有的当场解决。

三、城建 交通 基础设施建设工作

1986年，市政协办公室配合市城建局，召开征询城雕选点、造型和选定市花、市树座谈会，广泛征询各界人士意见。

1989年，市政协经科委组织调研土地问题，对市土地局起草的《泉州市城镇国有土地使用权有偿出让和转让暂行办法（送审稿）》提出4点修改意见。

1990年4月上旬，市政协组织在泉省政协委员视察围头半岛。5月15日，市政协经科委牵头，组织市规划办、晋江县政协、县政府办及其县计委、县对台部，到围头半岛现场办公，协商围头半岛综合规划、建设新农村工作，协商解决基础设施、码头建设等问题。9月12—13日，王文泰带领惠安县政协领导、市县部分政协委员视察共建福厦文明路惠安地段，提出6点建议，协调处理7个方面关系。

1992年10月，市政协就加强对水、电供应和设施建设情况开展调研。首先，召开鲤城、晋江等6个县（市、区）参加的经济科技工作座谈会，听取城建和水电部门介绍水、电供应情况、存在问题和发展规划。各县（市、区）政协在分别调查本地水、电情况的基础上，组织市直有关部门、民主党派、县（市、区）政协联合进行深入的调查论证，提交《关于筹建市第三水厂》等调查报告。调查报告经市委书记、市长批示后，转交有关部门办理。

1993年2月，市政协分别召开各民主党派、有关人民团体负责人会议和七届十次常委会议，讨论泉州市《政府工作报告》，就加强基础设施建设、城市规划提出意见和建议。随后，开展城市建设专题调研。5月8日，市政协组织部分常委、民主党派负责人、政协机关科级以上干部听取市计委领导通报“大泉州”建设构想，讨论泉州中心城市建设工作。5月28—29日，市政协七届十二次常委会议听取市政府关于水、电、路、海运、港口等基础设施建设的情况通报。与会常委就大泉州建设规划，水、电、路基础设施建设、市场建设，铁路、公路、港口建设等事项，提出意见建议。

1994年4月18—20日，王文泰会同南安市政协，组织在南安的省政协委员和市、县政协的部分委员视察南安市公路、电力、大市区3项工程建设情况，就公路建设、电力建设、大市区建设（包括城市管理）提出意见建议。11月18日，市政协组织在石狮市的政协委员视察给水、排水设施工程，提出相关建议。

1995年3月份，市政协经科委联合市人大常委会城建委视察大坪山公园落实城市总体规划、保护建设情况。视察组向市政府提交《关于大坪山风景区保护刻不容缓的提案》，《泉州晚报》、泉州电视台作跟踪报道。市政协的《提案》、市人大常委会的《议案》引起各级政府的重视，立即采取保护措施。5月9日，经科委邀请市水电局通报泉州市水利资源的开发利用和水利设施的建设情况。5月中旬，组织政协委员到晋江、鲤城、南安、永春实地视察。6月22日，根据市委领导关于要重视夏季自来水供给的指示，王文泰带领经科委、市民建、市九三学社、市科协等领导，视察市区自来水的水源、水质保护、水量供给情况。视察组实地考察北水厂、西水厂、第三水厂以及各水厂的取水口，提出亟待解决的2个问题和4点建议。7月24日，傅圆圆带领市政协部分常委、委员考察鲤城区、南安市、永春县境内的省道305线路段及省道306线的南安城关至泉州路段。委员们详细察看路基的坚固性、路面的平直度、水泥板质量以及附属设施的建设情况，并针对存在问题提出3个方面建议。11月13日，傅圆圆带领市政协学习中心组成员视察石井港的开发建设情况。11月16日，王文泰带领经科委成员，会同南安市政协，邀请泉州市港务局、南安市政府、石井镇政府进行座谈协商，达成由泉州港务局与南安市路桥公司合股开发石井港的协议。

在实施“大泉州发展战略”中，市政协组织一大批有学识有专长的文化文史界委员，围绕历史文化名城的保护与建设等热点问题，积极参与协商议政、建言献策，提出许多意见建议。1996年12月上旬，市委、市政府两次同市政协协商鲤城区行政区划设置问题。

1998年，市政协针对调研视察中发现的开元寺、清净寺、李贽故居、威远楼、安平桥等周边环境存在的问题，泉山路路段梗阻、改造困难问题，多次以专报件向市政府反映，并与新闻媒体配合跟踪报道，促使有关单位加大整治力度。

1999年4月20日，王仁杰主持召开文史界部分专家、学者和老前辈座谈会，讨论新门街文物古迹和传统民居的调查情况。与会人员提出6点意见。9月9—10日，市政协组织委员视察市区道路及道路照明设施管理、市区内沟河管理和城市园林绿化管理情况，同时视察城市管理有关条例、规章、规定和管理人员队伍的建立、健全及其落实情况。9月22日，市政协八届十九次常委会议围绕“城市管理年”活动，组织“四山两江”视察组、市政园林绿化管理课题组、市容环卫视察组和市政协经科委、市民建、市商会联合视察组开展建言献策活动。

2003年，市政协经科委深入湄洲湾南岸、泉州湾、深沪湾、围头湾4个港区调查港口建设情况。针对泉州市港口资源丰富、港口岸线长，但码头建设宏观调控不力、各自为政、财力分散、规划滞后、港口资源浪费、点多面广规模小、缺少核心大港口，而且至今没有一个港口接通铁路，难以形成区域性或国际性的中转枢纽港口等问题，提出对策思路，为建设“出口大市”建言献策。5月29日，傅圆圆带领部分政协委员视察滨江路、滨江公园、晋江下游防洪堤等重点工程项目，提出3点要求。11月10日，市政协召开部分常委座谈会，听取市城乡规划局关于泉州市总体规划修编和泉州市行政中心选址等有关情况介绍，并认真讨论。与会常委提出新一轮城市总体规划修编工作要立足长远发展，根据泉州城市的定位和竞争力，科学确定城市规划区范围和城市规模，适时对行政区划进行必要整合等意见建议。11月10日，傅圆圆带领部分政协委员视察在建的沿海大通道丰泽、惠安、泉港、南安、晋江、石狮路段，并提出7点建议。

2004年，市政协经科委围绕“加快发展中心城市”开展专题调研，形成的《泉州市加快发展中心城市的调研报告》在全省政协经科委工作联系会上交流。报告提出的有关建议被省政协经科委采纳。12月9日，市政协组织社会各界人士视察中心市区道路交通整治情况，并提出4点建议。

2005年第一季度，市政协受市委、市政府委托，开展“进一步提升中心城市规划建设与管理水平”课题调研。市政协领导和部分委员深入有关县（市、区）和市建设局、规划局等部门，广泛听取意见，缜密论证，形成15份调研报告。4月，市政协九届五次会议举行“进一步提升中心城市规划建设与管理水平”专题协商座谈会，与会委员从突出泉州在全省三大中心城市的地位和作用，适时调整行政区划，做大做强做优做美中心城市；深化泉州城市管理体制改革，加强城市综合执法队伍建设，加强市容市貌整治、环境污染治理；发展和完善社区服务体系，创新城市市政公用事业运作机制等方面提出意见建议。11月初，陈敬聪带领经科委成员到市环保局调研，听取市创建国家环保模范城市的情况介绍，研究“迎检”工作的困难和问题；向市贸发局、市工商局了解和反馈有关宝洲路生猪屠宰场搬迁、改制和环保前置审批等问题，协商妥善解决群众环保投诉及噪声影响等难点的举措，为“创模”迎检出谋献策。

2006年8月22日，市政协组织部分在泉省、市政协委员听取市政府通报1—7月份重点项目建设运行情况。10月30日，市政协九届三十二次常委会议围绕“打造泉州现代亿吨大港”提出8点建议。

2007年3月29日，市政协视察金鸡拦河闸、第六届全国农运会“一场一馆”、郑成功塑像公园、坪山路高速公路两侧城市景观绿化带改造工程、晋江大桥、泉州市行政中心、东海片区规划（模型）等7个重点工程项目。4月10日、12日，市政协正副主席、副巡视员、正副秘书长、各委（办、室）负责人，到安溪、惠安、石狮、鲤城视察重点项目建设情况和经济工作中的亮点。7月27日下午，市政协组织部分政协委员、各民主党派、工商联负责人和政协机关部分处级干部，视察泉州市城市道路整治工作，慰问在烈日酷暑下坚守岗位的一线交通民警，并围绕开展城市道路整治、营造安全畅通环境进行座谈。林荣取在座谈会上作总结讲话，提出4点意见。9月12日，市政协组织部分委员视察晋江市重点项目建设进展情况。先后视察桥南片区安置房建设工地、新雅客食品加工项目、利郎服饰生产线工地、百宏集团和劲霸二期扩建项目。11月15日，市政协组织部分委员视察泉三高速公路1标段、泉州汽车基地、市区内环路高架桥工程；泉州市迎宾馆、晋江大桥东海片区立交桥、洛秀组团东西主干道、洛秀组团建设规划及百崎湖整治规划方案制定等8个重点工程项目。3次考察活动，委员们都提出许多针对性意见建议。同年，市政协经科委建设工程组就“完善中心城区交通体系”和“海砂建筑质量问题”开展调查研究，提交2份调研报告。

2008年3月25日，林荣取带领部分委员视察泉州市保障性住房建设情况。视察组听取有关情况汇报，视察江南高科技雅园、江南花园城和北峰见龙亭小区等限价房、廉租房和经济适用房建设进展情况。委员们建议，要以人为本，加强保障性住房规划建设；要规划管理，健全保障性住房建设工作机制；要加强监督，保证保障性住房建筑质量；要加大力度，扩大保障性住房的覆盖面，使更多中低收入家庭得到实惠。9月3日，市政协组织住泉十届省政协委员视察泉州市部分城市建设项目进展情况。委员们先后察看晋江大桥、泉州市海峡体育中心、火车综合枢纽站、见龙亭小区、鲤城滨江大道、桥南片区等工程项目，并召开座谈会，就持续推进泉州城市建设积极建言献策。9月25日，市九三学社在市政协十届十一次常委会议上提出“突出地域文化特色，科学规划城市建设”的建议：1. 城市主色调要突出“红砖文化”。在泉州城市建设进程中，要注意红色与白色的搭配，与其它颜色的搭配，古城内的建筑要按“风貌保护区”的要求进行设计。古城墙遗址的外围应有一条配套古城保护要求的“风貌过渡带”；过渡带以外的“新城区”允许百花齐放，但以能够反映泉州地域特色的建筑为上品。2. 古城外轮廓要再现“鲤鱼城廓”。可以恢复鲤鱼城的七座城门，即朝天门、义成门、临漳门、南薰门、仁风门、德济门和通淮门。在原鲤鱼城的遗址上拓通环绕古城的道路。在拓通古城的“断头路”中，保持道路的弯曲特点，保护古城的城市空间形态。3. 城市绿化带要强调“刺桐市花”。刺桐公园里应有以刺桐为主角的景点。

"刺桐路"可改为"刺桐大道"，刺桐大道中间绿化带柳树应改为刺桐树。恢复留从效沿着"鲤鱼形"的城廓遍植刺桐花的特点。

2009年新年刚过，为了推动"项目建设年"活动顺利实施，市政协组织各有关参加单位、政协委员，开展"推动项目建设"专题调研，调研成果即18篇调研报告在3月27日召开的市政协十届十五次常委会议上交流。委员们提出许多颇有见地的意见建议，例如，要科学谋划，讲求实效，优化结构，合理安排生产性、民生性、基础性项目；要改进作风，高效服务，进一步简化审批环节，缩短办事时间，提高工作效率，促进项目快速生成、快速落地、快速见效；要健全制度，严格管理，强化监督，确保工程质量和资金安全；创新项目筹融资体制，多渠道筹措项目资金等等。大多数建议意见被吸纳转化到市委、市政府有关政策文件和工作决策中。3月12日，陈敬聪、吴共湖带领部分政协委员、专家学者和市建设局、规划局、市政公共事业局等部门领导，前往福州参观考察闽江两岸的规划建设情况。考察团参观闽江公园、台江旅游码头和北江滨大道，并就沿江两岸的规划建设和开发管理有关问题进行坦诚探讨与交流。4月3日，沈阳、四川、郑州、青岛等10多个省市的泉州市政协异地商会委员，回乡参加市政协经济委组织的异地商会委员视察活动。委员们视察泉州市海峡体育中心、晋江大桥、泉州市行政中心、泉州迎宾馆等重点项目建设及使用情况，表示今后要更加关注支持家乡建设，利用异地商会平台多宣传泉州的变化情况，促使更多在外事业发展颇有成就的乡亲回乡参与投资建设。8月11日，市政协组织部分委员和专家学者视察晋江两岸规划建设情况，听取市政府有关部门和鲤城、丰泽、晋江、南安等区（市）相关建设情况汇报，并就加快相关建设建言献策。第三季度，经济委牵头组织市各民主党派、工商联、各县（市、区）政协和市政协经济委各活动组开展"促进城市和港口发展"专题调研，提交的32篇调研报告在9月18日市政协十届十七次常委会议上交流。委员们从高标准加强城市和港口的规划、建设，加强城市景观建设，提升城市品位；创建数字化城市管理模式，建立创卫长效机制、应急管理机制；构建综合交通体系、整顿交通秩序、加强环境保护、古城文物保护；坚持以港兴市、港城联动，整合优化港口资源，打造亿吨大港，致力两岸发展等方面提出意见建议。10月23日，市政协建设工程组到晋江市考察15个城建项目规划建设情况，并提出意见建议。11月17日，市政协召开专题会议，听取市政府关于全市重点项目建设情况通报。

2010年，陈敬聪带领20多名异地商会委员和有关人员，视察泉州高速火车站、站前大道和站前大桥建设工地、泉州出口加工区、海峡西岸国际采购与物流中心等重点项目。视察中，异地商会委员结合外地经验，对加快建设火车站配套工程（包括增设售票窗口、公交线路）、完善海峡西岸国际采购与物流中心招商引资办法等问题提出意见建议。同年，经济委参加省政协“扎实推进小城镇综合改革建设”重点课题调研，先后到安溪县龙门镇、南安市水头镇、晋江市金井镇等3个省级小城镇建设试点镇考察。调研组了解具体工作进度，听取市政府分管领导关于泉州市小城镇建设情况介绍，与市发改委、建设局、财政局、国土局等部门负责人座谈交流。调研组认为，泉州市省级试点镇建设各具特色，发展前景好，有一定的产业基础和资源优势，要按照科学发展的要求，进一步增强创新意识，高起点、高标准规划建设；要走前列求突破、先行先试，创特色、打品牌，努力把试点镇建设成福建省小城镇建设示范点。同时，组织政协委员视察保障性住房建设。委员们实地察看龙头山棚户区改造、西郊廉租房、见龙亭小区和东海经适房建设现场，听取有关情况汇报。座谈会上，委员们针对有的地方保障性住房建设推进力度不够大、建设用地和资金存在一定困难等问题，提出要加大保障性住房建设的财政投入、土地供应和科技应用，完善公共服务设施和市政配套设施，加强住房质量管理和入住后续管理等建议。9月17日，在市政协十届二十五次常委会议上，经济委就“关于加快泉州市保障性住房建设”议题提出6点建议。9—10月，市政协完成市委交办的《营造优美环境，建设宜居城市》重点课题调研，提出学习和借鉴国内外先进地区经验，把整山、治水、修路、建城有机地统一起来，精心打造名山、名湖、名园、名城，建设宜居城市等建议。11月18日，市政协研究室向市委、市政府报送《营造优美环境，建设宜居城市》调研报告，提出若干意见建议。在泉州市“十二五”规划编制工作座谈会暨“加快转变发展方式、加快建设经济城市”务虚会上，林荣取作“营造优美环境，建设宜居城市”专题发言，提出4点建议。11月19日，市政协组织督办十届四次会议重要提案《关于把东海至城东的滨海路建设成“泉州环岛路”的建议》。委员们实地视察后渚至城东隧道、滨海大道丰泽段滨海公园、蟳埔枪城海丝文化遗迹，听取提案办理情况汇报，并召开座谈会，就进一步加快滨海路建设，打造宜居宜业城市积极建言献策。委员们提出3点建议。

2011年4月4日，市政协组织沈阳、四川、郑州、青岛等20多个省市的泉州市异地商会政协委员和会长，参加市政协开展的异地商会委员视察活动。视察组一行40多人实地视察百崎湖区整治、泉州玖龙纸业等重点项目的建设情况，听取泉州台商投资区领导介绍规划建设情况。委员们结合自己的所见所闻、所思所悟，提出要建设配套的文化园区、在政策上扶持高新技术园区等建议意见。7月12日，杨俊峰带领市政府副市长许昆贞，市政协部分副主席、秘书长、副秘书长及市政协各委（办、室）负责人、部分市政协委员，以及市发改委、财政局、国土资源局、住房和城乡建设局、市政公用事业局、交通运输委等部门领导，视察泉州市重点建设项目暨“城市建设管理年”活动情况。委员们实地视察中化泉州1200万吨/年炼油项目、泉州船厂修船项目、泉州湾跨海大桥建设工程、泉州市区刺桐路改造及景观提升工程、西湖公园大型水景喷泉项目及环境整治工程、高速火车站站前大桥和北峰组团规划建设情况；听取市发改委通报有关重点项目建设情况，市“城市建设管理年”活动领导小组办公室（住房和城乡建设局）通报有关城市建设管理年活动情况，惠安县有关重点项目建设情况和城市建设管理年情况书面汇报。针对重点项目建设暨“城市建设管理年”活动过程中存在的项目多、任务重、资金紧缺等问题，委员们提出重点项目在实施前要多开论证会，部门之间要多沟通，注意加强节约及综合利用等意见建议。同月，市政协在市住建局等相关部门的配合下，深入安溪、石狮、南安等地，采取实地考察、现场座谈和查阅资料等形式，对泉州市公共租赁住房建设情况开展调研。调研组指出泉州市公共租赁住房建设的5个存在问题，提出4点建议。8月23日，市政协召开公租房建设重要提案督办暨调研座谈会。委员们实地视察芳草嘉园公租房项目建设工地，听取副市长许昆贞和鲤城、丰泽、洛江三个区副区长，以及市住建局、规划局、国土局等相关职能部门的工作情况通报。委员们就如何进一步加快公租房建设积极建言献策。10月9日，市政协向市委、市政府呈送关于《加快公共租赁住房建设的建议》，提出3点建议。10月12日，杨俊峰带领市政协部分副主席、正副秘书长以及市政协各委（办、室）负责人，部分市政协委员，市发改委、财政局、国土资源局、住房和城乡建设局、城乡规划局、行政执法局、海洋与渔业局、林业局、环保局等部门领导一行50多人，在惠安县、泉港区、台商投资区视察泉港至惠安秀涂海岸线的利用与保护情况。委员们实地视察泉港区南埔热电厂煤码头及周围码头开发建设情况、肖厝码头网箱养殖情况、惠安走马埭围垦工程、福炼青兰山30万吨原油码头建设情况、惠安赤湖国有防护林、后海沙滩保护情况，以及月亮湾、西沙湾开发利用情况。同时召开座谈会，听取市海洋与渔业局、环保局、泉港区、惠安县分别通报有关泉港至惠安崇武段海岸线保护与利用情况。委员们针对利用与保护过程中存在建筑物距离沙滩较近、缺乏合理的绿化、污染较为严重等问题，提出要由泉州市统一规划管理，加强对违章建筑物的处理；加强对临海污染源的整治；加强对海岸周边餐饮业、养殖业的管理；坚持保护、开发并重原则，适度开发；加强海岸线的美化、绿化等20多条意见建议。市政协经济贸易一组开展旧城镇、旧厂房、旧村庄改造情况调查。调研组深入鲤城、丰泽、洛江区，实地察看旧城镇、旧厂房、旧村庄改造情况，就贯彻《福建省人民政府关于加快推进旧城镇旧厂房旧村庄改造的意见》提出3点建议。市政协建设工程组开展“城市亮化工程管理情况”的调查。调研组提出要做好城市夜景照明规划、坚持以人为本科学设计的理念、积极推进绿色照明工程等建议。

四、金融 财税工作

1987年4月市政协六届二次会议上，常务委员林咸源提交的《关于金融政策的几点建议》发言材料，从建立和经济发展相协调的金融市场、改革金融政策和做法、建立外币交易所及消灭外币黑市买卖等3个方面提出意见建议。

1994年，市政协常委会就泉州市新税制改革工作提出6点建议。市政协经科委分别到各县（市、区）调查了解新税制执行情况，提出建议，并参与市政府组织的税收检查。

1999年5月17日，市政协召开经济、企业界政协委员与税务部门座谈会，听取市国税局、地税局通报1998年税收运行情况、1999年税收工作有关动态及为搞好税收和服务企业，税务部门的新举措。政协委员对税务工作提出相关意见建议。

2003年10月31日，市政协经科委邀请部分重点出口企业的政协委员，与市国税局、外经局等有关单位领导座谈分析国家调整出口退税政策对泉州市外贸出口的影响，提出应对措施。会后及时整理企业界普遍关心的6个具体问题和建议，以《政协信息》报送市委、市政府及有关部门。

2007年，市政协召开市政协委员企业上市融资经验报告会，邀请市人大常委会副主任、厦门大学经济学博士周真平和市政协副主席、恒安集团总裁许连捷，以及梅花伞业股份公司董事、副总经理郑家耀，分别作企业上市融资知识讲座和经验报告，130多位省、市、区政协企业界委员参加报告会。通过举办报告会，帮助委员企业了解企业上市融资的重要作用和有关程序、增加利用市场经济聚集财源的知识，激励委员企业上市融资的热情。

2004—2008年，许多政协委员在市政协全会、常委会议及其他会议上，提交应对金融危机、提高金融系统服务质量、加强企业融资创新、帮助中小企业解决融资困难；整合财政支农资金，完善支农金融体系；改革税费征管办法等提案和大会发言材料。

2009年，市政协开展“建设多元信用体系，帮助企业共渡难关”课题调研，积极推动金融资本与企业需求有效对接，营造双动双赢的环境。配合全国政协开展“金融系统服务中小企业发展情况”视察活动，了解中小企业发展情况，同部分企业代表座谈，提出完善政策配套、服务中小企业经营发展、发挥行业协会和商会在开拓市场和融资担保等方面的积极性、促进金融同企业密切合作等建议，推动《关于扶持中小企业经营发展的若干意见》等文件贯彻落实。市政协召开委员企业与泉州商业银行座谈会，搭建银企交流平台，加强双方沟通对接，让银行更加了解企业贷款需求情况，帮助部分企业缓解生产资金紧缺问题。并以督办重要提案的形式，认真落实《关于准确把握宏观经济政策，切实解决泉州市中小企业融资问题的建议》，帮助部分企业获得银行贷款，为中小企业缓解融资难题。

五、民营经济工作

1986年5月19—20日，出席省政协五届五次会议的港澳闽籍全国政协和省政协部分委员、知名人士一行37人，由省政协副主席许集美陪同，在泉考察江南华侨塑胶有限公司、通兴企业有限公司、南丰针织厂、陈埭联丰企业有限公司等“三资”企业和石狮新湖工业区，并提出意见建议。7月28日—8月2日，市政协经济工作委员会联合晋江市政协考察石狮镇三资企业。考察组总结石狮镇“三资”企业4个方面效益与经验，提出6点意见建议。

1988年，围绕发展外向型经济问题，市政协经济工作委员会组织4次调查考察。分别是：1. 配合省政协经济建设工作组到石狮开展“如何把石狮发展为对外加工综合城市”“私营企业管理情况”等课题调研；2. 组织部分政协委员到外经部门、“三资”企业、东海加工区考察外商投资环境的改善情况；3. 到各县（区）了解外向型企业发展情况和政协委员为发展外向型经济服务的事迹；4. 到鲤城区、石狮市对“三资”企业进行调查研究，了解新情况、发现新问题、提出新措施。

1989年，市政协经科委召开全体成员会议，对市委政研室起草的《泉州乡镇企业结构现状、问题和调整的政策措施（征求意见稿）》提出6条修改、充实意见。市政协三胞联谊委员会到晋江、鲤城、惠安的一些“三资”企业开展调研，提出稳定、办好现有“三资”企业的意见，并对三胞委引进兴办的中外合作企业南安下店盐场，提出加强管理的合理化建议。11月17—18日，齐世和、庄清桂带领市政协各委员会负责人，参观福建炼油厂、香港南益实业有限公司投资合营的系列企业南丰针织厂、南华织造厂、南晶针织时装公司。12 月 18 日，张其载带领经科委成员考察泉州糖厂、泉州麻纺厂的生产经营情况，提出相关意见建议。

1990 年 2 月 20 日、27 日、3 月 1 日，张其载分别主持召开经科委成员会议、部分工厂与企业领导座谈会、本市啤酒行业工业企业座谈会，邀请市经委、重工局、轻工局、二轻局通报生产情况和工作计划，共同探讨提高经济效益问题。3 月 5—6 日，齐世和带领市、县部分政协委员和有关部门组成的乡镇企业视察组，视察安溪县金谷乡乡办企业。视察组认真分析 8 个亏损、倒闭企业的原因，提出 4 条治理、整顿建议。

1994 年 11 月 24—25 日，市政协组织在惠安的市政协委员视察洛阳、肖厝、螺阳等镇的乡镇企业发展情况，并提出 4 点建议。

1995 年 8 月 2—3 日，市政协在南安召开县（市、区）政协主席工作座谈会，交流探讨泉州市民营经济面临的问题、困难和对策。会议针对泉州市民营经济发展中存在思想窄、规模小、导向差、资金缺、负担重、档次低、人才乏、招工难等 8 个主要问题和困难，提出 9 点建议。12 月 22 日，市政协邀请 13 家“三资”企业董事长或总经理座谈探讨企业发展面临的困难和问题，随后向市委、市政府提出 4 个方面意见建议。

1996 年 5 月 13—14 日，全国政协研究室副主任王九英率领调研组，在泉开展“发展政协政治优势，促进民营经济发展，加快实现两个转变”专题调研。调研组充分肯定泉州市政协助力民营经济发展的做法，认为泉州市政协的工作经验有学习宣传的意义。6 月 25—26 日，市政协八届二次常委会议围绕民营经济的“两个转变”献计献策。

1997 年 3 月 2—12 日，应省政协的要求，市政协领导赴深圳，协助省政协就香港回归后如何把握新机遇、密切闽港经济合作、推动闽台关系新突破等重点问题进行调查研究。市政协综合港澳政协委员的意见，向市委、市政府提出的借助香港“五大中心”优势，加快发展泉州经济等建议得到重视和采纳。4 月下旬至 5 月下旬，傅圆圆等领导分别带领政协委员深入民营企业、外资企业、内联企业、房地产企业调查了解泉州市投资软环境情况。调研组从政府职能部门服务质量、企业税费负担、“三乱”（乱收费、乱罚款、乱摊派）问题、行业监管、企业融资等多方面发现不少问题。6 月 13 日，市政协八届八次常委会议对泉州市投资软环境进行全面、深刻剖析，形成 5 个专报件。专报件得到市委书记、市长批示。有关部门召开一系列协调会，针对亟待解决的问题提出整改措施。

1998年，市政协按照省政府办公厅下发的《关于建立百家港资企业挂钩服务制度的通知》要求，推出挂钩服务泉州市29家港资企业的举措，检查督促各项优惠政策的落实，了解和协助企业解决生产经营中存在的主要困难。市政协先后多次走访所挂钩的港资企业，上门服务，排忧解难。

2000年6月15日，市政协八届二十三次常委会议就“十五”期间中小企业发展思路等，向市委、市政府提出9点建议。

2001年6月下旬开始，市政协经科委围绕泉州市“十五”计划的实施，对成为泉州市经济主体的非公有制企业发展的问题与对策开展调研。调研组深入11个县（市、区）数十家企业，了解、分析非公企业发展中存在的种种问题，从加快政府职能转变、现代企业制度改革、注重企业文化建设、建设企业信用工程4个方面提出11点建议。调研报告在2001年10月22—23日市政协九届三次常委会议上作进一步修改完善，除在新闻媒体上宣传报道外，还在11月21日市政府举行的调研情况通报会上通报。市政协经科委配合市商会开展加快同业公会建设专题调研，针对存在的5个困难和问题，提出5个方面对策建议；配合省政协经科委开展民营经济发展情况的专题调研；还通过反映社情民意，促进泉州海关加强行风建设，帮助政协委员解决企业用地办证难问题。

2003年9月上旬，市政协经科委成员深入惠安、晋江、泉港等县（市、区）及泉州经济技术开发区，重点了解泉州市工业园区发展情况、主要做法和经验、存在问题。针对泉州市工业园区存在小型分散、档次不高、体制不顺，以及企业用地指标不足、审批时间长、省级收取的土地建设配套费偏高等问题，形成《实施项目带动战略，推动工业园发展》调研报告。调研报告随后在全省政协经科委工作会上作交流发言。

2004年初，受市政府委托，市政协开展《关于加快泉州市产业结构优化与升级》重点课题调研。课题组历时4个多月，先后到8个县（市、区）座谈了解，走访重点企业，召开有关“做强做大产业链”“加快发展新兴产业”“加快发展现代物流业”等3个专题座谈会；考察江浙沪一带6个城市，提交《泉州市产业结构优化与升级的思路和对策》调研报告。8月4日市政协九届二十次常委会议上，16位委员企业家从充分发挥政府服务职能、加强创新环境建设、扶持壮大五大传统产业（纺织、鞋服、建材、陶瓷、食品）、加快发展电子信息、石油化工、现代物流等新兴产业，提出具体建议。

2004年2月，市政协九届四次会议期间，市政协召开“提升民营经济发展水平”

专题协商座谈会。10份发言材料从实施规模战略、放宽市场准入条件、加强信用体系建设、加快建立中小企业信用担保体系、提升融资服务水平、提升家族企业的现代化管理水平、注重人力资源开发、大力推进中小企业自主创新、改善用工环境、切实解决企业用工难、发展中介机构等方面提出意见建议。

2004年6月25日，傅圆圆带领“提升泉州民营经济发展水平”课题组前往广东省惠州市，学习考察惠州市调整优化产业结构、发展民营经济的情况和经验，并实地考察著名企业TCL集团和侨兴集团。侨兴集团有限公司是泉籍乡亲吴瑞林创办的民营企业，主要从事通信终端产品的研究、开发、生产和销售，是我国首家在美国上市的民营企业、国家级火炬计划重点高新技术企业、中国500强、中国民营百强企业。市政协调研组建议市政府引进侨兴集团，带动泉州市电子信息产业跨越发展。

2004年，市政协经科委在调研中，对几个发展潜力大的产业提出具体的思路对策，以送阅件形式报送市政府，市长在《关于加快发展水暖阀门产业的几点建议》《关于加快发展石化产业，创建国家级石化基地的建议》《关于打造纺织服装千亿大市的几点建议》作出批示；有关部门、南安市积极采纳建议，提出具体目标和措施。同时，市政协经科委还注意边调研边反映社情民意，努力推动相关问题解决。泉州海天轻纺有限公司反映正在设计筹建的泉州晋江大桥引桥横穿厂区，企业搬迁将造成重大影响和损失。经科委深入企业了解情况，积极探讨妥善解决办法，并就此事向市政府领导呈送专报件。市政府召开会议听取有关情况汇报，邀请专家重新勘探线路，修改大桥线路设计方案，避免海天轻纺有限公司搬迁造成重大损失，以实际行动支持重点企业发展。配合帮助解决泉州东区民营汽车站营运线路问题、泉州江南电子城解决规划用地审批问题、委员企业用地、办证难问题。

2005年，陈敬聪带领市政协经科委开展“大力发展循环经济，建设节约型社会”专题调研。调研组深入南安、安溪、永春、德化等地调研，在调查、了解泉州市的成功做法和存在问题的基础上，赴天津、河北、山东学习考察，学习借鉴外地的好经验、好做法，提出意见建议。形成的《大力发展循环经济，建设节约型社会》《发展循环经济，构建和谐社会》等调研报告，从发展循环经济要加大宣传教育力度、增强环境资源意识、构建节约型政府、建设节约型城市、改变经济增长方式、构建技术和信息交换平台、发挥政府的宏观调控和政策引导作用等方面提出6条具体建议。并分别在全省政协经科委工作联系会议、市政协九届二十七次常委会议上交流。

2006年7—8月，由市各民主党派、市工商联、市政协各委（办）和有关部门组成的4个调研组开展“港口建设与发展海洋经济”专题调研。调研组走访重点出口企业、海关、口岸、商检、财政、港务、税务等有关监管、服务单位，就提高泉州港口整体竞争力、发展临港工业和现代物流、加强外贸货源的管理、加强港口基础建设、推动海洋渔业和养殖业发展等方面，开展深入细致的调查研究，从多层面、多角度、多渠道收集分析第一手材料，形成的10份发言材料在10月30日市政协九届三十二次常委会议上交流。同年11月20日，市政协组织部分市直的省、市政协委员视察泉州出口加工区、泉州汽车基地，提出许多意见建议。

2007年4月中旬开始，市政协经科委牵头组织部分委员、各民主党派、工商联、各县（市、区）政协和经科委各活动组，围绕“提高企业自主创新能力”主题开展调查研究，所形成的25篇调研报告在9月14日市政协十届三次常委会议上交流。6月21日，市政协副巡视员郑增辉带领市政协、市工商联、市委研究室、市发改委等单位有关人员，到泉港区开展“优化创业环境，促进社会和谐稳定发展”专题调研活动。调研组实地考察东高新型管材有限公司、沙格码头岸壁工程和4号泊位工地，召开座谈会听取泉港区关于优化创业环境的情况介绍。与会同志结合工作实际，就如何进一步优化创业环境、促进社会和谐稳定发展提出许多意见建议。8月中旬，陈敬聪带领部分科技界委员赴晋江市调研纺织产业面料创新情况。调研组听取晋江市关于纺织面料技术创新的情况介绍，深入宏远集团、晋江市奇针世家织造公司和天守服装织造公司实地调研，对纺织产业发展和技术创新成果给予充分肯定，也指出存在问题，建议要重视原料基地建设，鼓励龙头企业研发新产品，加强产学研结合，大力引进科技人才，进一步整合科技资源。9月13日，傅福荣率领部分新闻出版界委员视察泉州市印刷行业。视察组先后到晋江、石狮实地察看福建恒达集团、石狮新光塑料包装有限公司等印刷企业，并召开座谈会，听取有关企业、行业协会和市新闻出版局关于泉州市印刷行业发展情况的介绍。委员们针对新闻出版业存在的问题提出4点建议。

2008年1—4月，市政协经科委牵头组织各民主党派、工商联、各县（市、区）政协和市政协机关各委室围绕“加快发展现代服务业”开展专题调研，形成的29篇调研报告内容涉及创意产业、现代物流业、旅游业、金融保险业、房地产业、科技信息业、会展业、酒店业、人才中介服务以及提高公共服务水平等方面。经过多次讨论修改，从中筛选25篇具有前瞻性、有参考价值、可操作性较强的调研材料在6月20日市政协十届十次常委会议上交流。委员们从大力发展现代物流业、加快发展信息服务业、积极发展旅游服务业、重点发展专业市场、加大政策扶持力度等方面提出8点建议。委员们的很多意见建议被转化到市委、市政府的有关文件和工作决策之中。经科委根据市政协主要领导指示，以这些调研材料为主要内容，编纂出版《发展服务业，推动新跨越》专辑，并分发有关单位和领导以及市政协全体委员，引起广泛关注。在国际经济形势复杂多变、国家实行宏观调控、中小企业发展遇到严峻挑战的情况下，市政协及时向市委建议召开政协企业界委员座谈会，为市委、市政府进一步了解企业发展情况、困难和诉求提供平台和窗口，并就建设服务型政府、企业融资、人才引进、加快城市建设等问题进行协商，引导企业家增强应对宏观调控的信心和克服困难的能力。7月25日，市政协召开“培育壮大新兴产业”专题座谈会，听取市政府关于新兴产业发展情况通报，围绕促进新兴产业发展提出意见建议。针对泉州传统产业存在的管理落后、设备简陋、缺少自主品牌等问题，市政协举办“促进产业提升发展”专题讲座，邀请恒安集团、福诚缝纫有限公司、七匹狼有限公司的3位知名企业家分别从企业管理创新、设备更新、品牌打造等角度现身说法自己的创业历程和成功经验。座谈会提出“推动三大转变，促进产业提升”的意见，鼓励和引导泉州企业注重管理创新，实现从家族式管理向现代企业管理转变；注重设备更新，实现从劳动密集型向技术密集型转变；注重自主创新，实现从加工制造型向品牌创新型转变，推动企业提升发展等建议意见。8月，市政协部分经济界委员在吴共湖的带领下，到南安市水头镇调研，视察循环利用再生资源较为突出的福建国能新型建筑材料有限公司和泉州市鹏翔岗石有限公司，并召开座谈会，听取南安市政府分管领导介绍循环经济和深化节能减排工作情况。委员们提出要防止二次污染、注意自身环境美化和净化等建议。10月，市政协组织部分经济界委员前往德化，考察万旗非金属材料公司、冠福现代家用股份有限公司有关发展循环经济和节能减排的效果，并听取市经委、市环保局、德化县政府关于发展循环经济、深化节能减排情况介绍，同时提出相关意见建议。市政协经科委据此撰写有关节能减排调研报告，呈送有关部门和领导参阅。为推动新兴产业发展，市政协组织部分科技界委员到永春县生物医药产业基地调研，视察福建省天馨生物科技有限公司、海源生物医药研发中心，听取永春县生物医药产业建设工作情况介绍。委员们针对存在企业总体规模偏小、经营水平不高、生产品种较少、难以达到集约化经济规模等问题建言献策。11月初，陈敬聪带领部分经济界委员视察惠安绿谷台商高科技产业基地、惠安聚龙养生园和麦德龙泉州丰泽商场，发动政协委员为新兴产业发展献计出力。

2009年1月，市政协在安溪县召开全市政协经科委工作联席会议，布置开展“加强中小企业扶持引导，促进泉州产业提升发展”专题调研活动，要求各县（市、区）政协经科委组织经济界委员深入调研，提出应对金融危机的建议措施，供党政决策参考。随后，市、县两级政协经科委撰写20多篇调研报告，提出120多点建议意见，为帮助中小企业走出危机阴霾、步入复苏发展轨道献计出力。2月，市政协十届三次会议围绕应对危机、促进发展等议题，举行大会发言，为市委、市政府领导和有关部门了解企业发展面临的困难提供平台，共商应对危机良策。委员们就“当前形势下泉州市企业生存与发展”“金融危机下做稳做强泉州产业”“为企业办理‘两证’，解决中小企业融资难题”等方面建言献策。市政协领导还在全市性会议上宣传各级政府扶持政策，帮助企业正确认清形势，树立危中有机的理念，引导企业增强信心。在市委经济分析会议上，市政协建议鼓励企业上市融资、支持技改、奖励名牌，推动企业做大做强。在全省九市政协主席工作座谈会上，市政协作《发挥政协四大作用，有为应对金融危机》经验交流。同时，通过走访企业、召开座谈会等形式，协助企业解决生产经营中遇到的困难。认真贯彻落实市委关于服务扶持企业发展大会精神，主动反映企业亟需解决的问题。围绕“保企业、抗危机、树信心、促发展”“抗风险、保生存、求发展”等方面提出25点建议，积极做好促进政企联动工作，推动一些问题得到解决，帮助企业度难关。市政协领导认真落实挂钩联系企业的制度，加强与企业的联系沟通，深入一线，服务企业，帮助企业排忧解难，指导企业用好、用足、用活各项优惠政策，为委员企业争取部分国家项目扶持资金。6月23日，市政协十届十六次常委会议围绕“促进产业发展和提升”建言献策。会议提交的26份发言材料提出若干建议。

2010年3月，林荣取带领部分省、市政协经济界委员视察泉州台商投资区规划建设情况，考察参观洛江泉美花卉公司、惠安聚龙小镇、福建达利集团，听取有关人员汇报。委员指出，泉州民营经济要抓住机遇，加快产业高端发展步伐，大力发展战略性新兴产业，改造提升传统产业，推动泉州产业经济驶入科学发展、跨越发展的轨道。同年，为了配合推动发展低碳经济，市政协经济委举行“低碳经济与泉州产业发展”学习讲座，邀请著名专家教授介绍低碳经济知识，分析低碳经济与泉州产业发展的关系，提出企业应对的策略措施。150多名市、区政协委员参加讲座活动，一致认为泉州企业应顺时而变，采用低碳技术，推动产业转型升级，实现可持续发展目标。3月9日，吴共湖、陈铭福带领市政协港澳台侨和外事委成员，走访泉州大兴电线电缆有限公司、惠安绿谷台商高科技产业基地、泉州富邦食品有限公司、泉州宏汉制衣有限公司等台资企业，深入了解台资企业的生产、经营、用工、生活等情况，并与台商座谈、分析当年的经济形势，共商企业运行良策。2010 年，市委、市政府“推动企业上市，提升管理水平”动员大会召开后的第 3 天，市政协即以“转变发展方式，建设经济强市”为主题，召开有 40 多名经济界委员参加的座谈会，组织畅谈贯彻落实动员大会精神的体会与措施。同时，积极配合市委、市政府实施企业改制上市“121”工程，组织部分委员赴企业改制上市成效显著的晋江市，开展“推动企业上市工作，促进管理水平提升”专题视察，深入一些已经上市或预备上市的企业详细了解情况；并结合督办《加大企业上市力度，做大做强泉州经济》重要提案，召开座谈会，听取泉州市和晋江市上市办介绍有关情况，发动委员建言献策，破解一些现实难题，加强对企业上市的帮促工作。2010 年第二季度，市政协组织各民主党派、各县（市、区）政协、经济委各委员活动组，围绕“加快转变方式，建设经济强市”主题开展调研，31 篇调研报告在 6 月 30 日市政协十届二十四次常委会议上交流。委员们提出调结构转方向要限制淘汰一批落后产业、改造提升一批传统产业、发展一批新兴产业等建议。6 月 17—18 日，吴共湖、陈铭福率港澳台侨和外事委成员到丰泽区、晋江市挂钩联系的企业开展调研。调研组先后到营业收入 5 亿元以上的非工业企业泉州南海建设开发有限公司、晋江两家产值 10 亿元以上的工业企业蜡笔小新（福建）食品工业有限公司、兴业皮革科技股份有限公司，详细了解企业生产经营情况和发展中遇到的困难问题。7 月 20 日，陈敬聪带领部分委员到晋江开展“推动企业上市工作，促进企业管理水平提升”专项视察，为推动企业改制上市建言献策。7—8 月，市政协广泛发动各参加单位和广大政协委员，积极服务“十二五”规划编制工作。在市委经济分析会上，市政协提出“十二五”期间，要更加关注传统产业的转型升级，营造良好发展环境，做大传统产业，突出解决转变发展方式面临的各种矛盾，增强泉州竞争力等意见建议。市政协还先后召开经济界委员座谈会和全市经济工作联席会议，认真研讨“十二五”规划编制工作、产业结构调整、城市建设规划、民生工程规划等 4 个重点问题，提出许多意见建议。11 月 3 日，市政协在永春县召开的县（市、区）政协主席工作座谈会，围绕全市工作大局，在 11 个方面为泉州市编制“十二五”规划提出许多意见建议。在市委征求关于制定“十二五”规划建议和市政府征求编制“十二五”规划纲要意见的座谈会上，委员们就泉州市“十二五”期间经济社会发展目标、任务和举措等进行深入讨论，积极建言献策。同年，经济委组织部分经济界委员深入泉州经济技术开发区视察三星电控、宏远集团、九牧王和三宏化纤等企业，对该区企业积极引进高新技术和设备，加强技术改造产品创新，发展循环经济等做法给予充分肯定。

2011 年 3—5 月，市政协经济委发动各民主党派、工商联、县（市、区）政协和市政协各委员活动小组，围绕加快转变发展方式、加快建设经济强市、加快经济结构战略性调整等主题，开展调查研究，从不同角度了解、分析、研究泉州经济结构现状、存在问题及今后对策思路等。经过多次讨论修改，从中筛选 29 篇具有前瞻性、有参考价值、可操作性较强的调研文章提交 6 月 24 日市政协十届三十二次常委会议交流。6 月 8 日，市政协经济委向省、市政协经济委工作联系会议提交《大力发展生产性服务业，促进产业结构调整优化》交流材料。这份材料介绍泉州市生产性服务业发展现状、主要做法、制约因素，提出关于加强区域协调，合理规划布局；完善政策措施，加大扶持力度；培养引进人才，增强智力支持；明确发展重点，促进结构优化等建议。同时，向省政府提出出台专项扶持政策、加大财政资金支持力度、加快建立和完善法制法规、把生产性服务业作为重要考核指标、加快建设海西生产性服务业重要基地等建议。

2011 年 7 月下旬和 8 月上中旬，杨俊峰、吴共湖分别带领经济委成员和部分经济界委员到泉州经济技术开发区、南安市、鲤城区、石狮市、德化县等地，开展中小企业发展情况调研活动。调研组走访 15 家中小企业，召开 4 场座谈会听取情况介绍，与 40 多位中小企业家座谈交流。针对中小企业面临的成本费用急剧增大、融资更为艰难、劳动用工更加紧缺、出口形势日益严峻、转型升级任务繁重等困难和问题，提出 3 点建议。

六、旅游工作

1986 年，市政协组织参加《清源山风景区总体规划》论证，提出许多意见建议。

1995 年，市政协围绕如何发挥宗教文化优势，促进旅游事业发展等事项开展调查研究，提出 5 点建议。

1997 年 8 月，市政协编发的《政协信息》第 15 期，刊登 3 篇有关旅游工作的文章，其中《加速发展泉州市旅游业的意见与建议》提出建立权威性的协调机构、以“大泉州”的观念构建“大泉州”的旅游景区、加强对旅游资源的保护和抢救、加强对外宣传以提高泉州的知名度等 4 点建议；就《重点开发中心区域主要景点景区》提出 5 点建议；对《泉州的旅游商品应突出七大特色产品》提出相关建议。《政协信息》第 39 期刊登《迎“’98 中国国内旅游交易会”几点建议》，提出 10 点建议。11 月 5—

7日，在省政协的指导下，市政协主办全国部分历史文化名城政协联系会第8次会议，邀请北京、沈阳、南京、西安、杭州、桂林、苏州等15城市政协代表参加，交流发展旅游业的经验。会后，市政协总结借鉴外地经验，向市委、市政府提出“挖掘历史文化资源，开发利用人文景观，发展壮大旅游业”的建议。同年，市政协组织开展“发展壮大泉州旅游业”专题调研，并在12月16—17日市政协八届十一次常委会议上，探讨如何发展壮大泉州旅游业，为迎接在泉州举办的“98中国国内旅游交易会”献计献策。与会常委从加强领导、扩大宣传、理顺体制、制定总体规划、多元筹集资金、制定优惠政策、加强协作、规范管理、加强人才培训、提高服务质量等多方面提出意见建议。

1998年4月7日，市政协向市委书记和市长提出将雅阁手稿《光明之城》与南宋刺桐港国际学术讨论会纳入“’98中国国内旅游交易会”活动项目的建议。9月24—25日，市政协八届十四次常委会议组织视察政协一号提案《办好“’98中国国内旅游交易会”，创建中国优秀旅游城市》的办理情况，评议旅交会的模拟准备工作，为泉州创建国家优秀旅游城市建言献策。同时，提出突出泉州历史文化名城内涵、加快建设高质量导游队伍、进一步改革现行管理体制、按市场经济规律开发旅游资源等建议。

1998年9月24—25日，市政协八届十四次常委会议就视察、评议泉州市承办旅交会的准备工作提出3个方面建议。同年，市政协在全国部分历史文化名城政协第4次联系会议上，作《重振“海上丝绸之路”雄风，发挥历史文化名城优势，为把泉州市建设成为国际旅游城市出谋献策》专题发言，提出推动泉州市旅游业发展壮大的工作意见。

2001年8月2日，傅圆圆考察清源山风景旅游区，提出3点建议。12月8日，市政协向市委、市政府呈送《加快清源山风景名胜区的保护和开发利用》调研报告，提出4点建议：1. 深化管理体制改革，理顺关系，强化职能。2. 加强规划，强化管理，切实保护旅游资源。3. 多渠道筹集资金，增加投入，加快清源山风景名胜区的开发建设。4. 加大宣传力度，提高清源山的知名度，占领国内外市场。

2006年6月22—23日，市政协组织部分委员视察泉州市沿海片旅游景点及泉州中旅、康辉、空港、惠安天马旅行社建设情况。8月3日，林荣取在市委“实现‘走前列’新突破”务虚会上，就做大做强旅游业，促进泉州加快发展等，提出4点建议。

2008年9月25日市政协十届十一次常委会议上，政协委员对推进泉州文化旅游提出4点建议。

2009年2月13日，市政协组织视察洛江区仙公山旅游发展规划建设情况和绿野休闲山庄、市田村农家乐园、丰山旅游拓展营地和彭殊村等旅游资源开发情况。考察组提出若干建议。6月23日，在市政协十届十六次常委会议上，市政协经贸二组提交《科学发展，寻求突破，促进泉州旅游业转型升级》发言材料，提出要转变职能，理顺旅游业管理体制，加快泉州市旅游业发展；加大投入，引入多元化投资经营体制；整合资源，把握好旅游业发展方向；打造精品，提高旅游总体竞争力；加强合作，逐步实现区域无障碍旅游；改造设施，营造良好旅游硬环境；加强领导，做大做强旅游产业；提高服务，创造优良旅游软环境等建议。

2010年1月市政协十届四次会议上，市民建、市农工党分别提交《发挥文化资源优势，打造海西旅游强市》《泉州古城保护利用与文化旅游产业开发的设想》大会发言材料。3月24日，林荣取率领部分政协委员，到永春县视察山区生态旅游发展情况。视察组实地察看云河谷等景区，听取永春县生态旅游和经济社会发展情况汇报。6月21—27日，市政协组织港澳台委员一行25人，赴云南考察。考察团一行先后考察云南昆明、香格里拉、丽江、西双版纳4个城市的经济建设和社会发展情况，参观考察云南世界文化遗产、国家级文物与景点的保护、开发建设与管理、云南省招商引资项目情况，并与当地政府有关部门、经济界人士、泉籍商会代表座谈。委员们一致认为，要深入总结借鉴云南在发展旅游业中打造精品名牌、挖掘文化内涵、形成良性互动的成功经验，为泉州在海西建设中做出更大贡献。

2011年7月14—22日，吴共湖带领经济委成员、部分经济界委员、县（市、区）政协经济委主任、民主党派负责人一行10人，赴湖南、湖北考察“休闲农业和乡村旅游业发展情况”。考察组先后考察湖南的长沙、邵阳、怀化、凤凰和湖北的宜昌、神农架、襄阳、武汉等地休闲农业和乡村旅游业发展情况。考察组从两省的发展情况、特点、主要做法和经验中得到启示，就推进泉州市休闲农业和乡村旅游业发展，提出6点建议。10月14—22日，吴共湖带领市政协民宗委、民宗界委员组成的考察组，对川黔的宗教文化及旅游名城进行为期8天的考察，重点考察成都、都江堰、乐山、峨嵋山、松潘5个历史名胜之城，拜会四川闽南商会、贵州泉州商会，详细了解景区所在地的市政建设与宗教文化旅游开发管理情况。考察组认为，川黔两省的市政建设、宗教文化、旅游运营各具特色，有7个方面值得泉州市学习和借鉴。针对泉州宗教文化旅游资源开发的现状，考察组提出9条对策建议。农林水组调研休闲农业和乡村旅游业发展情况，提出4点建议。

第四节 教科文卫体工作

市政协履职涵盖教育、科学、文化、卫生、体育等重要领域，主要工作包括组织委员就上述5个方面的重要问题开展调研视察，提出意见、建议和提案等大量工作。

一、教育工作

1986年，市政协教育工作组先后到永春、晋江、惠安考察了解中小学教育质量下降原因，针对症结提出建议。同年9月份，会同市人大常委会教科文卫委深入鲤城区、安溪县检查《义务教育法》实施情况。

1988年5月25—27日，李德茂带领教育工作组到南安县调查侨建校、侨助校校董会工作及其与学校行政关系情况，向市委、市政府提出8点意见建议。

1989年，市政协文教委在教师节召开部分老教师座谈会，共同回顾解放以来泉州市教育事业的发展历史，提出在争取侨资的过程中要着力解决4个突出问题，建议在解决教师待遇的同时必须加强思想政治工作。同年，到晋江安海、安溪等地调查小学生思想教育情况；陪同省人大、省政协领导带领的在闽全国政协委员视察泉州的教育工作。

1990年，市政协组织委员视察安溪侨胞捐资助学情况，提出解决存在问题的建议。

1991年11月4日，市政协文教体卫委与泉州陶行知研究会联合举行杰出人民教育家陶行知先生诞辰100周年纪念大会。

1994年，市政协文教体卫委配合市教育局到惠安开展义务教育评估工作。9月15日，市政协七届十八次常委会议听取市政府通报《教师法》实施情况，提出4点意见建议。配合市政协民族宗教委到市盲聋哑学校视察特教工作，呼吁全社会多关心支持残疾人事业，并代表市政协捐资添置教学用具。

1995年秋，市政协围绕发展泉州市教育事业开展调研，指出泉州市教育工作存在认识不到位、资金缺口大、教育数量不足等3个突出问题，对“九五”计划和2010年规划纲要提出5点修改、充实意见。

1996年7—8月，市政协组成“泉州市政协中小学德育调研组”，分别到鲤城区、石狮市、永春县及市直中小学，采用“听、看、议、查、问、访”方式，全面了解中小学德育工作情况。调研组作出评价、分析后，提出5个方面对策建议。9月24日，市政协八届三次常委会议提出《关于加强泉州市中小学教育工作的建议案》。

1997年4月，市政协教卫体委与省政协文教卫体委组成联合调研组，对泉州市部分中小学校、师范学校和职业学校的师德建设和政工队伍建设状况进行调查，并有针对性地提出6点建议，调研报告得到省政协、省教委有关领导的好评。在教师节以“在应试教育向素质教育转变过程中，如何发挥教育界政协委员的作用”为题，召开在市区的教育界政协委员座谈会，既摆出当前学校教育的现状，又提出向素质教育转轨的一些建设性意见。同年，先后参与市政府组织的教育“两基”评估验收。

1998年，市政协教卫体委针对泉州市中小学校在推进素质教育过程中遇到的新情况、新问题和新难点，召开教育界专家学者座谈会，研讨、提出一些解决问题的对策。同年，还组织部分委员视察一些薄弱学校，提出加强薄弱学校建设、提高办学水平的建议；跟踪视察已通过“两基”评估验收的县（市、区），为促进泉州市中小学由应试教育向素质教育转轨献计献策。6月14—15日，市政协八届十八次常委会议就加快泉州市普及高中阶段教育步伐问题，提出6个方面对策建议；就加强全市薄弱学校建设问题，提出5点建议。同年，还组织到南安、惠安、永春等地调查了解“侨建校”“侨助校”校董会工作及其与学校行政关系情况，针对问题提出建议，引起市政府及教育部门的重视。

1999年4—5月，市政协组织开展“发展高中阶段教育问题”“薄弱学校的建设问题”“发展高等职业教育，为‘科教兴市’战略服务”等专题调研，形成3篇调研报告。

2001年3月，市政协教卫体委组织开展“关于‘十五’普及高中阶段教育的对策研究”专题调研，形成调研报告，并在市政协九届一次会议上作大会发言。

2002年11月28日，市政协文教卫体委邀请部分市政协委员座谈讨论《泉州市高等教育和泉州大学发展规划》。与会委员提出6点意见：1. 制定泉州发展高等教育规划要有前瞻性、可操作性，应当体现大气魄、大手笔。2. 切实更新观念，坚持走外延扩大与内涵发展相结合的路子，实现从精英化的高等教育向大众化的高等教育转变。3. 泉州大学办学定位要更准确。4. 未来的“泉州大学”要走“强强联合”的路子。5. 创建泉州大学要采取行之有效的措施。6. 充分发挥泉州民营经济活力的优势，激活民间资本参与地方高校的创建。

2003 年 2 月下旬市政协九届三次会议上，市政协文教卫体委负责主办“普及高中阶段教育座谈会”。与会委员就强化政府行为、发展中等职业教育、鼓励社会多元化办好普高、加强初中师资队伍建设等问题，提出许多富有针对性、建设性的意见建议。3 月，受市政府邀请，组织委员参与《泉州市高等教育和泉州大学发展规划》征求意见座谈会，提出完善《规划》的建议。11 月 19 日—12 月 3 日，叶聪敏、郑今奋带领政协委员，围绕泉州市民办高校发展问题，深入泉州华光摄影艺术学院、中营学院、光电信息职业学院、育青职业技术学院、福建师大闽南科技学院、泉州信息职业技术学院、仰恩大学实地考察、参观、调研，形成《倾力扶持高校成长，走务实可持续发展之路》调研报告，提出 6 点建议，并在 12 月 30 日提交市政协九届十五次常委会议进一步研讨。调研报告得到市委、市政府高度重视，市政府出台《纪要》，将其纳入 2004 年常务会议研究议题。

2004 年，瞄准全市出现“用工荒”问题，市政协文教卫体委组织有关委员到劳动、教育等部门和有关职业学校开展调研，提出加快泉州市“蓝领”队伍建设的几点建议，并以专报件形式呈送市委、市政府和有关部门参考。同时，配合省政协文教卫体委在泉调研进城务工子女接受义务教育的情况。8 月，教育界政协委员就泉州市中考中招改革方案，与市教育局协商讨论，提出的 10 多条具有建设性修改意见得到傅圆圆的充分肯定。

2005 年，市政协开展助教助学工作：一是慰问部分在读的外来务工人员子女。丰泽区沉洲小学 500 名学生，90% 以上是外来务工人员子女。“六一”儿童节前夕，文教卫体委筹资 2 万元和募捐一批药品到该校慰问学生。同时，邀请市第一医院、福医大附属第二医院、泉州中医院的委员专家为 400 多名师生作眼科检查。二是在 7—8 月，组织策划“托起他们的理想·金秋助学”活动，采用新闻采访报道、发动社会各界人士认捐和结对帮扶的形式，筹集资金 125 万元，帮助安溪、永春、德化、泉港、惠安等县（区）共计 88 位被高校录取但家庭贫困无力缴费的学生圆了大学梦。

2006 年 2—3 月，围绕“建设社会主义新农村”课题，市政协领导带队，深入各县（市、区）农村学校开展调查研究。4 月 20 日市政协九届三十一次常委会议上，与会委员认为，由于政府对农村初中校经费投入不足，相当多的农村学校多年未购置教学仪器设备，影响到教学质量提高和学生基本技能的培养；初中校英语、体育、艺术和信息技术课教师紧缺，校际之间优质师资资源配备不均衡问题比较突出；部分农村家庭经济困难，学生学习压力大，学校自身教育教学存在一定问题，社会上的非法使用童工屡禁不止等原因，致使泉州市农村初中辍学现象十分严重。为此建议：1. 各级政府及其教育行政部门要进一步强调“普九”和“控辍”的意义，加大投入力度，建立义务教育经费基本标准和办学条件基本标准，保证学校正常办学。2. 切实落实农村义务教育免收学杂费规定，建立资助贫困生的助学体系，解决贫困生的就学问题。3. 建立城镇教师到农村任教服务期制度，城镇中学教师晋升高级教师职务，应保证有在农村任教一年以上的经历。4. 通过深化教育教学改革来提高教育教学质量，切实减轻学生过重的课业负担。5. 进一步做好外来务工人员子女义务教育工作，解决农村留守和父母离异孩子的教育问题。6. 规范治理教育乱收费，贯彻落实《禁止使用童工规定》，遏止辍学现象发生。10 月 12 日，林玉莲带领教育界委员到晋江市考察外来工子女入学及促进城乡中学教育均衡发展情况。考察团先后考察晋江市陈埭镇紫峰中学、花厅口小学和东石镇侨声中学，召开 2 场座谈会，分别听取陈埭镇和晋江市教育局负责人关于外来工子女接受教育情况和当地政府如何促进城乡中学均衡发展情况的介绍。林玉莲指出，晋江市各级领导重视“普九”教育，在解决外来工子女入学问题上走在全省前列，许多经验值得借鉴。同时强调要针对晋江华侨、企业家回馈社会、办学热情高，多渠道争取他们的支持，以利于促进城乡中学教育的均衡发展。

2007 年 6 月，市政协文教卫体委组织委员前往石狮市开展“泉州市义务教育均衡发展状况”专题视察。委员们对实现泉州市教育公平表现出极大的关注，认为义务教育均衡发展是构建和谐社会的重要内容。建议加大投入，规范办学行为，办好农村学校，全面实施义务教育，关注每一年学校的发展，关注每一个孩子的健康成长。10 月，文教卫体委组织教育界政协委员督办市政协十届一次会议的重要提案《关于大力发展泉州高职教育的建议》，为推动泉州市高等职业教育事业持续、快速、健康发展发挥积极作用。11 月，组织教育界、医卫界部分政协委员深入泉港区开展“泉州市学前教育发展状况”专题调研。委员们对泉州市学前教育的普及程度和办学效益等给予积极评价，并对一些幼儿园的安全隐患表示极大关注。建议进一步加强规划，加大投入，预留发展用地，加快师资建设，发挥优质园的示范作用，实施素质教育，规范办园办学行为，采取有效的措施消除安全隐患，促进幼教事业健康发展。

2008 年，市政协围绕“促进教育优先发展”主题，组织教育界委员广泛开展调查研究，征集汇编 27 篇调研文章，并于 11 月 25 日举办“泉州市政协’2008 教育论坛”。委员们从推进泉州市高等教育、高等职业教育发展，加强青少年思想道德教育、生命教育、感恩教育、养成教育、农村留守儿童教育以及职校学生实践能力和职业技能培养，减轻学生课业负担、重视青少年学生体质健康，促进和规范学前教育，抓好新课程实践工作等方面，提出许多意见建议。

2009年，市政协教科文卫体委组织教育界委员视察丰泽区实验小学、蓝天幼儿园、城东中学，并就拓展基础教育发展空间、解决学校建设突出问题、促进基础教育协调发展等问题进行探讨，组织撰写的《关于推进中心市区义务教育均衡发展的几点建议》在9月17日市政协十届十七次常委会议上交流。还组织政协委员走访泉州华侨职业学校等中职学校，深入了解泉州市中等职业教育的发展情况。推荐政协委员撰写的《应加快闽粤赣十三市与台湾高等职业教育合作步伐》参加闽粤赣十三市政协论坛，为扩大两岸职业教育合作交流建良言。教师节前夕，教科文卫体委举办教育界委员教师节座谈会，组织考察泉州盲聋哑学校，并为该校筹措3万元慰问金。

2010年5月28日，市政协教科文卫体委组织教育界政协委员走访泉州信息职业学院、泉州理工职业学院、泉州华光摄影艺术职业学院，听取市教育局关于泉州市民办高等职业教育发展情况的通报，撰写的《关于促进泉州市民办高职教育健康持续发展的思考和建议》提交市政协十届二十五次常委会议交流。5月下旬至7月下旬，市政协以“统筹社会事业发展，促进和谐泉州建设”为主题，组织各参加单位和各县（市、区）政协开展调研活动。民宗委组织少数民族界部分政协委员深入安溪、南安、晋江、泉港、惠安等地，通过召开座谈会，听取县、镇、教育部门、学校负责人关于民族教育的情况介绍，现场察看民族中学、小学，对泉州市民族教育工作情况进行分析，提出意见建议。教科文卫体委召开教育界委员座谈会，听取市教育局关于泉州市编制教育事业发展“十二五”规划的情况通报，提出意见建议。9月30日，市政协各参加单位、各专门委员会以及各县（市、区）政协在市政协十届二十五次常委会议上提交35篇调研报告，围绕统筹社会事业发展、编制泉州市“十二五”规划提出若干建议。

二、科技工作

1992年5月，为推动泉州市经济建设真正转移到依靠科技进步和提高劳动者素质的轨道上来，市政协专门召开经济科技工作座谈会，探讨经济科技工作如何为改革开放和经济建设服务等问题。7月3日，市政协邀请各民主党派负责人、部分常委和经科界人士讨论《泉州市支柱产业发展规划（讨论稿）》，就如何依靠科技进步、发挥高校、科研单位作用等问题提出 21 点建议。1992 年和 1995 年，经科委围绕鲤城、晋江、石狮高科技走廊建设情况，开展专题调研。

1996 年 8 月 9 日，市政协经科委、市化工学会联合组织经济界政协委员、化工专家赴肖厝考察，旨在贴近泉州市“两区开发”，让委员进一步了解肖厝，在知情的基础上，更好地为肖厝的开发建设牵线搭桥、出谋献策。

1998 年，市政协经科委邀请市科委、科协、民主党派和华侨大学的一些专家、教授，到有关部门和县（市、区）调查了解泉州市的科技概况、科技与经济结合机制的现状。针对高科技既是高投入、高效益，同时也是高风险的情况，结合泉州市民营企业多且分散，工农业科技水平普遍低下的现状，建议市政府建立科技支撑泉州市经济发展的新型机制。5 月中旬至 6 月初，傅圆圆带领有关人员开展“泉州市中小企业名牌产品的技术创新与市场开拓”课题调研。调研组针对技术创新问题提出 7 点建议；针对名牌产品的市场开拓问题提出 6 点建议。6 月 14—15 日，市政协八届十八次常委会议围绕实施科技兴市战略献计献策。

2001 年上半年，市政协经科委围绕泉州市如何实施国民经济和社会信息化，建设“数字泉州”的战略决策，专门组织课题组下企业、看厦门、访专家。通过深入了解建设“数字泉州”的基础条件和存在问题，学习借鉴厦门数字化建设先进城市的经验与做法，广泛听取华侨大学、厦门大学等专家学者的真知灼见，形成推进“数字泉州”建设的调研报告，提出 3 点建议。调研报告在市政协九届一次会议上作书面交流。

2002 年 11 月 13 日，傅圆圆带领各民主党派领导、政协经科委成员和科技界、科协界市政协委员 40 多人，考察实施“大泉州”发展战略的晋江市科工贸旅游经济区，围绕“科技兴市”提出意见建议。

2005 年 11 月上旬，市政协经科委在市科技局召开座谈会，听取国家知识产权试点城市工作情况介绍。同时，参加泉州市“十一五”科技发展规划单项修编研讨工作。

2006 年，围绕“科技兴市”战略，市政协经科委多次组织考察泉州市科技工作，努力为企业提高自主创新能力献计出力。2006 年，经科委被市委、市政府表彰为“泉州市科技工作先进集体”。同年，经科委还开展知识产权工作调研，探索新形势下加强知识产权保护工作的对策措施，进一步推动泉州市创建国家知识产权试点城市工作的深入开展。

2007 年 9 月下旬，市政协经科委组织部分科技界委员、企业家，到南平建瓯市考察经济开发情况，对毛竹资源的开发引起注意和兴趣。泉州市一些纺织企业正在开发生产科技含量高的竹纤维功能面料，需要寻找具有丰富竹林资源和劳力资源的地区建立生产原料基地。考察中，有较大规模的委员企业与当地签订总投资28亿元、征地66多公顷的投资项目意向书。11月14日，陈敬聪带领部分经济、科技、农林水界政协委员，到永春县考察泉州市新农村建设科技促进行动进展情况。委员们先后视察石鼓鸡场、枇杷走廊、科技文化园、蓬壶食用菌双百工程、七八柑桔场、北溪自然生态旅游村等，并听取永春县和市科技局有关情况介绍。视察团充分肯定泉州市新农村建设科技促进行动工作所取得的成绩，提出4点建议。

2010年6月3日，市政协组织部分委员视察泉州市科技工作情况。委员们先后视察泉州微软技术中心、福建省先创电子有限公司、福建南方路面机械有限公司；听取市科技局关于泉州市科技工作情况介绍，并就进一步转变发展方式，推动科技创新建言献策。同年，组织委员视察泉州用友软件公司、福建讯网网络，听取市科技局关于泉州市软件产业发展情况的介绍，并就进一步转变经济增长方式、助推软件产业发展建言。9月17日市政协十届二十五次常委会议上，教科文卫体委就“加快泉州市科技创新能力建设”提出6点建议。

三、文化工作

1986年，市政协会同有关部门总结德艺双馨的著名高甲戏文艺表演家、省政协委员柯贤溪从艺70周年的先进事迹，并于7月3日召开表彰大会。同时，向全体政协委员发出向柯贤溪学习的决定。

1988年，市政协文艺工作组组织有关政协常委会同市人大常委会教科文卫委两次分别到鲤城、晋江、惠安、南安调查考察文物工作情况，向有关部门反映存在问题，提出建议。

六届市政协还协同福建省梨园剧团及市文艺界人士，为已故的市政协委员林任生、许谷芬、许炳基、王爱群举办追思会，缅怀他们为弘扬祖国优秀文化、振兴泉州地方戏曲做出的贡献。

1991年，市政协文教体卫委组织委员到惠安视察“芳草”计划的落实情况，还密切配合全国政协教育文化委前往惠安、鲤城、晋江、石狮等视察农村文化生活情况，共同探讨如何使社会主义文化完全占领农村阵地，活跃农村文化生活。

1995年，市政协组织委员围绕保护历史文化、发展文化事业开展调研。调研组就保护历史文化遗产提出3个方面建议，就培养优秀文化人才提出5点建议，就改变公办文化事业的落后面貌提出4点建议。11月7日，市政协受市委委托，召集部分文化界知名人士恳谈提高城市文化品位、振兴名城文化事业。与会代表就保护弘扬泉州文化资产、旧城改造与保护、文物古迹的抢救、开展“泉州学”研究、繁荣泉州文化事业等提出许多意见建议。

1996年9月23—24日市政协八届三次常委会议上，与会常委对公办文化事业、群众文化工作、地方戏剧建设、公共图书馆事业、文物保护工作等方面提出许多意见和建议。12月13日，市政协文化文史资料委组织委员考察晋江古檗山庄、南安蔡浅古民居，提出尽快采取有力措施，保护两处文物古迹的建议。市政协八届三次主席会议研究决定成立“泉州市政协书画摄影研究室”。该书画摄影研究室旨在团结市政协委员中的书画家、摄影家和本市各界书画、摄影人士，开展创作活动，切磋技艺，进行交流，以弘扬中华民族优秀传统文化，提高书画、摄影艺术水平，繁荣泉州文化事业。研究人员以市政协委员和文化文史资料委委员为主体，邀请本市各界书画、摄影人士参加，分为书画组、摄影组。

1997年，市政协文化文史资料委组织委员，深入市区、德化、永春、安溪、惠安县和南安市，了解戏剧团、文化馆、图书馆、博物馆的人员编制、人才现状，向市政府提出加强文化建设的建议。

1997年11月21日—12月24日，市政协围绕学习贯彻中共十五大精神以及5年来两个文明建设取得的成就，组织省、市政协委员开展异地视察。先后视察46个单位，其中9家企业、10所学校、23个行政村、1所卫生院，提出许多意见建议。

1998年5月上旬，王仁杰带领文化文史资料委成员视察安平桥。视察组就如何保护与管理安平桥交换意见，提出具体建议。6月下旬，市政协文化文史资料委与泉州海交馆联合举办《华人民间宗教与华人社会和文化认同》专题文化讲座，邀请香港中文大学人类学系主任陈志明教授主讲，促使政协委员进一步了解海外华侨华人与泉州宗教民俗文化一脉相承的情况，增强通过宗教民俗文化做好海外华侨华人工作的信心。7月中旬，文化文史资料委与泉州刺桐吟社联合举办诗学讲座，帮助委员了解中华诗词的历史渊源及现代作用。12月2日，在市政协八届十五次常委会议上提出的从文化、艺术、民俗、宗教等渠道推进泉台文化合作交流的思路建议，得到市委、市政府重视和采纳。

2000年1月12日，傅圆圆、郑今奋、王仁杰带领省、市政协委员一行40多人视察泉州市文化艺术中心、泉州晚报大厦、泉州广电中心、郑成功塑像工程、泉州四中、紫江小学、李贽故居、泉州府文庙，听取有关负责同志的介绍，提出5点建议。

2001年2月7日，厦门市政协教科文卫委与泉州市专家及南安市文化界专家学者，在泉州一起座谈如何加强闽南文化的研究和交流等议题，并达成发展闽南文化，加强闽南文化交流的共识。4月，文史资料委配合省政协文教卫体委及有关单位，在泉州开展“公民科学文化素质的对策”专题调研。10月下旬，配合省政协考察泉州文化遗产和文物保护工作情况，所形成的《关于王耀华一行视察泉州文物和文化遗产保护工作的情况汇报》专报市委、市政府。同年，市政协按照市委的部署，承担“增进泉州精神文明建设实效”课题调研任务。市政协组织各民主党派、工商联、有关团体，联合市直有关部门共42个单位共同参与调研，各县（市、区）政协积极配合，调研报告得到市委的充分肯定，并刊登在福建省委《调研内参》。

2004年7月27日，市政协文教卫体委组织文化界委员，检查市区万荣网吧、超越网吧、天地音像、润恒文化广场、苏格兰演艺俱乐部和欢乐迪等6家文化产品销售与文化娱乐经营场所，针对存在问题提出4点建议。10月底，以文化界部分委员为主体的文化考察组在郑今奋带领下，前往浙江温州、宁波、绍兴和杭州参观考察，提出泉州要积极调整文化产业结构、加快文化体制改革步伐、努力培育文化消费市场、大力培养和引进文化经营人才等6点建议，并送市政府分管领导和有关部门参考。该文章还被省政协机关刊物《政协天地》采用。7—8月，组织文化界委员检查全市文化音像市场，提出的4点建议均被市文化局采纳。

2005年，由于台湾局势发生新变化，对台文化如何适应新变化、增强新优势，成为值得探索的新问题。市政协文教卫体委联合学宣委开展对台文化交流情况的调研活动，围绕民俗文化、宗教文化、戏曲艺术、学术活动、五缘文化、民间工艺、武术文化等7个方面与台湾交流情况，深入调研。首先，发动各县（市、区）政协和市直有关部门单位调查本地区本单位与台湾文化交流情况，形成书面材料；分别在市区和德化县召开座谈研讨会，交流40多篇论文，以此掌握全市对台文化交流的基本现状与特点。其次，组织有关人员针对某一文化交流优势或重点问题进行专门调研，深度探讨。例如，组织部分委员到市区的关岳庙、天后宫、富美宫、真武庙等寺庙开展调研，发现泉台宗教文化交流的一些特点与问题，并提出加强引导的对策。再次，组织有关人员到金门参观考察，与岛内有关人士座谈商讨加强文化交流的具体措施。同时，组织文化界委员观看审评市政协文化组副组长、市木偶剧团团长王景贤编导的《钦差大臣》，为参评2004—2005年度全国十大精品剧目提出意见建议。

2006年4月25日，市政协组织部分政协委员和文史界人士视察郑成功焚青衣处，并就保护周边文物建言献策。

2007年3月，市政协举办“海峡情·盼统一”书画展和“泉州市政协元宵书画笔会”。30多位优秀书画家挥毫泼墨，现场创作一批表现古城欢庆元宵佳节、海峡两岸血脉相连的书画作品。在泉州中心市区威远楼举办金门籍画家郑瑞勇先生“大道求诸野·水墨浯江·郑瑞勇金门乡情国画展”。5月和11月，市政协文教卫体委先后组织文化界委员深入丰泽区、南安市，开展社区文化建设情况调研和农村文化发展状况视察。委员们认为，泉州市社区文化和农村文化有基础、有特色，建议要有机地纳入经济社会发展规划，加大投入，抓阵地、抓队伍、抓项目；进一步挖掘文化内涵，传承地方特色文化，不断满足人民群众日益增长的文化需求。6月，举行泉州市政协刺桐书画院成立大会和揭牌仪式，陈立德副主席任院长，特聘泉州市书画摄影名家和政协系统的专门人才，并向35名首批特聘书画摄影家颁发聘书。6月份以后，举办9场书画摄影展，组织4次摄影采风，举办采风摄影培训班，开展丰富多彩的书画摄影艺术活动。庆祝建党86周年之际，在市政协海联中心举办以歌颂党、歌颂祖国为主题的系列活动：“《蟳埔女》—陈敬聪摄影作品集首发式”“泉州市政协书画摄影藏品展”“泉州市政协‘七·一’书画笔会”，市政协领导、各民主党派和市直有关部门负责人等150多人参加活动。8月8日，市政协召开“关于闽南文化生态（泉州）保护实验区”专题座谈会。同月，市政协文教卫体委作为协办单位，协助华光摄影艺术学院举办台湾著名山水画家郑燕桥书画展及捐赠仪式。中秋、国庆期间，在市区威远楼举办“泉州市政协2007盛世中国和谐·泉州书画摄影作品展”，推出50多位书画摄影界、政界名家60多幅作品。同年，文教卫体委还组织市政协刺桐书画院特聘书画家的部分作品参加在南平举办的第二届中国朱子文化节书画展；配合成都市政协书画院在泉州市举办“黄河魂·农运情”国画展；配合市委、市政府大型画册《走进泉州》专题摄影组，组织刺桐书画院部分摄影家赴安溪茶乡进行摄影采风，以专业的视角展示安溪的茶文化。举办市政协机关摄影培训班，组织市政协机关部分干部参加湄洲湾摄影采风、南安黄东水库摄影采风，到俞大猷公园进行摄影采风并接受爱国主义教育，举办“泉州市政协机关2007摄影作品展”。

2008年6月20日市政协十届十次常委会议上，与会常委对加快发展泉州市文化创意产业提出10点建议。7—8月，市政协以“推动泉州文化大发展大繁荣”为主题，组织各民主党派、各县（市、区）政协和市政协相关专委会深入有关部门、单位、城乡，调查了解泉州市农村文化、社区文化、企业文化、民俗文化、闽南文化、非遗文化、宗教文化、公共文化服务体系及相关产业、泉台文化交流等方面发展情况、存在问题，撰写的28篇调研报告在9月16日市政协十届十一次常委会议上交流，就建设和谐文化、活跃大众文化、弘扬历史文化、打造精品文化等方面，向市委、市政府及有关部门提出意见建议。文教卫体委根据委员发言，编发6份工作专报件，并送市委、市政府主要领导和有关部门参阅。8月，陈敬聪、陈元殿领衔督办《关于做好蟳埔民俗文化生态基地规划保护和建设工作的建议》重要提案，采取沟通互动、现场督办的形式，与市政府有关部门密切配合，促使蟳埔民俗文化生态保护规划作出相应调整。提案中关于原住民就近安置和扩大蟳埔历史风貌保护区面积等建议基本得到落实，提案人对办理结果较为满意。及时将列入第一批国家非物质遗产保护项目的泉州市传统剧种“打城戏”处于濒危状态、泉州打城戏剧团陷入困境的情况，以专报件报送市委、市政府主要领导。市长批示有关部门作专题研究。

2008年，市政协以书画为媒，通过举办书画摄影活动，广泛团结和联系书画摄影界政协委员及各界人士，活跃政协的文化生活，增强政协组织的影响力和凝聚力。举办“市政协新春书画笔会”和“市政协刺桐书画院新春座谈会”；组织市政协机关干部职工、刺桐书画院摄影家先后赴德化龙门滩水库、永春湖洋绿色生态园和石狮观音山进行摄影采风；举办“泉州市政协2008‘喜迎奥运·情系农运’书画摄影展”，汇集展示泉州市120多位书画摄影名家的180多件佳作。组织编印《盛世中国·和谐泉州——书画摄影作品选》以纪念改革开放30周年。

2009年，市政协组织委员视察鲤城区后城古街等闽南文化生态保护示范点，并召开闽南文化建设专题座谈会。委员们就加大投入、加强闽南文化保护、抢救濒危民俗技艺、重视传承人培养、促进文化体制创新、推进闽南文化交流、加强泉台文化交流合作等向市政府及有关部门协商建言。4月17日，市政协组织部分委员到鲤城区视察公共服务体系建设情况。委员们先后视察鲤城区文化馆、鲤中街道文化中心、临江伍堡社区文化中心，并召开座谈会，就进一步推进泉州市公共文化服务体系建设提出意见建议。6月19日，陈元殿、王祖耀率市政协部分委员到晋江调研“海丝”文化保护工作情况。调研组实地察看晋江金交椅山古窑址、草庵、安平桥等“海丝”文化遗址，并召开座谈会，听取晋江市文体局及有关单位负责人的情况介绍。委员们在充分肯定晋江“海丝”文化保护工作的同时，对环境整治、经费投入等问题提出意见建议，撰写的《保护文物史迹，打响“海丝”品牌》调研报告在9月18日市政协十届十七次常委会议上交流。开展书画活动，加强书画联谊，举办诗词吟诵会，促进社会和谐。一是推进刺桐书画院工作。举办市政协“’2009新春书画笔会”和“刺桐书画院’2009新春茶话会”；吸收8名书画摄影家加入刺桐书画院；在“泉州政协网”增设“泉州市政协刺桐书画院”（专页）；组织特聘美术家、摄影家参加“南靖土楼”“南少林”美术摄影采风活动；通过《泉州晚报》、泉州电视台、《泉州政协》等媒体专报专栏介绍刺桐书画院的精彩活动和书画摄影家的精品力作。二是举办节日书画摄影展。结合“文化遗产日”活动，在泉州府文庙举办“泉州湾畔蟳埔女——陈敬聪纪实摄影专题展”，展出蟳埔女民俗风情摄影佳作116幅；为庆祝中华人民共和国成立60周年、纪念人民政协成立60周年，于9月10—14日在华侨历史博物馆举办“泉州市政协‘祖国情・团结颂’书画摄影展”，展出泉州市110多位书画摄影名家的200件佳作。随后编印画册《祖国情・团结颂——泉州市政协书画摄影作品选》。三是开展书画艺术交流。举办“对话名家——国际摄影艺术交流会”，邀请英国皇家摄影协会主席、博士贝瑞・约翰・悉尼尔及夫人与特聘摄影家等开展摄影艺术交流；接应广东、湖南等地政协系统的书画家到泉州市开展艺术交流；积极参与泉州画院等单位和书画家举办的书画交流活动；支持特聘摄影家自筹经费举办《传说中的美丽草原》敬聪、秋煌、培森坝上风光摄影展；推荐特聘画家的作品参加惠安县庆祝中华人民共和国成立60周年书画展。四是丰富政协机关文化生活。邀请专家为市政协和鲤城、丰泽、洛江政协机关50余名摄影爱好者作“世界的泉州”专题摄影讲座。结合学习“惠女精神”，配合市政协机关党委组织部分委员赴惠女水库参观“惠女精神”展览馆，开展摄影采风活动；举办“’2009泉州市政协机关摄影作品展”，展出市政协机关摄影爱好者120件佳作。五是举办诗词吟诵会。9月12日，市政协和泉州诗词学会联合举办诗词吟诵会，纪念中华人民共和国成立60周年、人民政协成立60周年。130多位海内外诗词爱好者参加活动。

2010年，市政协教科文卫体委组织文化界政协委员，视察惠安县文化活动中心、崇武镇文化站和崇武镇潮乐村文化中心，实地了解泉州市推进农村公共文化服务体系建设情况，并听取市文化局的工作情况介绍。委员们就进一步抓好农村公共文化服务体系建设，更好地服务广大农民，更有力地促进农村经济社会发展提出建议。6月4日，教科文卫体委配合全国政协地方戏曲考察组考察泉州南音艺苑、梨园古典剧院，观看梨园戏优秀剧目《节妇吟》，听取市文化局关于泉州市专业剧团基本情况介绍，并就地方戏曲艺术传承与发展座谈建言。同月 6—7 日，傅福荣、陈立德带领部分政协委员到市文化局、泉港区、德化县开展“保护非物质文化遗产传承人技艺及其成果”专题调研。调研组主要了解泉州非物质文化遗产传承人的传承方式、技艺特点和生存环境状况，当地政府或部门对非遗传承人技艺及其成果采取哪些特殊保护措施、对濒临灭绝的优秀民族文化资源的抢救措施，如何处理传承、利用与保护的关系。9 月 17 日市政协十届二十五次常委会议上，文史和学习宣传委就“保护非物质文化遗产传承人技艺及其成果”提出若干建议。市政协教科文卫体委举办 2010 年市政协新春书画笔会和市政协刺桐书画院新春茶话会，40 多名特聘书画摄影家挥毫泼墨，欢度佳节。组织市政协机关摄影爱好者赴晋江金井等地开展夏季摄影采风活动，举办'2010 市政协机关摄影展。组织政协委员参加全国政协“生态中国—政协委员摄影作品展”，5 位委员的作品分获“优秀作品奖”和“参展作品奖”。组织市政协刺桐书画院画家赴厦门参观“国家重大历史事件美术作品展”。在中秋佳节举办“庚寅秋和·泉台书画摄影作品联展”，在中国闽台缘博物馆展出 148 幅泉台书画摄影佳作，其中 35 幅出自台湾名家之手。中国国民党荣誉主席吴伯雄为本次展览题词“天运和谐”。

2011 年 7—8 月，市政协文史和学习宣传活动组的市政协委员专题调研泉州市文物保护管理工作情况，针对调研中发现的问题提出提出 5 点建议。市政协经贸二组开展“闽南语的传播和传承情况”调查。调研组指出，闽南方言是闽南人的根，是闽南文化的摇篮。泉州是国家批准的“闽南文化生态保护区”核心区，政府、学校、家庭、社会要切实担负起抢救、弘扬闽南方言和文化的社会责任，更要担负起沟通海峡两岸的历史责任。针对闽南方言失语现象越趋严重的社会现实，调研组提出建议：1. 更正被误导了的观念，重塑闽南语的母语地位。2. 重视校园传承和传播闽南文化的基础性作用，加强校园传播和传承闽南文化的基地建设。要在幼儿园、中小学开设闽南方言课程；开设闽南文化特色校本课程，发挥少儿教育在闽南文化传承创新中的基础性作用；培养闽南文化特长教师。3. 有效发挥视频制作和音乐出版的传播载体作用，丰富传播闽南文化的少儿视听文化天地。

四、卫生工作

六届市政协医药卫生工作组利用每年二三个节假日组织名老医生，先后到市政协挂钩的扶贫点鲤城区罗溪乡、南安县洪梅乡、永春县呈祥乡等地，宣讲卫生保健知识，为当地群众义诊；协助洪梅乡引进侨资，增添医疗设备，改善医疗条件。市委、市政府授予市政协医药卫生工作组“扶贫工作先进单位”荣誉称号。医药卫生工作组还利用委员活动日，为住鲤城区的市、区政协委员检查身体，提供义诊和保健咨询服务；多次牵头组织检查鲤城区五大菜市场、部分县农贸市场的食品卫生和环境卫生情况；抽查、鉴定、评比、公布泉州市区10家药店的中药质量，并向有关部门提出整改意见；协助解决泉州正骨医院、海滨保健院长期不能解决的医疗体制问题。1990年，市政协医卫委陪同全国城市卫生检查团深入市区检查环境卫生，督促有关部门搞好城市卫生；配合省政协医卫委深入泉州市多家主要医院，调查了解医德医风现状，对医务人员的职业道德作出比较切合实际评价，并向市委汇报。

1991年，市政协多次组织委员到晋江青阳等地检查视察医药市场和市区多所医院的太平间设施、卫生等情况，及时向当地领导和有关部门反映，促使问题得到妥善解决。同年，市政协文教体卫委两次组织名医到永春县呈祥乡、外山乡为群众义诊。

1993年，市政协文教体卫委邀请工商、医药部门及部分药剂师，以同一处方对市区10家药店进行抽检。针对有些药品虫蛀、发霉、掺杂现象，药品单味超重或减少等问题，向有关部门通报，并在《泉州晚报》上报道。市领导作批示后，市卫生局发文严肃处理经营伪劣药品的单位。

1995年11月，市政协文教体卫委配合市医药管理局，检查各县（市、区）医药生产、质量、经营情况。同年，市政协组织委员围绕如何发展泉州市卫生事业开展调查研究，指出泉州市卫生工作存在7方面问题，分析4方面原因，提出5方面建议。

1996年7月18—27日，市政协教卫体委两次组织视察惠安、永春、石狮、晋江夏令食品状况，提出整改建议。8—9月，教卫体委组织委员围绕创建省级卫生城市开展专题调研，并在9月22日市政协八届三次常委会议上作《立足创建，迎接检查，力争创卫工作上水平》大会发言；形成《关于从快解决在创建省级卫生城市中若干难点问题》主席建议案。市政府高度重视，专题研究，协调解决。11月5—8日和12月3—5日，教卫体委组织卫生界委员、顾问和部分知名人士，到南安、安溪、德化、永春、惠安调研农村卫生工作，形成《切实保证农村卫生事业同经济和社会的协调发展》《加强监督管理力度，提高农村药品质量》《加强精神文明建设，推进创建等级医院步伐》3个调研报告。调研报告提交市政协八届五次常委会议讨论后，转化成《进一步解决农村卫生投入总量偏少、比例偏低的建议》《加强农村医药市场整顿工作的建议》提案。

1998年，市政协教卫体委在组织开展医疗扶贫工作时，详细调查各地医疗状况，检查卫生院建设情况，并向市政府提出意见建议。同时，加大对贯彻全国、省、市卫生工作会议精神的监督力度，在听取卫生部门通报情况后，针对泉州市城乡卫生事业发展不平衡问题，组织委员调研农村卫生工作，提出解决问题的对策与措施。组织委员视察县（市、区）农村卫生、预防保健和中医药 3 项工作实施情况，以及部分城镇食品经营厂家执行《食品卫生法》情况；在“六一”儿童节宣传《母婴保健法》。

八届市政协共组织 30 多个科目、100 多名医卫委员、专家教授义务接诊治疗病人 4000 多人次，咨询疑难病症 2000 多人次，赠送近千人 70 余种药品。

2001 年 11 月，市政协文教卫体委组织医卫界委员、专家到漳州市考察医改工作情况，形成《关于改善当前泉州市医保工作的建议》专报件，提出 4 个方面建议。专报件得到市委书记、市长批示。

2003 年 5 月 30 日，市政协经科委召开“治理餐桌污染”专题座谈会，邀请相关提案人及其承办单位座谈交流办理情况，敦促有关部门加强对高毒、剧毒、高残留农药的管理，进一步从源头上治理餐桌污染。

2003 年，在全市防抗“非典”期间，市政协文教卫体委多次召开医卫界政协委员座谈会，形成《关于加快建设和完善泉州公共卫生体系的建议案》，为防抗“非典”出谋献策。同时，陪同市领导深入各民主党派、医疗卫生部门了解情况，掌握防抗“非典”的动态，及时整理战斗在第一线的医卫界政协委员关于防抗“非典”的意见建议，报送有关部门。市政协还发动委员和政协机关干部为防治“非典”捐款捐物。据不完全统计，在防抗“非典”期间，泉籍各级政协委员和政协机关干部职工共捐款 2000 多万元，捐物 101 万件。

防控“非典”，是政协委员关注的热点问题。5 月中旬，针对云谷工业小区南侧空地垃圾成堆，严重影响周边环境、埋下卫生隐患问题，市政协文教卫体委呈送《云谷工业小区南侧空地正在成为垃圾堆放场，亟待从快整治》的专报件，引起市委、市政府领导的重视，7 位市领导批示责成市、区有关部门协调解决。5 月 23 日起，市建设局、公用事业局、创卫办、文明办、城监支队等单位联合开展整治行动。市地产公司仅用 3 天时间清理空地内所有垃圾，并搬迁空地内临时搭建户，砌起围墙。坪山路东西两侧乱倒垃圾问题列入丰泽区创卫工作的整治重点项目。

2004 年 1 月，市政协文教卫体委组织 8 位主任医师和 2 位药品企业老总，在郑今奋带领下，到全省有人居住海拔最高的德化县九仙山，为长期驻扎这里、与恶劣气候环境抗争的省气象局九仙山气象站、德化县广电局九仙山电视差转台、德化县文体局九仙山风景管理处等单位的工作人员体检、治病，并送去价值近2万元的药品和慰问品。2月，市政协九届四次会议举行“公共卫生体系建设”专题协商座谈会。委员们提交9份发言材料，提出正视“非典”危机，加强医院建设，完善公共卫生体系；加快公办医院机构改革，规范和扶持民办医院；巩固创办成果，整治农村医疗市场；完善泉州市计划免疫管理；将预防性病、艾滋病教材纳入初中教育等意见建议。重阳节前夕，文教卫体委联合鲤城、丰泽区政协，组织医卫界3位专家委员和9名医生、护士，到鲤城区鲤中街道、丰泽区丰泽街道、东海街道的社区，举办6场有关高血压、中风、糖尿病、骨关节炎、小儿常见病等疾病防治知识讲座，听众达800多人次，接受当场义诊或咨询200人次。

2005年初，围绕建立新型农村合作医疗，市政协文教卫体委组织有关民主党派和医卫界部分政协委员深入安溪、泉港等新型农村合作医疗试点单位调研，走访参加合作医疗的群众及有关单位，召开多场座谈会，查阅各种资料，了解实际情况，总结经验做法，分析研究问题。针对试点工作中存在的问题，提出改进措施，形成11篇较好质量的调研材料。举行“农村合作医疗制度”专题协商座谈会，11位委员在会上建言献策，与市委、市政府、市直有关单位、各县（市、区）分管领导坦诚交流对试点工作的看法。与会领导认为政协委员的发言立意高、论据实，提出的对策切合实际，可操作性强，要求有关部门认真吸纳，把新型农村合作医疗真正建成保障农民身体健康的“生命线”。会后，试点单位按照委员的建议，进一步完善有关标准和制度，让农村合作医疗惠及千家万户。3月，文教卫体委与经科委联合邀请医卫界10多名委员专家，到海天轻纺集团公司为外来务工人员义诊。特聘委员、市大桐药行总经理苏少鹏捐赠价值1万多元的药品。文教卫体委还针对外来务工人员大多来自农村，对卫生保健和职业健康知识了解较少的状况，组织医卫界委员专家利用晚上时间到海天轻纺等多家企业举办有关知识讲座，传授卫生健康注意事项包括防治艾滋病的措施，当场解答企业员工的咨询，并免费分发5000多只安全套。

2006年4月20日市政协九届三十一次常委会议上，委员们提交4份发言材料，围绕加强农村医疗卫生工作建言献策。5月，文教卫体委组织医卫界委员专家，到洛江区马甲镇义诊和举行防治传染病宣传活动。2006年，九届市政协共组织200多人次医卫界委员开展15场次义诊，赠送近10万元药品，为10000多人次病人义诊；开展5场次防治疾病知识讲座，听众达3000多人次。

2007年6月22日，市政协组织医卫界政协委员深入泉州市经济技术开发区，视察泉州市医药行业发展状况。委员们对作为泉州市新兴产业的医药业的发展前景充满期待，建议抓住机遇，科学规划，优化环境，加大投入，增强创新能力，打品牌拓市场，加强安全监管，促进泉州市医药业上规模、上水平。文教卫体委组织部分医卫界委员和九三学社成员，深入安溪、惠安开展“泉州市推进新型农村合作医疗状况”专题调研，形成《关于抓紧完善新型农村合作医疗制度的建议》和专报件。7月19日，市政协十届二次常委会议对全市推行新型农村合作医疗制度提出意见建议。7月和11月，市政协文教卫体委先后组织医卫界委员深入鲤城区、石狮市开展“泉州市社区医疗卫生状况”和“泉州市农村医疗卫生状况”视察活动。委员建议以社区、农村为重点，加大投入，改善条件，千方百计引进、培养、留住人才，提高医疗卫生服务水平；加强监管，坚决取缔非法行医，确保人民身体健康，早日实现“人人享有基本医疗卫生”的目标。11月，文教卫体委开展“关心委员企业、关爱外来务工人员”活动，组织福建医科大学附属第二医院专家委员10多人，赴泉州经济技术开发区，为福建宏远集团的外来务工人员义诊近500人次，赠送药品价值3000多元。

2008年4月2—3日，陈元殿、王祖耀带队到鲤城、丰泽和晋江的城乡食品加工企业、养殖基地、餐饮店、农贸市场、超市调研食品安全状况，针对若干问题与困难，提出若干建议。5月8日，林荣取带领部分政协委员视察食品安全问题，并召开市政府分管副市长、市食品安全委员会主要成员单位负责人参加的“食品安全专题协商会”。市政协向市委、市政府提交《关于进一步加强泉州市食品安全工作的建议》专报件，市长作出重要批示。6月，分管副市长主持召开专题会议，围绕市政协提出的10个方面建议逐一分解落实，形成的《泉州市食品安全委员会关于落实市政协进一步加强泉州市食品安全工作建议有关情况的函》发送市政协办公室。随后，各有关部门相继组织专项整治，活动取得明显成效。

2009年，林荣取带领副主席、部分政协委员视察泉州市妇幼卫生工作进展情况，实地察看市儿童医院、妇幼保健院，并就普及妇幼保健知识、健全妇幼卫生服务网络、加快医疗队伍人才建设、改善医疗条件、鼓励各界支持妇幼卫生事业发展等问题，向市政府及有关部门建言。文教卫体委组织医卫界委员视察泉州市公共卫生应急医疗救治体系建设情况。考察组实地察看市急救指挥中心、洛江区急救分中心万鸿医院，并就加强急救网络建设、完善医疗救治预警机制、加强急救网点与市区大医院的协作、加强急救人员的培训和演练、加大经费投入、完善急救设备等问题进行建言。

2010年5月20日，市政协组织医药卫生界部分委员到泉港区开展县级医院建设情况专题调研。调研组实地察看泉港区医院，详细了解该医院医疗卫生工作的运行情况，听取泉港区医疗卫生工作和区医院建设情况的介绍。组织医卫界政协委员到鲤城区，调研万祥医院、成功医院、兴贤医院等民营医院发展情况，听取市卫生局关于泉州市民营医院发展情况的介绍，并就进一步促进泉州市民营医院健康发展提出意见建议。深入洛江区虹山乡卫生院、村卫生所了解当地农村卫生工作状况，就加强农村卫生人才队伍建设、提高农村医疗卫生服务水平、增强农村医疗卫生工作活力等提出意见建议。围绕督办市政协重要提案《关于加强农村医疗卫生服务工作的建议》，组织医卫界委员深入南安市医院、洪濑卫生院、溪霞村卫生所了解农村医疗卫生服务网络建设情况，听取承办单位泉州市卫生局、财政局关于提案办理工作的介绍，并就进一步推进泉州市农村医疗卫生服务工作提出建设性意见。9 月 17 日市政协十届二十五次常委会议上，委员们围绕医疗卫生工作提交 7 份发言材料，从加强和改善县医院建设管理、加强农村食品药品安全监管、加强医疗急救体系建设、加强职业病防治、加强重症精神病人的救治与管理、完善新型农村医疗保险等方面提出意见建议。如，教科文卫体委就“加强和改善县医院建设管理”提出 4 点建议。市政协社会和法制委就“加强重症精神病人的救治与管理，保障社会和谐稳定”提出 8 点建议。

泉州民间中医药偏方是泉州市中医药的一朵奇葩。为了收集、抢救老祖宗留下来的珍贵民间药方，在市政协领导的高度重视下，市政协教科文卫体委向社会发起民间中医药偏方的征集活动，邀请政协医药卫生界委员及泉州市知名老中医积极参与，并召开工作座谈会，成立专家编审委员会。经过两年的努力，于 2010 年 12 月完成 19 万字 2300 多方《泉州民间偏方选编》的整理、编辑、出版工作。

2011 年，组织医卫界委员、基督教义诊队 160 多人次深入泉港、南安、惠安、德化县（市、区）等贫困山区和企业开展义诊和赠药，共为群众义诊 2782 人次，为群众节省医药费用 82614 元。

五、体育工作

1996 年 8 月 15 日，市政协教卫体委召开市直、鲤城、安溪、德化、晋江等县（市、区）部分中小学校、师范学校和体校的体育教师座谈会，以“当前泉州市学校体育存在的主要问题和解决的措施”为题开展座谈讨论。会议指出学校体育工作普遍存在的 4 个方面问题，提出一系列加强体育工作基础性建设的建议。1996 年 9 月 24 日市政协八届三次常委会议上，教卫体委作《对泉州市体育工作的调查与思考》大会发言，就重振泉州市体育雄风提出5点建议。

1998年4月16—17日，市政协组织教卫体委部分政协常委、委员视察市直、鲤城、惠安、安溪、南安所承担的第十一届省运会20个比赛项目的组队、训练及保障情况。考察组指出备战省运会存在5个问题，提出6点建议。同时，组织视察实施《全民健身计划纲要》和开展全民健身活动情况；联合省政协文教卫体委调研泉州市学校各类体育传统项目的工作情况，针对存在问题提出建议。

九届市政协围绕泉州市体育事业发展，备战第十二、十三届省运会和开展全民健身体育活动开展多次调研视察。2002年8月，组织考察泉州市体育健儿备战省第十二届运动会情况，形成《备战省运会冲刺阶段亟待解决的几个问题与建议》专报件。2005年，针对省第十三届运动会将于2006年在龙岩举行的情况，委员们围绕泉州市运动员在各项目获团体总分名次的排列、个人综合表现和比赛中的技术技巧、心理素质等7个问题进行2个多月的调研分析，提出具有针对性的意见，并报送体育主管部门，引起高度重视。市体育部门及时修改备战省运会工作计划。2006年9月，再次视察备战省第十三届运动会情况和2008年全国农运会场馆建设情况，鼓励运动员们争取在省运会及2008年的全国农运会上取得好成绩，为泉州市争光。

2007年12月，市政协文教卫体委组织体育界委员视察泉州市农运会“一场一馆”建设项目和备战全国农运会训练项目开展情况。委员们对泉州市如期圆满完成2008年全国农运会的场馆建设任务和运动员取得优异成绩充满信心，并就保障运动员科学训练、确保场馆建设质量与施工安全等有关问题提出建议。

2008年10月15日，陈元殿带领体育界部分政协委员赴南安市，考察第六届全国农运会部分项目赛前准备情况。委员们对南安市各有关部门赛前的准备工作给予充分肯定，并对进一步做好备战工作提出意见建议。12月13日，市政协组织体育界委员视察第六届全国农运会场馆建设工程和部分竞赛项目训练情况，并看望正在惠安田径训练基地集训的教练员、运动员。委员们就加快个别竞赛场馆的建设进度、进一步做好运动员训练的保障工作等提出建议。

2009年，市政协教科文卫体委配合全国政协教科文卫体委开展“发展我国体育产业”专题调研，前往晋江市、泉州开发区考察特步、舒华、安踏等体育用品生产企业，并召开座谈会，就如何更好地发展泉州市体育产业提出意见建议。组织教育、体育界政协委员视察永春县华侨中学、县少体校、五里街中心小学，了解永春县青少年体育工作开展情况。委员们就进一步发挥学校体育工作主渠道作用、加快白鹤拳课程进校园、推动多渠道投入、加强体育师资建设、增强青少年体质等问题提出意见建议。

2010 年，市政协教科文卫体委组织部分委员深入丰泽区新埔、浔美等全民健身活动示范点和市体育运动学校、体工队，视察全民健身设施建设及活动开展情况，听取市体育局关于泉州市全民健身情况的介绍。委员们围绕“推进全民健身，提升全民体质”主题提出建议，形成的《科学建设体育场地设施，努力提升全民身体素质》调研文章在 9 月 17 日市政协十届二十五次常委会议上交流。

第五节 社会与法制工作

社会与法制工作是市政协同党政及其有关职能部门开展协商、监督的重要内容，旨在促进社会持续和谐稳定、完善法制建设、维护司法公正和法律尊严。

一、社会工作

市政协六届一次会议向全体委员发出“移风易俗，带头树立社会新风”倡议书，宣传表彰政协委员喜事、丧事简办的事迹。市政协妇女工作组在每年“三八”妇女节，都积极配合市妇联组织召开全市妇女代表座谈会，鼓励广大妇女自尊、自重、自强，为泉州市两个文明建设多做贡献。1990 年，又配合省政协到市直有关部门、石狮市了解妇女干部参政情况。

1991 年，市政协妇青委组织委员到石狮、南安等地，调查了解“三资”企业、乡镇企业职工的生活福利和劳动保护等情况，并向有关部门反映存在问题，提出解决问题的建议。11 月，市政协组织视察市区九一路，针对乱摆摊设点阻塞交通、道路设施建设不完善等问题提出意见建议，相关建议得到市政府采纳。

1993 年 9 月，市政协组织部分常委视察市委、市政府关于 1993 年为城乡人民兴办 20 件实事的落实情况，并在 12 月 22—24 日市政协七届十四次常委会议上，就 20 件实事的办理情况进行议政建言。

1994年，市政协青妇委配合市总工会、市妇联开展“迎接’95第四次世界妇女大会”

系列活动，开展“伸出一双手，奉献一片爱心”活动，支持贫困地区失学儿童早日返回校园。11 月 18 日，市政协组织在石狮的市政协委员视察该市给水、排水设施工程，就如何解决水污染等问题提出建议。

1996 年 12 月 6 日，市政协召开关于调整鲤城区行政区划协商座谈会，听取市民政局关于《泉州市人民政府关于提请审议调整鲤城区行政区划的议案》的通报，提出意见建议。

1997 年 2 月中、下旬，市政协提案法制委专题调研“依法治市，提高城市管理水平”情况，针对泉州城市管理中存在的 4 个方面突出问题提出 4 点建议。

1998 年 7 月 28 日—8 月 2 日，市政协提案法制委、民宗委会同市民政局、宗教局、妇联等部门，到鲤城、惠安、晋江、石狮、南安、肖厝 6 个县（市、区、管委会）专题调研弃婴情况。调研组就全市 161 处寺庙中收养 529 名弃婴问题，同有关部门交换意见，形成《关于弃婴问题调查报告》，报送市委、市政府。

1998 年 3 月，市政协组织在家领导、各民主党派和有关人民团体负责人、提案法制委成员及部分法学界人士，到市中级人民法院、人民检察院、公安局听取政法队伍教育整顿情况通报。委员们对政法队伍教育整顿工作成果给予充分肯定，并就严格执法、公正司法、依法治警等方面提出许多意见建议。6 月下旬，张章炳带领 10 位提案法制委成员专题调研泉州中心市区与石狮市“110”社会服务联动系统的运作情况。调研报告对健全和完善泉州市“110”社会服务联动系统提出建议。同时，还在市直、晋江、石狮调查了解保障政协委员合法权益的情况，形成的《维护委员合法权益，发挥委员主体作用》调研报告在全省政协社会和法制工作座谈会上交流。提案法制委还先后配合省政协开展依法治省、优化再就业环境、基层民主法制建设等专题调研。

1999 年 3 月上中旬，市政协提案法制委调研组在张章炳的带领下，深入丰泽、石狮有关乡镇调查了解农村合作基金的运行情况。调研组摸清 5 个方面存在问题，提出 5 条对策，并在市政协八届十七次常委会议上作专题发言。10 月，结合“城市管理年”活动，经科委组织考察鲤城、丰泽、惠安 17 个不同建制和层次的集贸市场、小商品夜市及夜市大排档。考察组就市场建设规划滞后、市场物业管理职责不明确等问题，向市政府提出加强市场规划、建设、管理的领导；建设、规划、城监等职能部门要切实加强对城市规划建设的监督检查；健全市场物业管理机构，建立物业管理制度；加强市场管理法规宣传等 5 点建议。提案法制委联合市民革、民盟检查视察泉州市区市政管理和园林绿化管理情况，并两次参加市“城市管理年”领导小组组织的对全市10个县（市、区）和2个管委会的“城市管理年”专项检查。教卫体委在傅圆圆、郑今奋带领下，组织医卫组委员，会同市农工党、台盟组成环卫检查组，听取市公用事业局关于城市环卫管理工作的情况通报；深入鲤城、丰泽、洛江区实地察看、检查市容和环境卫生管理情况，形成《加强长效管理，发展创卫成果》视察报告。9月22日，市政协八届十九次常委会议以评议“城市管理年”为主题，针对存在问题提出一系列改进意见。分管副市长到会听取意见，认为政协常委们的意见十分中肯，要求城市管理年活动办公室将意见分解给责任单位，限时抓落实。市建委、城乡规划局、土地局、市政公用事业局、交通局、交警直属大队、环保局、林业局、文化局、工商局对分解的50个项目逐一提出落实措施。

2000年10月19日，傅圆圆带领部分政协常委、各民主党派负责人，到泉州监狱视察监狱管理、安全工作，针对监狱存在的重大安全隐患提出3点建议。

2001年4—7月，市政协社会和法制委联合市政法委、公安局、劳动局、民政局等单位，到泉州市流动人口较集中的晋江、石狮、丰泽等市（区）调查和探讨加强流动人口管理的对策，提出5个方面17点意见。8—9月，组织开展“整顿规范劳动力市场”专题调研，形成的调研报告在市政协九届三次常委会议和市政府召开的专题调研情况通报会上作专题发言。

2002年，傅圆圆带领部分省、市政协委员在泉港视察石化港口工业区建设情况时，强调要重视研究、解决征地拆迁后群众生产、生活的出路问题。傅圆圆在省政协九届一次会议上作关于《福建省炼化一体化建设亟待解决的几个问题》的发言；与18名在泉的省政协委员联名提交关于《解决福建省炼化一体化项目建设动迁户生活问题的建议》提案。发言和提案引起与会的省委、省政府领导高度重视，省长卢展工对提案作出批示，要求在一体化项目运作中研究这些建议；省政协副主席李祖可分工督办。会后，市政协继续关注福建炼化一体化项目建设8000多动迁户的生活安置问题，3次组织委员到泉港区实地调查了解拆迁安置情况，如实将工作中的主要矛盾和困难，向省、市领导反映。3个月后，省长卢展工带领省直有关部门负责人到泉港区现场办公。市、区两级领导按照省长卢展工的要求制定妥善的安置措施。2004年1月5日，即省政协九届二次会议召开前夕，《福建日报》刊登记者采写的《一份惠及8000农民的提案》，对此作详细报道。

2002年初，市政协为落实市委交办的《加强泉州市诚信社会环境建设的研究》课题，成立以傅圆圆为指导的课题组，组成4个调研组，于4月下旬至6月中旬，赴浙江、广东（包括深圳、东莞）考察兄弟省市开展信用建设的做法和经验，并与当地泉州籍企业家座谈交流，了解外地诚信建设中的企业经营理念、企业文化。6月24—25日，市政协九届八次常委会议专题研讨建设“诚信泉州”问题，13位常委作大会发言，从发挥行业自律作用，加强公民道德教育，建立信用评估体系、信用监察体系、“志愿者”服务体系、社会自律机制和遵守游戏规则等方面提出7点建议。会后形成《关于建设“诚信泉州”的主席会议建议案》，其中许多观点和建议被市委《关于实施“诚信泉州”工程的工作方案》吸纳。14家新闻媒体派记者现场采访，新华网、《中国市场》10月号介绍“诚信泉州”专题研讨成果。

2003年4月，市政协社会法制委配合省政协社会法制委开展“公正对待农民工”专题调研。5月下旬，福州市允许部分电动自行车挂牌上路后，泉州市民购买电动自行（摩托）车者急剧增加。由此，电动自行（摩托）车能否挂牌上路，成为市民议论的一个热点话题。6月11日，社会法制委就《关于允许电动自行车在市区道路通行的建议》056号、《关于许可电动车在泉州市挂牌上路的建议》164号提案的办理情况召开专题座谈会。会议邀请提案人、提案承办单位、民主党派的委员代表、市公安局、工商局、总工会、交警支队及直属大队等有关单位人员，围绕电动车挂牌上路开展协商讨论。会后，社会法制委及时综合整理意见建议，并向市委、市政府及有关部门反映，建议市政府把这项涉及交通管理和社会治安热点问题摆上重要议程予以研究。市政府高度重视，及时出台相关规定。7月9日，市政协听取市纪委关于党风廉政建设和反腐倡廉工作情况通报。委员们围绕加强党风廉政建设工作积极建言献策，针对个别基层部门滥用职权、垄断部门乱收费、弱势群体行路难、义务教育阶段收费偏高等问题提出意见。对政府部门办公地点过分分散、办事效率低、群众办事不方便、投资软环境建设差；如何监督泉州沿海大通道建设中十几亿资金，防止腐败；如何提高政府信息公开程度，总结推广晋江市财政制度改革成果等发表意见建议。

泉州中侨集团11000多名职工的医疗保险问题，久拖不决。2004年2月，市政协再次把这个问题列为市政府与市政协联席会议的主要议题，建议市政府采取措施尽快给予解决，以维护职工权益，确保社会稳定。市委书记、市长等领导作出批示。2004年6月，中侨集团11000多名职工办成“医保卡”。

2004年2月，市政协九届四次会议举行“人才强市”专题座谈会。委员们提交16份发言材料，从人才教育、培养、引进和留住人才等多个层面提出意见建议。3月初至10月，受市政府委托，社会法制委、文史资料委等组成课题调研组，开展“人才强市”课题调研。调研组先后深入有关县（市、区）的部门、企业、单位，召开10多场座谈会，走访相关院校、博士后工作站及科技园区，并到人才工作做得比较突出的河北、天津等地考察取经。在此基础上，调研组多次召开会议作分析研究、缜密论证，形成《实施人才强市战略，走可持续发展道路》调研报告，并报送市委、市政府领导及有关部门，市委内刊《泉州通讯》在2004年第11期予以刊登。3月份，配合省政协社会法制委开展《统一城乡劳动力市场》课题调研。调研组召开有市直有关部门负责人参加的座谈会，并赴晋江、南安及其所属的安海镇、洪濑镇、官桥镇等基层一线考察劳动服务站、劳动力市场，走访用人企业，同时与多家公办或民营的就业培训学校互动交流，较全面地了解泉州的劳动力资源流动、培训、使用情况。社会法制委根据泉州的市情，就如何促进城乡就业一体化、提高劳动力素质、进一步发挥劳动力市场作用、劳动保障全省统筹机制如何进一步搞活等议题提出意见建议，得到重视与采纳。

2005年第三季度，围绕泉州构建社会主义和谐社会，由市政协社会和法制委牵头，协调市政协其他专委会、办公室深入开展调查研究，征集的15篇发言材料在10月14日市政协九届二十七次常委会议上建言献策。15位常委作中心发言，13位常委和2位副主席即席发言，从善待外来务工人员，协调劳动关系，预防和控制劳动纠纷；优化政务环境，加强诚信建设；发挥文化功能和优势，发挥宗教界的优势，着力解决社会突出矛盾；推进城乡社会救助体系建设，构建和谐医患关系，解决“三农”问题；从社会公平正义、社会安定有序、发展经济和人与自然的和谐、优化政务环境、弘扬先进文化等5方面提出24点建议。同时，为市政协机关开展创建“平安单位”活动献计出力。

2001—2006年，市政协社会和法制委组织开展民主评议行风活动。围绕委员关注的社会热点问题，先后组织（承办）对环保系统、公安交警系统等职能部门的行风民主评议。每次都组成若干个评议小组，由市政协领导带队，深入到11个县（市、区）、有关乡（镇）、社区、企业等基层单位，采取召开座谈会、发放问卷调查、开设咨询投诉电话、电子信箱等形式进行明查暗访，广泛听取、收集社会各界人士的意见建议，形成综合反馈报告。受评单位十分重视市政协在行风评议中提出的问题，分别召开各种会议，制定整改方案，落实整改措施，并把存在的问题分解到责任单位和责任人抓整改。行风评议既强化人民政协的民主监督，又推进相关部门行风建设标本兼治。还认真做好群众来信来访工作。

2001—2006 年，市政协社会和法制委共收到群众来信 460 多件，接待群众来访 210 多人次。来信来访既有检举揭发、申诉求助，也有反映情况和工作建议，更有一些涉及政协委员和港澳同胞权益问题。为此，社会和法制委予以认真分析核实，妥善办理。对涉及委员权益的，每起必查，有理必争，有访必复。针对个别书面督办解决不了的问题，就派员走访有关部门，深入现场协调解决，维护政协委员的合法权益。

2007 年 4 月，市政协社会和法制委配合省政协社会和法制委开展“职工队伍稳定状况”专题调研。调研组在泉州、晋江召开多场座谈会，听取工会、宣传、劳动、外经、民政、企业家协会等有关部门和单位对泉州市职工队伍稳定状况的介绍，并深入晋江、清濛有关企业与干部、职工座谈，现场组织百名职工问卷调查。在此基础上，社会和法制委提出坚持以人为本，开展“企业关爱员工、员工热爱企业”活动，创建和谐劳动关系，稳定职工队伍等意见建议，得到有关部门单位重视和采纳。5—6 月，由市政协社会和法制委牵头，市各民主党派、工商联、市政协各委（办）和市直有关部门组成的 6 个调研组深入有关县（市、区），走访社区、企业、公安、交警、医疗卫生机构、社保、环保部门，采取实地考察了解、发放调查问卷、召开专题座谈会等多种形式，就构建和谐社区、创建平安社区、加强道路交通建设管理、完善社会保障、加强环境保护、提升创业环境水平等人民群众最关心、最迫切需要解决的民生问题，开展深入细致的调查研究，广泛听取、征求委员和基层群众的意见建议，多层面、多角度、多渠道收集并分析大量第一手材料，形成 16 篇调研报告，并在 7 月 19 日市政协十届二次常委会议上建言献策。7 月，围绕人民群众关心的“出行难”问题，社会和法制委协同港澳台侨委、民宗委组织部分政协委员、市民主党派和有关人民团体负责人，深入市区交通路段视察泉州市政道路畅通工程，就城市道路交通如何科学规划、管理、建设，整合现有停车场所等资源，加大市民交通意识宣传力度等方面提交 10 多份调研报告，提出许多意见建议。9 月 5 日，市政协召开部分政协委员专题座谈会，听取市总工会工作情况通报，确定把协调劳资关系、促进社会和谐列入市政协今后调研视察的内容，拓宽社会和法制委的工作思路。

2008 年 9 月中旬，省政协党组副书记、副主席陈芸带领省农工党、总工会、共青团、青联、妇联、社会保障与社会福利等界别政协委员，视察泉州流动人口服务和管理工作情况。社会和法制委积极配合视察工作，市政协领导先后陪同视察晋江、石狮市部分乡镇、社区、企业、学校及流动人口服务管理所（站），与企业外来员工座谈。委员们高度评价泉州市首创“多位一体、多证合一、多举并重、多方保障”流动人口服务管理新模式，并就如何推动泉州流动人口服务和管理工作积极建言献策。

2009年5月、7月，市政协社会和法制委组织部分委员深入市直、晋江、惠安、洛江等地企业，调研平安和谐企业创建工作情况。委员们就企业如何坚定信心，科学应对金融危机；坚持以人为本，把各种矛盾纠纷化解在基层、化解在萌芽状态；加强人防物防技防工作；协力协作，不断凝聚平安和谐企业创建工作合力等方面出谋献策。7月，林荣取带领部分政协委员视察农村消防工作，先后深入石狮市永宁镇前埔村，实地察看农村消防设施、设备和义务消防员消防救护演练，并提出修改意见建议。9月，苏小青带领部分政协委员视察丰泽区北峰司法所“社区矫正”工作情况。委员们听取丰泽区司法局和北峰司法所社区矫正工作情况介绍，对丰泽司法局（所）加强组织领导、建立完善制度体系、构筑优良矫正平台、探索有效管理模式等做法给予积极评价，并就加强部门之间配合协调、坚持人性化管理、稳步推进社区矫正试点经验等提出建议。

2010年5月中旬，市政协社会和法制委联合泉州消防支队调研石狮、晋江、泉港、中心市区等大型化工企业消防保障工作情况。委员们实地察看后，形成调研文章并呈送有关部门和领导参阅。5—6月，组织部分委员到鲤城、晋江、惠安部分重点企业，开展“和谐企业”调研。委员们与企业外来职工座谈，详细了解工会组织建设、工资集体协商、职工文化生活和《劳动合同法》贯彻落实情况，为进一步推进泉州市“和谐企业”建设献计献策。6月，社会和法制委协同教科文卫体委组织省、市部分政协委员视察学校周边安全情况。委员们深入泉州九中、丰泽实验小学、丰泽区实验幼儿园及其周边实地察看，听取市教育局领导及有关部门关于泉州市学校及周边安定稳定工作的情况介绍，就完善制度、加大投入、配齐配强保卫人员，充分利用社会资源抓好学校及周边安全措施落实等提出建议。9月17日，在市政协十届二十五次常委会议上，港澳台侨和外事委就“推进泉州市养老服务社会化发展”提出7点建议。

2010年，市政协还围绕改善民生问题，向市委、市政府提出建议：1. 在编制“十二五”规划中，充分体现民生优先要求，妥善处理好失地农民征、拆、安的矛盾，切实解决群众关注的环保、交通、住房、医疗、用水等热点问题，提升民生保障水平，维护社会和谐稳定。2. 大力提升泉州市科技创新能力，建立适应泉州市产业转型升级的科技创新服务体系、人才引进与培养体系、投融资体系。3. 不断营造良好的用工环境，切实加强职业病的防治工作，维护企业职工身体健康和合法权益。4. 加快发展农村社会事业，政府在统筹规划的基础上给予一定的政策倾斜，加大扶持和投入。改善农村医疗卫生条件，建立农村卫生服务体系，完善农村合作医疗制度；建立健全农村食品、药品市场准入退出机制，加强农村食品、药品安全监督；积极开展文化体育特色乡镇、特色村等创建活动，加快农村文化体育设施建设；开拓劳务市场，为农民工搭建就业平台，提高转移就业率；促进农民从土地保障转向社会保障，逐步提高养老保障水平；提高自来水的供水能力，确保农村饮用水安全。5. 进一步完善社会保障，坚持“广覆盖、保基本、多层次、可持续”的方针，加快完善覆盖城乡居民的社会保障体系，重点改善低收入群体和困难群众生活。6. 认真落实就业与再就业优惠政策，做好大中专毕业生的就业工作。7. 积极推动城镇住房保障机制建设，重点开发廉租房、经济适用房。8. 建立企业应急互助基金、企业参与慈善事业回馈返还救助基金和企业风险救助基金，完善中小企业的社会保障机制。

2007—2011 年，市政协社会和法制委选派和推荐政协委员担任市直 96 个单位的特邀监督员或政风行风评议代表，并积极创造条件为他们履职提供服务。委员们通过各种形式开展明查暗访，及时反映社情民意，有效地推进泉州市各级党政机关的效能和政风行风建设。

2011 年 4—6 月，市政协社会和法制委联合市委政法委、市司法局、市民政局，组成“加强和创新社会管理，发挥社会组织化解社会矛盾的作用”课题调研组，深入丰泽、晋江、石狮、南安、惠安、德化和市直有关单位开展专题调研。调研组针对全市社会组织参与化解社会矛盾影响力不够，专业人才短缺，经费保障不足，行政色彩浓厚等问题提出 4 点建议。6—8 月，教科文卫体委、社会和法制委牵头组织各界别委员、各县（市、区）政协，围绕“创新社会管理、促进社会和谐”议题，深入企业、社区、农村基层一线，了解社会管理方面的情况，形成的 32 份发言材料在 9 月 14 日市政协十届三十三次常委会议上交流。9 月 19 日，市政协向市委、市政府呈送关于《提升我市现代家政服务水平的建议》，提出 6 点建议：1. 制定政策，完善标准。2. 公开信息，双向维权。3. 加强宣导，转变观念。4. 规范培训，持证上岗。5. 整合资源，连锁经营。6. 成立协会，加强监督。10 月 9 日，市政协向市委、市政府呈送《加快我市社会工作人才队伍建设的建议》，提出 6 点建议：1. 加强领导，重视社会工作人才队伍建设。2. 把握政策，制定有利于开展社会工作的措施。3. 强化培训，大力提高社会工作人才素质。4. 多方投入，为社会服务工作提供资金支持。5. 规范制度，鼓励各界群众参与社会服务工作。6. 广泛宣传，提升社会工作人才认知度。11 月 2 日，市政协向市委、市政府呈送《关于开展多元调解工作的建议》，提出 6 点建议：1. 加强组织领导。2. 扩大组织覆盖。3. 完善制度机制。4. 设立配套机构。5. 抓好队伍建设。6. 强化经费保障。12月，社会和法制委组织开展“打造信用文化，建设诚信泉州”专题调研。调研组指出，目前社会制假售假等食品、用品安全事件频发；企业之间不讲信用问题十分突出；人们之间信任危机不断加剧。并就构筑信用文化、建设诚信泉州提出建议：1. 完善企业信用制度。2. 推进行业信用建设。3. 加强诚信宣传教育。4. 强化社会舆论监督。5. 政府加强市场监管。6. 建设诉讼诚信体系。7. 发挥司法建议作用。8. 加强政务诚信建设。

2007—2011年，市政协共收到人民来信216件，接待来访群众46批135人次。来信来访有反映情况、提出工作意见，也有申诉求助、举报揭发的。对此，市政协社会和法制委予以认真分析、查证落实，并及时转送有关职能部门处理。对侵害政协委员、妇女儿童合法权益的案件，开展重点督查，促进处理信访事项的落实。

二、法制工作

六届市政协法制工作组组织部分委员到南安、晋江公安局调查办理公民出境手续“两公开一监督”的情况，及时向市公安局反映存在问题和建议。同时，组织视察省第四监狱和市劳教所，提出意见建议。

1991年11月，市政协组织视察中心市区新村（即“社区”）管理情况，调查了解少管所、物管所的管理情况，形成专题调查报告和呈阅件。

1994年，市政协组织170多人次政协委员，调研泉州市社会治安情况。6月22—24日，市政协七届十七次常委会议听取市社会治安综合治理委员会办公室、公安局通报全市社会治安综合治理情况，开展协商讨论，提出意见建议。

1995年，市政协开展社会治安综合治理专题调研。形成《关于泉州市社会治安情况的报告》，指出泉州市社会治安存在4方面问题，分析6方面原因，提出6方面意见建议。6月20—21日，市政协七届二十三次常委会议围绕泉州市社会治安问题进行参政议政，形成并通过《关于进一步加强泉州市社会治安工作的建议案》。同年，市政协妇青委组织调查《女职工劳动保护规定》贯彻落实情况，针对泉州市女职工劳动保护存在的4方面问题提出4点建议。

1996年6月12—14日，市政协组织部分政协委员，分5个组，视察鲤城、晋江、石狮、南安、惠安的社会治安综合治理和“严打”斗争情况。视察组听取各地党政领导介绍情况20场次，深入派出所、村委会、看守所、110报警服务台等21个单位，召开各种座谈会19场，到会人数708人，广泛听取政协委员、离退休干部、镇村干部、街道办、居委会代表、派出所、边防所、看守所干警的情况反映。经综合分析，总结各地的经验和做法，指出存在的问题，提出意见建议。

1997年5月，市政协提案法制委配合省政协社会法制委在泉州市开展家庭伦理道德建设情况专题调研。8月，组织委员深入晋江、石狮、南安、惠安等县（市）视察“禁毒专项斗争”开展情况。视察报告提出的6点建议引起市领导和市、县两级公安部门的重视。

1998年6月23—26日，张章炳带领提案法制委成员视察泉州市区和石狮市“110”社会服务联动单位运行情况，联动单位的队伍、场地建设和所需器材配备情况。视察组针对存在问题，提出7方面意见建议。8月，市政协提案法制委联合市人大常委会、劳动局、总工会，组成执法检查组，先后深入6个县（市、区）的12个乡镇（街道办事处）、18家企业，抽查贯彻落实《劳动法》及其配套法律法规的情况，针对存在问题提出意见建议。

1999年4—6月，市政协密切配合全国政协社会法制委、省政协社会法制委，专题调研泉州执行环保法的情况、劳动就业的体制机制和贯彻执行国务院《社会保险费征缴暂行条例》的情况。

2001年10月下旬至11月上旬，市政协社会法制委联合市总工会、劳动和社会保障局，组成3个工作组，分别深入11个县（市、区）、市直企业，走访12个乡镇（街道）工会、2个社区工会、10个村（居）工会、21个企业工会，就非公有制企业工会组建情况和《劳动法》等法律法规执行情况进行调研视察，形成《关于视察泉州市非公有制企业工会组建和贯彻落实〈劳动法〉等法律法规情况的报告》，提出6方面建议，引起市委、市政府和有关部门的高度重视。同年，市政协组织常委听取市纪委、政法委、中级法院、检察院通报反腐倡廉、“严打”整治斗争、社会稳定、司法公正等方面情况，提出相关意见建议。11月上旬至12月下旬，由傅圆圆等领导带队，深入8个县（市、区）、29个街道、社区、乡镇、企业进行明查暗访，对泉州市环保系统的行风建设进行民主评议。评议组于12月29日向环保部门反馈31条问题和意见，提出5方面建议。

2003年4月15日—9月5日，市政协组织调研基层人民调解工作情况。调研组实地察看11个县（市、区）、14个镇（街道）、7个村（居）委会、6个社区、5个企事业单位的调委会建设和工作情况，召开11场座谈会，形成调研报告，提出5点建议，向有关部门作专题通报。

2003 年初，市政协社会法制委围绕“民主法制与政治文明”，组织 8 篇理论文章在 2 月 23 日市政协九届三次会议专设的“泉州人再思考—政协论坛”上交流。委员们从全面建设小康社会、发展社会主义民主政治、建设社会主义政治文明、推进政治体制改革、扩大社会主义民主、健全社会主义法制、巩固和发展民主团结、构建安定和谐的政治局面等方面，结合泉州市依法行政和民主法制建设中的实际，发表真知灼见。6 月 29 日，在《中华人民共和国科学技术普及法》颁布一周年之际，组织政协机关全体干部职工参加《科普法》知识竞答活动，以此促进机关干部职工了解、掌握和运用《科普法》。7 月上旬，组织法律界政协委员参加省政府法制办召开的《福建省“海上丝绸之路：泉州史迹”文化遗产保护办法》立法工作座谈会，就海丝文化遗产保护立法的有关条文提出意见建议。8 月 8 日，以社会法制委为主，承办专题座谈会，听取泉州市公安局关于全市公安工作、社会治安情况通报。委员们对公安系统为泉州市的安定稳定、为经济建设保驾护航所做的大量工作给予充分肯定，就个别公安干警的“冷、硬、横、推”现象、市区道路交通拥挤等问题提出批评，并就如何树立“立警为公、执法为民”思想，建立群防群控治安防控体系，加强科技强警等提出建议。10 月中旬，市政协社会法制委派员参加依法治市检查与验收。检查组先后赴鲤城区等 3 个县（市、区）及有关镇、村、执法单位、学校、企事业共 23 个单位，全面验收依法治市近期目标落实情况。

2004 年 7 月 27 日，市政协组织部分常委听取市中级法院工作通报。委员们就有关审判工作和司法公正议题与市中级法院中层以上领导作充分交流探讨。傅圆圆就法院工作如何紧扣公正与效率、紧扣泉州经济、紧扣“平安泉州”、紧扣司法为民提出要求。8 月 9 日，市政协组织部分常委、社会法制委委员，听取市检察院工作情况通报。傅圆圆就强化法律监督、维护公平正义提出 5 点建议。与会市政协常委、法制委委员围绕检察院工作通报进行讨论，并就进一步健全、畅通控告申诉渠道，加大对减刑、假释、保外就医、超期羁押的监督检查，提前介入重点工程项目，预防职务犯罪，保护未成年人合法权益和加大检察工作宣传力度，加强对干警 8 小时以外的监督等方面发表看法和建议。9 月 1 日，市政协组织部分常委听取市公安局工作情况通报。与会委员指出，泉州市群体事件不断增多，恶性案件时有发生，社会治安、生产安全危机突出，公安队伍素质参差不齐。同时，就坚持严打整治，严格执法，提高窗口服务水平，加强公共汽车上的“反扒”工作，提高管控水平，从优待警等方面提出 26 点建议。

2005年第一季度，市政协社会法制委、文史资料委共同协调和组织有关党派、共青团、妇联、社科等界别政协委员和4个委员小组，结合各自工作，围绕建设“平安泉州”议题，深入泉港、石狮、丰泽、永春等县（市、区）开展调查研究。4月，在市政协九届五次会议举行的建设“平安泉州”专题协商座谈会上，提交16份发言材料。委员们分别从打击“六合彩”，防范和打击盗抢机动车犯罪，加强出租房管理，深化“平安校园”创建活动，加强青少年安全教育和保护等方面以及通过剖析青少年犯罪、网络犯罪、凶杀、盗抢等刑事案例，提出44条建设“平安泉州”的意见建议。会后，整理汇总《建言集》，送市委、市政府决策参考。

2001—2006年，市政协社会和法制委先后13次参加全市统一组织的“严打”整治督导、治理公路“三乱”“110联动”、依法治市近期目标、治安综合治理等检查活动，做到在履行职能中参与工作，在参与工作中履行职能。2006年，组织政协委员对省政府《关于妇女儿童权益保护条例（征求意见稿）》提出建议。

2007年7月下旬，市政协社会和法制委配合省政协视察泉州“依法维护残疾人权益，努力促进残疾人就业”工作情况。视察组到南安市、石狮市、惠安县、泉港区、鲤城区视察残疾人康复、扶贫、就业、维权和社会保障等工作情况。8月29日，市政协组织部分委员听取市中级法院、市检察院工作情况通报。委员们围绕“公正与效率”法院工作主题和“强化法律监督，维护公平正义”检察工作主题畅所欲言，提出建议。

2008年，市政协社会和法制委开展系列调研活动：一是开展基层人民调解工作调研。针对全市经济迅猛发展，基层社会出现新情况、新问题，特别是民事纠纷比较突出等情况，组织委员到晋江市龙湖镇埭头村、前港村，鲤城区、丰泽区、安溪县人民法院，就如何进一步强化基层人民调解工作，力争把各种矛盾纠纷消灭在萌芽状态，确保基层社会安定稳定等方面开展调查研究，积极探索以人民调解为基础和依托，人民调解、司法调解、行政调解对接联动的工作机制，并提出意见建议。二是联合市残联组织部分委员深入市残疾人康复中心、南安市残疾人展能工场开展调研。呼吁泉州市有关部门按照省政府的要求，高起点、高定位、高标准建设一所残疾人托养服务场所；建议以南安特殊教育学校为基地，重点扶持，建设成为泉州市残疾人托养服务中心示范场所。三是开展企业贯彻《劳动合同法》调研。2008年1月1日《劳动合同法》颁布实施后，社会和法制委密切关注，及时到工会、企业、劳动等部门，了解《劳动合同法》施行情况及对泉州经济发展的影响；与企业及有关部门认真探讨针对签订劳动合同、办理医疗及社会保障等方面存在问题，提出意见建议。四是开展网络文化建设调研。围绕推动泉州文化大繁荣大发展主题，针对网络文化快速发展，不良网络文化正潜移默化地影响青少年的价值观和生活方式等情况，组织政协委员深入到公安、文化、宣传等部门，了解网络文化建设情况。调研组形成的《净化网络文化，促进青少年健康成长》调研文章在9月16日市政协十届十一次常委会议上交流，并刊发在《泉州政协》期刊上。委员们呼吁用社会主义先进文化引领网络文化，加强对网站、网络服务商的监督和管理，促进健康上网、文明上网、绿色上网。同年，市政协组织政协常委、社会和法制委成员听取市纪委、中级人民法院、检察院、公安局的工作情况通报，就进一步做好反腐倡廉工作、公正司法、执法为民、加大打击违法犯罪力度、强化群防群治工作、加强纪检和公检法队伍建设、营造良好执法环境等提出相关意见建议。

2009年7月24日，林荣取带领部分委员视察泉州市法院工作。委员们听取市中级法院工作情况通报，围绕“司法为民”等议题座谈，提出意见建议。8月13日，市政协组织部分委员听取市纪委、监察局工作情况通报，围绕进一步做好反腐倡廉工作、促进泉州新一轮发展建言献策。8月20日，市政协组织部分委员听取市检察院的工作情况通报，提出建议。9—10月，社会和法制委组织部分委员深入政府劳动保障等有关单位和晋江、清濛部分企业，召开由劳动保障、监察、工会、企业代表、外来员工等参加的座谈会，就贯彻《劳动合同法》及实施条例、劳动合同签订、用工备案、工资支付保障和“三保”工作开展调研，形成的《认真贯彻实施劳动合同法，切实维护劳动关系和谐稳定》调研报告在省政协专题研讨会上交流。

2009年，社会和法制委还围绕依法治理，积极参与法制建设。一是组织委员积极参与法治调研、检查监督工作。6月，组织部分委员参加市中级法院举行的“对拒不执行判决裁定罪”公开审判大会，并就加大打击整治力度积极建言献策。7月，组织委员参与对基层法院法庭执法情况的明查暗访和案例检查。9月，配合市公安局开展社会治安工作调研督导活动。10月，分别组织部分委员参加市中级法院召开的加强知识产权司法保护座谈会和市检察院召开的刑事法律监督征求意见座谈会，就公正司法、为民执法、加强司法护权等提出意见建议。二是认真撰写“民主监督篇”的志书编纂工作。根据市政法委的要求，牵头组织市政协机关有关委办，完成《法制建设志》“民主监督”共一章4节近4万字的修志工作。三是开展有关《规定》制定工作的建言献策活动。着重围绕市区畅通工程建设，组织政协委员对加强中心市区交通管理通告的讨论、反馈，推进交管工作的依法治理；参加市政府《关于贯彻国务院加强市县级政府依法行政决定的实施意见》（征求意见稿）的征询活动，组织委员建言献策。

2010 年 7—8 月，市政协社会和法制委组织部分委员调研全市防震减灾工作情况。委员们通过查阅历史资料，听取有关情况汇报，实地察看相关装备设施，与有关部门、单位座谈等方式了解情况，针对泉州市宣传贯彻落实《防震减灾法》的存在问题，形成《关于加强泉州市防震减灾工作的几点建议》调研报告。9 月 17 日市政协十届二十五次常委会议上，社会和法制委就“加强泉州市防震减灾工作”提出 5 点建议。8 月 11 日，市政协组织部分委员视察市检察系统反渎职侵权工作情况。委员们实地视察丰泽区人民检察院办案工作区，观看该院办案中的同步录音录相资料，听取李建检察长关于泉州市检察院上半年工作情况通报、陈国平副检察长关于反渎职侵权工作情况的通报。委员们围绕“强化法律监督，维护公平正义”和加大反渎职侵权力度议题开展座谈讨论，提出许多意见建议。8 月 23 日，市政协组织部分委员听取市纪委、监察局关于年初以来党风廉政建设和反腐败工作情况通报，并座谈，提出意见建议。市政协还组织部分委员听取市公安局、市中级法院的工作情况通报，并就公开办事制度、提高政务透明度、公正司法和为民执法、加大打击犯罪力度、加强干警队伍建设等方面提出意见建议。同时，与市中级人民法院探索引入社会力量参与化解社会矛盾，推进社会管理创新的新做法。市政协转发《泉州市中级人民法院关于邀请政协委员协助诉讼调解的意见》，推动政协委员参与诉讼调解工作更加规范化、制度化。据统计，全年共有 228 人次政协委员应邀协助调解 485 件案件，调结 448 件，调结率 92.37%。

2011 年 8 月 19 日，杨俊峰带领部分副主席、正副秘书长、各委（办、室）负责人、部分委员听取市纪委工作情况通报。委员们围绕进一步推进全市党风廉政建设和反腐败工作，积极服务科学发展、跨越发展进行座谈和建言献策。

第六节 港澳台侨与外事工作

港澳台侨与外事工作是市政协统一战线工作的重点领域。主要工作任务是争取和引导港澳台同胞、海外侨胞和泉籍华人参与泉州的经济和社会事业建设，助推祖国和平统一进程，增进与各国人民的相互了解和友谊，促进友好往来与合作，为泉州市的现代化建设服务。

一、港澳台工作

六届市政协领导充分利用因公因私到香港等地的机会，尽量同市政协港澳委员和港台知名人士联络交友，促成台湾两位知名人士应全国政协和有关部门的邀请访问大陆。在市政协的推动下，市政协香港委员形成定期聚会的联络制度，为市政协进一步扩大联系网、搞好海外联谊工作创造有利条件。

1986年5月，在菲律宾知名爱国华侨吴永源博士、杨振珠先生的倡议和支持下，市政协三胞工作委员会牵头成立“泉州华侨联谊中心”，作为开展海外联谊活动的民间团体。从1986—1990年，华侨联谊中心邀请和接待港澳台团组50多个、600多人次，组织他们游览名胜古迹、参观“三资”企业和侨乡新貌，帮助他们寻找亲人、认亲谒祖，落实有关政策、投资项目，捐资建设公益事业。1988年中秋节，配合市直有关部门举办“海峡杯”中华书法大奖赛，得到海内外10多个国家、地区有关人士的支持。市政协多次召开三胞工作座谈会，研究新形势下三胞工作新课题，倾听三胞眷属的意见，针对他们存在的思想问题和实际困难，提出建议。9月26—28日，市政协会同市委统战部主持召开厦漳泉三胞工作座谈会。会议就如何开展海外民间联谊活动，推进“一国两制”的实施；如何加强横向联谊，发扬“三角”地区的群体优势；围绕改革、开放、开拓三胞工作新局面等问题，进行广泛探讨。

1992年9月10—12日，市政协在安溪县清水岩召开三胞工作会议，交流各县（市、区）三胞工作经验，探讨新形势下贯彻落实中共泉州市委、市政府关于加快泉州发展步伐的精神，通过三胞联谊，服务经济建设，为祖国和平统一大业作贡献的措施、做法。市政协领导就今后加强三胞工作提出5点意见。

七届市政协主动扩展同三胞的联谊面，5年间共接待港澳台社团420批、4000多人次。通过介绍泉州市经济社会发展的新情况，组织参观重点建设项目和名胜古迹，激发他们对祖国、对家乡的向心力。市政协把发展泉台关系摆在突出位置，根据“亦官亦民”的特点，于1995年6月牵头成立“泉台民间交流协会”，力求以民间交流形式，推进泉台关系。协会成立后9个月里，共接待数百名台湾各界人士，并同台北、高雄等地的6个泉籍同乡会建立联系。1995年8月，市政协应华闽（集团）公司的邀请，组团赴香港考察，协助华闽公司开展工作。其间，广泛接触各社团和港澳委员，鼓励他们为维护香港繁荣稳定、促进香港主权顺利交接多做贡献。认真考察香港后过渡期的政治动态，写出报告向新华社香港分社协调部、华闽（集团）公司领导提出一些建议，得到重视。华闽（集团）公司专门向福建省委、省委统战部呈送报告，热情评价泉州市政协考察团的工作成绩。9月，市政协组团赴澳门访问，重点走访一批社团负责人，深化加强做好澳门乡亲工作的认识。关于在新一届市政协增设澳门界别、扩大政治安排的建议，得到市委赞同。市政协还把三胞联谊工作与促进经济发展有机结合，从1991—1995年共引进资金2亿多美元，促成18个项目。

1996年10月22—25日，市政协港澳委员视察团一行19人，在泉州开展为期4天视察活动。这是市政协有史以来港澳委员首次集体组团回乡视察。视察团围绕泉州实施"大泉州"发展战略，构筑新经济增长点，发展高新技术，推进产业结构调整，培育新的经济增长点，推动科技工业区、重点开发区建设和带动安溪脱贫致富等议题进行参政议政。视察团听取市领导的情况介绍，视察肖厝管委会、安溪县贫困山区，当场认捐20万元人民币帮助安溪县兴建白濑乡上格希望小学。随后，多位石狮籍委员又在蓬莱镇捐建平山小学。12月20—23日，厦漳泉政协统战三胞工作第五次座谈会在泉州召开，共同探讨如何通过民间信仰、宗教渠道，进一步搞好海外联谊工作。

八届市政协5年任期内，适逢香港、澳门回归等盛事。市政协常委会以迎回归为契机，开展丰富多彩的联谊活动。据不完全统计，届期内共邀请接待港澳泉籍乡亲团组140多个、6700多人次；接待台湾团组85个、9200多人次；邀请台湾7批86人次来泉访问；组织和参加8场次泉台民间交流活动。2000年1月和10月，泉台民间交流协会与台湾亚太综合研究院、高雄大学等单位合作，先后在高雄和泉州举办"闽台亲缘今古观—海洋文明与社会生活""海峡两岸高等教育与经济建设"两场研讨会。两场研讨会规模大、规格高、学术气氛浓、研讨内容新，成为泉台学术交流中的一件盛事。

八届市政协以泉台民间交流协会名义，3次组团22人上岛（台湾）考察。1998年8月上旬，应台湾"义和公益文教会"的邀请，傅圆圆首次以泉台民间交流协会会长的名义，率团入岛交流。在台期间，充分利用文化交流媒介，参观新竹科技园区、朝阳科技大学、永达工专、新民工专，考察台塑六轻、士林造纸、高雄港、基隆港，先后拜访和会见泉州籍寓台18位上层人士和著名企业家，与台北、高雄两市的10个同乡会联谊座谈，结识100多位乡亲。

1998年，在做好港澳台联络联谊工作的同时，市政协主动穿针引线，做好引资、捐资工作。共引资2.3亿元，拟在肖厝合资兴建玻璃厂。港澳政协委员心系南平市和长江流域百年一遇大水灾，先后捐献1000多万元港币和物资帮助灾区群众恢复生产。

1998年12月2日，市政协八届十五次常委会议围绕拓宽泉台民间交流渠道，推动泉台关系新发展进行献计献策。会议提出从文化、民俗、宗教等渠道，推进泉台民间交流的具体思路和建议，得到市委、市政府的重视和采纳。

1999年2—3月，市政协台港澳侨联络委组织调查部分委员企业，形成《泉州市29家港资企业急需解决的问题》专报件，建议市有关部门给予协调解决。7月下旬，配合省政协台港澳侨联络委深入鲤城、洛江、石狮、晋江、永春等县（市、区），调查13家不同产业、不同规模、不同经营方式的台资企业生产情况。调研组积极向有关部门反映台商提出的问题和存在的困难，商请当地政府为台资企业排忧解难，维护台商的合法权益。

2000年9月28日，市政协台港澳侨联络委牵头在安溪县召开泉州市市直第三次“五侨”联席会。会议组织视察安溪官桥中学、江水中学、金火中学、安溪第一中学等侨建工程。与会委员一致认为，要积极引进侨资，吸收捐资，认真搞好侨建工程的管理和督促检查工作，做到引进一个、建好一个、管好一个，让捐资者放心满意。

2001年，市政协围绕改善泉州市投资软环境问题，开展5次调研。先后深入60多家企业了解情况，召开12场次座谈会，向企业发放100份调查问卷。先后走访市外经贸委、台办、侨办、台资企业协会等部门，广泛了解情况，倾听外商呼声，如实反映企业要求和意见，形成《关于营造招商引资文明环境的思考与对策》调研报告。8月17日—9月10日，王仁杰率领部分政协委员围绕“发挥优势，把泉州建设成为对台文化交流基地”开展专题调研。调研组提出5条对策和5点建议，并在2001年10月22—23日市政协九届三次常委会议上交流。11月1日，市政协港澳台侨联络委把情况汇总呈报市长、分管副市长。11月30日，市政协召开22个部门负责人参加的专题会议，听取港澳台侨联络委关于“泉州市投资软环境调查”的情况汇报。

2002年，市政协港澳台侨联络委与市人大常委会财经委和市效能办、纠风办、外资办等5个部门，联合组织评议评价泉州市30个涉外部门（单位）2001年度投资环境。评议评价工作经历问卷调查、情况汇总、意见分解、整改反馈、检查落实、总结汇报等5个阶段，先后向企业发出无记名调查问卷647份，收到参评企业对改善泉州市投资环境的意见和建议126条。根据30个部门的整改报告和抽查情况，形成《关于开展2001年度投资环境评议评价工作情况汇报》呈阅件，送交有关领导和部门参阅。

2003年9月中旬，市政协与省炎黄文化研究会合作，成功举办“第二届闽南文化研讨会”，对新形势下弘扬闽南文化、争取台湾民心作出有益探索，被评为2003年度福建省对台交流十大新闻之一。由文教卫体委代拟的《用闽南文化破解“台独”的思考与建议》，被全国政协港澳台侨委采用，并报送全国政协办公厅。

2004年，市政协把加强港澳台的交往联谊融入建设海峡西岸经济区的大局中，不断增强主动性、创新性，泉台民间交流协会荣获国家民政部授予的“全国先进民间组织”荣誉称号。市政协密切关注台湾局势的发展变化，利用民间渠道广泛了解台湾民情民意，多次与来访的台湾学者、台商举行座谈会，分析探讨两岸关系问题。泉台民间交流协会成立9周年时举办纪念活动，邀请省社科院台湾问题研究所专家作台情报告，组织顾问、理事探讨新形势下加强泉台两地经济文化合作交流的途径。4月，全国政协港澳台侨委在泉州召开“台湾问题”座谈会。市政协和泉台民间交流协会认真做好会议的承办工作，并向会议提交《发挥民间协会的作用，多做台湾人民工作》的经验材料，得到与会领导、专家好评。9月中旬，傅圆圆率“泉州闽南文化研究会参访团”在台湾进行为期10天的考察交流活动，参加“甲申中秋海峡两岸学术研讨会暨弘一大师纪念文集首发式”和“第七届世界南安同乡联谊恳亲大会”，会晤王永庆等一批台湾知名人士，参观高雄大学、长庚大学等文化机构。王永庆先生对家乡的发展变化深表赞赏，并乐捐1500万元人民币支持泉州师院建设体育馆。同年，市政协关于《“3•20”之后台湾政局走向与两岸关系》《台湾青年学生对两岸关系的若干心态》等研究材料、信息，客观真实地反映台湾各界人士对两岸关系的态度，就反对“台独”遏制“台独”、促进祖国统一提出有价值的建议，得到上级有关部门高度重视。

2005年，市政协组织部分港澳委员考察厦门市翔安区大嶝岛对台小额商品交易市场，并就如何借鉴大嶝对台小额商品交易市场的经验，促进泉台农产品交流，提出许多建设性意见。市政协领导和港澳台侨委经常走访港澳委员企业，热心帮助港澳委员排忧解难，为他们的企业解决实际困难40多件。市政协召开泉台民间交流协会成立10周年座谈会，探讨新形势下对台工作的新思路；编印《海峡情—中国当代书画名家精品展作品集》和泉台民间交流协会成立10周年纪念邮封。开展对台文化交流调研活动，提出促进泉台两地文化交流的对策和措施。热情接待来泉考察的台湾青年学者，多次召开专题座谈会，为闽台缘博物馆建设和发展两岸关系建言献策。中秋节期间，举办乙酉中秋海峡两岸诗学交流大会，推动两岸文化交流。参加全国政协港澳台侨委举办的“海峡两岸青少年交流问题”座谈会和“弘扬闽南文化，促进祖国和平统一”座谈会，会上所作的经验介绍和交流得到有关领导的重视和好评。2003年9

月正式创建开通的“中华闽南文化网站”运行顺利，至2005年点击量达4万多人次。

2005年3月，市政协组织泉台民间交流协会成员和部分台胞举行学习胡锦涛总书记关于发展两岸关系的4点意见、全国人大通过的《反分裂国家法》座谈会，邀请省社科院台湾研究所郭健青研究员作学习辅导报告。与会者交流学习体会，总结工作经验，探讨新形势下做好台湾人民工作、促进泉台交流合作的新思路。

2005年，市政协相继接待台湾“中华道教文化团体”联合访问团、台湾“义和文教基金会”闽粤参访团和台南市郑成功足迹之旅参访团等团体，热情接待台湾著名学者、澳门大学中文系教授王邦雄，美籍学者、台湾“中央研究院近代史研究所”副研究员康豹，青年学者杨莲福、陈瑛珣、吴贤俊、郭正宜、林昭彰、蔡清彬，台湾耐斯集团上海公司总经理陈镜亮一行，凌黔遵、王麟章两位退役少将、台商高天浩、高雄玉皇宫主任许文良一行，台南大天后宫主委曾吉连一行，鹿港天后宫主任张伟东一行等一大批台湾各界同胞。市政协台港澳侨委尽力为他们寻根、考察、开展学术研究等活动提供方便，并共同探索拓展泉台合作的新领域，征求涉台工作的宝贵意见和建议。8月中旬，台湾台中侨光技术学院副教授、博士陈瑛珣等人莅泉进行学术考察，对中国闽台缘博物馆建设提出许多意见建议。台港澳侨委整理上报后，引起有关单位的重视，许多媒体也给予报道。11月间，陈瑛珣等人再次来访，与市政协共同探讨合作开展孙中山思想学术活动等事宜。

2006年初，林荣取率全国、省、市泉籍港澳政协委员赴广东学习考察，开展商务联谊活动，探讨推动泉州新一轮发展的对策。市政协就加强泉台关系提出4点建议：一是利用泉台“五缘”优势和闽南文化在两岸关系上的纽带作用，创造条件拓宽两岸闽南人的交流交往渠道，促进两岸经济、文化进一步融合。一方面，主动做好在泉台湾各界人士的工作，为台商来泉投资兴业创造良好条件，为他们排忧解难办实事，依法保护他们的正当权益；加强与在泉州就读台籍学生联谊，关心他们的生活与学习，让他们多了解祖国的历史、多认识大陆的情况，增强他们的民族自豪感和对祖国、对泉州的感情；多开展各种学习活动，尽量为前来开展学术交流和研究的专家、学者创造条件，提供便利，争取更多的共识和互信；按照市委提出的加强闽南生态文化保护区的建设规划，以闽南文化、海洋文化、妈祖文化、民俗文化和宗教文化交流为依托，多做争取民心的工作，增强台湾民众对祖籍地的认同感和向心力。另一方面，争取更多的机会“上岛”，把争取民心的工作做到“家”。二是进一步加强与市涉台部门以及经济、科技、文教等部门的协作，形成合力，拓展“六求”作为，积极探索适应两岸关系与加强泉台经济、文化、科技合作的新途径，多层次、多渠道、多形式地开展泉台双向交流活动，强化对台招商引资，力促泉台产业对接，为打造泉州台资聚集区而共同努力。三是进一步加强涉台课题调研和台情研究。在对台工作中，善于利用机会，抓住关键，深入观察，发现情况，积极配合上级有关部门、对台工作机构、学术研究机构，共同开展涉台课题调研和台情信息的收集，提出有深度又有操作性的意见建议。四是积极发挥涉台机构和民间团体的作用，开展内容丰富、形式多样的民间交流活动。

2007 年，市政协应邀组团赴香港参加香港永春同乡会第九届理监事会偕永春同乡福利基金会第六届董事就职、香港晋江同乡会第十二届董事就职暨世界晋江同乡总会第六届董事就职、丰泽东海香港同乡会成立、香港南安公会成立 28 周年暨第十三届理监事就职等庆典活动。

2001—2006 年，市政协领导多次带队上岛交流，会晤台湾政界、工商界、文化界一批有影响的人士，建立密切的交流渠道，争取台湾著名企业台塑集团捐建泉州师院体育馆。2002 年 7 月，由市政协领导带队、多位委员参与组成的泉州“妈祖直航澎湖护驾团”，护送泉州天后宫妈祖神像从后渚港直航澎湖，实现泉澎 52 年以来首次直航。运用泉台民间交流协会平台，广泛开展与台湾各界人士的联络交往，热情接待来访的台湾同胞。协会主动探索在新形势下弘扬中华优秀传统文化、争取台湾民心工作的新形式，分别与省社科院、省炎黄文化研究会联合举办“郑成功与台湾”“第二届闽南文化研讨会”等学术会议，以学术交流为媒体，以闽南文化为依托，密切与台湾各界的联系交往。

九届市政协主动做好港澳台同胞来泉州考察访问、投资兴业、寻根谒祖的联络联谊和接待服务工作。2001—2006 年，共接待港澳台同胞 600 多批次、7000 多人。港澳台侨联络委为各级港澳政协委员、海外三胞及其眷属排忧解难数百件，倡导、协助创办公益事业几十个项目。积极组织港澳委员、港澳台特邀人士参加政协全会，充分发挥港澳委员的积极作用。6 年间，港澳委员共提交 79 件提案，38 人次在政协全会、专题会议上踊跃建言献策。港澳政协委员关心家乡的公益事业，慷慨解囊，捐资兴建华侨大学、泉州师院、黎明大学等多座教学楼，创建多所希望中小学、幼儿园等。他们的慈善义举，受到省、市政府及有关部门的表彰。

2001 — 2006 年，市政协进一步加强与“五侨”“六台”部门的联系，发挥各自优势，协同开展活动，有效形成侨台工作整体合力；拓展海外峡联络渠道，促进泉台交流。一是经常邀请涉台部门参加市政协举行的来泉台湾学者、台商座谈会和联谊活动，共享信息，共同发展对台工作。二是联合举办学习《反分裂国家法》座谈会，开展港澳台调研活动、报告会、研讨会、表彰会、纪念会、追思会等。三是共同邀请和接待港澳台同胞，组团赴港澳等地参加联谊、庆典活动，形成互相支持、优势互补的良好格局，推动各项工作协调发展。

2007 年 5 月下旬，市政协配合省政协港澳台侨和外事委开展“进一步做好台湾青少年工作的思考”专题调研。组织召开华侨大学领导、台籍学生座谈会，邀请市台工办、教育局、文化局、旅游局、公安局、共青团、台盟、台联、金联等部门负责人参加会议，并组织参观考察台资企业，为调研组提供内容翔实的材料。12 月 4 日，组织 30 名港澳政协委员和特邀人士到永春县视察新农村建设和经济发展情况。市政协努力发挥泉州市对台工作的“五缘”优势，大力促进泉台交流合作。热情接待及配合有关部门接待台湾艺术协会理事长尚清栋一行，澎湖立委林炳坤、澎湖天后宫主委杨国夫率领的进香团 405 人，台南大天后宫主委曾吉连一行 126 人，台湾永达技术学院董事长王仁宏一行，台湾亲民党金门县党部主委杨耀芸一行，台湾亦宛然掌中木偶剧团李传灿一行等台湾各界同胞。积极为到泉州开展经贸、科技、文化、宗教、旅游等交流活动的各界台湾同胞提供热情服务和真诚帮助，陪同实地考察、联系交流事宜，尽心尽力做好争取台湾民心工作，并编写 2 份台情简报，为上级机关及有关单位开展对台工作提供参考。

2008 年 1 月，市政协港澳台侨委组织港澳委员在市政协十届二次会议上积极建言献策，提交 13 件提案。吴长谋、陈建民两位港澳委员分别作《以务实的态度，推进现代城市建设》《走循环经济之路，加快泉州市资源节约型城市建设》的大会发言，获得市政府及有关部门的好评。4 月 21—29 日，吴共湖带领近 20 名省、市政协港澳台委员赴陕西、甘肃等西北地区考察，探索港澳地区、沿海地区与西部地区经贸合作的新渠道、新形式，寻找新的商机。考察团考察西部多个城市的经济社会发展情况，与当地政协、政府有关部门、经济界人士、泉籍商会代表座谈交流，了解当地的投资环境、主要投资项目，探索参与西部开发投资的方式、内容，搭建起与西部泉籍商会沟通联络的平台。撰写《港澳台委员赴陕甘青考察情况报告》，详细分析参与西部开发的有利因素、存在困难，并提出 10 条对策建议。6 月，全国政协常委、副秘书长修全海率领全国政协委员到泉州视察台商在大陆发展现状。在林荣取等市领导陪同下，视察团到南安石井福建闽台农产品市场、惠安台商创业园区开展调研考察，与台商进行交流座谈。台商对吸引更多台资企业、促进泉台交流合作等问题，提出许多有益的意见建议。港澳台侨委和文史委走访提案人深入调研，认真督办《建议开展对泉州华侨子女公学的文史研究和文物保护》提案，提出4点意见建议。根据市委关于开展“建设两岸人民交流合作先行区，推动泉台交流合作新发展”的课题调研要求，市政协港澳台侨委、研究室联合开展“构建泉台共同家园先行区”调研活动。调研组提出进一步推动台湾民心工程，构建做台湾人民工作的基础，创新做台湾人民工作的领域、内容、形式、载体、机制、政策举措，切实推动泉台交流合作新发展的意见建议。8月上旬，根据省政协港澳台侨和外事委2008年度重点调研课题要求，组织委员就“福建承接台湾信息产品制造业产业转移的现状及对策”课题开展调研活动。调研组深入市台办、外经贸局、发改委、科技局、台资企业协会等有关单位，详细了解有关情况。调研组撰写的《泉州市承接台湾信息产品制造业产业转移情况》调研报告送交省政协港澳台侨和外事委员会，为进一步推进闽台信息产品制造业产业对接，扩大闽台经济合作提供决策依据。8月7日，吴共湖率港澳台侨委、市台办负责人到南安石井镇开展对台贸易交流和“泉金航线”石井对台客运码头运行情况调研。调研组考察闽台农产品市场、泉州港石井口岸服务中心、石井对台客运码头，听取石井镇政府有关负责人和市政协委员、闽台农产品市场董事长王世哲关于闽台农产品市场建设及对台贸易情况介绍。调研组撰写的《突出优势，寻找突破，在服务“先行先试”中做好对台贸易工作》调研报告，分析泉台贸易情况，指出面临的挑战和存在的问题，提出进一步发展泉台贸易的对策和措施。港澳台侨委积极主动为委员企业拓展空间牵线搭桥。香港委员蔡秀屏与上海群鑫生物发展有限公司、浙江清华长三角研究院合资在永春注册成立福建省天馨生物科技有限公司，总投资2500万美元，被泉州市政府列为2008年重点项目。港澳台侨委经常走访该公司，了解项目进展情况，及时协调解决有关问题。该公司部分生物医药项目陆续投产后，得到莅临视察的省委书记卢展工的高度评价。

2009年，十届市政协三次会议前后，市政协港澳台侨和外事委广泛发动委员围绕泉州市经济建设、社会发展、民生工作等热点难点问题开展调查研究。在市政协十届三次会议上，港澳委员向大会提交提案15件。吴长谋委员提交的《保企业、抗危机、树信心、保发展》、傅森林委员提交的《政府应成立应急专门组织，帮助企业“过严冬”》、陈建民委员提交的《大力推进泉州市义务教育均衡发展，促进教育公平与公正》、傅小毅委员提交的《“做大”要立足“做优”》、王世哲委员提交的《发挥石井对台优势，助推经济发展战略》等调研文章，被推选为大会发言材料，作大会交流。他们的相关意见建议被转化为市委、市政府的工作决策，产生相关积极效果。港澳台侨和外事委积极配合省政协港澳台侨和外事委在泉州开展3次专题调研活动，发动有关单位写好汇报材料，周密安排调研路线，认真做好各项准备工作。7月1—2日，省政协港澳台侨和外事委来泉开展“闽台产业深度对接”专题调研。港澳台侨和外事委协助调研组召开座谈会，听取泉州市发展和改革委员会、泉港区政府、惠安县政府、泉州经济技术开发区管委会关于开展泉台产业深度对接工作情况汇报，以及泉州台资企业协会、泉港石化园区、和谐光电有限公司、绿谷台商高科技产业基地、金保利科技实业有限公司、福建闽台农产品市场有限公司等企业负责人的汇报，就如何做好闽台产业深度对接提出许多意见建议。7月下旬，省政协港澳台侨和外事委组织台盟界委员到泉州开展“闽南文化生态保护实验区建设”专题调研。市政协港澳台侨和外事委领导陪同深入泉州市非物质文化遗产博物馆、泉州木偶剧团、泉州南音戏剧博物馆、泉州艺术馆、安溪县金谷镇生态茶叶保护基地、中国茶都等处开展调研，组织召开座谈会，听取各有关单位负责人、部分民俗专家、非物质文化遗产传承人的详细介绍，就如何规划好、保护好、传承好闽南文化生态，加强实验区建设提出意见建议。市政协港澳台侨和外事委与市侨联联系做好调研安排，深入侨联界政协委员企业，与企业委员共同探讨如何应对金融危机、开拓国内外新兴市场；深入洛江区双阳华侨农场，详细了解农场的经济社会发展情况和民生保障情况，听取部分归侨代表的意见建议。10月，与华侨大学统战部合作，组织华侨大学40多名港澳台侨学生开展“看海西·爱泉州”主题活动，安排学生考察泉州台商投资区、惠安台商创业基地、斗尾港修造船厂、青兰山30万吨级原油码头等经济建设重大项目。

2009年，市政协发挥海峡文化交流联谊中心、泉台谱牒资料室、泉台民间交流协会的作用，加强与台湾的交流。为弘扬闽南文化、增进台湾同胞对两岸文化的认同感，2月底，傅福荣率泉州市有关专家学者，赴台湾参加第五届海峡两岸闽南文化研究会，向大会提交10篇论文，深入开展文化交流和联谊活动。3月下旬，陈立德应“中华中山文化交流协会”邀请，赴台湾进行花艺交流访问。5月下旬，吴共湖率团赴台湾，参加台北市福建同乡会换届庆典活动，拜会台北市晋江（泉州）同乡会、台北市永春同乡会等泉籍同乡会。吴共湖还陪同全国政协原副主席张克辉，到台南大天后宫考察交流，与寓台泉籍乡亲亲切交谈，送去泉州市政协和家乡人民的问候。8月，陈元殿率团赴台湾参加两岸发展现代农业及农产品研发研讨会，实地考察台湾现代农业发展状况，积极推动泉台农业领域的合作交流，并与云林县议会进行交流。市政协还组团赴澳门参加晋江同乡会、福建妇女联合会、惠安同乡会庆典活动；赴香港参加泉州同乡会第十届理监事就职典礼。

2010年，市政协港澳台侨和外事委组织港澳委员围绕经济社会发展和民生大计建言献策。在市政协十届四次会议上，港澳委员提交11件提案。吴长谋提交的《敢于担责，与时俱进，践行科学发展观》、叶建明提交的《关于加强泉州市食品卫生安全管理的建议》等调研文章，被推选为大会发言材料。4月25日—5月5日，应台北市亚太暨两岸经贸文化交流协会的邀请，林荣取率团一行6人，赴台开展为期7天的考察交流活动。考察团在台期间，重点加强与台湾政界知名人士、企业界朋友、泉籍乡亲的沟通、交流、探讨，互叙友谊，展望未来，共谋发展，增进感情，加深了解与信任。林荣取代表泉州市政协与云林县议会签署《关于开展对口交流，加强两地合作协议》，为两地开启交流联谊的窗口。9月上旬，以苏金煌为团长的云林县议会参访团一行17人应邀抵泉访问，实地考察安溪县、南安市，参观中国闽台缘博物馆，出席第三届海峡两岸（泉州）农产品采购订货会。云林县议会此次访问泉州，进一步推动泉台两地的沟通交流和经贸合作，也为海峡两岸民意机构乃至民间团体的交流合作提供经验和借鉴。5月和11月，吴共湖、陈铭福先后两次率领90多名华侨大学港澳台侨学生，到南安、晋江市开展以“看海西・爱泉州”为主题的参观活动，让学生们感受祖国日新月异的变化和泉州的跨越发展，激发爱国爱乡的热情。6月，吴共湖、陈铭福带领港澳台侨和外事委成员深入挂钩联系的企业泉州南海建设开发有限公司、蜡笔小新（福建）食品工业有限公司和兴业皮革科技股份有限公司开展调研，协调解决有关问题。6月21—27日，吴共湖、陈铭福率领省、市政协港澳台委员一行25人赴云南考察。考察团在云南省政协及各地政协、云南福建总商会、云南晋江商会的周密安排下，主要考察云南昆明、香格里拉、丽江、西双版纳4个城市的经济建设和社会事业发展情况，参观考察云南世界文化遗产、国宝级文物与景点的保护、开发建设与管理、云南省招商引资项目情况，并与当地政府有关部门、经济界人士、泉籍商会代表座谈。委员们就福建在加快建设海西的步伐中如何学习云南的好做法、好经验，泉滇两地如何进一步扩大交流与合作，以及港澳台委员如何积极参与等进行初步探讨。委员们提出相关意见建议。8月5日，市政协办公室向市委办公室呈送《泉州市政协“十二五”对台工作思路》，提出相关建议：1. 充分发挥泉籍全国、省、市政协港澳委员和港澳侨台特邀人士的作用，积极牵线搭桥，不断促进泉台、泉港、泉澳两岸四地的交流合作，加大政协港澳台委员做好台湾人民工作的力度，为推进祖国和平统一大业贡献力量。2. 加强泉州市政协与台湾云林县议会的双向交流交往。3. 以开展“泉州泉台民间交流协会”成立十五周年系列纪念活动为契机，立足民间，做深做活“泉台缘”，积极推动泉台两地交流交往。4. 以“泉台谱牒资料室”为载体，充分发挥血缘文化纽带的作用，接待来泉寻根谒祖的台湾同胞。推动泉州海交馆等有关单位赴台开展谱牒资料展览与两岸族谱对接工作，扩大泉台两地谱牒文化交流，以族谱促寻根，以血缘促进两岸基层民众交流融合。5. 做好“请进来、走出去”的泉台交流工作。6. 积极为在泉台商、台胞提供参政议政的渠道，通过各种形式，让他们知情知政，为建设海峡西岸经济区现代化工贸港口城市建言献计。7. 加强与在泉州的台商、台胞、泉州市台资企业协会的密切联系，倾听他们的意见和建议，帮助他们排忧解难办实事。8. 围绕加快海西建设，着重开展“泉台农业产业对接”课题调研，推动泉台两地农业产业全方位合作与交流。9. 继续做好在泉州华侨大学就读的台湾学生的联络联谊工作。10. 做好有关涉台的工作调研，为泉州市开展对台工作提供决策参考。11. 督办有关涉台的提案。12. 加强与市涉台部门的工作联系，形成合力，进一步做好泉台交流合作工作。10 月，在吴共湖、陈铭福带领下，港澳台侨和外事委组织有关部门开展“泉台农业产业对接”专题调研。调研组深入泉州市区、石狮、晋江、永春等多家涉台农业企业，召开多场座谈会，听取台农、台企经营人员及市、县（市、区）有关单位负责人的意见建议，形成《把握时机，先行先试，促进泉台农业交流合作全面发展》调研报告。调研报告分析泉台农业合作的前景和优势，提出实现泉台农业产业对接的建议。同时，积极配合省政协在泉开展相关课题调研活动。

2010 年 3 月上旬，根据省政协要求，市政协开展“更好发挥侨力资源服务海西的作用”课题调研，形成的《加强侨捐资产管理保护，更好发挥侨力资源》调研报告送交省政协。5 月中旬，配合全国政协港澳台侨委、外事委在泉开展“进一步加强政协组织支持港澳委员发挥作用”专题调研，提供《泉州市政协做好港澳委员工作，充分发挥港澳委员作用》材料。9 月下旬，省政协理论研究会在泉开展“关于人民政协理论研究”调研，市政协港澳台侨和外事委员会就“人民政协服务祖国统一大业”作专题发言。

十届市政协港澳台侨和外事委加强与市政协港澳委员，以及泉州籍的历届全国、省政协港澳台委员的联系，热忱为他们服务，积极发挥他们的作用。每年政协全会期间，精心组织、安排港澳委员出席各种会议，参加各项活动。在市委、市政协召开的港澳委员、异地商会委员及港澳台侨特邀人士座谈会上，港澳委员围绕泉州市经济社会发展、人民群众和港澳台侨同胞关注的热点难点问题，坦诚建言献策，得到与会市领导的肯定和重视。港澳台侨和外事委经常深入走访来泉的台港澳同胞和海外同胞及其眷属，认真开展“港澳委员、‘三资’企业在泉投资经营情况”的调研，倾听呼声，反映侨情，积极主动为他们提供各种服务，尽心尽力帮助他们解决各种实际困难和问题。林荣取、吴共湖等领导批示、过问的多家委员企业用地等困难问题，获得妥善解决。据不完全统计，2007—2011年，港澳台侨和外事委协助解决维护侨益、捐赠公益、投资兴业、项目报批、办理户口、读书求学、寻医问药、法律咨询、化解纠纷和企业用地、用工、年检、贷款、供电等问题200多件，深受海内外各界好评。港澳台侨和外事委主动与在泉的台商、台胞、台资企业协会保持密切联系，把在泉的台商、台胞作为主要联络和服务对象。2010年3月上旬，吴共湖、陈铭福率港澳台侨和外事委成员走访在泉4家台资企业，深入了解生产、经营、用工、生活等情况，与他们一起分析经济形势，共商企业运行良策。并两次配合《泉州政协》编辑部采访省政协特邀委员、市台资企业协会会长、泉州绿谷台商科技园董事长郑建良，惠安县政协委员、泉州富邦食品有限公司董事长吴富翔，撰写的《郑建良：儒商达人，两岸使者》《富则安居遵世愿，邦能敦睦顺民情》两篇专访文章在《泉州政协》刊发。同时，市政协积极为港澳委员开展公益活动牵线搭桥，提供服务。

2007—2011年，数十名港澳委员为家乡的教育、卫生、体育、慈善等公益事业慷慨解囊，每年捐款总额达数千万元。还主动与泉州市慈善总会联合启动“慈善门诊”“复明工程”“助学工程”“助行工程”“助听工程”“助孤工程”等一系列慈善救助活动。经市政协港澳台侨和外事委牵线搭桥，十届省政协、九届市政协澳门委员王正伟，从2007年开始连续3年向泉州市慈善总会捐资，累计3000万元。2008年5月12日四川汶川特大地震灾害发生后，市政协港澳台侨委及时与港澳委员联络沟通，倡议向灾区人民奉献爱心。据不完全统计，泉州籍各级政协港澳委员向灾区人民捐款捐物逾2亿元，体现港澳委员与灾区人民守望相助、血浓于水的骨肉深情，彰显政协组织同心协力、同舟共济的巨大力量。港澳台侨委还利用政协联系面广的优势，突出港澳台侨委的工作特点，以创新、服务、和谐的理念，积极主动地开展海内外联络联谊工作。

2007—2011年，市政协主动运用亲情、乡情和友情，积极地为港澳台同胞来泉考察、开展经贸文化活动牵线搭桥。在元旦、春节、元宵、清明、中秋、国庆等节假日，拜访回乡探亲的港澳委员、港澳台同胞，主动为他们提供服务；向海内外朋友寄贺卡、发贺电，互致问候，联络感情，增进情谊，深交老朋友，广交新朋友。

2011 年 5 月 7 日，市政协组织华侨大学近 50 名港澳台侨学生到永春县开展“看海西·爱泉州”参观考察活动，先后参观永春轻工基地、云河谷风景区，听取永春县委关于永春县情和经济社会发展情况介绍。8 月 24—30 日，杨俊峰率领市政协部分港澳委员一行 26 人考察组，赴宁夏回族自治区、广西壮族自治区，考察银川、南宁、北海、桂林 4 个城市经济建设和社会发展情况。考察团参观宁夏全国重点文物保护单位西夏王陵、宁夏葡萄园基地、南宁市政建设、北海金海湾红树林生态景区。委员们对泉州与 4 座城市的经济社会交流提出 3 点建议。11 月 5 日，市政协组织华侨大学 30 多名港澳台侨学生到鲤城区开展“看海西·爱泉州”参观考察活动，先后参观源和 1916 创意产业园、滨江新城、金浦泵站、万祥商城，听取鲤城区委关于鲤城区情及近一年经济社会发展情况介绍。同年，市政协研究室、港澳台侨和外事委联合开展“拓展泉台交流合作前沿平台”重点课题调研。调研组提出 7 个方面的意见建议。

2011 年，市政协进一步拓宽对台联谊交流。6 月，台湾云林县议会议长苏金煌抵闽参加“第三届海峡论坛·闽南文化节”期间再次访问泉州，杨俊峰、吴共湖、陈元殿等市政协领导会见苏金煌一行。苏金煌一行考察泉州台商投资区，与该区领导探讨开展台湾食品行业交流对接活动等事宜。9 月，以苏金煌的特别助理苏俊豪为团长的台湾农业食品参访团一行 24 人访问市政协，杨俊峰等领导会见参访团，并座谈。

二、外事侨务工作

六届市政协 5 位正副主席、5 位正副秘书长、多位常委和部分委员充分利用因公因私到菲律宾、新加坡、印尼等国家的机会，主动走访当地侨领、社团，向他们介绍泉州市改革开放以来的好形势、市政协三胞工作情况。通过交往，增进感情。

七届市政协积极支持和帮助老一辈侨胞在故乡留“根”。1991 年，同菲律宾侨领吴永源博士签订组织二、三代华裔回乡开展联谊活动的计划，截止 1995 年共举办两期菲华青少年夏令营活动。1995 年，市政协 3 次组团赴菲律宾访问，并同东南亚有关国家的几十个泉籍华侨、华人社团建立经常性的联系。市政协积极争取，得到菲律宾、新加坡、马来西亚 5 位侨胞的响应支持，5 位侨胞乐捐 2000 万元用于建设泉州侨乡体育中心、泉州残疾人康复中心、泉州师范教学大楼。

1996 年 8 月，市政协考察团在傅圆圆带领下，应马来西亚福建社团联合会会长林玉唐的邀请，在马来西亚参加第二届世界福建同乡恳亲大会，其间同来自东南亚各国、欧洲、北美洲的许多社团领导人交流、座谈，并建立联系网络。马来西亚房产部部长、博士陈祖排，土地发展部部长、博士陈清德接见市政协考察团。应泰国《星暹日报》社董事长、前进通讯公司总裁李坤扬的邀请，市政协考察团顺访泰国。其间，傅圆圆接受《星暹日报》记者采访，介绍泉州市改革开放的发展情况。

1996—2000年，市政协自行组团或参加省、市组团达25个团组84人次，10位正副主席分别率团到菲律宾、马来西亚、新加坡、泰国、澳大利亚、德国、瑞典、比利时、日本参观考察，参加当地泉籍华侨、华人社团重大庆典活动。通过考察访问，同有关国家150多个泉籍社团、200多个重点人物建立联系。

1998年，市政协促成菲律宾侨亲捐资127万元，合作经营泉州市教育基金福利大楼。

1999年3月20日，市政协组织受东南亚金融危机影响较大的印尼、马来西亚90多名华人留学生，参观福建炼油厂，游览崇武古城，开展座谈和联谊活动，使他们开阔眼界，增强克服困难、坚持学习的信心。

2001年，应一些海外社团的邀请，市政协组团或参加其他代表团共8批34人次，分赴菲律宾、巴布亚新几内亚、澳大利亚等国家参加泉籍华侨、华人社团的有关庆典、联谊活动。

2002年，市政协组团13批44人次，分别出访马来西亚、印尼、菲律宾等国家，与所在地的泉籍社团和乡亲建立联系。继续广交深交新老朋友，聚集力量支持帮助家乡的各项事业发展。

2003年，市政协继续挖掘“侨”的优势，广泛接触海外重要社团和知名人士，了解侨声，反映侨意，为扩大泉州同其他国家和地区的经贸文化合作尽心尽力，并利用“中国文化周暨海上丝绸之路泉州文化节”等各种重大活动，加强同海外侨胞的联络联谊。同年，市政协应邀组团、参与组团出访7批44人次，分别赴南非、埃及、菲律宾、马来西亚等国家开展经贸、侨务考察。

2004年，市政协领导先后率团12批57人次，分别到俄罗斯、韩国、美国、日本、瑞典、马来西来、菲律宾等国家开展经贸、侨务考察，参加当地泉籍社团的有关庆典等活动。

2005年，市政协应邀组团和随团出访15批38人次，由市政协领导分别率团赴美国、加拿大、澳大利亚、新西兰等国家，开展经贸、侨务、成人和职业教育发展、社会保障考察；赴荷兰、西班牙、日本等国家开展教育、经济、文化、少年儿童友好交流活动；赴加拿大、印尼、菲律宾、泰国、缅甸等国家参加同乡会庆典活动。10月下旬，市政协组团赴缅甸访问，拜访当地泉籍社团，考察缅甸贫困侨亲，实现市政协组团与缅甸贫困侨亲开展联络联谊活动零的突破。

2006年，市政协领导分别率团赴国外进行经贸、侨务、文化交流考察及参加庆典等活动共12批32人次。通过交往，与一大批海外泉籍重要社团、侨亲建立密切的联系，同时大力宣传泉州，为泉州的招商引资、对外贸易做贡献。

2007年，市政协应邀组团或随省、市组团出访共10批58人次，分别赴日本、美国、加拿大等国家开展经贸考察；赴缅甸、柬埔寨等国家进行友好访问；赴日本浦添市、土耳其参加青少年友好交流活动。通过走出去，更加广泛地接触海外重要社团、侨亲，开展联谊，了解情况；积极宣传和推介泉州对外开放的新局面，开展招商引资，进一步扩大泉州与有关国家和地区在经贸、科技、教育等方面的交流合作。10月中下旬，林荣取率部分企业界委员和有关单位负责人，赴日本、美国、加拿大等国家考察纺织服装机械市场，洽谈合作项目，开展招商引资工作；拜会当地泉籍同乡会等华侨、华人社团，结识不少华侨华人新朋友，并向他们宣传介绍泉州。

2008年，市政协主动开展海内外联络联谊工作，多形式多层次地拓展海内外联谊渠道。市政协领导和机关干部应邀组团或随省、市组团共5批21人次，出访巴西、墨西哥、南非、埃及、阿联酋、菲律宾等国家。

2009年，市政协应邀组团或随省、市组团出访共9批12人次，分别赴南非、新加坡、阿联酋、阿根延等国家开展经贸考察、招商引资、友好访问；赴俄罗斯、捷克、希腊等国家考察社会保障工作；赴美国参加市场经济研修班培训；赴南非参加第六届世界福建同乡恳亲大会；赴菲律宾参加晋江同乡总会理事监事就职典礼；赴印尼参加永春同乡会理监事就职典礼。通过这些出访，广交、深交朋友，重点做好在政治上有影响、社会上有地位、经济上有实力、专业上有造诣的海外华侨、华人的工作。市政协还加强与美国、加拿大、澳大利亚、马达加斯加、菲律宾、马来西亚等国家新华侨华人的联系、交流、交往，积极做好爱国教育工作，帮助他们增进对祖国故土的认同感。

2010年2月28日，林荣取等市领导会见抵泉参加首届海峡两岸闽南文化节系列活动的美国蒙特利公园市代表团、德国诺伊施塔特市代表团、土耳其梅尔辛伊尼赛市代表团、美国圣迭戈群郡代表团、日本浦添市代表团的国际友人，并共同见证泉州市与德国埃罗省正式建立友好城市关系。

2010年，市政协应邀组团或随省、市组团，出访挪威、瑞典、瑞士、英国、意大利、菲律宾等国家，共10批23人次，进一步推进泉州与有关国家在经贸、科技、文化等方面的交流合作。

2007—2011年，市政协先后接待来自美国、加拿大、法国、英国、德国、马达加斯加、澳大利亚、日本、新加坡、菲律宾、印尼、马来西亚、缅甸等国家的访问团、乡亲511批次4140人。

第七节 民族与宗教工作

民族与宗教工作是市政协工作的一大特色，是市政协协助市委、市政府贯彻党的民族、宗教政策，维护少数民族合法权益，推动民族地区经济社会发展，引导宗教与社会主义社会相适应，发挥宗教在经济社会发展中积极作用的重要工作任务。

一、民族工作

1997年10月，全国政协副主席阿沛·阿旺晋美率全国民族宗教委成员在泉考察改革开放、经济发展、民族团结和社会进步的情况。市政协民宗委在陪同考察中，及时综合整理考察了解的情况和问题，并向市政府反映，使得相关问题妥善解决。如，晋江后溪、山仔、钞岱、郭岑、浯厝、荆山等6个村落的郭姓村民得以恢复回族身份，保障了少数民族的切身利益。

1999年3月中旬，傅圆圆带队专题调研部分民族地区的生产生活情况，当场帮助泉港区涂岭小坝蒙古族村解决村公路修复、学校修建等问题。经市政协八届三十六次主席会议研究，形成《关于泉州市少数民族聚居地对口帮扶的建议案》，提出把欠发达的18个民族聚居村列入市政府挂钩帮扶范围。市长对建议案作出批示，市委办公室、市政府办公室联合发出《关于组织少数民族聚居村建立挂钩联系制度的通知》，引起良好社会反响。

2001年7月16—21日，市政协民宗委与省政协民宗委组成调研组，到泉港区、惠安县、永春县调查民族教育情况。调研组通过实地考察，与当地乡村干部、学校领导座谈，共商民族教育问题。调研报告经省、市领导批示后，关于优先照顾少数民族考生等问题得到及时解决。民宗委继续推进宗教界与民族村联系挂钩，扶持民族村基础设施建设和教育事业，慰问少数民族特困户，扶持贫困大中小学学生，组织义诊赠药。

2003 年 5 月 22 日，傅圆圆在有关领导陪同下，视察泉港区涂岭镇小坝村少数民族聚居村建设宽裕型小康社会的情况、泉州福海粮油工业有限公司施工现场、炼化一体化项目建设拆迁安置区，现场协调市、区有关部门出资 90 万元，支持小坝村建设 5 公里水泥路。

2003 年 4 月 15—24 日，叶聪敏、何融融、林玉莲带领市政协民宗委、经科委、市民革、市民建等部门领导深入 7 个县（市、区）、8 个民族村、12 个民族自然村，调查了解少数民族聚居村奔小康情况。调研组在报送《关注少数民族聚居村发展，加快脱贫致富奔小康步伐》的调研报告时，把少数民族村（居）急需解决的问题，形成呈阅件专报送市委、市政府，市委书记作出批示。7 月 31 日，市委专门召开有关部门协调会，就如何帮助少数民族聚居村解决基础设施建设问题提出具体办法。

市政协还为促进民族地区经济社会发展办实事。一是协助党政进一步落实民族政策，维护少数民族的合法权益。如，帮助惠安百崎回族乡落实财政收入超收部分和财政支出节余部分全部返还；帮助安溪县民族村返还农村教育附加费；建议教育部门落实少数民族考生加分等优惠政策。二是推动挂钩帮扶工作的深入开展。

2004 年 11 月 23—24 日，叶聪敏带领部分政协委员，到安溪县、德化县调查了解市委、市政府关于帮助少数民族村解决基础设施建设问题的落实情况，并协助德化大溪、安溪横坪等少数民族村解决道路硬化的资金短缺问题。至此，全市 48 个少数民族村基本实现“五通”（通水、通电、通路、通电话、通有线电视）。同年，组织检查《少数民族权益保障法》落实情况。民宗委派人与市民宗局、财政局一起深入少数民族村，抽查 2003 年省、市少数民族专项补贴资金的落实使用情况，确保专款专用。同时，配合市民宗局跟踪检查散居的少数民族学生初、高考成绩加分政策落实情况。从而获知，全市有 485 名少数民族学生得到加分照顾并考入大专院校。一些民族乡、村还普遍设立奖学奖教基金，不断改善办学条件，提高教育质量。

2005 年，围绕构建和谐社会，市政协民宗委组织委员开展调查研究，形成的《构建和谐社会，共同繁荣进步》调研报告在 10 月 14 日市政协九届二十七次常委会议上交流。

2007 年，市政协民宗委调研全市少数民族经济建设、民族教育、新村建设、民族干部培养情况；协助晋江陈埭镇、惠安百崎回族乡总结工作经验，在省政协民宗委

“学习六中全会精神，促进民族关系和谐”座谈会上交流，得到省政协领导的充分肯定。协助省政协民宗委开展“进一步发挥少数民族在发展壮大海峡西岸城市群中的积极作用”调研活动。

2008 年，市政协民宗委密切关注民族教育、医疗卫生、人居环境问题，组织委员视察少数民族群众就业状况、工作环境和经济收入情况，及时向党政领导及有关部门报送信息动态，提出的“新农村建设政府要侧重对民族村政策倾斜和资金扶持力度的建议”得到市委、市政府领导重视。5 月 4—5 日，林荣取带领部分政协委员、政协各委办主任、五大宗教团体负责人，前往德化视察民族宗教工作。视察组到龙塔畲族村开展献爱心活动，筹集 72 万元资金扶持该村铺路造桥、建设饮水工程、种植柑、竹。

2009 年初，市政协民宗委组织民族界委员深入山区少数民族村，视察当地经济发展、生产生活、人居环境情况，商讨从中选择经济比较薄弱的少数民族村作为帮扶对象。在市政协主席会议上提出的建议和帮扶方案，得到主席会议的高度重视和赞同。4 月 8 日，林荣取率政协 8 位副主席、秘书长、各委办主任、市直相关部门以及市区宗教团体、重点活动场所负责人，在永春县东关镇南美回族村召开现场会。会议筹集 71 万元资金扶持南美村种植油茶 40 公顷、速生林 46.7 公顷，修拓村干道 1.3 公里。由于油茶结果期需要 4 至 5 年，泉州开元寺方丈释道元建议在油茶收成之前套种黄豆、瓜类等农作物，以增加农民收入，同时，在资金上继续给予扶持。至 9 月底，所有扶持资金全部到位。少数民族村大部分地处穷山僻水，生活条件、医疗保障比较差，而且距离县城较远，就医难问题比较突出。民宗委积极组织市基督教医疗义诊队，深入少数民族村开展义诊施药活动。2009 年，开展义诊施药 11 次，就诊人数达 6856 人次，赠送药品价值 195225 元。同时，组织开展扶贫助学活动。

2010 年 5 月中旬，吴共湖、陈铭福率部分民族界委员及市政协民宗委、市教育局、市民宗局负责人，到安溪、南安、泉港、晋江、惠安 5 个县（市、区），专题调研少数民族教育情况。调研组一行先后考察安溪县官桥镇善坛畲族小学、南安市码头镇丰城民族小学、南安市成功初级中学民族班、泉港区峰尾中心小学、惠安县百崎民族中小学的办学条件。通过召开座谈会，听取当地分管领导的情况介绍，详细了解少数民族学生在校的学习和生活情况，就如何进一步落实民族优惠政策，加快民族教育发展，撰写《泉州市民族教育情况与对策》调研报告，并在 9 月 17 日市政协十届二十五次常委会议上交流，提出相关建议。7 月 9 日，得悉三明市遭受暴雨袭击严重受灾，市政协及时与三明市政协联系，组织基督教义诊队27名医生到三明市宁化县为灾民义诊。10月30日，组织基督教义诊队在泉州中心市区为残疾人义诊，并建立病历档案，以便跟踪治疗。据不完全统计，2010年共组织基督教义诊队开展12次义诊活动，就诊人数达6431人次，为患者节省医疗费用231799元。

2011年5月20日，市政协组织市宗教团体、重点民间信仰活动场所负责人、市直有关单位负责人、市政协机关处级以上干部赴泉港区柳亭回族村开展视察活动。视察组实地察看柳亭回族村的村道路面、溪流灌溉和回族文体活动中心建设等项目；召开座谈会听取泉港区、后龙镇和柳亭村工作情况介绍，就“进一步加快泉州市少数民族村经济社会发展”开展研讨。视察组认为，全市还有相当一部分欠发达的少数民族村底子薄、基础差、发展载体不足、村财缺乏，需要各方面的大力扶持帮助。会上，各宗教团体和民间信仰组织、市直有关部门就如何加快少数民族后进村经济社会发展，改善提高少数民族群众的生活质量和水平等方面提出意见建议，并为柳亭回族村项目工程建设筹集帮扶资金107万元。会议要求抓紧落实帮扶项目、加强对帮扶项目的指导、尽快形成帮扶济困的合力。

二、宗教工作

1988年，市政协民族宗教工作组会同市人大常委会民宗委考察泉州市区11座寺院教堂，检查宗教政策落实情况。

1992年1月12—14日，市政协民宗委陪同全国政协宗教委视察团视察泉州市宗教活动情况、宗教界在“两个文明”建设中的作用、落实宗教政策的成就及存在的问题。9月11—18日，联合市人大常委会民族宗教华侨委员会，到鲤城、晋江、惠安，视察开放寺观及教堂的管理情况、宗教行政机构和爱国宗教团体的自身建设情况、宗教文化交流与对外友好交往情况、落实宗教房产政策和处理历史遗留问题的情况。视察组就宣传贯彻党的宗教政策、加强对宗教事务管理、落实宗教团体房地产政策等问题，向市委、市政府呈送专题报告。

1993年5月26日，王文泰带领民宗委和市宗教局负责人，视察惠安宗教工作。考察组提出，要按编制配齐配好县宗教局干部，健全工作机构；要认真落实宗教房产政策，尽快处理好小岞基督教堂与水产公司的房产纠纷以及山腰叶厝基督教堂的房产问题。

1994 年 6 月，市政协民宗委联合市宗教局到惠安、鲤城调查了解宗教工作和民间信仰情况，提出 10 点建议。

1996 年 12 月 6—8 日，省政协民宗委在市政协领导的陪同下，考察泉州市宗教工作，对宗教工作机构、落实宗教政策、宗教活动场所的归属管理、宗教队伍建设、回民的墓地等问题提出建议。同年，市政协民宗委继续宣传贯彻党的民族宗教政策，协助有关部门落实党的民族宗教政策，使一些有影响的宗教活动场所得到落实或部分落实，一些老大难问题得到妥善解决；促使崇福寺的修建、元妙观的复建顺利进行。配合有关部门抓好宗教活动场所的检查和年检工作，摸清全市“五教”的分布等基本情况；协同有关部门开展泉台民间宗教活动交流，先后接待来自台湾的宗教信徒 11 批、1600 多人。

1997 年 5 月和 10 月，市政协民宗委先后两次到南安调查宗教活动情况；12 月，到惠安县视察宗教活动情况；12 月底，组织视察肖厝涂岭镇小坝蒙古族民族村。同时，参与接待台湾道教三清宫、保生大帝、台南真武庙等 7 个宗教团体；引导宗教界为社会公益慈善事业做贡献，并通过各种形式，扶持少数民族地区经济社会事业的发展。

1998 年，市政协民宗委组织委员视察重点旅游景点（寺庙）整修工作，就如何充分挖掘和利用宗教资源，为泉州市发展旅游事业建言献策；10 月，组织部分委员视察泉州市宗教活动场所，形成的“发挥宗教文化优势，做好台湾人民工作”书面材料在市政协八届十五次常委会议上作专题发言。据不完全统计，八届市政协任期内，有 20 多万台湾同胞来泉州开展宗教和民间信仰活动，一些台胞慷慨解囊捐赠家乡公益事业、投资办企业。继续发动宗教界朋友捐助 160 名少数民族贫困儿童入学，筹资 160 多万元，捐助省运会和灾区。

2001 年 5 月和 11 月，市政协民宗委先后视察鲤城、丰泽、惠安、永春等部分开放的宗教活动场所，提出 3 点建议。同时，还组织调查了解民间信仰活动场所的数量、规模、所供奉的神祇及对台交往情况。

2003 年 5 月和 11 月，市政协民宗委先后视察泉州部分开放的宗教活动场所，提出 3 点建议。积极引导宗教与社会主义社会相适应，发动宗教团体联系欠发达的少数民族村，帮助解决实际困难。据不完全统计，全年扶持少数民族村基础设施建设、发展教育事业约 144 万元，扶持贫困大、中、小学生 798 人，组织宗教界医生为少数民族村群众义诊 2000 多人次，赠送药品价值 10 多万元。

2004 年，市政协民宗委组织人员深入宗教团体，了解思想建设、组织建设、制度建设等方面情况，强调要重视加强爱国爱教人士的教育培养工作，并建议市民宗局制定《泉州市宗教界代表人士教育培训计划》，得到宗教部门的重视，确定宗教团体副秘书长以上、重点宗教活动场所负责人221名为培训对象，分批分期组织培训，并于10月25—30日，在泉州行政学院举办第一期60人参加的培训班。2004年，全市共举办各类宗教界人士培训班、学习班、读书班31期，1810人参加培训。鼓励和推动宗教界努力拓展宗教与社会主义社会相适应的领域和途径。全市各级宗教团体、重点活动场所从各自实际出发，弘扬爱国爱教、团结进步、服务社会的优良传统，组织宗教界名医到少数民族村为4184名群众义诊，赠送药品价值30多万元；扶持少数民族贫困学生1837人，为社会公益事业捐资284万元，为遭受海啸袭击的印度洋周边国家捐资25万元人民币。

2005年，市政协民宗委利用各种宣传工具，采取电视、讲座、新闻采访、出版刊物、宣传墙报等各种形式，广泛宣传《宗教事务条例》，扩大社会影响，努力营造学习贯彻《条例》的良好氛围，有力地推动《条例》的全面贯彻实施。2005年，全市宗教部门、宗教团体共举办学习班、培训班25期，参加人员2870人；全市宗教团体、宗教人士购买《条例》《条例释义》读本5000多册。组织政协委员视察宗教活动场所依法管理情况。按照《条例》规定，实地考察、检查宗教活动场所工作目标责任制落实情况和规章制度建立情况，推动宗教工作纳入依法管理的轨道。筹划承办全省政协民族宗教工作座谈会。5月下旬，省政协在泉州召开全省政协民族宗教工作座谈会。市政协民宗委与市政协机关的同志同心协力，认真筹办，科学安排，周密组织，并得到洛江、惠安、晋江等县（市、区）政协、市民宗局、市佛教协会、市道教协会、石狮市佛教协会的大力支持，会议圆满成功。民宗委围绕构建和谐社会，组织部分宗教界负责人开展调查研究，形成的《发挥泉州市宗教界的优势，为构建和谐泉州作贡献》调研材料在10月14日市政协九届二十七次常委会议上交流。

2006年，市政协民宗委继续组织委员视察宗教活动场所依法管理情况，并针对存在问题提出5点建议。

2001—2006年，民族宗教界委员共撰写提案84件，反映社情民意7件。民宗委及时督促有关承办单位认真办理，充分听取委员意见，对办理情况进行跟踪、反馈，力求办出成效。如，关于《归还涂岭天主教产权》提案，由于没有原始资料，多年无法解决。民宗委赴现场，向当地群众了解情况及现场察看周边建筑情况，认为天主教教产解放前已存在。针对当地信徒没有固定活动场所问题，民宗委多次到泉港区涂岭镇协商，促使多年教产纠纷得到圆满解决。

2007 年，市政协发动民族宗教界政协委员撰写 13 件提案，民宗委提交社情民意 2 件，编写简报 12 期。其中《关于加快推进泉州市绿化绿色图章和绿线管理的建议》被列为 2007 年重要提案，并组织跟踪督办。组织市道教协会与教育部门、泉州新村小学充分协商大城隍庙产权归属问题，促使该问题得到妥善解决。民宗委还利用宗教团体换届、佛教法会、方丈晋院升座仪式、道教迎春仪式、基督教教堂落成献堂、按立牧师仪式、伊斯兰开斋节等重要节日活动，广交深交宗教界爱国人士。

2008 年 3 月 5 日，陈铭福带领民族宗教界委员、市规划局、市民宗局等有关部门负责同志，视察泉州市清净寺新礼拜堂建设情况。视察组提出 4 点意见。5 月 12 日，四川汶川发生大地震。全市宗教界发扬爱国爱教的优良传统，心系灾区，积极投身支援抗震救灾活动。通过举行法会、祈祷会等多种形式，悼念在地震中遇难同胞，祈祷生活平安、逝者安息。同时，积极开展募捐活动，截止 5 月 20 日，共为灾区捐赠 840 万元。7 月 22—24 日，省政协副主席叶家松率医药卫生、少数民族、宗教、特邀（一）界别委员一行 31 人抵泉，围绕“宗教界服务‘两个先行区’建设”开展专题调研视察活动。视察团先后走访泉州开元寺、基督教泉南堂、元妙观、晋江市庆莲寺、龙山寺以及洛江区马甲镇双髻山（仙公山）等宗教活动场所，并现场召开座谈会，详细了解泉州市近一年开展宗教工作的基本情况和存在问题，以及为发挥宗教界人士和信教群众在促进经济社会发展，推进“两个先行区”建设中的积极作用而采取的新思路和新举措。民宗委为视察团周密安排视察路线、座谈会，并将开展宗教界为“两个先行区”建设服务的调研报告送省政协民宗委参考。8 月 20 日，民宗委组织市区民族宗教界委员及五大宗教团体负责人，视察丰泽区青莲寺、浔美基督教堂、南少林寺等宗教活动场所，了解宗教活动场所依法管理情况以及在建设中涉及土地规划问题。9 月 25 日，在市政协十届十一次常委会议上，民宗委提交《发挥宗教界的积极作用，为弘扬泉州古城文化服务》调研材料作大会交流。委员们提出 4 点建议。同年，民宗委还协助宗教部门落实县、乡、村三级宗教工作信息网络，及时了解掌握境外敌对势力利用宗教进行渗透和非法宗教活动情况，严厉打击非法（地下）传教，确保泉州市宗教领域安定稳定。

2009 年 2 月 5 日，市政协民宗委组织召开部分宗教界人士新春座谈会，沟通思想，加深了解，增进共识。6 月 15 日，省政协下发关于协助开展“境外宗教势力的渗透对我省社会稳定影响”课题调研通知。市政协民宗委主动与安全、公安、宗教部门联系，一起深入各宗教活动场所进行调查摸底，研究制定抵御境外敌对势力利用宗教进行渗透的有效工作机制。9月20日，组织以宗教团体为主，重点寺观教堂所负责人参加的“保稳定，促发展，纪念中华人民共和国诞辰60周年和人民政协成立60周年庆祝活动”座谈会。会上，林荣取强调3点意见。2009年，民族宗教界委员围绕市委、市政府的中心工作，深入基层调查研究，所撰写的14件提案、3件社情民意得到有关单位的高度重视，部分提案得到落实。组织基督教义诊队到民族村开展义诊活动11次，就诊6856人，赠送药品价值195225元。

2010年元宵前夕，吴共湖、陈铭福走访泉州市开元寺、元妙观、天主教堂、清净寺、基督教泉南堂、关岳庙等重点寺观教堂、民间信仰活动场所以及市民宗局，看望教职员工及民宗局干部职工。7月21—22日，吴共湖、陈铭福率市区宗教界委员、市政协民宗委成员视察泉州市开展创建和谐寺观教堂活动的情况，先后深入南安凤山寺、西碧岩、基督教教堂，惠安天主教教堂、平山寺，泉港中兴宫、离相寺等重点宗教活动场所，对照“爱国爱教、知法守法、团结稳定、活动有序、教风端正、管理规范、安全整洁、服务社会”的创建和谐寺观教堂八条标准进行实地调研。其间，召开3场座谈会，听取各县（市、区）政府分管副县长、民宗局和寺观教堂负责人介绍创建和谐寺观教堂的工作情况。委员们针对个别寺观教堂存在的问题，如宗教教职人才的培养、教职人员的认定备案和管理、财务管理等工作提出意见建议。7月27日，市政协组织泉州市区部分宗教界委员、市民宗局领导、市政协机关各委（室、办）负责人到泉州少林寺视察“南少林武术文化”。委员们听取市政协常委、市佛教协会副会长、泉州少林寺方丈释常定关于寺庙的基本情况和建设规划的介绍，实地察看寺庙的建设情况。9月，根据省政协办公厅《关于开展民间信仰与闽台交流情况调研的通知》精神，结合泉州市政协工作实际，市政协民宗委、港澳台侨和外事委、市民宗局联合组成调研组，专题调研泉州市民间信仰与泉台交流情况。调研组先后赴鲤城、安溪等县（区）进行实地调研。各县（市、区）党委、政府、政协和有关单位积极配合，提供情况。通过点面结合、实地考察，形成《泉台民间信仰交流现状调查与建议》专题报告，并报送省政协及泉州市有关部门参考。9月中旬，由吴共湖带队，组织部分民宗界委员异地学习考察山西、陕西省兄弟市政协民族宗教工作的好经验、好做法。2010年，民宗委积极协助政府部门开展民族宗教政策、法规的宣传教育，推进民宗系统“五五”普法规划（第五个五年普及法律空传教育的规划）的实施，努力营造依法处理民族宗教问题的良好氛围。

2011 年 4 月 13 日，杨俊峰带领市政协、市民宗局、鲤城区政协有关领导和部分市政协委员走访市五大宗教团体，视察关岳庙、清净寺、花巷天主教堂、开元寺、基督教泉南堂、元妙观、承天寺等宗教和民间信仰活动场所，提出建议。8 月，民宗委组织委员调查泉州市宗教活动场所财务管理情况。针对调研中发现的财务制度不够落实、财务管理不够规范、财务人员业务不够熟悉、财务监管不够到位等问题，提出 3 点建议。

2007—2011 年，市政协民宗委与市级基督教义诊队联合组织开展为泉州少数民族村义诊施药活动 21 次，就诊人数 11694 人，为患者节省医药费 413070 元。

第八节　人口资源与环境工作

市政协开展人口资源与环境工作，主要是通过联系有关部门和社会团体，组织委员围绕泉州人口、资源、环境和可持续发展领域的重大问题开展调查研究，并以调研报告、提案、政协信息等形式，报送市委、市政府决策参考。

一、人口与计划生育工作

1991 年，市政协先后两次会同市人大、计生部门，深入各县（市、区）了解各地贯彻执行《福建省计划生育条例》的情况，检查各地计生任务完成情况。

1995 年，市政协围绕如何做好计划生育工作，组织委员到鲤城区、永春县开展调查研究。调研组针对存在问题，对“九五”计划和 2010 年规划纲要有关计生工作提出 8 条修改充实意见。

2000 年 7 月中旬，曾惠华带队赴广东考察，对做好在深圳的福建女工的计生工作，提出 3 点建议。

2001 年 3—4 月，市政协开展“流动人口教育管理”课题调研。调研组在听取市政法委、公安局、劳动局、计生委、统计局等单位介绍流动人口教育管理情况后，深入石狮、晋江、丰泽有关镇（街道）、村（居）和企业，召开 10 场座谈会，实地察看劳动力市场、流动人口申报站等，了解流动人口教育和管理现状，并与基层干部群众共同分析流动人口教育管理的新情况、新问题，探讨解决问题的对策措施。调研组在分析流动人口教育管理的基本情况和主要问题基础上，提出5条对策建议。

2011年10月9日，市政协向市委、市政府呈送关于《优化流动人口服务工作的几点建议》，提出5点建议。

二、资源与环境工作

1986年4月28日，市政协经济工作委员会配合市人大考察晋江下游环境情况。考察团认为，晋江下游河障严重，潜在危险性大，如不及时治理，将给泉州市区和晋江县几十万人民生命财产安全带来严重威胁。考察团关于综合治理、科学管江、以法治江的建议得到市委采纳。

1995年3月20—24日市政协七届五次会议上，委员们就环境保护工作提出3点建议。

2000年2月下旬至5月上旬，市政协组织2个调研组，由傅圆圆、叶聪敏带队，就晋江水资源保护课题，深入晋江沿岸乡镇实地考察调研，提出加大对晋江流域工业污染的整治力度、采取有效措施、加快实施生活污水处理厂和垃圾填埋场建设等建议。5月30日，市政协督办由8个民主党派在市政协八届五次会议上提交的《保护水源，杜绝北渠饮用水源污染严重》提案。傅圆圆、叶聪敏、张章炳率领8个民主党派负责人，会同市委办、市政府办、水电局、环保局等有关承办单位领导，深入北渠沿岸的南安市、丰泽区所辖的北峰、丰州、洪濑等镇、村实地考察，了解《泉州市人民政府关于晋江、洛阳江流域水环境保护管理暂行规定》（泉州市人民政府第4号令）的贯彻落实情况。考察组对下阶段整治工作提出5点建议。3月，傅圆圆在永春调研时，了解到永春天湖山（下洋）矿区长期无序开采，致使生态环境遭受灾难性破坏的情况后，与41位省政协委员联名向省政协提案委提交《关于将永春天湖山下洋矿区列入省政府区域环境污染综合整治项目的建议》提案。省环保局认真研究这份提案，于9月5日作出答复，提出解决问题的初步方案。

2001年11月中旬至12月中旬，市政协组织百名委员开展民主评议环保系统行风活动。市政协组成3个评议小组，由领导带队深入到全市8个县（市、区）、29个街道、社区、乡镇、企业，开展明查暗访，提出5个方面、31个问题、5点建议。12月29日，市政协召开民主评议环保系统行风情况反馈会。

2002 年 11 月下旬，叶聪敏、郑今奋、陈敬聪、林玉莲带领各民主党派、台联、工商联、侨联、社科、少数民族界别的政协委员 40 多人，到安溪、永春、德化、南安和山美水库，视察东西溪流域资源开发生态经济区建设情况，重点就水土保持、生态建设、环境保护、城镇建设中的污水及垃圾处理、山美水库资源保护等方面提出 4 点建议。

2004 年 12 月，市政协组织各民主党派和部分政协委员，视察泉州市“创建国家环保模范城市”工作和城市污水处理厂建设情况。座谈会上，各民主党派和政协委员踊跃建言献策，傅圆圆就泉州“创建国家环保模范城市”提出 5 条具体建议。

2005 年 4 月，市政协九届五次会议期间召开“水环境保护与治理”专题协商座谈会。委员们提交 20 份发言材料，提出 100 多条意见建议。同年，围绕“发展循环经济”问题，陈敬聪带领经科委成员深入南安、安溪、永春、德化等县（市），调查转变经济发展方式，发展循环经济的成功做法和存在问题。还到天津、河北、山东等地学习借鉴兄弟城市的好经验、好做法。调研组撰写的《大力发展循环经济，建设节约型社会》和《发展循环经济，构建和谐社会》调研报告，分别在全省政协经科委工作联系会和市政协九届二十七次常委会议上交流发言，提出 6 点建议。在督办《关于在晋江上游东西溪流域普遍推广沼气工程，保护晋江饮用水质的提案》时，深入南安市东田镇，调查该镇引进应用沼气技术，探索出一条农业可持续发展和生态富民之路的经验。通过督办，促进提案办理工作落实，推动沼气能源进一步利用。泉州市委、市政府对此高度重视，专题研究发展目标和具体措施。继续关注泉州市“创建国家环保模范城市”的进展情况。针对环保部门提出的问题，向市贸发局、工商局了解和反馈有关宝洲路生猪屠宰场搬迁、改制和环保前置审批等问题，妥善解决群众环保投诉及噪声影响等难点，为“创建国家环保模范城市”和迎接检查出谋献策。市政协经科委还参与泉州市“十一五”规划关于“发展循环经济规划”单项规划修编的研讨工作。

2007 年 6 月中旬，市政协经科委会同提案委、市民盟、市环保局，围绕环境保护问题开展专题调研。调研组实地考察石狮市十一孔桥集控区、污水处理厂、泉州市区第三水厂、泉南水厂、晋江水资源污染治理情况，综合整理的《加大环保力度，促进人与自然和谐》调研报告在 7 月 19 日市政协十届二次常委会议上交流发言。委员们提出 9 点建议。同年，林荣取带领部分委员视察晋江水资源污染治理情况。视察组实地视察南安柳城五和、华益两家漂染厂和仑苍辉煌电镀集控区，督促两家污染漂染企业停电、停产，电镀集控区限时搬迁。市政协经科委在丰泽区东海调研时，发现

10多家工厂的污水通过彩虹沟排入晋江入海口，给晋江下游造成污染，周围群众意见很大。调研组当即请新闻单位给予曝光，泉州电视台、《泉州晚报》《海峡都市报》等分别跟踪报道，引起市领导和有关部门的高度重视。市政协经科委还以专题报告呈送市领导，提出4条整治建议。市长及时作出批示，分管副市长到东海街道现场检查彩虹沟污染情况，主持召开现场办公会议，通报市政协专报件内容和市长的批示，研究整治办法。

2008年9—10月，在林荣取的带领下，市政协经科委组织部分政协委员视察水资源保护与开发情况。视察组前往山美水库、桃源水库、龙门滩水库和正在规划中的碧坑水库，详细了解水资源保护开发情况和水库周边污染源治理控制成效，提出广辟水源、加紧后备水源建设，力争碧坑水库早日动工；抓好桃源水库扩蓄与保护，从严防污治污，建立合理的上下游互补机制；正确处理好发电与供水关系等建议。市直有关部门表示要按照政协委员的建议意见，狠抓落实，保证市区群众的饮水安全，保障经济发展对水资源的需求。

2009年6月29—30日，陈敬聪带领部分经济界委员围绕水资源保护问题，到德化县、永春县视察永春污水处理厂、隆兴养殖场和德化金红谷锰业公司、新隆泰化工实业有限公司、德化第五瓷厂、九仙山生态保护情况，听取市环保局关于《整治晋江东溪，保障人民饮水安全》重要提案办理情况汇报，听取市水利局和德化县、永春县关于水资源保护工作情况介绍。10月，市政协组织农林水组成员前往永春视察“森林人家”建设和生态公益林保护情况，围绕云河谷生态旅游建设，提出增加景区景观文化内涵、完善基础设施建设、适当栽种一些季节性明显的植物等建议意见。

2010年3月，林荣取带队，人口资源环境委组织各民主党派、部分政协委员、新闻媒体，视察清源山风景保护区和森林公园。视察中，林荣取对泉州市生态文明建设提出的具体要求等建议，得到市政府的高度重视，并在全市开展的“四绿”（绿色城市、绿色村镇、绿色通道、绿色屏障）建设中得到采纳。6月9日，省政协委员视察团在泉视察近岸海域环境状况，指出存在的污染问题，促使泉州市政府出台《泉州市近岸海域环境整治工作方案》，采取严厉的环保措施加强环境整治。6月29日，全国政协委员视察团抵泉，视察加强水资源合理配置与节约保护情况。7月，人口资源环境委与市台盟、科协、农办等单位联合举办泉台农民合作组织研习班，邀请台湾农业专家为泉州市农民朋友就发展休闲农业、生态农业传经送宝。

2010年7月下旬至10月，由市政协人口资源环境委牵头，广泛发动市各民主党派、工商联、各县（市、区）政协和部分市政协委员活动组，围绕“加强生态环境保护，推进生态文明建设”议题，深入有关县（市、区）实地考察，并召开专题座谈会，就加强泉州湾河口湿地保护、建立中水回收利用系统、发展屋顶绿化、加强饮用水水源监测、近海水域环境治理、建设农村生态文明等方面，广泛听取、征求基层一线和政府有关部门的意见，从多层面、多角度、多渠道收集大量第一手材料，形成的24篇调研文章汇编成册，在12月24日市政协十届二十六次常委会议上交流。委员们就泉州市加快建设资源节约型和环境友好型社会提出4点建议。8—9月，组织委员督办《关于创建节约型用水城市》《关于加强泉州市低碳经济发展的几点建议》重要提案。通过召开督办座谈会听取提案办理单位的汇报、实地察看等方式，有效提高提案的办理质量。9月，人口资源环境委在山美水库召开市直有关部门、各县（市、区）政协参加的调研座谈会，就促进泉州市水资源管理与保护、合理开发与利用问题进行座谈交流，提出许多意见建议。

2011年5月26日和6月2—3日，市政协组织部分委员深入鲤城区、丰泽区、洛江区“开展加强生态（绿化）建设，打造宜居城市”专题调研，并到厦门市学习取经。委员们采取“听介绍、看现场、查资料、议对策”等方式，重点深入调研城市生态环境建设的基础性工作，认真探讨加强生态城市建设的思路。6月12—22日，傅福荣带领市政协人口资源环境委、文史和学习宣传委、经济委有关人员，赴青海省、西藏自治区考察生态建设和历史文化保护情况，形成6点体会。10月12日，杨俊峰率市政协机关、部分市政协委员、市直有关部门领导，视察泉港至惠安崇武海岸线保护与利用情况，并在惠安召开座谈会，听取市海洋与渔业局等单位的情况通报。11月11日，吴共湖、陈铭福带队督办治理西湖水污染重要提案。委员们实地察看泉州博物馆东侧临时绿化用地引水设施建设、泉山路东侧与北清路北侧原有排涝沟渠疏浚、排洪沟渠C段两侧垃圾收集清运和周边环境卫生整治、省道307线道路排水管道雨污分流等工程情况。同时，召开座谈会，听取市市政公用事业局、住建局、城乡规划局、水利局、环保局和丰泽区政府等单位办理该提案的情况汇报。提案人对提案的办理情况发表意见。

第九节　文史资料工作

政协文史资料是政协委员及其所联系的各方面人士，对重要历史事件和历史人物的记述，是历史当事人、见证人和知情人亲历、亲见、亲闻的第一手资料。它反映了各界代表人士从不同角度对历史事件的认识和看法，蕴含了许多值得借鉴的宝贵经验和深刻教训，可以匡史书之误，补档案之缺，辅史学之证，具有“存史、资政、团结、育人”的重要作用。

文史资料工作是市政协服务泉州三个文明建设的重要形式，主要通过整理地方古今有价值的文史资料稿件，出版文史资料汇编，促进泉州优秀传统文化传承和发展。

一、征集 编辑 出版

六届市政协文史资料研究委员会积极拓展海内外文史领域，先后制定自戊戌变法至建国后、“文化大革命”前的《泉州市文史资料征集参考提纲》及编纂计划，广征精选，于1986年9月15日编辑出版新一辑《泉州文史资料》。从1986—1990年，共编辑出版《泉州文史资料》7辑、132篇，约73.5万字。除分发政协委员外，还同全国有关兄弟城市政协交流，并通过各种渠道，赠送港澳台同胞和一些海外人士。其中第二、五两辑，由港胞推荐，经全国政协批准，参加在台北市举办的文史资料展览。文史资料研究委员会注意实事求是地反映三胞在祖国建设中的作用，激发他们的爱国爱乡热情。有的台胞挥笔撰写文史资料，支持市政协的出版工作。文史资料研究委员会还积极联系全市19个诗社的800多名成员，充分发挥他们对文史工作的兴趣和同三胞广泛联系的优势，支持文史资料编纂工作。

六届市政协成立《泉州市政协志》编纂委员会，通过调查、搜集、分类、整理、综合，编撰出自1951年2月—1990年3月市政协六届五次会议、历时40年的《泉州市政协志》，成为全市第一家完成专业志的单位，得到省方志委通报表彰。

七届市政协编辑出版《泉州文史资料》6辑（第8辑至第13辑）136篇，66万字。其中第13辑征集、编辑纪念抗日战争胜利50周年文章22篇。

八届市政协编辑出版《泉州文史资料》5辑（第14辑至第19辑）、118篇、66万字。

其中，第 19 辑征集编辑《回忆泉州汽车运输联营处》和《忆记福建省个体商车》文章，系统地记述解放前和解放初泉州市汽车运输情况。

九届市政协编辑出版《泉州文史资料》5 辑（第 20 辑至第 24 辑），185 篇，88 万字。各辑都有侧重点，第 20 辑为“农村土改”，第 21 辑为“水利建设”，第 22 辑为“侨务工作”，第 23 辑为“教育事业”，第 24 辑为“乡镇企业”，同时开辟“抗战风云”专栏，发表一组有关泉州军民及旅居海外华侨抗日的珍贵史料。

截止 2011 年，十届市政协编辑出版《泉州文史资料》5 辑（第 25 辑至 30 辑，其中第 27、28 为合辑）。这一届市政协文史资料征编最大特点，就是侧重选择主题征编，既考虑围绕党委中心工作任务的选题价值，又考虑地方文史优势资源精选主题。第 26 辑定为综合文史，设“冠军之路”“文化广场”“人物春秋”“名镇名村”“历史回音”“工作轨迹”等六大征集板块。还组织编撰富有地方特色的《泉州名人故居》《蟳埔女》（画册）。第 27、28 合辑征编主题定为纪念中华人民共和国成立 60 周年和人民政协成立 60 周年，组织征编富有泉州地方特色的纪念性文章。第 29 辑征编主题，定为“泉台交流”，重点征集建国后特别是改革开放以来泉州各界与台湾交流的史料，征集记述泉台关系文物史迹资料，包括涉及泉台历史渊源、交流往来的匾、联、碑、书等实物的历史资料。第 30 辑征编主题定为“晋江经验”，重点征集改革开放以来晋江市（县）经济持续发展的经验史料，包括晋江市（县）具有历史典型意义的重要事件、重大活动、重要经验或重大创新等。

十届市政协届期内，各界人士撰写或提供文史资料 200 多篇，刊用各种类型文史稿件 110 多篇（首），计 80 多万字。向全国政协、省政协提供稿件 50 多篇，计 20 多万字。

六届至十届市政协文史资料研究委（文史资料委、文化文史资料委、文史委、文史和学习宣传委）还组织开展以下活动：

1990 年 9 月 6—8 日，王文泰带领市政协文史资料委、市文管会有关同志，前往福州市、惠安县、鲤城东郊，会同省、福州市、惠安县、鲤城区的文化、文物单位干部，考察省、县文物保护单位五代文物古迹，并就如何加强保护措施以弘扬民族文化，为旅游事业服务等问题提出建议。9 月 20—21 日，齐世和、王文泰带领市政协文史资料委、市文管会有关同志考察市闽台关系史博物馆等修建单位，就进一步搞好文物周边环境保护等问题提出建议；考察东石镇古檗山庄、龙穴村景胜别墅等文物保护单位，与当地干部研究保护措施。

1991年，市政协文史资料委着手编撰《闽南民军》一书。至1993年，配合省政协文史资料委整理《闽南民军》文稿20多万字。闽南民军出现于1916—1934年这一特定的历史阶段。随着时间的推移，亲自经历和知情者日少，抓紧汇编《闽南民军》，及时抢救史料，帮助年青一代了解旧社会官匪一体、坑害人民的罪恶，有着重要的意义。

1992年，市政协文史资料委汇编的《侵华日军大屠杀惨案综录》上报资料，除反映各县（市）情况外，还专报《石狮永宁惨案》《惠安崇武地区七·一六惨案》《日军轰炸和平居民、日舰掠杀海上渔民、船民惨案》等实录，用历史事实控诉日军的侵华罪行。

1993年6月22—25日，市政协牵头组织市规划建设局、旅游局、文管会、文化局、海交馆等单位领导，视察惠安黄塘施琅将军墓、石狮“闽南黄金海岸”、清源山国家级风景区、安平桥、天后宫、洛阳桥、伊斯兰圣墓等旅游景点，并就加快发展旅游业、将旅游业办成支柱产业议题召开座谈会。视察组针对泉州旅游业存在的7个薄弱环节，提出7点建议。同时，为《福建文史》征集“海上丝绸之路”文稿12篇。

1994年，市政协文史资料委为《近代中国社会史料丛书》征集8篇史料。同时，开展评选文史资料优秀稿件活动，从1986—1993年的1020篇文史资料中，评出一等奖2篇、二等奖5篇、三等奖8篇、佳作奖9篇。

1996年5月中旬，市政协文化文史资料委召开文化工作座谈会，围绕名城保护与建设问题献计献策。同时，部分委员参加市政府召开的新门片、北门片区改造方案评审会。7—8月，文化文史资料委组织文化界委员深入市、县（市、区）一些剧团、文化馆（站）、图书馆，调查文化事业建设情况。调研组分别撰写《关于新时期泉州国办文化事业的思考》《泉州市群众文化工作的困惑与思考》《泉州戏剧建设调研报告》《泉州市公共图书馆事业现状调查报告》《建设母语音乐教育体系，适应跨世纪大泉州建设的需要》等调研报告，为党政领导规划泉州文化建设建言献策。7月和12月，组织委员考察古城区的文庙建筑群、洪氏大宗祠、清净寺、小山丛竹、李贽故居、蔡清故居、后城、青龙巷、旧馆驿传统民居建筑、印度教寺遗址，释迦寺、涂门街与浦寿庚府邸遗址，以及晋江市东石镇古檗山庄、南安市官桥镇蔡浅古民居建筑群等文化遗产。调研组形成《关于古城区地上地下文物的抢救与保护问题的调查报告》，就如何正确处理城市建设与文物保护的矛盾提出意见建议。12月中旬，部分文化文史资料成员参加市委、市政府召开的调整鲤城行政区划协商座谈会，提出的意见建议得到市领导的认可和采纳。

1997年，市政协文化文史资料委先后组织部分委员到南安市水头镇、石井镇，晋江市东石镇、安海镇，考察水头郑成功陵园、石井郑成功纪念馆、东石东埕村倒桥、龙江禅寺、万善祠神位、竺世庵、白沙古战场遗址、东古寨、安海星塔、朱祠、报恩寺、霁云殿等郑成功活动史迹，向市委、市政府提出加强对民族英雄郑成功的宣传和保护郑成功活动史迹的建议。同时，组织50多名政协委员考察南安市英都镇的云从古室、洪氏家庙、洪氏宗祠和美林镇满山红村的林路厝，提出保护文物古迹的建议。

1998年，市政协文化文史资料委配合省政协文史资料委征集《建国后重大考古发掘和文物保护》（8篇）、《建国后地方戏剧的改革》《华侨华人史料（建国后）》《中国防治地方病》《知识青年上山下乡》《香港回归历程》等方面史料。由于文史工作发动早，发动面广，行动快，内容涉及各行各业，共收到稿件50多篇18多万字。5月上旬，王仁杰带领文史资料委成员考察全国文物保护单位安平桥，就安平桥的保护与管理问题提出具体建议，并写成专报件呈送市委、市政府。市委书记作出批示，市文管会提出改革措施并付诸实施。10月下旬，又组织有关人员到石井、安海两地考察郑成功活动史迹，形成的《加强郑成功活动史迹开发，扩大对台交流的渠道》调研报告提交市政协八届十五次常委会议讨论。

2003年，市政协文史资料委组织征集省政协文史资料委提出的《省级历史文化名镇名村》《全国和省级文物保护单位》《福建名人故居》《福建摩崖题刻精品》《闽台交流和闽籍台胞寻根谒祖》《闽台关系文物史迹》等6个协作专题史料。参与《郑成功与台湾》学术论文结集出版工作。同年，按照省政协的要求，上报《福建摩崖题刻精品》纲目泉州部分180幅；《福建名人故居》纲目泉州部分50个，征编工作走在全省前列。承担《郑成功与台湾》学术论文结集出版的具体事务，于12月初正式出版。

2004年，编辑出版《闽南文化研究》，收入论文105篇、109万字。

2005年10月，编辑出版《泉州与台湾关系文物史迹》。2004年启动征编工作，充分发挥泉州与台湾“五缘”优势，汇集史学界和社会人士的力量，精选精编78篇文章32万字，选用123帧照片，内容包括神缘（寺观宫庵昭灵）、地缘（通津拓殖先圣）、血缘（世祖族裔流芳）、文缘（衣簪文邦毓秀）四部分。通过文字、照片等资料，再现两地人民同根同祖同脉的历史真实。

2007年3月，市政协文史委组织编辑的《泉州名人故居》，由厦门大学出版社正式出版。泉州是国务院首批公布的24个历史文化名城之一，文化积淀浓厚，历代名人辈出，仅《泉州市志》宣传的就有435人。这些先贤在世时大多建造了自己的住宅（即后人所说的“故居”）。这些故居大部分具有独特的闽南建筑特色，小部分堪称中西合璧，其建筑结构雄伟瑰丽，表现手法独具匠心，颇有研究价值和欣赏价值。这些故居又是名人留下的历史足迹，是璀璨夺目的人文景观，是先人传下来的宝贵财富。为了记录名人和故居的历史，宣传名人和名人故居，促进名人故居的保护和利用，建设社会主义精神文明，市政协文史委在与省政协文史资料委协作征集《福建名人故居》的基础上，参照《泉州市志》所宣传的名人，从中选取100多位有代表性的泉州名人及其故居，发动所辖各县（市、区）政协文史委邀请文史界人士撰稿。《泉州名人故居》共编入101篇文章20多万字、430多帧照片，介绍108位名人的事迹和118处名人故居（或纪念馆、纪念碑、坟墓）。6月，陈敬聪编著的《蟳埔女》摄影画册正式出版。蟳埔女与惠安女、湄洲女并称“福建三大渔女”，具有闽南妇女勤劳、勇敢、朴实和贤惠的优良品德。蟳埔女居住在蚵壳厝内，信奉妈祖女神，身着独特的服饰，头顶争奇斗艳的“簪花围”。这些独特的乡土民俗风情，被列入福建省人类口头与非物质文化遗产名录。陈敬聪自1978年到市水产局工作后，经常拍摄海洋捕捞、水产养殖、渔港建设、渔村新貌等内容的照片，为所在工作单位筹办水产事业成就展提供资料。到洛江区、市政协工作后，又利用业余时间和自身是蟳埔人得天独厚的优势，抓拍蟳埔民俗风情，特别是抓拍蟳埔女的生活画卷，积累数千张与海洋有关、与蟳埔和蟳埔女有关的照片。陈敬聪从中选择一部分作品汇编成册，以图片为主，并附有中英文对照的文字说明。其中，图片225幅、文字10000字，分列历史渊源、独特习俗、宗教文化、喜庆殡俗、桑梓情怀、勤劳致富、安居乐业、聚焦蟳埔等八章，按一定的逻辑顺序介绍蟳埔女及蟳埔民俗风情。

2008年，市政协文史学习委积极参加全国、省政协的选题协作。如：为配合奥运会在中国举办，与全国、省政协协作征编《走向冠军之路》，组织各方力量撰写陈尊荣等14名泉籍冠军的成长拼搏事迹。同时，将泉州籍冠军事迹编入《泉州文史资料》新26辑。

2010年，市政协文史和学习宣传委积极配合全国政协文史委开展专题资料的征编工作。根据《畲族百年实录》选题，配合开展对畲族有关史料的征编工作；根据《长江三峡工程移民纪实》选题，配合开展对安置三峡移民史料的征编工作；根据《关于协作征集“5•12”汶川特大地震口述史料》选题，配合开展对有关史料的征编工作。同时，做好全省文史征编协作。根据省政协文史和学习委《闽台交流专辑》的选题，配合开展对泉台两地在经济、政治、文化、教育、科技、宗教等方面有较大影响交流活动的征编协作，内容包括泉籍台胞（特别是知名人士）回乡寻根谒祖、泉台关系文物史迹等；根据“福建与辛亥革命”选题，配合开展《泉州与辛亥革命》文史资料的征编工作。文史和学习宣传委先后向全国、省政协提供稿件30多篇、10多万字文稿。

2011年，市政协文史和学习宣传委发动委员和各界人士围绕“三亲”晋江经验，征集相关资料，编撰出版《泉州文史资料》新30辑，推动创新发展和学习运用“晋江经验”。

二、其他工作

1986年11月12日，市政协在工人文化宫影剧院召开“泉州市各界纪念孙中山先生诞辰120周年”大会。

1991年9月12日，市政协七届三次常委会议决定在泉州市鲤城区举行“泉州市纪念辛亥革命80周年大会”。10月10日，市政协组织各界人士代表700多人在市工人文化宫隆重集会，纪念辛亥革命80周年。同时，市政协邀请本市部分辛亥革命参加者的后裔和有关人士，举行茶话会。市政协文史资料委与泉州刺桐吟社联合举办“纪念辛亥革命80周年诗词吟诵会”；征集有关辛亥革命的稿件11篇，编入《泉州文史资料》新8辑，5篇关于纪念辛亥革命80周年的文章刊登在《泉州晚报》。通过这些活动，进一步宣传辛亥革命的意义，弘扬孙中山先生的爱国主义精神。

1991年，中国共产党成立70周年之际，由市政协文史资料委倡议与泉州刺桐吟社、泉州晚报社联合举办“刺桐杯”赞颂建党70周年征文活动，歌颂中国共产党的光辉业绩。11月4日，市政协在泉州影剧院举办“人民教育家陶行知诞辰100周年纪念大会”。

1993年，市政协文史资料委配合有关单位成功主办“泉州—浦添缔结友好城市吟诗大会”“纪念毛泽东诞辰100周年诗词吟唱会”；参与市政府及有关部门举办的泉州南少林学术讨论会；配合惠安、德化、永春、南安、鲤城举办重要纪念活动。文史委员撰写的80多篇文章先后刊登在《泉州晚报》等报刊杂志上，有力地宣传泉州的历史和现实。10月中旬至11月30日，根据中共福建省委统战部、省政协办公厅通知要求，在各级政协委员和政协、统战、各民主党派、工商联、侨联、台联机关干部中，开展纪念毛泽东同志诞辰100周年统一战线知识竞赛活动。12月21日，市政协、市委宣传部、市文联和泉州市农行联合举办纪念毛泽东同志诞辰100周年《毛泽东诗词》吟唱会。

1995年8月11日，市、区（鲤城）政协联合举办抗战胜利50周年报告会。市政协文史资料委举办纪念抗战胜利50周年诗词吟诵会。

1996年8月（中秋节），市政协文化文史资料委与省、市社科联等单位联合举办施琅逝世300周年纪念大会暨学术研讨会，邀请菲律宾、祖国大陆及台湾地区知名学者200多人到会，深入探讨清初将领施琅在收复台湾、开发台湾方面的功绩和经略。10月，会同刺桐吟社举办“纪念红军长征60周年吟唱会”。10月20日，由泉州泉台民间交流协会、泉州闽台关系史博物馆联合主办的泉州天后宫建宫800周年系列纪念活动隆重拉开帷幕。来自台湾的专家学者、宫庙代表及海内外嘉宾1000多人出席这一盛会。同时，举办闽台民间艺术展、泉台民俗风情摄影展、泉州市历代书法展、根据1991年海上丝绸之路考察的祭典表演改编的仿古艺术表演、具有泉州闽南特色的广场民间艺术团体演出。10月20—21日，举办“泉州与妈祖信仰的传播”学术研讨会，63位海内外专家学者、40多位嘉宾参加学术研讨会。会议收到38篇论文，从多层面就妈祖信仰的形成、传播的历史背景、时代意义、对海外贸易和军事战争的影响以及学术和文化价值，进行认真探究论证。

1997年7月15日，市政协协同有关单位举办纪念郑成功收复台湾335周年大会，缅怀郑成功的历史功绩，弘扬郑成功的爱国主义精神。会后，主席会议向市政府提交的《关于在泉州市区设置纪念郑成功永久性标志》建议案主要内容得到采纳。市政府决定在市区大坪山建造郑成功塑像。

1998年，市政协文化文史资料委配合省政协文史资料委征集《建国后重大考古发掘和文物保护》专题史料。组织撰写开元寺、清净寺、伊斯兰教圣墓、天后宫的保护与管理，老君岩造像的保护，洛阳桥、安平桥的保护与修复等8篇稿件，于8月上旬投寄省、市政协《文史资料》。10月16日，市政协协助南安市举办第四届世界南安同乡联谊会和纪念光前学村创办60周年庆典活动。

1999年2月27日，市政协文化文史资料委与泉州海交馆等单位联合举办《光明之城》手稿的发现及其研究座谈会。参加会议的有泉州市近百名文化文史界、社科界、新闻界人士，雅阁手稿发现者、英国学者戴维教授和北京大学、清华大学教授、上海《文汇报学林》主编。9月20日，市政协与市委统战部、各民主党派、各县（市、区）政协联合举办大会，纪念人民政协成立50周年暨中共中央《关于坚持和完善中国共产党领导的多党合作和政治协商制度的意见》发表10周年、庆祝建国50周年、人民政协成立50周年暨迎接澳门回归文艺晚会。9月23—28日，举办“泉州各级政协书画摄影作品展”，展出作品166幅，其中，书法作品81幅、美术作品34幅、摄影作品51幅。9月25日，文化文史资料委与刺桐吟社联合举办“热烈庆祝中华人民共和国成立50周年、人民政协成立50周年暨迎接澳门回归祖国怀抱诗词吟诵会”，讴歌中华人民共和国50年的光辉成就，回顾人民政协50年的光辉历程，赞颂澳门回归祖国，进一步宣传人民政协的性质、地位和作用，扩大政协的社会影响，增强政协组织的凝聚力和向心力。

八届市政协先后邀请14名回泉州探亲或路过泉州的海内外专家学者，举办13场次专题文化讲座，其中，台湾学者李亦园主讲《现代文化意义的阐释》，美国登尼逊大学教授、博士连心达主讲《美国人眼中的中国文化》，复旦大学博士导师潘旭澜、蒋凡分别主讲《关于泉州学》《日本汉学研究与中国文化的关系》《〈易经〉要义》，香港天地图书公司总编辑孙立川主讲《海外汉学的发展与中国文化的重构》，福建师大中文系教授陈祥耀主讲《我国传统文化的现代作用》，香港中文大学人类系教授陈志明、陈少薇分别主讲《华人民间宗教与华人社会和文化认同》《性别与文化—当代社会研究的新视点》，中华诗词学会负责人和厦门大学教授蔡厚永主讲《诗学》等等。

2001年6月底，市政协文史资料委与泉州刺桐吟社联合举办诗词吟诵会，讴歌以毛泽东、邓小平、江泽民为核心的中国共产党三代中央领导集体领导全党全国各族人民进行社会主义革命建设的伟大成就，表达对中国共产党80华诞的良好祝愿。10月，市政协和市委统战部联合召开“泉州市各界纪念辛亥革命90周年大会”，100多名各界人士共同缅怀孙中山先生等革命先辈致力国家统一、民族团结和振兴中华的丰功伟绩。

2002年1月16日，市政协文史资料委在金山老干部活动中心举办《历史普及与历史题材影视片》讲座，邀请回泉探亲的北京师范大学史学研究所所长龚书铎先生主讲。泉州文化、文史界人士及泉州师院、泉州艺校师生近300人参加。4月14日，与泉州刺桐吟社举行“台胞龚书绵女士论文集”出版仪式，并举行吟诵会，表达海峡两岸人民血浓于水的情感和盼望祖国早日统一的愿望。5月下旬，在南安举办“纪念郑成功收复台湾340周年”活动。文史资料委参与筹办系列活动之一“郑成功与台湾”学术研讨会。参加会议的有国内外学者150多名，收到论文78篇，会上交流32篇，打印入册51篇。11月11日，王仁杰带领文史资料委部分成员和文教卫体委委员视察泉州南建筑博物馆，听取该馆筹建办负责人介绍情况，考察部分展示文物，座谈如何做好征集、保护南建筑文物工作。委员们呼吁，当前应尽快做好南建筑博物馆新馆址的立项工作。会后，形成《专报件》呈送市委书记、市长、分管副市长。11月20日，中共十六大胜利闭幕之际，市政协文史资料委与泉州刺桐吟社举办“热烈庆祝中国共产党第十六次全国代表大会胜利闭幕诗词吟诵会”，用诗的语言赞颂党所走过的光辉历程。

2003年，省炎黄文化研究会与泉州市政协联合举办“第二届闽南文化研讨会”，市政协文史资料委、文教卫体委积极参与筹办工作。3月、4月、7月，受市政协党组委托，文史资料委、文教卫体委三次赴榕向省炎黄文化研究会汇报筹备工作进展情况。2004年9月13—15日，“第二届闽南文化研讨会”如期召开。这次研讨会规模大、层次高、精品多、研讨深，达到“联谊、交流、传承、发展”的目的，为弘扬闽南文化搭起学术平台。

2004年1月，市政协文史资料委配合泉州刺桐吟社举办《泉州海丝集萃》首发式，并举行诗词吟诵会，赞美泉州海丝文化的魅力。9月28日，参与刺桐吟社与台湾的25名诗人、书画家举办的海峡两岸诗人中秋吟诵会。11月18日，配合省政协在泉州开展“非物质文化（民族民间文化）保护工作情况”视察活动。

2005年2月中旬，市政协文史资料委配合省政协到德化县开展“知识产权保护”专题调研。市政协九届五次会议期间，文史资料委与社会和法制委配合承办“平安泉州”专题协商座谈会。会前，文史资料委走访“平安泉州”领导小组办公室，深入泉港、石狮、永春等县（市、区）政协开展调研，帮助委员修改发言材料，保障座谈会圆满召开。9月中旬，文史委配合泉州刺桐吟社举办“海峡两岸诗学大会”，为弘扬优秀传统文化和促进两岸文化交流作出努力。

2006年4月下旬，王仁杰带领部分委员、文史界人士和南安市、丰泽区政协有关人员视察南安孔庙、魁星阁等遗址，并召开座谈会，就如何保护文物建言献策。为进一步传承与弘扬中华民族优秀传统文化，9月下旬，市政协文史委与市教育局、泉州府文庙管理处，在府文庙内联合举办市区小学生“中华古诗文”朗诵表演比赛。12所小学选派代表参加，600多名学生上台表演，600多位学生家长赶来观看，新闻媒体作报道，在社会上产生良好影响。

2007年3月上旬，市政协文史委负责人陪同省政协文史资料委领导考察安溪县的省重点文物保护单位清水岩、历史文化名镇湖头镇、一代名相李光地故居，南安市的清代重臣洪承畴故居、全国重点文物保护单位蔡资深古民居建筑群，福建省历史文化名村泉港区后龙镇土坑村。3月中、下旬，组织12名泉州诗人赴台访问，参观台湾中山大学、西子湾、天帝庙、高雄市美术馆、永达技术学院、恒春古城、猫鼻头、鹅銮鼻等文物景点；出席由亚太综合研究院、高雄市诗人协会、高雄市诗书画学会主办的“两岸诗人联吟交流座谈会”；参观台北故宫博物院等文物古迹；出席台湾“中华诗学研究会”举办的座谈会。4月中旬，陪同全国政协文史资料委调研组开展“非物质文化遗产的保护与传承”专题调研。调研组在泉期间，先后考察惠安县洛阳镇石雕市场，参观泉州海交馆、清源山老君岩、开元寺、天后宫、德济门、清净寺和中国闽台缘博物馆，观看梨园戏、高甲戏、南音、提线木偶、南派布袋戏表演和惠安女服饰展示等文艺专场演出；召开座谈会，听取泉州市政府的工作汇报。4月中下旬，文史委先后两次考察安平桥，为市政协领导督办《关于全国重点文物保护单位——安平桥环境整治的提案》做好准备工作。6月上旬，林荣取和市政府分管副市长等领导带领市政府办、环保局、文物局有关领导，晋江市、南安市政府分管副市长及有关负责人，晋江市安海镇和南安市水头镇政府主要负责人，考察安平桥周边环境污染情况和整治进程，并召开现场督办会议。会后，市政协文史委代拟的市政府、市政协《关于全国重点文物保护单位安平桥环境整治现场督办会议纪要》，于6月16日由市政府办公室印发。《会议纪要》指出安平桥周边环境存在的3个严重污染问题，分析3个主要原因，提出解决安平桥周边环境问题6点建议。5月下旬，市政协文史委陪同省政协文史资料委开展“做好我省首批列入国家名录的非物质文化遗产的保护、传承和利用”课题调研。调研组在惠安县考察豪翔石业有限公司，观看有关惠安女服饰表演的录相片；在德化县考察凤凰、蕴玉和宏盖等陶瓷研究所。在泉州召开座谈会，听取市文化局、省梨园戏剧团、泉州高甲戏剧团、泉州木偶剧团、泉州南音乐团、晋江木偶剧团等单位负责人及泉州拍胸舞、泉州北管、泉州花灯等项目代表的发言。调研组还考察丰泽区蟳埔社区蟳埔女服饰、惠安县洛阳镇陈金城和陈伯达故居。8月上旬，文史委召开“闽南文化生态（泉州）保护实验区”专题座谈会，征求对《闽南文化生态（泉州）保护实验区规划纲要》的修改意见，与会同志就如何建设闽南文化生态（泉州）保护实验区踊跃建言献策。10月中旬，文史委到晋江青阳镇考察“庄宅与状元衙”被毁坏情况，向泉州市委、市政府有关领导呈送《严格遵守〈文物法〉，有效保护状元衙》专报件。专报件介绍“庄宅与状元衙”的建筑价值、历史价值、人文价值和研究价值，要求有关部门严格遵守《文物法》，马上停止毁坏文物的行为；并以妥善保护“庄宅与状元衙”为契机，切实加强对各级文物保护单位的保护和管理，认真组织编制专门的历史文化街区、村镇保护规划，并纳入城市总体规划，努力创造和谐的文物环境。10月下旬，文史委与泉州刺桐吟社联合举办庆祝中国共产党第十七次全国代表大会胜利召开诗词吟诵会，并举行《泉州千家诗》首发式。《泉州千家诗》由泉州刺桐吟社、泉州学研究所合编，全书收录1199位历代或当代诗人诗作2149首，旨在弘扬优秀传统文化，反映泉州本土诗歌的发展历程和成果。

2008年，市政协文史委围绕历史文化遗产保护和非物质文化遗产保护的课题，先后组织文史委员视察全国文物保护单位安平桥、摩尼教遗迹草庵，召开5场座谈会，提交相关提案11份。同时，围绕市委提出的“文化强市”战略目标，组织委员开展专题调研，5位文史委员在9月16日市政协十届十一次常委会议上发言。

2009年，为配合省政协纪念中华人民共和国成立60周年和人民政协成立60周年开展的“六个一”主题活动，市政协文史和学习宣传委、办公室联合召开协调会，组织市政协有关委（办）精干力量撰写文稿，发动政协文史活动组成员积极投稿。本次活动共征集数十篇文稿，其中《始终坚持履职为民，促进政协事业发展》等8篇、20000多字的文稿及图片推荐给省政协和全国政协，不少稿件在《亲历福建六十年》《政协天地》杂志上刊用。还与市政协提案委一起督办《关于做好泉州古城闽南文化生态保护的建议》《关于抓住当前有利时机，帮助企业引进人才的提案》等重要提案。

2010年7月上旬，傅福荣、陈立德率市政协文史、学习宣传活动组成员、市直有关部门负责人、有关专家学者和专业人士赴德化县、泉港区就保护非物质文化遗产传承人技艺及其成果进行专题调研。通过实地走访并召开座谈会，了解非遗传承过程中存在的根本问题；立足鼓励支持开展保护非遗传承人技艺及其成果的传承活动，促使非遗项目和传承人技艺的抢救保护得到进一步落实。调研组形成的《泉州市保护非物质文化遗产传承人技艺及其成果的调研报告》在9月17日市政协十届二十五次常委会议上作发言交流，并刊登在《泉州政协》期刊第32期。

第十节　视察 调研

调研视察是政协委员履行政协主要职能的重要基础工作。具体说，调研是政协委员深入实际，深入群众，了解党和国家方针政策贯彻落实情况，收集和反映社情民意的有效途径和方法。视察是政协委员了解情况、研究问题、学习提高的重要途径，是人民政协履行职能的一项政治活动和重要形式。

各届市政协在调研视察方面，开展大量富有成效的工作。

一、视察

六届市政协经常组织政协常委或专门委员会（工作组）负责人，到各县（市、区）参观考察部分农村、国营企业、乡镇企业、福建炼油厂、龙门滩引水工程等重点项目，既让委员们了解泉州市改革开放以来两个文明建设的新形势，又让委员们明确党委、政府在各个时期的工作重点。

七届市政协进一步加强组织视察活动。1991 年，市政协经科委就全市的“四化”建设和改革开放的有关问题，会同市计委、市经委等 9 个部门，先后开展 9 次调查考察和检查活动，召开 4 场次座谈研讨会。如：视察福建炼油厂副食品基地，引起惠安县领导的重视，惠安县及时研究保障福建炼油厂建设的副食品供应问题。视察安溪县多年来芒果“花而不实”问题，撰写的《送阅件》引起市政府领导和农业部门的重视，市政府农业部门拨款 2 万元，指定农技人员配合安溪县农业局研究对策，帮助农民排忧解难。1991—1995 年，市政协每年都组织市政协委员、住泉州的省政协委员围绕国营企业、“三资”企业、乡镇企业发展情况和重点工程建设，农业和农村工作，精神文明和民主法制建设，菜篮子工程，教育事业，城市建设，水和矿产资源保护等问题，开展就地或异地视察活动。1994—1995 年，组织 300 多人次住 8 个县（市、区）的省、市政协委员开展 18 次就地视察活动，向当地党委、政府提交 17 份考察报告，切实反映并促成当地一些重要问题的解决。通过视察也改变过去“坐等协商”“从旁监督”为直接“参与其事”“共谋其政”，提高了参政议政水平和工作实效。

八届市政协在各县（市、区）政协的密切配合下，组织市政协委员和住各县（市、区）的省政协委员开展就地或异地视察活动。如：1996 年围绕“扶贫攻坚、奔小康建设新农村”开展异地视察活动；1998 年 10 月底至 11 月中旬，市政协组织住泉省政协委员、市政协委员围绕如何确保 1998 年度经济指标和各项工作任务的顺利完成，如何正确处理好改革、发展、稳定关系问题，开展异地视察活动。12 月 24 日，市政协组织在泉州的省政协委员，听取市政府通报泉州市 1998 年经济建设及社会事业发展情况及 1999 年工作设想；听取市计委介绍泉州市 1999 年重点建设项目；视察市区重点建设项目。1999 年，为开好市政协八届五次会议，组织在市区的省、市政协委员 200 多人，分 3 组视察社会事业、重点建设、旧村改造和新村建设等情况。在总结经验、肯定成绩的同时，注重帮助基层反映困难和问题，推动一些社会热点、难点问题解决。2000 年 11 月中旬，市政协组织在泉省、市政协委员易地视察泉州市“九五”期间经济建设成就，为制定“十五”计划出谋献策。2001 年 12 月 11 日，傅圆圆带领在泉州市区的 100 多名省、市政协委员，视察“增强后劲、科技推动、城镇建设、民生宽裕、环境优化”五大工程实施情况，提出 9 点建议。

九届市政协每年都就泉州市及各县（市、区）的经济和社会发展情况以及重点项目建设情况，组织委员开展专题和年度视察。经科委先后组织市场供应与整顿市场秩序、治理餐桌污染、建设食品放心工程、“创模”工作、旅游业发展、海洋经济、港口建设情况等 10 多次视察活动，以及招商引资、农业产业化、自主创新、知识产权保护等 6 次视察活动，并举行 10 多场专题通报会，请有关部门领导给委员介绍专项工作情况。结合视察活动和通报座谈，编写 10 多期简报和 6 篇视察报告。社会法制委组织开展严打整治斗争情况、110 社会联动工作、综治领导责任书落实情况的视察活动。港澳台侨联络委组织泉籍的全国、省、市政协港澳委员，考察经济开发区、生态旅游区、重点项目和城镇建设情况，帮助港澳委员知情参政。文教卫体委组织视察泉州市体育健儿备战省十二届运动会情况，文化、教育、卫生、体育和新闻出版等各项社会事业发展情况，帮助委员提高参政议政水平。民宗委组织委员视察宗教活动场所依法管理情况、《少数民族权益保障法》落实情况、宗教文化及文物保护情况。文史委组织视察泉州南建筑博物馆、历史文物保护管理情况。6 年间，市政协坚持与各县（市、区）政协一起组织委员视察当地经济社会发展情况，积极反映民意，提出意见建议。特别是每年都组织各民主党派、工商联、有关人民团体和政协委员视察重要提案办理情况，促进一些难点热点问题解决。

十届市政协创新视察形式，采用实地视察与观看视频短片相结合的办法，围绕群众关注的热点难点问题，组织委员开展专题视察活动，先后形成 186 份视察报告，并及时向市委、市政府及有关部门反映。2007 年，经科委两次组织视察泉州市 15 个重点工程项目，视察晋江水资源污染治理工作、森林公园建设情况和新农村建设科技促进行动进展情况。港澳台侨委组织 30 位港澳委员和特邀人士视察永春县农村建设和发展情况。社会和法制委围绕人民群众关心的“出行难”、消防安全问题开展视察活动。文教卫体委就医药行业、农村文化、义务教育均衡、高等职业教育、学前教育等发展情况，“新农合”进程、农村和社区医疗卫生、外来务工人员健康和农运会重点项目建设等情况开展 10 次视察活动。

2008年，市政协经科委先后组织视察循环利用再生资源较为突出的福建国能新型建筑材料有限公司、泉州市鹏翔岗石有限公司、惠安绿谷台商高科技产业基地、惠安聚龙养生园、麦德龙泉州丰泽商场、全市保障性住房建设情况、全市新农村建设工作进展情况、水资源保护和开发情况、工商行政管理工作情况。港澳台侨委组织20名省、市港澳台政协委员赴西北考察，探索参与西部开发投资的方式、内容。文教卫体委员会组织视察公共卫生体系建设和农运会重点项目。民宗委组织视察民族教育、医疗卫生、人居环境问题。文史委组织视察全国文物保护单位安平桥、摩尼教遗迹草庵。

2009年，市政协经济委组织视察德化水资源保护、晋江下游滨江两岸规划建设、粮食安全、“菜篮子”工程建设和现代农业基地建设情况、泉州市电信公司工作情况，并组织沈阳、四川、郑州、青岛等10多个省市的泉州市政协异地商会委员，回泉开展视察活动。社会和法制委组织视察农村消防工作、丰泽区北峰司法所“社区矫正”工作情况，以及乡镇药店、药房、卫生所、镇食品药品安全协管员办公室、卫生院等经营、监管情况。教科文卫体委以弘扬和保护闽南文化为重点，组织视察“海丝”文化史迹、闽南生态文化保护、文化创意产业园区建设情况，并视察丰泽区基础教育、职业教育、特殊教育和永春县青少年体育工作发展情况。民宗委组织视察山区民族村经济发展、生产生活、人居环境情况和市政府已登记的830处宗教活动场所中的部分场所活动情况。

2009年，市政协还围绕实施“十一五”规划、构建和谐社会中遇到的重大问题，组织住泉省政协委员开展10次视察活动；联合各县（市、区）政协对当地为民办实事项目落实情况和重点项目建设情况进行就地视察调研，形成的“优化发展环境，服务项目建设”“创新项目筹融资体制，多渠道筹措项目资金”“应对民企当前生产用工成本抬升的对策和建议”等18篇调研报告，提出许多建设性对策措施，极大地推动项目的落实和完成。委员们立足全局高度，主动融入泉州的各项事业当中，以提案和信息的形式反映群众普遍关注的民生问题，共向十届省政协三次会议提交提案20件，内容涉及社会保障、医疗卫生、闽台交流合作、闽南文化保护、立体交通建设、就业等多个领域的热点问题，有些意见建议被党委、政府及有关部门采纳，促进一些问题解决。

2010年，市政协经济委围绕“产业结构调整优化”“推动企业改制上市”“重点项目建设”“泉州经济技术开发区”“保障性住房建设”“农村专业技术人才培养”“农民专业合作社”“海洋经济”“茶叶生产产业化”“山区竹木深度加工”等，开展视察活动。社会和法制委组织视察社区矫正工作、反渎职侵权工作、学校及周边安全情况。教科文卫体委组织开展科技工作、软件产业、农村公共文化服务体系、全民健身活动等4项视察活动。港澳台侨和外事委组织20多名省、市政协港澳台委员赴云南考察；先后两次组织华侨大学90多名港澳台侨学生到南安、晋江开展以“看海西·爱泉州”为主题的参观考察活动。民宗委组织视察南少林武术文化和创建和谐寺观教堂活动情况。人口资源环境委组织视察城市生态文明建设情况。

十届市政协始终加强对重要提案落实情况的视察，坚持与市政府分管领导、提案人和有关部门一起督办落实，促进群众反映强烈的热点问题的解决。2011年，市政协围绕“重点项目建设”“农村水利基础设施建设”“‘菜篮子’工程建设”“和谐寺观教堂创建”“海岸线保护与利用”“中心市区道路‘畅通工程’建设”等，组织委员开展视察活动。组织异地商会委员视察泉州台商投资区。组织部分委员考察本市农村水利基础设施、“菜篮子”工程、中心市区道路“畅通工程”建设与秀涂至泉港海岸线保护情况，并召开座谈会，建言献策。民宗委组织部分委员走访视察市级五大宗教团体、部分宗教活动场所和民间信仰活动场所；到永春县开展创建“和谐寺观教堂”视察活动。港澳台侨和外事委组织部分委员走访6家台资企业。

二、调研

市政协除了各专门委员会组织专题调研外，常委会还围绕国民经济和社会发展5年计划及人民群众普遍关心的热点、难点问题，确定若干课题及市委交办的市重点课题，开展系列调研活动，献计献策。

六届市政协主要围绕发展外向型经济、科技兴农、治理整顿、科技、教育、环保、城建、发展旅游、深化国有企业改革等方面开展调查研究，对泉州市“八五”计划提出修改补充意见建议。

七届市政协抓住改革开放、建立社会主义市场经济体制过程中的热点、难点问题，于1993年确定13个课题，开展23次专题调研活动；先后3次以促进全市改革开放、加快经济建设步伐为主题，召开常委会议深入探讨和建言献策。主要内容有：调整农业结构、争创“两高一优”、科技兴农和扶持民办科研所、乡镇企业如何走集团化道路，以及大泉州建设规划和加强水、电、路、港口建设管理等等。1995年8—9月，市政协围绕编制《泉州市国民经济和社会发展“九五”计划和2010年规划纲要》，联合各民主党派，邀请委员中学有专长的专家，组成15个课题调研组，深入调研，深入论证，并在9月22—23日市政协七届二十四次常委会议上作专题发言。农业课题调研组对加快全市农业产业化提出7点意见和建议；支柱产业课题调研组提出发展泉州市支柱产业的8条措施、6点思路；民营经济课题调研组提出发展民营经济的8条对策；建设湄洲湾南岸经济区课题调研组提出发展石油化学工业的6点看法；台资企业课题调研组提出引进台资的4点建议；宗教课题调研组提出发挥宗教文化优势，拓展旅游事业的5点建议；教育事业课题调研组对全市教育发展规划提出5方面建议；商品市场建设课题调研组提出加快商品市场建设的4点设想和建议；计划生育课题调研组提出8点建议；文化课题调研组提出保护历史文化的8点建议、培养后继人才的5点建议；卫生事业课题调研组提出发展卫生事业的5点建议；社会治安综合治理课题调研组提出3点建议。调研报告从不同角度，对“九五”计划和规划纲要提出修改补充意见和建议。常委会议针对完成计划和实现目标存在的问题和隐忧，提出解决和预防的措施对策。这些意见建议，得到市政府领导肯定和采纳。

八届市政协于1997年选定改善泉州投资软环境、调整优化产业结构、发展壮大泉州旅游业三大课题，组织开展50多场次调研活动。在常委会议上，组织委员围绕已形成的24篇调研报告深入讨论，集思广益。会后，邀请有关专家学者反复探讨论证，提出更具科学性、可操作性强的对策。对一些急待解决的问题，经提炼筛选，形成18份专报件呈送市党政领导，市委书记、市长十分重视，及时作出批示。2000年3月下旬至6月上旬，由市政协正副主席带队，组成4个课题调研组，围绕晋江水资源保护、全市中小企业发展、农业结构调整、社会力量办学等问题，深入到各县（市、区、管委会）、有关乡镇、企业、学校开展调查研究。6月15日，市政协八届二十三次常委会议听取4个调研组的交流发言，对泉州市“十五”计划特别是4个调研组涉及的有关问题进行深入探讨，提出许多修改补充意见建议。11月25日，市政协组织省、市政协委员110多人，分成3组对中心市区城市建设、经济科技、文化教育等方面开展视察，为编制“十五”计划纲要献计献策。

八届市政协届期内共开展300多次调研视察，2500人次委员参加，共撰写调研报告101篇、专报98件、情况反映35件、专题报告37份。

九届市政协采用民主党派、政协委员、部门单位、机关干部“四位一体”的组织形式，通过走出去、请进来、委员视察、座谈交流等方式，深入调查、缜密论证，较好地完成调研任务。6年间，共撰写调研报告126篇、情况反映53件、建议案18件。

2001 年初，按照市委的部署，承担“增进泉州精神文明建设实效”调研任务。市政协领导高度重视，周密部署，组织各民主党派、工商联、有关人民团体，联合 42 个市直部门单位开展调研，各县（市、区）政协也积极配合，通力协作。市委专题听取汇报，并以泉委〔2001〕182 号文转发市政协的调研综合报告。傅圆圆代表市政协常委会在市委“增进精神文明建设实效”专题会议上作《与时俱进，开拓创新，努力增进精神文明建设实效》中心发言，得到市委充分肯定和与会人员普遍认同。同年，为推进泉州市“十五”计划顺利实施，市政协与市政府协商，共同确定“非公有制企业发展的问题与对策”“搞好新一轮引资，应对经济全球化”“加快同业公会建设，促进行业管理健康发展”“加强劳动力市场建设”“发挥优势，把泉州建成对台文化交流基地”等作为泉州市实施“十五”计划中的重要课题，交由市政协经科委、港澳台侨联络委、社会法制委、文教卫体委深入调研。10 月 22—23 日，市政协九届三次常委会议综合其中 3 个专题的调研成果，形成《关于泉州市实施“十五”计划若干问题的建议》作为主席会议建议案。市政协还围绕福建省“十五”计划实施的重点项目开展专题调研。针对石化基地建设存在的突出矛盾和主要问题，向省政府提出建立健全领导机构、制订发展规划、帮助解决群众就业出路等 5 个方面的建议。傅圆圆以《解决突出矛盾，协调理顺关系，促进我省石化基地建设健康发展》为题，在省政协九届三次会议上发言。省长习近平在该份发言上作出批示，要求省政府分管领导好好研究，强化措施。2003 年，市政协还组织 10 多次调研活动，形成《发展特色产业，壮大县域经济》《关于实施项目带动，推动工业园区健康发展》《关注少数民族聚居村发展，加快脱贫致富奔小康步伐》等 12 份调研报告，许多意见和建议进入党政领导决策视野。2004 年，市政协按照市委、市政府的委托，精心组织“提升民营经济发展水平”“加快泉州市产业结构优化与升级”“实施人才强市”3 个课题的调研。市政协正、副主席分别担任各个课题的负责人，联合民主党派和市直有关部门，分赴各县（市、区），深入有关企业召开 50 多场座谈会，并到上海、江苏、浙江、广东、天津等省市实地考察，形成的 3 份专题调研报告在市政府与市政协联席会上通报，得到市政府充分肯定。《关于进一步提升泉州民营经济发展水平》调研报告被省调研工作联席会议采用、福建省委《调研文稿》第 85 期全文刊登，其他调研报告也被《泉州通讯》《泉州调研》采用。同时，还围绕“加快发展中心城市”“发展壮大产业集群”“农民大病费用统筹”“解决用工荒”等问题开展调研，形成 28 篇调研报告，《关于打造纺织服装千亿大市的几点建议》得到市政府和有关部门重视采纳。2005 年，市政协围绕“进一步提升城市规划建设与管理水平”“水环境保护与治理”“建设平安泉州”“建设新型农村合作医疗制度”等课题开展调查研究，形成74篇调研报告。同时，为泉州市编制“十一五”规划组织调研活动。7月13日，在市政协九届二十六次常委会议上，常委们围绕加快现代化工贸港口城市建设、产业结构优化升级、强化农村医疗卫生建设、强化社会保障体系、注重解决教育公平、构建和谐社会等6个方面提出31点建议，许多意见建议被市委、市政府和有关部门采纳。2006年，市政协共组织17项专题调研活动。市政协配合市委筹备召开有关专题研讨会，开展调研活动，先后形成的《优化人文环境，促进泉州大企业成长》《改善经济薄弱村干部待遇，增强农村基层党组织活力》《加强和深化反映社情民意工作，进一步提高为人民服务质量》等发言材料，产生良好社会影响，其中，《优化人文环境，促进泉州大企业成长》被福建省委《调研内参》刊发。市政协还组织各界别委员深入广大农村开展“社会主义新农村建设”专题调研，从推动新农村建设、增加农民收入、加强农村卫生教育基础设施建设和探索农村制度创新等方面，提出50多条富有见地的意见建议，有关调研成果还在省政协第十六次常委会议上交流。九届市政协还积极协助全国、省政协开展“发展海洋经济”“民间工艺产业化”“民俗文化活动创新情况”等53个课题的调研活动。协助做好全国政协赴闽考察团和省政协在闽全国委员视察团视察泉州市海峡西岸经济区建设的各项工作，综合整理委员们对泉州落实科学发展观、完善现代化工贸港口城市建设发展规划等6个方面工作所提出的意见建议，报送省、市有关部门，为科学决策提供有益参考。

十届市政协围绕泉州市“十一五”规划的实施和编制“十二五”规划，促进经济社会健康发展，维护社会稳定，关注民生改善，加快工业化、城镇化、现代化进程等方面，组织各民主党派、工商联和人民团体等界别开展200多次调研考察活动，提交调研报告450多篇。如，2007年，围绕“构建和谐泉州”主题，经科委牵头开展“加大环保力度，促进人与自然和谐”专题调研；港澳台侨委、社会和法制委、民宗委联合开展“加强道路交通建设管理，解决出行难”专题调研，形成的7份调研报告在市政协十届二次常委会议上发言。围绕“提高自主创新能力”主题，组织委员开展调查研究，向市政协十届三次常委会议提交25篇调研报告。2007年5—6月，文教卫体委开展“社区文化建设和农村文化发展状况”“泉州市学前教育发展状况”“泉州市推进新型农村合作医疗状况”专题调研，提交3份调研报告。8月中旬，市政协组织开展“纺织面料创新工作”专题调研，提出6条具体建议，供企业和有关部门参考。2008 年，经科委牵头组织开展“加快现代服务业发展，引领泉州经济发展新突破”专题调研，所撰写的 29 篇调查报告涉及创意产业、旅游业、物流业、保险业、电子商务业、酒店业、金融业、科技中介等现代服务业的各个方面，并在市政协十届十次常委会议上交流。经科委还组织开展“推进节能减排和循环经济工作”“永春县生物医药产业基地发展情况”专题调研。港澳台侨委组织开展“建设两岸人民交流合作先行区，推动泉台交流合作新发展”“对台贸易交流情况”“福建承接台湾信息产品制造业转移的现状”等专题调研。社会和法制委组织开展“人民调解工作”“残疾人康复、教育、服务情况”“企业贯彻《劳动合同法》情况”“网络文化建设情况”专题调研。文教卫体委以“深入学习贯彻十七大精神，推动泉州文化大发展大繁荣”为主题，开展文化建设情况专题调研，提交的 28 篇调研文章在政协常委会议上作专题协商，向政府建言献策，并编发 6 份工作专报送市委、市政府主要领导及有关部门，供决策参考。还组织开展“食品安全工作”“山区特殊教育”“农村医疗卫生”专题调研。民宗委开展“发挥宗教界的积极作用，为弘扬泉州古城文化服务”专题调研。2009 年，市政协把推动项目建设、促进产业提升发展、加快城市港口建设、关注“三农”工作作为履职的重点。2009 年新年刚过，经济委组织开展“推动项目建设”专题调研活动，各参加单位和政协委员撰写的 18 篇调研报告在市政协十届十五次常委会议上交流。随后，组织开展“加强中小企业扶持引导，促进泉州产业提升发展”调研活动，撰写的 20 多篇调研文章共提出 120 多条意见建议，为帮助中小企业走出危机阴霾、步入复苏发展轨道献计出力。为协力推进泉州市“三农”工作，市政协选择“推进泉州市城乡经济社会一体化发展”“创新泉台农业合作交流机制”“扶持发展农民专业合作社”等重点内容开展调查研究，撰写的 37 篇调研报告在市政协十届十八次常委会议上交流。港澳台侨和外事委就解决制约泉州经济发展中带全局性、战略性的重大问题开展调查研究，并把调研文章转化为 15 件提案和市政协十届三次会议大会发言材料。社会和法制委就平安和谐企业创建工作开展调查研究。教科文卫体委围绕“保护文物史迹，打响‘海丝’品牌”“发展体育产业”开展专题调研，献计出力。市政协还组织在泉的省政协委员小组把推动项目建设、促进产业提升发展、加快城市港口建设、关注“三农”工作作为履职重点，深入一线，开展调查研究，共形成 24 篇调研报告、10 件情况反映、8 件建议案。2010 年，市政协积极服务“十二五”规划编制工作，围绕“转变发展方式，促进经济持续快速发展”中心内容，组织 26 个单位和部分委员开展调查研究，撰写32篇调研文章，提出120多点建议，供“十二五”规划专家组参考；围绕“统筹社会事业发展，促进和谐泉州建设”课题开展调研活动，提交35篇建言材料；围绕“加强生态环境保护，推动生态文明建设”深入调研，形成24篇调研报告。围绕“发展壮大县域经济”“改善优化发展环境”“促进城市和港口建设”“加强生态（绿化）建设，努力打造宜居城市”以及教育、医疗、就业、住房等方面开展专题调研。为应对国际金融危机，深入中小企业开展调研活动，形成“优化发展环境”“创新融资体制”“应对民营企业用工成本抬升”等35篇调研报告，提出完善政策配套、服务中小企业经营发展、发挥行业协会和商会在开拓市场以及融资担保的积极性等对策措施，促进政企联动，推动《关于扶持中小企业经营发展的若干意见》等文件精神贯彻落实。同时，还组织开展泉台农业产业对接、民族工作、宗教工作、非物质文化遗产等方面的调研。2011年，市政协分别把“加快经济结构战略性调整”“创新社会管理，促进社会和谐发展”作为第三十二次、三十三次常委会议议题，开展调研，形成的61份调研报告在常委会议上交流，并与市政府及其职能部门开展协商，建言献策。还围绕建设城市生态、建设公租房、加强自身建设、发挥政协作用等，组织委员开展重点课题调研，形成的调研报告送省政协和市直有关部门参考。

2007—2011年，市政协还协助和配合全国政协、省政协开展“节能降耗和资源综合利用情况”“非物质文化遗产保护工作”“卫生执法监督体系建设情况”“加强市场体系建设情况”“加强市场体系建设，促进现代农业发展”“实施品牌带动，发展现代农业”“扶持中小企业发展”“完善我省粮食安全保障体系建设”“海洋经济发展情况”“闽南文化生态保护区建设”“茶叶标准化生产情况”“加强水资源合理配置与节约保护”“小城镇改革发展”“农业新兴产业及精致农业发展情况”“社区矫正工作”“小城镇建设”“发展创意产业”“‘三农’工作”“充分发挥社会组织在构建和谐社会中的作用”等58个课题的调研，综合整理的66份调研报告分别报送省、市有关部门。

第十一节　落实统战政策工作

协助落实统战政策是中共十一届三中全会以后各级政协的一项重要工作。中华人民共和国成立后，由于“左”的思想影响，在历次政治运动中，特别是“文化大革命”期间，一些政协委员和各界人士受到冲击和不公正对待，造成冤假错案。改革开放伊始，协助党委、政府做好冤假错案的平反、落实相关政策解决遗留问题，成为市政协的一项重要工作。1986 年，中共泉州市政协党组会同中共泉州市委统战部联合发文，要求各县（区）政协协助有关部门认真做好统战政策的落实工作。

一、参与专项督查

1986 年 10 月中旬，庄清桂带领市委统一组织的落实政策检查团分团，到安溪、南安、惠安、鲤城检查统战政策落实情况，历时 1 个月。检查分团分为政法组、三胞组、统战组和审案组，根据不同性质，分工合作，在各县区有关部门配合下，抽查案卷 280 多件，沿途接待来访群众 230 多人，现场办公 20 多次，并分别召开各级政协委员座谈会，广泛听取意见。

二、督促落实有关政策

省政协常委、泉州国画家李硕卿，在“文化大革命”初的 1966 年 9 月间，被诬为“资产阶级反动学术权威”，遭受两次抄家，抄走不少珍贵文物、古董。虽然 1984 年已发还一部分，但仍有一部分物品无法追回。1987 年 7 月 29 日，市政协建议有关单位给予补贴人民币 4000 元，作为一次性落实政策。

泉州市义全后街原门牌 150 号房屋，系刘家祖业，交由刘家媳妇李百佳（市政协委员、市工商联副主委、省工商联常委）管理。李百佳的翁父母、伯叔、侄等均在台湾和国外（共 100 多人）。该房屋“文化大革命”前租给泉州市手工业社校使用，1966 年社校停办，市手工业联社未经业主同意，擅自转让泉州市电机厂使用。1979 年 7 月，市房管局虽然决定把该房地产权退还业主自行管理，但刘家祖业业主未能实际控制、管理。此后，刘家在台湾亲属多次要求归还该房屋，几经交涉未果。1988年2月27日，市政协、市委统战部行文向市委、市政府建议批示市二轻局按协议办理，限期电机厂搬迁。同时，建议妥善解决刘家在中山南路原门牌398—400号、南门宫塔巷1号的房产问题。

1988年5月9—11日，傅圆圆会同市人大常委会副主任林应望，带领部分市人大代表、市政协委员视察泉州市区11座寺院教堂落实宗教房产政策情况。联合考察组就考察中发现的问题，向有关方面发出《关于视察市区落实宗教房产政策的情况和意见》，要求政府督促有关单位尽快解决一些宗教活动场所被占用或改建等问题。

第十二节 联系与指导工作

根据政协章程规定，政协全国委员会对地方委员会的关系和地方委员会对下一级地方委员会的关系是指导关系。这种指导关系包括密切各级委员会之间的工作关系、经常性沟通、交流经验、研究工作中共性的问题等方面。

加强对11个县（市、区）政协工作指导，推动市、县两级政协工作开展，是市政协的重要工作。这一方面工作，还可详见本志第二章第五节中的“专题会议”部分内容。

一、联系与指导县级政协工作

市政协主要从以下几个方面，加强对县（市、区）政协的联系和指导。

一是领导带队，深入县（市、区）了解情况，研讨和指导工作，帮助反映、解决工作中遇到的困难和问题。如，1986年，针对县（区）政协反映办公条件差、人员紧缺、经费困难等问题，市政协党组向市委呈送《关于加强和改善人民政协工作的报告》，引起市委领导重视并批转各县（区）贯彻执行，促使各县（区）明确政协机关干部编制、办公用房、用车、经费开支等方面问题，并陆续解决。1992年，市政协领导深入各县（市、区）政协和48个乡镇政协联络组调查研究，了解情况，并参加各地的重要活动，作具体指导和提供帮助。1986—2000年，市政协主席或一名副主席坚持参加各县（市、区）政协全会开幕式或其他重要活动，作工作指导。1995年以后，邀请各县（市、区）政协一位领导列席市政协常委会议，加强上下通气，协调工作。市政协还主动协调解决各县（市、区）政协机关机构设置、办公楼建设、干部交流使用等问题，帮助新任的政协领导转换角色，熟悉政协工作。2004年11月中旬，为了加强对县（市、区）政协贯彻中共福建省委《关于进一步加强新时期人民政协工作的决定》的指导，市政协领导带队到鲤城区、晋江市、永春县、德化县、南安市、洛江区、丰泽区等地调研，了解贯彻第三次全省政协工作会议精神，落实中共福建省委《决定》的情况。调研组就政协机构设置、人员编制、委员活动经费等问题，向当地党委、政府提出意见，推动问题解决。

二是召开县（市、区）政协工作座谈会（1994年以后改为“政协主席工作座谈会”），沟通工作情况，交流推广政协履职经验，推动工作落实。六届市政协共召开7次县（区）政协工作座谈会（每年1-2次），着重回顾分析政协工作，探讨政协工作如何向基层、向海外延伸，探讨政协工作的新问题和新方法，开拓协商监督活动的新领域，交流政协工作情况和经验。七届市政协共召开4次政协工作座谈会、9次县（市、区）政协主席工作座谈会。主要交流经济科技、三胞联谊、提案工作等方面经验，探讨新形势下人民政协工作如何为经济建设服务等共性问题。八届市政协共召开17次县（市、区）政协主席工作座谈会，主要交流贯彻落实全国政协《关于政治协商、民主监督、参政议政的规定》的情况和经验，推动政协规范化、制度化建设的经验，贯彻省、市政协工作会议的情况。九届市政协共召开17次县（市、区）政协主席工作座谈会，主要探讨、总结市、县两级政协履行职能的规范化、制度化、程序化建设的经验，探讨和交流政治协商、民主监督、提案办理、发挥委员作用和专委会作用，以及政协在构建和谐社会中的作用等方面经验做法。十届市政协坚持每年召开两次县（市、区）政协主席工作座谈会，互相沟通工作情况，促进交流互动。

三是召开对口工作会议，帮助县（市、区）政协办公室、专委会提高工作水平。市政协不定期地召开县（市、区）政协办公室主任会议以及提案、文史、港澳台侨、经济、教科文卫体、社会法制、民族宗教、人口资源环境等专委会工作座谈会，传达全国、省政协会议精神，交流工作计划、做法和经验，探讨共同关心的问题，商讨协作课题，互相学习，取长补短，并指导和帮助县（市、区）政协办公室、各专委会熟悉政协业务、增强工作能力，促进政协工作规范化、制度化、程序化建设。

十届市政协进一步加强联系、指导县（市、区）政协工作。市政协领导班子逐一走访各县（市、区）政协，密切与县（市、区）政协的联系。积极向市委建议，理顺和规范各县（市、区）政协工作机构的设置等问题。在全市政协机关开展党的建设“三级联创”活动，以抓党建的实效，促进政协机关服务水平的提高，推进政协履行职能的制度化、规范化和程序化建设。市政协每年开展重点课题调研，与各县（市、区）政协形成工作联动，并安排质量高、有价值的调研材料在市政协全会和常委会议上发言，共同为泉州的经济社会发展建言献策。为迎接中共福建省委对贯彻落实《中共中央关于加强人民政协工作的意见》专项督查，在全市政协主席工作座谈会上进行动员部署，全面总结贯彻落实《意见》取得的工作成效和遇到的问题，形成自查报告上报省、市委。

二、联系全国政协 省政协 省外政协

市政协主要从以下三方面，加强与全国政协、省政协和省外政协的联系。

一是做好接待工作。据不完全统计，六届市政协共接待来自全国政协、各省、市、自治区政协的参观、考察280多批、2200多人次。市七届政协共接待全国各地政协来泉州市参观考察的团组824批、6428人次。

1986—2011年，40多名（50多人次）全国政协领导、全国政协原领导莅临泉州开展考察视察活动。其中，1986年3月4—6日，全国政协副主席杨静仁抵泉考察统战工作。1987年5月12—14日，全国政协副主席钱昌照抵泉视察教育、计生工作。1988年11月18—20日，全国政协副主席杨成武抵泉参观考察泉州府文庙、泉州旅游工艺展览馆、天泉电冰箱厂、泉州胶鞋二厂、石狮新湖加工厂、石狮侨乡商业城、惠安石雕厂、崇武古城。1989年2月19—22日，全国政协副主席谷牧在泉视察一些企业、石狮商品市场和名胜古迹。

1990年10月21日，全国政协副主席、中国佛教协会会长赵朴初参加泉州承天寺开光典礼。1992年1月和2月，全国政协副主席钱正英、陈再道、程思远先后抵泉视察。5月22日，全国政协副主席马文瑞在泉州调研视察。1994年2月，全国政协副主席杨汝岱、杨成武、方毅先后在泉视察改革开放和经济建设情况。10月21—25日，全国政协副主席钱伟长在泉调查历史文化名城保护情况。12月18日，全国政协副主席孙孚凌在泉视察乡镇企业和教育发展情况。1997年10月19—20日，全国政协副主席阿沛·阿旺晋美率全国政协民宗委成员，在泉考察改革开放、经济发展、

民族团结和社会进步情况。1998 年 11 月 1—3 日，全国政协副主席罗豪才、张克辉率港澳台侨委员在泉调研海峡两岸文化交流情况，探讨加强泉台两地文化交流新路子。11 月 11 日，中共中央政治局常委、全国政协主席李瑞环在省委书记陈明义、省长贺国强、省政协主席游德馨等陪同下，在泉考察指导，并会见全国政协委员杨孙西、卢文瑞、许荣茂等。同年，全国政协副主席张克辉、卢嘉锡、张思卿、杨汝岱、李贵鲜先后抵泉听取政协工作汇报，指导政协工作。1999 年 4 月 22—23 日，全国政协副主席万国权率“道路运输法”提案调研组在泉调研。5 月 13 日，全国政协副主席孙孚凌抵泉调查中小企业发展情况。

2000 年 8 月 13 日，全国政协副主席张克辉一行 6 人参观泉州伊斯兰教圣墓、开元寺。2001 年，全国政协副主席张克辉、罗豪才、周铁农、任建新先后抵泉考察。2002 年 2 月 10—14 日，全国政协副主席钱伟长考察泉州历史文化名城保护情况。10 月 10—12 日，全国政协副主席孙孚凌出席在丰泽区举办的“第四届中国特产文化节”开幕式和经贸洽谈会剪彩仪式，参加中国特色经济论坛暨特产之乡开发建设经验交流会，并考察泉州西湖公园、海外交通史博物馆。10 月 30 日，全国政协副主席罗豪才在泉考察贯彻《中华人民共和国归侨侨眷权益保护法》情况。2004 年 10 月，全国政协副主席周铁农、张克辉先后抵泉，分别考察国土资源管理工作和海峡两岸经济建设情况。2005 年 8 月 27 日，全国政协副主席李兆焯在泉州考察。2007 年 1 月 10—11 日，全国政协副主席林文漪率台盟中央赴福建闽南文化调研组抵泉考察。5 月 29 日，全国政协副主席杨汝岱抵泉考察。11 月 16—17 日，全国政协副主席罗豪才、张克辉，原全国人大副委员长王汉斌出席在泉州举办的“首届海峡两岸茶业博览会”。11 月 16—18 日，全国政协副主席杨汝岱出席“首届海峡两岸茶业博览会”。2008 年 2 月 9 日，全国政协副主席陈锦华在泉考察福炼一体化项目。2 月 9—11 日，全国政协副主席郝建秀抵泉考察。5 月 8 日，全国政协副主席张克辉出席泉州师院建校 50 周年庆典。5 月中旬，全国政协副主席林文漪抵泉，就“推进海峡西岸经济区建设，密切两岸交流合作”开展考察调研。7 月 27 日，全国政协原副主席张克辉抵泉参加泉台百家姓族谱联展开幕式。10 月 18 日，张克辉带领台湾文化名人福建参访团抵泉考察。10 月 27 日，全国政协副主席阿不来提·阿不都热西提抵泉考察。11 月 19 日，全国政协原副主席罗豪才、张克辉出席世界安溪乡亲联谊大会。2009 年 1 月 29 日，全国政协原副主席徐匡迪抵泉考察。3 月 17—19 日，全国政协副主席李金华在泉考察金融服务工作情况。7 月 21—23 日，全国政协副主席厉无畏一行在泉考察鲤城区雷达通讯、钧石能源等企业，并为市委中心组作《文化创意的产业化与产业创新》专题讲座。10月12—14日，全国政协原副主席张思卿抵泉考察。10月29日，全国政协副主席孙家正抵泉参加第二届海峡两岸文化产业博览交易会。2010年2月26日—3月2日，全国政协副主席林文漪抵泉考察，并出席“首届海峡西岸闽南文化节”开幕式及有关活动。4月15日，全国政协副主席郑万通率全国政协专题调研组抵泉调研区域经济协调发展情况。6月28日—7月1日，全国政协副主席阿不来提·阿不都热西提率部分全国政协委员在泉考察加强水资源合理配置与节约保护情况。11月13日，全国政协原副主席罗豪才出席在泉州举办的“首届海峡两岸茶机具博览会”。12月29日，全国政协副主席何厚铧参加安海建镇880周年庆典大会。2011年5月27日，全国政协副主席厉无畏在南安市举行《十二五规划与发展创意产业，促进经济发展方式的转变》专题讲座。6月12日，全国政协副主席、台盟中央主席林文漪，省政协副主席叶继革出席在泉举办的“第三届海峡论坛·闽南文化节”。11月11日，十届全国政协副主席、中华妈祖文化交流协会会长张克辉在泉会见台湾台南大天后宫主任委员、台湾五祖拳联谊总领队曾吉连；12日，在安溪县参加第二届海峡两岸（安溪）茶机具博览会开幕式。15日，全国政协常委、港澳台侨委副主任林兆枢率全国政协海外列席侨胞一行33人在泉考察。28日，全国政协文史和学习委副主任、中国国际茶文化研究会会长周国富率考察团在泉考察茶产业发展情况。

1986—2011年，市政协配合全国政协开展一系列视察调研活动：1986年5月19—30日，出席省政协五届五次会议的港澳地区15位委员和全国政协委员、特邀人士一行23人，考察泉州三资企业。11月24日，全国政协副秘书长、机关党组书记陆平，全国政协副秘书长罗涵先带领出席全国政协在福州召开的华东部分省、市政协工作座谈会的部分代表，抵泉检查工作。1988年3月6—9日，在闽的部分全国政协委员到石狮、陈埭、安海、磁灶、官桥考察乡镇企业和外向型企业。11月15—19日，全国政协华侨委调查泉州吸收和利用外资情况。1989年3月1—9日，在闽的20名全国政协委员视察泉州“三资”企业、教育、环境保护工作。3月4—7日，全国政协祖国统一联谊会视察泉州对台工作。10月22—24日，港澳地区全国政协委员赴闽考察团考察泉州乡镇企业。

1990年5月21—23日，全国政协法制委在泉州检查检察院独立起诉权、监督权和律师队伍建设情况。1991年10月4—7日，全国政协文教卫体委到惠安、鲤城、晋江、石狮等地，视察农村文化生活和教育情况，与泉州市政协一起探讨如何使社会主义文化占领农村阵地，活跃农村文化生活等问题。1992 年 1 月 12—14 日，全国政协宗教工作组在泉视察宗教活动情况、宗教在两个文明建设中的作用及落实宗教政策情况。2 月 21—27 日，在闽全国政协委员视察泉州“三资”企业、乡镇企业生产和发展情况。7 月 4 日，全国政协与监察部联合调查组，在泉州调查惩腐倡廉情况。1993 年 10 月 5—7 日，以全国政协常委、中将、国防科技大学原校长陈启智为团长的全国政协委员赴闽视察团一行 36 人，视察泉州两个文明建设情况。10 月 30—31 日，全国政协赴闽视察团视察泉州市场经济发展情况。11 月 10—14 日，全国政协妇青委实地调查泉州“三资”企业用工情况。12 月 15—17 日，全国政协祖国统一联谊委在泉调查台籍大学生在泉州学习、生活情况。1996 年 5 月 12—14 日，全国政协调研组在泉调查“发挥政协政治优势，促进民营经济发展，加快实现两个转变”情况。5 月 28 日，全国政协教科文卫委负责人参观泉州开元寺。1998 年 6 月 12 日，全国政协民宗委在泉开展“宗教与社会主义社会相适应”课题调研。

2000 年 10 月 3 日—11 月 1 日，全国政协人口资源环境委在泉检查工作。2006 年 5 月 22—23 日，全国政协外事委在泉调研“外资企业员工权益保护与工会组建问题”。2007 年 4 月 18—20 日，全国政协文史和学习委“非物质文化遗产的保护与传承”专题调研组在泉开展调研活动。4 月 25—29 日，全国政协港澳台侨委副主任何少川率团到安溪考察采风。12 月 13 日，全国政协原常委、中国船舶工业行业协会会长王荣生一行，在全国政协港澳台侨委副主席陈明义等陪同下，考察泉州船舶工业发展情况。2009 年 4 月 27—28 日，全国人大常委会副委员长、农工党中央主席、中国工程院院士桑国卫，率中直有关部门负责人在泉调研。5 月 21 日，全国政协经济委副主任，中共中央政策研究室副主任郑新立，率全国政协“发展海洋经济，提高可持续发展能力”专题调研组在泉调研。5 月 22—26 日，全国政协教科文卫体委在泉开展“发展我国体育产业”专题调研。8 月 12 日，全国政协常委陈蔚文在惠安考察闽南民俗文化的保护、宣传和传承问题。10 月 31 日—11 月 2 日，全国政协民宗委考察团实地考察泉州经济社会发展及民族宗教工作情况。2010 年 4 月 17 日，全国政协民宗委副主任周明甫率“宗教院校教育及宗教人才培养”专题调研组抵泉调研。5 月 17 日，全国政协港澳台侨委在泉州视察。5 月 22 日，全国政协文史和学习委在泉考察海峡西岸经济区经济与文化发展情况。6 月上旬，全国政协原副秘书长张国祥率全国政协地方戏曲考察组实地考察泉州戏曲工作。12 月 19—20 日，全国政协副秘书长黄志贤出席在泉州举办的“首届闽台茶乡交流会”。2011 年 4 月 7 日，全国政协副主席、台盟中央主席林文漪在永春县调研佛手茶产业发展情况。16日，全国政协人口资源环境委副主任秦大河、王广宪、王少阶、王玉庆率“应对气候变化”专题调研组在泉调研。7月15日，全国政协教科文卫体委副主任张文康、江绍高率全国政协“学前教育发展的问题与对策”专题调研组在泉开展调研。

1986—2011年，市政协还配合省政协在泉州指导工作和开展相关视察调研活动：1986年11月29日—12月3日和1987年1月15—17日，省政协副主席袁改等视察晋江、南安、安溪的乡镇企业、“三资”企业、农民新居，并走访贫困乡。1987年4月6日，省政协副主席许集美在泉了解政协工作。1988年4月5—11日，省政协经济建设工作组在晋江县、石狮市调查考察发展外向型经济和石狮市建制等情况。1989年3月8日，省政协副主席高胡率民族工作组实地检查泉州宗教政策落实情况。

1990年6月24日，省政协副秘书长游嘉瑞在泉了解地市一级政协如何参政议政、发挥政协作用的情况。1991年3月16日，省政协副主席凌青巡视泉州政协办公大楼。6月14—21日，省政协党组由许集美带队检查泉州市贯彻落实全省政协工作会议精神的情况。7月8—10日，省政协副主席高胡带领省政协社会法制委考察泉州社会治安综合治理情况。1992年1月10—12日，省政协副主席高胡带领省政协社会法制委在泉调查外资企业劳动关系、环境保护、《福建省外商投资企业工会条例》执行情况。1993年8月9—14日，省政协经科委实地调查泉州民办科技发展情况。10月10—11日，省政协社会法制委在泉调查企业职工“四职教育”（职业思想、职业道德、职业技能、职业纪律）和推行平等协商、订集体合同等情况。1994年6月13—14日，省政协副主席邹尔均在泉考察乡镇企业和农业的同步发展情况。1995年5月23日，省政协主席游德馨率队到晋江金井围头考察对台民间贸易情况。1996年12月18—19日，省政协副主席刘金美代表省政协党组，在泉检查泉州市贯彻落实《福建省政协关于政治协商、民主监督、参政议政的实施办法》的情况。1998年3月9—10日，省政协社会法制委“依法治省工作调研组”在泉调研。1999年6月18日，省政协副主席王耀华在泉考察文史资料工作。11月9—12日，省政协经科委视察泉州农业产业化发展情况。11月15—18日，省政协副主席周厚稳视察泉州农村精神文明建设情况。

2000年4月19—23日，省政协经科委在泉调查高新技术及其产业发展的优惠政策落实情况。2001年4月2—4日，省政协文教卫体委在泉调查公民科学文化素质情况。5月15—17日，省政协主席陈明义调研泉州社会力量办学情况。6月，省政协副主席陈荣春调研泉州台侨、非公企业运营情况。6月11日，省委书记宋德福、省政协主席陈明义视察泉州。7 月 4—7 日，省政协副主席周厚稳到德化、安溪、惠安调研检查食品卫生管理工作。7 月 8 日，省政协副主席何少川视察泉州政协工作情况。7 月 11—13 日，省政协文教卫体委在泉调查职工卫生状况。10 月 22—23 日，省政协副主席王耀华在泉视察文物和文化保护情况。10 月 25—28 日，原省政协主席游德馨到永春、德化调查老年大学、儿童乐园、职业学校、经济开发区、农业科技园区建设情况。2002 年 4 月 15—16 日，省政协副主席陈家骅在晋江、惠安等地调研农业应对 WTO 挑战等情况。5 月 8—9 日，省政协经科委在泉调研发展农村各类中介组织问题。6 月 26—29 日，港澳地区的省政协委员在泉考察改革开放、经济建设和社会事业发展情况。2003 年 4 月 7—12 日，省政协经科委在泉调研县域经济发展情况。2004 年 3 月 9—12 日，省政协社会法制委和泉州市政协在泉州联合开展统一城乡劳动力市场专题调研。3 月 22—23 日，省政协副主席金能筹带领港澳台侨和外事委成员在泉开展拓展闽台经济合作专题调研。省政协副主席陈家骅带领省政协经科委人员在泉调研企业生产经营情况和主导产业发展情况。8 月 10—12 日，省政协主席陈明义在仰恩大学、永春美岭和惠安斗尾港调研。2006 年 3 月 2—4 日，省政协经科委在南安、安溪等地开展“加强闽台农业交流与合作，推进农业现代化”专题调研。3 月 21—22 日、4 月 5 日，省政协副主席黄瑞霖在泉开展“增强自主创新能力”课题调研。同日，省政协副主席叶家松在泉督办重要提案。4 月 10—14 日，省政协副主席苍震华带领省政协社会法制委，在泉开展禁止毒品工作调研。8 月 16 日，省政协副主席潘心诚视察惠安民间工艺产业化情况。8 月 21 日，省政协副主席邹哲开调研惠安少数民族人才建设情况。8 月 28 日，省政协副主席叶家松在泉宣讲《中共中央关于加强人民政协工作意见》。2007 年 3 月 8 日，省政协文史资料委在泉调研文史资料工作。3 月中旬，省政协经科委在泉调研产业发展中的节能问题。5 月 18—20 日，省政协副主席陈家骅在泉开展“加强市场体系建设，促进现代农业发展”专题调研。5 月 25 日，省政协主席梁绮萍率领参加全省九市政协主席座谈会的与会同志，到惠安县视察斗尾港修造船项目、磊艺石雕石材展示中心、达利集团生产基地、黄塘台商创业基地。7 月 23—26 日，省政协副主席苍震华率团在泉开展“依法维护残疾人权益，努力促进残疾人就业”专题调研。8 月 23 日，省政协民宗委在惠安开展“进一步发挥少数民族在发展壮大海峡西岸城市群中的积极作用”专题调研。8 月 30 日，省政协副主席李祖可率团视察安溪新型农村合作医疗。9 月 13—14 日，省政协副主席潘心诚视察惠安民办学校广海中学和泉州南少林武术学校。12 月 18 日，省政协副主席王耀华在泉视察国家级非物质文化遗产“北管”保护情况。2008 年 4 月 3 日，省政协副主席叶家松带领《政协天地》编辑、记者一行 13 人，在南安市视察、采访福建（中国）环球家居博览园建设情况。6 月 5—6 日，省政协副主席郭振家率省政协提案委、提案单位和省直有关承办单位在泉就办理省政协重要提案《关于促进临港工业又好又快发展的若干意见》开展调研。6 月 26—27 日，省政协副主席叶继革在泉开展“实施品牌带动，发展现代农业”专题调研。7 月 22—24 日，省政协副主席叶家松率医药卫生、少数民族、宗教、特邀（一）界别委员一行 31 人，在泉开展“宗教界服务‘两个先行区’建设”专题调研。11 月 11 日，省政协党组副书记、副主席陈芸在泉开展“完善民主监督机制，提高参政议政实效”课题调研。11 月 18—19 日，省政协副主席叶继革在泉开展“扶持中小企业发展”专题调研。2009 年 3 月 17—19 日，省政协副主席邓力平在泉开展农村妇幼卫生工作调研。3 月 24—26 日，省政协副主席李祖可率省政协提案委、经科委在泉调查福建省出台的《关于扶持中小企业经营发展的若干意见》《关于进一步减轻企业负担，促进经济发展的若干意见》贯彻落实情况。4 月 13—15 日，省政协副主席陈芸带领省政协部分委员，在泉开展农家书屋工程的建设和发展情况专题调研。4 月 18 日，省政协副主席郭振家到惠安视察广海中学。4 月 22—23 日，省政府副省长陈桦和省政协副主席郑兰荪抵泉督办 2009 年省政协重要提案《关于打造闽台职业教育合作试验区的几点建议》。5 月 7 日，省政协副主席张燮飞抵泉督办《关于发展科技风险投资业的建议》重要提案。5 月 26—27 日，省政协副主席陈芸在泉开展《关于加快发展社区养老服务业，提高居家养老水平》重要提案督办。同日，省政协副主席邓力平在石狮市开展“加强农村环境整治，促进新农村建设”专题调研。7 月 1—3 日，省政协副主席叶家松率队在泉开展“推进闽台产业深度对接”专题调研。7 月 21—23 日，省政协港澳台侨和外事委在泉开展“闽南文化生态保护实验区建设”专题调研。7 月 22—23 日，省政协副主席郭振家在泉开展《关于保护福建传统工业产业发展的建议》重要提案督办和“福建省版权保护与产业发展”重点课题调研。8 月 26—28 日，省政协副主席李祖可视察泉州科普场馆建设情况。8 月 27—28 日，省政协侨联届委员在泉调研华侨农场。2010 年 3 月 11—12 日，省政协副主席叶继革带领省政协经济委正副主任在泉开展“转变发展方式，促进产业结构优化升级”课题调研视察活动。4 月 27 日，省政协副主席陈芸在泉开展“加强社区工作，预防和减少重新犯罪”专题调研。5 月 10—11 日，省政协副主席叶继革在泉调研小城镇综合改革建设试点工作情况。5 月 10—14 日，省政协副主席叶家松在泉调研侨力资源情况。

5月11—14日，省政协社会和法制委在泉开展“基层消防基础工作”专题调研。5月10—18日，省政协副主席叶家松带领省直部门有关负责人在泉就“加强侨捐资产管理与保护，更好发挥侨力资源服务海西作用”开展专题调研。5月12—13日，省政协文史和学习委主任陈维山一行在泉开展“闽台姓氏族谱对接工作”专题调研。5月18—19日和6月3—4日，省政协副主席叶继革先后在泉视察外贸转变发展方式和调研先进制造业基地建设情况。6月9—11日，省政协副主席邓力平在泉视察近岸海域环境状况。8月12—13日，由省委常委、常务副省长张昌平任组长、省政协副主席陈芸任副组长的省专项督促检查组在泉督查贯彻落实《中共中央关于加强人民政协工作的意见》的情况。8月18日，省政协副主席李祖可在德化县调研陶瓷产业发展情况。9月1—2日，省政协副主席郑兰荪在泉督办《关于加强我省职业病防治工作的建议》重要提案。9月7日，商务部副部长姜增伟、省政协副主席叶继革、原省政协副主席陈家骅出席“第三届海峡两岸（泉州）农产品采购订货会”。10月13—14日，省政协副主席邓力平在泉督办《发展低碳产业，助推海西结构调整》重要提案。10月20日，省政协副主席郭振家在泉检查海峡印刷技术展览会筹备情况。10月26—28日，省政协副主席叶继革参加在泉召开的全省民营企业与社会扶贫研讨会。11月7日，省委常委、宣传部长唐国忠，省政协副主席郭振家在泉调研文化产业。2011年3月30日—4月1日，省政协副主席叶继革率省委、省政府调研组在泉检查指导农业农村工作。4月25—27日，省政协副主席李川率省政协调研组在泉调研涉台文物保护情况。5月10—11日，省政协经济委和省直有关部门在泉开展“加快发展社区服务业”专题调研。5月26—27日，省政协教科文卫体委在泉开展社会资本办医情况调研。9月26—27日，省政协人口资源环境委在泉考察“综合治理出生人口性别比例失衡问题”工作情况。

全国各省、市、自治区及各地、市政协来泉参观考察的不计其数。

二是主办横向联系座谈会。1986年9月26—28日，厦漳泉政协、统战部三胞工作座谈会在泉召开。会议回顾三市立足国内，面向海外，面向港澳台，特别是通过各种渠道开展三胞工作的情况，商讨会后如何加强联系和协作，发挥群体优势，开拓三胞工作新局面，为和平统一祖国，为促进闽南开放区经济建设作出贡献。1987年5月4—7日，由泉州市政协和漳州市政协倡议的十省（区）十三城市政协横向联系首次座谈会在泉州召开（第一阶段），5月8—10日在漳州召开（第二阶段）。出席会议的有温州、连云港、蚌埠、九江、烟台、石河子、大庆、抚顺、梧州、辽阳、滁县、泉州、漳州等13个城市政协负责人和有关同志，景德镇市、奎屯市政协各派一位同志列席会议。会议交流各市政协工作经验，研究一些共同关心的问题和加强政协横向联系事项。1991 年 12 月 20—23 日，厦门市、漳州市、泉州市政协统战三胞工作第五次座谈会在泉州召开。会议就如何发挥优势，开展海外联谊工作，为引进外资，协助办好“三资”企业的公益事业；掌握政策，利用民间渠道促进海峡两岸人员往来、增进相互了解等方面工作情况开展交流。

1994 年 5 月 23—28 日，十八城市政协横向联系会第 15 次座谈会在泉州召开。会议着重交流如何贯彻全国政协八届二次会议精神和新修订的政协章程，进一步加强自身建设，搞好新时期人民政协工作的经验和做法。泉州市政协作《切实加强机关自身建设，努力开创政协工作新局面》经验介绍。1997 年 11 月 6—7 日，全国部分历史文化名城政协联系会第 8 次会议在泉州召开。会议探讨如何保护、开发、利用历史文化名城的人文景观优势，以开拓旅游市场和壮大旅游产业，交流 5 方面经验。泉州市政协作《选准角度，履行职能，弘扬民族文化，再创名城辉煌》专题发言。11 月 18—22 日，省、市政协、地区工委三胞工作协作交流会议在泉州召开，泉州市政协作《抓住机遇，突出特色，丰富内涵，争创优势》交流发言。

2001 年 8 月，全省政协经科委工作联席会议在泉州召开。

2002 年 4 月 10—12 日，全省九市政协主席第 3 次工作座谈会在泉州召开。会议总结交流各市政协开展民主监督的做法和经验，探讨新形势下政协如何开展民主监督工作。省政协主席陈明义和办公厅领导、9 市政协主席（或副主席）、秘书长（或办公室主任）和有关同志共 32 人出席会议。泉州市政协副主席、副秘书长、机关副处级以上干部和 11 个县（市、区）政协主席共 33 人列席会议。副省长、泉州市委书记刘德章到会祝贺并致词；泉州市政协作《认真探索，不断创新，努力增进民主监督实效》交流发言。10 月 30 日—11 月 2 日，八省（区）十市政协横向联系会第 4 次会议在泉州召开，会议交流开创政协工作新局面的经验，认真探讨新时期人民政协工作的新思路、新途径、新办法，考察泉州市“两个文明”建设的新成就。泉州市政协作《以“三个代表”重要思想为指导，扎实推进政协工作上新水平》交流发言。2003 年 4 月 1—3 日，全省政协台港澳侨联络工作会议在泉州召开，泉州各县（市、区）政协分管台港澳侨工作的领导、委（办）主任列席会议。会议探讨新形势下台港澳侨工作新思路和交流各市政协三胞工作经验，并研究部署工作，提出调研课题。2004 年 4 月 27—28 日，全国政协祖国统一联谊委在泉州召开“台湾问题”座谈会。会议重点探讨 2004 年台湾大选后的政局走向、两岸关系、做好台湾人民工作的意见和建议。与会人员提出对台湾走势的看法、今后一个时期两岸关系的预测，从战略、战术上认真探讨今后一个时期的对台工作，提出对台工作7点建议。11月15—17日，全省政协社会法制工作座谈会在泉州召开，会议传达全省第三次政协工作会议精神，总结2004年度社会和法制工作经验，交流2005年工作思路。2005年11月9—12日，全省政协文史资料工作座谈会在泉州召开，会议传达全国暨地方政协文史资料选题协作会议精神，通报全国、省、市政协文史资料协作专题征编情况，总结交流一年来省、市政协文史工作进展情况，商讨2006年工作设想，研究和探讨如何进一步加强政协文史资料大协作工作。2007年5月24—25日，全省九市政协主席第14次工作座谈会在泉州举行。省政协主席梁绮萍、副主席黄瑞霖、潘心诚、金能筹、陈家骅、叶家松、吴新涛出席会议。泉州市领导朱明、傅圆圆、吴汉民、洪泽生到会祝贺；林荣取主持会议，市政协副主席、秘书长参加会议，泉州市各县（市、区）政协主席列席会议。会议主要议程是学习贯彻全国政协视察工作座谈会和《中共中央关于加强人民政协工作的意见》精神。会上，9个设区市政协领导就如何进一步提高视察工作质量，发挥基层政协委员作用做经验介绍和交流。泉州市政协副主席陈敬聪作《发挥乡镇政协活动组作用，凝心聚力推动经济社会又好又快发展》交流发言。2008年6月17—18日，全省政协系统信息和新闻宣传工作座谈会在泉州召开。会议传达贯彻全国政协反映社情民意信息工作座谈会和新闻宣传工作座谈会精神，总结交流全省各级政协组织做好人民政协反映社情民意信息工作和新闻宣传工作的经验和做法，安排部署2008年反映社情民意信息和新闻宣传工作；表彰2007年全省政协系统信息工作先进单位、先进工作者、政协好信息和2007年度政协好新闻；讨论修改《政协福建省委员会关于加强和改进反映社情民意信息工作的意见（讨论稿）》等。6月24—26日，省、市政协提案委第4次联席会议在泉州召开。会议主要交流省、市政协提案工作经验，探讨如何提高提案工作整体质量，使提案工作充分体现在政协工作中的全局意义。泉州市政协提案委在会上介绍4条经验。2009年4月21—23日，全国二十二城市政协横向联系会第44次会议在泉州召开。会议以中共十七大精神为指导，研究探讨政协组织在学习贯彻落实科学发展观中，如何发挥“协调关系、汇聚力量、建言献策、服务大局”四大作用的做法。

三是参加横向联系活动。1987年10月14—18日，市政协参加在江苏省连云港市召开的十三城市政协横向联系会第2次座谈会。会议交流各地政协工作经验，进一步探讨政协工作中共同关心的问题，商谈经济技术协作和联合。1988年5月3—7日，齐世和、曾惠华等5人到江西省九江市参加十三城市政协横向联系第3次会议。会议交流、探讨履行政协职能，为改革、开放及经济建设事业服务和加强自身建设问题。泉州市与有关城市签订经济协作意向书12份。10月15—18日，庄清桂等4人到山东烟台市，参加十六城市政协横向联系会第4次座谈会。会议交流政协为外向型经济服务，加强自身建设的经验。1989年5月5—10日，李德茂等5人前往安徽省蚌埠市和滁县，参加十六省市政协横向联系会第5次会议。会议交流政协工作经验，探讨在新时期履行政协基本职能，切实加强政治协商、民主监督经常化、制度化建设和为两个文明建设服务及加强自身建设等问题。李德茂代表泉州市政协作《关于履行政治协商、民主监督职能的点滴体会和初步意见》专题发言。10月9—30日，张其载等前往新疆石河子市参加十六城市政协横向联系座谈会。会议着重探讨在新形势下政协如何以经济建设为中心，坚持四项基本原则，坚持改革开放问题。10月15—24日，市政协秘书长叶启东应邀到上海市参加八省政协海外联谊工作研究会，并在会上介绍泉州市通过华侨搞好对台工作的做法和经验。

1990年6月5—11日，朱江水等5人到辽宁省抚顺市和辽阳市，参加全国十省（区）十六城市政协第7次横向联系会议。会议交流深入学习贯彻《中共中央关于坚持和完善中国共产党领导的多党合作和政治协商制度的意见》《全国政协关于政治协商、民主监督的暂行规定》的经验，并就共同关心的问题开展热烈讨论。泉州市政协作《搞好三胞联谊工作，为发展侨乡经济服务》交流发言。10月6—10日，王文泰等前往武夷山市，参加省政协三胞工作协作交流会，并作《开展三胞联谊活动，发展爱国统一战线》专题发言。1992年9月20—26日，王文泰等7人到新疆克拉玛依市，参加十六城市政协第12次横向联系座谈会。会议交流政协履行基本职能，为党的中心工作服务，为经济建设服务的经验。1993年10月12—16日，曾惠华等3人赴三明市参加十八城市政协横向联系会第14次座谈会。会议交流各市政协贯彻落实中共十四大、八届全国人大一次会议和全国政协八届一次会议精神，围绕经济建设中心，认真履行政治协商、民主监督职能，为改革开放、经济建设和精神文明建设服务的经验和体会。市政协在会上作《围绕经济建设，出真招办实事》发言。10月24—27日，王文泰等4人到云南省昆明市，参加全国部分历史文化名城政协联系会议第4次会议。会议交流探讨各地政协促进历史文化名城保护与发展的工作情况。王文泰作《重振海上丝绸之路雄风，发挥历史文化名城优势，为把泉州市建设成为国际旅游城市出谋献策》交流发言。1993年，泉州市政府和南平地区行政公署结为友好城市。两地政协通过协商，也建立友好地市政协关系，并签订协议书，双方对今后交流有关资料、探讨交流政协工作的经验做法、不定期组织互访进行学习考察等商定相关细则。1994年11月15—17日，王文泰等4人到连云港市参加十八城市政协横向联系会第16次会议。会议交流学习贯彻新的政协章程、履行政协职能的经验和体会，探讨共同性的问题。会上，泉州市政协着重介绍如何通过组织学习、提案办理、调查视察、走访谈心、委员活动等形式，以及各种会议，加强联系，以调动委员和各界人士参政议政积极性，促进政治协商、民主监督活动经常有效地开展的做法。1999年11月8—10日，全国二十城市政协横向联系会第25次会议在安徽省滁州市召开。会议交流做好新世纪政协工作的新认识、新思路和新举措，探索在改革开放新形势下人民政协履行职能的规范化、制度化建设问题，指导和推动政协工作的新发展。叶聪敏等4人参加会议，并作《开创三胞工作新局面，促进祖国和平统一》的发言。

2000年3月22—28日，市政协民宗委组织部分宗教界委员赴苏州市、杭州市学习考察宗教活动场所的管理、如何引导宗教与社会主义社会相适应的经验做法。2001年5月14—17日，刘佳景等4人到苏州市，参加全国部分历史文化名城政协联系会第12次会议。会议交流、探讨发挥政协职能，做好保护历史文化名城和弘扬地方优秀历史文化工作的经验；考察苏州市历史文化名城保护与建设情况。9月25—28日，叶聪敏等到龙岩市，参加省、市政协文教卫体委员会工作研究会。会议研讨如何加强中小学生素质教育，提出6方面建议。10月29日—11月2日，陈敬聪等3人到南平市，参加全省九市政协主席第2次工作座谈会。会议围绕政协履行职能的规范化、制度化建设工作，进行广泛交流和深入探讨。陈敬聪在会上介绍泉州市政协换届以来在履行三大职能中探索两化建设新途径的5点体会。2002年4月23—25日，叶聪敏等4人，赴广西梧州市参加全国二十二城市政协横向联系会第30次会议。会议交流履行政治协商、民主监督、参政议政职能，为经济建设和社会发展服务的经验，探索新世纪政协工作的新方法、新途径。8月23—25日，林玉莲等3人在山西省大同市，参加全国部分历史文化名城政协联系会第13次会议。会议交流如何发挥政协职能，做好保护历史文化名城和弘扬地方优秀历史文化工作的经验。2003年9月11—13日，林玉莲等出席在江苏省连云港市举行的八省（区）十市政协横向联系会第5次会议。会议就如何围绕中心，服务大局，为实现小康社会宏伟目标献计出力；如何积极推进履行职能的制度化、规范化、程序化建设等进行讨论。林玉莲代表泉州市政协作《围绕中心，促进发展是政协履行职能的第一要务》专题发言。10月10—13日，陈敬聪等到宁德市参加全省九市政协主席第6次工作座谈会。会议传达中共福建省委常委专题研究政协工作会议精神、全国政协修改《政协章程》苏州座谈会精神，交流在发展县域经济中如何发挥政协组织和委员作用的经验。泉州市政协在会上作《围绕第一要务履行职能，促进大泉州经济发展》的发言。2004年9月21—22日，市政协派员参加在广西南宁市举行的全国八省（区）十市政协横向联系会第6次会议。会议总结交流如何发挥政协优势，在促进区域经济发展，维护社会稳定等方面的经验和做法，探讨新时期、新形势、新任务下，人民政协工作的新思路、新途径、新办法、新成效。11月11—13日，何融融等到江苏省盐城市，参加全国二十二城市政协横向联系会第35次会议。会议围绕“弘扬与时俱进精神，推动政协工作创新”主题，结合各地政协实际，着重就理论和思维创新、方式创新、作风和制度创新，做好社情民意、提案及宣传工作，发挥委员主体作用，加强政协规范化、制度化、程序化建设等方面交流经验，探讨在新时期开拓政协工作新局面的新思路、新途径、新方法。何融融代表市政协作《弘扬与时俱进精神，推动政协工作创新》的发言。2006年7月5—7日，林玉莲带队到厦门市，参加全省政协文教卫体委工作座谈会，并作《加强泉台文化交流，拓宽对台工作新思路》大会发言。2008年9月21—22日，林荣取带队到江西九江市，参加全国二十二城市政协横向联系会第43次会议。会议交流各地贯彻落实中共十七大精神和《中共中央关于加强人民政协工作的意见》的经验做法，展示新时期人民政协工作的丰富经验和创新成果。

四是外出参观考察。为了学习兄弟地区的先进经验，开拓视野，增强做好政协工作的信心，1986年9月，李德茂参加省政协组织的参观学习团，赴四川、云南参观学习。12月上旬，朱江水率领各县（区）政协领导一行9人，赴昆明、桂林、武汉、重庆、深圳、珠海等地学习取经。1987年2月17—22日，曾惠华带领政协机关干部到厦门、漳州参观学习，与厦门市政协共同探讨政协机关机构设置和新时期人民政协与民主党派联系的问题。

1991年5月16—20日，王文泰带领考察组，就新一届政协如何履行政治协商、民主监督基本职能，如何发挥优势开展三胞联谊活动，赴厦门、漳州两市学习考察。6月3—9日，曾惠华带队到南平、武夷山、邵武、三明等市学习参观，并与兄弟城市政协座谈交流加强自身建设和在新时期发挥政协作用的做法和经验。6月16日，在大庆召开的历史文化名城政协联谊会上，市政协作《履行人民政协职能，服务侨乡经济建设》专题发言。1992年11月中旬，市政协组织各县（市、区）政协赴海南、广东省参观学习。1994 年 8 月 29 日—9 月 2 日，王文泰带领市政协经科办、市各民主党派负责人赴漳州参观学习科技兴农的做法和经验。1996 年 1 月 10—16 日，王文泰带领市政协经科委部分委员、各县（市、区）政协领导，考察漳州市高优农业发展情况；考察组提出值得泉州市借鉴的 3 条经验和引进推广的项目。1997 年 9 月 15 日—10 月 18 日，林多速等 3 人前往北京、西安、成都、重庆、上海等地参观学习，同有关地市政协医卫工作组交流工作经验。

2000 年 1 月 10—19 日，叶聪敏带领市政协教卫体委部分委员，赴昆明市、海口市实地考察政协专委会工作、社会主义精神文明建设、素质教育等，并开展座谈交流。7 月 14—23 日，曾惠华率县（市、区）政协台港澳侨联络委和市重点课题调研组部分成员一行 10 人，赴广东深圳、东莞、佛山、汕头市和漳州市，围绕引进台资的情况、做法和经验进行专题学习考察，考察组提出 3 点体会和建议。2001 年 7 月 26—30 日，叶聪敏带领市政协提案委的同志，前往厦门、漳州、龙岩市考察学习提案工作，形成 3 点共识。11 月 30 日—12 月 1 日，郑今奋带领市政协文教卫体委成员到漳州市考察城镇职工基本医疗保险制度改革工作。2003 年 12 月 9—11 日，傅圆圆率领在泉州的省政协委员到三明视察筹建中的泉三高速公路连接线、厦工集团三明重型机器有限公司、三钢（集团）有限责任公司、万寿岩旧石器时代文化遗址、格氏栲森林公司；到永安考察尼葛高新技术开发区、福建竹子科技园区、巴溪湾商住区。委员们边走、边看、边想、边议，感想多，收获大，既拓宽视野，增长见识，又学到不少新鲜东西。2004 年 10 月 25—31 日，郑今奋带领文教卫体委成员赴浙江考察文化产业发展情况。考察组走进温州、宁波、绍兴、杭州，参观当地文化设施建设情况，深入了解文化产业发展状况。考察组认为这些城市文化产业发展具有经济实力优势、人文资源优势、区位和交通优势、市场意识和市场机制优势、对外开放优势，并有财政投入政策、税收优惠政策、融资投资政策、社会保障政策、人事制度政策的扶持。考察组提出 6 个方面建议。

第十三节 信息工作

反映社情民意信息工作是人民政协进行政治协商、民主监督、参政议政的重要基础，是发扬社会主义民主、促进科学民主决策的重要形式，是党和国家社会文化舆情汇集与分析机制的重要组成部分。

市政协的社情民意和信息，来源于政协全体会议、常委会议和其他各种会议上提出的意见、建议和反映的重要情况；委员通过《反映社情民意用笺》以及来函、来访、电话、语音信箱等各种形式反映的情况和意见建议；委员提案和在各种会议、活动中的发言；组织委员进行考察、专题调查、学习活动以及接待台港澳侨同胞和国际人士来访时了解的情况或发现的问题；各县（市、区）政协和各民主党派、人民团体报道的信息、反映的重要情况；政协报刊、简报、简讯中反映的重要情况；人民群众和各界人士来信来访等。

一、反映社情民意和政协信息

1991 年 11 月 21—22 日，市政协召开政协系统信息工作座谈会。会议传达省政协信息工作会议精神，研究泉州市政协系统如何加强信息工作，讨论创办泉州《政协信息》刊物等有关事宜。市政协办公室提出创办《政协信息》的目的、内容，初定《政协信息》为不定期刊物，每月刊出两期，根据情况和工作需要，随时增减。要求抓好网络建设，做好信息的编辑工作，建立采编稿酬、评比制度。

泉州《政协信息》于 1991 年试刊，1992 年 1 月正式出刊。1992 年，市政协建立信息网络，设 20 个信息点，即 8 个县（市、区）政协、8 个民主党派、4 个有关人民团体，每个点 1 名信息员，做到政协信息有领导分工、有专人负责、有网络、有刊物。1992 年，市政协办公室被省政协办公厅评为“全省政协系统信息工作先进单位”。

1993 年 4 月 20 日，市政协召开信息工作座谈会，交流经验，取长补短。会议强调指出，要充分认识政协信息工作的重要性和必要性；要加强领导，重视信息工作；要进一步巩固和完善信息网络；要不断提高政治、业务素质；要狠抓质量，提供更多优质信息。

1995 年 9 月 5—6 日，市政协在惠安召开市、县两级政协办公室主任会议，贯彻李瑞环主席关于“把了解和反映社情民意作为政协和政协委员重要的经常性工作，认真地开展起来”的精神，交流探讨如何做好新时期人民政协信息工作，更好地发挥参谋、助手作用。

1991—2000年，泉州《政协信息》共编发178期，其中，有经验做法，有情况反映，有带全局性、动态性、苗头性的问题，引起市党政领导重视，市委书记、市长及市政府分管领导多次作出批示。

2001年，市政协编发《政协信息》32期，其中，报送一位旅美台湾学者关于当前两岸关系与中美关系的独到见解的信息，被全国政协办公厅《参政议政动态》2001年第2期刊用，直接报送中央高层领导。关于北渠部分渠段遭污染情况、郑成功陵园周边环境整治、部分海关人员检查效率不高及装卸人员行为粗暴等信息，得到市委、市政府及有关部门的重视，推动存在问题的解决。

2002年4月，市政协办公室决定创办《社情民意》，并发出《创刊词》。4月17日，《社情民意》第一期编发《关于在编制西街保护整治规划时，应当注意道路交通对旅游业发展的影响的建议》。2002年市政协编发《社情民意》52期，《政协信息》29期，市委、市政府领导对其中30期作出批示，市直有关部门认真办理，有力地推动一些热点难点问题解决。

2003年6月13日，市政协召开全市政协信息工作座谈会，传达全省政协信息工作座谈会暨表彰会精神，总结交流各县（市、区）政协开展信息工作和反映社情民意情况，部署进一步加强和深化反映社情民意工作。市政协办公室向市各民主党派、市工商联、市政协各专委会、各县（市、区）政协从事信息工作的同志及部分政协委员颁发特约信息员聘书。2003年市政协编发《社情民意》52期，其中市领导批示43件，部门办复21件；编发《政协信息》29期，其中3篇被全国《政协信息专报》采用，20篇专报和信息被省政协采用。

2004年，市政协编发《社情民意》33期，编发《政协信息》55期。《关于在市区成立托老所的建议》《关于在各大医院设立便民查询系统的建议》等社情民意引起市委、市政府分管领导重视，部分建议被采纳。市政协在开展“进一步提升民营经济水平”调研中，了解到许多民营企业对市政府出台《关于进一步提升民营经济发展水平的若干意见》不甚了解的情况后，及时向市政府报送《对贯彻落实〈关于进一步提升民营经济建设水平的若干意见〉的几点建议》，提出加大宣传力度、开通“绿色通道”、广泛听取意见、促进贯彻落实等4点建议。市长作出重要批示，要求市政府办公室牵头各有关部门研究落实市政协的4点建议，适当时机组织一次《若干意见》执行情况的检查。市政府办公室据此召开市直各有关部门负责人参加的专题协调会，提出4个方面的落实意见。

2005年，市政协配合省政协开展“反映社情民意，为社会稳定服务”“发挥特邀监督员在提高拒腐防变能力中积极作用”2个课题的调研，就发挥监督员作用、做好反映社情民意工作、维护社会稳定等提出意见和对策，并以《政协信息》及时向市领导和有关部门反映坪山路花市几十家花农，因店面搬迁造成经济损失，准备集结到市政府上访的问题。市政府及时采纳政协意见，掌握工作主动权，避免矛盾进一步激化。2005年，市政协共收到群众来信96件、接待来访群众200次、编发《社情民意》20期、《政协信息》46期，为党委、政府提供广泛的决策信息和智力支持。

2006年，市政协编发《政协信息》21期、《社情民意》39期。市委、市政府领导在市政协报送的《关于加快建设与完善泉州公共卫生体系的建议》《泉州市部分交通干线乡村段事故频发，亟待从速整治》等社情民意上作出批示，推动有关问题解决。《泉州市政协企业界委员对出口退税政策调整的反映》被全国政协办公厅《政协信息专报》刊用，引起国家有关部门的关注。市政协办公室被省政协办公厅评为2005—2006年度“全省政协系统信息工作先进单位”。

2007年，涉及台湾问题的政协信息工作取得较好成绩，共向省政协和泉州市委报送涉台信息50多条，其中《以台湾“卡奴”为鉴，防范金融危机的建议》被省政协办公厅《政协信息》刊用，省政协主席和省政府分管领导分别作出重要批示。《台湾学者关注〈闽南〉杂志创办，提出十点建议》专报件得到泉州市委宣传部领导的重视与采纳。

2008年，市政协以《社情民意》《政协信息》等形式，向市委、市政府报送社情民意专报件26件，向省政协报送《政协信息》专报件86件，77件被省、市领导批示和采用，其中《建议修正对台近海渔工试点办法》等4件涉台信息被全国政协采用；《我省大型水库等水资源保护地的一重山不宜种植速生丰产林》《建议对现有中小学教学楼建筑质量进行重新评估》的专报件，引起省领导的重视。省政府有关部门召开专题会议，贯彻省领导批示精神，组织调查，摸清底数，研究制定对策，并作相关反馈。泉州市政协信息新闻宣传和反映社情民意工作的做法，在全省政协工作座谈会上作经验介绍，获得好评。

2009年，市政协充分发挥政协委员、党派团体、基层政协、专委会在反映社情民意信息中的作用，拓宽收集社情民意渠道，反映社会各界呼声。出台《信息工作评比办法》，召开全市政协社情民意信息工作座谈会，加强信息员培训，提高社情民意信息工作质量。以《社情民意》《政协信息》等形式，及时向党政及有关部门报送信息动态，推动热点难点问题解决。同年，共编发《社情民意》专报128件、《政协信息》26期。《建议出台我国商品统一条形码制度》等信息被全国政协采用。省、市领导先后对《建议完善农村食品安全投诉举报体系》等32件信息作出批示。《建议应尽快将福建东南沿海的石结构危旧房改造列入国家扩大内需项目》的专报件，得到省政协主要领导和省政府分管领导高度重视，并批转省政府有关部门办理。

2010年，市政协共编发涉及民生改善的《社情民意》专报143件、《政协信息》30期，其中，关于《建议借鉴台湾地区巨灾保险经验，尽快建立大陆地震保险制度》等48件信息专报被全国政协办公厅、省、市领导批示或采用。

2011年，市政协编发《政协信息》35期、《社情民意》7期，其中，《全国政协信息》采用16件、《省政协信息》采用110件、《省政协信息专报件》采用123件。

2007—2011年，市政协共编发《社情民意》专报620条、《政协信息》160期。其中，《全国各地各级政府应未雨绸缪谨防2009年春节欠薪潮》《政府应尽快完善失地农民社会保障机制》分别得到国务院总理温家宝、副总理回良玉的批示；477条社情民意信息得到全国政协、省政协和泉州市委、市政府及有关部门的重视和采纳。市政协办公室先后3次被评为全省政协系统信息工作先进单位。

二、《泉州政协》期刊

市政协于1986年创办的《泉州政协》通讯（后改为《泉州政协》简报），主要刊载市政协、各专委会（工作组）、各县（区）政协、各民主党派、工商联的活动情况，与全国政协、省政协及其他省、地、市政协的联谊情况。1986年6月20日，编印《泉州政协》通讯第一期，刊载市政协六届二次常委会议、县（区）政协工作座谈会及考察、调查活动材料与简讯，报道政协委员的典型事迹。至2005年，《泉州政协》通讯（简报），共刊出383期，既宣传市政协工作，又促进政协纵向、横向联谊。《泉州政协》除分发给政协委员、各县（市、区）政协、各民主党派、有关人民团体、市党政领导、有关部门、上报省政协之外，还与全国有关地市政协作交流。

1995年6月16日，市政协提出《关于申办〈泉州政协报〉的报告》。《报告》强调，为了进一步宣传贯彻执行国家的宪法、法律和各项方针、政策与政协章程，不断提高委员的政治素质和参政议政水平，发挥政协的职能作用，团结各界人士围绕党政中心工作出谋献策，反映政协工作情况和交流工作经验，为维护全市安定团结的政治局面，为改革开放、两个文明建设和祖国和平统一大业服务，经主席会议研究决定创办《泉州政协报》。该报第一版安排宣传党的方针政策、报道上级政协的重要会议精神和重大活动、市委有关政协工作的指示及市、县政协机关工作动态。第二版摘登委员提案及办理情况，介绍海内外企业界人士的成功经验，刊登外地政协的工作经验。第三版刊登近代、现代泉州社会上有影响有贡献的人士的轶事、趣闻；介绍泉州的风土人情和特产；摘登地方文史资料的精萃及读者来信。第四版为文艺版，刊登与政协工作有关的诗歌、散文、小小说及政协委员的书画、摄影等艺术作品。报纸为四开四版，每半月发行一期，每期印数3000份，免费赠送市、县两级政协委员及省内外各有关部门。

1995年11月16日，经福建省委宣传部、省新闻出版局批准，《泉州政协报》发行创刊号（四开八版），共印3500份。全国政协副主席王兆国为该报题写刊名。为进一步提高办报质量，市政协对《泉州政协报》从编辑、审稿、出版、内容到形式等主要环节不断规范，对主要版面安排等政治性较强的文章严格把关，始终把握正确的舆论宣传导向。《泉州政协报》较全面地反映泉州市及各县（市、区）政协、民主党派履行职能的情况、各条战线政协委员建功立业的先进事迹，并不断加大对社会变革的报道力度，尤其注意揭示和剖析社会热点问题，得到政协委员和人民群众好评。

1996年3月到2003年9月，《泉州政协报》共出刊200期。2003年9月29日，按照新闻出版部门的有关规定，《泉州政协报》改为《泉州政协》期刊。《泉州政协》期刊设置“领导讲话”“建言之窗”“社情民意”“提案追踪”“特别策划”“聚焦基层”“委员风采”“政协短波”“动态回眸”“文艺园地”等栏目，主要宣传党的理论方针政策、政协的重要会议、重要活动以及工作动态，刊登政协考察调研报告、委员提案、社情民意、重要提案办理情况和政协工作经验、委员建功立业的先进事迹。同时，刊登与政协工作有关的诗词、散文、书画、摄影等作品，为政协履行职能鼓与呼，为党委、政府提供决策参考。

市政协适时调整工作思路，针对刊物周期长、容量大的特点，在坚持正确舆论导向的前提下，努力按照“三贴近”（贴近实际、贴近生活、贴近群众）的要求，突出特色，抓好质量，积极探索办刊工作的新路子，力求多出精品、提高品位。一是有针对性地加强组稿工作，尽量吸纳政协委员和社会有识之士投稿，贡献真知灼见，使刊物成为“人才库”“思想库”的一种载体。二是丰富刊物的栏目设置，充实内容的智慧含量，促使小刊物产生大效应。三是创新形式，追求图文并茂、雅俗共赏风格，适应更多的群体，让受众乐意接近阅读，增强刊物的生动性和可读性。

至 2011 年，共出版《泉州政协》期刊 37 期。

三、网络媒体

2003 年 9 月 29 日，市政协主办的“中华闽南文化网站”（www.mnwh.gov.cn）正式开通。林荣取、廖小军分别代表市委、市政府向网站授牌，傅圆圆、林荣取点击开通网站。

网站设有拓荒足迹、闽南方言、闽南人物、宗教信仰、能工巧匠、掌故传奇、南拳、戏曲舞台、文博览胜、风土民情、诗文辑萃、闽南建筑、泉台文化交流、今日泉州等二十个栏目。网站文字约有五百万字，图片两千张以上，多媒体播放节目约 5 个小时。

2005 年 3 月 4 日，泉州政协网站（www.qzzx.gov.cn）正式开通。市政协主席傅圆圆，市委副书记、纪委书记林荣取点击开通网站。

泉州政协网站包括基本情况、主席演讲、政协要闻、提案工作、调研视察、会议专辑、委员风采、对外联谊、政协论坛、文史资料及社情民意等主要栏目。网站主要宣传政协理论，宣传泉州市、县两级政协、民主党派、工商联、有关人民团体在围绕中心，服务大局，履行职能方面取得的成绩；展示广大政协委员投身建设海峡西岸经济区、做大做强泉州湾滨海城市中的非凡业绩和精神风貌。政协委员可上网提交提案；群众和各界人士可以通过网站反映社情民意，浏览重点提案跟踪督办进展情况、考察调研报告等。泉州政协网站也是海内外各界朋友了解泉州和了解泉州市政协的一个重要窗口。

第十四节 自身建设

人民政协的履职能力，很大程度取决于政协自身建设的水平和工作积极性发挥的程度。政协的自身建设，主要包括与各民主党派合作关系、界别、委员队伍和政协机关的各方面建设。这一方面工作，本志书第一章第一节中的“泉州市政协机关”“其他组织机构”、第二章第五节和第五章的部分内容有相关记载。

一、与民主党派合作

人民政协是实行中国共产党领导的多党合作和政治协商制度的重要政治形式和组织形式，各民主党派和无党派人士是人民政协的重要组成部分。

泉州市政协历来重视与各民主党派的合作共事，支持各民主党派和无党派人士参与泉州党政政策、决策的讨论协商及其履行职责的各种活动。

中共中央《关于坚持和完善中国共产党领导的多党合作和政治协商制度的意见》（〔1989〕14号）颁发后，市政协在六届十八次常委会议和六届五次会议上组织学习领会。在实际工作中，针对前几年市政协刚成立，没有经验，与民主党派联系少的实际，有意识地加强同民主党派的联系和合作，充分发挥人民政协作为各党派团结合作、参政议政重要场所的作用。1990年，着重从以下5个方面作出努力：1. 全委会期间，专门安排一天大会发言，让各党派充分发表意见；在常委会议和其他形式的会议上，大力鼓励和支持民主党派中的政协委员积极提意见和建议。2. 各专门委员会组织的调查考察等活动，都尽可能地邀请有关党派的成员参加。3. 市政协联络科的干部经常到各党派了解情况，联系沟通，并及时地把他们的重要活动情况刊载在《政协动态》上，《泉州政协》刊物也增辟“党派活动”专栏。4. 帮助民主党派改善工作条件，在筹建政协办公楼时，同时考虑改善民主党派办公用房的计划。在新建的政协办公大楼，安排11间房间作为市致公党、台盟、九三学社的办公用房。5. 大力支持党外人士到人大、政府、政协任职；派出人事干部协助市委统战部开展对党外人士的考察、举荐工作。

七届市政协认真贯彻中共中央〔1989〕14号文件精神，加强同各民主党派的联系。

市政协领导经常带领正副秘书长和各办公室主任，走访各民主党派，听取他们的意见，协助解决困难和问题；应邀参加各民主党派的重要活动，并召开各民主党派秘书长会议，共商统战组织内部如何协调关系，更好地履行协商监督和参政议政职能。在市政协常委会议上，创造机会让民主党派的政协常委，或代表党派或以个人名义作专题发言，让他们畅所欲言，充分发表意见和建议。在泉州《政协信息》专门开辟“党派团体活动”专栏，及时反映民主党派的重要活动和参政议政的典型经验。同时，邀请民主党派的专家、学者参加政协各项视察、调查活动，为他们参政议政创造条件，提供机会。1995 年，市政协恢复“学习中心组”制度后，邀请民主党派主要负责人参加每月中旬的一次集中学习，共同及时了解、掌握党和国家的大政方针，统一思想，增进共识。

八届市政协在组织民主党派负责人参加政协学习中心组的基础上，于 1998 年增补 8 名民主党派负责人担任市政协兼职副秘书长，为各民主党派知情出力、密切政协与民主党派的联系提供组织保证。市政协还建立市政协领导联系民主党派的制度。市政协经常邀请民主党派成员中的专家、学者参加市政协的专题调研、考察等活动。同时，在政协会议上充分发挥民主党派的作用。如，在市政协八届三次会议上，由市农工党、民革、民盟、民建、致公党等 5 个党派联合提出的《办好“’98 中国国内旅游交易会”，创建中国优秀旅游城市》的提案，被大会确定为“一号提案”。会议期间，市政协与市政府联合举行“一号提案”现场办理协商会。在会后 8 个月承办过程中，市政协会同市农工、民革、民盟、民建、致公党等 5 个提案单位以及新闻单位，开展不间断的跟踪了解、检查督办，及时提出整改意见和建议。1999 年，为庆祝中华人民共和国建国 50 周年暨人民政协成立 50 周年、纪念《中共中央关于坚持和完善中国共产党领导的多党合作和政治协商制度的意见》发表 10 周年，市政协与 8 个民主党派、工商联联合举办大型系列庆祝活动。这些措施和做法，既为民主党派发挥参政党作用提供舞台，又增进在共同政治基础上的团结合作，使政协真正成为各党派、各人民团体、各界代表人士团结合作、参政议政的重要场所，成为泉州市爱国统一战线的重要组织形式。

九届市政协牢牢把握团结、民主两大主题，认真贯彻“长期共存、互相监督、肝胆相照、荣辱与共”方针，进一步加强与市各民主党派的联系。坚持市政协领导走访民主党派的联系制度，党组成员主动与民主党派加强联系，充分听取和反映他们的意见建议；邀请民主党派参加专题调研，督办重要提案，开展各种活动，在履行政协职能中充分发挥各民主党派的作用。2001 年，市工商联、有关人民团体向市政协九届一次会议提交提案 55 件、大会发言材料 11 篇。其中 6 件提案被列为重要提案，占重要提案总数的 3/5。2002 年，市政协组织民主党派、工商联参加“诚信泉州”“晋江上游水资源保护”等调研视察活动，邀请市民主党派、工商联参与督办重要提案。民主党派、工商联在政协活动中坦诚建言，积极履行职能，使政协工作更加活跃。这一年，民主党派、工商联、有关人民团体提交全会发言材料 23 篇，占发言总数的 72%；集体提案 57 件，占提案总数的 15%。这些发言和提案得到市委、市政府领导重视。在评选 2001—2002 年优秀提案中，13 件党派团体提案受表彰，占获奖总数的 54%。2003 年，民主党派、工商联积极参与政协组织的各种协商座谈会、视察调研活动，提交调研报告、发言材料 34 篇；提交集体提案 62 件，占提案总数的 20.5%；反映社情民意 32 期。市政协还为致公党、九三学社、台盟改善办公条件提供帮助。2004 年，民主党派积极参与市政协组织的“提升泉州市民营经济发展水平”“实施人才强市战略”“完善公共卫生体系建设”等 3 个专题调研和协商座谈会。10 月，市政协组织 8 个民主党派负责人及市直有关部门领导，深入金鸡拦河闸重建工程，实地视察工程进展情况，围绕进一步搞好工程建设、科学开发利用泉州水资源、保障经济社会发展等事项提出意见建议。市政协九届二十七次常委会议上，30 多位民主党派人士和市政协常委围绕维护公平正义、社会安定有序、人与自然和谐、优化政务环境和弘扬先进文化等 5 个方面，畅所欲言，提出 24 点建议，为构建和谐泉州建言献策。据统计，九届市政协届期内，党派团体和政协委员共提交发言材料 569 篇。

九届市政协认真贯彻执行《中共中央关于进一步加强中国共产党领导的多党合作和政治协商制度建设的意见》，注重加强与各民主党派、工商联的合作共事，为民主党派开展工作提供便利条件、创造广阔舞台。组织民主党派围绕泉州市“十五”计划的实施和“十一五”规划的编制，围绕贯彻落实科学发展观、构建和谐社会、建设海峡西岸经济区现代化工贸港口城市等热点议题建言献策。每季度政协常委会的中心议题确定后，即组成课题调研组，8 个民主党派都被邀请参与，其领导往往安排为有关调研课题的负责人。如，2006 年春组织开展“社会主义新农村建设”调研，共组成 5 个调研组，各民主党派都有一批领导、成员参加。市政协常委会议上共安排 20 篇调研报告提交交流，其中民主党派撰写的占一半。每年政协全会，民主党派的提案占总数 60% 以上；经市政协主席会议确定的重要提案，民主党派的提案占比高达 70%—80%。如：连续多年，8 个民主党派联合提出的《治理北渠饮用水源污染严重问题》《解决旧城改造拆迁户办证难问题》等提案，都涉及众多老百姓的切身利益。市政协对此高度重视，不但把它列为年度重要提案，而且分工由多位主席共同督办，各民主党派都派人参与，充分发表意见建议，为促进问题解决尽责尽力。民主党派每年向市政协报送的大量来自基层和社会各层面的社情民意，对党和政府解决人民群众迫切关心的问题具有重要参考价值。2001—2006 年，各民主党派、人民团体参加政协组织的联合调研、办实事等活动 126 次，提交调研报告 137 篇、团体提案 423 件。

十届市政协坚持中国共产党领导的多党合作和政治协商制度，为各民主党派、工商联、人民团体和无党派人士搭建平台，不断夯实共同的思想政治基础。坚持市政协领导与民主党派、工商联的联系制度，通过走访座谈，听取他们对政协工作的意见和建议，主动维护民主党派、工商联的民主权益，并就共同关心的问题交换意见和看法，形成共识，增强合力。积极为民主党派履行职能创造条件，组织民主党派成员在政协全体会议、常委会议和专题会议上发表意见、反映社情民意，提出真知灼见。围绕泉州市“十一五”规划的实施和编制“十二五”规划，促进经济社会健康发展，维护社会稳定，关注民生改善，加快工业化、城镇化、现代化进程等方面，组织民主党派开展调研视察活动，提出建议和批评。选派党派界别委员担任行风评议代表、党风廉政监督员、行政效能监察员，为民主党派开展民主监督创造条件。

2011 年，市政协努力为各民主党派履行职能创造条件、提供服务，较好形成“三项工作机制”。一是建立健全协同互动机制。建立健全政协领导与各民主党派的联系制度，经常走访各民主党派，听取他们对政协工作的意见和建议，与各民主党派互相交流，搞好合作共事。安排党派界别委员参加政协组织的各种例会、专题座谈会、情况通报会，鼓励他们发表意见，反映社情民意，提供真知灼见。吸纳民主党派成员为政协委员、常委，确保各民主党派在政协委员、常委、领导成员中占有较大比例，并参加专委会工作，担任专职领导职务。党派副主席直接分管和联系政协工作，发挥集体领导作用。二是建立协力工作机制。联合组织各民主党派开展专题调研、视察活动，积极建言献策。三是建立健全协作保障机制。注重建章立制，保障民主党派的各项民主权利，努力营造团结、民主、宽松、和谐的环境，为民主党派发表意见、表达主张创造机会。全会期间，把民主党派列为大会发言的重点单位。常委会议把党派委员列为参与协商的重点发言人。政情通报会动员党派委员踊跃建言，并邀请党政领导及有关部门负责人到会听取各民主党派的意见建议。同时，鼓励和支持各民主党派集体提出提案，并将优秀提案列为重要提案进行督办，确保民主党派意见和建议得到尊重和落实。

2007—2011 年，十届市政协联合各民主党派、工商联和人民团体开展 150 次调研视察活动，组织党派界别委员参与 50 多个重点项目建设情况的视察活动；民主党派提交团体提案 529 件、调研报告 360 篇、发言材料 612 篇。280 多名党派届别委员担任各类监督员和政风行风评议代表。

二、界别建设

由界别组成是人民政协的显著特色。泉州市政协适应改革开放和经济社会发展的实际情况，研究并合理设置界别，扩大团结面，增强包容性。

随着党的统一战线发展和改革开放不断深入，泉州市政协的组成和团结各界人士的范围也相应扩大。地改市以前，市政协的界别设置由第一届 20 个界别发展到第六届的 25 个界别。地改市后至 2011 年底，为适应新形势发展需要，根据泉州的港澳台侨优势突出、民营经济发达、民主党派组织齐全的特点，市政协的界别设置到第十届时发展到 32 个界别。第六届至第七届市政协设立特别邀请人士界别，组成人员包括港澳同胞和大陆知名人士；第八届增设经济界、澳门华侨界，港澳同胞界改为香港界；第九届开始不再单独设置港澳、华侨界别，改设特邀（二）界别。为密切与异地泉籍商会社团的联系，市政协十届二次会议决定新设工商联（二）界别。

附：表 3—14—1

泉州市政协界别设置一览表

届次	界别数	界 别 名 称	界别变化说明
六届	25	中共、民革、民盟、民建、农工党、致公党、台盟、总工会、妇联、青联、工商联、财贸、农民、荣军烈属、文艺、科技、教育、医卫、体育、少数民族、归侨侨眷、港澳同胞、台胞台属、宗教、特别邀请人士	新增荣军烈属、港澳同胞 2 个界别；农（渔）民界更名为农民界，个体劳动者协会更名为财贸界，归侨侨属更名为归侨侨眷界

续表 3—14—1

届次	界别数	界 别 名 称	界别变化说明
七届	30	中共、民革、民盟、民建、民进、农工党、致公党、九三学社、台盟、无党派、共青团、总工会、妇联、青联、工商联、台联、社科、科协、新闻出版、农林、文艺、科技、教育、医卫、体育、少数民族、侨联、港澳同胞、宗教、特别邀请人士	取消财贸、荣军烈属、台胞台属界，新增民进、九三学社、无党派、共青团、社科、科协、新闻出版、台联8个界别；农民界更名为农林界，归侨界更名为侨联界
八届	32	中共、民革、民盟、民建、民进、农工党、致公党、九三学社、台盟、无党派、共青团、工会、妇联、青联、工商联、文艺、台联、经济、科技、社科、科协、教育、新闻出版、医卫、侨联、少数民族、体育、宗教、农林、特邀、澳门、香港	新增经济、澳门界别，港澳同胞界改为香港界别
九届	31	中共、民革、民盟、民建、农工党、致公党、九三学社、台盟、无党派、共青团、工会、农林、妇联、青联、工商联、文艺、台联、经济、科技、社科、科协、教育、新闻出版、医卫、侨联、少数民族、体育、宗教、特邀（一）、特邀（二）	不再单独设置香港、澳门界别，设置特邀（二）界别
十届	32	中共、民革、民盟、民建、农工党、致公党、九三学社、台盟、无党派、共青团、工会、农业、妇联、青联、工商联（一）、工商联（二）、文艺、台联、经济、科技、社科、科协、教育、新闻出版、医卫、侨联、少数民族、体育、宗教、特邀（一）、特邀（二）	十届二次会议决定新增工商联（二）界别

泉州市政协既重视界别建设，又根据界别的特点和要求积极开展活动，充分调动各界别参政议政的积极性，认真探索发挥界别作用的方法和途径。2005年，市政协为了充分发挥政协委员在构建和谐社会的作用，在文艺、教育、医卫、体育和新闻出版等5个界别委员中开展以组织百名（次）委员深入社区或农村，走访联系百户困难群众、帮做百件实事好事、反映百条社情民意等为内容的活动（简称“四百”活动）。市政协文教卫体委和各工作组具体抓好组织实施，委员们热情响应踊跃参加，活动取得显著成效，涌现出一批先进典型，得到上级领导充分肯定和社会各界好评。为了进一步调动委员参与活动的积极性，推动“四百”活动广泛深入开展，经有关专委会考核推荐，市政协决定授予市政协文教卫体委卫生工作组等单位开展“四百”活动先进集体称号，授予王林萍等20位委员开展“四百”活动先进个人称号，并分别给予一定的物质奖励。2006年4月11日，市政协邀请市政府与80多名企业界委员面对面对话交流，16名委员提出30多条意见建议。市政府督查室根据市政府领导的批示，将委员意见建议分解整理成《4•11泉州市政协委员企业发展座谈会上所提意见和建议交办一览表》，转发给13个部门和2个县（市）政府，要求有关部门、单位抓紧研究处理委员们的建议事项。市政协文教卫体委按照界别设立教育、文化、卫生、体育和新闻出版5个工作小组，由界别委员、部门领导担任工作小组组长，实行“活动自主、内容自定、经费自筹”的“三自”办法，开展丰富多彩活动。各小组围绕促进全市教育、文化、卫生、体育和新闻出版等各项社会事业发展，充分发挥界别委员主体作用，深入开展调查研究、视察活动，取得良好效果。2007—2008年，市政协继续组织各界别委员开展“四百”活动，广泛发动各界别的力量参与扶贫帮困、奉献爱心。市政协工商联界、经济界、港澳委员界别中一批富有经济实力的人士，急公尚义，乐于回馈社会，如，许连捷不断捐赠公益，回报社会，为发起成立晋江慈善总会，他个人慷慨捐出巨额资金。在他的影响下，晋江慈善总会成立伊始，就募集善款1亿多元。据不完全统计，仅2007年，泉州市各级政协委员向慈善机构捐资总额达4.5亿元人民币。2008年起，泉州市各级政协委员向四川汶川、闽西北地区、青海玉树、甘肃舟曲等灾区捐款捐物超过3亿元人民币。为了应对国际金融危机，合力破解发展难题，十届市政协先后4次召开企业委员座谈会，及时向市委、市政府领导及有关部门反映企业发展遇到的困难和诉求，共商应对危机对策，并就改善服务环境、解决企业用工、用地、融资、办证等方面问题提出建议，引起党政领导的高度重视。市政协组织委员深入中小企业开展调查研究，了解企业发展情况，形成“优化发展环境”“创新融资体制”“应对民营企业用工成本抬升”等35篇调研报告，提出完善政策配套、服务中小企业经营发展、发挥行业协会和商会在开拓市场以及融资担保的积极性等对策措施，促进政企联动，有力推动《关于扶持中小企业经营发展的若干意见》等文件的贯彻落实。市政协注重凝聚泉商力量，关心支持泉商事业发展。为了进一步鼓励海内外泉商回乡创业，市政协组织开展专题调研，向市委报送的《凝聚海内外泉商力量，服务泉州新一轮发展》调研报告，提出6点建议，得到市委、市政府重视和采纳。热情接待返乡探亲、考察的异地泉商，邀请他们参加座谈会，倾听他们对家乡经济社会发展的真知灼见。定期组织部分异地商会政协委员开展视察活动，鼓励和引导异地泉商参与实施“回归工程”。市政协还重视通过界别渠道密切联系群众，努力协调关系、化解矛盾、理顺情绪，增进社会各阶层和不同利益群体的和谐。

十届市政协注重把界别的潜在优势转化为履职的现实优势，把委员的个体优势转化为群体优势，突出在3个方面创新界别活动形式。一是丰富活动内容。依托专委会，按照界别把委员划分成若干个活动小组，积极开展丰富多彩的履职活动。二是拓宽活动渠道。重视反映界别委员提供的社情民意信息，在各界别中聘请39名“特邀信息员”，通过政协网站、“委员信息直通车”、反映社情民意电子邮箱等渠道，重点收集和反映本界别群众意见建议，反映有关社会阶层的信息。三是探索活动方式。注重创新界别活动形式，增强界别活动实效。2007—2011年，组织界别委员开展小组视察153次，召开界别委员与有关部门协商会67场，进一步丰富和活跃界别工作。

三、委员队伍建设

政协委员是人民政协履行职能的主体，是建设社会主义物质文明、政治文明、精神文明、社会文明和生态文明的重要力量，在我国的政治生活中享有很高的政治地位，肩负着重大责任。

泉州市政协历来关心政协委员，重视政协委员的学习与培训，加强政协委员履职平台建设，强化对委员的管理与服务，注重宣传政协委员中的先进典型，为委员履职尽责创造有利条件。

六届市政协想方设法加强与政协委员的联系，多次在春节前夕组织机关工作人员走访慰问市政协委员，倾听他们的意见建议，了解他们的实际困难，并尽量协助解决。1987年7月20—23日，市政协召开第三次县（区）政协工作会议，研究交流新形势下政协和统战工作如何向基层、向海外延伸。7月24日，市政协向市委呈送《关于建立乡镇政协联络组的报告》。《报告》指出，建立政协联络组，有利于政协委员和各界人士就地组织学习，进行自我教育；有利于发扬社会主义民主，增强各界人士的大团结；有利于委员发挥智力优势，为侨乡建设服务，为乡镇两个文明建设服务；有利于调动各界人士为统一祖国、振兴中华作贡献。同时，加强政协与委员的联系。至1990年，全市建立政协基层联络组（学习组、活动组）48个，并长期不懈地坚持例会制度，广泛开展调研视察活动，大力开展三胞联谊活动，配合当地党政办实事。市政协注意发现和宣传政协委员的先进事迹，在全会期间举办政协委员在各条战线努力进取的事迹图片展览，通过《泉州政协》的“委员风貌”专栏，及时宣传全国“五一”劳动奖章获得者和省劳动模范徐本章、副主任医师骆安邦、离退休教师协会会长陈奕尚、晋江侨联主席何扬明，全国“五一”劳动奖章获得者、惠安山腰化工厂工程师潘锦文，市农科所麦类研究室主任何曼试、特级教师朱炳辉、全国劳模余培英等市政协常委（委员）的模范事迹，既增强政协委员的责任感和光荣感，又有助于人民群众对政协的了解，提高人民政协在社会上的威望。1986年7月3日，市政协在晋江县举行700多人参加的表彰大会，表彰政协委员、著名高甲戏艺术表演家、闽南第一名丑柯贤溪，宣传他从艺70年的先进事迹，以此进一步扩大政协影响力。1988年，市政协同鲤城区政协联合举办每月一次的“委员活动日”，让委员既能参加一些自己爱好的文娱体育活动，听取有关知识讲座，又能及时向政协组织反映问题、提供信息，为政协领导与委员经常接触、沟通联络、协商对话提供良好平台。市政协还举办元宵赏灯诗会、节日茶话会、座谈会等，开展各种联谊活动，丰富委员的活动内容，增强政协组织的凝聚力和吸引力。

七届市政协聘请163位新委员，部分委员刚刚来自党政部门，对政协工作不太熟悉。1991年，市政协一方面采用订阅报刊、分发学习材料等形式，推动政协委员自学统战理论和人民政协基本知识；另一方面，组织参观学习和举办3次有关政治协商和民主监督问题、民主党派问题、宗教问题专题讲座，组织3次听录音、看录相，赠送《毛泽东选集》第二版1至4卷，订阅《人民政协报》，编发3期《学习简报》，帮助委员进一步认识新时期人民政协的性质、地位、作用和任务，掌握新时期统一战线的方针政策和基本理论，提高参政议政水平。1992年，市政协广泛发动各条战线的政协委员立足本职，充分发挥各自专长和优势，积极投身改革开放和经济建设浪潮。不少委员先后合资独资创办企业、公司、林果场等经济实体，产品远销国内外，直接为泉州市经济建设做贡献。有的委员结合本职工作，积极搞好咨询服务，组织技术培训；有的积极参加技术改造，组织科学研究，编写专业论文，在国内外有良好的影响。如，何曼试委员多年来在绿色田野上默默耕耘，主持、带领农科人员选育24个小麦新品种，为发展农业生产做出突出贡献，获得国务院颁发“为发展我国科学研究事业做出突出贡献”政府津贴。1992年何曼试还获得美国传记研究所授予的“英勇银质奖”和英国传记研究中心的名人证书，载入英国传记研究中心《国际知识界名人录》。苏清河委员开发的陶瓷新产品“莹玉红”瓷品获得国家新产品、新技术博览会银奖。他与其他同志合创的“稀土陶瓷捏塑像人物产品”获得福建省1992年科技进步三等奖。1993年，市政协通过举行专题讲座、报告会、座谈会，印发学习参考资料、政协简报，组织观看电影、录相，参加统战知识竞赛等一系列活动，促使委员们从思想认识上尽早“到位”，增强责任感，鼓舞斗志。在党和国家重大政策出台时以及泉州市改革措施实施中，市政协委员积极配合，大力支持，对出现的一些问题，能出于公心、披肝沥胆、仗义执言，做到帮忙而不添乱。

1993年7月29—30日，市政协召开工作座谈会，与各县（市、区）政协领导、各民主党派、有关人民团体负责人一起，交流探讨在新形势下，如何加强与委员的联系，进一步发挥委员参政议政的积极性，更好地发挥人民政协的职能作用。市政协办公室介绍4条加强与委员联系的做法，各县（市、区）政协介绍联系委员的经验。会议提出5点意见：1. 组织委员学习领会中共中央（1993）6号文件精神，统一对经济形势的认识。2. 切实加强同委员的联系，调动委员参政议政的积极性。3. 加强调查研究，提高工作质量。4. 继续发挥政协委员海外联系面广的优势，积极开展三胞联谊活动。5. 积极参与县（市、区）政协换届准备工作，帮助推荐热心政协工作、参政议政能力强的各界富有代表性人士加入政协。

1994年2月25日，市政协决定表彰何曼试、王仁杰、蔡友辉、黄达德、陈立德、柯贤道、陈庆元、吴夏云、王子标、蔡建设、许维森、马国棣、魏献祝、苏天祝、林金长、黄士超、潘锦文、侯怨水、郭景祥、徐本章、吴桂林21人为有突出贡献的泉州市政协委员。1994年，据委员上报统计，市政协委员在本系统参加议政会400人次，提出合理化建议240条，作专题调研94次，撰写调研报告34份，个人捐资助学、办公益事业、扶贫救灾达329万元。1994—1995年，市政协围绕泉州市及各县（市、区）经济发展、改革开放和群众普遍关注的重大问题，组织市政协委员和住泉州的省政协委员300多人次，开展18次就地调查视察活动，向当地党委、政府提交17份调查报告，切实反映并促成当地一些重要问题的解决。通过就地视察，改变过去“坐等协商”“从旁监督”为“参与其事”“共谋其政”，同当地党政及部门的主要领导直接对话协商，增进互相了解和支持，避免协商、监督“一头热”，有力地提高政协工作实效。市政协还多次组织委员参与执法监督、廉政建设、纠正行业不正之风等检查活动。

八届市政协在历届政协工作的基础上，更加着力加强委员队伍建设。市政协多次配合中央、省级新闻单位，采访报道泉州市各级政协委员奉献社会的事迹。1996年3月，市政协八届一次会议期间，精心组织《泉州政协委员风采录》展示会，大力宣传政协委员建功立业的风采。1997年3月3日，市政协八届六次常委会议通过《政协泉州市委员会关于委员参加本会活动的基本要求》，对委员参加例会、提出提案、反映社情民意、参加联络组活动及其他有关活动、密切与本会机关的联系、增强组织纪律观念等方面提出具体要求，既确保政协委员履行职能更加有章可循、有矩可依，又增强委员责任感和组织纪律性。市政协继续坚持和发扬人民政协自愿学习和自我教育的优良传统，采取各种形式，组织和引导政协委员学习党的统战理论和政协理论，学习全国政协和省、市关于政协工作的文件，不断提高委员的政治思想素质，努力创造更多适合的条件，为委员履行职能提供良好服务。为了进一步发挥政协委员的主体作用，活跃政协工作，1998年5月15日，市政协办公室发出《关于在各县（市、区）成立市政协委员小组的意见》，提出平时依托各县（市、区）政协和华侨大学统战部，组织市政协委员开展学习、调研、参观、视察、联络等活动的意见。这一年，市政协在各县（市、区）成立12个省、市政协委员小组，253名委员参加委员小组的活动。同年9月，市政协在晋江陈埭召开政协委员基层联络组现场会，推动县（市、区）政协加强基层组织建设。市政协通过多种渠道，保持与政协委员的经常联系，注意维护委员的合法权益，鼓励委员在各自岗位上积极发挥作用，更加热心地参与政协组织的各种活动。委员们在社会实践中通过学习、会议、视察、调查研究、提案，参与党委、政府及其部门组织的活动，参与专门委员会、委员活动小组的活动，反映社情民意，提出批评建议，发挥履行职能的主体作用。在市政协组织的年度视察中，市政协委员积极参与，对所视察地方的“两个文明建设”提出许多有益意见。有作为、敢担当的政协委员中，涌现出许多先进人物。1999年1月，市政协八届四次会议表彰魏献祝、张永树、王景贤、王连茂、孙庆实、黄邦杰、陈庆元、林少槐、郭振辉、柳影中、庄垂铁、骆沙鸣、周建宣、黄少雄、陈秋菊、柯希平、李孝仪、张国森、吕孝仁、陈跃飞、陈谋木、施义芳、林南生、翁辉煌、李东生、吴庆祥、洪源枝、史宝山、陈荣才、涂堤、李启元、许怡菲、叶端芳、刘又荣、万嘉铸、柯其成、林金田、蔡振翔、许连捷等39人为“委员参政议政积极分子”。2000年5—9月，市政协组织调查市政协委员自身建设情况。调研组对八届市政协委员作出4个方面基本评价，提出6个方面25点建议，并认为必须做好5项工作，为进一步加强委员队伍建设提供依据。

九届市政协在2001年、2004年举办委员培训班，组织新委员系统学习党的统一战线、人民政协理论与基本知识。按照中共十六大提出的建设学习型社会的要求，市政协切实把学习作为委员提高履行职能水平的基础性工作，进一步健全完善学习制度，丰富学习内容，活跃学习方式。认真组织委员学习中共十六大会议和党的路线方针政策，把广大政协委员的思想统一到中央的要求上来；组织学习《政协章程》《公民道德建设实施纲要》、WTO、经济、科技、法律、历史等各方面知识，不断增强政治意识、统战意识、创新意识和履行政协职能的责任感、使命感，提高参政议政能力和建言立论水平。2002年，市政协先后在各县（市、区）、高校和香港、澳门地区建立14个市政协委员小组，420多名委员参加小组的活动。118名政协委员受聘于26个部门，担任党风廉政建设监督员、执法监督员、效能监督员、教育督导员、特邀检察员和行风评议代表。在参加各类检查和行风评议中，委员们认真开展民主监督，推动有关部门依法行政。对个别基层部门滥用职权、弱势群体行路难、教育收费偏高、政府信息公开不够、群防群控治安体系不健全等问题，提出针对性解决意见，有关部门认真采纳。各县（市、区）政协委员小组、乡镇委员联络组积极主动围绕当地党委、政府的中心工作，开展活动，建言献策，协助做好群众工作，化解各种矛盾，在促进社会和谐建设中发挥重要作用。

市政协还通过组织委员开展调研视察、参加各种例会、召开座谈会、听取工作通报等形式，为委员知情知政创造各种条件。在委员中开展“五个一”活动，评选并表彰一批“双好”委员。发动委员提交提案、反映社情民意，不断调动委员参政议政的积极性。坚持和完善政协领导联系常委、常委联系委员制度，了解委员工作、生活情况，帮助解决实际问题，维护合法权益，解除后顾之忧，不断增强委员的责任感和荣誉感，委员主体作用进一步发挥。

十届市政协把提高委员素质和参政议政能力作为发挥委员作用的重要抓手，通过培训、发放学习材料、赠阅报刊杂志、举办专题讲座等形式，搭建委员学习培训平台，不断增强委员履职的责任感和使命感。通过组织委员开展调研考察、参加各种例会、召开座谈会、听取工作通报等形式，为委员知情参政创造条件。及时总结推广政协委员乡镇活动组的经验，充分发挥基层委员在推进民主政治建设中的作用。设立政协委员工作室，出台《政协委员履行职责服务管理办法》，建立委员履职情况的统计考核制度和委员履职的激励机制，维护委员的合法权益，为委员搭建制度保障平台，不断增强委员的荣誉感。

为适应人民政协工作规范化、制度化的要求，充分发挥委员主体作用，更好地履行政治协商、民主监督、参政议政的职能，不断提高参政议政水平，根据《中国人民政治协商会议章程》《政协全国委员会关于政治协商、民主监督、参政议政的规定》《政协泉州市委员会关于政治协商、民主监督、参政议政的实施办法》等有关文件精神，市政协八届六次常委会议通过《政协泉州市委员会关于委员参加本会活动的基本要求》，首次对政协委员履职提出具体规定，对委员参加政协例会、提出提案、反映社情民意、参加视察调研、参加联络活动及其他有关活动提出详细的规定，要求委员密切与政协机关的联系，自觉增强组织纪律观念；强调“委员必须自觉地遵守本会各种规章制度，本会常委未经请假批准，全年不参加常委会学习、会议、活动超过三次者，由市政协常委会会同市委组织部、统战部协商更换人选，并按《政协章程》规定，提请全会批准。本会委员未经请假批准，全年不参加本会或各专委会学习、会议、活动超过三次者，由常委会依据情况提出警告，不听劝告者，视为自动解除委员资格。”这是自泉州市政协成立以来，首次对不履行职责的委员提出辞退规定。

2005 年，为进一步发挥市政协委员尤其是市区外委员在市政协全体会议闭会期间的作用，不断推进政协工作的制度化、规范化、程序化，根据《中国人民政治协商会议章程》，结合泉州的实际情况，九届市政协制订出台《关于进一步发挥市政协委员尤其市区外委员作用的意见（试行）》，《意见》对如何组织和推动委员学习、完善委员履职方式提出明确意见，要求政协机关要加强与市区外政协委员的联系，重视发挥市区外委员的作用，对委托各县（市、区）政协组织当地市政协委员开展活动、提高和保障委员活动经费、依法维护政协委员履职的权利提出具体要求。

2008 年，十届市政协出台《中国人民政治协商会议泉州市委员会关于市政协委员履行职责服务管理办法(修订)》，在前两份文件的基础上，更加细化、明确对委员的服务管理要求，提出加强对委员的学习培训，提高委员履职能力；要求委员要认真履职，正确行使委员权利，履行委员义务，树立委员良好形象；政协要健全完善服务机制，积极为委员履职创造条件；要建立委员履职档案，作为推荐委员人选的重要依据。

四、专门委员会建设

政协专门委员会（简称“专委会”）是在常务委员会和主席会议领导下，组织委员进行经常性活动的工作机构。专门委员会工作是政协工作的重要基础，也是政协履行职能的重要方式。

泉州市政协自成立以来，各专门委员会（工作组）积极组织开展各种活动，为政协委员知情出力、履行职责创造条件。

六届市政协前 3 年，虽然 12 个工作组（委）都没有编制，没有专职干部，但仍坚持开展调研视察活动。1987 年先后召开政协文史、提案、三胞工作座谈会，学习、讨论、交流工作经验，提高对政协工作组（委）的性质、任务、作用的认识。1988 年，市政协加强委（组）工作的领导，由一位副主席、一位副秘书长、一位办公室副主任分管和协调委（组）工作，并增加办事人员。同时，确定在市委未批准设立委（组）办公室之前，由联络科为主负责各委（组）工作的联系，为委（组）开展活动提供服务。为了更好地开展工作，市政协领导亲自带领市政协机关工作人员前往各县（区）政协了解情况，互相学习，吸取经验。还专门召开委（组）工作会议，探讨如何实事求是、量力而行地开展工作，并制定工作计划，推动各委（组）工作有序开展。这一年，共召开各类座谈会、研讨会 8 次，开展 11 次调查考察活动，撰写 6 份考察报告和建议。1989 年 3 月 13 日，市政协六届十五次常委会议协商决定把 5 个工作委员会、7 个工作组，调整合并为 10 个专门委员会，并相应充实各专门委员会负责人。各专门委员会分别召开全体成员会议，认真总结前几年的工作经验，提出新一年的工作计划，积极地开展活动。

七届市政协进一步加强专门委员会建设。1991 年 6 月 3 日，经泉州市编制委员会研究同意，泉州市政协在原有设置的办公室基础上，增设 3 个处级工作机构。7 月 4 日，市政协七届二次常委会议协商通过，增设 3 个处级单位，即专门委员会综合办公室、三胞联络委员会办公室、经济科技委员会办公室，调整充实一批精干工作人员，以协助 8 个专门委员会开展工作。同时配齐 8 个专委会正副主任，强化专委会工作。1994 年，驻会专职常委组织各专委会深入 8 个县（市、区）进行 30 次调查视察活动，举行 9 场座谈会，呈送 13 份报告。

八届市政协根据《政协章程》《专门委员会工作通则》和泉州市实际，设置 9

个专门委员会，配备专职领导，还聘请党政部门领导、有关专家学者担任专门委员会顾问、副主任等职务。1997 年 3 月 3 日，市政协八届六次常委会议通过的《政协泉州市专门委员会通则》，对专门委员会的组织机构、工作制度、任务等方面作出具体规定。各专委会根据常委会的部署，扎实有效地开展工作。一是因势利导，组织活动。各专委会通过组织本会成员参加各种学术研讨会、形势报告会、专题讲座和各种纪念活动，帮助委员开阔视野，增长见识。二是选准课题，建言立论。各专委会围绕常委会议题，组织委员开展 91 次课题调研，参与人数 1230 人次；召开各种座谈会 362 场次，形成调研报告 93 篇、送阅件 42 篇、情况反映 99 篇，进一步拓展调研活动的深度和广度。三是工作形式活泼多样。各专委会从自身实际出发，认真策划组织各种活动，把活跃活动形式与丰富活动内容结合起来，使工作内容丰富多彩、工作形式灵活多样，体现创新型，增强吸引力。1997 年 1 月 6 日，在市政协各专委会主任会议上，傅圆圆总结专委会 3 条工作经验：一是自觉遵循李瑞环主席提出的“四条原则”，专委会有效地掌握了工作的主动权，进一步做到“切实而不表面，帮忙而不添乱，尽职而不越位”。二是紧贴中心，抓住重点，明确思路，发挥优势，是专委会工作活跃有效的关键。三是调动广大委员参与的积极性，是搞好专委会工作的基础。

九届市政协设置 8 个专门委员会，聘任 8 位主任、70 位副主任、22 位顾问，进一步建立健全工作机构。同时切实发挥专委会的基础作用，组织开展各种形式的活动。一是紧密围绕每次常委会的主题，精心组织力量，深入基层开展调查研究，形成一批有价值、有份量的调研报告，并在常委会议上建言献策。二是依据自身特点和优势，紧紧围绕党委、政府中心工作和人民群众关注的热点、难点问题，卓有成效地参政议政、反映社情民意，拓宽履行职能的广度和深度。三是活动形式活泼多样，把内容的提炼与形式的创新有机结合起来，增强政协组织凝聚力，激发工作活力，切实提高履行职能水平。2002 年，各专委会开展 28 个课题调研活动，参与人数达 1048 人次；召开各种座谈会 124 场次；形成调研报告 20 篇、情况反映 41 篇、专报件 21 篇。2003 年，各专委会开展 12 次专项调研活动，形成《发展特色产业，壮大县域经济》《关于实施项目带动战略，推动工业园区健康发展》《关注少数民族聚居村发展，加快脱贫致富奔小康步伐》等 12 份调研报告。2004 年，各专委会围绕“农民大病费用统筹”“加快发展中心城市”“发展壮大产业集群”“关于打造纺织服装千亿大市的几点建议”“用工荒”等问题，完成调研报告 28 篇，呈报送阅件 14 期。不少调研报告、情况反映和专报件中的意见建议，进入党政领导决策视野，转化为部门的具体工作。2003 年 12

月23—24日，市政协在安溪县召开九届政协第十一次县（市、区）政协主席工作座谈会，研究探讨如何充分发挥专委会基础作用，推进政协机关“三化”建设。会议提出，充分发挥专委会作用，要增强“基础”意识；要以人为本，充分体现政协委员的主体作用；要在“精”“快”“专”上下功夫，即调研选题要精，讲究时效要快，发挥各专委会的专长和特色。

九届市政协加强对专委会工作的研究指导，定期召开专委会工作会议，帮助解决工作中遇到的困难和问题，不断提高专委会履职能力。以专委会直接联系相关界别为重要依托，将全体委员按界别特点分为若干个活动组，督促引导各活动组注重更新思想观念、创新工作方法、丰富活动内容，不断增强工作的主动性和创造性。市政协专委会还注意发挥人才荟萃、智力雄厚的优势，积极开展各项活动。每年各专委会都按照常委会工作部署，根据自身特点，有计划、有步骤地与政府对口部门、界别委员联系合作；经常组织委员参加专题调研、反映社情民意和为民办实事好事活动，增加委员参政议政的机会；不断联系委员、团结委员，调动委员积极性，充分发挥专委会的基础作用。6年间，各专委会开展专题调研120多次，形成调研文章600多篇，为民办实事办好事1000多件。市政协经科委先后组织开展数字泉州、诚信泉州、县域经济、建设出口大市、产业结构优化与升级、循环经济、“十一五”规划、新农村建设、海洋经济、知识产权保护等25个课题调研活动，撰写调研报告20多篇，反映80多个问题，提出100多条意见建议，并分别呈送市委、市政府及有关部门，供决策参考。港澳台侨委组织开展“统战外事与祖国统一”“拓展闽台经济合作，繁荣海峡西岸经济区”“促进泉州至金门海上客运直航的发展”等20多个课题调研，收集几十条信息，供各级领导和有关部门决策参考；发动港澳政协委员提交79份提案，38人次在专题会议上踊跃建言献策。社会和法制委员会就整顿规范劳动力市场、禁毒工作、基层人民调解工作、平安泉州建设等问题，组织开展18次调研活动，撰写调研报告15篇。文教卫体委组织开展12个专题调研，形成调研报告10多篇，论文交流70多篇。民宗委努力探索开展政协民族宗教工作新路子，在促进民族地区教育、经济建设和社会发展，协助党政部门认真落实民族宗教政策，维护社会稳定以及引导宗教与社会主义社会相适应等方面开展调研，建言立论。港澳台侨委、文教卫体委、民宗委还广泛发动委员开展扶贫助学、下乡义诊等为民办好事、实事活动。学习宣传委、文史委也积极组织委员围绕中心工作，配合其他专委会做好调研视察活动。

十届市政协主要采取以下措施加强专委会建设：1.调整工作机构，健全规章制度。

2009年2月，重新调整专委会名称和职能设置，经济科技委员会改为“经济委员会”，港澳台侨委员会改为“港澳台侨和外事委员会”，文教卫体委员会改为“教科文卫体委员会”，学习宣传委员会与文史委员会合并，设立“文史和学习宣传委员会”，并新设“人口资源环境委员会”，提案委员会、社会和法制委员会、民族和宗教委员会不变。各专委会重新修订（制定）主要职能、工作制度和《工作简则》，加强效能建设，不断提高服务水平。2. 创新组织形式，增强履职实效。2007年初，以市政协8个专委会和11个县（市、区）政协为依托，将489名委员根据各自的界别特点、专长及所在地，划分成20个委员活动小组，市政协正副主席或县（市、区）政协主席为小组召集人，采用条块结合的方法组织开展活动，充分发挥专委会和县级政协的主观能动性，调动政协委员履行职能的积极性。2007年，各活动组组织委员开展水利工程、数字电视整体平移工作、民族宗教事务、农村文化建设等调研视察活动38次。市政协经科委组建经济贸易一组、二组、建设工程组、科学技术组、农林水组、异地商会组等6个活动组，吸纳116名相关界别和相同岗位的政协委员参加，同时配套制定《泉州市政协经济科技委关于经济科技组开展活动暂行办法（试行）》。各活动组根据“三自”原则，围绕中心工作，认真履行职能，开展50多次活动，参加人数达700多人次；撰写调研报告100多篇，提出有针对性的意见建议1000多条。文教卫体委组织5个活动小组开展教育论坛、食品安全协商会、组织艺术创作与生产等16个专题调研，组织科普场馆建设等23个专项视察，撰写调研视察报告20篇、专报件19篇。港澳台侨和外事委不断加强与泉籍全国、省、市港澳台侨政协委员的联系，组织港澳侨台委员参与调研视察；广泛联系台湾同胞，热情接待莅泉访问的各界人士，热忱为在泉台商服务，坚持开展在泉高校华侨华人学生主题活动，积极为港澳委员企业和台商办实事、解难题。3. 积极搞好对口协商。根据工作需要，各专委会组织本委全体委员就贯彻党的路线方针政策的重要部署，落实党委、政府重要决策、重要规划、重点工作的重要举措，以及人民群众反映强烈的社会热点难点问题，与对口联系的党政职能部门进行协商讨论，提出切合实际的意见建议。如，2007年，市政协经科委组织召开有110多位在泉创办企业的省、市政协委员和24个市直部门单位领导参加的座谈会，发动委员结合实际提出相关意见建议，经科委归纳整理成39点建议后上报市政府。市政府办公室根据市长批示，将意见建议分解到有关部门办理。4. 总结推广工作经验。召开十届市政协第三次县（市、区）政协主席工作座谈会，总结交流各地加强专委会建设的经验和做法，探讨活跃专委会工作的新思路。

五、政协机关建设

政协机关是为政协委员履行职能服务的重要枢纽和窗口，是政协工作顺利协调运转的重要保障。泉州市政协按照制度化、规范化、程序化要求，通过深化政协机关机构改革、加强政治理论学习、完善工作制度、加强干部队伍建设，不断加强政协机关建设，办事机构、工作机构和体制机制日益健全完善，为泉州市政协委员发挥主体作用提供组织保障。

六届市政协鉴于机关新组建，干部新手多，把提高机关干部的政治、业务素质列为十分紧迫的任务。市政协组织机关干部系统学习《政协章程》、统战理论和人民政协的基本知识，提高认识，明确任务；坚持开展岗位练兵，在实践中学习、摸索、总结、提高政协工作经验；由秘书长带领副秘书长、办公室主任到省政协学习；组织科室负责人到厦门、漳州市政协学习取经，增强做好政协工作的能力和信心。同时，制订各科室岗位责任制，明确分工，各司其责；要求全体工作人员牢固树立服务观念，热心为委员服务，努力把政协机关建设成为“委员之家”。

七届市政协坚持抓好机关的思想建设、组织建设、制度建设和作风建设。经常组织市政协机关干部职工开展理论学习和时事政策教育，举办机关干部理论学习班，系统学习社会主义市场经济基本知识和新修订的政协章程，不断提高政治理论水平，增强服务意识，培养严谨的工作作风。充实工作机构，调整工作人员，调整和改革机关文书工作。制定《泉州市政协机关工作制度》《泉州市政协正副秘书长、办公室正副主任工作规则》，健全各委办、科室工作制度，基本理顺机关内部的工作关系，并进行机关作风纪律整顿，政协机关形成奋发向上、团结进取、热情服务的风气，工作效率实现新提高。1992 年 12 月 15 日，省政协命名表彰市政协三胞联谊委员会办公室为“全省政协系统先进集体”，黄阳辉、林昌如等 6 人为“全省政协系统先进工作者”。1993 年 2 月，泉州市政协表彰市政协办公室人事秘书科、鲤城区政协办公室、晋江县政协办公室、石狮市政协宣传教育办公室、南安县政协办公室、惠安县政协专门委员会综合办公室、安溪县政协办公室、永春县政协经济科技委员会办公室、德化县政协办公室为“全市政协系统先进集体”；胡和金、林月华、吕文团、陈秋菊等 16 人为“全市政协系统先进工作者”。同年，市政协办公室被评为“全省政协系统信息先进单位”“市地方志编纂先进单位”“行政管理先进单位”。

八届市政协以“三讲”教育为动力，着力提高政协队伍的思想政治素质和工作能力，为深入履行职能、推进各项工作夯实基础。一是加强领导班子建设。市政协领导班子和党员领导干部深入整改，进一步增强党性，端正党风，形成团结协调的领导集体，保证党的路线、方针、政策在政协的贯彻执行。二是增强机关干部素质。按照“三个代表”的要求，推进机关的思想建设和作风建设，调动干部职工的积极性，大力弘扬“敬业、服务、协作、务实、创新”五种精神，进一步形成团结、奉献、干事业的好氛围。政协办公室“服务、参谋、协调”的枢纽作用更加明显，各专门委员会的基础作用得到增强，机关的整体工作水平得到新提高。三是以机构改革为契机，政协机关的“两化”（机关工作规范化、制度化）建设取得新进展。按照“三定”方案顺利完成处、科机构设置；进一步健全主席会议、常委会议、专题会议、秘书长会议、办公会议等规章制度，形成适应政协特色的工作运行机制，各委（办）、科室的职责、任务、要求更加明确，规范化、制度化建设更趋深化；“搞好服务、当好参谋”的意识更加显著。1999年1月，市政协八届四次会议命名表彰陈克辉、黄阳辉等12人为“全市政协机关先进工作者”。

九届市政协加强市政协机关思想、组织、作风、制度建设和效能建设，坚持弘扬政协工作者的敬业精神、协作精神、创新精神、服务精神和务实精神。制定出台《关于加强机关效能建设工作实施意见》《泉州市政协机关干部职工会议考勤暂行规定》等7份文件，进一步完善各种规章制度。建立科学的工作分配机制和绩效考核机制，抓好“日考勤、季评议、年述职、定期考核”四项制度的落实，以提高机关的服务水平和工作质量。2001年2月，傅圆圆等11人被省政协命名表彰为“全省政协机关先进工作者”。市政协还以创建“学习型党组织”为抓手，深入开展争先创优活动。2005年12月至2006年5月，市政协组织市、县两级政协机关干部职工开展岗位练兵竞赛活动，要求机关干部职工切实掌握做好本职工作的“五个应知”（知理论、知政策、知科技、知法纪、知礼仪）、“五个应会”（会谈写、会调研、会技能、会协调、会管理），并组织开展理论知识测试，获得全市政协系统理论知识测试第一名的市政协机关干部尤东风被市总工会授予“五一”劳动奖章。市政协机关连续多年被评为“文明单位”，并获得“党建工作先进单位”“先进基层党组织”“先进职工之家”“先进妇委会”等荣誉称号。2003年，市政协机关12名干部被评为“优秀共产党员”和“先进工作者”。

十届政市协把加强市政协机关建设摆在突出位置，进一步发挥政协机关在履职服务中的枢纽作用。一是认真抓好制度落实。积极推进“学习型、服务型、创新型、和谐型”机关建设，坚持办公会议制度、机关干部学习制度、绩效考评制度，大力倡导团结协作、求实创新精神，不断改进工作作风，提高机关干部整体素质。二是着力提高服务水平。把围绕中心、搞好服务作为机关建设的重点，注重理清服务思路，根据党委、政府的中心工作，超前谋划年度协商建言、调研视察、督办提案方案，为履行职能服务。三是注重搞好保障。重点做好全委会、常委会、主席会、专题协商会等会务工作，增强工作实效。四是注重提高绩效。认真贯彻落实中共泉州市委《关于在全市机关加大治理庸懒散力度，服务泉州跨越发展的意见》，制定和实施机关绩效考评工作方案，加强机关效能建设。五是注重抓好党建。深入开展创建“文明单位”“机关党建工作先进单位”和政协机关党的建设“三级联创”活动，以抓党建的实效促进政协机关服务水平的提高。六是注重活跃氛围。组织采风活动，举办摄影作品展，丰富干部职工业余生活，增强机关的凝聚力和战斗力。市政协机关先后荣获第十、十一届福建省“文明单位”“福建省第二届维护妇女儿童合法权益工作先进单位”“泉州市第四轮机关党建工作先进单位”等 20 多项荣誉。

2011 年 5 月 10 日，市政协召开全市政协机关党建“三级联创”工作联席会议。会议传达学习胡锦涛等中央领导对创先争优的重要指示精神、2011 年全省政协机关党建“三级联创”工作联席会议和全市机关党的工作会议主要精神；总结交流各县（市、区）政协在推进学习型党组织建设、开展争先创优活动以及机关党建服务政协中心工作等方面的做法经验。陈元殿在会上提出 3 点意见。2005—2011 年，市政协机关充实 15 名处级干部，6 名干部交流到市直党政部门或县（市、区）党政班子任职，机关充实调整干部 27 人次。

六、制度建设

市政协高度重视并切实加强各种制度建设，坚持以制度管事管人，以制度保障政协工作顺利开展和目标任务落实。其中，比较重要的制度文件有：1993 年 5 月 5 日，市政协七届二十次主席会议批准的《泉州市政协秘书长、副秘书长和各办公室主任、副主任工作规则（试行）》。1995 年 11 月 30 日，市政协七届二十五次常委会议批准的《关于政治协商民主监督参政议政的实施办法》。1996年8月5日，市政协办公室印发的《关于建立主席联系常委常委联系委员制度的通知》。1997年3月3日，市政协八届六次常委会议通过的《政协泉州市委员会关于委员参加本会活动的基本要求》。1998年5月15日，市政协办公室印发的《关于在各县（市、区）成立市政协委员小组的意见》。2001年5月21日，市政协九届一次常委会议批准的《政协泉州市委员会常务委员会工作规则》《政协泉州市委员会关于委员工作的若干规则》；12月4日，市委办公室、市政府办公室转发的《政协泉州市委员会提案工作实施办法》。2005年3月22日，市政协办公室印发的《关于进一步发挥市政协委员尤其市区外委员作用的意见（试行）》；8月22日，市政协九届五十八次主席会议批准的《中国人民政治协商会议泉州市委员会主席会议工作规则》《中国人民政治协商会议泉州市委员会秘书长会议工作规则》《中国人民政治协商会议泉州市委员会反映社情民意信息工作条例》《中国人民政治协商会议泉州市委员会委员视察工作暂行规定》《泉州市政协机关办公会议制度》；10月14日，市政协九届二十七次常委会议批准的《中国人民政治协商会议泉州市委员会全体会议工作规则》《中国人民政治协商会议泉州市委员会常务委员会工作规则》《政协泉州市委员会提案工作实施办法》、修订的《中国人民政治协商会议泉州市委员会专门委员会工作通则》。2008年12月2日，市政协十届十五次主席会议批准的《中国人民政治协商会议泉州市委员会关于市政协委员履行职责服务管理办法（试行）》。

第十五节 扶贫济困工作

扶贫济困工作是政协密切联系群众、参与社会建设的重要载体和抓手，也是政协为党政分忧、造福百姓的重要举措。市政协根据市委部署，在各个时期扎实开展扶贫济困工作。

一、挂钩扶贫

从1987年开始，市政协每年都组织名老医师到鲤城区罗溪乡、南安县洪梅乡、永春县呈祥乡等扶贫挂钩点，为群众义诊送药；发动宗教界政协委员到扶贫挂钩点开展扶贫济困；帮助贫困乡发展教育、卫生事业，搞好水电路等基础设施建设。

1988 年 10 月 20 日，张其载率市财委、交通局等部门负责同志，到永春县苏坑乡现场办公，研究扶贫工作。

1994 年，按照市委的部署，市政协与市人大一起，建立永春县呈祥乡扶贫挂钩点。驻会领导和办公室干部深入贫困乡共同切磋脱贫致富之良策，帮助解决道路、桥梁等基础设施建设中碰到的难题。1995 年，市政协充分发挥组织和政协委员的优势，继续帮助永春县呈祥乡解决水电路等一系列问题。

1996 年初，市委作出“举全市之力，攻贫困之坚”的战略部署，重点帮助安溪加快脱贫奔小康步伐。市政协积极响应，把投身扶贫攻坚工作作为服务泉州市经济建设的重要内容，努力挖掘组织内部的各种优势，发动机关干部、工商界、经济界委员、港澳委员和其他界别委员，一起投入“扶贫攻坚”事业。傅圆圆负责挂钩湖头、金谷两镇的扶贫工作，多次到现场召开办公会议，指导工作，协调落实帮助两镇脱贫的大量资金。市政协办公室负责挂钩安溪魁斗镇凤山村，经过一年的帮扶，所挂钩的特困户全部脱贫。市政协还积极配合市政府各挂钩单位，争取 40 多万元资金，帮助魁斗镇凤山村修建一条水泥公路。5 月 16—17 日，市政协组织有关人员到安溪魁斗镇、湖头镇、金谷镇调研扶贫工作，走访凤山村、高山村、河山村的特困户，考察几个扶贫项目，并与当地领导及市政协在安溪的部分企业界委员座谈，探讨治理贫困、发展经济的思路和对策。5 月 24 日，市政协召开促进安溪扶贫事业恳谈会。会上，市政协领导要求委员们在扶贫工作上，要从“救济式扶贫”转向“开发式扶贫”，增强安溪县贫困户的自身造血功能。11 位委员慷慨解囊，扶持 80 户贫困户发展生产。市政协充分重视民营企业在“扶贫攻坚”中的作用，1996 年 5 月下旬，召集 11 名企业家常委举行恳谈会，为帮助安溪扶贫出主意、提思路。与会常委当场捐资 7.8 万元，资助湖头、金谷、魁斗 3 个乡镇的 50 户贫困户，作为发展农业的启动资金。10 月下旬，19 名港澳委员组团到安溪考察扶贫工作，深入白濑乡上格村访贫问苦，为贫困乡村脱贫献计献策，并捐资 20 万元，资助上格村建设一所“希望小学”。1997 年 4 月下旬，薛天锡带领经科委成员到安溪县，调查了解脱贫致富奔小康情况。调研组总结安溪县脱贫致富的 4 点做法、3 点启示，提出值得注意的 4 个问题和 5 点建议。

2004 年，市政协驻会 4 位领导经常走访挂钩重点帮扶的洛江区罗溪镇广桥村、永春县蓬壶镇联星村、安溪县大坪乡双美村，并召开现场办公会，协调市、县有关部门帮助落实300多万元扶贫资金。

二、捐赠济困

1996年11月14—15日，张章炳带领鲤城区部分省、市政协委员，赴德化县三班镇视察扶贫工作和农村小康建设情况。委员们提出3点建议。12月下旬，港澳委员吴海璇、邱季端率领石狮公会赴安溪蓬莱镇考察扶贫工作，当即认捐22万元帮助该镇发展教育事业。市政协医卫界委员也积极行动，深入贫困乡村送医送药。住县（市、区）的省、市、县三级政协委员以“扶贫奔小康”为主题，开展异地视察活动。视察活动增进山区与沿海的交流与合作，开阔委员视野，激发委员为加快脱贫奔小康步伐作贡献的热情。晋江、石狮、南安、惠安等沿海县（市）的政协委员慷慨捐助所到的贫困乡村兴办一些公益事业，得到当地党委、政府好评。

1999年，市政协民宗委在继续发动宗教界人士帮助160多名少数民族贫困生就学的同时，配合有关部门更加扎实地开展帮扶活动。据不完全统计，1996—1999年，通过挂钩扶持，宗教团体捐资550多万元、2万多件衣服，其中，捐资助学201万元，修桥造路132万元，救灾扶贫94万元，扶持13个经济欠发达的少数民族村50万元，其他慈善事业73万元。

2003年2月，市政协九届三次会议“泉州人的再思考—政协论坛”指出：贫困群体普遍存在“五难”，即下岗再就业难、生活保障难、看病就医难、子女上学难、安居住房难。为此，强调帮助下岗职工实现再就业是解决困难职工问题的“治本”之策。建议逐步完善社会保障体系，解决职工的后顾之忧；确保政策扶持和社会力量共同帮扶困难职工群体；工会组织要发挥自身优势，做好帮扶困难职工工作。

2003年5月19日，在第十三次“全国助残日”活动期间，傅圆圆在有关领导陪同下，深入洛江区万安街道办事处开展残疾人“一帮一”结对帮扶活动。

2004年，市政协与各县（市、区）政协大力推动委员扶贫助学。据不完全统计，有488名政协委员与2342名贫困学生结对帮扶，资助金额达411.7万元。还组织医卫界专家深入农村、社区，讲授高血压、中风、糖尿病和小儿常见病等疾病的防治方法，听众达800多人次，接受义诊或咨询200多人次。宗教界委员为社会公益事业捐资284万元，为民族村群众义诊4184人次，赠药30多万元，扶持少数民族贫困学生就学 1837 人。

2005—2006 年，市政协开展百名委员进社区（农村）、走访百家困难群众、帮做百件好事实事、反映百条社情民意的“四百”活动，广泛发动各界别的力量参与扶贫、献爱心等公益活动。据不完全统计，共筹集扶贫帮困资金 2500 多万元，帮扶贫困学生 5500 多人次，慰问贫困群众 800 多户；为困难群众义诊 22000 多人次，赠送药品 100 多万元。

2007 年，市政协民宗委组织发动宗教团体、宗教人士到泉港区清明庵慰问 27 名弃婴、孤残儿童，并赠送慰问金。文教卫体委员会开展“关心委员企业、关爱外来务工人员”活动，组织福建医科大学附属第二医院 10 多名专家委员赴泉州经济技术开发区，为福建宏远集团外来务工人员义诊近 500 人次，赠送药品 3000 多元。12 月 4 日，港澳台侨联联络委发动港澳委员向永春县玉斗镇希望小学、吾峰镇吾西希望小学捐资 50 万元，支持山区发展教育事业。

2008 年 1 月 15 日，吴共湖率部分政协委员、市民族与宗教事务局领导，赴泉港区慰问孤残儿童，捐资 56000 元及生活用品。市政协民宗委组织基督教义诊队深入永春、安溪等地义诊 13 次，就诊人数达 7162 人次，赠送药品 286200 元。“六一”儿童节前夕，文教卫体委到德化县进行特殊教育调研时，发动福建金爵慈善基金、泉州教育基金会、企业家、政协委员为德化县特殊教育学校捐资 7.7 万元。同时，组织医卫界委员和市第一医院专家 20 多人为 200 多名农民义诊。8 月 14 日，林荣取带领市直有关部门，到泉州市重点帮扶村南安市向阳乡郭田村召开现场办公会议。会议强调要高度重视重点帮扶村发展经济；要理清思路，发挥优势，扬长避短；要发展壮大村集体经济。与会领导和市直有关部门筹措扶持资金 55.5 万元，用于支持郭田村发展经济和社会事业。

在学习实践科学发展观期间，开展为基层和群众办好事实事活动。继续帮扶德化县葛坑乡龙塔畲族村、南安市金淘镇占石村、向阳乡郭田村等 25 个项目，落实帮扶资金 291 万元；走访慰问部分重病灾的政协委员和困难群众 30 多人次，发放慰问金 17000 元。2008 年，数十位港澳委员为家乡的教育、卫生、交通、慈善等公益事业慷慨捐资数千万元。比如，市政协香港委员张志猛捐助 30 万元支持市重点帮扶村德化县汤头乡福山村修建公路。

2006—2008 年，经港澳台侨委牵线搭桥，十届省政协委员、九届市政协澳门委员王正伟连续 3 年累计向泉州市慈善总会捐资 3000 万元。

2010年，市政协发动港澳政协委员捐赠公益慈善事业数千万元人民币，其中30万元扶持永春县玉斗中心小学建食堂、餐厅、综合楼。开展13次义诊活动，就诊人数达6600多人次，赠送药品23万多元。

2007—2011年，市政协先后组织界别委员和相关部门到南安、永春、德化、洛江、泉港等5个县（市、区）的老、少、边、贫乡村开展帮扶活动，共筹措资金500多万元，帮助改善生产和生活条件。积极倡导广大政协委员关心公益事业、回馈社会、奉献爱心，为构建和谐社会添砖加瓦。据不完全统计，5年间，全市各级政协委员向慈善机构捐资，向四川汶川、闽西北地区、青海玉树、甘肃舟曲等灾区捐款捐物超过8亿元人民币。

三、帮扶少数民族村

2007年，市政协民宗委组织发动宗教团体、宗教人士捐赠65万元，扶持少数民族地区发展教育、修路造桥、新村建设和社会公益事业；组织基督教义诊队深入石狮蚶江、南安码头、安溪官桥、永春玉斗等少数民族地区，为群众义诊6968人次，赠送药品224340元。

2008年5月4—5日，林荣取带领部分委员、政协各委办主任、泉州五大宗教团体负责人、市直有关单位领导前往德化视察民族宗教工作，并到龙塔畲族村开展帮扶活动，共筹集资金72万元扶持该村铺路造桥，种植柑、竹及修建饮水工程。

2009年4月8日，林荣取带领市政协副主席、秘书长、机关各委（办、室）负责人、部分宗教界委员，到永春视察民族宗教工作，并深入东关镇南美回族村开展扶贫帮困捐赠活动。泉州市各宗教团体、宗教界人士共捐资71万元，扶持南美回族村种植油茶、速生林、村间道路硬化工程。

2009年，市政协继续帮助落实慈善捐赠和扶贫助学等项目。据不完全统计，全年省、市政协港澳委员捐赠公益慈善事业1000多万元。宗教团体、宗教界人士为民族村、贫困村继续奉献爱心，在一定程度上有力地促进少数民族地区和贫困地区的经济发展和社会进步。泉州开元寺捐资377.5万元，元妙观捐资80.582万元，基督教两会捐资175.45万元，关岳庙捐资765.45万元。组织医卫界和宗教界义诊队深入贫困山区和企业，开展义诊活动22次，就诊人数达10000多人次，并赠送急需的药品38万多元。

2010年4月8日，林荣取率市政协6位副主席、秘书长、各专委办主任、市直相关部门、市五大宗教团体负责人、通淮关岳庙负责人，到洛江区河市镇厝斗畲族村实地视察，并筹集资金103万元扶持该村种植油茶、改造铁观音茶叶基地、修建机耕路和饮水工程以及乡村道路，助推人居环境改善。

第十六节　办公楼等设施的建设与管理

市政协办公楼等设施的建设，得到各级党委、政府及其职能部门和社会各界，特别是国家计委、福建省政府、海内外政协委员的大力支持。26年间，先后建成市政协综合办公楼、市政协办公楼、海峡文化交流联谊中心综合楼和华侨联谊中心接待站（华侨之家）等重大工程。

一、市政协综合办公楼

六届市政协自成立起，租用泉州宾馆办公。为解决办公用房，1986年九十月间，市政协向市委、市政府申请建设市政协办公楼。11月14日，市委常委、副市长联席会议同意市政协提出的市政协办公楼基建方案，即在鲤城区东大路南段西侧（温陵南路159号），原市电子工业公司已征用的土地上建设市政协综合办公楼（与市电子工业公司合建），6层建筑面积2800平方米，总投资90万元；同时，原则上同意市华侨联谊中心关于在市政协综合办公楼上加层建筑（3层）的方案，以解决泉州市华侨联谊中心的用房问题。

1987年3月间，省政府批复同意泉州市华侨联谊中心接受旅菲侨胞吴永源、扬振殊、庄鼎水、吴礼祥等人10万美元的基建捐款。5月4日，市政协与泉州市电子工业公司签订协议书，征用市电子工业公司3.87亩土地，用于建设市政协综合办公楼、附属综合楼、展销厅3幢楼房。协议规定综合办公楼第二、三层归市电子工业公司所有和使用，其余归市政协所有和使用，附属综合楼归市政协所有，展销厅归电子工业公司所有。随后，市政协综合办公楼动工建设。

1988年9月3日，华侨联谊中心与菲律宾华联公司签订协议，确定华联公司有偿投入，装修经营“华侨之家”；双方同意以泉州市华侨联谊中心海外董事捐资在市政协综合办公楼第七、八、九层兴建的接待站（定名为“华侨之家”），作为接待三胞的基地。基地建筑面积 1789.23 平方米、48 间房间，租期 15 年。

1988 年底，市政协综合办公楼（共 9 层）基本竣工落成。

由于“华侨之家”经营困难等原因，2002 年 12 月 26 日，“华侨之家”菲律宾董事姚秀华、吴永源、王明媛联名传真市政协，决定将“华侨之家”提前于 2003 年 1 月 1 日起移交给市政协。

15 年后，市政协机关搬迁至新建办公楼。市政协办公室委托华侨联谊中心将温陵南路 159 号原市政协综合办公楼租赁给华泉旅社经营，租赁期为 2003 年 7 月 1 日—2013 年 6 月 30 日。

二、市政协办公楼

随着市政协组织机构不断发展壮大、对外交流日渐频繁、对台港澳侨工作深入推进，市政协综合办公楼已不能适应市政协工作需要。特别是市政协机关与市电子工业公司同楼办公，给市政协的对外交流、接待带来诸多不便。为改善市政协的办公条件，1997 年，市委、市政府决定在丰泽区津淮街东段划拨 10 亩土地，2000 年度又拨款 200 万元，供市政协建设“委员培训中心”（含机关办公）。

2000 年 10 月，以市政协联谊中心一期工程（含机关办公）立项，在丰泽区津淮街东段与坪山路交界处（津淮街东段 22 号）动工建设联谊大厦（市政协办公楼）。2003 年 1 月 29 日，该工程竣工落成，共 6 层 3565.98 平方米。

市政协办公楼建设得到泉州各县（市、区）政府和部分企业界委员提供的 345 万元资金和钢材、水泥、瓷砖等物资支持。

2011 年底，市政协机关搬迁至丰泽区东海市行政中心后，根据市委、市政府决定，津淮街东段 22 号原市政协办公楼移交市各民主党派。

三、海峡文化交流联谊中心综合楼

根据多年海峡两岸经济文化交流联谊的实践和实际需要，市政协在筹建丰泽区津淮街东段 22 号市政协办公楼的同时，也积极争取筹建对台工作的重要窗口“泉州海峡文化交流联谊中心”。

2000 年 10 月间，市政协办公室向市政府提出申请建设“泉州海峡文化交流联谊中心”的报告（泉政协办〔2000〕73号）。11月27日，市计委批复（泉计〔2000〕670号）同意，同时向省计委申请补助资金。

2002年3月，该工程被国家计委列入中央预算内投资项目。4月，经泉州市人大十三届二次会议审议通过，列为当年度市预备重点项目。8月30日，市政府批复（泉政〔2002〕157号），同意将泉政〔1997〕地436号文件批准给泉州市地产开发公司淮云新城二期建设用地中的3334平方米国有土地使用权，以行政划拨方式提供给市政协作为泉州海峡文化交流联谊中心综合楼建设用地。

2003年12月30日，泉州海峡文化交流联谊中心综合楼奠基，动工建设。2006年4月25日，工程竣工落成，共4层14600平方米；内设多功能厅、接待室、图书资料室、泉台谱牒室、“中华闽南文化网站”。

泉州海峡文化交流联谊中心综合楼总投资1600多万元，其中，时任省长习近平划拨省长专项经费120万元，国家计委投资司核拨500万元，市政府财政核拨300万元，市政协港澳委员捐资300万元。

2011年底，市政协机关搬迁至丰泽区东海市行政中心后，海峡文化交流联谊中心综合楼仍归市政协所有，除第一层等出租给商家经营以外，其余部分由市政协、泉州泉台民间交流协会、泉州泉商发展促进会使用。

第四章 人物与先进集体

第一节 泉州市政协领导班子成员简介

一、主席简介（按任职先后为序）

张其载

1928年9月出生于山西省沁水县中村镇张马村。早年进抗日高校就读，任班长，接受党的抗日救国思想教育，积极带领同学参加抗日宣传活动。1945年9月参加工作。1946年3月加入中国共产党。先后任沁水县供销社会计，中共沁水县委办公室干事。1949年任长江支队第四大队第四中队秘书（办公室主任）。入闽后历任中共福清县委秘书、龙田区区长、县供销社主任、东张区委书记。1955年任福清县财委主任、财贸部长、中共福清县委常委。1958年8月调任晋江专区大田钢铁指挥部副指挥。1959年3月任泉州钢铁厂党委书记。1962年1月任中共泉州市委副书记兼副市长、财贸部长。1964年8月—1969年4月任泉州市市长。1975年12月任晋江专区工交办公室主任。1977年6月后历任中共晋江地委常委、地区行署副专员。1986年1月任政协泉州市第六届委员会主席、党组书记。1991年12月离休后返聘为泉州市老龄委主任。2005年1月逝世。

林文麟

福建省莆田市人，1944年4月出生。1967年9月福建农学院毕业后，在晋江军垦农场劳动锻炼。1970年3月后历任安溪县官桥公社办事员、管委会副主任、党委副书记，安溪县龙门公社党委副书记、管委会主任、党委书记，晋江行署农委主任，中央党校培训部学员。1983年3月任中共晋江地委委员。1985年3月任中共晋江地区纪委书记，7月任中共泉州市委常委、纪委书记。1987年12月起任中共泉州市委副书记。1991年3月任政协泉州市第七届委员会主席、党组书记。1995年3月任中共福建省委统战部常务副部长、部务会议成员，省工商联党组书记、副会长。1999年4月任泉州市政府巡视员。2001年4月后兼任福建省政协台港澳侨联络委副主任。2005年3月任福建省政协台港澳侨联络委副主任。是第六、八次省党代会代表，第六、八届省纪委委员，第七、八、九届福建省政协委员、八届省政协常委。2008年12月退休。

傅圆圆

女，福建省鲤城区人，1948年3月出生。1969年10月在大田县小湖公社桃山大队插队劳动，1970年6月被选调为公社脱产干部。1970年5月起历任中共大田县文江公社党委委员、妇联主任，广平公社党委委员、副主任、副书记。1981年9月进福建省委党校党政干部大专学历培训班学习。1983年7月任大田县广平公社党委副书记，11月任中共大田县委常委、宣传部长。1984年12月任中共三明市委常委、宣传部长。1986年1月任中共泉州市委常委，1988年起兼任中共泉州市委统战部部长、政协泉州市第六届委员会副主席。1995年3月任政协泉州市第七届委员会主席、党组书记兼任市委统战部部长。1995年6月任政协泉州市第八届委员会主席、党组书记。2005年4月任泉州市人大常委会党组书记、主任。是第十、十一届省人大代表，第六、七、八、九届福建省政协委员。2011年4月退休。

林荣取

福建省南安市人，1947年10月出生。1968年3月参加中国人民解放军。1970年6月加入中国共产党。1973年3月退伍回乡，被聘任小学教员，后任大队党支部副书记。1977年12月被转为脱产干部，任南安官桥公社党S委委员、管委会副主任。1980年5月后历任南安金淘公社党委副书记、管委会主任、党委书记。1983年11月任南安县副县长。1984年9月在中央党校党政干部培训班学习二年。1987年5月任中共南安县委副书记，同年12月任中共泉州市委组织部副部长。1990年

8月任中共鲤城区委书记。1993年3月兼任泉州市人大常委会副主任。1995年7月被中组部授予“全国优秀县（市）委书记”称号。1996年3月起任中共泉州市委常委、市纪委书记，2000年2月任泉州市委副书记、市纪委书记。2005年4月任泉州市委副书记、政协泉州市第九届委员会主席、市纪委书记、市政协党组书记。2005年8月任政协泉州市第十届委员会主席、党组书记。2008年1月任福建省政协经济委副主任。是省第七次党代会代表，第七届省纪委委员，第九、十届福建省政协委员。2010年11月退休。

杨俊峰

安徽省寿县人，1955年10月出生。1986年6月加入中国共产党。1974年7月先后为泉州市城东公社插队知青、福建省潘洛铁矿工人。1979年2月进集美航海专科学校海洋船舶驾驶专业学习。1982年2月毕业分配至晋江地区协作办工作，1984年2月调任晋江地区计委综合计划科副科长（其间：1984年9月—1985年7月在上海交通大学“计划干部进修班”学习）。1986年2月任泉州市计委综合计划科科长。1988年4月任泉州市计委副主任，1990年2月任泉州市计委副主任、党组成员。1990年8月调任中共惠安县委副书记，县政府副县长、代县长，1991年1月任中共惠安县委副书记、县政府县长（其间：1991年9—12月，在省委党校县长培训班学习）。1993年12月任泉州市政府市长助理。1995年2月任泉州市政府市长助理，市计委主任、党组书记。1996年5月任泉州市政府市长助理、秘书长、党组成员，市政府办公室党组书记。1999年6月任泉州市政府助理巡视员、秘书长、党组成员，市政府办公室党组书记。1999年10月任泉州市政府助理巡视员、党组成员（其间：1999年6月—2002年7月援疆，任福建省第一批援疆干部领队，中共新疆昌吉回族自治州常委、副州长。2002年6月被评为新疆维吾尔自治区优秀援疆干部，2002年9月被福建省政府授予个人二等功）。2002年8月任泉州市政府副市长、党组成员。2005年6月调任中共三明市委常委、组织部部长。2007年1月调任中共福建省委组织部部务委员。2010年12月调任泉州市政协党组书记。2011年2月经市政协十届五次全会补选为主席。是第八次省党代会代表，第十、十一届福建省政协委员。

二、副主席简介（按任职先后为序）

朱江水

福建省晋江市人，1930年5月出生。1945年8月参加地下党领导的革命活动，1948年4月加入中国共产党，曾任中共晋南同县工委五星区第五支部书记，晋江县天亮乡乡委民运。建国后历任晋江县第六区农会干事、副主任，中共晋江县委组织部干事，晋江县第十一区区委副书记、书记，中共晋江县委农工部副部长、部长，中共晋江县委常委，中共南安县委副书记。“文化大革命”期间遭迫害，平反后历任晋江地区农业局局长，中共安溪县委书记，福建省委候补委员、委员。1980年任中共晋江地委常委、晋江地区行政公署副专员。1986年任政协泉州市第六届委员会副主席、党组副书记。1991年10月离休。1996年4月逝世。

廖博厚

福建省鲤城区人，1907年11月出生。集美学校师范部毕业后，先后在晋江、南安县乡村小学任教。1947年秋弃教学商，往香港谋求出路，后回厦门到建和行学会计。1949年6月辞职回家，9月与乡亲一起投入支前防疫卫生工作，10月被邀参加晋江县首届各界人民代表会议。1951年任泉州市卫生局局长，同年参加中国民主同盟。1952—1955年任泉州市第二届各界人民代表会议协商委员会副主席。1953年9月—12月参加中国人民赴朝慰问团福建省分团，到朝鲜慰问中国人民志愿军。1956年7月起任泉州市副市长，同时兼任政协泉州市（县级）第一、二、三届委员会副主席。1962年进中央社会主义学院学习。“文化大革命”中被停职参加集中学习。1981年2月任泉州市副市长，仍续任政协泉州市（县级）第四、五届委员会副主席。1986年1月任政协泉州市（地厅级）第六届委员会副主席。曾任泉州市民盟主委，福建省民盟常委。是第一至六届、八至九届泉州市人大代表，第一、二、三届福建省人大代表。1993年6月离休。2002年12月逝世。

吕敦村

福建省南安市人，1914 年 1 月出生。曾就读集美中学、福州省立师范、上海大厦大学。1936 年南渡印度尼西亚，在玛琅建丰油厂任职。中华人民共和国成立后回国定居泉州，参加侨联工作。1951 年起任泉州市侨联主席。1953 年加入中国民主同盟。是泉州市、南安县人民委员会委员、人大代表，全国侨联第一、二、三届委员会委员，福建省侨联委员会委员、常委，泉州市侨联主席，全国政协第六、七届委员会委员，福建省政协委员、常委，政协泉州市第六、七届委员会副主席兼三胞委员会主任，泉州黎明大学常务董事，泉州华侨历史学会会长、泉州乡讯社社长、南安华侨中学首任校长、校董会副董事长。后任泉州市侨联名誉主席、泉州华侨历史博物馆名誉董事长、南安华侨中学永远名誉董事长。1985 年福建省政府授予“乐育英才”奖匾。1986.1989 年被全国侨联、省侨联评为“工作积极分子”。1994 年被全国侨联评为“为八五计划作奉献”先进个人。1996 年福建省政府授予捐资办学倡导奖，再次颁发“乐育英才”匾。1997 年 12 月在泉州逝世。

李德茂

福建省惠安县人，1920 年 9 月出生。1946 年厦门大学毕业后，应聘集美中学高中部任教。1948 年春应聘担任南安侨光中学校长，中华人民共和国成立后续任该校校长 32 年。1981 年秋调任南安第一中学校长。1982 年省人民政府授予福建省劳动模范称号，1984 年福建省总工会授予五一劳动奖章。先后被选为政协南安县常委、县人大常委会副主任，政协福建省委员会委员、省人大代表。1986 年任政协泉州市第六届委员会副主席。1991 年退居二线，负责侨光中学董事会的领导工作，广泛联系海内外侨亲、校友捐资，改善办学条件。

曾惠华

女，祖籍台湾省，1933 年 12 月出生于福建省石狮。1957 年青岛医学院医疗系毕业后，留任该院附属医院儿科住院医师。1961 年调任福州市第一医院儿科住院医师。1970 年 1 月下放松溪县旧县公社李墩大队当干部。1973 年 11 月调任晋江地区第一医院儿科住院医师，1987 年 12 月任儿科副主任医师。1990 年 3 月调入泉州市儿童医院工作，1994 年 4 月任儿科主任医师。先后撰写有关小儿血液病论文 9 篇。1980 年参加台湾民主自治同盟兼任泉州市委员会副主委。1986 年 1 月当选并连任政协泉州市第六、七、八届委员会副主席。2001 年 10 月退休。

庄清桂

福建省惠安县人，1919 年 9 月出生。早年就读于惠安锦山小学、省立晋江中学、福建师范大学、协和大学。1939 年在福师大时参加沙县学生军训，结业后被派往宁泽县安坑乡任民校校长。1942 年 8 月任锦山小学民教部主任。1947 年被选为协大闽南同乡会会长，同年加入中国农工党，受农工党福建省委指派任晋江特派员。1948 年 8 月应晋江县立中学校长之聘负责该校教务工作。1949 年 6 月参加中国民主同盟，任民盟泉州筹委。1950 年参加福建新研班学习，是晋江县人民代表。1953 年 5 月起历任农工党泉州市委专职干部，第一、二届委员会副主委，政协泉州市委员会委员和泉州市人大代表，福建省民主青年联合会委员和泉州市民青联常委，1984 年任农工党泉州市委员会副主委和政协泉州市委员会常委，1985 年改任农工党泉州市委员会主委和农工党福建省委常委。1986 年任政协泉州市第六届委员会副主席，1988 年任农工党泉州市委员会名誉主委。1993 年 7 月离休。2007 年 2 月逝世。

齐世和

河北省武安县人，1930 年 5 月出生。年少时，读过书、务过农、做过童工。1945 年 10 月参加民兵，任民兵指导员、区武工队队员。1946 年 3 月加入中国共产党。1947 年 5 月进太行区党委五地委豫北干部中学读书，同年 12 月调回武安县第七区公所工作。1949 年 2 月南下，任中国人民解放军长江支队第一大队二中队四小队党委宣传委员；9 月起历任中共南安县委宣传部干事，1950 年 7 月任二区区委副书记，1951 年 7 月—1952 年 10 月任南安县六区区委书记，1952 年 10 月任县委宣传部副部长兼统战部部长。1953 年 8 月起任中共同安县委委员、宣传部部长。1956 年 4 月起任中共晋江地委宣传部理论教育科长兼地委讲师团团长（其间在中央马列学院学习一年），1958 年 3 月任中共晋江县委常委、宣传部部长。1960 年 4 月任晋江专员公署科委副主任，同年10月起先后任中共晋江地委党校副校长，党委副书记、书记。1973年11月起历任中共泉州市委常委、副书记，市革委会副主任。1981年2月任政协泉州市第四届委员会主席。1983年11月任中共晋江县委书记、人大常委会主任、人武部第一政委。1988年3月任政协泉州市第六届委员会副主席。1991年10月离休。

王文泰

福建省晋江县人，1937年11月出生。高级工程师。1963年8月西安石油学院炼制专业本科毕业。1963年9月起在石油部北京设计院工作，历任自动控制组副组长、组长，参加齐鲁石化厂、武汉石化厂等11座大型石化企业设计、建设。1975年12月加入中国共产党。1981年7月调入晋江地区科学技术委员会工作，任计量所党支部书记，参与湄洲湾南岸规划工作。1984年1月任莆田市代市长。1984年12月后历任中共莆田市委副书记、福建省建委副主任、福建省石化公司总经理、福建省湄洲湾规划协调组副组长、泉州市湄洲湾肖厝经济开发区委员会主任，主持湄洲湾南北两岸规划、建设和福建炼油厂筹建工作。1986年7月任泉州市副市长、福建炼油厂建设领导小组成员兼现场指挥。1990年3月起任政协泉州市第六、七届委员会副主席，后任常务副主席。1996年3月任泉州市政协正厅级巡视员，泉州市湄洲湾南岸开发建设顾问组组长。曾荣获石油化工部学铁人标兵，全国归侨、侨眷先进工作者等奖励。1998年8月退休。

薛天锡

福建省鲤城区人，1930年6月出生。1945年起在昌隆参药行当学徒、职员，1951年任经理兼新中制药厂副董事长。1956年1月入伍，历任晋江地区医药批发站门市部副主任，泉州市医药公司批发部负责人兼泉州制药厂董事长，10月起任泉州市工商联副秘书长、秘书长、副主委、会长。1997年3月任工商联副会长，后改任名誉副会长。1956年参加民建，历任民建泉州市委员会委员兼秘书、副主委。先后担任福建省青联常委、泉州市青联副主席，市（区）人民代表，人大常委、副主任，省人民代表。1991年3月—1995年10月任政协泉州市第七届委员会副主席。1995年任政协福建省委员会常务委员。2001年10月退休。2012年12月逝世。

何国栋

福建省鲤城区人，1947年1月出生。1980年2月泉州高级师范专科学校中文专业毕业后，分配到泉州一中任语文教师。1984年1月调任泉州市人民政府办公室干事，后任副主任，同年7月加入中国共产党。1985年1月任中共晋江地委统战部统战科科长，1986年1月任中共泉州市委统战部副部长。1988年3月兼任泉州市人民政府侨务办公室主任、外事办公室主任。1995年3月起任政协泉州市第七、八、九届委员会副主席，兼中共泉州市委统战部部长。2005年6月任市政协党组副书记。2008年12月退休。

叶聪敏

福建省丰泽区人，1945年11月出生。1968年8月福建农学院毕业后，分配到永春县桂洋公社工作。1973年12月加入中国共产党。1977年9月任中共晋江地委办公室干事，1982年12月—翌年11月任地委办副主任。1984年8月—1986年1月任中共晋江地委组织部第一副部长、部长，地委委员。1985年6月当选中共福建省委第四次代表大会代表。1986年1月—1987年5月任中共泉州市委常委、组织部部长。1988年3月调任中共龙岩师专党委书记。1996年3月—2006年1月历任政协泉州市第八、九届委员会副主席、党组成员。2007年9月退休。

张章炳

福建省丰泽区人，1938年8月出生。1956年3月加入中国共产党。1955年7月任泉州市手工业联社财务会计。1958年2月参加中国人民解放军，历任福州军区炮兵司令部打字员、保密员、政治处干事。1958年8月参加炮击金门战役，1965—1967年参加抗美援越并荣立三等功一次。1967年3月—1970年5月任高炮第64师612团副政治教导员、政治教导员。1970年5月—1983年5月任中共福州军区纪律检查委员会办公室科长、副处长、处长。1983年5月任中共福州军区纪律检查委员会办公室副主任（副师职）。1986年2月转业，5月任中共泉州市纪委副书记。1988年4月任泉州市政府监察局局长，被评为全省优秀监察干部。1993年3月任中共泉州市纪委副书记兼监察局局长。1996 年 3 月任政协泉州市第八届委员会副主席。2001 年 4 月任市政协副巡视员。2001 年 8 月退休。2015 年 3 月在泉州逝世。

郑今奋

福建省石狮市人，1940 年 12 月出生。1965 年福建医学院医疗系毕业后，分配在省交通厅工程团当医生。1970 年调入福建医学院外科教研组任教，后转入附属二院外科任医师兼教研组秘书。1986 年被评为福建省教育先进工作者，同年 9 月加入农工民主党。1992 年任福建医学院业务副院长、外科主任。1994 年晋升主任医师。是政协福建省、泉州市第七届委员会委员。1996 年起任农工民主党泉州市委会主委、政协泉州市第八、九届委员会副主席。1997 年任农工民主党福建省委会副主委、泉州市科协主席。1997 年被聘任福建省医科大学兼职教授。1998 年当选福建省人大常务委员会委员。是泉州海外联谊会顾问、泉州抗癌协会理事、福建省外科学会委员。1992 年 3 月—2007 年 4 月任福建医科大学附属第二医院副院长，2011 年 3 月退休。

王仁杰

祖籍福建省惠安县，1942 年 6 月出生于泉州市区。先后就读于泉州紫江小学、泉州七中、上海戏剧学院文学系。1961 年 9 月参加专业文艺工作，先后在泉州市歌剧团、越剧团、福建省梨园戏实验剧团、泉州市戏剧研究所担任编剧。1970—1975 年下放德化县当宣传队员。1995 年 3 月起任政协泉州市第八、九届委员会副主席并续任福建省戏剧家协会副主席。1997 年 7 月任泉州市戏剧研究所所长（系国家一级编剧），享受国务院批准的有特殊贡献的政府特殊津贴；同年 8 月兼任泉州市文联副主席等职，是第八、九届全国政协委员。长期从事戏剧创作，其代表作有梨园戏《节妇吟》《董生与李氏》《陈仲子》《枫林晚》，昆曲《琵琶行》，歌剧《风流年华》《素馨花》等。曾获省以上编剧奖 10 多次，并两度获得曹禺戏剧文学奖，作品远播海内外。2008 年 12 月退休。

张贻伦

福建省南安市人，1949年10月出生。1968年3月参加中国人民解放军，历任班长、副排长、代理排长。1969年7月加入中国共产党。1976年9月厦门水产学院海洋系毕业后，任南安海防部干事。1984年11月任中共南安县委常委、纪委书记。1987年4月起历任中共安溪县委副书记、代理县长、县长。1991年12月任泉州市政法委书记。1995年4月任中共永春县委书记。1997年3月起历任政协泉州市第八届委员会副主席、中共永春县委书记。2001年4月后任泉州市人大常委会副主任、党组成员，中共永春县委书记。2005年6月任泉州市人大常委会副主任、党组成员。2010年1月退休。2012年10月逝世。

何融融

又名何融，籍贯湖南省澧县，1940年5月出生于泉州市。1961年毕业于厦门大学化学系，后在泉州市清源农场工作，任技术员、茶厂厂长等职。历任泉州市茶叶学会副理事长、名誉理事长。1982年参加中国民主建国会，1984年调任民建泉州市委会秘书长，1988年任民建泉州市委会副主委兼秘书长、民建福建省委会常委。1996年任民建泉州市委会主委。1997年任民建福建省委会副主委。曾兼任政协泉州市鲤城区第一、二、三、四届委员会副主席，泉州市农业局副局长，第十二届泉州市人大常委会委员，政协第七届福建省委员会委员。1997年3月起任政协泉州市第八、九届委员会副主席。1998年1月当选政协福建省第八届常委会委员。高级农艺师。曾发表茶叶生产发展战略、科研报告、生理生化、茶史研究等专论20多篇。在1993年全国民主党派、工商联智力扶贫表彰会上被评为先进个人。1994年4月被泉州市人民政府授予劳动模范称号。2008年12月退休。2016年6月逝世。

刘佳景

福建省南安市人，1945年12月出生。1977年11月加入中国共产党。1964年7月高中毕业，先后在东田山西小学、桃源小学、南安四中任教。1976年11月任东田山西大队革委会副主任。1977年12月后历任南安县东田公社团干，中共南安县委宣传部干事。1980 年 9 月任南安县康美公社党委副书记、管委会主任。1981 年 9 月—1983 年 9 月进中共福建省委党校中青年干部大专培训班学习。1983 年 9 月任南安县诗山公社党委书记。1983 年 12 月任中共南安县委副书记。1987 年 8 月任中共惠安县委书记。1990 年 11 月被国家计生委、国家人事部评授为“全国优秀计划生育工作者”。1995 年 3 月起任泉州市中级人民法院党组书记、院长，并兼市委政法委副书记。（其间：1996 年 8 月—1997 年 5 月参加全国法院干部业余法律大学《法律（审判）专业证书》脱产班学习）。2001 年 4 月任政协泉州市第九届委员会副主席、党组成员。是中共泉州市第五、六、七、八届委员会委员。2007 年 9 月退休。

陈敬聪

福建省丰泽区人，1950 年 9 月出生。1975 年 10 月加入中国共产党。1968 年 10 月在泉州市渔业公社捕捞大队任轮机员。1972 年 10 月入厦门水产学院渔业机械系学习。1975 年 10 月毕业，毕业后历任泉州市（县级）造船厂、水产局、政府办公室干部，中共鲤城区委常委、组织部部长，副书记、政法委书记。1987 年 1 月调任仰恩学院建设委员会主任。1988 年 11 月任中共永春县委副书记，1991 年 11 月挂职任福建省乡镇企业局外经处副处长。1993 年 3 月任泉州市人大常委会秘书长、党组成员。1996 年 3 月任中共鲤城区委书记，1997 年 2 月兼任区人大常委会主任。1997 年 8 月任中共洛江区委书记。2001 年 4 月任政协泉州市第九届委员会副主席、党组成员兼中共洛江区委书记。同年 7 月任政协泉州市第九届委员会副主席、党组成员。2006 年 12 月任政协泉州市第十届委员会副主席、党组副书记。2010 年 5 月起主持市政协工作。2011 年 2 月退休。

林玉莲

女，籍贯福建省漳洲市，1946 年 9 月出生。1970 年 8 月毕业于华侨大学中文系。1970 年 8 月—1971 年 8 月在长泰县 5053 军垦农场锻炼。1971 年 8 月任永泰伏口中学教师。1978 年 8 月任永泰县第一中学教师。1981 年 8 月任晋江地区德化县第一中学教师。1983 年 11 月—1987 年 11 月任德化县政府副县长。1987 年 11 月—1988 年 3 月待调动工作。1988 年 3 月—1988 年 11 月任泉州市侨联干部、常委。1988 年 11

月任致公党泉州市委会副主委、市侨联常委。1990年2月任泉州电力学校普基科高级讲师、致公党泉州市委会副主委。1997年10月任致公党泉州市委会主委、泉州电力学校普基科高级教师。2001年4月任政协泉州市第九届委员会副主席。1996年起，先后当选泉州市第十二届人大常委、福建省第九届人大代表、福建省第九届政协委员、致公党中央委员、致公党福建省委会委员。2008年1月退休。

陈秋菊

女，福建省鲤城区人，1944年7月出生。1967年7月毕业于华侨大学数学系。1968年7月—1970年2月在漳州6680部队军垦农场锻炼。1970年2月任安溪县尚卿中学教员。1972年2月任安溪县蓬莱中学教员。1981年9月任安溪县一中数学教研组副组长。1983年11月—1987年11月任安溪县政府副县长。1987年11月—1999年1月任安溪县政协副主席。1996年3月起任泉州市政协常委。1997年7月起任泉州市侨联副主席。1999年1月—2000年3月任安溪县人大常委会副主任。2000年3月任泉州市侨联主席。2001年4月任政协泉州市第九届委员会副主席。2008年12月退休。

郑增辉

福建省惠安县人，1947年7月出生。1970年10月加入中国共产党。1968年3月应征入伍为铁道兵第十四师六十九团机械连战士，1971年10月起任该团宣传股干事，该师宣传科正连、副营职干事。1981年4月—1986年12月调往沈阳军区守备第十二师政治部，历任宣传科副科长、科长（其间先后进昭乌达盟师范专科学校政史系、辽宁大学自学考试党政干部基础科学习）。1987年1月转业历任泉州市计委政研室副主任，秘书科副科长，综合科副科长、科长，计委副主任、党组成员，计委主任、党组书记。2001年9月—2005年4月任泉州市发展计划委员会主任、党组书记，曾兼任市直计委系统党委书记。2005年4月起任政协泉州市第九届委员会副主席，同年6月兼任党组成员。2005年4月—2006年8月兼任市发展计划委员会主任、党组书记。2007年1月任市政协副巡视员。2007年7月退休。是第九届、十届省人大代表，第八、九届中共泉州市委委员。

许连捷

福建省晋江市人，1953年6月出生。无党派人士。1980年组建晋江县安海公社上安运输队。1981年起历任晋江县安海公社后林劳保服装厂厂长、晋江县安海公社尼龙拉链厂厂长。1985年5月起历任晋江县（市）恒安实业有限公司副董事长、总经理，福建恒安集团有限公司董事局副主席、总裁，福建恒安集团有限公司董事局副主席、首席执行官。1993年3月—1998年3月任福建省政协委员。1997年1月起任泉州市政协常委。1997年3月起任全国工商联执委、泉州市工商联（总商会）会长、福建省工商联副会长（副主席）。1998年3月任全国政协委员。2002年11月任九届全国工商联常委。2006年1月任政协第九届泉州市委员会副主席。2006年12月任政协第十届泉州市委员会副主席。2007年11月任十届全国工商联副主席。2008年8月兼任泉州市工商联主席、总商会会长。

吴共湖

福建省晋江市人，1956年9月出生。1984年5月加入中国共产党。1979年7月福建农学院植保系毕业后，分配在晋江县安海公社灵水大队任科技组组长，后调任晋江地区农业局农技站干部、副站长。1985年3月任泉州市农委秘书科科长（其间：1986年9月—1988年7月为福建省委党校第五期党政干部培训班学员，1989年4月—1990年4月任泉州市扶贫办副主任）。1991年4月任泉州市农业局副局长。1993年10月起历任惠安县政府副县长、县政府党组成员，中共惠安县委副书记、政法委书记。1998年5月任泉州市政府副秘书长、市政府办党组成员，同年10月被确定为正处职级。1999年4月任泉州市建委主任、党组书记。2001年9月任泉州市建设局局长、党组书记。2006年12月起任政协泉州市第十届委员会副主席、党组成员。是第九届中共泉州市委候补委员，第十届中共泉州市委委员、第十届福建省人大代表、第十届泉州市人大代表。

傅福荣

福建省安溪县人，1952年2月出生。1972年6月加入中国共产党。1970年12

月参军，任福州军区守备第四团战士、班长。1973 年 12 月后历任守备四团三机连排长，政治处书记，特务连政治指导员，二营副教导员、教导员（其间：1983 年 9 月—1986 年 9 月，先后在解放军长沙文化学校、中国人民解放军陆军指挥学院学习）。毕业后历任守备第 50 团政治处主任，守备第 13 师政治部副主任，海防第 13 师炮兵团政委（其间：1995 年 8 月—1997 年 12 月参加中央党校函授学院本科班涉外经济管理专业学习）。1995 年 11 月转业历任泉州市总工会副主席、党组书记，市政协八届常委，市人大十二届、十三届常委，全国总工会执委。2006 年 12 月任政协泉州市第十届委员会副主席、党组成员，兼任市总工会主席、全国总工会执委。2012 年 1 月任泉州市政协副厅级干部、市总工会主席、全国总工会执委。2012 年 3 月退休。

苏小青

女，福建省永春县人，1958 年 5 月出生。1977 年 6 月加入中国共产党。1975 年 7 月为德化县霞碧第一林场知青、林场领导组成员。1978 年 12 月任德化县南埕公社干部。1979 年 5 月—1982 年 5 月在晋江地区医科大专班中医专业读书，毕业后到永春县医院工作（医师）。1984 年 10 月调到泉州市（鲤城区）委组织部工作。1986 年 6 月起历任鲤城区妇联副主任、主任，1992 年 10 月任鲤城区委常委、东湖街道党委书记。1994 年被福建省委、省政府授予全省“先进工程建设先进工作者”称号。1995 年被福建省委授予“全省优秀党务工作者”称号。1995 年 10 月—1998 年 8 月参加厦门大学研究生院企业管理系企业管理专业研究生课程班学习。1997 年 4 月被授予福建省“三八”红旗手标兵称号。1997 年 8 月—1999 年 12 月参加中央党校函授学院本科班党政管理专业学习；同年 8 月任丰泽区委副书记、政法委书记。2000 年 7 月任泉州市委政法委副书记（正处级）。2001 年 9 月起任泉州市卫生局局长、党组书记，其间曾兼任市直卫生系统党委书记。2003 年 7 月被国家卫生部、人事部授予“全国抗击非典先进个人”称号，被福建省委、省政府授予“全省防治非典先进个人”称号，被福建省妇联授予全省“十大女功臣”、省“三八”红旗手标兵称号。获 2005 年度泉州市科技进步一等奖。2006 年 12 月任政协泉州市第十届委员会副主席、党组成员。是第六次、第八次省党代会代表，第六次省妇代会代表、第七次省妇代会执委，第六、七、八次泉州市党代会代表，第十届中共泉州市委委员，第十一、十二、十四届泉州市人大代表。

陈元殿

福建省德化县人，1953年9月出生。1973年8月加入中国共产党。1975年起任德化县葛坑公社大正大队党支部书记。1977年12月提干并任德化县佛岭公社专职团干；翌年12月，被调为德化县委党校教师。1980年8月任德化县水口公社党委副书记（其间：1981年9月—1983年7月在福建省委党校第一期干部培训班学习）。1984年1月起任德化县浔中公社（乡）党委副书记（主持工作），1984年6月起历任德化县浔中公社（乡）党委书记，中共德化县委常委、副县长（其间：1988年4—6月参加中央农业管理干部学院华南农业大学分院现代农业经济管理知识培训班学习）。1989年5月任泉州市龙门滩管理处主任、党委书记。1995年6月任泉州市水利水电局局长，2000年9月兼党组书记。2001年9月任泉州市水利局局长、党组书记。2005年被国家人事部、水利部表彰为全国水利系统先进工作者。2006年8月起任泉州市政府副秘书长（正处级）、政府办党组成员。2006年12月任政协泉州市第十届委员会副主席、党组成员。2012年1月任市政协副厅级干部。2013年10月退休。是省科协六大代表、省科协委员，泉州市第九、十一次党代会代表，泉州市第十四届人大代表。

陈立德

福建省鲤城区人，1948年2月出生。1972年2月参加工作，任泉州工艺美术研究所技术员。1981年1月—1982年10月在中央工艺美术学院装饰绘画研究班学习。1982年11月起先后任泉州市工艺美术研究所工艺美术师、高级工艺美术师、研究所主任。1989年9月作品获国家文化部和中国文联颁发的中国当代艺术史上第一枚全国美协漆画金牌。1993年10月开始享受国务院颁发的政府特殊贡献津贴。1996年3月起任泉州画院高级工艺美术师；当选泉州市人大常委。2001年2月任民革泉州市委会主委（兼）、泉州画院高级工艺美术师。2002年5月起任泉州画院正高级专职画家，民革福建省委会副主委、省人大代表。2006年12月任政协泉州市第十届委员会副主席。2010年3月受聘为中国美术家协会漆画艺术委员会委员。2013年4月退休。

骆沙鸣

籍贯台湾新竹，1957 年 12 月出生。1976 年 7 月—1979 年 8 月作为知青在晋江县龙湖乡浯坑插队。1979 年 9 月—1982 年 6 月在晋江地区医专医疗系学习及带薪实习一年。1982 年 6 月起历任晋江县磁灶中心卫生院内科医师、县医院五官科医师、县（市）医院五官科主治医师。1991 年 3 月任泉州市政协委员。1998 年 2 月起任台盟晋江市支部主委，晋江市医院五官科副主任医师。1999 年 8 月—2006 年 12 月历任晋江市政协常委，台盟晋江市支部主委，晋江市医院五官科主任、副主任医师、主任医师。2001 年 1 月起任台盟泉州市委会主委，同年 4 月当选泉州市人大常委会委员、台盟中央委员。2004 年 2 月—2005 年 12 月参加福建中医学院成教院中医学专业学习（专升本）。2006 年，被中共中央统战部授予各民主党派、工商联、无党派人士为全面建设小康社会做贡献先进个人。2006 年 12 月起任政协泉州市第十届委员会副主席，2007 年 6 月任台盟福建省委会副主委。2008 年 6 月起先后当选全国政协委员、台盟中央委员、台盟中央参政议政工作委员会副主任、泉州市科协主席。2008—2014 年，连续 7 年获得台盟中央年度参政议政工作先进个人和社情民意信息工作先进个人。2008 年，个人执笔的《全国各地各级政府应未雨绸缪谨防 2009 年春节欠薪潮》得到国务院温家宝总理批示。2009 年 7 月任台盟泉州市委会专职主委。

陈铭福

籍贯福建省南安市，1957 年 4 月出生。1979 年 2 月晋江地区师范学校政文专业毕业后，任晋江地区师范学校（泉州师专）图书馆管理员。1986 年 10 月任泉州师专教务处秘书。1990 年 5 月任泉州市鲤城区侨办副主任。1997 年 6 月任致公党泉州市委会机关主任科员。1997 年 8 月起历任泉州市丰泽区政协副主席、致公党泉州市委会专职副主委（其间：1997 年 12 月—1999 年 6 月参加福建师范大学行政管理成人高等教育专业证书班学习）。1998 年 3 月兼任市政协副秘书长。2001 年 4 月历任泉州市人大常委、丰泽区人大常委会副主任。2003 年 7 月—2005 年 7 月参加福建师范大学网络教育学院行政管理专业学习。2006 年致公党中央授予“全党机关建设工作先进个人”。2006 年 12 月任政协泉州市第十届委员会副主席、致公党福建省委会副主委。2008 年 1 月当选福建省政协常委。

王祖耀

籍贯贵州省大方，1962年10月出生。1984年8月华西医科大学毕业后，任贵州遵义医学院附院小儿外科医生。1988年9月—1991年8月在读贵州遵义医学院外科硕士研究生。1991年8月任贵州遵义医学院外科讲师、副教授。1997年9月就读华西医科大学小儿外科博士研究生（其间：1998年4月—1999年6月受国家公派到美国加州大学洛杉矶分校医学中心留学）。2000年7月任贵州遵义医学院附院院长助理、硕士生导师、小儿外科副教授。2001年1月任泉州市儿童医院外科主任、泉州市儿童医院和妇幼保健院副院长。2006年8月起任九三学社泉州市委会主委。2006年12月任政协泉州市第十届委员会副主席。2008年1月当选福建省政协常委。

三、秘书长简介（按任职先后为序）

叶启东

籍贯福建省南安市，1927年10月出生于菲律宾。1934年从菲律宾回国，1936年9月—1948年7月先后在南安县金淘深垵小学、南安一中、泉州建国商业学校学习（1945—1947年间，兼任深垵小学、高田小学教员）。1948年10月—1949年1月任菲律宾南安同乡会秘书。1949年2月—1951年3月在菲律宾仙答洛市等地华侨学校任教。1951年12月再次回到祖国。1952年2月—1953年8月在福州大学教育系专修科学习。1953年9月起任南安师范教员、泉州幼师副教导主任。1956年9月加入中国共产党。1962年1月起任晋江地区教育干校轮训部副主任（其间：1964—1966年借调到晋江地委“四清”办公室）。1969年10月—1975年下放德化县杨梅公社劳动（1973—1975年任德化县委党校教员）。1976年12月—1981年3月任中共晋江地委党校教育科长。1981年4月起先后任中共晋江地委统战部、中共泉州市委统战部副部长、部长。1986年1月起任政协泉州市第六届委员会常委、秘书长、党组成员。1991年9月退休。2002年12月逝世。

卢金枝

福建省莆田市人，1936年1月出生。1955年1月加入中国共产党。1949年9月入学莆田财经学校。1953年3月起先后在福建省茶叶公司、供销社、农产品局工作。1966年任福建省茶叶进出口公司副科长。1969年10月任职晋江地区外贸站干宣队。1970年4月任职安溪县炉田茶场干宣队。1976年12月起历任中共安溪县委办公室干部、副主任；1980年11月任中共安溪县委组织部部长，1982年3月任中共安溪县委常委、组织部部长。1984年11月任晋江地区人事局局长。1986年1月任泉州市外贸公司经理。1991年3月起任政协泉州市第七届委员会常委、秘书长、党组成员。1996年11月退休。

黄利禾

福建省南安市人，1949年1月出生。中共党员。1969年2月—1978年8月在南安县罗东乡上山下乡当知青、任振兴村代课教师。1982年7月厦门大学中文系毕业后，任职晋江地区侨务办公室。1984年起历任晋江地区（泉州市）侨务办公室接待科副科长、科长。1991年10月任泉州市宗教事务局副局长。1995年7—9月任泉州市政协办公室主任。1995年9月—1996年3月任泉州市政协副秘书长、办公室主任。1996年3月起历任政协泉州市第八、九、十届委员会秘书长、党组成员、办公室主任。2001年10月起兼任泉州市政协机关党委书记。2009年4月退休。

洪川夫

福建省南安市人，1964年11月出生。1984年7月泉州师专政教系毕业后，任南安县侨光中学教师。1985年4月加入中国共产党。1988年9月—1990年7月在福建省委党校理论班学习。1990年8月起历任中共泉州市委组织部组织科科员、副科组织员，办公室副主任、主任科员（主持办公室工作），青干科科长、干部科科长、市委副处组织员、部务会成员。1996年2月被评为福建省地方党委组织部门先进工作者。2003年6月获福建省《干部任用条例》知识竞赛一等奖。2003年11月起历任中共惠安县委常委、组织部部长。2005年12月参加福建省厅级领导干部公开选拔考试进入前列，被列为省管后备干部（闽委组〔2006〕6号）。2008年6月获福建省委“优秀党务工作者”称号。2009年8月起任中共泉州市政协党组成员、市政协机关党委书记。2010年1月起任政协泉州市第十届委员会委员、秘书长。

第二节 中共泉州市政协党组成员名录

一、六届市政协党组成员

书　记：张其载

副书记：朱江水

傅圆圆（女，1988.2任）

成　员：叶启东

齐世和（1988.2任）

王文泰（1990.4任）

二、七届市政协党组成员

书　记：林文麟（1995.3免）

傅圆圆（女，1995.3任）

成　员：傅圆圆（女）　王文泰　卢金枝

何国栋（1995.3任）

三、八届市政协党组成员

书　记：傅圆圆（女）

成　员：何国栋　叶聪敏　张章炳　黄利禾

四、九届市政协党组成员

书　记： 傅圆圆（女，2005.4 免）
林荣取（2005.4 任）
副书记： 何国栋（2005.6 任）
成　员： 何国栋　叶聪敏　刘佳景　陈敬聪　黄利禾
郑增辉（2005.4 任）

五、十届市政协党组成员

书　记： 林荣取（2010.5 免）
杨俊峰（2010.12 任）
副书记： 陈敬聪（2011.2 免）
成　员： 吴共湖
傅福荣（2012.1 免）
苏小青（女）
陈元殿（2012.1 免）
黄利禾（2009.4 免）
洪川夫（2009.8 任）
王瑞强（2011.8 任）

第三节　泉州市政协领导班子成员名录

一、六届市政协领导班子成员

主　席： 张其载
副主席： 朱江水　廖博厚　吕敦村
李德茂　曾惠华（女）

庄清桂　齐世和（1988.1 任）
傅圆圆（女，1988.1 任）
王文泰（1990.3 任）

秘书长：叶启东

二、七届市政协领导班子成员

主　席：林文麟（1995.3 免）
傅圆圆（女，1995.3 任）

副主席：傅圆圆（女，1995.3 免）
王文泰　曾惠华（女）　吕敦村
薛天锡　何国栋（1995.3 任）

秘书长：卢金枝

三、八届市政协领导班子成员

主　席：傅圆圆（女）

副主席：曾惠华（女）　何国栋　薛天锡
叶聪敏　张章炳　郑今奋　王仁杰
张贻伦（1997.3 任）
何融融（1997.3 任）

秘书长：黄利禾

四、九届市政协领导班子成员

主　席：傅圆圆（女，2005.4 免）
林荣取（2005.4 任）

副主席：何国栋　叶聪敏　刘佳景　郑今奋
王仁杰　何融融　陈敬聪　林玉莲（女）
陈秋菊（女）

郑增辉（2005.4任）
许连捷（2006.1任）
秘书长：黄利禾

五、十届市政协领导班子成员

主　席：林荣取（2010.5免）
杨俊峰（2011.2任）
副主席：陈敬聪（2011.2免）
许连捷　吴共湖　傅福荣
苏小青（女）　陈元殿
陈立德（2011.3免）
骆沙鸣　陈铭福　王祖耀
秘书长：黄利禾（2009.3免）
洪川夫（2010.1任）

第四节　泉州市政协常务委员名录

一、六届市政协常务委员（50+12名）

王仁杰　王宁梯　王济弱　邓维星　叶贻岳　朱炳辉　伍泽旭　庄火明
刘天相　许在全　许鼎文　苏木兰（女）　苏孙洸　苏清河　李超英（女）
何扬明　余玉棋　张春泉　陈存广　陈庆植　陈启舟　陈妙莲（女）
陈奕尚　林仕琦　林多速　林成猛　林志正　林咸源　林贵攀　金在钊
周亚华（女）　郑建树　胡和金　洪应百　洪锡山　骆安邦　骆朝宗
泰金华（女）　倪郑重　徐本章　郭子龙　诸葛铬　黄　川　黄永源
黄晋香（女）　黄海雁　彭伟朗　蔡　野　颜联峭　潘锦文

增选与撤销

1.1987 年 4 月六届二次会议决定

增选 3 名常委：丁友义　许永惠　陈泗三

撤销 1 名常委职务：　黄海雁

2.1988 年 1 月六届三次会议决定

增选 5 名常委：齐世和　李鸠陵　郑德郁　高作揖　傅圆圆（女）

3.1989 年 3 月六届四次会议决定

增选 3 名常委：李贤起　李登俊　曾国杰

4.1990 年 3 月六届五次会议决定

增选 1 名常委：王文泰

二、七届市政协常务委员（57+4 名）

万嘉铸　王中原　王仁杰　王宁梯　王庆芳　王孝览　邓维星　伍秀丛（女）
许永惠　许在全　许鼎文　苏子文　苏天祝　苏荣波　苏清河　肖秀琼（女）
李鸠陵　李贤起　李登俊　吴　同　吴庆祥　吴清标　吴景良　张春泉
陈克辉　陈明泉　陈妙莲（女）　陈脑秀　林成猛　林咸源　林浴沂
林礞石　周亚华　周河滨　郑永仁　郑增辉　胡和金　柯国梁　柯贤道
侯怨水　洪元来　洪应百　洪源枝　施子清　徐本章　郭景仁　诸葛辂
翁辉煌　黄春明　黄晋香（女）　黄晓炎　曾文斗　曾国杰　蔡明元
颜联峭　潘锦文　魏献国

增选

1.1992 年 3 月七届二次会议决定

增选 1 名常委：潘维权

2.1993 年 3 月七届三次会议决定

增选 3 名常委：何国栋　陈庆元　吴世金

三、八届市政协常务委员（75+7 名）

万嘉铸　王志雄　王连茂　王明权　王彬成　王聪敏（女）　卢温胜

叶一帆　叶忠育　出学渊　吕孝仁　庄世衍　刘超群　许怡菲（女）
孙庆实　苏子文　苏天祝　苏交利　苏丽英（女）　苏荣波　苏剑莎
李少玲（女）　李建设　李登俊　李聪普　吴庆祥　吴松柏　吴金世
吴夏云　吴景良　邱季端　邱秀环（女）　何泽坤　张特炉　陈庆元
陈克辉　陈明泉　陈荣才　陈荣萱　陈秋菊（女）　陈绮纯（女）
陈淑贤（女）　范丰仙（女）　林　舟　林金田　林金塔　林经纬
林树哲　林咸源　林浴沂　卓正明　季进彬　周河滨　周建宣　郑增辉
柯贤道　柯国梁　洪源枝　骆国金　高华根　翁辉煌　郭景仁　黄达群
黄晋香（女）　傅　乌　傅捷云（女）　傅福荣　曾文斗　曾国杰
曾静萍（女）　温克仁　谢清海　蔡建业　颜洪龄　颜联峭

增选

1. 1997 年 3 月八届二次会议决定

增选 2 名常委：许连捷　陈启德

2. 2000 年 2 月八届五次会议决定

增选 5 名常委：庄绍钦 柯金锁 骆良益 蔡天从 蔡荣火

四、九届市政协常务委员（88+7 名）

丁毓玲（女）　马荣生　王亚南　王泽楚　王　珊（女）　王聪敏（女）
叶端芳　出学渊　吕孝仁　刘长根　刘桂庭　庄建良　庄绍钦　许冬原
许连捷　许怡菲（女）　许鹏翔　许耀明　孙庆实　杜成维　杨江云
苏耿聪　苏　悦（女）　李少玲（女）　李波韵　李建超　李清安
吴长谋　吴世署　吴松柏　吴金世　吴泽民　吴春林　吴家洋　吴景良
张特炉　陈庆元　陈宇翔　陈丽煌　陈明泉　陈荣才　陈桂民　陈谋木
陈　熙　林文侨　林华东　林　舟　林建华　林敬初　范丰仙（女）
范柳青（女）　周建宣　柯贤道　钟秋萍（女）　施世筑　骆志坚
骆良益　骆国金　徐伟福　徐春晖　翁国泉　翁辉煌　郭　宁　郭荣华
郭振辉　郭景仁　唐剑津　黄少雄　黄世清　黄立军　黄特秀（女）
寇富衍　梁志鹏　傅　乌　傅福荣　温克仁　温雅国　曾国民　曾静萍（女）

谢清海 裴冰冰（女） 蔡天从 蔡荣火 蔡振翔 蔡耀平 颜洪龄
戴在平 戴仲川

增选与请辞

1. 2002 年 3 月九届二次会议决定

增选 2 名常委：蔡金宝（女） 吕安娜（女）

请辞常委职务 1 名：傅福荣

2. 2004 年 2 月九届四次会议决定

增选 5 名常委：孙 珑 吴乌秀（女）倪子泽 董介鼎 颜清平

五、十届市政协常务委员（88+3 名）

丁纯纯（女） 丁毓玲（女） 王巧丽（女） 王亚南 王 珊（女）
王素华（女） 王家声 叶怀远 田恭灿 吕安娜（女） 吕培榕
庄刚毅 庄志民 庄建良 庄培章 刘艺华 刘明亮 关瑞明 许冬原
孙 珑 苏国辉 苏 悦（女） 苏稼夫 李卫平 李少玲（女）
李东生 李成佑 李秀墩（女） 吴长谋 吴泽民 何长龙 何玉芬（女）
张 帆 张建生 张特炉 张锦川 陈水波 陈仁毅 陈文聪 陈庆元
陈芳荣 陈明确 陈忠文 陈荣助 陈通贵 陈 熙 陈燕南 范柳青（女）
林丕鼎 林 舟 林宏楠 林 林 林惠玲（女） 周少雄 周建宣
周维佳 郑云梅（女） 郑建树 郑建清 郑梦如 胡晓泉 钟秋萍（女）
施能坑 姚加环 骆志坚 倪子泽 翁国泉 郭 宁 黄文生 黄世清
黄金钟 黄彩霞（女） 黄聪吟 龚万全 梁志鹏 释常定 曾静萍（女）
曾聪明 温雅国 蔡振翔 蔡聪耀 蔡耀平 裴冰冰（女） 熊志强
颜清平 潘文莲（女） 潘伟民 戴仲川

增选与不再聘任

1. 2008 年 1 月市政协十届二次会议决定

增选 1 名常委：蔡文良

不再担任常委职务 1 名：蔡耀平

2. 2010 年 1 月市政协十届四次会议决定

增选 2 名常委：庄少生　许耀明

3. 2011 年 1 月十届二十七次常委会议决定

撤销 1 名常委职务：刘艺华

第五节 泉州市政协委员名录

一、六届市政协委员（253+36 名）

（一）中国共产党泉州市委员会（9 名）

叶启东　庄火明　刘天相　朱江水　张其载　林多速　郑建树　胡和金

黄永源

（二）中国国民党革命委员会泉州市委员会（5 名）

李子仁　阮传发　吴友铭　洪应百　郑澄波

（三）中国民主同盟泉州市委员会（5 名）

王世求　涂美筠（女）　黄建榕　廖博厚　蔡　野

（四）中国民主建国会泉州市委员会（5 名）

刘景铭　张佩芳（女）　洪锡山　郑家琛　倪郑重

（五）中国农工民主党泉州市委员会（5 名）

庄清桂　李树梁　李登俊　林荣桦　周亚华（女）

（六）中国致公党泉州市委员会（5 名）

王济弱　许天文　刘团道　林仕琦　潘　彬

（七）台湾民主自治同盟泉州市委员会（2名）

曾惠华（女） 谢兴典

（八）泉州市总工会（10名）

刘丽雯（女） 李炳辉 苏清河 何永贤 余玉棋 吴曹汪 陈吉金
陈丽珠（女） 黄植农 黄麟晖

（九）泉州市青年联合会（5名）

杨春林 李超英（女） 苏木兰（女） 赖锦珍（女） 蔡建昌

（十）泉州市妇女联合会（8名）

杨惠珠（女） 余培英（女） 陈秀珍（女） 陈爱珠（女）
陈维芬（女） 邱 妹（女） 洪桂花（女） 秦金华（女）

（十一）泉州市工商业联合会（7名）

庄垂强 李佰佳（女） 林咸源 张乾坤 张贻炎 陈华锡 陈国江

（十二）财贸界（5名）

王幼琴（女） 汪德普 张长瑞 张金志 黄广大

（十三）农民界（12名）

连德玉 林水等 林成猛 林时览 吴泽庆 吴桂林 陈台见 陈求献
张文奎 黄泉益 黄海雁 蔡高领

（十四）荣军烈属（6名）

许士龙 李家盛 蓝以言 蔡建设 颜金苗 戴孙华

（十五）文艺界（12名）

王仁杰 王林苹（女） 王炳山 林伯芬 苏诗咏（女） 吕赞成
陈志泽 陈泗三 胡文环 黄达德 蔡友辉 诸葛辂

（十六）科技界（30 名）

尤淑汝（女） 许在全 许国劲 邓维星 叶正来 江雪华（女）
刘永乐 李颂琛 李于佑 杨剑民 何曼试 陈庆植 陈存广 陈诗忠
陈秉正 陈鹏鹏 张兆阳 蔡永哲 潘石军 潘锦文 吴维侃 金在钊
徐本章 姚软润 黄仕超 黄史轮 黄爽凯 黄翼慎 曾焕阅 郭修洁

（十七）教育界（20 名）

丁明镜 邓永清 朱炳辉 杨化允 李希炎 李德茂 吴业枢 林逸兰（女）
洪素玉（女） 郑元良 高秀銮（女） 柳永忠 翁德辉 黄天祥
谢景明 黄巧珠（女） 辜庆义 傅添福 蔡民权 颜联峭

（十八）体育界（3 名）

刘宗森 林清泉 黄清江

（十九）医药卫生界（16 名）

王定海 许维森 许鼎文 江德宗 刘玉呈 黄铭泽 吴振华 刘幼治（女）
陈淑卿（女） 陈章荣 骆安邦 郭景祥 翁 洲 黄建章 廖玉参（女）
廖美红（女）

（二十）归侨侨眷（30 名）

王宁梯 王程科 王惠斌 郑文兴 朱福元 李景盛 李桂珍（女）
吕敦村 何扬明 林苑红（女） 林贵攀（女） 林燕玉（女）
林耀炳 陈子奇 林金治（女） 范庆兴 陆碧洲 吴连炮 骆玛珐
郑泽民 郭景仁 桂子尧 黄 川 黄亚静（女） 黄鸿仪 黄晋香（女）
温来兴 廖润梅（女） 蔡惠仁 戴文佐

（二十一）台胞台属（7 名）

叶惠阳 林学玉（女） 林伯祥 骆朝宗 章为雄 黄忠廉 黄景明

（二十二）少数民族界（5 名）

马宝琴（女） 出福秀 孙跃进 钟东波 粘天助

（二十三）宗教界（8 名）

王耀东　许子逸　李素辉（女）　李鸿礼　陈妙莲（女）　张虹剑
张春泉　蔡以忠

（二十四）特别邀请人士（32 名）

苏孙洗　李祖林　陈　鸣　张良物　张鹏飞　周焜民　林志正　郭子龙
姚嘉潭　蒋文选　曾燕生　潘用庭　戴　群　黄守义　彭伟朗　曾水明
黄玉真（女）　王爱群　许炳基　施　织（女）　郑万进　颜洒容（女）
叶贻岳　陈启舟　陈奕尚　王文英（女）　余绮文（女）　蔡景和
庄绍宗　伍旭泽　李伯儒　释开慈

增补与撤销

1.1987 年 4 月 12 日六届五次常委会议决定

增补 2 名委员：丁友义　许永惠

撤销委员资格 1 名：黄海雁

2.1987 年 8 月 14 日六届七次常委会议决定

增补 3 名委员：李鸠陵　郑德郁　高作揖

3.1987 年 12 月 16 日六届八次常委会议决定

增补 1 名委员：齐世和

4.1988 年 1 月 2 日六届九次常委会议决定

增补 8 名委员：余文聪　林经纬　施子清　施英杰
傅圆圆　谢必荣　曾文能　蔡秀屏（女）

注：除傅圆圆外，其他 7 名为新增“港澳同胞”界委员。

5.1988 年 6 月 30 日六届十二次常委会议决定

增补 1 名委员：吴同

6.1989 年 1 月 13 日六届十四次常委会议决定

增补 20 名委员：　王华民　王彤明　白泰煌　阮天恩　朱兴宗　庄启璇
李贤起　许明良　许绍镇　陈子敏　陈泰山　杨炯林　余金象　林玉莲（女）
林景宗　留章慈　姚重贺　徐锡饱　曾国杰　蔡子朝

7.1990 年 3 月 13 日六届十九次常委会议决定

增补 1 名委员：王文泰

二、七届市政协委员（292+19 名）

（一）中国共产党泉州市委员会（9 人）

林文麟　傅圆圆（女）　王文泰　卢金枝　胡和金　陈克辉　王孝览
苏子文　魏献国

（二）中国国民党革命委员会泉州市委员会（7 人）

洪应百　吴　同　阮传发　李子仁　苏丽英（女）　王中原　张群超

（三）中国民主同盟泉州市委员会（6 人）

曾国杰　黄建榕　吴庆祥　周河滨　黄少龙　王章聘

（四）中国民主建国会泉州市委员会（7 人）

林咸源　郑家琛　洪源枝　陈文水　史宝山（女）　连良肱　王志雄

（五）无党派民主人士（4 人）

杨伟超　周竞津　黄活水　肖秀琼（女）

（六）中国民主促进会泉州市委员会（3 人）

颜联峭　陈启德　郭碧贞（女）

（七）中国农工民主党泉州市委员会（7 人）

李登俊　周亚华（女）　李树梁　苏荣波　李秉坤　何德康　郑金奋

（八）中国致公党泉州市委员会（7 人）

李贤起　林浴沂　刘超群　洪元来　吴端鹤　江长流　陈炫婷（女）

（九）九三学社泉州市委员会（3 人）

阮天恩　万嘉铸　黄攸荣

（十）台湾民主自治同盟泉州市委员会（3人）

曾惠华（女） 林金田 骆沙鸣

（十一）中国共产主义青年团泉州市委员会（3人）

黄晓炎 王惠斌 颜清平

（十二）泉州市总工会（9人）

吴曹汪 李炳辉 陈脑秀 黄幼祝 陈木通 林水宝 陈文开 王远珍（女）
林炯琳

（十三）农林界（12人）

林成猛 林时览 吴泽庆 吴桂林 陈台见 陈求献 张文奎 高泉益
连德玉 林水等 许土龙 蔡建业

（十四）泉州市妇女联合会（9人）

杨惠珠（女） 余培英（女） 邱 妹（女） 王幼琴（女）
洪桂花（女） 陈维芬（女） 伍秀丛（女） 戴淑娥（女）
潘文莲（女）

（十五）泉州市青年联合会（3人）

蔡建昌 林剑仆 杨钦章

（十六）泉州市工商业联合会（11人）

陈子敏 陈国江 薛天锡 柯贤道 吴景良 侯炳辉 吴夏云 颜端章
黄婉欣（女） 张维新 吴健康

（十七）文化艺术界（16人）

王仁杰 王林苹（女） 王炳山 苏诗咏（女） 陈志泽 黄达德

诸葛辂　蔡友辉　颜洒容（女）　施　织（女）　姚道成　林文荣
庄顺能　吴心治（女）　陈立德　陈瑞统

（十八）泉州市台湾同胞联谊会（3 人）

吴清标　吴仁仁（女）　吕孝仁

（十九）科技界（21 人）

尤淑汝（女）　邓维星　叶正来　张兆阳　潘锦文　郭修吉　黄仕超
苏清河　何永贤　郭海燕　许兴泰　王庆芳　蔡又中　庄世衍　廖东汉
林礞石　郑振坤　许宗灿　吴慰萱　林翰钊　苏天祝

（二十）社会科学界（11 人）

许在全　陈诗忠　陈鹏鹏　蔡永哲　徐本章　曾焕阅　郑万进　陈存广
兰荣田　刘智锥　曾　明

（二十一）科协界（4 人）

何曼试　黄笔玄　魏献祝　杨锡山

（二十二）教育界（27 人）

邓永清　杨化允　洪素玉（女）　柳影中　辜庆义　蔡民权　朱福元
王惠斌　黄亚静　蓝以言　徐鸿辉　陈宗冰　陈其锐　柯贤镇　庄垂来
陈泽正　杨少辉　林琼华（女）　郑景章　苏文昔　侯恕水　黄水枝
孙坚力　吴炳奎　曾文斗　翁辉煌　吴章轩

（二十三）新闻出版界（2 人）

施能泉　刘贤成

（二十四）医卫界（18 人）

许维森　许鼎文　江德宗　刘玉呈　吴振华　陈章荣　郭景祥　黄建章

廖玉芬（女） 廖美红（女） 余绮文（女） 林金长 陈秋贵
蒋圪长 曾明泉 黄捷香（女） 许振宜 马国棣

（二十五）泉州市归国华侨联合会（18 人）

王宁梯 林苑红（女） 吕敦村 林燕玉（女） 林耀炳 陈子奇
郭景仁 黄晋香（女） 温来兴 许志惠 郑文兴 刘黎黎（女）
刘东文 许瑞年 洪木龙 宋佛平 郑永仁 庄垂铁

（二十六）少数民族界（4 人）

出福寿 陈跃进 钟东波 马宝琴（女）

（二十七）体育界（5 人）

刘宗森 林清泉 黄清江 黄钟瑜 庄昔聪

（二十八）宗教界（7 人）

李鸿礼 陈妙莲（女） 蔡以忠 张春泉 释开慈 李宗仁（女）
黄秋润

（二十九）港澳同胞（18 人）

李鸠陵 曾文能 余文聪 林经纬 谢必荣 蔡秀屏（女） 施子清
李佰佳（女） 林贵攀（女） 郑德郁 黄达群 吴潮波 施教焕
邱季端 卢温胜 傅子初 张恒山 张石麟

（三十）特别邀请人士（35 人）

蔡建设 汪德普 黄广大 戴孙华 许明良 王聪敏（女） 蔡友扁
吴秀英（女） 陈义福 洪清艺 王伟民 潘维权 柯国梁 陈宝兴
王子标 黄春明 陈于卓 黄印宪 吴金钗（女） 庄启璇 吴良良
姚家潭 林景宗 姚重贺 曾燕生 王联碧 陈大山 林玉壁 颜华煨
吴彦南 许民权 叶宗希 郑增辉 蔡明元 陈明泉

增补

1.1991 年 7 月 4 日七届二次常委会议决定

增补 1 名委员：汤秉钊

2.1993 年 3 月 7 日七届十一次常委会议决定

增补 3 名委员：何国栋　陈庆元　吴金世

3.1994 年 3 月七届十六次常委会议决定

增补 15 名委员：王恭庭　李孝仪　吴清华　吴雪萍（女）　李贤义　叶秀元　黄其他　陈章辉　颜洪龄　庄泉宝　骆国金　吴家灿　黄邦杰　甘端蓉（女）　梁丁云

三、八届市政协委员（404+52 名）

（一）中国共产党泉州市委员会（13 名）

傅圆圆（女）　何国栋　叶聪敏　张章炳　王文泰　黄利禾　陈克辉　柯国梁　苏子文　傅　乌　陈明泉　骆国金　苏交利

（二）中国国民党革命委员会泉州市委员会（11 名）

翁辉煌　苏丽英（女）　张君超　陈绮纯（女）　陈本沛　林南生　曾凯文　倪安娜（女）　王惠清（女）　郭文圣　高长福

（三）中国民主同盟泉州市委员会（11 名）

吴庆祥　周河滨　曾国杰　黄少龙　项士敏　汤秉钊　邱秀环（女）　洪培璇（女）　李东生　蔡胜铁　黄立军

（四）中国民主建国会泉州市委员会（11 名）

林咸源　洪源枝　王志雄　史宝山（女）　陈文水　王海东　叶知年　王玉珍（女）　孙银聪　黄育荣　林少槐

（五）中国民主促进会泉州市委员会（7 名）

颜联峭　陈启德　杨翊杰　涂　堤（女）　陈祖亚　陈宇翔　陈荣才

（六）中国农工民主党泉州市委员会（11 名）

苏荣波 郑今奋 李登俊 欧阳世杰 陈 益（女） 许怡菲（女）
庄玉霜（女） 李启元 侯德健 余文竑 蔡安园（女）

（七）中国致公党泉州市委员会（11 名）

林浴沂 刘超群 吴端鹤 蔡耀平 林金塔 刘又荣 庄长江 黄沂平
叶端芳 邵关林 邝淑群（女）

（八）九三学社泉州市委员会（7 名）

万嘉铸 洪捷序 高华根 陈丽煌 柯其成 林建华 季进彬

（九）台湾民主自治同盟泉州市委员会（7 名）

曾惠华（女） 林金田 骆沙鸣 蔡振翔 李良友 吴子鹭 叶心凤（女）

（十）无党派民主人士（5 名）

王仁杰 陈存广 柳影中 罗立人 郭海燕

（十一）中国共产主义青年团泉州市委员会（6 名）

叶一帆 吴 宏 黄华玲（女） 黄炳泉 洪建立 郑开育

（十二）泉州市总工会（12 名）

刘贤招 陈木通 江名福 黄永新 郭萍萍（女） 林琼琦（女）
林炯琳 黄其树 汤志强 施能坚 颜柳青 傅福荣

（十三）农林界（15 名）

肖其真 蔡建业 吴德兴 连德玉 张细航 许荣林 黄水汶 王康侯
许天赐 吴家柿 林树林 刘建标 温克仁 张福钦 张建生

（十四）泉州市妇女联合会（12 名）

郑文娥（女） 范丰仙（女） 刘婉波（女） 张秀惠（女）
鲍淑宣（女） 王聪敏（女） 余培英（女） 车锦绣（女）

李秀玉（女）　戴淑娥（女）　潘文莲（女）　张银华（女）

（十五）泉州市青年联合会（7名）

蔡宗伟　李清安　陈堆全　温雅国　吴建印　王金链　李少玲（女）

（十六）泉州市工商业联合会（28名）

薛天锡　陈子敏　陈庆元　侯炳辉　吴少波　黄少雄　柯贤道　颜端章
谢建伟　林云扬　张特炉　王锦标　吴清华　吴海旋　郭锦峰　林益金
柯希平　陈宝兴　吴景良　吴金世　李春兴　施能坑　陈建福　施义芳
陈志强　蔡建设　谢爱国　吴夏云

（十七）文化艺术界（15名）

陈志泽　曾静萍（女）　王连茂　许兆凯　庄顺能　杨双智　郭　宁
陈瑞统　王景贤　高小珊（女）　黄德鹏　姚道成　颜洒容（女）
吴其萃　李波韵

（十八）泉州市台湾同胞联谊会（8名）

陈　熙　刘丽舜（女）　王为远　黄特秀（女）　陈朝阳　林天泉
吴仁仁（女）　吕孝仁

（十九）经济界（14名）

庄铭伍　谢燕南　陈燕燕（女）　林时上　傅捷云（女）　何泽坤
范柳青（女）　郭振辉　蔡长楚　黄平治　林水挺　王幼琴（女）
曾文助　王明权

（二十）科学技术界（20名）

陈秉发　蔡又中　黄世清　庄世衍　傅成火　顾东迩（女）　连万辉
吴中培　宋立华　苏维迎　何长龙　姜鼎煌　廖东汉　苏天祝　吴雪萍（女）
张国森　柯宏荣　苏剑莎　陈永宝　颜少敏

（二十一）社会科学界（12 名）

许在全 谢清海 蔡湘江 陈鹏鹏 杨益民 黄钢水 许伙努 徐艺星
陈诗忠 曾焕阅 魏 正 尤 慎

（二十二）泉州市科学技术协会（6 名）

魏献祝 陈淑贤（女） 何曼试 许定国 林礤石 陈跃飞

（二十三）教育界（27 名）

陈智才 林瓠花（女） 王元美（女） 王泽楚 黄其民 曾文斗
孙坚力 邓永清 杨伟超 陈宗冰 王若仁 许翠兰（女） 林保仁
郑梦如 陈柳絮（女） 吴章轩 杨景佳 张琪真（女） 施纯辉
辜庆义 王惠斌 殷炳雄 李汉志 陈荣萱 李聪普 陈星江 王 珊（女）

（二十四）新闻出版界（4 名）

施能泉 刘贤成 裴冰冰（女） 洪荣泉

（二十五）医药卫生界（15 名）

曾明泉 林 荣（女） 张永树 殷大金 陈秋桂 廖美红（女）
郑文忠 周建宣 戴铁铮 江德宗 曾献礼 庄耀东 杨业龙 张碧山
周紫荆

（二十六）泉州市归国华侨联合会（17 名）

郭景仁 郑美娇（女） 卓正明 吕敦村 林友生 陈秋菊（女）
温来兴 林耀炳 黄晋香（女） 周仪扬 庄垂铁 李金洞 王国茂
蔡世佳 陈燕志 李建设 宋佛平

（二十七）少数民族界（6 名）

骆良益 黄永强 钟丁山 出学渊 粘为江 陈严辉

（二十八）体育界（9名）

雷崇铭　庄昔聪　施秀仪（女）　吕良波　徐清辉　赵振新　陈谋木
庄　海　林淑真（女）

（二十九）宗教界（12名）

李宗仁（女）　吴松柏　游建南　林　舟　施比受　吴教盛　苏荣购
李地利　彭义登　李以圣　王秀聪（女）　黄炳基

（三十）特别邀请人士（38名）

王恭庭　姚嘉潭　李孝仪　梁丁云　陈清发　甘端蓉（女）　林玉壁
颜华煨　陈长昭　叶宗希　林木对　姚重贺　吴彦南　许民权　庄泉宝
黄邦杰　黄印宪　李再生　叶忠育　许明华　李有才　孙庆实　郑增辉
许耀明　黄攸强　曾少春　蔡友镖　周竞津　吴长谋　谢业深　洪长存
蔡素玉（女）　施荣恒　李建超　陈亨利　佘明聪　许明棋　林文侨

（三十一）香港同胞（23名）

林经纬　曾文能　傅子初　吴潮波　邱季端　蔡秀屏（女）　谢必荣
卢温胜　郑德郁　张石麟　张恒山　余文聪　黄达群　李佰佳（女）
施教焕　黄其他　陈章辉　叶秀元　黄朝阳　李贤义　洪清艺　蔡树荣
林树哲

（三十二）澳门同胞、华侨界（4名）

颜洪龄　张明星　许健康　王彬成

增补与不再聘任

1.1997年3月3日八届六次常委会议决定

增补23名委员：张贻伦　何融融　许连捷　吴荣源　吴乌秀（女）
陈清照　陈赞法　傅子伍　刘秀丽（女）　徐伟福　罗兴祥　陈传晋
陈联炳　颜纯炯　颜禧强　曾永生　王亚南　陈明金　庄丽华（女）
吴锡琛　潘伟民　王正伟　蔡宗生

2.1998年3月6日八届十二次常委会议决定

增补17名委员：许鹏翔 赖永森 洪和平 赖观荣 傅文远 吴良良 陈文艺 黄金辉 黄邦杰 刘聚钗 杨继志 蒋夏雨 宋爱华（女） 王子标 郭扬辉 吴远康 谢炳煌

不再聘任9名委员：陈本沛 叶知年 林时上 林水挺 李聪普 庄 海 陈清照 庄泉宝 谢必荣

3.1999年1月13日八届十六次常委会议决定

增补6名委员：吴龙昭 蔡志从 唐建华 邱华谋 王四扬 洪于权

不再聘任8名委员：王志雄 叶宗希 陈清发 吴乌秀（女） 陈长昭 吴彦南 王恭庭 叶一帆

4.2000年1月29日八届二十一次常委会议决定

增补6名委员：庄绍钦 蔡天从 蔡荣火 柯金锁 江贻万 陈汝泽

不再聘任2名委员：宋爱华（女） 颜华煨

四、九届市政协委员（447+58名）

（一）中国共产党泉州市委员会（13名）

叶聪敏 刘佳景 庄绍钦 何国栋 陈明泉 陈桂民 陈敬聪 骆国金 黄利禾 傅 乌 傅圆圆（女） 蔡天从 蔡荣火

（二）中国国民党革命委员会泉州市委员会（11名）

庄垂田 李清安 林南生 郑云梅（女） 柯诺诺（女） 倪安娜（女） 翁辉煌 郭文圣 曾凯文 谢志宏 戴在平

（三）中国民主同盟泉州市委员会（11名）

王子标 王琼文 刘桂庭 张荣贵 李东生 苏培庭 周雅丽（女） 林敬初 项士敏 黄立军 蔡胜铁

（四）中国民主建国会泉州市委员会（11名）

史宝山（女） 何融融 吴鸿迹 沈文策 陈斌斌（女） 林少槐

林　峰（女）　唐剑津　曾培灿　蔡小辉　戴仲川

（五）中国民主促进会泉州市委员会（8 名）

王仁杰　杨翊杰　陈宇翔　陈荣才　周贻谋　梁瑞安　黄奕辉　彭佩芬（女）

（六）中国农工民主党泉州市委员会（12 名）

王丽璇（女）　许冬原　许怡菲（女）　余文竑　李启元　杨维群
陈　益（女）　周维佳　郑今奋　侯德建　郭为汀　蔡光增

（七）中国致公党泉州市委员会（11 名）

叶端芳　孙白薇（女）　吴逢铁　吴毓仁　林玉莲（女）　林鸿平
郭金醒（女）　崔闽鲁　黄沂平　蔡聪耀　蔡耀平

（八）九三学社泉州市委员会（8 名）

王祖耀　何松林　杜成维　杨锦凉　陈安玲（女）　陈丽煌　林建华
高华根

（九）台湾民主自治同盟泉州市委员会（7 名）

叶心凤（女）　吴子鹭　李良友　苏　悦（女）　苏耿聪　黄　冀
蔡振翔

（十）无党派民主人士（6 名）

刘婉波（女）　佘祖忆　张渭滨　陈冬生　陈星江　黄世清

（十一）中国共产主义青年团泉州市委员会（6 名）

庄国阳　苏锡培　林庆福　郑飞艇　洪纯洁　徐春晖

（十二）泉州市总工会（14 名）

刘贤招　庄美琴（女）　汤志强　许银法　张美锦（女）　李金沫
陈建民　陈琼琼（女）　林晋地　黄永新　黄智俊　傅福荣　蔡文革
颜柳青

（十三）农林界（15 名）

王康候 孙少锋 吴火炉 张惠山 杜振基 苏建政 陈进兴 林国昆
林树林 郑华沙 黄亚泉 温克仁 程建设 蔡建业 蔡建明

（十四）泉州市妇女联合会（14 名）

王聪敏（女） 邝淑群（女） 张秀惠（女） 李少玲（女）
肖淑君（女） 连亚男（女） 陈秀玲（女） 范丰仙（女）
郑文娥（女） 徐树兰（女） 黄淑华（女） 傅云美（女）
蔡满满（女） 潘文莲（女）

（十五）泉州市青年联合会（6 名）

吴清华 周连期 郭振辉 黄少力 黄少雄 蔡宗伟

（十六）泉州市工商业联合会（29 名）

王奕泉 许连捷 许维蓄 许鹏翔 吴少波 吴金世 吴荣源 吴家柿
吴雪萍（女） 吴景良 张向荣 张其聪 张特炉 杨贻芬 苏华廪
陈庆元 陈连升 陈秋平 周竞津 林凤良 侯炳辉 施义芳 施能坑
柯希平 柯贤道 郭扬辉 黄双煌 黄国斌 谢秋林

（十七）文化艺术界（16 名）

丁毓玲（女） 尤 慎 王景贤 许兆恺 余珍珠（女） 吴其萃
李启鸿 李波韵 陈健鹰 林剑仆 林凌霜（女） 郭 宁 龚万全
曾焕强 曾静萍（女） 蔡彩虹（女）

（十八）泉州市台湾同胞联谊会（7 名）

王为远 吕孝仁 吴仁仁（女） 陈 熙 陈朝阳 黄特秀（女）
谢志高

（十九）经济界（19 名）

庄铭伍 吴世署 吴丽娜（女） 张银华（女） 苏诺民 邹怀辉
陈燕燕（女） 范柳青（女） 郑乙全 施维雄 洪志荣 翁国泉

傅捷云（女）　谢燕南　赖水森　赖观荣　蔡思红（女）　蔡　瀛
潘逸斌

（二十）科学技术界（21 名）

王小阳　王金堆　吕振利　许琼碧（女）　何长龙　吴泽民　李天友
李泽红（女）　杨志强　苏维迎　陈永宝　姜鼎煌　柯逢荣　洪若霞（女）
郭荣华　梁志鹏　黄世洲　傅子祺　傅伟明　傅成火　颜少敏

（二十一）社会科学界（14 名）

丁志忠　刘宗训　庄树新　许伙努　张国森　陈诗忠　陈战英（女）
陈鹏鹏　黄钢水　曾智良　温雅国　谢清海　熊志强　魏　正

（二十二）泉州市科学技术协会（5 名）

马荣生　王　珊（女）　许定国　李金龙　陈跃飞

（二十三）教育界（28 名）

王林苹（女）　王泽楚　孙坚力　安　宁　张子瑜　张　琳（女）
张炜煌　李柏松　杨江云　杨景佳　陈伯禹　陈国璋　陈　翔　陈智才
林华东　林美堂　林培玲（女）　郑梦如　郑新生　洪维从　钟秋萍（女）
殷炳雄　郭春清　梁双升　谢婉彬（女）　潘龙溪　颜年安　薛伟丽（女）

（二十四）新闻出版界（5 名）

张　帆　林英明　柯遵昶　梁吉能　裴冰冰（女）

（二十五）医药卫生界（16 名）

叶传勇　庄建良　庄耀东　江德宗　张　萍（女）　张永树　张志如
张维绵　陈国明　陈荣洲　周建宣　周紫荆　林其仁　郑文忠　黄树民
曾昭怡

（二十六）泉州市归国华侨联合会（17名）

王巧丽（女） 王巧斌（女） 王国茂 庄双美 庄垂铁 许桂杨
许维群 李金栋 陈旺林 陈秋菊（女） 陈清渊 郑美娇（女）
骆志坚 郭景仁 梁少宝 蔡世佳 潘亚狮

（二十七）少数民族界（7名）

出学渊 陈严祥 钟丁山 郭锦峰 粘为江 黄永强 蓝大杞

（二十八）体育界（9名）

刘世仁 刘明臣 吕良波 张培基 陈谋木 赵振新 释常定 雷崇铭
蔡小华（女）

（二十九）宗教界（13名）

王秀聪（女） 江连谟 吴松柏 吴教盛 李以圣 李地利 李宗仁（女）
苏荣购 林　舟 施比受 骆良益 黄炳基 游建南

（三十）特别邀请人士（一）（41名）

丁金朝 王四扬 刘长根 刘聚钗 孙庆实 江贻万 许明权 许耀明
吴龙昭 吴远康 吴建民 吴春林 吴家洋 李再生 李孝仪 杨继志
连志富 邱华谋 陈汝泽 陈唤国 陈振魁 陈赞法 林木对 林玉璧
林金炼 姚重贺 施天佑 洪于权 洪德林 唐建华 寇富衍 梁丁云
黄文成 黄立水 黄百清 黄邦杰 黄金辉 曾国民 蒋夏雨 蔡志从
樊美清

（三十一）特别邀请人士（二）（47名）

王正伟 王亚南 王明洋 王育民 卢章煌 叶秀元 刘与量 刘秀丽（女）
孙礼贤 庄丽华（女） 庄秀霞（女） 朱铭泉 佘明聪 吴天赐
吴长谋 李传碧 李建超 杨华阳 陈文艺 陈永斌 陈传晋 陈亨利
陈荣助 陈通贵 林文侨 林和平 郑清治 施世筑 施荣恒 洪清艺
骆志鸿 唐德清 徐伟福 梁奕明 黄共流 傅子伍 曾少春 曾永生

谢业深　谢炳煌　蔡秀屏（女）　蔡宗生　潘伟民　潘怡成　颜金炜
颜洪龄　颜禧强

增补与不再聘任

1. 2002 年 2 月 28 日九届五次常委会议决定

增补 11 名委员：叶舒扬　王家声　吕安娜（女）　蔡金宝（女）谢定昌
苏宇霖　林金星　林泗益　陈衍泽　郑进发　洪学谋

不再聘任 9 名委员：傅福荣　赖观荣　陈荣洲　洪于权　蒋夏雨　唐建华
陈汝泽　陈唤国　许民权

2. 2002 年 6 月 25 日市政协九届八次常委会议决定

增补 1 名委员：苏千墅

3. 2003 年 2 月 17 日九届十一次常委会议决定

增补 13 名委员：曾华社　李成佑　苏解放　黄友贤　杨宝山　张锦川　杨连嘉
姚加环　叶建明　佘明钊　陈明确　李木理　傅小毅

不再聘任 4 名委员：黄邦杰 陈赞法 刘聚钗　杨翊杰

4. 2004 年 2 月 20 日九届十六次常委会议决定

增补 19 名委员：陈长庚　吴清含　黄永俊　吕素珠（女）　丁瑞金
陈晓玉（女）　欧阳秋虹（女）　孙　珑　颜清平　吴乌秀（女）
王伟明　倪子泽　董介鼎　吴声巨　李延庭　蔡世团　林福全　姜玉堆　刘正庆

不再聘任 10 名委员：邱华谋　蔡志从　姚重贺　李孝仪　郑进发 王四扬
梁丁云　李成佑　刘长根　陈明泉

5. 2005 年 4 月 13 日九届三十三次常委会议决定

增补 2 名委员：林荣取　郑增辉

6. 2005 年 12 月 20 日九届二十八次常委会议决定

增补 12 名委员：曾炳辉　郭萍萍（女）丁家全　何心全　赖耀清　许勤荣
陈月昭（女）　陈泉兴陈唤国　田恭灿　蒋　炯　周少雄

不再聘任 4 名委员：黄文成 吴清含 陈振魁　苏华禀

五、十届市政协委员（489+25 名）

（一）中国共产党泉州市委员会（14 名）

王素华（女） 田恭灿 苏小青（女） 李成佑 吴共湖 陈元殿
陈敬聪 林荣取 倪子泽 黄文生 黄利禾 傅福荣 熊志强 颜清平

（二）中国国民党革命委员会泉州市委员会（12 名）

叶怀远 刘永宏 苏乙峰 李旭升 陈立德 林南生 郑云梅（女）
郑伟彦 倪安娜（女） 施荣怀 郭文圣 蔡清淳

（三）中国民主同盟泉州市委员会（12 名）

王子标 庄培章 孙亚宏 苏培庭 李东生 辛志杰 陈琴英（女）
周雅丽（女） 项士敏 曾佳珩 曾皖鲤（女） 曾聪明

（四）中国民主建国会泉州市委员会（12 名）

吕培榕 庄天怀 李玉珍（女） 李明春 吴鸿迹 张保强 陈芳荣
林少槐 洪鹤年 郭小平 蔡小辉 戴仲川

（五）中国民主促进会泉州市委员会（9 名）

许维蓄 张炜煌 张锦川 陈国栋 陈忠文 陈荣才 黄金钟 梁瑞安
蔡再来

（六）中国农工民主党泉州市委员会（12 名）

王丽璇（女） 许冬原 杨维群 苏稼夫 李运生 肖惠中 陈笃恒
林介平 周维佳 洪若霞（女） 郭为汀 黄嘉民

（七）中国致公党泉州市委员会（12 名）

叶端芳 孙白薇（女） 吴逢铁 陈铭福 陈 敏（女） 林鸿平
黄沂平 崔闽鲁 赖德芳 蔡聪耀 蔡耀平 颜一鹏

（八）九三学社泉州市委员会（9名）

王祖耀　卢坚放　关瑞明　杨锦凉　李秀墩（女）　吴鸿丽（女）
何松林　张惠华（女）　黄　刚

（九）台湾民主自治同盟泉州市委员会（8名）

叶心风（女）　苏　悦（女）　吴子鹭　张　敏　林安生　骆沙鸣
黄　冀　蔡振翔

（十）无党派民主人士（8名）

叶　枫　许炳堂　苏幼滨　张建生　陈冬生　林声雁　洪建设　黄世清

（十一）中国共产主义青年团泉州市委员会（6名）

李春阳　陈文聪　林志鹃（女）　黄东胜　黄明谊（女）　蔡彩虹（女）

（十二）泉州市总工会（12名）

王德全　占　斌　刘建辉　汤志强　李晓芳（女）　沈添火　陈琼琼（女）
林晋地　林惠玲（女）　郭振辉　黄明教　谢秋林

（十三）泉州市妇女联合会（13名）

吕安娜（女）　苏培娜（女）　李少玲（女）　张秀惠（女）
张美锦（女）　张银华（女）　陈素珍（女）　林淑真（女）
郑雪英（女）　徐树兰（女）　黄怀蓉（女）　黄耿耿（女）
傅云美（女）

（十四）泉州市青年联合会（7名）

苏文露　苏建政　吴志华　吴英才　周少雄　洪忠信　黄少力

（十五）泉州市工商业联合会（29名）

丁志忠　王仁奖　刘国清　庄志林　许连捷　杜胜利　吴火炉　吴志强
吴荣源　吴景良　邱祥坤　张其聪　张特炉　陈双白　陈水波　陈庆元

陈苍松 陈明辉 陈昆明 郑南胜 柯希平 施能坑 蔡金星 蔡经义
黄少雄 黄双煌 黄国斌 赖耀清 潘天恩

（十六）泉州市工商业联合会（二）（17 名）

丁水波 王水喷 纪建强 李天赐 李继祥 李延庭 吴声巨 吴建家
张建溪 陈扬水 林福全 卓清良 黄阿遂 黄金城 蔡世团 蔡世洋
蔡彬彬

（十七）泉州市科学技术协会（6 名）

丁国需 吕国荣 邹秀红（女） 张阿妮（女） 陈仁毅 林丕鼎

（十八）泉州市台湾同胞联谊会（8 名）

王世哲 吴慰萍（女） 张亚轮 张秀丽（女） 陈朝阳 陈 熙
林宏楠 谢志高

（十九）泉州市归国华侨联合会（18 名）

王巧丽（女） 王巧斌（女） 吕少阳 庄树新 李金栋 吴辉体
邱威廉 张梓教 陈旺林 陈居良 陈南田 陈清渊 林水湖 骆志坚
施养谊 黄连福 黄其东 黄培德

（二十）文化艺术界（14 名）

丁毓玲（女） 尤 慎 王景贤 许兆恺 苏良碧 吴其萃 吴毓秀
陈进发 林凌霜（女） 郭 宁 龚万全 曾静萍（女） 谢千红（女）
蔡耀添

（二十一）科学技术界（17 名）

王 坚（女） 王星荣 吕振利 伍萍萍（女） 刘艺华 许维群
吴国良 吴泽民 何玉芬（女） 陈跃飞 林朝晖 范柳青（女）
洪伟民 姜鼎煌 梁志鹏 傅伟明 赖礼同

（二十二）社会科学界（14 名）

王　珊（女）　出能杰　朱学群　伍经纬　孙碧良　杨志洪　吴家荣
陈战英（女）　陈锦川　黄永坚　黄　良　黄燊棋　温雅国　魏　正

（二十三）经济界（19 名）

王宽良　邓光文　叶舒扬　刘明亮　庄刚毅　庄鸿卿　许海谋　孙少峰
肖劲松　吴华春　吴丽娜（女）　林太白　林　虹　洪仲育　涂朝阳
翁国泉　曾荣华　蔡思红（女）　蔡俊伟

（二十四）农业界（9 名）

叶志强　许天增　李培德　李添枝　何长龙　陈进兴　黄标生　蔡建明
潘文莲（女）

（二十五）教育界（30 名）

王元美（女）　王林苹（女）　王若兰（女）　叶良清　孙坚力
苏国辉　吴春榕（女）　吴滨如（女）　吴徽明　余琼琼（女）
张子瑜　张秋云（女）　陈宗辉　陈国璋　陈　翔　林华东
林佩珊（女）　林荣宝　林培玲（女）　郑建树　郑梦如　柯跃海
钟秋萍（女）　施金象　郭春清　黄奕辉　梁双升　蒋志坚　傅晖文（女）
薛伟丽（女）

（二十六）体育界（8 名）

王家声　吴佳和　陈茂和　郑钢星　黄彩霞（女）　康德金　喻　君
蔡小华（女）

（二十七）新闻出版界（5 名）

余光仁　张　帆　柯遵昶　黄　强　裴冰冰（女）

（二十八）医药卫生界（17 名）

王爱治（女）　叶传勇　白志刚　朱世泽　庄建良　庄耀东　吴家柿

邹佩珍（女） 张志如 张建新 张 萍（女） 陈国明 周建宣
郑英兰（女） 黄子扬 曾昭怡 颜少敏

（二十九）少数民族界（9 名）

丁纯纯（女） 兰大杞 陈严辉 钟丁山 钟荣信 郭建国 郭奎顺
粘为江 雷志煌

（三十）宗教界（13 名）

江连谟 苏荣购 吴松柏 吴教盛 陈春塔 林 舟 林秀莲（女）
胡晓泉 黄炳基 释常定 释照圆 游建南 蔡灿辉

（三十一）特别邀请人士〈一〉（45 名）

丁家全 丁瑞金 上官春安 王伟明 吕素珠（女） 朱清辉
庄志民 庄建辉 江贻万 许耀明 孙 珑 杨继志 苏兴羽 苏宇霖
苏解放 李卫平 李双莺（女） 连志富 连启明 吴远康 吴金球
张苏平 陈衍泽 陈晓玉（女） 陈雪琴（女） 林永湖 林 林
林金炼 林泗益 欧阳天秋 周亚明 周伯恭 周慰宣 郑建清
施天佑 洪学谋 郭萍萍（女） 黄环生 黄建琳 黄聪吟 曾炳辉
樊美清 颜年安 潘土改 戴爱国

（三十二）特别邀请人士〈二〉（65 名）

王万材 王亚南 王庆堂 王启水 卢金荣 卢章煌 叶秀元 叶建明
叶益强 刘与良（女） 刘正庆 庄秀霞（女） 孙礼贤 吕金福
许华芳 杨华阳 李友智 李木理（女） 李成敬 李传碧 苏永安
佘朗钊 佘明聪 佘祖忆 吴士芳 吴长谋 吴玲玲（女） 吴雅玲（女）
张志猛 陈文艺 陈文栋 陈伟利 陈传晋 陈庆辉 陈呈仁 陈明确
陈建民 陈荣助 陈通贵 陈敏生 陈燕南 林和平 郑清治 林黎明
林 潞 施华民 施能狮 洪顶超 洪清艺 姜玉堆 骆大川 姚加环
郭金发 郭康雁 唐德清 黄清快 傅小毅 傅仰富 傅森林 曾永生
谢业深 谢炳煌 蔡秀屏（女） 颜禧强 潘伟民

增补、撤销与不再聘任

1.2007年9月14日市政协十届二次常委会议决定

增补1名委员：邹卫国

2.2007年12月24日市政协十届五次常委会议决定

增补3名委员：蔡文良　颜朝晖　庄少生

不再聘任2名委员：蔡耀平　曾炳辉

3.2009年12月17日十届十八次常委会议决定

增补18名委员：洪川夫　洪南福　万国章　叶　恒　周碰金　柳瑞榕（女）　杨存泉　廖春园　林应欣　林海鸥　柯文托　吴培增　张认成　许红旗　黄　艺　刘荣林　胡连荣　王秀黎

不再聘任13名委员：朱清辉　陈雪琴（女）　杨继志　王伟明　关瑞月　许海谋　邓光文　欧阳天秋　喻　君　张建新　邹卫国　潘土改　李运生

4.2010年12月24日十届二十六次常委会议决定

增补1名委员：杨俊峰

撤销委员资格1名：苏幼滨

5.2011年1月19日十届二十七次常委会决定

撤销委员资格1名：刘艺华

6.2011年9月14日十届三十三次常委会议决定

增补2名委员：王瑞强　李天居

附：表4—5—1

六届至十届泉州市政协委员结构情况简明表

	六届		七届		八届		九届		十届	
组　成　比　例										
委员人数	253		292		404		447		489	
组成	人数	比例%	人数	比例%	人数	比例%	人数	比例%	人数	比例%
中共党员	88	34.8	106	36.3	149	36.88	161	36.02	161	32.9
非中共党员	165	65.2	186	63.7	255	63.12	286	63.98	328	67.1
女　性	47	18.6	45	15.4	66	16.34	75	16.78	87	17.8
少数民族	8	3.2	5	1.71	5	1.24	16	4	21	4.3
大专以上学历	104	41.1	156	53.42	251	62.13	295	66	351	71.8

续表 4—5—1

六届至十届泉州市政协委员结构情况简明表

		六届		七届		八届		九届		十届	
组成比例											
中级以上职称		—	—	—	—	193	47.77	220	49.22	192	39.3
年龄	40 岁以下	31	12.3	32	10.96	109	26.98	112	25.06	92	18.8
	41—50 岁	58	22.9	78	26.71	121	29.95	162	36.24	250	51.1
	51—60 岁	101	39.9	144	49.32	152	37.62	155	34.68	136	27.8
	60 岁以上	63	24.9	38	13.01	22	5.45	18	4.03	11	2.2
新委员		253	100	163	55.82	230	56.93	266	95.51	274	56.03
老委员		—	—	129	44.18	174	43.07	181	40.49	215	43.97

说明：实际委员数指各届政协一次全会确认的委员数量，未包括后期增补的委员

第六节 泉州市政协机关领导干部名录

一、副秘书长

（一）第六届副秘书长

胡和金　苏孙洗

陈泗三（1988.1 兼任）

吴　同（1988.6 任）

（二）第七届副秘书长

胡和金（1991.6—1994.9）

陈克辉　王孝览　吴　同

黄利禾（1995.9 任）

（三）第八届副秘书长

专职

陈克辉（1999.12 免）

陈明泉 傅 乌

蔡天从 蔡荣火（同在 2000.9 任）

兼职

苏交利 翁辉煌 吴庆祥（同在 1998.3 任）

许怡菲（女，1998.3 任）

高华根 林金田 陈宇翔 唐剑津（同在 1998.3 任）

许鹏翔 陈铭福（同在 1998.3 任）

（四）第九届副秘书长

专职

陈明泉（2003.9 免）

傅 乌 蔡天从 蔡荣火 王伟明

陈宇翔（2003.4 任）

颜清平（2003.12 任）

田恭灿（2005.12 任）

万国章（2006.12 任）

兼职

陈桂民 翁辉煌 许怡菲（女）（同在 2002.2 任）

杜成维 陈宇翔 唐剑津 （同在 2002.2 任）

蔡振翔 许鹏翔（同在 2002.2 任）

林敬初（2002.2—2006.4）

郑云梅（女） 许冬原（同在 2004.2 任）

陈安玲（女） 蒋 炯 蔡耀平（同在 2006.4 任）

（五）第十届副秘书长

田恭灿

颜清平（2006.4 免）

王伟明（2007.12免）

万国章（2011.12免）

陈振坚（2010.2任）

许冬原（2011.12任）

二、各办事机构主任 副主任

（一）办公室

主　任：胡和金（1986.2—1994.9）

黄利禾（1995.6—2001.9）

蔡荣火（2001.9—2005.9）

田恭灿（2005.12 任）

副主任：陈永新（1986.8—2000.7）

吴家灿（1988.6—1989.7）

朱周能（1991.7—1997.11）

吴航航（女，1998.5—2008.6）

王伟明（2000.9—2001.5）

田恭灿（2002.12—2005.12）

许仰东（2005.12—2009.10）

王忠华（2009.12任）

王宗锋（2010.2任）

（二）专门委员会综合办公室

1989年11月成立，为科级机构；1991年7月升格为正处级机构；1998年4月更名为“专门委员会办公室”；2006年机构改革时撤销。

主　任：陈克辉（1991.7—1998.5）

傅　乌（1998.5—2005.9）

林金作（1991.1—7，正科级）

副主任：黄文生（1998.5 任）

潘土改（1999.9任）

（三）三胞联谊委员会办公室

1989年11月成立，为科级机构；1991年7月升格为正处级机构；1997年11月更名为“港澳台侨联络办公室”；2006年机构改革时撤销。

主　任：王孝览（1991.7—1996.3）

陈明泉（1998.5任）

副主任：林月华（女，2004.2任）

韩杜琴（女，1991.1—7，副科级）

（四）经济科技委员会办公室

1991年7月成立，为正处级机构；1997年机构改革时撤销；2000年9月恢复；2006年机构改革时撤销。

主　任：柯国梁（1994.1任）

庄绍钦（2000.9任）

副主任：柯国梁（1991.7—1993.2）

苏子文（1991.7任）

林金作（2002.2任）

李　均（2004.2任）

（五）研究室（2005年9月设立）

主　任：王伟明（2007.4—2007.12）

李德志（2011.12任）

副主任：王伟明（2006.4任）

胡毅雄（2007.6—2010.2）

林建国（2010.2—2011.9）

（六）政协委员工作室（2009年2月设立）

主　任：黄阳辉（2011.11任）

三、各工作机构主任 副主任

（一）第六届

1. 提案工作委员会

1989年3月更名为“提案委员会”。

主　任：林志正

副主任：余玉棋

郑建树（1989.3免）

林填宝（1989.3任）

2. 学习委员会

主　任：庄火明（1988.1免）

陈泗三（1989.3任）

副主任：林祖慰

蔡　野（1989.3免）

魏献国　吴庆祥（同在1989.3任）

3. 经济工作委员会

1989年3月与“科技工作组”合并，改设“经济科技委员会”。

主　任：苏孙洗（1989.3免）

郭子龙（1989.3任）

副主任：郭子龙　郑倪重　彭伟朗（同在1989.3免）

邓维星　林咸源　陈庆植（同在1989.3任）

4. 文史资料研究委员会

1989年3月更名为“文史资料委员会”。

主　任：黄永源

副主任：陈存广　陈泗东

林昌如（1990.7任）

5. 三胞工作委员会

1989年3月更名为“三胞联谊委员会”。

主　任：吕敦村（1989.3免）

黄　川（1989.3 任）

副主任： 黄　川（1989.3 免）

曾国杰　何国栋（同在 1989.3 任）

骆朝宗　刘天相（同在 1989.3 任）

6. 文教委员会

1989 年 3 月由文艺工作组、教育工作组合并组成。

主　任： 颜联峭

副主任： 王仁杰　金在钊　郑建树　朱炳辉

黄达德　陈志泽　蔡友辉

7. 文艺工作组

1989 年 3 月撤销。

组　长： 王仁杰

副组长： 陈泗三　蔡友辉　陈志泽　黄达德

8. 教育工作组

1989 年 3 月撤销。

组　长： 颜联峭

副组长： 邓永清　金在钊　朱炳辉

9. 科技工作组

1989 年 3 月撤销。

组　长： 邓维星

副组长： 陈庆植

10. 妇女工作组

1989 年 3 月更名为“妇女青年委员会”。

组　长（主　任）： 秦金华（女）

副组长（副主任）： 李超英（女，1989.3 任）

林玉莲（女，1989.3 任）

陈万里（1989.3 任）

11. 医药卫生工作组

1989 年 3 月更名为“医药卫生委员会”。

组　长（主　任）： 林多速

副组长（副主任）： 许鼎文（1989.3任）
周亚华（女，1989.3任）
王定海 姚嘉母（同在1989.3任）

12. 民族宗教工作组

1989年3月更名为“民族宗教委员会”。

组　长（主　任）： 张虹剑

副组长（副主任）： 陈妙莲（女）　伍泽旭

13. 法制工作组

1989年3月更名为“法制委员会”。

组　长（主　任）： 王济弱

副组长（副主任）： 黄印宪
陈德馨（1989.3任）

（二）第七届

1. 提案法制委员会

主　任： 薛天锡（兼）

副主任： 潘维权　胡和金　丁金碧　黄印宪
曾　明

2. 学习委员会

主　任： 傅圆圆（女，兼）

副主任： 李登俊　吴　同　吴庆祥　柯连妹（女）

3. 经济科技委员会

主　任： 王文泰（兼）

副主任： 林咸源　万嘉铸　柯国梁　苏子文
邓维星　黄笔玄　肖秀琼（女）

4. 三胞联谊委员会

主　任： 王孝览

副主任： 曾国杰　何国栋　陈明泉　郭景仁
吴清标

5. 文史资料委员会

1991年7月，改称“文史委员会”。

主　任：陈克辉

副主任：许在全　陈泗东　陈存广　陈志泽

林昌如（1996.2免）

6. 文教委员会

1991年7月，改称“文教体卫委员会”。

主　任：曾惠华（女，兼）

副主任：邓永清　颜联峭　周亚华（女）

王仁杰　刘宗森

7. 民族宗教委员会

主　任：魏献国

副主任：蔡爱萍（女，1992.2免）

潘韵琴（女）

黄利禾（1992.2任）

8. 妇女青年委员会

1991年7月，改称“青年妇女委员会”。1996年3月不再设立。

主　任：陈脑秀

副主任：伍秀丛（女）　黄晓炎

（三）第八届

1. 提案法制委员会

1997年11月机构改革时撤销。

主　任：叶聪敏（兼）

副主任：傅　乌　李登俊　翁辉煌　郭景仁

傅福荣　陈子敏

2. 学习委员会

1997年11月机构改革时撤销。

主　任：何国栋（兼，1999.9免）

黄利禾（兼，1999.9任）

副主任：黄利禾

谢清海　万嘉铸　吴庆祥　杨益民

施能泉　曾文斗（同在 1996.7 任）

3. 经济科技委员会

1997 年 11 月机构改革时撤销。

主　任：薛天锡（兼）

副主任：柯国梁　何泽坤　林咸源　季进彬

郑增辉　王明权　陈淑贤（女）

吴中培

杨炯林　洪和平（同在 1998.3 聘任）

颜伟劲　谢燕南（同在 1999.1 任）

庄绍钦（2000.9 任）

4. 社会法制委员会

1997 年 11 月机构改革时撤销。

主　任：张章炳（兼）

副主任：陈克辉　叶忠育　洪源枝　刘超群

范丰仙（女）　叶一帆　黄印宪

李再生　李有才　许明华　许耀明

黄文生（1998.6 任）

陈嘉祐（1999.1 任）

5. 三胞联谊委员会

1996 年 7 月更名为“台港澳侨联络委员会”；1997 年 11 月机构改革时撤销。

主　任：王文泰（兼，1999.9 免）

何国栋（1999.9 任）

副主任：陈明泉　曾国杰　卓正明　孙庆实

林浴沂　陈秋菊（女）　林金田

陈　熙　林经纬　王彬成

郭景仁（1996.7 任）

6. 民族宗教委员会

1997 年 11 月机构改革时撤销。

主　任：曾惠华（女，兼）

副主任：陈明泉　骆良益　林　舟　吴松柏

出学渊

7. 教育卫生体育委员会

1996 年 3 月设立；1997 年 11 月机构改革时撤销。

主　任：郑今奋（兼）

副主任：苏子文　李聪普　颜联峭　苏荣波
邓永清　雷崇铭　曾明泉
谢清海（1996.7 聘任）
蔡天从（2000.9 任）

8. 文化文史资料委员会

1996 年 3 月设立；1997 年 11 月机构改革时撤销。

主　任：王仁杰（兼）

副主任：傅　乌　许在全　庄顺能　王连茂
陈志泽　陈瑞统　陈存广
李少园（1998.3 聘任）

9. 农业农村工作委员会

1999 年 9 月设立；2001 年 4 月不再设立。

主　任：何融融（兼）

副主任：杜发成　洪鹏景（同在 2000.9 聘任）

（四）第九届

1. 提案委员会

主　　　任：蔡天从（2001.5—2005.9 任）

聘任副主任：许怡菲（女）　陈宇翔　范丰仙（女）
翁辉煌　唐剑津　郭景仁　黄世清

2. 经济科技委员会

主　　　任：庄绍钦（2001.5—2005.9）
颜清平（2006.4 任）

专职副主任：李　均（2006.4 任）

聘任副主任：马荣生　许连捷　吴世署　李泽红（女）
陈可尚　邹怀辉　施维雄　黄亚泉
寇富衍　谢燕南　蔡思红（女）

陈学振　王春金（同在 2002.6 任）
苏维迎（2002.6 任）
林金作（2001.5—2003.8）
李　均（2005.4—2006.4）

3. 社会法制委员会

2005 年 9 月，更名为“社会和法制委员会”。

主　　　任：蔡荣火（2001.5—2005.9）
专职副主任：黄文生（2001.5 任）
聘任副主任：刘长根　许耀明　李再生　吴春林
陈嘉祐　徐春晖　黄文生　黄立水
傅福荣　曾国民　樊美清　戴仲川
魏　正

4. 港澳台侨联络委员会

2005 年 9 月，更名为“港澳台侨委员会”

主　　　任：陈明泉（2001.5—2003.12）
倪子泽（2006.4 任）
专职副主任：林月华（女，2006.4 任）
聘任副主任：孙庆实　苏耿聪　李清安　吴长谋
吴航航（女）　张梓教　陈　熙
陈桂民　林文侨　黄百清　蔡耀平
颜洪龄
林月华（女，2002.6 任）
倪子泽（2005.4 任）

5. 民族宗教委员会

主　　　任：骆良益（兼）
专职副主任：潘土改（2006.4 任）
聘任副主任：出学渊　吴松柏　林　舟　潘土改
吴教盛（2002.6 任）

6. 文教卫体委员会

主　　　任：郑今奋（兼，2003.12 免）

颜清平（兼，2003.12 任）

聘任副主任：王伟明（2001.5—2003.12）

陈伯禹　陈荣洲　林华东　黄德鹏

龚万全　雷崇铭　蔡振翔

苏小青（女，2002.6 任）

王珊珊（女，2002.6 任）

董介鼎（2005.4 任）

7. 学习宣传委员会

主　　任：黄利禾（兼，2001.5—2003.12）

王伟明（2003.12 任）

专职副主任：黄金跋（2006.4 任）

聘任副主任：许鹏翔　杜成维　张　帆　林敬初

傅　乌　谢清海　蔡胜铁　熊志强

黄金跋（2005.4 任）

8. 文史资料委员会

2005 年 9 月，更名为“文史委员会”。

主　　任：傅　乌（2001.5 任）

专职副主任：王明健（2006.4 任）

聘任副主任：丁毓玲（女）　王连茂　李少园

林英明　陈鹏鹏　陈健鹰

王明健（2005.4 任）

（五）第十届

1. 提案委员会

主　　任：许耀明（2007.6 任）

专职副主任：郑瑞鑫

2. 经济科技委员会

2009 年 2 月更名为“经济委员会”。

主　　任：颜清平

专职副主任：李　均

3. 港澳台侨委员会

2009 年 2 月更名为“港澳台侨和外事委员会”。

主　　　任：倪子泽（2010. 1 免）

　　　　　　骆志成（2011. 12 任）

专职副主任：林月华（女，2011. 9 免）

4. 社会和法制委员会

主　　　任：黄文生（2011. 9 免）

　　　　　　李天居（2011. 9 任）

专职副主任：潘清忠（2007. 4—2009. 4）

　　　　　　王木生（2009. 12 任）

5. 文教卫体委员会

2009 年 2 月更名为“教科文卫体委员会”。

主　　　任：黄聪吟

专职副主任：陈甘章（2008. 2 任）

　　　　　　林鸿扬（2011. 3 任）

6. 民族宗教委员会

主　　　任：潘土改（2009. 9 免）

　　　　　　郭萍萍（女，2009. 10 任）

专职副主任：吴绶莹（女，2010. 2 任）

7. 学习宣传委员会

2009 年 2 月与文史委员会合并，改设“文史和学习宣传委员会”。

专职副主任：黄丽红（女，2007. 4—2009. 10）

8. 文史委员会

2009 年 2 月与学习宣传委员会合，改设“文史和学习宣传委员会”。

专职副主任：王明健（2008. 1 免）

9. 文史和学习宣传委员会

主　　　任：梁云南（2011. 12 任）

专职副主任：黄丽红（女，2009.10 任）

10. 人口资源环境委员会

2009 年 2 月增设。

主　　　任：洪南福（2009.10 任）

专职副主任：庄宝玲（女，2010.2—2011.9）

第七节 泉州市政协机关党委成员名录

（一）第一届机关党委（2000.7—2004.8）

书　记：黄利禾

副书记：蔡天从

专职副书记：方生才（2004.2 任）

委　员：吴航航（女）　黄文生　郑景勋

（二）第二届机关党委（2004.8—2010.4）

书　记：黄利禾（2004.8—2009.4）

洪川夫（2009.8 任）

专职副书记：方生才

委　员：田恭灿　黄文生　颜清平

（三）第三届机关党委（2010.4—　）

书　记：洪川夫

专职副书记：方生才

委　员：田恭灿　黄聪吟　蔡天从

第八节 县级政协领导班子成员名表

一、鲤城区政协领导班子成员名表

届别	届期	主席	副主席
一	1985.12—1987.11	白泰煌	许 忠 庄丽水 陈凤仪 秦长江 曾国杰 何融融 吴金炎
二	1987.11—1991.1	白泰煌	许 忠 庄启旋 曾国杰 何融融 吴金炎 欧阳世杰
三	1991.1—1994.1	吴金钗（女）	许 忠 庄启旋 何融融 吴金炎 欧阳世杰
四	1994.1—1997.9	庄泉宝	许忠（1997.2免） 黄邦杰 何融融 欧阳世杰 陈庆元 黄德鹏（1997.2任）
五	1997.9—2002.12	黄金辉	黄邦杰 许景南 盛和宇
六	2002.12—2006.12	黄金辉	林培华（女） 唐剑津 陈庆元 李欣林（2004.2任） 曾华社（2004.2任） 黄绍芒（2005.2任）
七	2006.12—2011.12	吴金球	李欣林 黄绍芒 王依群 叶传勇 林友竹（2008.2任） 林文革（2010.2任）

二、丰泽区政协领导班子成员名表

届别	届期	主席	副主席
一	1997.9—2002.12	刘聚钗	杨继志 陈庆元 陈铭福 张福龙（2000.1任）
二	2002.12—2006.12	苏解放	张福龙 上官蓝波 许景南 戴在平 孔繁湘（2003.3任）
三	2006.12—2011.12	苏解放 叶恒 （2009.12任）	张福龙 许景南 戴在平 孔繁湘

三、洛江区政协领导班子成员名表

届别	届期	主席	副主席
一	1997.9—2002.12	蒋夏雨（2001.11免） 谢定昌（2001.11任）	宋爱华（女，1999.4免） 梁嘉顺　陈忠文 江贻万（1999.4任） 田恭灿（2001.4任） 赖清正（2001.4任）
二	2002.12—2006.12	谢定昌	王泽淮　林新平　陈忠文 王有为（2003.4任） 黄清凯（2006.2任）
三	2006.12—2011.12	朱清辉（2009.12免） 周碰金（2010.1任）	王泽淮　林新平　陈忠文 黄清凯（2011.8免） 杨文格（2011.8免）

四、泉港区政协领导班子成员名表

届别	届期	主席	副主席
一	2000.11—2006.12	吴建民	李连生（2005.1免）黄文成（2003.6免） 林　森　　兰　菁（女） 张加坡（2003.6—2004.1） 陈文聪（2004.1—8）　颜朝晖（2004.8任） 郭厚宝（2005.12任）
二	2006.12—2011.12	连启明	林　森　颜朝晖（2007.5免） 郭厚宝　黄胜富　朱云鹏（2010.12—2011.9任）

五、石狮市政协领导班子成员名表

届别	届期	主席	副主席
一	1991.1—1994.1	吴彦南	蔡明元　许民权（1991.8—1992.2） 高铭群
二	1994.1—1999.1	吴彦南	蔡明元　许民权　宋太平 郭丽莲（女，1998.3任）
三	1999.1—2004.1	蔡志从（2003.3免） 吴清含（2003.3任）	许民权　苏文锦　卢文进　宋太平 王有官（2001.1任）

续表

四	2004.1—2006.12	吴清含（2004.7免） 丁家全（2005.4任）	佘日杰 王有官 黄章煌 施心新
五	2006.12—2011.12	丁家全	佘日杰 王有官 黄章煌 施心新 吴清木

六、晋江市政协领导班子成员名表

届别	届期	主席	副主席
五	1984.10—1987.10	留章慈	高作揖 周明福 陈伏希 许清源 吴清琪 李子辰 施性镜（1985.5任）蔡明元（1986.10任）
六	1987.10—1991.1	留章慈	施性镜 吴清琪 王永裕 蔡明元（1989.4免） 许国劲
七	1991.1—1994.1	吴良良（1993.3免） 王恭庭（1993.3任）	王永裕 许国劲 吴乌秀（女） 蔡英文 吴松茂（1992.4—1993.10）
八	1994.1—1999.1	王恭庭	王永裕 许国劲 吴乌秀（女） 姚嘉潭 蔡英文 洪伟辟
九	1999.1—2004.1	邱华谋	吴乌秀（女） 陈道炳 郭金醒（女） 洪于权（2001.11免）林文聘 庄铭理（2001.3任） 洪学谋（2002.1任）
十	2004.1—2006.12	陈长庚	方玉銮 张景锻 庄铭理 洪学谋 林清泉
十一	2006.12—2011.12	周伯恭	方玉銮 庄铭理（2010.3免） 王庆芬 朱永远 施能坑 叶荣宗（2009.1任）

七、南安市政协领导班子成员名表

届别	届期	主席	副主席
五	1984.11—1987.6	潘用庭	柳云龙 吴　美 李鸠凌 李俊贤 洪成宗 陈天彪 李裔昭
六	1987.6—1991.1	林景宗	柳云龙 陈天彪 李俊贤 张立学 洪成宗
七	1991.1—1994.1	林景宗	郑传芳 张学立 黄重阶 陈清荣
八	1994.1—1999.1	骆国金（1995.1免） 林木对（1995.1任）	陈玉树 郑清琪 苏国人 余静娟（女） 周荣林 林树哲 吴振荣
九	1999.1—2004.1	林木对（2002.1免） 姚重贺（2002.1任）	姚重贺 林树哲 余静娟（女） 周荣林 吴振荣
十	2004.1—2006.12	黄永俊	李　军 林树哲 周荣林 黄礼愿
十一	2006.12—2011.12	戴爱国	李　军 林树哲 黄礼愿 周建宣 谢连树

八、惠安县政协领导班子成员名表

届别	届期	主席	副主席
六	1984.11—1987.10	朱兴宗	林庆成 刘清源 吴澄清 陈水生 辜道德 潘侨萃 谢良顺 王振鸿
七	1987.10—1991.1	朱兴宗	陈水生 刘清源 谢良顺 吴澄清 王振鸿
八	1991.1—1994.1	刘佳景	曾燕生 吴澄清 王振鸿 谢良顺
九	1994.1—1999.1	吴家灿（1995.3 郑栋梁（1995.3—1996.3） 陈清发（1996.3任）	曾燕生（1996.2免） 周云清（1996.3任） 甘端蓉（女） 萧德星 黄晋香 黄泉福
十	1999.1—2003.12	吴龙昭	周云清　卢林生 吴建民（1999.12—2000.12） 黄泉福　陈赞法 万国章（2001.2任） 程汉川（2001.2任）
十一	2003.12—2006.12	吴龙昭	任秋来 黄泉福 万国章　程汉川

续表

届别	届期	主席	副主席
十二	2006.12—2011.12	庄建辉	任秋来 程汉川 张其聪 蔡炳河 陈锦满（2009.2任）

九、安溪县政协领导班子成员名表

届别	届期	主席	副主席
四	1984.10—1987.11	陈泰山	林锦山 李礼南 李锦裕 陈清河 林 坚
五	1987.11—1991.1	陈泰山	李锦裕 陈清河 林 坚 陈秋菊（女） 叶秀元
六	1991.1—1994.1	陈泰山	李锦裕 陈清河 陈秋菊（女） 叶秀元
七	1994.1—1999.1	陈泰山（1995.1免） 陈长昭（1995.1任）	陈清河 陈秋菊（女） 黄汉忠 叶宗希 郭扬辉
八	1999.1—2004.1	唐建华（2002.1免） 苏宇霖（2002.1任）	叶宗希 郭扬辉 黄环生 林秀成 许建辉 苏志雄
九	2004.1—2006.12	苏宇霖	林秀成 许建辉 苏志雄
十	2006.12—2011.12	苏宇霖	林秀成 许建辉 黄明哲 袁霖辉 苏志雄

十、永春县政协领导班子成员名表

届别	届期	主席	副主席
七	1984.11—1987.10	余金象	黄种志 林继星 颜纯伟 刘声洽 邓泗侯 王大贞
八	1987.10—1991.1	余金象	黄种志 林继星 颜纯伟 刘声洽 邓泗侯 王大贞
九	1991.1—1994.1	林玉壁	颜华煨 王大贞 李维群 郑永仁（1992.3任） 陈贞文（1992.3任）

续表

届别	届期	主席	副主席
十	1994.1—1999.1	林玉壁	颜华煨 陈友经 王大贞 郑永仁 李维群
十一	1999.1—2004.1	林玉壁 林金星（2002.1任）	颜华煨 陈友经 林育明 张特炉 陈发源（2001.2任）
十二	2004.1—2006.12	林金星	陈发源 张特炉 林海鸥 黄万民
十三	2006.12—2011.12	周亚明	陈发源 张特炉 林海鸥 黄万民

十一、德化县政协领导班子成员名表

届别	届期	主席	副主席
二	1984.10—1987.10	徐锡饱	苏文顿（1984.12免） 黄忠民 黄任尤 陈其泰 林文启 罗瑞发 吴嗣璜
三	1987.10—1991.1	徐锡饱	徐其树 陈其泰 罗瑞发 林文启 吴嗣璜
四	1991.1—1994.1	郑来兴（1993.3免） 李孝仪（1993.3任）	徐其树 罗瑞发 林文启 吴嗣璜
五	1994.1—1999.1	李孝仪	梁丁云 李文建 徐其树 吴嗣璜 罗瑞发（1997.3免） 楼益梁 温克仁（1997.3任）
六	1999.1—2004.1	李孝仪	梁丁云 李文建 楼益梁 温克仁
七	2004.1—2006.12	吕素珠（女）	梁丁云 李文建 楼益梁 温克仁
八	2006.12—2011.12	吕素珠（女）	梁丁云 李文建 楼益梁 陈祥端 李金鼠（2010.1任）

第九节 驻泉州全国政协委员
全国政协泉州籍港澳台侨委员名录

注：因资料不详，本节未能完整收录各届届中增补的政协委员名单。

一、驻泉州全国政协委员

（一）第六届（1983.6—1988.3）〔2名〕

吕敦村 赖万才

（二）第七届（1988.3—1993.3）〔2名〕

吕敦村 赖万才

（三）第八届（1993.3—1998.3）〔2名〕

赖万才 陈觉万

（四）第九届（1998.3—2003.3）〔3名〕

吴承业 王仁杰 许连捷

（五）第十届（2003.3—2008.3）〔3名〕

吴承业 王仁杰 许连捷

（六）第十一届（2008.3—2013.3）〔6名〕

许连捷 黄维礼 陈立德 骆沙鸣 吴承业 李顺堤

二、全国政协泉州籍港澳台侨委员

（一）第六届（1983.6—1988.3）〔3 名〕

梁披云　黄克立　许东亮

（二）第七届（1988.3—1993.3）〔2 名〕

梁披云　许东亮

（三）第八届（1993.3—1998.3）〔6 名〕

杨孙西　施子清　施祥鹏　曾星如　梁披云　施展熊

（四）第九届（1998.3—2003.3）〔21 名〕

杨孙西　施子清　施祥鹏　施展熊　黄克立　曾星如　卢文瑞　洪清源
黄紫玉　陈金烈　曾文仲　李群华　庄启程　洪祖杭　李　扬　颜延龄
梁仲虬　许明良　洪敬南　周安达源　　　姚志胜（2001.1 被除名）

（五）第十届（2003.3—2008.3）〔26 名〕

杨孙西　施子清　施祥鹏　施展熊　卢文瑞　黄紫玉　曾文仲　邱维廉
颜延龄　许健康　李群华　洪祖杭　庄启程　李　扬　许荣茂　李贤义
林树哲　黄光汉　卢温胜　庄绍绥　张华峰　陈明金　洪敬南　王葛鸣
郭修圃　周安达源

（六）第十一届（2008.3—2013.3）〔28 名〕

杨孙西　洪祖杭　施子清　施祥鹏　卢文端　颜延龄　林树哲　施展熊
黄朝阳　郭修圃　黄紫玉　曾文仲　李群华　庄启程　李　扬　许荣茂
李贤义　许健康　陈明金　卢温胜　庄绍绥　张华峰　邱维廉　陈成秀
王彬成　王葛鸣　洪敬南　周安达源

第十节 驻泉州福建省政协委员
福建省政协泉州籍港澳台侨委员名录

注：因资料不详，本节未能完整收录各届届中增补的政协委员名单。

一、驻泉州福建省政协委员

（一）第五届（1983.4—1988.1）〔50名〕

廖博厚 陈凤仪 倪郑重 蔡大堂 韩杜琴 黄和南 黄满妹 柯连妹
庄坤福 陈阿富 马香缎 苏乌水 李硕卿 柯贤溪 黄奕缺 蒋瓦水
颜培琼 何在沐 陈文翰 郑 䌺 方志成 苏忠琴 杨曾艺 林金镛
王兆惠 王鸿珠 吴国忠 倪达人 麦淑良 吴今宽 吴招安 郑良妙
傅维丹 郭家齐 吴梦超 陈德义 释妙莲 叶启东 邓泗候 许桂枝
李明星 沈 慧 吴秀珍 吴秀惠 郭崇山 蒋淑瑾 雷 霆 颜爱珠
蔡济世 张其载

（二）第六届（1988.1—1993.1）〔40名〕

张克明 张永树 释妙莲 杨双英 曾静萍 黄奕缺 郑 䌺 朱炳辉
叶神鍜 刘思赵 傅圆圆 许天津 蔡济世 吴招安 徐本章 丁雪香
张其载 曾国杰 倪郑重 颜培琼 李硕卿 苏宝琴 蔡大堂 麦淑良
张柏庆 吴金世 陈德义 宋太平 蔡仲谋 庄坤福 蒋瓦水 郭家齐
何占法 林翔云 张立学 何在沐 陈清河 周庆龙 潘克谅 周尔泰

（三）第七届（1993.1—1998.1）〔50名〕

吴 同 周子澄 何 融 吴金炎 杨曾艺 徐本章 苏宝琴 张克明
宋太平 陈清河 吴夏云 薛天锡 王建士 吕敦村 张立学 周尔泰
蔡仲谋 刘碧兰 苏清河 李硕卿 杨双英 颜培琼 潘克谅 杨炯林
吴承业 邹显才 许连捷 林翔云 张柏庆 陈丽娜 徐金瑞 郭亨群

梁嘉顺　周建宣　郑今奋　丁玉标　郭家齐　陈礼阳　苏伟垣　黄秋润
释妙莲　邱国鉴　林文麟　傅圆圆　蔡建设　廖乌奎　林大穆　丁清源
刘世瑞　何国栋

（四）第八届（1998.1—2003.1）〔52 名〕

吴　同　周子澄　黄维礼　陈　益　何融融　林健康　骆沙鸣　蔡振翔
吴夏云　陈庆元　林文麟　许克贼　温克仁　邱淑花　刘建标　吴世煌
吴金炎　陈丽真　林文聘　陈堃基　陈启德　柯金锁　黄天火　李国南
陈丽娜　陈忠文　官　鸣　黄益生　黄警尘　叶正萌　刘碧兰　苏清河
陈清河　庄善裕　林少川　王宛生　林　峰　苏定土　林翔云　留重津
蔡炳河　丁思强　郭文田　郭文圣　苏伟垣　林　舟　丁清源　何国栋
张志聪　林　森　林大穆　傅圆圆

（五）第九届（2003.1—2008.1）〔50 名〕

周子澄　黄维礼　何融融　陈　益　林玉莲　蔡耀平　骆沙鸣　温克仁
伍秀枞　李顺堤　陈庆元　吴汉杰　吴荣源　柯遵昶　丁响亮　许明金
丁水波　林水德　吴芳檀　陈堃基　庄树新　吴景良　黄天火　林少川
林　琛　陈雅芳　柯金锁　陈忠文　许景期　蔡炳河　庄建良　吴家柿
陈秋菊　吴远康　林文聘　杨贻芬　刘建标　郭文圣　粘为江　丁思强
郭萍萍　苏伟垣　释道元　何国栋　林文麟　李卫平　傅圆圆　蔡振翔
林　峰　施永康

（六）第十届（2008.1—2013.1）〔58 名〕

林荣取　杨俊峰　王亚君　王松柏　陈铭福　李希圣　陈　益　洪南福
陈庆元　许明金　丁水波　吴汉杰　陈发树　柯遵昶　丁响亮　林和平
郭东泽　洪清凉　吴华春　柯逢荣　洪辉煌　陈雅芳　迟　岩　蔡炳河
庄　华　陈小钢　陈水波　吴远康　蔡金星　潘安源　黄忠炫　王祖耀
蔡耀添　许景期　陈文海　施天佑　林少川　林　琛　侯昌财　郑宝珠
庄树新　郭文圣　粘为江　丁思强　丁志聪　郭添法　陈永水　甘端蓉
王景贤　林书育　苏伟垣　林　舟　释道元　林　玲　林　峰　江开勇

刘 堪 陆 东

二、福建省政协泉州籍港澳台侨委员

（一）第五届（1983.4—1988.1）〔20 名〕

王少溪 庄材雁 庄菊生 陈明德 杨振志 林诚致 陈永福 陈长环
颜彬声 杨孙西 唐良贤 黄丰州 黄光汉 黄来传 曾星如 颜期仁
吴永源 杨振殊 李成华 白锡碧

（二）第六届（1988.1—1993.1）〔21 名〕

杨振志 杨孙西 陈长环 杨信平 黄丰州 陈金烈 黄来传 庄菊生
颜彬声 曾星如 唐良贤 林诚致 陈中群 黄光汉 侯毓秀 庄材雁
颜期仁 陈明德 陈永福 王少溪 王为谦

（三）第七届（1993.1—1998.1）〔70 名〕

王仁森 王为谦 王少溪 王尚政 卢文瑞 吕自龙 庄绍绥 庄菊生
李群华 杨孙西 杨信平 杨振志 吴文拱 吴连烽 邱季端 余文聪
陈长环 陈中群 陈永福 陈金烈 陈明德 林诚致 侯毓秀 施子清
施少文 施学概 施祥鹏 洪清源 唐良贤 黄丰洲 黄玉山 黄光汉
黄涤岩 曾星如 颜家谟 颜彬声 颜章根 许明良 曾文仲 李贤义
施建新 万碧莲 卢温胜 江 鸣 佘德聪 陈章辉 林经纬 林树哲
施展望 黄达群 张其华 张章补 庄文才 黄友狮 梁仲虬 颜延龄
王建忠 王彬成 许自励 许健康 何富强 张明星 吴在权 吴锡琛
陈明金 鄞荣源 吴永源 杨振殊 庄鼎水 吴秋霖

（四）第八届（1998.1—2003.1）〔76 名〕

杨孙西 施子清 施祥鹏 梁仲虬 颜延龄 洪清源 陈金烈 曾文仲
黄涤岩 卢温胜 林树哲 许健康 张明星 黄哲欣 洪长存 万碧莲
吕自龙 颜章根 鄞荣源 庄金森 庄绍绥 江 鸣 唐良贤 吴文拱
吴连烽 黄玉山 黄其他 佘德聪 余文聪 陈长环 陈章辉 陈联炳

罗兴祥　施振衔　黄若虹　卢文端　施少文　施学概　施建新　施展望
颜家谟　王国标　许其昌　许荣茂　苏　适　李贤义　李明治　何萍萍
邱祥坤　邱季端　陈瑞添　林经纬　林志胜　林忠成　林明良　施纯锡
颜乾成　颜纯炯　黄建源　黄雄飞　黄达群　王飞虎　蔡健生　李群华
蔡素玉　庄文才　王彬成　王建忠　许自励　陈明金　李天赏　吴锡琛
何富强　黄飞虎　许明良　姚志胜（2001.1.9 被除名）

（五）第九届（2003.1—2008.1）〔84 名〕

丁良辉　万碧莲　王国标　王明洋　卢温胜　刘与量　吕荣义　庄绍绥
许其昌　许荣茂　何萍萍　佘德聪　余文聪　吴文拱　张上顶　李明治
李贤义　苏千墅　邱季端　邱祥坤　陈天堆　陈长环　陈永斌　陈成秀
陈亨利　陈瑞添　陈聪聪　林志胜　林忠成　林经纬　林树哲　罗兴祥
罗清源　姚明摺　施少文　施学顺　施学概　施荣恒　施展望　施振衔
施维雄　施世筑　骆志鸿　唐良贤　徐伟福　黄书法　黄友嘉　黄玉山
黄达群　黄其他　黄若虹　黄雄飞　黄梓钦　董世清　黄建源　蔡素玉
颜纯炯　颜金炜　颜家谟　颜乾成　王育民　李建超　陈勇生　林文侨
柯达权　陈志烽　蔡树荣　许健康　陈明金　王彬成　庄文才　何富强
张明星　王正伟　吕联发　庄丽华　吴锡琛　李天赏　黄共流　黄飞虎
蔡宗生　李祖协　王建忠　鄞荣源

（六）第十届（2008.1—2013.1）〔109 名〕

丁良辉　万碧莲　王亚南　王明洋　王国标　王育民　卢温胜　叶建明
刘与量　许其昌　苏千墅　李木理　李国兴　吴文拱　吴良民　吴玲玲
吴健南　何萍萍　佘明钊　佘德聪　陈天堆　陈成秀　陈亨利　陈瑞添
陈聪聪　林文侨　林平基　林志胜　林忠成　林树哲　罗兴祥　罗清源
施若龙　施学顺　施荣恒　施振衔　施展望　施清流　施维雄　姚明摺
徐伟福　黄友嘉　黄书法　黄玉山　黄其他　黄若虹　黄建源　黄梓钦
黄雄飞　林黎明　董清世　蔡炯明　蔡素玉　颜纯炯　颜金炜　颜禧强
李建超　施华民　施卓成　张上顶　陈庆辉　陈志烽　陈勇生　陈荣助
施建新　姚加环　王德全　林　惠　吴长谋　陈建民　林和平　张志猛

施能狮 王正伟 王彬成 吕联发 吕联选 庄文才 庄丽华 李祖协
李集招 吴锡琛 何富强 张明星 黄飞虎 黄共流 黄丽真 谢路生
蔡宗生 颜 奕 王建忠 鄞荣源 吴士芳 庄永泉 陈德启 郑福成
黄楚恒 蔡国伟 卢金荣 陈永载 姚志远 高新平 吴鸿煜 郑建良
李熙政 吴士芳 施锦玲 黄均瑜 黄志贤

第十一节 泉州市政协机关先进集体名录

1992年12月，市政协三胞联谊委员会办公室被福建省政协评为“全省政协系统先进集体”。

2002年4月，市政协机关被泉州市委评为“创建第一轮（2000—2001年）机关党建工作先进单位”。

2004年1月，市政协机关被泉州市全民健身活动领导小组评为“泉州市2003年全民健身工作先进单位”。

2004年1月，市政协机关被泉州市委、市政府命名表彰为“泉州市第九届（2002—2003年）文明单位”。

2004年5月，市政协机关被泉州市政府评为“泉州市‘一助一’扶助贫困残疾人先进单位”。

2004年7月，市政协机关被泉州市委评为“创建第二轮（2002—2003年）机关党建工作先进单位”。

2004年7月，市政协机关被泉州市委、市政府、泉州军分区评为“爱国拥军模范单位”。

2004年8月，市政协办公室被福建省政协办公厅评为“全省政协系统信息工作先进单位”。

2004年10月，市政协机关被泉州市委、市政府评为“泉州市2002—2003年度计划生育工作先进集体”。

2004年12月，泉台民间交流协会被国家民政部评为“全国先进民间组织”。

2005年1月，市政协机关妇委会被泉州市妇女联合会评为“泉州市‘三八’红旗集体”。

2005年1月，市政协机关被泉州市委、市政府评为“泉州市2002—2004年党政机关单位挂钩帮扶特困职工先进单位”。

2005年6月，市政协机关被泉州市全民健身活动领导小组评为“泉州市1995—2005年实施《全民健身计划纲要》先进集体”。

2006年1月，市政协机关被泉州市委、市政府评为“泉州市‘平安单位’”。

2006年8月，市政协机关被泉州市委、市政府命名表彰为“泉州市第十届（2004—2005年）文明单位”。

2006年9月，市政协机关被泉州市委、市政府评为“泉州市2001—2005年法制宣传教育先进单位”。

2006年9月，市政协机关被泉州市政府评为“泉州市2005—2006年慈善一日捐先进单位”。

2006年10月，市政协机关被泉州市委、市政府评为“泉州市科技工作先进单位”。

2007年1月，市政协机关被泉州市委、市政府评为“泉州市创建国家环保模范城市先进单位”。

2007年5月，市政协研究室被福建省政协办公厅评为“全省政协系统2006年信息工作先进单位”。

2007年7月，市政协机关被泉州市委评为“创建第三轮（2004 — 2006年）机关党建工作先进单位”。

2009年1月，市政协机关被福建省委、省政府命名表彰为“福建省第十届（2006—2008年）文明单位”。

2009年7月，市政协机关被人民政协报社评为“2009年度《人民政协报》宣传发行先进单位”。

2010年3月，市政协机关被泉州市委评为“第四轮（2007—2009年）机关党建工作先进单位”。

2010年3月，市政协机关被泉州市全民健身活动领导小组评为“泉州市2009年全民健身工作先进单位”。

2011年3月，市政协机关被泉州市全民健身活动领导小组评为“泉州市2010年全民健身工作先进单位”。

2011年3月，市政协研究室被福建省政协办公厅评为“2010年全省政协系统信息工作先进单位”。

2011年3月，市政协机关被泉州市全民健身活动领导小组评为“‘全民健身活动’先进单位”。

2011年5月，市政协机关荣获福建省红十字会授予“红十字人道荣誉奖”证书。

2011年6月，市政协机关荣获福建省政协“庆祝建党90周年党史知识竞赛优秀奖”。

2011年6月，市政协机关荣获泉州市直机关“纪念建党90周年‘光辉历程’红歌合唱比赛一等奖”。

2011年7月，市政协办公室党支部被泉州市委评为“先进基层党组织”。

2011年8月，市政协机关荣获“泉州市第十二届军民心连心比赛团体季军”。

2011年8月，市政协社会和法制委被泉州市委、市政府评为“2006—2010年全市法制宣传教育成绩突出集体”。

2011年9月市政协社会和法制委被福建省人大常委会内务司法工作委员会、省公务员局、省妇女联合会评为“福建省第二届维护妇女儿童合法权益工作先进集体”。

2011年12月，市政协机关被福建省委、省政府命名表彰为“福建省第十一届（2009—2011年）文明单位”。

2011年12月，市政协机关被泉州市政府评为“‘慈善一日’捐先进单位”。

第十二节 泉州市政协机关先进个人名录

1992年12月，林昌如、黄阳辉被福建省政协评为“全省政协系统先进工作者”。

2000年12月，肖建伟被泉州市人大、市政府、市政协评为“2000年度建议和提案办理工作先进个人”。

2001年2月，傅圆圆被福建省政协评为“全省政协系统先进工作者”。

2001年2月，郑瑞鑫被泉州市政府评为“泉州市社会治安综合治理先进个人”。

2001年3月，王木生被泉州市政府评为“泉州市城市管理年活动先进工作者”。

2003年6月，方生才被泉州市委评为“优秀党务工作者”。

2003年12月，王木生被泉州市委、市政府评为“1998—2002年度依法治市先进个人”。

2004年8月，王春雷被福建省政协办公厅评为“全省政协系统信息工作先进个人”。

2005年4月，陈经棪被泉州市政协评为“2003—2004年度提案办理先进工作者”。

2005年6月，郭江华被泉州市全民健身工作领导小组评为“1995—2005年实施《全民健身计划纲要》先进工作者”。

2005年11月，林月华被泉州市政府评为“泉州市侨务工作先进个人”。

2005年12月，陈洋锋被福建省政协办公厅评为“全省政协系统信息工作先进个人”。

2006年6月，张晓文被泉州市委评为“优秀党务工作者”。

2006年7月，尤东风荣获“泉州市五一劳动奖章”。

2006年9月，黄文生、江景灿被泉州市委、市政府评为“2001—2005年全市法制宣传教育先进工作者”。

2006年10月，郑景勋被泉州市委、市政府评为“泉州市科技工作先进工作者”。

2006年11月，黄利禾被福建省委、省政府命名表彰为“全省2003—2005年精神文明建设先进工作者”。

2006年12月，吴航航、黄清安被泉州市委、市政府评为“泉州市创建国家环保模范城市先进工作者”。

2006年12月，陈洋锋被福建省政协办公厅评为“全省政协系统信息工作先进个人”。

2007年1月，肖建伟被泉州市委、市政府评为“泉州市创建国家园林城市先进工作者”。

2007年2月，林月华被泉州市政府评为“泉州市2005年度重点侨情调查工作先进个人”。

2007年4月，王木生被泉州市委、市政府评为“泉州市2006年度社会治安综合治理和平安建设先进工作者”。

2008年1月，肖建伟被泉州市委、市政府评为“泉州市2007年度社会治安综合治理先进工作者”。

2010年8月，方生才被泉州市委、市政府、泉州军分区评为“爱国拥军模范”。

2011年3月，孙丽珠被泉州市全民健身活动领导小组评为“泉州市2010年度全民健身活动先进个人”。

2011年8月，江景灿被泉州市委、市政府评为“2006—2010年泉州市法制宣传教育先进个人”。

2011年11月，王忠华被泉州市委、市政府评为“2008—2009年全市人口和计划生育先进工作者”。

2011年11月，王月娇被福建省政协办公厅评为“全省政协系统2001年信息工作先进个人”。

第五章 重要文献

本章仅选录涉及泉州市政协工作的重要文件，其中，中共泉州市委文件 4 份，泉州市人民政府文件 1 份，中共泉州市政协党组文件 1 份，泉州市政协文件 4 份，中共泉州市委办公室文件 3 份，泉州市政协办公室文件 12 份。

第一节 中共泉州市委 泉州市人民政府文件

一、中共泉州市委文件

关于转发市政协党组《关于加强和改善人民政协工作的意见》的通知

泉委〔1986〕综 099 号

各县（区）委，市人大、政府、政协党组，市直各有关部、委、办党组：

市委同意市政协党组《关于加强和改善人民政协工作的意见》，现转发给你们，请参照执行。

人民政协是爱国统一战线组织，它在国家政治生活、社会生活和对外友好活动中，在建设祖国、统一祖国的伟大事业中，具有重要的作用。泉州市政协组织自成立以来，在巩固和发展爱国统一战线为泉州市两个文明建设做出一定的成绩。今后要继续充分发挥人民政协的作用，为四化建设和实现祖国统一大业服务。

各级党委必须进一步加强对政协工作的领导。要为政协开展工作积极创造条件，按照有关规定，切实帮助解决在人员编制、活动经费、办公用房等方面存在的问题，更好地发挥政协在建设具有中国特色的社会主义事业中的重要作用。

中 共 泉 州 市 委
一九八六年十一月十日

关于加强和改善人民政协工作的意见

中共泉州市委：

为了传达贯彻全国地方政协工作座谈会和中办发〔1986〕7号文件精神，市政协于三月九至十一日在泉州宾馆，召开各县（区）政协工作座谈会。参加会议的有各县（区）政协主席，办公室主任和市政协各委员会、工作组负责同志，省政协常委李硕卿、苏淑玄和市委统战部副部长何国栋应邀出席会议。

这次县（区）政协工作座谈会，是市政协成立以来第一次工作会议。通过座谈，沟通了情况，交流了经验，着重讨论了政协工作如何为泉州市两个文明建设、振兴侨乡经济服务。会议期间，廖博厚副主席等党外人士发表了很中肯的建设性意见，博得与会同志好评。

会议认为：党的十一届三中全会以来，由于各级党委的重视领导，有关部门的大力支持，各级政协恢复了组织，壮大了队伍，我市已有各级政协委员1232人，代表了社会各界人士，扩大了团结面，使这个爱国统一战线组织充满了生机，是一支不可忽视的重要力量；各党派恢复后，已发展到870人，他们发挥各自优势，组织智力扩散，去年为社会办学72期，培训各种人才4312人，充分显示了人才库的作用；各阶层的社会贤达，不计名利、不计报酬，积极主动地抢救编纂文史资料，已续编我市文史48期、500多万字，流芳后代；落实侨务政策、知识分子政策、统战政策、宗教政策，充分调动了各界人士的积极性，报国之心切，发挥余热愿望强烈，急待我们去组织，去发挥。

与会同志认为：政协作为五套班子，位置是摆上了，但是思想认识并没有完全解决，“政治协商、民主监督”的职能没有真正履行，人才库的优势没有完全体现，委员的积极性没有充分调动起来。总之，“左”的思想流毒还没有彻底肃清，“统战盲”确实存在。所以，许多现实问题，多年来悬而未决。诸如：机构不健全、干部缺额大，经费不足、开展活动受限制，办公用房紧张、“委员之家”成为空谈等等，尚待解决。经研究，提出以下意见：

一、人民政协是爱国统一战线组织。人民政协是中国共产党领导下各党派通力合作，进行政治协商、实行互相监督，发挥社会主义民主的重要政治组织。在国家政治生活、社会生活和对外友好活动中，在建设祖国、统一祖国的伟大事业中，具有重要的作用。人民政协的作用有些是我们所不能代替的。长期以来，我们对这方面的宣传教育不够。当前，强调在各级党委的领导下，深入广泛地开展统一战线理论、政策和人民政协性质、任务、作用的再教育是非常必要的。首先，从党政领导抓起，组织全体干部系统地学习，各级党校要开授课程，列入教学计划，使全党同志对新时期人民政协工作有个新的认识。

二、落实编制、充实工作班子。我们提出市级政协编制（不包括主席专职委员）30人以上，各县（区）根据实际情况配备8—12人左右（均不包括正副主席）的意见，经市政协工作座谈会讨论，一致认为是可行的。同时，要严格区分安排进领导班子和工作班子的界限，在调配政协工作班子，一定要强调坚持干部“四化”，抓紧选配落实。

三、各级党委要切实加强对政协工作的领导。习仲勋同志指出，政协工作要摆到党委的议事日程，大力支持政协的各项活动，要指定一位副书记主管政协工作。他还肯定了地方党委召开重要的会议和常委会，邀请主持政协工作的党内主席或副主席列席的做法很好。应该是成为制度，坚持下去。

四、积极创造必要的工作条件。应看到新时期人民政协开展海外统战工作，接待“三胞”，组织社会各界人士学习，开展调查考察活动，搜集编纂文史资料的特殊性。尤其，我市地处历史文化名城，著名侨乡，统战对象日趋扩大，统战任务日益加重，创造必要的工作环境，提供必要的活动经费，积极解决市、县政协和各民主党派的办公用房，急在眉睫。全国各地普遍推广创办“委员之家”的经验，因我市起步晚、基础差，政协办公地点、用车等，多数未能妥善解决。建议各级应发扬我党历来倡导的党内从严、党外从宽的原则，尽力给予提供方便。

以上意见，如无不妥，建议批转各县（区）贯彻执行。

政协泉州市委员会党组

一九八六年四月十五日

中共泉州市委关于进一步加强人民政协工作的意见

泉委〔1995〕37号

各县（市、区）委，市委各部、委、办、局，市直各党组（党委、总支、支部）：

中国人民政治协商会议是中国人民爱国统一战线的组织，是中国共产党领导的多党合作和政治协商的重要机构。党的十四大把完善中国共产党领导的多党合作和政治协商制度，作为我国政治体制改革的主要内容之一，再次强调要巩固和发展新时期爱国统一战线。我市是全国著名侨乡和台湾汉族同胞的主要祖籍地，开展政协工作具有独特的优势和广阔的领域。当前，我市正向建设现代化的工贸港口旅游城市的宏伟目标迈进，需要充分调动一切积极因素，凝聚全市力量，同心同德，团结拼搏。在新的形势下，各级党委必须高度重视和充分发挥人民政协的重要作用。

为进一步加强和改善人民政协工作，充分发挥人民政协的职能作用，根据《政协全国委员会关于政治协商、民主监督、参政议政的规定》和中共中央关于这个规定的《通知》精神，结合我市实际，特提出如下意见：

一、进一步加强和改善党对政协工作的领导

政协工作是党的全局工作的重要组成部分。党委重视与支持政协工作是开创政协工作新局面的根本保证。

1. 各级党委要把政协工作列入重要议事日程，每个季度至少听取一次政协的工作汇报，研究政协工作，并形成制度，坚持实行。

2. 要明确由书记或一名副书记分管政协工作，分管领导要经常过问政协工作，主动参加政协的重要会议和重要活动，及时提出指导性的意见。

3. 要按照干部“四化”方针和德才兼备的标准，选拔配备好政协领导班子，做到结构合理，党内党外人士比例适当。要加强政协党组班子建设，以保证在政协组织中发挥领导核心作用。

4. 要加强各级党组织的统战理论教育，增强统战观念。市、县党校举办的培训班，应将统战、政协理论列入干部培训的必修课。广播、电视、晚报等新闻媒介要重视对政协工作的宣传报道，使广大干部群众更加充分地了解人民政协的性质、地位和作用。《泉州晚报》应开辟专栏，发表政协委员、民主党派人士利国利民的意见和建议，同时要注意宣传政协委员、民主党派人士在两个文明中建功立业的先进事迹。

5. 政协工作要列入各级党委的任期目标，建立责任制。把是否重视政协工作、是否善于发挥政协作用，作为考察各级党委政绩的一项内容，作为衡量领导干部政治素质、政策水平和民主作风的标志之一。

6. 各级党委统战部在履行“了解情况、掌握政策、调整关系、安排人事”职能的过程中，要协调好同政协党组的关系，认真听取政协党组的意见，互相支持，密切配合，保证人民政协充分发挥职能作用。

二、积极推进政治协商、民主监督、参政议政的规范化、制度化

政治协商、民主监督、参政议政是人民政协的主要职能，必须在党的领导下，积极稳妥地推进，使之逐步走上经常化、制度化、规范化的轨道。

1. 各级党委、政府以及各有关部门、单位，要按照市政协提出的《政协泉州市委员会关于〈政协全国委员会关于政治协商、民主监督、参政议政的规定〉的实施办法》的要求，结合实际，支持政协更好地履行政治协商、民主监督和参政议政的职能。

2. 各级党委、政府要把政治协商纳入决策程序，坚持“三在前”和“三在先”的原则。即重大问题在党委决定之前、人大通过之前、政府实施之前必须同政协协商。制定经济建设和社会发展规划、决定事关人民生活的重要问题，要先协商后决策；对重要人事安排包括同级政府领导成员的任免，要先协商后决定；制定关系地方全局的政策和规定，要先协商后通过。协商的程序和内容由党委、人大、政府或政协主席会议提出。

3. 认真办理政协提案。对政协主席会议、常委会、全委会向党委、政府提出的重要建议案，党政主要领导要亲自过问，党委、政府办公室要进行督办，有关部门应认真负责地研究处理，并在规定时限内作出书面答复。由民主党派、人民团体和政协委员提出的涉及重大问题的提案，可提请党政主要领导阅批，纳入党委办公室或政府办公室的督查渠道，认真办理。

4. 加强党委、政府同政协的联系。党委召开常委会议和其他有关重要会议，要邀请不是同级党委常委的政协党员主席或党组书记列席。政府召开全体会议和有关会议时，视需要邀请政协有关领导列席。党政部门和法院、检察院要同政协相应的专门委员会建立联系制度，经常互通情况，保持对口协商。

5. 充分发挥政协在民主监督和参政议政方面的作用。各级党委、政府应定期向政协通报工作情况，听取意见和建议。同时，围绕经济建设和社会事业发展的重要决策和重大举措，给政协出课题、交任务，使政协更好地发挥“智囊”作用，当好党委和政府的“参谋”。

三、切实关心和支持政协搞好自身建设

加强政协的思想建设、组织建设和制度建设，进一步提高政协机关干部队伍的政治业务素质，是人民政协履行职能的重要保证。各级党委一定要高度重视和关心支持政协的自身建设。

1. 要重视政协的组织建设。政协的界别设置、委员推荐、人员比例、年龄梯次和知识结构，要从新时期人民政协履行职能的需要出发作出安排，既注意委员的广泛性、代表性，又要重视委员的参政议政能力。特别要注重把各界有较高层次、较大影响的人士吸纳进政协来。根据我市的特点和优势，要重点加强港澳华侨委员、民营企业家委员、文史文化委员的队伍建设，充分发挥他们在两个文明建设和促进祖国和平统一方面的积极作用。

2. 在配好政协领导班子的同时，要重视政协机关中层班子的配备，充实机关干部队伍。政协机关干部的培训、选调、任用和提拔，应与党政机关干部一视同仁。坚持政协机关干部同党政机关干部的双向交流，做到有进有出，合理流动，促进干部成长，增强政协机关的活力。

3. 要按照“精简、统一、效能”的原则，从实际出发，扎实地搞好政协机构改革。政协的内部机构设置、人员编制、干部职级职数按有关规定执行。

四、努力为政协开展工作创造条件

各级党委必须努力创造条件，形成理解、关心、支持政协工作的良好氛围。

1. 各单位的党组织和党政领导要关心本单位的政协委员，注意倾听、吸取他们的意见和建议，主动关心并尽可能帮助他们解决工作、学习、生活中遇到的困难。政协委员所在单位要支持委员参加政协各种活动。单位召开有关会议、开展重要活动，要尽量吸收委员参加，为委员提供参政议政机会。

2. 党政部门就有关重大课题组织的调研活动，要主动邀请对口的政协专门委员会及其相关的委员参加，采纳合理化建议。政协和政协委员通过会议、调查、考察、视察、检查等形式履行职能，涉及的有关单位和部门，要予以支持，积极提供便利，密切配合。

3. 各级政府要积极改善政协工作条件，尽力帮助解决政协机关的办公用房、交通工具、干部职工住房等方面的困难。政协召开的全体会议、常委会议，以及委员视察、调查、文史资料出版、“三胞”接待、外事活动等专项经费，应列入同级政府的

财政预算。其他活动经费，应视财力情况，尽量予以保证。

4. 各级党委和政府要支持政协多形式、多渠道、多层次地开展对台工作、海外联谊工作和外引内联工作，要注意安排政协委员参加重要的外事活动、招商活动、出国出境考察等。

5. 依法保护政协委员的民主监督权利。政协委员在宪法范围内按照《政协章程》及其有关规定提出批评和意见，涉及有关单位和个人，不得对其打击报复，发现有报复行为的，要根据情节，依法依纪作出处理。

6. 政协委员是人民政协履行职能的主体，具有广泛性和代表性，在社会上有较高的声誉和地位。委员有触犯国家法律和法规的，执法部门在追究其责任之前，除特殊情况外，应事先向政协组织通报。

中共泉州市委

1995年12月11日

中共泉州市委贯彻《中共福建省委关于进一步加强人民政协工作若干问题的决定》的意见

泉委〔1999〕5号

为全面落实党的十五大精神、中共中央关于加强新时期统一战线和人民政协工作的一系列指示，以及江泽民总书记《在庆祝中国人民政治协商会议成立五十周年大会上的讲话》精神，根据《中共福建省委关于进一步加强人民政协工作若干问题的决定》（闽委发〔1999〕13号，以下简称《决定》），结合泉州实际，特提出如下贯彻意见。

一、认真学习《决定》精神，进一步加强党对政协工作的领导

人民政协是中国人民爱国统一战线的组织，是中国共产党领导的多党合作和政治协商制度的重要机构，是我国政治生活中发扬社会主义民主政治的重要形式，在我国政治体制总格局中，人大、政府、政协在党委统一领导下，分工协作，各司其职，构成了我国政治体制的特点和优势。人民政协在建设有中国特色社会主义事业中有着不可替代的重要作用。

1. 认真学习、宣传、贯彻《决定》精神。《决定》是指导我市政协工作跨世纪发展的重要文件，对于进一步加强和改善党对政协工作的领导，继续推进各级政协履行职能的规范化、制度化建设，充分发挥人民政协在我市政治、经济和社会生活中不可替代的作用，具有十分重要的意义。各级党委、政府、政协及有关职能部门要认真抓好《决定》精神的贯彻落实，并结合实际，制定具体贯彻意见或实施细则。市政协要与市纪委、组织部、宣传部、党校、监察局、财政局、行政干校等单位商议，分别制定有关配套文件，保证《市委贯彻〈中共福建省委关于进一步加强人民政协工作若干问题的决定〉的意见》的全面贯彻实施。

2. 各级党委要把政协工作列入重要议事日程。各级党委要把政协工作作为党的工作全局的重要组成部分，其常委会每年至少两次听取同级政协工作汇报，研究政协工作。每届党委要召开一次政协工作会议，总结新经验，研究新情况，解决新问题，促进政协工作不断发展。党政主要领导要重视发挥政协的作用，经常了解政协工作；党委、政府要有一位副职领导联系政协工作，经常参加政协重要会议和重大活动，听取意见和反映，帮助解决实际问题。各级党委要认真落实与民主党派、政协委员联系交友的制度。

3. 加强对各级领导干部进行人民政协理论的教育。各级党委学习中心组要把统战和政协理论纳入学习计划。党校、行政干校要把统战和政协理论作为党政干部特别是新任党政领导干部培训的必修课。各级党政领导要自觉学习党的统一战线和人民政协理论，进一步提高对人民政协工作重要性的认识。

4. 新闻单位要加大对政协工作的宣传力度。各级新闻单位要把宣传人民政协工作列入年度计划。当前，要着重宣传《决定》精神，提高全社会对政协工作的认识。晚报、电视台、广播电台等要开辟专栏专题，宣传多党合作与政治协商制度，宣传政协组织和民主党派的重大活动，特别是对政协全委会、常委会及政协委员重要视察、调研活动要加强宣传报道。同时，要注意宣传各级政协履行职能的经验和成效，宣传政协委员认真履行职责及忠于职守的先进事迹。

5. 发挥政协党组的政治核心作用。各级政协党组在同级党委的领导下，要主动向同级党委汇报和请示工作，认真履行党委赋予的职责，在政协组织中发挥政治核心作用，保证党的路线方针政策和同级党委的决定的贯彻执行；政协中的共产党员，要发扬党的优良传统和作风，认真贯彻执行党的统战政策，真心实意地同党外人士交朋友，努力做合作共事的模范、廉洁奉公的模范、发扬民主作风的模范。

二、采取有效措施，积极推进政协履行职能的规范化制度化

继续推进人民政协政治协商、民主监督、参政议政的规范化、制度化，是党中央加强社会主义民主政治建设的重要部署，是充分发挥人民政协作用的重要保证。各级党委、政府和政协要进一步贯彻中委〔1995〕13 号、中发〔1989〕14 号、中办厅字〔1991〕16 号和闽委〔1995〕96 号、闽委发〔1999〕13 号文件精神，结合实际，不断完善各项配套措施，促进全市各级政协履行职能的规范化、制度化。

6. 各级党委、政府要把政治协商纳入决策程序。政治协商是人民政协的首要职能，也是人民政协存在与发展的重要依据。各级党委要把政治协商列入必不可少的决策程序。重大问题的协商要坚持“三在前”和“三在先”的原则，即重大问题在党委决策之前、人大通过之前、政府实施之前必须同政协协商。政府工作报告、财政预算、制定经济与社会发展计划、决定事关人民生活的重要问题，要先协商后决策；对重要人事安排要先协商后决定；制定关系地方全局的政策和规定，要先协商后通过。协商的内容和形式要认真按照《决定》执行。每年政协全委会后，党委、政府要与政协一起研究制定全年的协商计划和方案，分阶段有步骤地组织实施。协商的程序由党委、人大、政府或政协主席会议提出。协商准备要充分，时间要充裕，有关领导要参加。

7. 各级党委、政府要支持政协切实加强民主监督。民主监督是人民政协的一项重要职能。党委、政府要欢迎监督、支持监督、自觉接受监督。政协全委会议、常委会议、主席会议的建议案要列入党委常委会和政府常务会或专题会的议题。党委、政府要高度重视政协提案，分工一位领导负责提案办理及反馈工作。各级党政领导及有关部门对重要提案要认真阅批，及时处理，纳入督办程序。每年至少应向政协通报一次提案的办理情况。

党政机关组织的重大执法检查和行风评议，应邀请政协委员和民主党派人士参加，党政有关部门要继续坚持在政协委员中聘请特约监察员、检察员、审计员、教育督导员等制度，组织人事部门在考核领导班子和领导干部时，要注意听取所在单位政协委员的意见。各级纪检监察机关和新闻单位要大力支持政协开展民主监督，使政协的民主监督与法律监督、纪律监督、舆论监督紧密结合，发挥出更大的作用。

各级政协要敢于监督、善于监督，切实加强对党政机关、司法机关及其工作人员在勤政廉政、党风行风、遵纪守法等方面的民主监督，每年组织一至两次对一至两个职能部门进行评议。

8. 各级党委、政府要支持政协积极参政议政。各级党委在决策过程中，要注意发挥政协知识密集的优势，每年给政协出题目、交任务、广开言路，广求善策。各级政府及有关部门要积极支持政协组织开展调研、视察等活动，重视采纳政协提出的意见和建议。党委、政府的有关部门要与政协相应的专门委员会健全完善对口联系制度，交流信息，交换意见，磋商问题，并根据需要进行联合调研。

三、创造必要条件，切实为政协履行职能提供保证

9. 各级党委要重视加强政协的组织建设。要进一步配齐配强各级政协领导班子，选拔政治坚定、作风民主、热爱政协事业的优秀干部进入各级政协领导班子；选配德才兼备、热心服务政协工作、有一定专业知识和参政议政能力的干部担任专门委员会的领导；政协机关中应有一定数量的民主党派和无党派人士担任专职领导干部。

各级政协换届时委员人选的推荐或届中调整，应严格执行《中共中央办公厅关于各级政协人事安排问题的通知》（厅字〔1991〕16 号）、《中国人民政治协商会议章程》等文件精神，有关委员的安排方案，要提前征求政协党组的意见。统战部门、组织部门对拟聘委员进行考核时要邀请政协党组参与。

各级党委要加强政协机关干部队伍建设，重视对政协机关干部的培养、选拔和使用，加大政协机关干部与党政干部双向交流力度，切实改变当前政协机关干部流通不畅的状况，进一步改善政协机关干部队伍的年龄结构和知识结构。

要进一步加强乡镇（街道）所在地政协委员联络组的建设。乡镇（街道）要为联络组提供学习、活动场所和必要的活动经费，并指定一位党委副书记具体负责，定期开展活动，使政协委员能够更好地发挥作用。

10. 坚持政协领导参加党委、人大、政府有关重要会议和活动的制度。不是党委常委的政协主席（或党组书记），应列席同级党委常委会议和其它重要会议；人大有关会议和活动，政府全体成员会议、有关常务会议以及其它重要会议和活动，要请政协领导或政协办公室、有关专门委员会负责人参加；各级党委、政府的重大外事活动要邀请同级政协领导参加。

11. 坚持重要情况通报制度。各级党委、政府要坚持每半年向政协通报一次工作情况；对经济、政治和社会生活中的重大事件，党委、政府应及时向政协作出专题通报；政府职能部门要健全向政协对口的专门委员会通报情况的制度。党委、人大、政府、政协、纪委秘书长联席会议制度要继续坚持，定期通报情况，形成互相配合、互相支持的良好工作局面。

12. 维护政协委员的合法权益。政协委员所在单位应大力支持委员工作，从时间、经费、工作条件等方面为政协委员履行职能提供便利和保障。对政协委员在履行职责中提出的批评和意见，有关单位和个人不得打击报复。

各级公安机关、国家安全机关、人民检察院、人民法院依法对有犯罪嫌疑的政协委员采取刑事拘留、逮捕强制措施前，应向该委员所在的政协党组通报情况，如情况紧急，可同时或事后及时通报。

13. 努力向政协开展工作提供经费保证。各地要认真执行省财政厅、省政协办公厅联合下发的《关于市、县（区）政协经费问题的通知》（闽财文[1998]134号），今后凡政协行政开支，委员视察、调研、培训以及外事活动，编辑出版文史资料，专委会活动，台、港、澳、侨胞接待和不驻会副主席活动等项正常经费要列入本级财政预算，其它需要的经费也要尽量给予保障。政协各项经费应随着政协事业的发展相应增加。各级政协机关的办公用房、工作用车等，应与党政部门一起统筹安排。

四、发挥独特优势，努力开创政协工作新局面

14. 各级政协要继续围绕党的中心工作履行职能，更好地为改革开放和经济建设服务。各级政协要充分运用自己的独特优势，主动探索适应新形势的新路子，运用全委会、常委会、专题研讨会、考察、视察等形式，继续为改革和发展献计出力，多提建设性的意见和建议，不断提高政治协商、民主监督、参政议政的质量和成效。

15. 各级政协要突出团结和民主两大主题。围绕改革和建设的重大问题，认真听取、广泛收集、如实反映人民群众的意见和建议，积极推进有中国特色社会主义民主政治的建设。要保持反映社情民意渠道的畅通，加强同社会各界的联系，做好通报情况、沟通思想的工作。要多做增强团结、凝聚人心、协调关系、化解矛盾的工作，积极主动地协助党委和政府妥善处理各种人民内部矛盾，同一切危害稳定局面的言行作斗争，自觉维护社会政治安定稳定。

16. 各级政协要充分发挥委员的主体作用。政协委员要增强责任感，认真履行职责。各专委会要根据各自特点，发挥委员专长，在我市新一轮创业中争作贡献。要充分发挥各民主党派作为参政党的作用，扎实推进社会主义民主政治建设。市政协要加强对县（市、区）政协的工作指导，必要时可联合开展调研、视察等活动。

17. 各级政协要拓展海内外联谊渠道，为实现祖国和平统一大业作出新努力。要广泛开展海外联谊活动，拓展台、港、澳、侨联谊渠道。继续重视发挥港澳委员的作用，进一步推进泉州与港澳在经济、科技、文化、教育等领域的交流合作。要把对台工作摆在更加突出的位置，充分发挥各界委员的作用，为维护国家主权、促进祖国统一做贡献。要继续发挥政协“亦官亦民”的优势，广泛联系台湾各界人士，扩大交往，增进情谊，协助做好在泉的台商和台资企业的巩固和发展工作，维护台胞、台商、台属的合法权益。要加强调研工作，掌握台情动态，为加强对台工作出谋献策，推动泉台关系不断发展。

18. 各级政协要切实加强自身建设。政协领导班子及其成员要讲学习、讲政治、讲正气，始终保持良好的精神状态，进一步增强做好政协工作的使命感和紧迫感。政协机关干部要不断提高政治素质、业务素质和工作水平，促使政协机关的工作与形势的发展相适应，与履行职能的要求相适应，与推进社会主义民主的进程相适应。

各级党委对省委《决定》和市委《贯彻意见》要认真抓好贯彻落实。市委每年度将组织一次检查，各县（市、区）委应将贯彻落实情况书面报告市委，并抄送市政协党组。

中 共 泉 州 市 委

1999 年 12 月 27 日

中共泉州市委关于进一步加强新时期人民政协工作的实施意见

泉委发〔2005〕4 号

各县（市、区）委，市委各部、委、办、局，市直各党组（党委）：

为全面贯彻落实《中共福建省委关于进一步加强新时期人民政协工作的决定（以下简称《决定》），进一步加强和改善党对政协工作的领导，巩固发展广泛的爱国统一战线，充分发挥人民政协在推进海峡西岸经济区和现代化工贸港口城市建设中的重要作用，结合我市实际，提出如下实施意见：

一、充分认识新时期人民政协工作的重要性

1. 认真学习宣传贯彻《决定》。《决定》是指导新时期人民政协工作的重要文件，对于进一步加强和改善党对政协工作的领导，推进各级政协履行职能制度化、规范化、

程序化建设，营造人民政协履行职能的良好环境，开创我市政协工作新局面，具有重要的意义。各级党委、政府，各级政协组织，各有关职能部门，要认真抓好《决定》的学习、宣传和贯彻。

2. 充分认识人民政协的地位和作用。各级党委要从提高执政能力、发展社会主义民主政治、构建社会主义和谐社会、推进改革开放和现代化建设的战略高度，深刻认识人民政协工作的重要性，以高度的政治责任感和使命感，研究新情况，解决新问题，认识和把握人民政协工作的特点和规律，善于运用人民政协这一政治组织和民主形式，为实现党的总任务、总目标服务。新时期人民政协的地位更重要，任务更繁重，履行职能的要求更高。各级党政领导干部要进一步增强政治意识、大局意识和民主协商意识，形成重视政协工作的良好局面。

3. 加强统一战线和人民政协理论的学习和研究。各级党委要把统一战线和人民政协理论，列入党委中心组和领导干部政治理论学习的一项重要内容。各级党校和行政学院、社会主义学院要把统一战线和人民政协理论以及政协章程纳入教学的必修课程，形成制度并长期坚持。党委组织、宣传、统战、政策研究部门，政协党组及其所属研究部门，要根据实践的发展，总结政协工作的有益经验，加强对统一战线和人民政协经验的总结和研究，以理论创新指导政协工作创新。

二、切实加强党对人民政协工作的领导

4. 加强对政协工作的领导。各级党委要做到领导到位，认识到位，从政治原则、政治方向和方针政策上，加强和改善对政协工作的领导。要按照总揽全局、协调各方的原则，规范党委与政协的工作关系；要进一步改进领导方式和执政方式，既保证党委的领导核心作用，又充分发挥政协的职能作用；要自觉地将政协工作纳入党委工作全局，支持政协按照宪法和政协章程，围绕团结和民主两大主题履行职责，并为其提供坚强的组织保证；要以加强同各民主党派、无党派人士、人民团体和各界人士的团结合作和民主协商作为重大课题，认真研究，及时总结，不断改进，抓好落实。党委主要决策和重大工作部署要及时向政协党组传达，使政协能够更好地围绕党委中心开展工作。坚持将政协工作作为党委全局工作的重要组成部分，与党委工作一起部署、检查、落实。市、县（市、区）党委每届任期内要召开一次政协工作会议，总结部署政协工作；每年至少有一次常委会听取政协党组工作汇报，专题研究政协工作重大问题，督促检查上级党委有关政协工作的指示、决定、规定和意见的贯彻落实情况。

5. 充分发挥政协党组的作用。政协党组要始终坚持和依靠党委开展工作，充分发挥在政协组织中的领导核心作用，带头贯彻执行党的路线、方针、政策和同级党委的决定；团结和组织政协委员及机关干部，积极完成党委交给的各项任务；加强政协机关干部管理，指导并抓好政协机关和直属单位党组织建设。县（市、区）政协主席可以是同级党委副书记。要健全向党委报告工作制度，及时主动反映政协工作的新情况、新问题，提出意见和建议。对政协党组请示的问题，党委应及时研究答复。

6. 优化政协领导班子结构。各级党委要高度重视各级政协领导班子的配备，把政治坚定、作风民主、熟悉统战工作的同志选配到政协领导班子。要注意把握非中共党员的比例，优化政协领导班子结构。

7. 做好政协委员推荐管理工作。要根据政协章程规定，进一步完善政协委员的选任办法，切实做好委员推荐工作。各级党委组织、统战部门要按照中央和省、市委有关规定和要求，把好委员素质关，既考虑其代表性，也考虑其参政议政能力和对政协工作的积极性。各级政协党组应参与委员人选的推荐全过程，掌握了解政协委员履行委员义务和参政议政水平等方面的情况，对无法履行职责的委员，及时提出建议，经商党委组织部、统战部后，由统战部统一报请党委研究后按有关规定和程序予以调整。

三、扎实推进人民政协履行职能的制度化、规范化、程序化建设

8. 切实搞好政协政治协商。政治协商的主体是党委、政府。各级党委、政府要增强政治协商意识，将之纳入重要议事日程，建立健全行之有效的协商制度，避免协商的随意性、形式化。政治协商的主要内容包括：现代化建设和改革开放中的重要决策及重大部署；政府工作报告；财政预算和决算；经济与社会发展规划；法院和检察院的工作报告；社会政治生活和民主法制建设中重大事项；辖区内行政区划变动；领导班子换届，党委推荐的人大常委会、政府、政协的领导成员人选和法院、检察院的主要领导成员人选；人民群众普遍关心的热点问题以及其他需要协商的重大问题。各级党委、政府要把政治协商纳入决策程序，坚持做到“三在前、三在先”：即重大问题协商在党委决策前、人大通过前、政府实施前；制定经济社会发展规划、重大建设项目的实施及解决事关人民群众生产生活的重要问题要先协商后决策，对重要人事安排要先协商后决定，制定关系地方全局的重要政策要先协商后通过。每年政协全会结束后，要会同政协制定出全年的协商计划和方案，分阶段有步骤地组织实施。

9. 自觉接受政协民主监督。各级党委、政府要重视政协的民主监督，把接受民主监督作为党风廉政建设和提高党的执政能力建设的重要内容，欢迎监督、支持监督、接受监督。倾听政协组织和委员对制定、实施大政方针的意见和建议；对党政机关及其工作人员在执行党的路线、方针、政策和党风廉政建设方面的意见和批评；对人民群众普遍关注的热点、难点问题所作出的反映和提出的意见、建议。党委、政府要重视政协提案，分工一位领导负责提案阅批和反馈工作；党政有关部门要认真办理政协提案，努力提高办理质量，保证办理实效；政府每年应向政协常委会通报一次政协提案的办理情况。党政主要领导要高度重视政协全委会议、常委会议、主席会议通过的建议案，认真研究办理。各级党政领导和有关部门要认真阅批以政协名义报送的调研视察报告、社情民意反映或以其他形式提出的建议和批评，抓紧提出处理意见，督促落实，并及时向政协反馈。要进一步拓宽政协委员反映社情民意的渠道，重要情况和重要建议可直接向党政主要领导反映。要继续坚持在各民主党派和政协委员中聘请特邀监察员、监督员、检察员、审计员和教育督导员等，支持政协委员对党政机关、司法机关及其工作人员在遵纪守法、勤政廉政等方面进行民主监督。党政机关组织的重大执法检查和行风评议，应邀请政协委员和民主党派人士参加。各级党政及其有关部门和单位要大力支持政协开展民主监督，不断完善监督体系，使政协的民主监督与党内监督、行政监督、法律监督、纪律监督、舆论监督有机结合起来，充分发挥各种监督的整体效应。

10. 积极支持政协参政议政。各级党委、政府要重视拓宽政协参政议政的领域和渠道，使政协参政议政活动贯穿于重大决策之前、实施之中和执行结束的全过程。参政议政的主要内容包括：对政治、经济、文化和社会生活中的重要问题以及人民群众普遍关心的问题，开展调查研究，提出意见建议，反映社情民意，进行协商讨论。各级党委、政府要注意安排民主党派成员担任各级政府和司法机关的领导，参加有关工作，为人民政协参政议政提供平台；要及时向政协提供重大决策的事实和政策依据，以及施行情况，使政协能够掌握政治、经济、文化等领域的基本态势，找准着力点，参政议政；要根据社会、经济发展现状，适时向政协提供重要的调研选题，使政协的调研工作更具针对性和时效性；要指导政协更好地围绕党委的中心任务和人民群众关注的热点问题开展工作；要积极支持政协组织开展视察、考察、专题调研、问政咨议、民主评议等活动；要重视政协参政议政成果的转化，及时采纳政协在深入调研基础上形成的重要意见和建议。

11. 坚持参加有关重要会议制度。党委常委会议和其他重要会议，应邀请不是同级党委常委的政协主席或党组书记列席；人大有关会议和活动、政府全体成员会议、有关常务会议和其他重要会议，应邀请政协领导或政协办公室、有关专门委员会负责人参加；党委、政府的重大外事活动应邀请政协领导参加；党委、政府职能部门召开的会议，应邀请政协相关的专门委员会负责人参加。党委、政府及有关部门的主要领导应及时出席政协召开的全委会议和组织的重要活动，并根据工作需要及时出席政协常委会议、常委专题会议，以及对口的政协专门委员会专题会议、研讨会等。

12. 坚持重要情况通报制度。各级党委、政府每半年要向政协通报工作。主要通报国家宪法、法律和法规的实施情况；制定的重要方针政策、重大工作部署的贯彻执行情况；国家机关及其工作人员履行职责、遵纪守法、廉洁勤政等方面情况；经济、政治和社会生活中的重大事件等。并就全局性的工作和政协委员普遍关心的重要问题征求意见。要完善由党委秘书长牵头的人大、政府和政协秘书长（办公室主任）联席会议制度，定期召开，通报情况，形成互相融合、互相支持的良好工作局面。

13. 坚持相互沟通联系制度。党委、政府要确定一名副职联系政协工作。党委要建立健全联系交友制度，密切与各民主党派、工商联、无党派人士、人民团体和政协各界代表人士的联系；人大要与政协加强工作联系，经常沟通情况；政府要加强与民主党派、工商联的联系。党委、政府有关部门要密切与政协专门委员会的对口联系，就当地改革发展稳定中的重大问题互通情况，联合开展调研、视察、考察、咨询服务和专题协商等。

四、积极营造人民政协履行职能的良好环境

14. 加大政协宣传力度。各级党委要把对人民政协的宣传作为党的宣传工作的重要内容，纳入宣传工作的总体部署，组织和推动有关部门和单位宣传中国共产党领导的多党合作和政治协商制度，宣传人民政协的性质、地位和作用，宣传人民政协和各民主党派开展的重要活动，宣传人民政协履行职能的经验、成效和政协委员参政议政的典型事迹。各新闻媒体要把宣传人民政协作为一项重要任务来抓，根据需要开辟政协专题、专栏、专刊，宣传统战、政协理论和知识，宣传政协工作和委员风采，努力提高全社会对人民政协的认识，营造理解和支持人民政协履行职能的良好氛围。

15. 切实维护政协组织和政协委员的权利。政协组织的各项活动是国家规定的公务行为，各部门、各单位应对有组织的委员活动积极支持、主动配合和提供便利，不得阻挠政协组织和政协委员行使民主权利。对因政协组织和政协委员提出批评而进行打击报复的，要严肃处理。政协委员所在单位应大力支持委员履行职责，从时间、工作、经费等方面提供保障，委员参加政协活动应计入其工作量。政协委员活动经费按照市政协委员每人每年不少于1000元，县（市、区）政协委员每人每年不少于800元的标准，列入同级财政预算。市、县（市、区）政协非驻会副主席的有关待遇问题，要按照同级职务同等条件的原则妥善解决。政法机关对涉嫌违法犯罪的政协委员采取刑事拘留、逮捕等强制措施，应按照中央政法委〔1996〕18号文件规定，向该委员所在政协的党组通报；纪检监察机关对政协委员采取“两规”（规定时间、规定地点）、“两指”（指定时间、指定地点）措施时，应及时向该委员所在政协的党组通报。

16. 合理确定政协机关人员编制和机构设置。按照精简、统一、效能的原则，从政协履行职能的实际需要出发，科学设置各级政协内设机构，切实解决好市、县（市、区）政协内设机构设置不规范和人员编制紧缺问题，保障人民政协更好地履行职能。市、县（市、区）党政领导和市、县（市、区）直单位领导转任政协职务的，其行政关系可保留在原单位，离退休后由原所在单位负责管理。市、县（市、区）政协常委以上专职领导的行政编制从政协办事机构中分出，实行单列，不占政协机关人员编制。各级政协常委会组成人员要有一定数量的专职常委，并根据任职条件、结构和工作需要从政协机关干部中适当考虑部分人选。要理顺政协内设机构，进一步健全完善政协专门委员会的设置。乡镇（街道）要为所在地的政协委员联络组（或活动组）提供学习、活动场所和必需的经费，并指定一位党委副书记具体指导。

17. 大力加强政协干部队伍建设。各级党委要按照革命化、年轻化、知识化、专业化的方针和德才兼备的原则，重视解决政协干部流动不畅和年龄老化的问题，把政协干部的配备、培养、交流和使用纳入党委干部队伍建设的总体规划，推进政协干部与党委、政府部门干部的双向交流，优化政协机关干部队伍结构，增强政协机关活力。要通过选拔任用、轮岗培训、挂职锻炼、党校脱产学习等途径，进一步提高干部队伍整体素质。对优秀的政协干部，要重点培育，提拔使用。各级党委可以选派一些后备干部到政协工作，然后再到有关部门任职。

18. 为政协开展工作提供经费保障。财政部门要按照经济发展和政协工作需要，逐步增加政协经费。政协行政开支，委员视察、调研、培训、外事活动，编辑出版文史资料，专门委员会活动，港澳台侨胞接待，以及不驻会副主席活动等项经费应列入本级财政预算并给予保障。政协机关的办公用房、办公设施、公务用车及委员活动场所应统筹安排，确保政协工作正常开展。

五、努力开创我市政协工作新局面

19. 加强学习提高参政议政水平。各级政协要把思想建设摆在首要位置，坚持以邓小平理论和“三个代表”重要思想为指导，努力学习党的基本理论、基本路线、重要方针政策和时事政治，学习社会主义市场经济和现代科技知识，牢牢把握团结和民主两大主题，坚持围绕党委和政府工作中心，主动适应新形势新任务的要求，全面加强自身建设，在实践中进一步提高政治协商、民主监督和参政议政的水平。

20. 以促进发展为履行职能第一要务。各级政协要围绕中心、服务大局，坚持以人为本，牢固树立科学发展观，把推进海峡西岸经济区和现代化工贸港口城市建设作为履行职能的第一要务，充分运用政协人才荟萃等有利条件，围绕政治、经济、文化和社会生活中的重要问题及人民群众普遍关心的问题，选择一些具有综合性、全局性、前瞻性的课题，深入开展调查研究，反映社情民意，进行协商讨论，提出有见解、有分量的意见和建议，为党委和政府决策提供依据。

21. 发展壮大爱国统一战线。各级政协要继续高举社会主义和爱国主义旗帜，突出团结和民主两大主题，团结各界、凝聚人心，最广泛最充分地调动一切积极因素，充分发挥民主党派、无党派人士、人民团体和各界代表人士在政协中的作用，加快泉州经济社会发展。要进一步加强政协组织与各参加单位之间、各界委员之间、委员与本界别群众之间的联系，了解和反映他们的愿望和要求，巩固和发展中国共产党领导的爱国统一战线。要切实做好工作，团结包括新的社会阶层在内的全体社会主义事业建设者，引导他们爱国、敬业、诚信、守法，鼓励他们为改革和发展多做贡献。要多形式、多渠道、多领域地开展海外联谊活动，广泛团结港澳台同胞和海外侨胞以及海内外各方面爱国力量。继续重视发挥港澳政协委员的作用，进一步推动泉州与港澳在经济、科技、文化、教育等领域的交流与合作。协助做好在泉的台商和台资企业的巩固和发展工作，维护台胞、台商、台属的合法权益。继续发挥优势，扩大交往，广泛联系泉籍台湾各界人士，通过他们做好台湾人民工作，共同为解决台湾问题、实现祖国的完全统一服务。

22. 发挥政协委员主体作用。各级政协委员是各界群众的代表，是政协工作的主体，要尽自己的努力，积极参加对国家和地方大政方针和群众生活的重要问题的政治协商；通过提出建议和批评，发挥民主监督的作用；结合自己的本职工作和特长，积极参政议政，实事求是地反映自己所联系群众的意见和建议；积极主动地宣传党和国家的方针政策，协助党委和政府做好协调关系、化解矛盾、理顺情绪的工作，为维护改革发展稳定大局多做贡献。

23. 密切各级政协联系。市政协要密切与县（市、区）政协联系，加强工作指导，及时总结基层经验。通过联合开展调研、视察等活动，相互交流，推动工作。县（市、区）政协要协助乡镇（街道）联络组解决实际困难和问题，组织他们开展活动，有效发挥政协委员在所在地的作用。

24. 加强履职能力建设。各级政协组织要依据宪法和政协章程规定，全面加强履行职能能力的建设。要把学习作为终身任务，努力把各级政协组织建设成学习型组织，把各级政协机关建设成学习型机关。要加强作风建设，大力弘扬求真务实精神，大兴调查研究之风，牢记人民的利益高于一切，切实把实现好、维护好、发展好最广大人民的根本利益作为履行职能的出发点和归宿点。政协委员和政协机关中的共产党员，要增强政治责任感，发扬党的优良传统和作风，认真贯彻执行党的统战政策，真心实意同党外人士交朋友，努力成为合作共事的模范、发扬民主的模范、廉洁奉公的模范。

各级党委、政府、政协和市直有关部门应根据省委《决定》及市委《实施意见》，结合实际，研究制定具体的贯彻落实措施。各级党委应定期对《决定》和《意见》的执行情况进行检查，确保进一步加强新时期人民政协工作各项措施落实，推动人民政协工作再上新的水平。

中 共 泉 州 市 委
2005年8月13日

二、泉州市人民政府文件

泉州市人民政府关于进一步加强政府与政协联系的通知

泉政〔1996〕综18号

各县（市、区）人民政府，市直各单位：

中国人民政治协商会议是中国人民爱国统一战线的组织，是中国共产党领导的多党合作和政治协商的重要机构，是我国政治生活中发扬社会主义民主的重要形式。为加强社会主义民主政治建设，支持政协充分履行职能，推进政府决策民主化、科学化，保证社会主义各项事业顺利进行，根据《政协全国委员会关于政治协商、民主监督、参政议政的规定》以及中共中央关于这个规定的《通知》精神，结合泉州实际，现就进一步加强政府与政协联系问题通知如下：

一、强化协商监督意识

各级政府领导、各职能部门，都必须从发扬社会主义民主的政治高度，从密切党群、政群关系的需要，从维护社会稳定的大局出发，真正认识和进一步重视新时期人民政协的性质、地位和作用，真心实意地欢迎和采纳政协委员的意见和建议，自觉地接受政协的政治协商和民主监督。

二、加强联系与协商

重要事宜应及时协商和通报。涉及大政方针以及政治、经济、文化和社会生活中的重要问题，要在决策之前和就决策执行过程中的重要问题与政协进行协商。每年的政府工作报告、国民经济和社会发展计划、财政预决算报告，在提交人大审议之前，先征求政协常委会的意见。定期向政协通报工作情况，听取意见和建议。

重要会议邀请政协有关领导参加。政府召开的全体成员会议、常务会议研究有关经济、社会发展的重要问题，应视需要邀请政协有关领导参加。

建立良好的合作关系。市、县（市、区）政府要确定一位领导联系政协工作，协调处理有关事务。政府的委、办、局要加强同政协专门委员会的对口联系，密切配合，互相支持。视情况定期或不定期举行对口座谈，互通情况。部门召开的重要的业务会议，可邀请政协有关专门委员会负责同志参加。政协通过各种形式履行职能，涉及的有关部门和单位要予以支持配合，主动通报情况。要充分发挥政协“智囊团”和“人才库”的作用，将一些重要课题委托调查研究。

三、认真办理政协提案和建议案

各级政府和各职能部门要重视政协的提案、建议案，要把政协提案、建议案的办理纳入政府办公室的督查渠道。对政协主席会、常委会、全委会向政府提出的重要建议案，政府领导应亲自阅批，政府办公室进行督办，各承办部门领导抓落实，并在规定时限内作出书面答复。民主党派、人民团体和政协委员提出的涉及重大问题的提案，可提请政府领导阅批，有关部门要认真办理，及时反馈。

四、支持政协履行职能

各级政府和职能部门对政协工作，必须真正做到思想上重视，认识上提高，工作上支持。政协委员开展的调查、视察活动，有关部门要热情欢迎，主动提供情况。政协委员所在单位要支持委员参加政协的各种活动，并将此计入本人的工作量。要积极创造条件，帮助政协委员解决实际困难。对在政府部门担任领导职务的民主党派人士、党外同志和政协委员，党员领导同志要主动与他们团结合作，共同开展工作。要充分发挥政协联系面广的优势，支持政协开展海内外联谊活动。要关心和支持政协加强自身建设，帮助政协改善工作条件。

泉州市人民政府

一九九六年元月二十二日

第二节 中共泉州市政协党组　泉州市政协文件

一、中共泉州市政协党组文件

泉州市政协机关机构设置和主要职责实施方案（试行）

泉政协党组〔2006〕5号

办公室、研究室、各专门委员会、机关党委会：

为认真落实《中共泉州市委办公室关于印发〈泉州市政协机关机构改革方案〉的通知》（泉委办〔2005〕69号）精神，细化方案，明确职责，进一步推进市政协机关的制度化、规范化、程序化建设，根据《中国人民政治协商会议章程》以及中央、省、市有关政协机关机构改革精神，结合泉州市政协机关工作实际，制定市政协机关机构改革实施方案。

一、机构设置和主要职责

政协泉州市委员会设办事机构2个，按照《中国人民政治协商会议章程》设8个专门委员会。

（一）办公室

1. 负责市政协全体会议、常委会议、主席会议、秘书长会议、机关办公室会议以及其它重要会议、活动的协调组织和服务工作。

2. 负责市政协全体会议、常委会议、主席会议决议和决定的组织实施与贯彻落实情况的督促检查。

3. 负责协调、保障机关各部门、各专门委员会实施专题调研计划和开展相关活动的工作。

4. 负责市政协机关公文处理、机要通信、文书档案、安全、保密、后勤保障、内外联络、接待、“泉州市政协网站”和“中华闽南文化网站”以及机关办公自动化建设和管理工作。

5. 负责与省政协办公厅和各地市政协的工作联系，做好市委、市人大、市政府等有关部门和各党派团体的沟通联系工作，联系指导县（市、区）政协的工作。

6. 按干部管理权限负责机关及直属单位人事任免和干部管理。负责离退休干部、老委员联谊会的管理和服务工作。

7. 负责机关的财务、安全、保卫、机关的房产、车辆、办公设施等公共财物的管理、维护工作。

8. 负责主管海峡文化交流联谊中心。

9. 承担市政协领导交办的其它事项。

根据上述职责，政协泉州市委员会办公室内设4个职能科室：人秘科、联络科、行政科、接待科。

1. 人秘科

按照《章程》规定，协调有关部门参与市政协委员的推荐、考核、培训、管理等工作；按照干部管理权限和职责，负责办理机关机构编制、人事调配、干部考核、工资福利、学习培训等事务；负责组织和协调市政协全体委员会议、常委会议、主席会议及其它大型重要会议的会务工作，通知并落实领导参加会议和活动。负责对市政协全体会议、常委会议、主席会议决议和决定的贯彻落实情况进行督促检查。负责机关的文电处理、文书档案管理和文印、机要、保密、通讯等工作；负责机关工作人员的计生管理等工作。组织机关离退休人员开展学习、考察等活动以及管理和服务。负责办理委员证和机关工作人员的工作证；负责“泉州市政协网站”和“中华闽南文化网站”的日常管理和维护；采集市政协重要会议、重大活动的信息、图片等资料，录入网站，发布信息。负责机关办公室自动化网络的日常管理和维护。

2. 联络科

负责市政协有关会议和活动的联络工作；负责与省政协办公厅和兄弟城市政协的有关工作联络；联系在泉的全国政协委员、省政协委员，建立有关资料；负责组织协调省政协委员在泉州联络组、市政协委员县（市、区）联络组活动等工作；负责省、市政协委员年度视察活动的组织协调工作；负责与市有关党派团体的联络工作；负责联系县（市、区）政协，了解掌握县（市、区）政协的工作情况，组织县（市、区）政协开展经验交流。

3. 行政科

负责市政协各种会议、活动的后勤保障；负责市政协领导和机关干部职工的生活服务工作；负责机关的日常行政事务、财产、财务和公共财物的管理、维护；负责机关安全保卫工作；负责华侨联谊中心和海峡文化交流联谊中心的房产管理；负责管理机关车队；负责市政协机关办公大楼的生活设施管理、环境卫生、防火防盗。

4. 接待科

负责全国政协和省外、兄弟市政协来泉开展视察、考察、调研等活动的接待工作；负责机关综合性会议的接待工作；负责县（市、区）政协来泉办理公务的接待工作；负责接待来访的重要客人和社团。

（二）研究室

1. 研究统一战线和人民政协的理论和实践，提出市政协履行职能的工作建议。

2. 负责组织和承担起草市政协全体会议、常委会议和市政协重大活动的文稿及市政协主要领导讲话稿；组织起草市政协工作计划、工作总结；负责市政协工作年鉴的编写工作；负责组织和协调政协志的编纂工作；编写市政协大事记。

3. 负责重大课题调研的协调工作，完成市政协交付的有关课题调研任务；研究县（市、区）政协工作经验，提出指导意见。

4. 负责收集、整理、报送政协委员、各党派团体和社会各界反映的社情民意，编发政协信息。

5. 通过适当形式，宣传介绍我国政治体制的特色、中国共产党领导的多党合作和政治协商制度的有关知识和我市政协工作的业绩、经验。

6. 负责主管《泉州政协》编辑部编辑出版工作。

7. 承担市政协领导交办的其它事项。

研究室内设宣传调研科，负责处理研究室日常事务。

（三）提案委员会

负责起草全会提案的有关文字材料。组织和发动政协委员和各党派团体提出提案。负责提案的审查、立案和交办工作。编发提案摘报，筛选重要提案。跟踪了解提案办理情况，督促有关部门承办政协提案的工作。负责上级政协和兄弟市政协的提案委员会来泉开展活动的接待安排。承办常委会、主席会交办的其它任务。

提案委员会内设提案督查科，承办市政协提案委员会的日常事务。

（四）学习宣传委员会

发动和组织政协委员、各党派团体和社会各界开展形式多样、丰富多彩的学习教育和培训活动。负责市政协学习中心组学习活动的组织和新委员培训活动的组织。负责市政协全体会议、常委会议、主席会议及重大活动的会场布置，联系新闻单位，组织记者采访报道，协助各专委会举办的重大会议的会务工作。宣传委员风采，报道委员在各自岗位上的奉献精神和参政议政成效。负责与人民日报华东分社泉州记者站、泉州市工商联联办《泉州企业家》杂志。负责上级政协和兄弟市政协的学习宣传委员会来泉开展活动的接待安排。负责委员活动中心的管理以及安排政协机关的文体活动。承办常委会、主席会交办的其它任务。

学习宣传委员会内设学习宣传科，承办市政协学习宣传委员会的日常事务。

（五）经济科技委员会

组织政协委员就我市经济科技、城市建设和“三农”工作中的重点、热点、难点问题开展座谈、研讨、视察、考察和专题调研等活动，积极建言献策，向党政有关部门提出意见和建议。加强与县（市、区）政协对口委员会、经济科技、城市建设和“三农”工作部门的沟通联系和协作配合，推进我市经济发展和科技进步。负责上级政协和兄弟市政协的经济科技委员会来泉开展活动的接待安排。承办常委会、主席会交办的其它任务。

经济科技委员会内设经济科技科，承办市政协经济科技委员会的日常事务。

（六）港澳台侨委员会

宣传党中央关于港、澳、台、侨工作的方针、政策，并组织对我市贯彻落实的情况进行视察、调研，积极建言献策，向党政有关部门提出意见和建议。加强与“五侨”部门的沟通联系，促进我市全面贯彻落实党中央关于港、澳、台、侨工作的方针、政策。加强与港澳地区的各级政协委员，港澳台同胞、海外华人和华侨社团的交流联谊工作；主管“泉台民间交流协会”的日常工作，广泛开展对台民间交流工作。负责上级政协和兄弟市政协的港澳台侨委员会和港澳台侨知名人士、海外社团来泉开展活动的接待安排。承办常委会、主席会交办的其它任务。

港澳台侨委员会内设港澳台侨科，承办市政协港澳台侨委员会的日常事务。

（七）社会和法制委员会

组织政协委员就我市社会和法制工作中的热点、难点问题开展座谈、研讨、视察、考察、专题调研等活动，积极建言献策，向党政有关部门提出意见和建议。加强与县（市、区）政协对口委员会、法制工作部门的沟通联系和协作配合，及时处理人民来信来访，协助做好协调关系、理顺情绪、化解矛盾的工作，维护我市安定稳定的政治局面。负责上级政协和兄弟市政协的社会和法制委员会来泉开展活动的接待安排。承办常委会、主席会交办的其它任务。

社会和法制委员会内设社会法制科，承办市政协社会和法制委员会的日常事务。

（八）文教卫体委员会

组织委员就我市文化、教育、卫生、体育、新闻出版等社会事业的建设情况开展座谈、研讨、视察、考察、专题调研等活动，积极建言献策，向党政有关部门提出意见和建议。加强与县（市、区）政协对口委员会及市文化、教育、卫生、体育、新闻出版等工作部门的沟通联系和协作配合，促进我市社会事业建设全面发展。联系指导“书画研究室”的工作。负责上级政协和兄弟市政协的文教卫体委员会来泉开展活动的接待安排。承办常委会、主席会交办的其它任务。

文教卫体委员会内设文教卫体科，承办市政协文教卫体委员会的日常事务。

（九）民族宗教委员会

宣传党中央关于民族宗教工作的方针、政策；组织委员就我市民族宗教工作的情况开展座谈、研讨、视察、考察、专题调研等活动，积极建言献策，向党政有关部门提出意见和建议。加强与县（市、区）政协对口委员会及市民族宗教工作部门和宗教团体的沟通联系和协作配合，促进我市全面贯彻落实党中央关于民族宗教工作的方针、政策。负责上级政协和兄弟市政协的民族宗教委员会来泉开展活动的接待安排。承办常委会、主席会交办的其它任务。

民族宗教委员会内设民族宗教科，承办市政协民族宗教委员会的日常事务。

（十）文史委员会

负责对县（市、区）政协文史委的业务指导。确定每年一辑文史资料的征集主题。组织和动员亲身经历或者亲见亲闻的海内外泉州人根据确定的主题撰写文稿。征集编纂出版文史资料，为我市“三个文明”建设服务。联系指导刺桐吟社的工作。负责上级政协和兄弟市政协的文史委员会来泉开展活动的接待安排。承办常委会、主席会交办的其它任务。

文史委员会内设文史科，承办市政协文史委员会的日常事务。

机关党委会：

宣传和执行党的路线、方针、政策，宣传和执行党的决议，发挥党组织的战斗保垒作用和党员的先锋模范作用，支持和协助行政领导完成机关所担负的任务；

组织机关党员政治理论和业务知识学习；

对党员进行严格管理，督促党员履行义务、保障党员的权利；

对党员进行监督，严格执行党的纪律，加强党风廉政建设；

做好机关工作人员的思想政治工作，推进机关社会主义精神文明建设；

对入党积极分子进行教育、培养和考察，做好发展党员工作；

领导机关工会、共青团、妇委会、关工委等群众组织；

领导机关纪委和党支部工作；

机关纪委：

按照《中国共产党党和国家机关基层组织工作条例》的规定履行五项主要职责。协助抓机关效能建设。

二、人员编制和领导职数

人员编制：市政协驻会常委以上专职领导行政编制 14 名，实行单列管理；市政协机关办事机构和其他工作机构行政编制 31 名；为市政协主席、驻会专职副主席服务的工勤人员事业编制 5 名；为驻会专职常委、市政协机关办事机构和专门委员会服务的工勤人员事业编制 7 名；为海峡文化交流联谊中心服务事业编制 5 名；为《泉州政协》服务的事业编制 5 名。

领导职数。处级领导职数：秘书长 1 名、专职副秘书长 2 名；办公室主任 1 名（由副秘书长兼任）、副主任 2 名；研究室主任 1 名、副主任 1 名；各专门委员会主任 1 名、专职副主任（副处级）1 名；机关党委会专职副书记（副处级）1 名。科级领导职数 13 名；事业单位科级职数 2 名（《泉州政协》和海峡文化交流联谊中心各 1 名）。

中共泉州市政协党组

2006 年 3 月 30 日

二、泉州市政协文件

泉州市政协秘书长副秘书长和各办公室主任副主任工作规则（试行）

（一九九三年五月五日市七届政协第二十次主席会议批准）

泉政协字〔1993〕第 5 号

为了健全市政协机关工作制度，明确秘书长、副秘书长和各办公室主任、副主任工作职责，根据中国人民政治协商会议章程规定，参照《福建省政协秘书长、副秘书长工作规则》，从当前本机关机构设置等实际情况出发，特制定本规则。

一、分工负责

1. 秘书长协助主席、副主席处理政协日常事务，主持市政协机关全面工作，协调各办公室的工作关系。副秘书长、办公室主任、副主任因事离岗，需事先向秘书长请假。

2. 副秘书长、各办公室主任、副主任分管各办、科的工作，协助秘书长开展工作。经办的重要事项和须提请主席会议、党组会议研究的问题，要先经过秘书长审核或秘书长会议研究。

3. 以市政协办公室名义发出的重要文件，要经过办公室主任或副主任核稿，秘书长签发；一般的由主管副秘书长、办公室主任或副主任签发。

4. 市政协办公室主任、副主任分管本办各科，负责协调管理本机关日常事务，包括人事、文秘、考勤、行政和开会、学习、劳动、值班等事项。

5. 各专门委员会办公室主任、副主任按照分工，负责各专门委员会的调研、视察等活动的联系、安排和日常工作。

二、主要职责

1. 负责全体会议、常务委员会议、主席会议和其他专题会议的准备工作，向主席会议提出召开这些会议的日期、议程的建议，起草各有关文件。

2. 协助主席、副主席组织实施常委会议、主席会议的决议和党组的决定。

3. 负责联系各民主党派、人民团体，沟通情况，反映建议和意见。

4. 加强与县（市、区）政协和市政协委员的联系，探讨、研究新时期人民政协工作的做法、经验和共同性问题。

5. 研究市政协机关机构设置、干部任免的建议和意见。

6. 完成主席、副主席交办的其他工作。

三、会议安排

（一）秘书长会议

1. 秘书长会议由秘书长、副秘书长，各办公室主任、副主任组成，一般每月举行一次，也可根据情况变化临时召集。

2. 会议日期、议题由秘书长决定或根据主席、副主席授意确定。

3. 会议由秘书长召集主持，也可由秘书长委托副秘书长或办公室主任主持。

4. 会议任务：

①讨论研究秘书长职责范围内需要决定的问题。

②审议提交主席会议或党组会议研究的重要问题和重要文件（草案）。

③听取各办公室的工作汇报，布置各阶段的工作任务等。

（二）办公室主任会议

1. 办公室主任会议由办公室主任、副主任和科长组成。一般一个月举行一次，必要时可临时召开。

2. 会议日期、议题由各办公室主任决定，并召集主持。

3. 会议任务：

①讨论、落实主席会议、秘书长会议决定的各项工作，听取各科工作汇报，安排各阶段具体工作。

②研究决定各办公室职责范围内的有关问题和工作，讨论向秘书长会议提出的建议和意见。

③完成领导交办的其他事项。

（三）秘书长会议对于重要问题的决定，要充分发扬民主，经过充分的讨论，共同研究。遇有重大分歧，除在紧急情况下按照少数服从多数原则通过外，一般可暂缓作出结论，待进一步调查研究、交换意见后再做决定，或提请主席会议、党组会议裁定。

（四）会议的议题，除临时召集的以外，一般应当提前通知，以便各自做好提出意见的充分准备。个别因事缺席，须事先请假，也可对讨论议题提出书面意见。

（五）会议由秘书科派专人记录，并根据需要编发纪要、简报或信息，呈送有关领导。

（六）秘书长会议、办公室主任会议可根据需要邀请有关方面的负责人列席。

本工作规则经主席会议审议批准后试行。

中国人民政治协商会议泉州市委员会
关于政治协商民主监督参政议政的实施办法

**（一九九五年十一月三十日中国人民政治协商会议
泉州市第七届委员会常务委员会第二十五次会议通过）**

泉政协〔1996〕1号

为了加强社会主义民主政治建设，逐步实现政治协商、民主监督和参政议政的规范化、制度化，进一步发挥政协在国家政治生活中的作用，根据《政协全国委员会关于政治协商民主监督参政议政的规定》精神，制定本实施办法。

第一条 政协泉州市委员会（以下简称市政协）的主要职能是政治协商和民主监督，组织参加本会的各党派、团体和各界人士参政议政。其目的是：巩固和发展爱国统一战线，发扬社会主义民主，反映社会各方面的意见和要求，为参加的各党派、无党派爱国人士、各人民团体、各族各界人士发挥作用开辟渠道，集思广益，促进本市重大决策的科学化、民主化；监督国家宪法、法律和方针政策、地方性法规在本市的贯彻执行；协助并推动国家机关改进工作，提高效率，克服官僚主义，反对腐败现象；推动社会主义物质文明、精神文明和民主法制建设，促进社会主义市场经济和社会生产力的发展；在中共泉州市委（以下简称市委）领导下，加强同各党派的团结合作，维护和发展社会的安定团结，促进祖国和平统一。

第二条　政治协商是对本市的大政方针以及政治、经济、文化和社会生活的重要问题，在市委决定之前、市人民代表大会（以下简称市人大）通过之前、泉州市人民政府（以下简称市政府）实施之前，进行协商和就决策执行过程中的重要问题进行协商。

政治协商的主要内容：

1. 贯彻党和国家大政方针的重要部署和重大措施。

2. 本市社会主义物质文明和精神文明建设、民主法制建设、重要改革方案、政治生活中的重要事项及人民群众生活中的重大问题。

3. 市政府工作报告、市财政预决算，国民经济和社会发展中、长期规划和年度计划，城市建设总体规划和重大开发建设项目。

4. 本市重要的地方性法规草案。

5. 市委提出的重要人事安排。

6. 本市县（市、区）行政区划的变动。

7. 祖国和平统一、外事侨务等方面的重要问题。

8. 本会组成单位和政协内部的重要事务以及爱国统一战线的其他问题。

第三条　政治协商的主要形式

1. 市政协全体会议、常务委员会议、主席会议、专门委员会会议。

2. 由有关民主党派、人民团体和各界代表参加的协商座谈会，本会专门委员会与党政有关部门的对口座谈会。

3. 列席市委常委会议，市人大全体会议及其有关常委会议，市政府常务会议、全体成员会议及其他重要会议。

4. 党政机关及其部门与本会专门委员会开展的专题调查座谈讨论等活动。

第四条　民主监督是对国家宪法、法律、法规在本市的实施，重大方针政策的贯彻执行，本市国家机关及其工作人员的工作等方面，通过建议和批评的方式进行监督。其目的是为实现共同目标，集思广益、协调关系、增进团结、促进发展。

民主监督的主要内容：

1. 本市党政机关贯彻执行国家宪法、法律、法规情况，党中央、国务院重要方针政策的贯彻执行情况。

2. 市政府工作报告、国民经济社会发展规划、计划和财政预算执行情况。

3. 本市重大建设项目、经济技术开发方案和重要改革措施的实施情况。

4. 国家机关及其工作人员履行职责、遵纪守法、勤政廉政等方面情况。

5. 人民群众迫切要求解决的重要问题的落实情况。

6. 本市党政机关及有关部门对市政协建议案和委员提案的办理情况。

7. 参加市政协的各单位和个人遵守《政协章程》和执行政协决议的情况。

第五条　民主监督的主要形式

1. 市政协全体会议、常务委员会议或主席会议向市委、市人大、市政府提出建议案，各专门委员会提出建议或有关报告。

2. 委员视察、提案、举报或以其他形式提出的批评和建议，以及跟踪监督工作。

3. 参加市委、市人大、市政府及其有关部门组织的调查和检查活动。

4. 根据需要参与党的纪检机关、国家权力机关、司法机关和行政监察机关的检查监督活动。

5. 政协委员应聘担任党政部门、执法部门的特约监察员、检察员、教育督导员、特约审计员等。

第六条　参政议政是政治协商和民主监督的拓展和延伸。参政议政的内容除第二、四条规定以外，还有：

1. 围绕党委、政府的重大决策、选择人民群众关心的热点问题，组织调查研究，积极主动地向党政领导机关提出建设性的意见，反映社情民意。

2. 充分发挥委员的专长和作用，广开言路，广开才路，为改革开放和社会主义现代化建设献计出力。

3. 推荐优秀的民主党派和无党派人士担任政府及有关部门的实职领导。

第七条　参政议政的形式除第三、五条规定外，还有：

1. 市政协委员对群众普遍关心的问题提出意见，经主席会议认可，可提请市委、市政府及有关部门召开参政议政会，由有关的负责人向委员介绍情况、答复提问、听取意见。参政议政会也可由本会举行，邀请有关部门负责人到会。

2. 本会专门委员会就某一专项课题组织科学论证，形成意见、建议，送有关部门参考。

3. 由市政协办公室和有关委员会举行委员活动日。

4.《泉州政协报》、《政协信息》、《泉州政协》及时反映委员参政议政情况和社情民意等信息。

5. 市政协学习中心组定期开展学习等活动，并座谈讨论有关重要问题。

第八条 政治协商、民主监督、参政议政的主要程序和要求

1. 市政协主席会议根据市委、市人大、市政府、市中级人民法院、市人民检察院、各民主党派、各人民团体以及党政有关部门的提议，安排协商活动并决定协商的形式和参加范围。市政协主席会议认为需要协商的问题，也可建议市委、市人大、市政府、市中级人民法院、市人民检察院将问题提交政协协商。

2. 市政协进行政治协商可视情况邀请市委、市政府及有关部门的负责人通报情况、听取意见，并请有关负责人就提交协商的问题作出说明。

3. 协商的议题与会期确定之后，本会至少提前一周将会议通知及有关文件送达参加会议的人员，以便与会人员事先做好准备，充分反映各有关方面的意见。

4. 对一些重要的协商课题在协商之前，本会组织必要的调查、视察，有关部门应支持、配合。

5. 在各种形式的协商会议上，委员可以个人名义，也可以本党派、团体地方组织的名义发言。如果需要就协商的问题作出有关决议，应按《政协章程》规定执行。

6. 在实施政治协商、民主监督、参政议政中需要协调的有关事项和问题，可提交市委、市人大、市政府、市政协秘书长联席会议研究讨论。

7. 市政协全体会议、常务委员会议、主席会议、专门委员会提出的意见、建议，均以正式文件送有关部门。有关部门应积极研究处理，并将结果以正式文件作出答复。

第九条 本会各专门委员会在常委会的领导下，组织委员开展政治协商、民主监督、参政议政的经常性活动，围绕市委、市政府的中心工作，做好调查视察、座谈讨论和提案工作，并同党政有关部门密切联系。专题调查可邀请市人大、市政府有关部门和有关民主党派、人民团体及其他方面参加或联合进行。

第十条 对于重要课题的调研形成的专题报告，经常委会议或主席会议审议通过，得以政协常委会议或主席会议建议案向市委、市政府提出。各专门委员会的重要建议和委员的重要提案，可由各专门委员会通过，提交常委会议或主席会议审议转为常委会议或主席会议建议案。

第十一条 委员提案经提案委员会审查立案后，由市委办公室、市政府办公室

按照有关办理人大代表建议、政协委员提案的规定办理。由党派、团体等单位提出的提案和委员的重要提案，应先送政协主席或副主席阅示，根据主席或副主席阅示的意见处理。提案委员会应加强与市委办公室、市人大办公室、市政府办公室联系，认真做好提案办复工作。

第十二条 政协委员的民主权利应受到尊重和保护。在政协的会议上，各种意见都可以充分发表。当委员履行职能受到不公正对待时，政协组织应予以保护。

第十三条 委员可直接向党政纪检监察和政法部门举报，也可通过市政协举报。对政协委员的举报，有关部门应认真调查处理，及时向市政协反馈，并做好保密工作。

第十四条 市政协全体会议、常务委员会议及其他形式的协商会议和重要活动，应作新闻报道。《泉州晚报》、泉州电视台要经常反映政协委员和各界人士的意见、建议和批评，发挥舆论监督作用。

第十五条 本会要通过各种形式帮助委员了解情况，为委员知情出力、参政议政积极创造条件。委员所在单位要按照省委办公厅《关于担任领导职务的党外人士阅读、传达中央和省委文件、资料问题的通知》（闽委办〔1984〕17号文件）的精神，保证委员能按规定阅读文件、听报告和参加会议。

第十六条 政协委员所在单位要积极支持委员参加政协活动，给予公务活动的待遇。单位召开有关会议、开展重要活动，要吸收委员参加，为委员提供必要的工作条件和参政议政机会。

第十七条 政协委员要增强责任感和荣誉感，努力学习时事政治、科学技术和业务知识，提高理论政策水平和参政议政能力。要密切联系自己所代表的界别和有关人士，积极反映社情民意。要增强组织纪律观念，自觉履行职责，踊跃参加政协会议和活动，深入实际，调查研究，在参政议政中发挥应有的作用。市政协常委会对委员履行职责的具体要求，将另行规定。

第十八条 政协机关必须加强自身建设，改进工作作风，增强服务观念，更好为委员履行职责服务。

第十九条 市政协常委会对本《实施办法》的执行情况将每年进行一次检查。

第二十条 本办法自政协泉州市委员会常务委员会议通过之日起执行。解释权在市政协常务委员会。

各县（市、区）政协可根据本地情况参照执行。

关于印发《政协泉州市委员会关于委员工作的若干规则》的通知

泉政协〔2001〕11号

各位委员：

《政协泉州市委员会关于委员工作的若干规则》已经政协第九届泉州市委员会常务委员会第一次会议通过，现予印发施行，请各位委员自觉执行。

附：《政协泉州市委员会关于委员工作的若干规则》

政协泉州市委员会

2001年5月21日

政协泉州市委员会关于委员工作的若干规则

（2001年5月21日政协第九届泉州市委员会常务委员会第一次会议通过）

为进一步加强政协委员队伍的自身建设，更好地履行政治协商、民主监督、参政议政的职能，推进人民政协工作的规范化、制度化，根据《中国人民政治协商会议章程》和《中共福建省委关于进一步加强人民政协工作若干问题的决定》（闽委发[1999]13号）、《中共泉州市委贯彻〈中共福建省委关于加强人民政协工作若干问题的决定〉的意见》（泉委[1999]5号）、《政协泉州市委员会关于政治协商、民主监督、参政议政的实施办法》及有关文件精神，特制订本准则。

一、参加例会

1. 委员要积极参加各种例会和协商座谈会议，对我市的重要决策、重大问题进行协商，对党政机关工作人员的工作提出建议和批评。

2. 委员接到政协机关发出的会议通知后，应按时出席。因病或其他特殊原因不能参加的，应事先书面向政协办公室请假；会议期间因故需离会的，应向政协办公室或小组召集人请假。委员出席会议的情况，由政协办公室负责统计，于每次会后向主席会议报告、每年汇总后向常务委员会（以下简称常委会）报告，并以书面形式向委员个人反馈。

二、参加学习

3. 委员要积极参加政协委员会、常务委员会、各专门委员会和委员小组组织的学习座谈会、专题报告会、情况通报会等活动，自觉学习马克思列宁主义、毛泽东思想、邓小平理论和江泽民总书记“三个代表”重要思想，学习中国共产党的基本路线、重要方针政策和时事政治，学习中央三代领导人关于统一战线和人民政协的理论、方针、政策，学习政协章程和有关规章制度，学习社会主义市场经济以及社会主义法制的基本理论、基本知识和现代化科学技术知识。

三、提出提案

4. 委员要围绕国家大政方针、爱国统一战线内部关系、我市“两个文明”建设中的重要问题以及人民群众关心的热点、难点问题，深入调查研究，提出提案，并做到一事一案，简明扼要，实事求是，有情况，有分析，有具体的建议。

四、反映社情民意

5. 委员要在自身的业务活动和社会交往中，密切保持同本界别、本单位群众和港澳台侨胞及外国有代表性人士的接触和联系，经常了解他们的愿望、意见和要求，包括少数人的特殊要求，就近、就岗收集社情民意。

6. 委员要积极参加政协组织的视察、专题调研等活动，深入实际、深入基层、深入群众，实地掌握第一手材料。

7. 委员每年至少提出一条有质量的建议，反映一条有价值的信息，使自己成为本界别名副其实的代表。

五、组织纪律

8. 委员对政协机关发出的征询函、调查表或索取有关资料，要及时给予回复。委员因工作调动或通讯地址、联络电话变更以及获奖、评优、晋职等重要情况，要及时告知政协办公室。除特邀（二）界委员外，委员赴外地工作或到境外时间超过六个月，应事先告知政协办公室。

9. 委员除因病或其他特殊原因，并经书面请假获得批准外，连续两年不参加政协例会和活动的、或者有其他原因难以履行职责的，应主动提出退出政协组织。市政协常委会也可视情给予提醒、告诫，直至按照政协章程有关规定给予相应处分。

10. 委员如果严重违反政协章程或政协泉州市委员会和常委会的决议，应依据情节给予警告处分或撤销委员资格。

11. 市政协要把政协委员参加政协会议和活动、履行委员职责的情况作为委员考核的重要依据，并对表现特别优秀的委员给予表彰。

六、附则

12. 本规则经常委会会议通过后实施，其解释权和修改权属常委会。

关于印发《政协泉州市委员会常务委员会工作规则》的通知

泉政协[2001]12号

各位常委：

现将政协第九届泉州市委员会常务委员会第一次会议通过的《政协泉州市委员会常务委员会工作规则》印发给你们。

附：《政协泉州市委员会常务委员会工作规则》

政协泉州市委员会

2001年5月21日

政协泉州市委员会常务委员会工作规则

（2001年5月21日政协第九届泉州市委员会常务委员会第一次会议通过）

为进一步推进政协泉州市委员会常务委员会（以下简称常委会）工作的规范化、制度化，根据《中国人民政治协商会议章程》和《政协泉州市委员会关于政治协商、民主监督、参政议政的实施办法》及有关文件精神，特制定本工作规则。

一、基本要求

常委会的活动以《中国人民政治协商会议章程》和《中共福建省委关于进一步加强人民政协工作若干问题的决定》（闽委发[1999]13号）和《中共泉州市委贯彻〈中

共福建省委关于进一步加强人民政协工作若干问题的决定〉的意见》（泉委[1999]5号）为依据，在中共泉州市委的领导和福建省政协的指导下，突出团结民主两大主题，高举爱国主义和社会主义旗帜，坚持中国共产党领导的多党合作和政治协商制度，进一步巩固和发展爱国统一战线，围绕市委、市政府的中心工作和“十五”计划的实施，积极履行政治协商、民主监督、参政议政职能，为泉州的改革开放和现代化建设，为实现祖国统一大业而努力奋斗。

二、常委会职权和主要任务

1.常委会由市政协主席、副主席、秘书长和常务委员组成，在市政协全体会议闭会期间，行使政协泉州市委员会职权，执行全体会议的决议，处理重要事务。

2.召集并主持政协泉州市委员会全体会议；每届第一次全体会议由主席团主持。

3.组织委员履行政治协商、民主监督、参政议政职能，实现政协章程赋予的任务，执行政协福建省委员会所作出的全省性决议。

4.审议通过以常委会名义提交中共泉州市委、市政府的建议案；审议提交政协泉州市委员会全体会议的文件。

5.协商讨论中共泉州市委、市政府的重要决策和全市经济与社会发展中的重大问题，听取中共泉州市委、市政府及有关部门负责人对重要问题的通报或说明，提出建议和意见。听取市党政领导关于全国和全省重要会议精神的传达。

6.审议重要的视察报告、调研报告；审议专门委员会的工作报告和其他重要文件。

7.协商决定本届和下一届政协泉州市委员会的参加单位、委员名额、人选以及委员的增补与调整。

8.审议决定政协泉州市委员会专门委员会的设置和变动，并任免其领导成员。

9.根据秘书长的提议，任免政协泉州市委员会副秘书长。

10.行使政协章程赋予的其他职权。

三、常委会会议

1.常委会会议一般每季度举行一次，必要时可临时举行。会议的议题和日期由主席会议决定，于会前一星期通知全体常委。临时举行的会议，可以临时通知。

2.常委会会议由主席主持，或由主席委托一位副主席主持。

3.常委会举行会议时，市政协副秘书长、办公室主任和副主任、各专门委员会主任和副主任、机关各科室负责人可列席会议；根据会议内容和工作需要，可邀请市委和市政府分管领导、市直有关部门和各县（市、区）政协负责人参加会议。

4.常委会会议必须有组成人员的过半数出席才能举行。会议要充分发扬社会主义民主，对议题进行充分协商讨论，反映各方面的意见和建议。会议的议案或其他需表决的事项，需经全体组成人员过半数通过才能生效。

5.常委会会议采取全体会议和分组会议相结合的方式。会议期间，可视情况组织视察或参观。

6.在常委会全体会议上，可由党派、团体、专门委员会和会议小组推举代表发言，也可由个人或数位委员联名发言。

7.常委会会议期间，根据需要可以组织专题座谈会，就某项专门问题举行研究协商，提出建议和意见。专题座谈由有关常务委员与其他有关人员参加。

8.常委会组成人员应把参加常委会工作作为自己义不容辞的职责，自始至终出席会议。因病或其他特殊原因不能出席全体会议，须事先通过市政协办公室书面向政协主席请假；不能参加分组会议，向小组召集人请假。不得擅自缺席、迟到或早退全体会议和分组会议。

9.常委会会议的出席情况由市政协办公室负责统计，于每次会后向主席会议报告、每年汇总后向常委会报告，并以书面形式向常委个人反馈。

10.常委会组成人员除因病或其他特殊原因，并经书面请假获得批准外，累计缺席常委会会议超过全年会期总天数三分之二以上的，或者有其他原因难以履行职责的，建议主动辞去市政协常委职务。常委会也可视情给予提醒、告诫，直至按照政协章程有关规定给予相应处分。

四、主席会议

1.主席会议由政协泉州市委员会主席、副主席、秘书长组成，研究、处理常委会闭会期间的重要事务和日常工作。

2.主席会议一般每月举行一次，必要时可临时召集。

3.召开主席会议时，本会副秘书长和与议题有关的人员可列席会议。

4.主席会议由主席主持或由主席委托一位副主席主持。

5.主席会议的议题由主席提出，或由秘书长提出并报主席决定。

6.主席会议的主要任务

⑴协商讨论中共泉州市委、市政府的重要决策和全市经济与社会以及人民群众关注的重大问题，提出意见和建议；

⑵审议以政协泉州市委员会或常委会名义向中共泉州市委、市政府提出的建议案；

⑶决定常委会会议的日期、议程，审议提交常委会会议的文件；

⑷执行常委会的决议；

⑸审议政协泉州市委员会及其常委会的工作计划、工作报告和重要活动方案；

⑹讨论决定市政协的重要活动；

⑺审议专门委员会年度计划和总结；

⑻审定各专门委员会的委员名单；

⑼处理常委会的其他日常工作。

五、文件

1.常委会会议或主席会议作出的决定，提出的建议、意见和批评，须经主席或主席委托的副主席、秘书长签发，以政协泉州市委员会文件或办公室文件的形式印发。

2. 常委会会议或主席会议已经通过的向中共泉州市委、市政府提出的建议案，由秘书长签发；主送有关部门的专题调查报告、视察报告，由秘书长或分管副秘书长签发。

3. 常委会会议、主席会议应由办公室整理编发会议简报或会议纪要。

六、附则

本规则经常委会会议通过后实施，其解释权和修改权属常委会。

第三节 中共泉州市委办公室文件

中共泉州市委办公室关于印发《泉州市政协机关机构改革方案》的通知

泉委办〔1997〕99号

各县（市、区）委、肖厝党工委、市直各单位：

《泉州市政协机关机构改革方案》经市机构改革领导小组办公室、市机构编制委员会办公室审核后，已报市委批准，现予印发。

中共泉州市委办公室
1997 年 11 月 28 日

泉州市政协机关机构改革方案

根据《中共中央关于印发〈关于地方各级人大机构改革的意见〉和〈关于地方各级政协机构改革的意见〉的通知》（中发 [1995]7 号）、《中共福建省委印发〈关于福建省地、市、县、乡（镇）人大机构改革的意见〉的通知》（闽委 [1996]50 号）的精神和《中共泉州市委、泉州市人民政府转发〈关于泉州市市级党政机构开展“三定”工作的意见〉的通知》（泉委〔1995〕17 号），结合泉州市政协工作实际，泉州市政协机关机构改革方案确定如下：

一、指导思想

市政协机关的机构改革，要以邓小平理论为指导，从有利于加强和完善中国共产党领导的多党合作与政治协商制度、有利于巩固和发展新时期爱国统一战线、有利于发挥政协组织的职能作用出发，按照“精简、统一、效能”的原则，合理调整机构，理顺内部关系，改善干部结构，健全管理制度，提高工作效率，使人民政协工作更好地适应推进社会主义民主政治和建立社会主义市场经济体制的需要，为泉州市的两个文明建设作出更大的贡献。

二、机构设置与主要职能

政协泉州市委员会的主要职能是政治协商、民主监督和参政议政。市政协机关是政协泉州市委员会的办事机构，承担秘书、参谋、协调、服务和联络宣传等具体工作。根据上述主要职能，市政协机关设置三个处级综合办事机构。

（一）市政协办公室

主要职责：

1.负责市政协全体会议、常务委员会议、主席会议、常务委员专题座谈会、专门委员会的会务工作。

2.组织实施市政协全体会议、常委会议、主席会议的决议、决定，承担市政协主席、副主席交办的有关事项。

3.负责委员视察、参观、调查、座谈、研讨等日常活动的秘书、协调、服务和具体组织等工作。

4.宣传人民政协工作，收集反映政协委员和各界人士的意见、建议。

5.负责与省政协办公厅和兄弟地、市政协机关的工作联系，做好与市委、市人大、市政府有关部门和各民主党派、人民团体的沟通联系工作，指导县（市、区）政协的工作。

6.负责机关的安全、保卫、基建、房产、财产等行政后勤保障及接待服务工作。

7.负责权限范围内的人事任免、机构调整和干部管理。

根据上述职责，市政协办公室内设五个职能科室：

⑴秘书科：负责市政协全体会议、常委会议、党组会议、主席会议、秘书长会议及其他大型重要会议的会务工作；起草市政协机关的主要文件和领导讲话稿；负责市政协机关所有的文电处理、文书档案管理、文印、机要、保密、通讯等工作。

⑵人事科：按照《章程》规定，参与对委员的推荐、考核、培训、管理等工作；按照干部管理权限和职责，负责办理机关人事调配、干部考核、工资福利、教育培训等工作；负责市政协的信访、统计、机关离退休人员的管理服务、机关工作人员的计生管理等工作。

⑶宣传科：负责与有关新闻单位的联系，搞好人民政协的宣传工作；为学习委员会、学习中心组服务，为委员订阅报刊，提供学习资料。

⑷联络科：负责了解联络我市县（市、区）政协工作，研究分析县（市、区）政协工作中的情况和反映，并组织经验交流；联络在泉的全国政协委员、省政协委员；组织省市政协委员的视察；负责与各民主党派、人民团体的联络。

⑸行政科：负责市政协各种会议活动和委员视察的后勤工作；负责政协领导和机关干部职工的生活服务工作；负责机关财务和财产管理；负责机关的基建、房产管理、维修；负责机关安全保卫工作；管理机关车队。承担全国、省政协来我市视察、调研、检查工作和各兄弟城市政协及本市各县（市、区）政协来泉办理公务的接待工作。

（二）专门委员会办公室

主要职责：承担经济科技委员会、提案委员会、社会法制委员会、文化文史委员会、教卫体委员会的工作职能。

1.统筹、协调五个专委会的工作，完成市政协部署的工作任务。

2.组织委员就全市经济和科技的有关问题开展座谈、研讨、视察、考察、专题调研以及咨询服务等活动，对地方大政方针、重要决策和有关政策问题，向党政机关提出意见和建议。

3.负责组织、发动、征集政协各组成单位和委员提出提案，处理提案的审查、立案、交办等工作，了解督促有关部门的提案办理工作。

4.组织开展对全市社会法制问题的调查、研究、视察工作，搜集与反映社情民意。协助党政有关部门协调关系、化解矛盾。

5.对历史文化名城的保护与建设、社会主义精神文明建设与发展文化事业等重点课题，组织文化界委员及有关人士开展调查视察工作，提出意见和建议；征集编纂出版文史资料。联络指导刺桐吟社工作。

6.组织开展对全市教育、卫生、体育事业发展问题的调查视察工作，提出意见和建议。

根据上述职责，专门委员会办公室内设 5 个职能科室，即：经济科技科、提案督办科、社会法制科、文化文史科、教卫体科。

（三）台港澳侨联络办公室

主要职责：承担台港澳侨委员会、民族宗教委员会的工作职能。

1.宣传党和政府关于台、港、澳和华侨问题与民族宗教问题的方针、政策，了解、检查党和政府有关方针政策的落实情况；组织开展有关的视察与调研活动。

2.负责同在港澳地区的泉州籍的全国政协、省政协、市、县政协委员的联络工作；接待来访的重要“三胞”社团和知名人士；承办市政协领导出访活动的有关事宜；

3.搜集和研究泉州侨情、台情、港（澳）情及在泉“三资”企业情况，向有关部门提供信息与建议。

4.组织开展旨在帮助地方经济建设和社会事业发展的服务性工作。

5.承担“泉台民间交流协会”的日常工作。

6.负责同泉州各宗教团体的联系，搜集反映有关民族宗教工作的信息。

市政协机关党的组织机构设置，按《中国共产党党章》和中共泉州市委的有关规定设置。

三、人员编制与领导职数

市政协机关行政编制 37 名。其中：市政协专职正、副主席、驻会专职常委根据工作需要选配；设秘书长 1 人，副秘书长 2 人；办公室主任 1 人（由副秘书长兼任），办公室副主任 2 人；专门委员会办公室正、副主任各 1 人；台港澳侨联络办公室正、副主任各 1 人。科级领导职数 11 人（含机关党总支专职副书记 1 人）。

市政协机关工勤人员按规定核定工勤事业编制 5 人。

中共泉州市委办公室泉州市人民政府办公室关于转发《政协泉州市委员会提案工作实施办法》的通知

泉委办〔2001〕91 号

各县（市、区）委、人民政府，清濛科技工业区党工委、管委会，市直各单位：

经市委同意，现将《政协泉州市委员会提案工作实施办法》转发给你们，请结合实际认真贯彻执行。

政协提案是政协行使政治协商、民主监督、参政议政职能最直接、最有效的方式之一，认真办理政协提案，对于完善中国共产党领导的多党合作和政治协商制度，加强社会主义民主政治建设，密切党和政府与人民群众的血肉联系，实现决策的科学化、民主化具有重要意义。各级党委、政府及有关部门要高度重视政协提案办理工作，对重要提案要认真阅批，及时处理，纳入督办程序，努力提高提案质量、办理质量、服务质量，充分发挥政协提案的作用。

中共泉州市委办公室

泉州市人民政府办公室

2001 年 12 月 4 日

政协泉州市委员会提案工作实施办法

（2001 年 10 月 23 日中国人民政治协商会议泉州市第九届委员会常务委员会第三次会议通过）

第一章　总　则

第一条　为发挥人民政协提案（以下简称提案）在履行政治协商、民主监督和参政议政职能中的重要作用，促进提案工作的规范化、制度化，根据《中国人民政治协商会议全国委员会提案工作条例》等有关文件精神，结合我市实际，制定本实施办法。

第二条　提案是政协委员、参加政协的民主党派、工商联、人民团体和政协专门委员会（以下统称提案者）向政协全体会议或者常务委员会提出的、经提案审查委员会或者提案委员会审查立案后由承办单位办理的书面意见或建议。

第三条　提案是人民政协行使职能的一个重要方面，是政协委员、参加政协的单位为社会主义现代化建设和实现祖国统一大业献计献策，坚持和完善中国共产党领导的多党合作和政治协商制度的一种重要方式，是协助中国共产党和人民政府加强与各族各界人士联系，推进社会主义民主政治建设，实现决策民主化、科学化的一条重要渠道。

第四条　提案工作以马克思列宁主义、毛泽东思想、邓小平理论、江泽民总书记“三个代表”重要思想为指导，坚持社会主义初级阶段的基本路线和基本纲领，贯彻“长期共存、互相监督、肝胆相照、荣辱与共”的方针，充分发扬民主、广开言路，调动一切积极因素，为维护安定团结，促进改革开放，推进我市经济社会发展和实现祖国统一大业服务。

第五条　提案工作应当注重提高提案质量、提案办理质量和服务质量，讲求实际效果。

第二章　提案审查委员会和提案委员会

第六条　每届政协第一次会议成立提案审查委员会，由主任、副主任和委员若干人组成，成员从本届政协委员中产生，由大会预备会议决定。第一次会议闭会后，提案审查委员会即作为提案委员会，列入专门委员会序列，在常务委员会和主席会议领导下，负责提案工作，每届任期五年。提案委员会组成人员任期内的调整，应征求有关方面的意见，主任、副主任由常务委员会决定，委员由主席会议决定。

第七条　提案审查委员会和提案委员会的职责

1. 制定全体会议期间提案工作方案和提案委员会年度工作计划；

2. 依照规定的程序，组织、征集提案；

3. 向全体会议报告全体会议期间提案初步审查情况，做好提案的审查、立案、交办、存档工作；

4. 检查和督促提案办理，推动承办单位认真办理和落实提案；

5. 向全体会议、常务委员会议、主席会议报告工作；

6. 对提案进行综合分析，反映重要信息；

7. 协调提案工作的宣传报道和组织评优表彰工作；

8. 加强与市委办公室、市人大常委会办公室、市政府办公室、市政协办公室、以及各承办单位的配合；加强与政协委员、各民主党派、工商联、有关人民团体的联系；密切与市政协其他各专门委员会的协作，发挥政协整体作用；

9. 加强与各县（市、区）政协提案委员会的联系，及时沟通情况，交流经验。

第八条 以提案委员会名义上报或者发出的文件，须经提案委员会全体会议或主任会议讨论，并由委员会主任或副主任审定、签发。

第九条 提案委员会不定期召开全体会议和主任会议。

第十条 提案委员会下设办公室，配备一定数量的专职干部，具体负责提案工作日常事务。

第三章 提案的提出

第十一条 下列人员和单位可提出提案

1. 市政协委员、在泉的全国、省政协委员，可以个人名义或者联名方式提出提案；全体会议期间还可以会议小组或者联组名义提出提案。

2. 参加政协的各民主党派、工商联、人民团体，可以本党派、团体名义提出提案。

3. 市政协各专门委员会，可以本专门委员会名义提出提案。

第十二条 提案的基本要求

1. 提案应当围绕本市大政方针、有关爱国统一战线的重大问题、地方重要事务，以及人民群众普遍关心的问题提出意见和建议。

2. 提案必须事先认真调查研究，内容应当实事求是，简明扼要，有情况、有分析、有可操作性的具体建议。

3. 委员联合提出的提案，发起人应作为第一提案人，签名列于首位；以民主党派、工商联、人民团体、市政协专门委员会名义提出的提案，须有该组织负责人签名并加盖公章。

4. 提案必须使用统一印制的提案纸，一事一案，字迹工整，一式两份。

第十三条 提案可以在全体会议期间提出，也可以在闭会期间提出。

第四章　提案的审查和处理

第十四条　提案委员会本着尊重和维护提案者民主权利、保证提案质量的原则，在全体会议期间对收到的提案初次进行审查，全体会议闭幕后进行第二次审查，符合实施办法第三章规定的，予以立案，并将第二次审查立案情况向委员报告。

有下列情况之一的，不予立案：

涉及党和国家秘密的；国家明令禁止的；中共党员对党内有关组织、人事安排等方面有意见的，以及民主党派本组织内部的问题；进入民事、刑事、行政诉讼以及仲裁程序的；通过正常行政程序报批的人事、机构、资金等有关问题；属于学术研讨的；为本人或亲属解决个人问题的；提出的问题已经解决的；内容空泛、建议笼统的；不属我市职权范围的；其他不适宜立案的。

第十五条　经审查立案的提案，应根据提案的内容和有关单位的职责分工确定承办单位。凡涉及两个或两个以上承办单位办理的提案，应当确定独办、主办、联办和分办单位；对不立案的提案可根据不同情况，分别以适当方式转送有关部门酌情处理，并通知提案者。

第十六条　提案委员会在每次全体会议后，集中讨论推荐重要提案。对涉及全局工作的重要提案，应与承办单位协商，再报请主席会议审议通过后，呈送市委、市政府领导阅看。

第十七条　经审查立案的提案，由提案委员会办公室负责交办。经市委、市政府领导阅批的提案，分别由市委办公室、市政府办公室负责交办。承办单位对交办的提案，如确系不属于本单位职责范围的，应在交办后5天内书面说明情况并及时退回交办单位，以便重新确定承办单位，不得自行传递。

第五章　提案的办理

第十八条　提案的办理是指承办提案的市委、市政府有关部门或单位，各县（市、区）党委和人民政府，有关人民团体等，根据国家法律、法规、政策和本市有关规定及实际情况，对提案者的建议组织落实，并作出答复。

1. 承办单位应保证提案办理质量，指定一名领导分管，提案应于交办后三个月内办复。对提案的答复应当按规定的格式行文，答复件应有联系人和联系电话，由承办单位领导签名，并加盖公章。

办理答复件由承办单位（不含联办单位）负责寄送提案者，并抄送市政协提案委员会。党委、政府部门的办理答复件应同时分别抄送市委、市政府督查室。重要提案的办理答复，先送市委、市政府领导阅示后，由承办单位正式答复。

2. 承办单位必须有领导负责，专人经办，健全制度，严格程序。涉及两个或两个以上单位联合办理的提案，联办单位应当积极配合，及时将分办意见函送主办单位，由主办单位负责答复；分办的提案由分办单位就各自职权范围内的问题办理答复。

3. 承办单位应坚持认真负责、实事求是、注重实效的原则。对提案中反映的问题应逐个落实，凡有条件解决的，应及时加以解决；因条件所限一时不能实施的，应列入计划，创造条件，逐步落实；对确实难以解决的，应向提案者如实说明情况，做好解释工作。

4. 在办理提案中，提案者可以通过提案委员会向承办单位了解有关提案办理情况，参与提案的落实工作。

5. 承办单位应主动与提案者联系，征询提案者对提案办理答复件（初稿）的意见。如提案者对答复不满意，应提出不满意的原因，经市政协提案委员会研究认为确需重新办理的，承办单位应重新办理，限期答复。提案者接到正式答复件后，一周内要填写《提案办理反馈表》，分别报送市政协提案委员会及承办单位。

第十九条 提案委员会可以采用协商座谈、实地考察、专题调研、走访承办单位、“两见面、三结合”办理、定期联络等方式，推动提案办理工作。对提案中当年不能解决的重要问题，要跟踪督办，促进落实。

第二十条 主席、副主席分工负责重要提案的督办和跟踪落实工作。提案委员会对重要提案进行重点督办。

第六章 附 则

第二十一条 本实施办法经常务委员会审议通过后，由提案委员会负责组织实施。

第二十二条 本实施办法由提案委员会负责解释。

中共泉州市委办公室关于印发《泉州市政协机关机构改革方案》的通知

泉委办〔2005〕69号

市政协办公室：

《泉州市政协机关机构改革方案）》经市委编委审核，并报市委研究批准，现予印发。

中共泉州市委办公室

2005年9月27日

泉州市政协机关机构改革方案

根据《中国人民政治协商会议章程》（以下简称《章程》）、《省委印发＜关于福建省地、市、县、乡（镇）人大机构改革的意见＞和＜关于福建省地、市、县政协机构改革的意见＞的通知》（闽委［1996]50号）、《关于贯彻＜中共福建省委关于进一步加强新时期人民政协工作的决定＞的意见》（闽委组综［2005]18号）、《中共泉州市委办公室、泉州市人民政府办公室关于制定泉州市市级党政机构“三定”规定的通知》（泉委办［2001]59号）、《中共泉州市委、泉州市人民政府关于市直党政机关内设机构和人员编制调整的若干意见》（泉委［2002]193号）和《中共泉州市委关于进一步加强新时期人民政协工作的实施意见》（泉委发［2005]4号）精神，结合市政协机关工作实际，制定泉州市政协机关机构改革方案。

一、机构设置和主要职责

政协泉州市委员会设办事机构2个，按照《中国人民政治协商会议章程》设8个专门委员会。

（一）办公室

1. 协助政协泉州市委员会、常务委员会、主席会议掌握全面情况，负责全体会议、常务委员会议、主席会议等重要会议的会务工作。

2. 组织实施市政协全体会议、常务委员会议、主席会议作出的决议、决定，承办市政协主席、副主席交办的有关事项。

3. 负责政协委员视察、参观、调查、座谈、研讨等日常活动的秘书、协调、服务和具体组织等工作。

4. 负责机关公文处理、机要通信、文书档案、安全保密、后勤保障、内外联络及接待工作。

5. 负责与上级政协和省外、兄弟市政协的工作联系，做好与市委、市人大、市政府有关部门和各党派团体的沟通联系工作，联系指导县（市、区）政协的工作。

6. 负责机关的安全、保卫、基建工作和机关的房产、车辆、办公设施等公共财物的管理、维护工作。

7. 按干部管理权限负责机关及直属单位人事任免和干部管理。

根据上述职责，政协泉州市委员会办公室内设 4 个职能科室：人秘科、联络科、行政科、接待科。

1. 人秘科

按照《章程》规定，参与对委员的推荐、考核、培训、管理等工作；按照干部管理权限和职责，负责办理机关机构编制、人事调配、干部考核、工资福利、学习培训等事务；负责机关工作人员的计生管理等工作；负责市政协全体会议、常务委员会议、主席会议及其它大型重要会议的会务工作；负责机关的文电处理、文书档案管理和文印、机要、保密、通讯等工作；通知并落实领导参加会议和活动。组织机关离退休人员开展学习、考察等活动；负责机关离退休人员管理和服务。负责办理委员证和机关工作人员的工作证。负责“泉州市政协网站”和“中华闽南文化网站”的日常管理和维护；采集市政协重要会议、重大活动的信息、图片等资料，录入网站，发布信息。负责机关电脑网络的日常管理和维护。

2. 联络科

负责联系县（市、区）政协，了解掌握县（市、区）政协的工作情况，组织县（市、区）政协开展经验交流；联系在泉的全国政协委员、省政协委员；负责省市政协委员年度视察活动的组织协调工作；负责与各党派团体的联络工作。

3. 行政科

负责市政协各种会议、活动的后勤保障；负责机关财务和公共财物的管理、维护；负责机关安全保卫和基建工作；管理机关车队。

4. 接待科

负责上级政协和省外、兄弟市政协来泉开展视察、考察、调研等活动的接待工作；负责县（市、区）政协来泉办理公务的接待工作；负责接待来访的重要客人和社团。

（二）研究室

1. 密切关注人民政协理论的新发展，加强政协理论的研究。

2. 宣传介绍我国政治体制的特色、中国共产党领导的多党合作和政治协商制度以及人民政协的性质、地位和作用。

3. 参与政协委员的视察、参观、调查、座谈、研讨等日常活动，撰写信息、纪要、调研报告等文字材料。

4. 收集反映政协委员、各党派团体和社会各界的意见和建议。

5. 参与泉州市政协的重要会议和重大活动，协调组织有关新闻媒体宣传报道泉州市政协履行三大职能的情况。

6. 指导《泉州政协》的编辑出版工作。

7. 承办常委会、主席会交办的其它任务。

研究室内设宣传调研科，负责处理研究室日常事务。

（三）提案委员会

组织和发动政协委员和各党派团体提出提案。负责提案的审查、立案和交办工作。编发提案摘报，筛选重要提案。跟踪了解提案办理情况，督促有关部门承办政协提案的工作。负责上级政协和兄弟市政协的提案委员会来泉开展活动的接待安排。承办常委会、主席会交办的其它任务。

提案委员会内设提案督查科，承办市政协提案委员会的日常事务。

（四）学习宣传委员会

发动和组织政协委员、各党派团体和社会各界开展形式多样、丰富多彩的学习教育和培训活动。负责市政协学习中心组学习活动的组织和新委员培训活动的组织。负责上级政协和兄弟市政协的学习宣传委员会来泉开展活动的接待安排。承办常委会、主席会交办的其它任务。

学习宣传委员会内设学习宣传科，承办市政协学习宣传委员会的日常事务。

（五）经济科技委员会

组织政协委员就我市经济科技和农业、农村工作中的重点、热点、难点问题开展座谈、研讨、视察、考察和专题调研等活动，积极建言献策，向党政有关部门提出意见和建议。加强与经济科技和农业、农村工作部门的沟通联系和协作配合，推进我市经济科技和“三农”工作。负责上级政协和兄弟市政协的经济科技委员会来泉开展活动的接待安排。承办常委会、主席会议交办的其它任务。

经济科技委员会内设经济科技科，承办市政协经济科技委员会的日常事务。

（六）港澳台侨委员会

宣传党中央关于港、澳、台、侨工作的方针、政策，并组织对我市贯彻落实的情况进行视察、调研，积极建言献策，向党政有关部门提出意见和建议。加强与“五侨”部门的沟通联系，促进我市全面贯彻落实党中央关于港、澳、台、侨工作的方针、政策。加强与港澳地区的各级政协委员、港澳台同胞、海外华人和华侨社团的交流联谊工作。指导泉州海峡文化交流联谊中心搞好日常工作。负责上级政协和兄弟市政协的港澳台侨委员会和港澳台侨知名人士、海外社团来泉开展活动的接待安排。承办常委会、主席会交办的其它任务。

港澳台侨委员会内设港澳台侨科，承办市政协港澳台侨委员会的日常事务。

（七）社会和法制委员会

组织政协委员就我市社会和法制工作中的热点、难点问题开展座谈、研讨、视察、考察、专题调研等活动，积极建言献策，向党政有关部门提出意见和建议。加强与法制工作部门的沟通联系和协作配合，及时处理人民来信来访，协助做好协调关系、理顺情绪、化解矛盾的工作，维护我市安定稳定的政治局面。负责上级政协和兄弟市政协的社会和法制委员会来泉开展活动的接待安排。承办常委会、主席会交办的其它任务。

社会和法制委员会内设社会法制科，承办市政协社会和法制委员会的日常事务。

（八）文教卫体委员会

组织委员就我市文化、教育、卫生、体育等社会事业的建设情况开展座谈、研讨、视察、考察、专题调研等活动，积极建言献策，向党政有关部门提出意见和建议。加强与文化、教育、卫生、体育等工作部门的沟通联系和协作配合，促进我市社会事业建设全面发展。负责上级政协和兄弟市政协的文教卫体委员会来泉开展活动的接待安排。承办常委会、主席会交办的其它任务。

文教卫体委员会内设文教卫体科，承办市政协文教卫体委员会的日常事务。

（九）民族宗教委员会

宣传党中央关于民族宗教工作的方针、政策。组织委员就我市民族宗教工作的情况开展座谈、研讨、视察、考察、专题调研等活动，积极建言献策，向党政有关部门提出意见和建议。加强与民族宗教工作部门和宗教团体的沟通联系和协作配合，促进我市全面贯彻落实党中央关于民族宗教工作的方针、政策。负责上级政协和兄弟市政协的民族宗教委员会来泉开展活动的接待安排。承办常委会、主席会交办的其它任务。

民族宗教委员会内设民族宗教科，承办市政协民族宗教委员会的日常事务。

（十）文史委员会

确定每年一辑文史资料的征集主题。组织和动员亲身经历或者亲见亲闻的海内外泉州人根据确定的主题撰写文稿。征集编纂出版文史资料，为我市“三个文明”建设服务。联系指导刺桐吟社的工作。负责上级政协和兄弟政协的文史委员会来泉开展活动的接待安排。承办常委会、主席会交办的其它任务。

文史委员会内设文史科，承办市政协文史委员会的日常事务。

机关党委会。负责机关及直属单位党群工作。

二、人员编制和领导职数

市政协驻会常委以上专职领导行政编制 14 名，实行单列管理；市政协机关办事机构和其他工作机构行政编制 31 名。

为市政协主席、驻会专职副主席服务的工勤人员事业编制 5 名，为驻会专职常委、市政协机关办事机构和专门委员会服务的工勤人员事业编制 7 名。

领导职数。处级领导职数：秘书长 1 名、专职副秘书长 2 名；办公室主任 1 名（由副秘书长兼任）、副主任 2 名；研究室主任 1 名、副主任 1 名；各专门委员会主任 1 名（原则上由市政协驻会常委兼任），同时可各配 1 名专职副主任（副处级）；机关党委会专职副书记（副处级）1 名。科级领导职数 13 名。

第四节　泉州市政协办公室文件

关于建立主席联系常委常委联系委员制度的通知

泉政协办〔1996〕38 号

根据李瑞环主席在全国政协八届十三次常委会上关于“了解和反映社情民意是政协履行职能的重要基础和关键环节”，以及“人民政协的各级领导应当提高认识，把这项工作卓有成效地开展起来”的讲话精神，经本会第五次主席会议研究，决定建立主席联系常委、常委联系委员制度。现通知如下：

一、目的意义

人民政协是最广泛的爱国统一战线，是切实发扬民主的好场所好形式。政协委员来自各民主党派、各人民团体以及各条战线上的优秀代表，他们都在各自的工作岗位上不同程度地为促进国家经济繁荣和社会稳定做出了突出的贡献，同时，他们也最具有代表性。保持、密切与他们的联系，听取和了解来自最基层的社情民意，这是各位主席、常委们责无旁贷的义务。该制度的建立，对充分调动各方面的积极性，更好地履行政协职能有着深刻的现实意义。

二、联系内容

主要了解、掌握各位常委、委员的思想、学习、工作、生活和家庭等情况，以及他们所在的地方、单位、社会各界人士对社会稳定、经济发展的反映，对各级党委、政府的意见和建议等。

三、联系形式与方法

（一）形成正副主席联系常委、常委联系委员、委员联系本界别群众的宝塔形的联系网络。市政协八届一次全会共设置八个专门委员会，按照各位正副主席的分工，以分管的专门委员会为基础，分别联系常委 8 至 12 人（常委联系委员、委员联系本界别群众工作制度待明年逐步推开）。

（二）根据不同职业、不同层次、不同界别的客观实际，采取以会议、视察、座谈、个别走访谈心和书信电话联系相结合等方式，经常保持联系，并将联系的情况、提出的建议和意见每半年向主席会议报告一次。

政协泉州市委员会办公室

1996 年 8 月 5 日

印发《关于进一步发挥市政协委员尤其市区外委员作用的意见（试行）》的通知

泉政协办〔2005〕5号

市政协委员，各县（市、区）政协：

为了进一步发挥市政协委员，尤其是市区外委员作用，参照闽协办[2004]46号《关于进一步发挥省政协委员尤其省会外委员作用的意见（试行）》的通知精神，拟订的《关于进一步发挥市政协委员尤其市区外委员作用的意见（试行）》，经市政协九届47次主席会议研究同意，现印发给你们，请结合实际情况予以实施。

政协泉州市委员会办公室

2005年3月22日

关于进一步发挥市政协委员尤其市区外委员作用的意见（试行）

委员是政协工作的主体。充分发挥委员作用，是人民政协履行政治协商、民主监督、参政议政职能的重要基础。为进一步发挥市政协委员尤其是市区外委员在市政协全体会议闭会期间的作用，不断推进政协工作的制度化、规范化、程序化，根据《中国人民政治协商会议章程》，结合泉州的实际情况，特提出如下意见：

一、组织和推动委员学习

（一）积极组织和推动委员在自愿的基础上，认真学习马克思列宁主义、毛泽东思想、邓小平理论和“三个代表”重要思想，学习党和国家的重大方针政策，学习统一战线和人民政协的理论，学习时事政治和经济、管理、科技、法律等方面的知识，树立和落实科学发展观，不断提高委员履行职责的能力和水平。

（二）举办委员学习班、培训班和形势报告会、情况通报会、专题讲座，帮助委员知情知政、开阔视野，了解我市经济和社会发展情况。

（三）组织和发动委员参加全国政协办公厅、省政协、市政协和委员所在单位组织的学习培训活动，提高委员履行职责的政治素养和业务素质。

（四）及时为委员发送有关文件、报刊和资料等，以便委员了解情况、掌握动态、参政议政。

二、完善委员履行职责方式

（一）政协委员是地位、是荣誉、更是责任。委员要严格遵守国家法律和《中国人民政治协商会议章程》，把荣誉同责任统一起来，正确处理好本职工作与履行职责的关系，认真参加市政协及委员组组织的各项活动。市政协委员要积极联系本界别群众，在“三个文明”建设中，做本界别群众的表率。

（二）认真组织每年召开的全体会议。会前，组织委员围绕会议议题开展视察和调研，充分调动与会委员参政议政的热情；会中，市政协领导及办公室、专委会领导，要积极参加各小组的活动，直接听取委员们的意见和建议；会后，市政协有关部门要对委员们的提案、意见、建议，进行跟踪督办，并将结果及时反馈给委员，鼓励委员更好地履行职责。

（三）加强提案、视察、专题调研、反映社情民意等经常性工作。坚持以人为本，心系群众，认真组织委员围绕中心、服务大局，就社会各项事业和群众生活中的重要问题深入调查研究，通过提案、视察和调研报告、反映社情民意、信息等形式，向政府及有关部门提出意见和建议。每位委员每年至少要写一份提案、提一点建议或信息、参加一次视察、开展一次调研、办一件实事。

（四）加强对发挥委员作用情况的了解和动态管理。对委员出席会议、提交提案、参加视察和专题调研、反映社情民意以及委员在经济、社会活动中作出的贡献等情况，及时进行统计汇总，并通过一定的形式，反映委员履行职能的情况，展现委员的风采。

三、加强与市区外委员的联系，重视发挥市区外委员的作用

（一）建立和完善市政协主席、副主席、秘书长、专职常委挂钩联系界别和委员小组制度。市政协领导到县（市、区）视察、调研和参加政协有关会议，可邀请当地的市政协委员参加；也可视情组织当地的市政协委员进行座谈，通报情况，了解社情民意，听取意见和建议。

（二）市政协办公室或市政协各专门委员会在县（市、区）开展活动，应邀请当地的市政协委员参加。没有参加专门委员会的市区外委员，可自愿报名同市政协某一个专门委员会建立联系。各专门委员会要加强与这些委员的联系，并根据工作需要，采取适当方式邀请委员参加活动。

（三）发挥市区外委员在提案工作中的作用。通过各类新闻媒体和在《泉州政协》等刊物上开辟专栏，进行提案点评，提高提案办理质量；在督办重要提案中，根据工作需要邀请市区外有关委员参加调研、视察以及协调办理座谈会。

（四）重视市区外委员反映社情民意的信息工作。组织委员开展视察、专题调研等活动时，注意收集和报送市区外委员提出的重要意见和建议；在市政协聘任特约信息员时，市区外委员应占一定比例。

（五）高校政协委员小组由华大、师院、黎大的全国、省、市政协委员组成，在该校党委领导下开展工作。高校政协委员小组视察等重大活动，由市政协文教卫体委员会与高校的统战部协调组织。

（六）泉州市政协港澳委员分别在香港、澳门、泉州三地设立委员联络站开展活动，由市政协港澳台侨联络委统一协调组织。

四、委托各县（市、区）政协组织当地市政协委员开展活动

（一）委托担任市政协委员的县（市、区）政协主席为所在地市政协委员小组的组长，负责联系和组织当地市政协委员开展各项活动。各县（市、区）政协安排一位中层干部为所在地市政协委员活动联络员，协助组长做好委员参加活动的组织协调工作。

（二）各县（市、区）政协要把组织当地市政协委员开展活动纳入工作计划，组织市政协委员参加或列席当地政协组织的有关会议、视察、专题调研、学习、座谈、联谊等活动，保证活动经常化、制度化。每年定期召开委员座谈会，交流学习和履行职责的经验和体会。

（三）各县（市、区）政协受市政协委托，每届组织当地的市政协委员进行一次跨县（市、区）视察，其余年份每年组织一次就地视察。每次视察活动应提前一星期将视察方案送市政协办公室，以便安排机关领导参加活动。对分散在市外、省外的市政协委员，委托所在地泉州商会分会组织他们参加有关活动。

（四）县（市、区）政协召开的常委会议，可邀请所在地相关界别的市政协委员列席。

（五）每年年底，各委员小组应认真总结组织当地市政协委员开展活动的情况，并书面通报市政协办公室。

五、逐步提高并保障市政协委员的活动经费

（一）市政协委员视察专项经费由市财政局每年划拨市政协办公室。市直的市政协委员视察经费由市政协办公室集中使用，各县（市、区）的市政协委员的视察经费，由市政协办公室根据各县（市、区）市政协委员的实际人数，按一定比例拨至各县（市、区）政协。市政协委员参加专门委员会活动的经费，由各专门委员会在专项经费中支付。

（二）市政协委员参加视察和调研及县（市、区）政协组织活动时经费不足部分，由当地财政部门根据泉州市财政局、泉州市政协办公室《关于解决政协专项经费的意见》（泉财事[2000]123号）精神，予以保证。

六、依法维护市政协委员履行职责的权利

努力营造民主和谐、合作共事的政治氛围，调动委员履行职责的积极性和主动性。当市政协委员在履行职责过程中受到不公正对待或合法权益受侵害时，各级政协组织有责任依法予以保护，并及时向有关方面反映，督促对有关责任人依法依纪作出查处，维护委员的合法权利。根据中共福建省委《关于进一步加强新时期人民政协工作的决定》（闽委发［2004］17号）规定，政法机关对涉嫌违法犯罪的政协委员采取刑事拘留、逮捕等强制措施，应按中政委政法[1996]18号文件的有关规定，向该委员所在的政协党组通报情况。纪检监察机关对违规违纪的政协委员采取“两规”（规定时间、规定地点）、“两指”（指定时间、指定地点）措施时，应及时向该委员所在的政协党组通报。

关于印发《中国人民政治协商会议泉州市委员会全体会议工作规则》的通知

泉政协办〔2005〕60号

市各民主党派、工商联和人民团体，市政协各专门委员会、研究室：

《中国人民政治协商会议泉州市委员会全体会议工作规则》已经九届泉州市政协常委会第27次会议通过。现印发给你们，请遵照执行。

政协泉州市委员会办公室

二〇〇五年十二月七日

中国人民政治协商会议泉州市委员会全体会议工作规则

（2005年10月14日政协第九届泉州市委员会常务委员会第27次会议通过）

第一章　总　　则

第一条　为进一步推进中国人民政治协商会议泉州市委员会全体会议（以下简称全体会议）的制度化、规范化和程序化建设，根据《中国人民政治协商会议章程》，制定本规则。

第二条　全体会议是中国人民政治协商会议泉州市委员会（以下简称政协泉州市委员会）围绕团结和民主两大主题，履行政治协商、民主监督、参政议政职能的最高形式。

第三条　全体会议以马克思列宁主义、毛泽东思想、邓小平理论和“三个代表”重要思想为指导，坚持社会主义初级阶段的基本路线，在中共泉州市委的领导下，解放思想，实事求是，与时俱进，坚持和完善中国共产党领导的多党合作和政治协商制度，根据中国共产党同各民主党派和无党派人士“长期共存、互相监督、肝胆相照、荣辱与共”的方针，牢牢把握团结民主两大主题，促进参加政协泉州市委员会的各党派、各族各界人士的团结合作，围绕中心，服务大局，发扬民主，协调关系，化解矛盾，积极履行人民政协政治协商、民主监督、参政议政职能，不断巩固和发展我市的爱国统一战线，充分调动各方面力量，为促进泉州的改革、发展、稳定和祖国的完全统一而努力奋斗。

第四条　全体会议坚持民主、求实、团结的方针，广开言路，求同存异，民主协商，集思广益，鼓励委员充分发表意见和建议。

第五条　每届政协泉州市委员会的参加单位、委员名额和人选及界别设置，须在每届第一次全体会议举行一个月前，经上届政协泉州市委员会主席会议审议同意后，由上届常务委员会协商决定。每届政协泉州市委员会任期内，有必要增加或者变更参加单位、委员名额和人选时，经本届主席会议审议同意后，由常务委员会协商决定。

第六条　每届政协泉州市委员会第一次全体会议举行前召开预备会议，全体委员参加。政协泉州市委员会每届任期五年，从该届政协泉州市委员会第一次全体会议预备会议开始。如遇非常情况，由常务委员会以全体组成人员的三分之二以上的多数通过，得延长任期。

第七条 全体会议每年举行一次。常务委员会认为必要时，得临时召集之。

第八条 全体会议须有过半数的委员出席，始得举行。

第九条 全体会议的主要任务：

（一）检查、落实中国人民政治协商会议章程在我市的贯彻实施；

（二）选举政协泉州市委员会的主席、副主席、秘书长和常务委员，决定常务委员会组成人员的变更；

（三）协商讨论泉州市社会发展以及政治、经济、文化和社会生活中的重大问题，提出建议和批评；

（四）听取和审议常务委员会工作报告、提案工作情况的报告和其他报告；

（五）讨论本会重大工作方针、任务并作出决议。

第十条 全体会议由常务委员会召集并主持。每届第一次全体会议由预备会议选举产生的主席团主持。

第二章 会议的准备

第十一条 全体会议召开前，常务委员会须根据主席会议的提议，进行下列准备工作：

（一）审议通过全体会议议程草案和日程；

（二）通过常务委员会工作报告、提案工作情况的报告和其他报告；

（三）通过全体会议秘书长和副秘书长名单；

（四）通过全体会议各组召集人名单；

（五）审议常务委员会组成人员变更的建议名单；

（六）审议提请全体会议审议的建议案草案；

（七）会议的其他准备事项。

第十二条 在全体会议举行一个月之前，由主席会议向常务委员会提出全体会议的议程草案和日程草案的建议。

第十三条 预备会议由上届常务委员会授权主席会议主持，主要任务为通过第一次全体会议的议程和日程，通过本次会议主席团、主席团会议主持人、秘书长和提案审查委员会组成人员名单。

主席团会议由主席团会议主持人主持，主要任务是通过主席团常务主席名单，审议提请全体会议通过的决议，决定全体会议的其他事项。

主席团常务主席会议由主席团会议主持人主持，主要任务是审议提请主席团会议审议的各项文件。

第十四条　全体会议设立会议秘书处，秘书处由会议秘书长和副秘书长组成，办理常务委员会或主席团、主席会议或主席团常务主席会议交付的事项和处理会议日常事务。

第三章　会议的举行

第十五条　全体会议采取大会和小组会、专题协商座谈会等形式进行。

第十六条　全体会议开幕会的任务

（一）通过会议的议程；

（二）听取政协泉州市委员会常务委员会工作报告；

（三）听取政协泉州市委员会常务委员会提案工作情况的报告；

（四）听取其他报告或说明。

第十七条　全体会议闭幕会的任务

（一）通过会议的各项决议和报告；

（二）决定常务委员会组成人员的变更；

（三）听取提案委员会或提案审查委员会关于本次会议提案审查情况的报告；

（四）通过政协泉州市委员会的建议案；

（五）其他事项。

第十八条　全体会议听取并讨论政府工作报告及其他报告，提出意见和建议。

第十九条　全体会议安排大会发言。各党派、团体、界别、专门委员会、委员个人或联名均可提交书面发言材料，申请大会发言。大会发言人选由会议秘书处按照有关规定确定。

第二十条　全体会议各次大会的执行主席、主持人由主席会议协商决定。每届第一次全体会议的执行主席、主持人由主席团会议协商决定。

第二十一条　委员小组按界别组织，人数少的界别由两个或两个以上界别组成。小组会由委员小组召集人主持。

第二十二条　专题协商座谈会由若干委员小组联合组成。专题协商座谈会的议题由市政协专门委员会协商提出，报请主席会议审定。专题协商座谈会的主持人由负责该专题的专门委员会主任担任。每届第一次全体会议由上届专门委员会提出议题，报上届主席会议审定，主持人由担任本届委员的上届相关专门委员会负责人担任。

专题协商座谈会邀请有关市领导、市直有关部门及相关单位负责人参加。

第二十三条 全体会议邀请中共泉州市委、泉州市人大常委会、泉州市人民政府、泉州市军区和泉州市中级人民法院、泉州市人民检察院领导同志出席，邀请在泉全国政协委员、中共泉州市委有关部门、泉州市人民政府有关部门和有关人民团体负责同志列席。也可根据情况邀请其他人士列席。

第二十四条 经常务委员会会议审议通过，全体会议可邀请有关方面人士旁听。

第二十五条 全体会议开幕会、闭幕会以及大会发言，均可邀请新闻媒体采访；专题协商座谈会、分组会议可视情况邀请新闻媒体采访。

第二十六条 委员应按照会议日程积极参加全体会议的各次会议和各项活动，因病或其他特殊情况不能出席会议和参加活动时，应书面向会议秘书处办理请假手续，经会议秘书长同意后，方可请假。

第四章 会议的提案和建议案

第二十七条 各党派、团体、界别、专门委员会和委员、委员小组均可提出提案。提案的审查工作由提案委员会或提案审查委员会负责。

第二十八条 全体会议期间，提案委员会或提案审查委员会可选择若干提案作为重点提案协商办理。

第二十九条 全体会议可就涉及经济和社会发展的重大事项、人民群众普遍关心的热点问题，向中共泉州市委、泉州市人大常委会、泉州市人民政府提出建议案。

第三十条 全体会议期间，参加政协的党派、团体或占总人数四分之一以上的委员联名，可提出建议案草案。建议案草案经主席会议审议通过后，由常务委员会决定是否提请全体会议审议。

第五章 选 举

第三十一条 每届第一次全体会议选举产生本届政协泉州市委员会主席、副主席、秘书长和常务委员，组成常务委员会。常务委员会组成人员从本届委员中选举产生.

选举工作由会议主席团领导。

第三十二条　主席、副主席、秘书长和常务委员的建议人选由主席团审议后提交各委员小组充分酝酿讨论。主席团根据委员的意见，确定正式候选人名单，提交大会选举。

第三十三条　全体会议选举采用无记名投票方式。选举时须有过半数的委员出席。候选人得到的赞成票超过全体委员的半数方可当选。

第三十四条　每届第一次全体会议的选举办法，由主席团会议审议后提交大会审议通过。其他各次全体会议的选举参照第一次全体会议的选举办法执行。

第六章　附　则

第三十五条　本规则经常务委员会会议通过后实施，其解释权和修改权属常务委员会。

关于印发《中国人民政治协商会议泉州市委员会常务委员会工作规则》的通知

泉政协办〔2005〕61号

市各民主党派、工商联和人民团体，市政协各专门委员会、研究室：

《中国人民政治协商会议泉州市委员会常务委员会工作规则》已经九届泉州市政协常委会第27次会议修订。现印发给你们，请遵照执行。

政协泉州市委员会办公室

二〇〇五年十二月七日

中国人民政治协商会议泉州市委员会常务委员会工作规则

（2005年10月14日政协第九届泉州市委员会常务委员会第27次会议修订）

第一章　总　则

第一条　为了加强政协泉州市委员会常务委员会（以下简称常务委员会）的制

度化、规范化和程序化建设，根据《中国人民政治协商会议章程》和《政协泉州市委员会关于政治协商、民主监督、参政议政的实施办法》，制定本工作规则。

第二条 常务委员会的活动以马克思列宁主义、毛泽东思想、邓小平理论和“三个代表”重要思想为指导，以中华人民共和国宪法为根本准则，以《中国人民政治协商会议章程》为依据，在中共泉州市委的领导和省政协的指导下，高举爱国主义和社会主义旗帜，围绕团结和民主两大主题，坚持中国共产党领导的多党合作和政治协商制度，促进参加政协泉州市委员会的各党派团体、各族各界人士的团结合作，进一步巩固和发展我市的爱国统一战线，树立和落实科学发展观，围绕中心，服务大局，积极履行政治协商、民主监督、参政议政职能，为推进泉州的改革开放和现代化建设，为完成祖国统一的目标而努力奋斗。

第三条 常务委员会主持政协泉州市委员会的会务，在政协泉州市委员会全体会议闭会期间，处理政协泉州市委员会的工作。

第四条 常务委员会由政协泉州市委员会主席、副主席、秘书长和常务委员组成。

第五条 政协泉州市委员会主席主持常务委员会的工作，副主席、秘书长协助主席工作。

第六条 常务委员会的职权

（一）召集并主持政协泉州市委员会全体会议；每届第一次全体会议前召开全体委员参加的预备会议，选举第一次全体会议主席团，由主席团主持第一次会议；

（二）组织委员认真履行政治协商、民主监督和参政议政三项主要职能，实现人民政协章程赋予的任务，执行政协福建省委员会所作出的全省性决议；

（三）以常务委员会名义向中共泉州市委、市人大常委会、市政府、市纪委提交建议案；审议提交政协泉州市委员会全体会议的文件；

（四）协商决定下届政协泉州市委员会的参加单位、委员名额和委员人选及界别设置；协商决定本届政协泉州市委员会增加或者变更的参加单位、委员名额和人选；

（五）在非常情况下决定政协泉州市委员会是否延长任期。由常务委员会以全体组成人员的三分之二以上多数通过，得延长任期；

（六）常务委员会组成人员增加或者变更时，常务委员会提出建议名单，由政协泉州市委员会全体会议决定；

（七）根据秘书长的提议，任免政协泉州市委员会副秘书长；

（八）审议决定政协泉州市委员会专门委员会和工作机构的设置和变动，并任免其领导成员；

（九）根据中国人民政治协商会议章程决定对参加政协的单位和个人的纪律处分事项。

第七条　常务委员会组成人员要认真执行中国人民政治协商会议章程、政协福建省委员会全省性的决议和政协泉州市委员会及常务委员会的规定、决议，积极参加常务委员会的会议和活动，密切同各方面人士的联系，广交朋友，及时反映群众的愿望和要求。

第二章　常务委员会会议

第八条　常务委员会会议一般每季度举行一次，必要时可临时举行。会议的日程和议题由主席会议决定，于会前半个月通知常务委员会组成人员。临时举行的会议，可以临时通知。

第九条　常务委员会会议由主席主持，或由主席委托一位副主席主持。

第十条　常务委员会会议的主要任务

（一）审议政协泉州市委员会及常务委员会会务和工作中的重大事项；

（二）协商讨论中共泉州市委、市政府的重大政策、措施以及统一战线和群众生活中的重大问题，听取中共泉州市委、市政府以及有关部门负责人对有关问题的报告或说明，提出建议和意见；

（三）审议提交政协泉州市委员会全体会议的文件；

（四）审议政协泉州市委员会全体会议和常务委员会会议建议案、重要调查报告和其他报告。

第十一条　常务委员会举行会议时，不是常务委员的市政协副秘书长、办公室主任、副主任、各专门委员会专职副主任、研究室主任、副主任、机关各科室负责人可列席会议；根据会议内容和工作需要，可邀请在泉全国政协委员、省政协委员、各县（市、区）政协的主要负责人，有关人民团体负责人列席；必要时邀请有关党政部门负责人通报情况、说明问题、听取意见。

第十二条　常务委员会会议必须有全体组成人员过半数出席才能举行。会议要发扬社会主义民主，对议题进行充分协商讨论，全面反映委员发表的各种意见和建议。

第十三条　常务委员会会议采取全体会议和分组会议相结合的方式。根据会议议题，可按界别编组，也可混合编组。

第十四条 在常务委员会全体会议上，可由党派、团体、专门委员会和会议小组推举代表发言，也可由个人或数位委员联名提交发言材料申请发言，或由主席会议指定发言，由会议统筹安排。

第十五条 根据需要，可以组织专题座谈会，就某项专门问题听取有关部门的通报并协商讨论，提出建议和意见。专题座谈会应充分发扬民主，进行充分协商讨论，全面反映各方面的不同意见和建议。专题座谈会由有关专门委员会主办，邀请有关常务委员与其他有关人员参加。

第十六条 常务委员会组成人员因病或其他特殊原因不能出席全体会议，须书面请假；不能参加分组会议，须向小组召集人请假。常务委员会会议的出席情况由市政协办公室负责统计，以一定的形式公布。

第十七条 常务委员会会议闭会期间，由主席会议主持常务委员会的日常工作。

第三章 文 件

第十八条 常务委员会作出的决定，提出的建议、意见、批评和建议案，须经主席或主席委托的副主席、秘书长签发，以政协泉州市委员会文件或办公室文件的形式送达有关方面或部门。

第十九条 常务委员会会议、常务委员专题座谈会，一般应作新闻报道。

第四章 附 则

第二十条 本规则经常务委员会会议通过后实施，其解释权和修改权属常务委员会。

关于印发《中国人民政治协商会议泉州市委员会专门委员会通则》的通知

泉政协办〔2005〕62 号

市政协各专门委员会、研究室：

《中国人民政治协商会议泉州市委员会专门委员会通则》已经九届泉州市政协

常委会第 27 次会议修订。现印发给你们，请遵照执行。

政协泉州市委员会办公室

二〇〇五年十二月七日

中国人民政治协商会议泉州市委员会专门委员会通则

（2005 年 10 月 14 日政协第九届泉州市委员会常务委员会第 27 次会议修订）

第一章　总　则

第一条　根据《中国人民政治协商会议章程》的规定，结合我市实际工作情况，政协泉州市委员会设置八个专门委员会。

第二条　专门委员会的设置和变动，由常务委员会决定。

第三条　专门委员会是在常务委员会和主席会议领导下组织委员开展经常性活动的工作机构，日常工作由主任或主任委托的副主任主持，秘书长负责协调。

第四条　专门委员会以建设有中国特色社会主义理论和“三个代表”重要思想为指导，坚持社会主义初级阶段的基本路线，贯彻“长期共存、互相监督、肝胆相照、荣辱与共”的方针，紧紧围绕团结和民主两大主题，切实履行人民政协政治协商、民主监督、参政议政的职能。

第五条　专门委员会工作是政协的基础性工作，是政协履行职能的重要方式。专门委员会根据《中国人民政治协商会议章程》的要求，以及政协泉州市委员会全体会议、常务委员会会议和主席会议提出的各项任务，组织委员认真学习、宣传国家的方针政策和法律，积极反映社情民意；就市委、市政府的工作重点以及我市政治、经济、文化和社会生活中的重要问题，人民群众普遍关心的重点、热点和难点问题，深入开展调研论证，提出意见、建议和提案；团结联系委员和社会各界人士，维护社会稳定和民族团结，促进祖国和平统一，推动改革开放和社会主义和谐社会建设；组织各种活动，积极为委员知情出力、履行职能创造条件，充分发挥委员的专长和作用。

第二章 组 织

第六条 专门委员会按照有利于联系各界、各方面人士，便于组织经常性活动和自愿、协商、统筹安排的原则，主要由政协泉州市委员会委员组成。也可根据需要邀请有关部门领导、社会知名人士、有关专家学者参加专门委员会。

第七条 每届专门委员会的设置，一般应在当届政协第一次常务委员会会议上确定。

第八条 专门委员会设主任一人，副主任和委员若干人。也可根据需要聘请若干名顾问。主任、副主任和顾问由常务委员会决定。委员由各专门委员会主任会议提出，征得本人同意后，由主席会议决定。

专门委员会组成人员需要调整时，应由本人申请或委员推荐，经相关专门委员会之间协商同意，按专门委员会产生时的程序办理。

提案委员会的产生按《政协泉州市委员会提案工作实施办法》规定办理。

第九条 专门委员会根据需要，可分设小组进行活动。

第十条 专门委员会的组成人员，一般应具有相关工作经历、专业知识水平，有时间和精力参加调查研究等经常性活动。

未参加专门委员会的政协委员，根据本人意愿，可同某一专门委员会建立联系。专门委员会应采取适当方式发挥他们的作用。

第三章 工作制度

第十一条 专门委员会的各种活动应广泛联系各界人士，发扬社会主义民主，注重调查研究，进行充分协商。专门委员会需对工作作出决定时，按照民主集中制原则办理。

第十二条 主席或主席委托副主席、秘书长根据需要召开专门委员会主任联席会议，讨论研究专门委员会的重要问题，协调各专门委员会之间的工作安排。

第十三条 以专门委员会名义形成的文件，由委员会主任或主任委托的副主任审定并签发；必要时，须经委员会主任会议讨论；重大问题可提请主席会议或常务委员会审议。

专门委员会文件需以市政协办公室名义发文的，应由秘书长或秘书长委托的副秘书长签发。

第十四条　专门委员会根据政协泉州市委员会全体会议和常务委员会提出的工作任务和决议精神，制订年度工作计划并提请主席会议审议。年度末，向常务委员会会议和全体会议提交工作报告。

第十五条　专门委员会要根据《中共泉州市委关于进一步加强新时期人民政协工作的实施意见》（泉委发〔2005〕4号）精神，加强同各民主党派、工商联、有关人民团体以及各县（市、区）政协的联系与配合；主动与中共泉州市委、市人大常委会、市政府的有关部门沟通情况，建立联系，积极开展对口协商。

第四章　办事机构

第十六条　政协泉州市委员会机关根据精简、统一、效能原则，设立相应的科室，为专门委员会工作服务。各科室和工作人员属市政协机关的组成部分，由市政协秘书长领导。

第五章　附　则

第十七条　本通则经常务委员会通过后实施，解释权和修改权属常务委员会。

关于印发《政协泉州市委员会提案工作实施办法》的通知

泉政协办〔2005〕63号

市各民主党派、工商联和人民团体，市政协各专门委员会、研究室：

《政协泉州市委员会提案工作实施办法》已经九届泉州市政协常委会第27次会议通过。现印发给你们，请遵照执行。

政协泉州市委员会办公室

2005年12月7日

政协泉州市委员会提案工作实施办法

（2005年10月14日政协第九届泉州市委员会常务委员会第27次会议通过）

第一章 总 则

第一条 为发挥人民政协提案（以下简称提案）在履行政治协商、民主监督、参政议政职能中的重要作用，根据《中国人民政治协商会议章程》和有关规定，参照《中国人民政治协商会议全国委员会提案工作条例》和《中国人民政治协商会议福建省委员会提案工作条例》，结合我市实际，制定本实施办法。

第二条 提案是政协委员和参加政协的民主党派、人民团体以及政协各专门委员会（以下统称提案者），向政协全体会议或者常务委员会提出的、经提案审查委员会或者提案委员会审查立案后，交承办单位办理的书面意见和建议。

提案是履行人民政协职能的一个重要形式，是坚持和完善中国共产党领导的多党合作和政治协商制度的一种重要载体，是协助中国共产党和国家机关实现决策民主化、科学化的一条重要渠道。

第三条 提案工作以马克思列宁主义、毛泽东思想、邓小平理论和“三个代表”重要思想为指导，坚持社会主义初级阶段的基本路线和基本纲领，全面贯彻科学发展观，遵循“长期共存、互相监督、肝胆相照、荣辱与共”的方针，充分发扬民主，广开言路，调动一切积极因素，为维护安定团结，深化改革，扩大开放，为实现推进我市经济社会事业发展、祖国统一大业服务。

第四条 提案工作要坚持围绕中心、服务大局、提高质量、讲求实效的方针，切实加强制度化、规范化、程序化建设，努力提高提案质量、办理质量和服务质量。

第五条 提案工作是人民政协的一项全局性工作，市政协委员和参加市政协的各党派、各人民团体以及市政协各专门委员会，应当密切协作，充分利用提案的方式履行职能。

第六条 政协全体会议听取和审议常务委员会关于提案工作情况的报告。

第七条 每届政协第一次会议成立提案审查委员会，由主任、副主任和委员若干人组成，成员从本届政协委员中产生，由第一次会议预备会议决定；负责第一次会议期间提案的审查立案工作，并向全体会议报告提案审查情况。

第二章　提案委员会

第八条　每届政协第一次会议闭会后，经常务委员会会议审议通过，提案审查委员会作为提案委员会，列入专门委员会序列，在常务委员会和主席会议领导下，负责提案工作，每届任期五年。提案委员会组成人员的调整，应征求有关方面的意见，主任、副主任由常务委员会决定，委员由主席会议决定。

第九条　提案委员会的职责

（一）制定政协全体会议期间提案工作方案和提案委员会年度工作计划；

（二）依照本实施办法的规定，组织征集提案以及提案的审查、立案、交办、存档工作；

（三）对提案办理工作进行检查和督促，推动承办单位认真办理和落实；

（四）向政协全体会议、常务委员会会议、主席会议报告工作；

（五）对提案进行综合分析，反映重要意见和建议；

（六）协调提案工作的宣传报道和评优表彰工作；

（七）加强与中共泉州市委办公室、人大常委会办公室、人民政府办公室、政协办公室以及各承办单位的联系；

（八）加强与政协委员、各民主党派、有关人民团体以及政协其他专门委员会的联系与协作；

（九）加强与县（市、区）政协提案委员会的联系，互通情况，交流经验，指导工作。

第十条　对在经济、政治、文化、社会生活中发挥重大作用的提案，对于办理提案有显著成绩的承办单位和工作人员，提案委员会可以报请主席会议审定，以适当方式予以表彰。

第十一条　以提案委员会名义形成的重要文件，须经提案委员会全体会议或主任会议讨论通过，并由提案委员会主任或副主任审定、签发。

第十二条　提案委员会不定期召开全体会议和主任会议。

第十三条　提案委员会下设提案督查科，配备一定数量的专职干部，负责提案工作日常事务。

第三章 提案的提出

第十四条 提案的提出方式

（一）市政协委员、在泉全国、省政协委员，可以个人名义或者联名方式提出提案；

（二）政协全体会议期间，可以界别、小组或者联组名义提出提案；

（三）参加政协的各党派、人民团体，可以本党派、团体名义提出提案；

（四）市政协各专门委员会，可以本专门委员会名义提出提案；

（五）市政协各委员小组，可以本委员小组名义提出提案。

第十五条 提案的基本要求

（一）提案应当坚持严肃性、科学性、可行性，围绕国家大政方针、中心工作和经济、政治、文化、社会生活中的重要问题以及人民群众普遍关心的问题建言献策；

（二）提案须一事一案，实事求是，简明扼要，做到有情况、有分析、有具体的建议；

（三）委员联名提出的提案，发起人作为第一提案人，签名列于首位；以界别、小组或者联组名义提出的提案，须由召集人签名；以党派、人民团体、政协专门委员会名义提出的提案，须由组织署名并加盖公章；

（四）提案必须按照规定的方式提交。

第十六条 提案可以在政协全体会议期间提出，也可以在闭会期间提出。

第四章 提案的审查和处理

第十七条 提案审查委员会、提案委员会本着尊重和维护提案者民主权利、保证提案质量的原则，在全体会议期间对收到的提案初次进行审查，全体会议闭幕后进行第二次审查，符合本实施办法第三章规定的，予以立案，并将第二次审查立案情况以书面形式向委员报告。

经审查立案的提案，应当根据提案的内容和有关单位的职责分工确定承办单位。凡涉及两个或两个以上承办单位办理的提案，应当确定独办、主办单位和会同办理单位或者分别办理单位。

第十八条 有下列情形之一的，不予立案

（一）涉及党和国家秘密的；

（二）国家明令禁止的；

（三）中共党员对党内有关组织、人事安排等方面有意见的；

（四）民主党派成员反映本组织内部问题的；

（五）进入民事、刑事、行政诉讼以及仲裁程序的；

（六）通过正常行政程序报批的人事、机构、资金等有关问题；

（七）属于学术研讨的；

（八）为本人或亲属解决个人问题的；

（九）宣传、推介具体作品、产品的；

（十）指名举报的；

（十一）内容空泛、没有具体建议的；

（十二）超出我市管辖权范围的；

（十三）其他不适合立案的。

未予立案的提案，应当及时通知提案者。所提意见和建议视不同情况以其他方式转送有关部门研究处理或参考。

第十九条　提案委员会对涉及全局问题的重大提案，可以提请常务委员会或主席会议审议通过后，以建议案形式向有关方面提出。

第二十条　提案委员会在每次全体会议后集中推荐，对反映党委和政府亟待解决、人民群众普遍要求改进的问题的提案，对推动工作有重要作用并具有较强可行性的提案作为重要提案，经与承办单位协商，提请主席会议审议通过后，呈送市委、市政府领导阅看。

第二十一条　经审查立案的提案，由市委办公室、市政府办公室、市政协办公室联合交办。承办单位对交办的提案，如确系不属于本单位职责范围的，应在交办后7天内书面说明情况并及时退回交办单位，不得自行传递。

第五章　提案的办理

第二十二条　承办提案的市委有关部门、市人大常委会有关部门、市人民政府有关部门、市中级人民法院、市人民检察院、省住泉有关单位，各县（市、区）党委和人民政府，有关人民团体等，根据国家法律、法规、政策和有关规定办理提案，落实提案建议，并对提案者作出书面答复。

（一）提案办理工作应当健全制度，严格程序，保证质量。承办单位应当于交办后三个月内对提案进行答复。个别难度大不能如期答复的，应当先向提案者说明情况，但正式答复最迟不得超过六个月。对提案的答复应当按规定的格式行文，有领导签名，并加盖公章。对不予采纳的，要说明情况。

（二）委员联名的提案，办理复文寄送第一提案人；党派、人民团体、政协专门委员会的提案，办理复文寄送提案单位；界别、小组或者联组的提案，办理复文寄送召集人。党委、政府部门的办理复文应当同时分别抄送市委、市政府督查室。所有办理复文均须抄送市政协提案委员会。

（三）涉及两个或两个以上单位会同办理的提案，主办单位应当主动协调，会同办理单位应当积极配合，及时将会同办理意见以书面形式告知主办单位，由主办单位答复提案者；分别办理的提案，由各承办单位分别答复提案者。

（四）在办理提案过程中，提案者可以通过提案委员会向承办单位了解有关提案办理落实情况，协商提案的办理落实工作。

（五）承办单位应当主动加强与提案者的沟通，共商解决问题的办法，并征询提案者对办理复文的意见。如提案者对办理结果不满意，应提出不满意的原因，经市政协提案委员会研究认为确需重新办理的，承办单位应重新办理，限期答复。提案者接到正式答复后，一周内要填写《提案办理反馈表》，分别寄送市政协提案委员会、市委、市政府督查室及承办单位。

（六）办理党派、人民团体、政协专门委员会提案，在书面答复前，可酌情征求党派、人民团体、政协专门委员会的意见。

（七）承办单位对于办理提案有显著成绩的下属部门和个人，可以适当方式予以表彰。

第二十三条 对于重要提案，由主席、副主席督促办理，可以采用提案委员会、相关专门委员会、提案者、承办单位相结合的协商座谈、实地考察、专题调研等方式，推动办理工作，保证办理质量。对提案中当年不能解决的重大问题，要跟踪督办，促进落实。承办单位承诺列入计划解决的，应当及时向提案者反馈。

第六章 附 则

第二十四条 本实施办法经常务委员会会议通过后，由提案委员会负责组织实施。

第二十五条 本实施办法由提案委员会负责解释。

关于印发《中国人民政治协商会议泉州市委员会主席会议工作规则》的通知

泉政协办〔2005〕64 号

市政协主席会议各位成员：

《中国人民政治协商会议泉州市委员会主席会议工作规则》已经九届泉州市政协第 58 次主席会议通过，现印发给你们，请遵照执行。

政协泉州市委员会办公室

二〇〇五年十二月七日

中国人民政治协商会议泉州市委员会主席会议工作规则

（2005 年 8 月 22 日政协第九届泉州市委员会第 58 次主席会议通过）

第一条　为进一步推进中国人民政治协商会议泉州市委员会主席会议的制度化、规范化和程序化建设，根据《中国人民政治协商会议章程》及有关规定，制定本规则。

第二条　中国人民政治协商会议泉州市委员会主席、副主席、秘书长组成主席会议，负责处理常务委员会的重要日常工作。主席主持常务委员会的工作，副主席、秘书长协助主席工作。

第三条　主席会议以中华人民共和国宪法为根本准则，以中国人民政治协商会议章程为依据，以马克思列宁主义、毛泽东思想、邓小平理论和“三个代表”重要思想为指导，坚持和完善中国共产党领导的多党合作和政治协商制度，高举爱国主义、社会主义的旗帜，围绕团结和民主两大主题，认真履行政治协商、民主监督、参政议政职能，巩固和发展最广泛的爱国统一战线，调动一切积极因素，为促进社会主义物质文明、政治文明、精神文明协调发展，构建社会主义和谐社会服务，为完成祖国统一大业和实现中华民族的伟大复兴而奋斗。

第四条　主席会议组成人员要认真执行中国人民政治协商会议章程和政协泉州市委员会、常务委员会、主席会议的规定、决议，切实履行职责，加强同各方面人士的联系，广交朋友，及时反映人民群众的意见和愿望，积极参加政协泉州市委员会、常务委员会、主席会议举行的会议和活动。

第五条 主席会议的主要任务

（一）学习中华人民共和国宪法，学习中国人民政治协商会议章程和有关规定，学习建设中国特色社会主义的基本理论、基本路线、基本纲领和基本经验，学习统一战线和人民政协的理论和政策，学习经济、科技、文化、法律和现代管理知识；研究部署学习工作。

（二）审议本届政协泉州市委员会增加或者变更参加单位、委员名额和人选，提请常务委员会协商决定。审议下届政协泉州市委员会的参加单位、委员名额和人选及界别设置，提请常务委员会协商决定。

（三）依据中国人民政治协商会议章程和有关规定，安排协商活动，决定协商的形式和内容。

（四）对中共泉州市委、市人民政府的重大决策以及市人大常委会、市中级人民法院、市人民检察院的工作和社会生活中的重大问题、重要人事任免进行讨论，提出建议、意见或建议案。

（五）审查以政协泉州市委员会或常务委员会、主席会议名义向中共泉州市委、市人大常委会、市人民政府提出的重要建议案。

（六）决定召集并主持常务委员会会议，审议会议的方案、日程和提交会议审议的文件。

（七）受常务委员会的委托，主持下一届第一次全体会议预备会议。

（八）审议政协泉州市委员会及其常务委员会的工作计划、工作报告和重要活动方案，审议委员视察报告，审议专门委员会的年度计划和工作总结；决定专门委员会委员人选。

（九）执行常务委员会会议的决议；根据常务委员会的授权，履行常务委员会的部分职权。

（十）研究涉及泉州市政协工作的有关问题，对政协泉州市委员会及全体会议、常务委员会的制度化、规范化、程序化建设提出建议，指导县（市、区）政协的工作。

（十一）协调政协各参加单位之间的关系，促进团结合作。

（十二）处理常务委员会的其他重要日常工作。

第六条 主席会议由主席或主席委托的副主席召集并主持。

第七条 主席会议的议题由主席或副主席、秘书长提出，由主席或主席委托主持会议的副主席确定。

第八条 主席会议一般每月举行一次；必要时可临时召开。

第九条 主席会议举行前，办公室应将开会时间、地点、主要议题等通知事项，送达主席会议组成人员；临时召开的会议，临时通知。

第十条　主席会议举行时，政协泉州市委员会副秘书长，办公室主任、副主任，各专门委员会主任、专职副主任列席，必要时也可邀请与会议议题有关的其他人员列席，协商讨论重大问题。

关于印发《中国人民政治协商会议泉州市委员会秘书长会议工作规则》的通知

泉政协办〔2005〕65 号

市政协秘书长会议各位成员：

《中国人民政治协商会议泉州市委员会秘书长会议工作规则》已经九届泉州市政协第 58 次主席会议通过。现印发给你们，请遵照执行。

政协泉州市委员会办公室

二〇〇五年十二月七日

中国人民政治协商会议泉州市委员会秘书长会议工作规则

（2005 年 8 月 22 日政协第九届泉州市委员会第 58 次主席会议通过）

第一条　为进一步推进中国人民政治协商会议泉州市委员会（以下简称“政协泉州市委员会”）秘书长会议工作的制度化、规范化和程序化建设，根据《中国人民政治协商会议章程》和有关规定，制定本规则。

第二条　政协泉州市委员会设秘书长 1 人，设副秘书长若干人，协助秘书长工作。秘书长、副秘书长组成秘书长会议，在主席会议领导下进行工作。

秘书长由政协泉州市委员会全体会议选举产生。副秘书长的任免，根据秘书长提议，由政协泉州市委员会常务委员会决定。

第三条　政协泉州市委员会秘书长参加常务委员会和主席会议集体领导，协调各专门委员会并领导办公室工作。

第四条　秘书长会议以中国人民政治协商会议章程为依据，以马克思列宁主义、毛泽东思想、邓小平理论和“三个代 表”重要思想为指导，坚持中国共产党领导的多党合作和政治协商制度，贯彻“长期共存、互相监督、肝胆相照、荣辱与共”的方针，为人民政协履行政治协商、民主监督、参政议政职能做好服务。

第五条 秘书长会议的主要任务

（一）学习中华人民共和国宪法，学习中国人民政治协商会议章程和有关规定，学习建设中国特色社会主义的基本理论、基本路线、基本纲领和基本经验，学习统一战线和人民政协的理论和政策，学习经济、科技、法律和现代管理知识；

（二）对参加政协的各党派、无党派人士、各人民团体共同关心的问题进行协商讨论，向主席会议、常务委员会提出意见和建议；

（三）协助主席、副主席组织实施全体会议、常务委员会会议、主席会议的决议；

（四）负责全体会议、常务委员会会议、主席会议、常务委员专题座谈会，以及根据需要召开的各党派、无党派人士、人民团体、各族各界人士的代表参加的协商座谈会的准备和服务工作；

（五）调查研究人民政协的工作经验和存在的问题，就加强和改进人民政协工作，向主席会议和常务委员会提出建议；

（六）加强同国家机关、各党派团体、上下级政协的联系与协作；

（七）为主席、副主席、常务委员和委员履行职责服务；

（八）完成政协泉州市委员会主席、副主席交办的其它事项。

第六条 秘书长会议根据工作需要召开。会议的日期、议题由秘书长决定。会议由秘书长或秘书长委托的副秘书长召集并主持。

第七条 秘书长会议协商讨论问题，应充分发扬民主，广泛听取各种意见和建议。

第八条 除临时召集的会议外，秘书长会议的议题一般应当提前通知。与会人员不能出席会议时，应事先向会议主持人请假，可对讨论的议题提出意见。

第九条 本会办公室副主任、研究室副主任、各专门委员会专职副主任列席秘书长会议。根据会议内容，可邀请未担任本会副秘书长的市各民主党派、工商联负责人列席秘书长会议。

第十条 秘书长会议的重要决定，应当经过充分讨论，在讨论中遇有重大分歧，除紧急问题须按照少数服从多数原则通过外，可暂缓作出决定，待进一步调查研究、交换意见后再作决定。

第十一条 根据工作需要召开秘书长办公会议。秘书长办公会议由政协泉州市委员会秘书长、驻会副秘书长、办公室副主任、研究室副主任、专门委员会专职副主任组成，各委办调研员、助理调研员及有关科室负责人列席。秘书长办公会议由秘书长或秘书长委托的副秘书长召集并主持。会议的议题由召集人确定。

秘书长办公会议的主要任务是传达学习有关文件和重要会议精神，研究办理主席、副主席交办的工作事项，协调和处理机关各委办的工作关系，讨论和决定机关日常工作。

第十二条　秘书长会议和秘书长办公会议均须作记录，并根据需要编印会议纪要报送主席、副主席，印发秘书长，副秘书长，办公室、各专门委员会、研究室负责人，机关各科室以及市各民主党派、工商联。会议纪要由会议主持人签发。

第十三条　本工作规则经主席会议通过后实行。

关于印发《中国人民政治协商会议泉州市委员会反映社情民意信息工作条例》的通知

泉政协办〔2005〕66 号

市各民主党派、工商联和人民团体，市政协各专门委员会、研究室：

《中国人民政治协商会议泉州市委员会反映社情民意信息工作条例》已经九届泉州市政协第 58 次主席会议通过。现印发给你们，请遵照执行。

政协泉州市委员会办公室

二〇〇五年十二月七日

中国人民政治协商会议泉州市委员会反映社情民意信息工作条例

（2005 年 8 月 22 日政协第九届泉州市委员会第 58 次主席会议通过）

第一条　为发挥人民政协反映社情民意信息工作在履行政治协商、民主监督、参政议政职能中的重要作用，根据《中国人民政治协商会议章程》和有关规定，制定本条例。

第二条 反映社情民意信息工作，是政协各参加单位、各专门委员会、政协委员、市各民主党派和工商联成员及无党派人士，围绕国家和我市大政方针，政治、经济、文化和社会生活中的重要问题，以及人民群众普遍关心的问题，通过政协泉州市委员会办公室内部刊物，向省政协办公厅和中共泉州市委、市政府以及泉州市直有关部门反映重要情况，提出意见和建议。

第三条 反映社情民意信息工作以马克思列宁主义、毛泽东思想、邓小平理论和“三个代表”重要思想为指导，围绕中心，服务大局，解放思想，实事求是，为促进社会主义物质文明、政治文明和精神文明协调发展服务。

反映社情民意信息工作应抓住重点，体现特色，真实准确，讲求实效。

第四条 反映社情民意信息工作是政协委员履行职责的重要方式。政协委员要密切联系群众，重点联系本界别群众，深入了解民情，充分体察民意，广泛集中民智，积极反映社情民意信息。

第五条 做好反映社情民意信息工作是政协泉州市委员会办公室、各专门委员会的重要职责。办公室和各专门委员会要在组织会议、委员视察、专题调研、委员提案等项工作中，收集、整理政协委员反映的重要情况和意见、建议。

建立信息特邀委员制度。聘请若干政协泉州市委员会委员为信息特邀委员。

第六条 积极为市各民主党派和工商联反映社情民意信息提供服务。充分发挥参加政协的市各民主党派、工商联和无党派人士在反映社情民意信息工作中的作用。

第七条 加强与政协县（市、区）委员会反映社情民意信息工作的联系，做好协调和服务工作。

根据需要在政协县（市、区）委员会中设立若干反映社情民意信息工作联系点。

第八条 维护政协委员、市各民主党派和工商联成员及无党派人士依照国家宪法、法律和政协章程反映社情民意信息的民主权利。

第九条 政协泉州市委员会设立反映社情民意信息专门工作机构，负责反映社情民意信息的收集、编辑、报送、反馈，以及有关组织、协调、服务工作。

第十条 反映社情民意信息的内部刊物由政协泉州市委员会研究室主办，宣传调研科承办。

第十一条 政协泉州市委员会研究室与参加政协的市各民主党派、工商联，各县（市、区）政协委员会，以及反映社情民意信息工作联系点，建立专门的信息网络，以保证反映社情民意信息传递渠道畅通、安全、快捷。

第十二条　政协泉州市委员会研究室要重视反映社情民意信息工作队伍建设，加强信息工作人员的政治和业务培训，为开展信息工作创造条件。

第十三条　定期通报反映社情民意信息工作情况，表彰反映社情民意信息工作先进单位和先进个人。

第十四条　本条例经主席会议通过后实行。由政协泉州市委员会办公室负责解释。

关于印发《中国人民政治协商会议泉州市委员会委员视察工作暂行规定》的通知

泉政协办〔2005〕67 号

市各民主党派、工商联和人民团体，各县（市、区）政协：

《中国人民政治协商会议泉州市委员会委员视察工作暂行规定》已经九届泉州市政协第 58 次主席会议通过。现印发给你们，请遵照执行。

政协泉州市委员会办公室

二〇〇五年十二月七日

中国人民政治协商会议泉州市委员会委员视察工作暂行规定

（2005 年 8 月 22 日政协第九届泉州市委员会第 58 次主席会议通过）

第一条　为了加强泉州市政协委员视察工作的制度化、规范化、程序化建设，根据《中国人民政治协商会议章程》以及有关规定，制定本暂行规定。

第二条　委员视察作为人民政协的一项基础性工作，是委员了解情况、研究问题、学习提高的重要方式；是委员有序参与国是，履行政治协商、民主监督、参政议政职责的重要渠道；是密切同社会各界联系，加强党派、界别之间合作共事的重要途径；是人民政协围绕团结和民主两大主题，在我市政治生活中发扬社会主义民主的重要形式。

第三条 视察工作以马克思列宁主义、毛泽东思想、邓小平理论和“三个代表”重要思想为指导，坚持社会主义初级阶段的基本路线和基本纲领，贯彻“长期共存、互相监督、肝胆相照、荣辱与共”的方针，围绕党和国家的中心工作，深入实际，深入基层，深入群众，了解社情民意，提出意见建议，为改革开放和社会主义现代化建设事业服务。

第四条 视察的主要内容包括国家宪法、法律和法规的实施以及重大方针政策的贯彻执行情况；改革开放和社会主义现代化建设的重大成就；政治、经济、文化和社会生活中的重要问题；国家机关及其工作人员的工作情况。

第五条 视察组织工作坚持“求实、规范、安全、协作”的原则，科学安排，精心组织，周到服务。

第六条 政协泉州市委员会办公室统筹安排视察工作，制订每届的视察工作规划和年度视察工作计划，报主席会议审议通过后实施。

第七条 视察的组织形式主要有委员视察团，适时组织常委视察团和委员界别视察团。

第八条 在市区的委员视察和居住在香港、澳门特别行政区的委员视察，由政协泉州市委员会办公室和各专门委员会负责组织。

在市区外委员的视察，由政协泉州市委员会办公室统一安排，委托委员所在县（市、区）政协负责组织。

担任市政协委员的各县（市、区）政协主席（委员小组组长）负责组织当地市政协委员的视察活动。

第九条 视察团采取委员自愿报名和统一协调相结合的办法组成。委员每年可参加一次视察活动。组织委员赴市区外视察时，根据视察内容需要，邀请所到地的市政协委员参加。

第十条 视察团设团长1 人、副团长若干人。团长、副团长人选由政协泉州市委员会办公室提议，在视察团全体会议上协商通过。视察团团长、副团长领导视察团的活动，决定视察团的重大事项，代表视察团同地方交换意见，负责审核视察报告。

第十一条 委员参加视察，要按照日程参加各项活动，遵守有关规定；认真了解情况，研究问题，反映社情民意；切实履行政治协商、民主监督、参政议政职责。

第十二条　政协泉州市委员会办公室商请有关县（市、区）政协，围绕视察内容制定活动日程，安排接待工作。

第十三条　视察过程包括听取情况介绍、实地考察、座谈、与当地党政领导交换意见。

第十四条　视察团在集思广益的基础上形成视察报告。视察报告提交主席会议审议，并根据内容需要报送市委、市政府有关部门。

第十五条　对视察过程中发现的一些重要情况或建议，可以提案、信息、信访渠道反映给有关部门。

第十六条　视察团视情邀请新闻单位派记者随团采访，扩大委员视察的社会影响。

第十七条　政协泉州市委员会办公室和有关县（市、区）政协派出若干工作人员，负责委员视察活动的各项组织服务工作。

第十八条　在市区的委员视察和居住在香港、澳门特别行政区委员的视察经费，由政协泉州市委员会办公室统筹安排支付；在市区外委员的视察经费，由政协泉州市委员会办公室按规定拨至委员所在县（市、区）政协。

委员视察期间生病住院的费用由委员所在单位按规定负担。委员超出日程安排之外的活动费用由个人自理。

第十九条　本暂行规定经主席会议通过后实行。由政协泉州市委员会办公室负责解释和实施。

关于印发《泉州市政协机关办公会议制度》的通知

泉政协办〔2005〕68号

市政协机关办公室会议各位成员：

《泉州市政协机关办公会议制度》已经九届泉州市政协第58次主席会议通过。现印发给你们，请遵照执行。

政协泉州市委员会办公室

二〇〇五年十二月七日

泉州市政协机关办公会议制度

（2005年8月22日政协第九届泉州市委员会第58次主席会议通过）

一、机关办公会议由市政协主席、驻会副主席、秘书长和机关副处级以上干部组成。根据议题需要可由召集人确定请有关科室负责人列席。

二、机关办公会议由主席或主席委托的副主席召集。

三、机关办公会议一般每周召开一次，特殊情况除外。例会时间为每周的星期五下午。

四、机关办公会议的议题：听取会议成员汇报近阶段工作情况，协调各委办工作，研究布置下一阶段工作。

五、机关办公会议的主要任务

（1）传达学习上级文件和重要会议精神。

（2）研究市政协全体会议、常务委员会议、主席会议及其他重要活动的筹备工作。

（3）研究拟提交主席会议审议的议题及有关文件。

（4）研究办理市政协党组会议、全体会议、常务委员会议、主席会议决定的事项和主席、副主席交办的重要工作。

（5）研究办公室、研究室和各专门委员会需要协调的工作。

（6）讨论和决定机关重要工作。

六、机关办公会议成员因故不能到会的，应事先向秘书长请假。

七、机关办公会议的会务工作由人秘科承办。

八、有关委办需提交机关办公会议讨论或参阅的文件材料，应提前交会议召集人审定，并按所需份数装订好交人秘科。

泉州市政协办公室关于印发《中国人民政治协商会议泉州市委员会关于市政协委员履行职责服务管理办法（试行）》的通知

泉政协办〔2008〕55号

各位委员：

《中国人民政治协商会议泉州市委员会关于市政协委员履行职责服务管理办法（试行））》已经2008年12月2日政协第十届泉州市委员会第15次主席会议通过。

现予以印发，请遵照执行。

泉州市政协办公室

二〇〇八年十二月二日

中国人民政治协商会议泉州市委员会 关于市政协委员履行职责服务管理办法（试行）

（2008 年 12 月 2 日政协第十届泉州市委员会第 15 次主席会议通过）

政协委员是人民政协工作的主体，充分发挥委员作用是搞好政协工作的前提和基础。为进一步提高委员政治素质，增强委员履行职能的使命感和责任感，推进政协工作的制度化、规范化、程序化，根据《中国人民政治协商会议章程》的有关规定，结合我市政协工作实际，特制定本办法。

一、积极开展学习培训，不断提高委员履职能力

（一）组织理论学习。组织委员认真学习马列主义、毛泽东思想、邓小平理论、“三个代表”重要思想、科学发展观、统一战线和人民政协理论、《政协章程》和中央两个“五号”文件精神，学习政治、经济、法律和现代科学文化等知识，引导委员科学把握政协工作的特点和规律，运用学习成果指导工作实践。

（二）开展业务培训。学宣委、办公室和委员活动组要切实负起组织委员参加培训的责任。市政协委员每年要至少参加一次市政协举办的各种形势报告会、情况通报会、专题讲座、论坛等活动。

（三）创新学习方式。采取举办培训班、理论研讨会、学习报告会、寄发学习材料、传递有关信息、参加社会实践等形式，组织和推动委员加强自身的学习和教育。委员除了积极参加市政协举办的各种学习培训活动外，还要自觉加强自学，认真阅读《人民政协报》《政协天地》《泉州政协》《泉州政协网》等有关学习材料，不断提高履职能力和水平。

二、认真履行岗位职责，充分发挥委员主体作用

（四）严格会议纪律。政协的全体会议、常务委员会议、专门委员会活动、委员组活动是政协履行职能的主要方式，委员或常务委员接到会议和活动通知后，应按时出席。会议期间，委员在本市区如遇有其他活动时，原则上一般应参加本会活动，确属重要活动需暂时离会者，应经主持人同意；如因特殊情况不能参加的，应事先向市政协秘书长请假；会议全程请假，需在会议召开前两天向市政协办公室递交书面请假报告，并经秘书长批准。

（五）认真撰写提案。提案是政协行使职能的一个重要形式。委员应围绕国家大政方针、爱国统一战线、事关我市经济社会各项事业发展的中心工作和人民群众关心的重大问题，深入调查研究，认真撰写提案，充分运用提案的方式履行职责。

（六）反映社情民意。委员要充分发挥渠道畅通、位置超脱的优势，保持同自己所代表的阶层、界别或单位群众的密切联系，关注社会“热点”和“难点”，注意收集群众的批评、意见和建议，积极反映社情民意。

（七）开展视察调研。政协组织的视察、调研活动是委员面向社会、深入实际、履行职责的重要途径。委员应踊跃参加本会和所在委员活动组组织的各种调研、视察活动，每年至少参加一次。

（八）参加政协活动。政协全体会议闭会期间，市直委员参加市政协或所在委员活动组组织的活动，驻县（市、区）的委员活动委托县（市、区）政协组织。驻县（市、区）的委员应积极参加当地政协组织的学习、视察、调研等活动，为当地的经济社会发展出谋献策。

三、正确行使权利义务，努力树立委员良好形象

（九）保障委员的权利。切实保障委员在政协会议上的表决权、选举权和被选举权，保障委员知情参政和对政协工作提出批评、建议的权利。人民政协有保护政协委员合法权益不受侵害的义务。委员在公务活动或社会活动中，如受到不公正对待，应及时报告市政协办公室，以便本会予以帮助解决。

（十）加强与委员的联系。市政协各委（办、室）要了解和熟悉委员的工作、学习、参政情况，认真受理并及时转办委员来信、来访、来函、来电工作，畅通反映社情民意渠道。对委员所提意见、建议及提案的办理情况，应及时反馈给委员。

（十一）支持委员履行职责。委员所在的单位或组织，要支持委员履行职责，给予委员参加政协组织活动提供必要的时间和经费保障。

（十二）保障委员企业家合法权益。要积极创造良好的投资环境，维护良好的市场经营秩序，帮助委员企业协调问题，解决困难。

四、健全完善服务机制，积极创造委员履职条件

（十三）建立机关服务制度。政协组织的各种会议、视察、调研等活动，要健全服务机制，周密安排，精心组织，讲求实效。召开全体会议、常委会议和组织调研、视察、学习培训等活动，应提前通知委员，以便委员安排好工作，按时参加会议和活动，提高参与率。

（十四）建立情况通报制度。常委和委员参加会议活动以及提出提案、建议、反映社情民意等情况，由市政协有关委（办）收集登记，办公室负责综合，定期向常委和全体委员通报。

（十五）建立委员考核制度。对积极参政议政且在各自工作岗位上取得显著成绩的委员，要予以表彰、宣传。为调动委员撰写提案的积极性，市政协在每届任期内组织两次优秀提案评选表彰活动，向受表彰的委员颁发证书，以市政协文件的形式进行通报，作为政协委员换届时是否留任的参考依据。委员要自觉遵纪守法，对违法乱纪或严重违反《政协章程》，违反市政协全体会议和常务委员会决议的，根据《政协章程》第二十九条规定精神，由市政协常务委员会分别依据情节给予警告处分，或撤销其参加中国人民政治协商会议泉州市委员会的资格。对不能履行职责、长期不参加政协会议和其他活动的委员，根据《政协章程》第二十八条关于参加政协的单位和个人“有声明退出的自由”的规定精神，劝其辞去委员或常委职务。

（十六）建立委员履职档案。各委员活动组要把每位委员每年参加会议（全体会议、常委会议由市政协办公室统计）、调研、视察、学习培训、反映社情民意等情况进行统计报送市政协办公室。市政协办公室要及时汇总，以书面形式通报本人和有关推荐单位。委员履行职责情况将作为推荐连任下一届委员、常委人选的重要依据之一。

后 记

泉州市政协于2013年下半年启动第二轮政协志书编纂工作。市政协党组多次召开会议，先后研究决定成立《泉州市政协志》编纂委员会和编辑部、审定编纂大纲、听取编纂工作情况汇报、审查志书文稿。根据市政协党组的部署安排，志书编辑工作人员在市政协研究室的组织协调下，通过耐心查阅大量文书档案期刊报纸，细心筛选抄录所需文字资料，精心梳理采用相关文字及图片资料，分工合作，认真编辑，如期完成编纂工作任务。

编纂志书，是文化领域的系统工程。粗略概括一下，至少有编制大纲工程、查档抄录工程、梳理归类工程、编写修改工程、打字文印工程、补缺补漏工程、研讨审查工程。每个工程，都有具体工作任务，需要大量人力物力支持。

本志书全册43.7万余字，收录一百多幅照片图文资料，是集体智慧的结晶。志书编纂过程中，得到福建省政协委员工作室，中共泉州市委组织部、统战部、党史研究室，市档案局、方志委，泉州图书馆等单位的领导、同志，市政协离退休老领导、老同志和市政协机关全体工作人员，11个县（市、区）政协领导同志的大力支持。惠安县政协办公室原主任张炳明、漳州市档案局原档案研究馆员张奕虎应邀参与志书编辑，完成大量具体文字工作，为志书成功编著作出了积极贡献。黄文生、黄聪吟、梁云南、方生才、黄阳辉、施文芳、黄雪珍、张晓文、郑景勋、陈洋锋、王月娇、庄林、王慧娟、李志红、陈翔、傅园南、谢丽婷、陈丽珍、邱书兰等，以及叶芬蓉女士、吴其魁先生为编辑志书提供过鼎力帮助。在此，谨向关心、支持、参与本志书编纂工作的单位和个人致以崇高敬意、表示衷心感谢！

由于编辑人员首次参与修志、缺乏经验、水平有限，本志书难免存在诸多疏漏与不足。为此，志书编者特表歉意，并敬请读者给予谅解、赐教指正。

《泉州市政协志》编辑部